U0619242

PHILOSOPHICAL FOUNDATIONS OF EDUCATION

(NINTH EDITION)

教育的
哲学基础

（第九版）

[美] 霍华德 · A. 奥兹门（Howard A. Ozmon） 著

石中英　邓敏娜　等译

上海教育出版社
SHANGHAI EDUCATIONAL
PUBLISHING HOUSE

译 者 序

　　21 世纪的第一个二十年间，立足于中国特色社会主义的伟大实践，我国教育事业持续发展，取得了新的历史性成就。但与此同时，面对百年未有之大变局、科学技术的日新月异、信息技术的广泛应用以及不断加快的社会主义现代化进程，我国教育事业也面临着许多新的挑战，人民群众对公平且有质量的教育需求比以往任何时候都更加强烈，教育改革发展中出现了一些新的矛盾和问题，亟须从教育哲学的角度加以分析和解答。

　　教育哲学是教育科学领域的一门基础性理论学科，旨在从哲学的视角来分析研究教育理论和实践中的根本问题，以帮助人们深刻地理解教育生活，寻找教育改革的新方向。对各种类型的教育工作者而言，教育哲学都具有重要的意义。对教师而言，教育哲学能引领他们回到教育的原点，找到教育的初心，反思教育的行为，明确教育的坚守；对教育研究人员而言，教育哲学能帮助他们拓宽理论的视角，提供思维的利器，审视教育的问题，深化问题的研究；对教育政策制定者而言，教育哲学可以为他们提供审慎的辨别力和深切的实践关怀，保证教育改革遵循正确的方向；对教育媒体从业人员而言，教育哲学能够帮助他们提高教育舆论的分辨力、判断力，从而更好地引导教育舆论，为构建更加理想的教育体系创造条件。

　　自 19 世纪中叶以来，教育哲学课程就开始在英美等国的教师教育计划中占据重要地位，尤其是在过去的三四十年里，随着教师教育改革的不断深化，教育哲学在教师专业化过程中的优越性也日益显现出来。这不仅是因为每位教师都需要确立自身的教育哲学，还因为教育制度、教育政策都蕴含着某种教育哲学观。了解已有的教育政策是在什么哲学基础上形成的，有意识地确立自身的教育观念，弄清楚"什么是好的教育""培养什么人""应该在学校中教什么""如何教""为什么教"等教育基本问题的基础假设，对教育者在复杂的教育决策和教育生活中作出恰当的选择和行动是非常有价值的。

就像美国当代颇有影响的教育哲学家乔纳斯·F.索尔蒂斯（Jonas F. Soltis）所说的那样，教育哲学课程在教师专业发展的不同阶段都能显示其价值。他指出，职前教育阶段（主要是本科和硕士研究生阶段）的学生需要主导性的教育哲学观，为他们提供的教育哲学课程应该从大家公认的观点和立场出发，为学习者提供自由选择教育观念的机会。在职教师和管理者（主要是硕士研究生阶段）有多年的教学经验，主要需要运用哲学思维方式，拓宽教育视野，深入理解教育教学问题，反思已有的教育教学经验，寻找改善教育教学工作的方向和途径。对专家型教师和专门的教育理论工作者而言，教育哲学课程主要向他们提供哲学论辩的技艺，帮助他们加强表述的逻辑性、明晰性以及价值选择的合理性，提高对教育问题的洞察力和理解力。这个阶段课程的主要目标不是训练具有娴熟教学技巧的教师，也不是培养教育政策的坚定执行者，而是塑造有能力推动教育政策不断完善的专业人才。这样的人才，不仅需要高超的哲学技巧，还需要能言善辩的文学素养，以便参与到歧见纷呈的公众讨论当中去。

正是基于教育实践、教育研究、教育政策和教师培养等多方面的需要，应上海教育出版社的邀请，我们在前译《教育的哲学基础（第七版）》的基础上，对《教育的哲学基础（第九版）》进行了重新译校。《教育的哲学基础》是一本教育哲学的入门书籍，也是英语国家使用时间最长、再版次数最多的当代教育哲学教材之一，自1976年出版以来，现在已经是第九版了。该书的作者霍华德·A.奥兹门（Howard A. Ozmon，1929—2014）以哲学家和哲学流派研究见长，他的著作有《十二位伟大的西方哲学家》（*Twelve Great Western Philosophers*，1967）、《教育哲学的对话》（*Dialogue in the Philosophy of Education*，1986）等。在《教育的哲学基础》中，奥兹门以平易近人的论述方式将读者领入教育哲学的知识殿堂。

不管是初学者、具有一定基础的专业人员，还是教授这门课程的教师，都会发现本书是一本非常实用的参考资料。在每一章中，作者从对教育产生深远影响的哲学思想的形成背景出发，以人物为线索，介绍他们的主要哲学观点及其发展脉络，进而论述各学说在教育目的、方法与课程、教师角色等方面的具体主张。为了拓展读者的哲学视野，作者还集中概括了各学说曾受到的责难和抨击，并节选了有代表性的论著，激发读者进行更为严谨和深入的阅读与思考。从知识内容来看，除了哲学著作之外，书中还推荐了蕴含深刻哲学思想的文学作品，比如，赫尔曼·梅尔维尔（Herman Melville）的《白鲸记》（*Moby Dick*）、亨利·戴维·梭罗（Henry David Thoreau）的《瓦尔登湖》（*Walden*）等。在写作方式上，作者尽量使用通俗易懂的语言，避开繁杂晦涩的哲学术语，并对核心词汇进行简要说明，具有较强的可读性。

与第七版相比，第九版的结构和语言更加简洁明了，观点和主张更加贴近教育教学实际。从结构上看，第九版中的每一章都将方法与课程合在一起，反映了课程与方法之间难以分割的紧密联系；从语言上看，无论是前言、导论、后记，还是每一章节的介绍，语言都更加精练，便于读者快速把握内容要点；从观点上看，许多章节的论述都有所深化，也更加全面，为我们提供了看待日常观念的不同视角。总而言之，作为一部教育哲学入门读物，本书能够帮助学习者形成一幅清晰而完整的教育哲学概念地图，了解教育哲学的思想方法，站在人类思想史的峰巅审视个人的教育生活和当前的实际教育问题。

本书各章的翻译和校对工作分别由石中英（前言、导论）、郭兴举（第一章）、王珅（第二章、第三章）、闫利雅（第四章）、余丽红（第五章）、陆若然（第六章）、邓敏娜（第七章）、卫娟娟、崔瑞霞（第八章）、丁义静（第九章）、李颖（第十章）完成，译者序由石中英撰写，最后由石中英、邓敏娜负责全书统稿与审校。我们主要采用直译为主、意译为辅的方式，以忠实原文为前提，尽量采用符合中文阅读习惯的方式来表述。由于社会文化背景的差异，作者对东方哲学、马克思主义经典著作的解读很难说做到了客观和准确，在此敦请读者进行批判性阅读。由于译者水平有限，译文中定有错误或不妥之处，恳请各位读者批评指正，以便再版时修订和完善。

译者
2022 年 9 月 26 日

前　言

　　《教育的哲学基础》这本书告诉我们，那些与教育有关的哲学思想是如何在不同的历史时期得到发展的，它将继续对当今的教育和生活产生怎样的影响。本书是教育哲学的入门书籍，它将引领学生由浅入深地了解哲学思想。在选择哲学流派、哲学家以及编排方式上，我们考虑了许多因素，其中我们首先考虑的是那些与教育关系最密切的内容。本书的每一章介绍一个哲学流派，如实在论（realism）、存在主义（existentialism），并展示了它们在教育目的、教育方法、课程以及教学方面的应用。本书还提供了对每一个哲学流派的评价，包括其他学者如何在其社会和历史背景下看待它。

　　虽然本书中的某些哲学思想已产生三千多年了，但它们仍然不失往日的风采，至今依然影响着人们的生活，因为不管是新的哲学思想还是旧的哲学思想，它们都是我们了解世界的有力工具。如理念论（idealism），虽然它现在已经不是特别有影响力的哲学了，但我们仍然能够从中获得借鉴，认识当今的唯物主义文化。马克思主义（Marxism）、东方哲学（Eastern philosophy）、存在主义和后现代主义（postmodernism），至今仍不失为有用的范式，人们可以用其来审视个人的生活以及社会环境中与他人的交往关系。

　　本书基本上按时间先后顺序呈现各种教育哲学思想，这样有助于学生了解这些思想的发展历程。我们尽量避免使用不必要的哲学和教育术语，但学生们也需要了解如何用专门语言来谈论某种哲学思想。所以，在本书中，我们尽量将专业词汇减至最少。另外，在内容组织上，我们知道并不是所有哲学家都赞成用"系统的"或"流派的"方式来介绍哲学思想，但我们认为，对初学者而言，他们大多是第一次接触哲学，用流派的方式来介绍哲学思想将会利大于弊，因为它提供了系统了解哲学思想的有效途径。

学习教育哲学有助于形成教育观念，它能够使学生用更宽阔的视野来看待教育。哲学学习可以帮助学生发展所需的分析技巧，鼓励他们形成批判性的视角，而且能够为他们认识教育提供重要的思想来源。本书不可能囊括所有与教育有关的哲学家，也不可能罗列所有与教育有关的重要哲学思想。但是，我们希望本书呈现的材料可以激发学生进一步探索教育的哲学基础，也希望学生从中形成自己的教育观和生活观。

本书的结构

本书介绍了几种哲学观，用组织化、有序的方式展示哲学是如何发展的。我们希望读者能更好地抓住每个哲学流派的核心要素和基本原则，了解它们是如何影响教育理论与实践的。

iv　　　然而，用"思想流派"的方式安排本书的结构，并不意味着认可某种哲学流派、哲学流派的联合或哲学方法之间的针锋相对。使用这种组织方式的好处在于：

- 了解旧有的哲学是如何发展的；
- 了解它们是如何蔚然成风的；
- 了解如何运用这些哲学思想来设计教育政策和教学实践；
- 了解它们是如何面对批评的。

哲学在教育领域中的主要作用不是阐述宏大的哲学图景，而是帮助教师拓宽知识的视野，发展思维的能力。

有创造才能的个体在具体的文化环境中产生了独具特色的教育哲学。没有哪个哲学家仅仅是为了构建一个哲学体系，许多哲学家都拒绝将其思想与任何一个流派画等号。哲学的划分不是流派的简单划分，而是紧扣人类问题的自由且宽广的思考。正确地看待人类发展的每一个历史时期，不在于看这个历史时期是否建立了一个流派，是否将那些不可调和的矛盾纳入一个体系，而在于看这种哲学思想是否有助于形成解决冲突的有效方案。在每一个历史时期，人们都在撰写着自己的"哲学"或者形成新的共识。我们希望，这本书提供有价值的信息和启发，以应对当今世界的挑战以及复杂的观念。

第九版的新修订

- 导论部分提供了哲学概览，让读者有机会先熟悉后面会出现的最重要的哲学概念和观点。
- 介绍了妇女和少数群体受到关注的时代背景，以及他们对教育哲学理论和实践的影响。
- 为了使这本书更好读，与我们的生活更相关，我们对每一章都进行了修改和更新。
- 书后附有新的参考文献和参考网站 [①]，供学生下载资料，为学生提供可靠的和最新的资料，以便继续在课堂之外开展研究。
- 以下主题也有扩展和更新：
  - 补充了实用主义与教育的资料；
  - 补充了关于西蒙娜·德·波伏娃（Simone de Beauvoir）和马里坦（Maritain）的资料和研究；
  - 补充了后现代主义的最新资料。
- 修订了后记，将书中提到的中心议题与教育哲学实践的过去和未来联系起来。

章节组织

每一章都为学习某一种哲学提供了讨论的机会，同时还包括：
- 它的历史发展；
- 它的现实状况；
- 它对教育的影响；
- 对其主导思想的评价。

总的来说，这些章节反映了教育哲学的发展史。另外，最后还有参考文献 v 和索引，以便学生针对某一个主题或章节开展进一步的研究。同时，书后附的参考网站按照哲学流派分类，有助于学生专门了解某一个哲学流派，也为获取更广泛的信息提供了一般性的哲学资源网站。

---

① 原书出版于 2012 年，许多网站现可能已经失效，为避免给读者造成不必要的困扰，中文版未保留"参考网站"这部分内容。——译者注

教师手册

这本书的教师手册包含各章的纲要、教学计划、关键词（每一章需要向学生说明的词语）、讨论和论题，也包括可供选用的问题。教师手册可以从 www.pearsonhighered.com 的教师资源中心获取。马上注册，在每一次课程准备中有效地运用这一资源，能为你节省很多时间。

致　　谢

我们对许多学生和同事表示诚挚的感谢。这些年来，他们提出了无数有价值的建议和批评，很抱歉，篇幅有限，在此不能一一列出他们的名字。

另外，我们非常感谢下列评论家的意见：里维尔学院（Rivier College）的安·T. 阿克曼（Ann T. Ackerman），泽维尔大学（Xavier University）的托马斯·A. 克辛格（Thomas A. Kessinger），芝加哥州立大学（Chicago State University）的亚历山大·马克东（Alexander Makedon），康涅狄格大学（University of Connecticut）的戴维·莫斯（David Moss），佛罗里达大学（University of Florida）的塞万·特齐安（Sevan Terzian）。

还要感谢温迪·琼斯（Wendy Jones）提供电脑协助，特别感谢塞缪尔·M. 克莱威尔（Samuel M. Craver）在前几个版本中提供了有价值的资料。

霍华德·A. 奥兹门（Howard A. Ozmon）

目　录

导　论

可以说，从人类意识到教育是一种相对独立的人类活动那一刻起，就已经有了教育哲学。虽然文字诞生之前的远古社会并无现代社会那样远大的目标与复杂的社会制度，也缺乏现代哲学的分析工具，但前文字时代的教育依然包含着某种看待人生的哲学态度。因此，对人类来说，早在正规的哲学研究出现之前，早在人们能够理解这种研究对教育发展的意义之前，就已经有了教育哲学。

在早期人类社会中，人们主要将教育看作一种生存工具。人们教给儿童日常生活必需的生存技能。随着时间的流逝，人们开始逐步赋予教育以其他多样的人类目的。如今，教育仍然被视作生存的工具，但除此之外，教育还被视作获取工作、提升思维水平、提高闲暇生活质量以及改进社会和发展文化的利器。随着教育实践的不断发展，教育理论也逐渐发展起来。然而，因为实践先于理论，人们不难发现，在当前社会中，仍然存在忽视哲学理论与教育实践之间相互联系的倾向，存在实践与理论脱节的问题。比较起来，人们似乎不太关注教育理论的发展与分析，不太关注教育理论与教育实践之间的联系，人们比较关注的是教育的实践方面。这种现象令人困惑。原因之一是，学习有用的知识和技能是出于当时的需要，理论只在反思的时候才需要。然而很多时候，这两者我们都需要。如果教育哲学家在思考教育问题时，仅仅是从抽象的学术规则出发，而不了解教育实践中究竟发生了什么，那么他们就只能是纸上谈兵。反过来，如果教育实践工作者不对一些实践的结果进行严肃认真的思考，就指望能够发现新的教育方法，在很多情况下也不过是"竹篮打水一场空"。

教育哲学的必要性

在这个急剧变革的时代，人们更加需要对教育问题进行哲学研究。尽管从历史上看，人类社会的变革总在发生，可是历史上的任何一次变革都不像当前正在发生的这场变革那样，速度不断加快，这引发了未来学家阿尔温·托夫勒（Alvin Toffler）所说的"未来的冲击"（future shock）。当人类正进入一个新时代——后现代时，人类极易不计后果地拥抱一波接一波的变革，也极易盲目地抵制变革，保持已有的习俗和价值观念，而不管将带来怎样的风险。面对这样一个时期，教育哲学家从各自的理论出发，建议最好通过对令人不安的变革、永恒的观念和深思熟虑的思想之间的关系进行批判性和反思性的思考，来寻求解决问题的方案。

教育哲学不仅是将哲学观念应用到教育问题的研究中来，反过来，教育实践也能够促进哲学观念的具体化。这并不是说教育哲学不是一门独立的学科，而是想强调它在很大程度上依赖过去和今天的哲学家的工作，同时还能够将哲学家的观念应用到教育实践中去。教育哲学不仅要审视一些哲学观念，还要学习如何更好地应用这些观念。在教育者看来，如果他们的所言所行仅仅是基于过去的经验，而没有经过任何的教育哲学思考，那么这是很不明智的。对教育者而言，只有当他们意识到需要对当下的行为进行清晰的思考，并在更大的个人和社会发展背景下理解自身行为的时候，他们才会意识到教育哲学的重要性。

许多哲学家都写过教育的作品。这可能是因为教育是人生的一个必要组成部分。人们很难想象没有教育的人生。人类是"制造工具的存在"（tool-making beings），人类也是"发明教育的存在"（education-making beings）。教育总是与文明的发展有着密切的联系。一般来说，不管是在部落社会还是在高科技时代，对人生问题的思考总是伴随着对教育问题的思考，教育也始终被视为提高生活质量的途径之一。

教育哲学的学习并不能保证人们能够成为好的思考者或教育者，但是它确实能够提供有价值的视角，以便帮助人们更睿智、更清晰、更具批判性地思考问题。从词源上说，"哲学"一词就意味着"爱智慧"——一种对观念、传统、创新以及思维方式的充满热忱的探索。哲学家是人类事务敏锐的观察者，他们把自己的观察用一种有教益的方式表达出来。认真学习哲学理论对教育者来说是有益的。他们可以从哲学学习中获得一种洞察力，从而更好地理解形形色色的教育问题。当然，面对这些教育问题，教育者也可以不重视哲学的方法。不过，当他们这么做的时候，他们就会失去一种重要而强大的思考力量，失去一种处理教育问题的一以贯之的、深思熟虑的方式。

本书将讨论许多问题和观点。讨论中应用的一个基本策略是对问题进行寻根究底的反思，分析它们的形而上学、认识论、逻辑学和价值论的基础。例如，人们可能会问这样的问题："课程应该包括哪些内容？"要回答这个问题，我们需要了解不同地区、不同学校课程发展的历史。思考课程教学过程中学习者的本性也很重要。而要思考"一个人应该学习什么样的内容，学习的个体价值和社会价值是什么"，非常重要的就是，要思考应该如何组织课程以及组织课程的基本原理。这样一来，在处理任何教育组织的课程问题时，我们都会碰到许多哲学本质的问题。为了解答由此产生的更多问题，我们需要研究并论述过课程问题的教育哲学家为我们指引方向，引导我们思考这些问题与其他教育问题甚至更大范围的社会问题有怎样的相关性（relevance）。这并不意味着忽视科学在这些问题上也能提供清晰的答案，只是想说明上述问题不适合以科学的方法加以研究。回答这些问题不是依赖科学的分析或实验，而是依靠理性推理。即使科学为课程发展和其他教育领域提供了有价值的答案，哲学研究在整合和检视科学观念的价值中仍发挥着重要的作用。

我们也遇到不同的教育哲学观点。有些人认为，视时间、地点和环境的不同，在一些情况下，教育问题的最佳答案能够在理念论哲学著作中找到；在另一些情况下，人们可能会相信存在主义提供了更好的答案。显而易见的是，不管我们选择哪一个哲学流派，我们都要意识到，自己的研究要将哲学作为工具来使用。我们需要思考最好的哲学观念和科学观念，也包括不同时空背景下的哲学家的观念。我们不仅要思考福柯（Michel Foucault）这样的当代思想家的观念，也需要思考柏拉图（Plato）、亚里士多德（Aristotle）、黑格尔（Georg Wilhelm Friedrich Hegel）和康德（Immanuel Kant）这些更早的哲学家的观念，他们的哲学思想与今天的社会生活仍然有着千丝万缕的联系。

一直以来，哲学的一大功能是对当时一些心智上的争论进行批判性的检验，并提供新的思考方向。哲学的另一个功能则是帮助人们在寻找解决教育问题或其他问题的过程中，对自己使用的语言和逻辑问题保持一种高度的敏锐性。人们通过回溯哲学思想的发展就可能了解到一些观念的历史，哲学史反映了人类思想的完美进程，体现了人类的集体智慧。从事哲学的思考就是要思考"我们是谁，我们在做些什么，我们为什么要做这些，以及我们如何为自己的劳作进行辩护"；并且希望这样的思考能促进我们对教育的思考，改进我们的教育实践。

教育既涉及观念的世界，也涉及实践活动领域。对教育来说，好的观念能够产生好的实践，反过来，好的实践也能产生好的观念。教育者要想在教育实践过程中明智地行动，就需要哲学能够提供——对教育观念的历史的理解，关于思考和学习的本质的知识，对语言的作用的研究，以及对不同类型的理论和学习活动的批判。教育工作者认为，哲学研究是一个必要的工具，它不仅可以提供历史洞察力和对观念的分析，还可以作为改进我们工作的一种方式。哲学家们不仅研究观念，还展示了如何利用这些观念来使我们的生活更富成效、更道德和更人性化。也可以说，这提高了生活的质量和享受，因为它也有助于我们对文明、人类生存和周围世界的发展有一个更广泛和更深入的视角。

教育实践领域的所作所为总是反映了某些观点，但这些观点对学生、家长甚至教育者来说未必是非常清晰的。造成这种情况的原因可能是观点本身就是不清晰的，或是一个松散的观念集合，没有很强的逻辑性和连贯性，还可能是考虑到一些特殊的利益、权力精英或文化控制而有意不加以阐明。这种情况理应得到说明，并帮助人们澄清这些观念。但是，由于许多教育者缺乏澄清这些观念所必需的理解力和技术，面对这些观念，他们只能像失去方向的航船，随波逐流，继续为眼花缭乱的口号和包治百病的万灵药所迷惑。解决教育问题的努力常常产生了一些混乱的方案，这些方案充斥着各种各样的意识形态，提出了各式各样的口号。一些"实践的"教育者想当然地认为，应该将哲学理论扔到一边，这样他们就可以从事手边"真正的"工作任务。这种实践的观点存在的问题是，它的鼓吹者用同样陈旧的态度和办法来解决教育问题。这些方法是目光短浅的，甚至可能是危险的。

与其他人一样，教育者似乎被自己的人性困扰。人们无从确切地知道现行所有教育方法对人生的所有方面会产生什么样的影响，最完美的方法还没有诞生呢！因此，人们有必要思考自己所做的事情，试图努力对自己的所作所为进行理性的说明与辩护，以便使自己的行动连贯、有意义和可行，并旨在实现预期的教育目标。我们还需要了解，具体的理论或实践可能与某个地点或时间更相关，这就需要我们不断调查和改变我们关于教育活动的思维和方法。

本书中的观点将通过历史的、分类的和思想流派的方式来呈现。这种方法受到各种各样的批评，批评者认为，观念尤其是哲学思想太不固定、太重叠，不能归入"主义"或类别中。虽然本书中提到的哲学家也反对被归入某个类别，一些哲学家在不同的哲学流派中转换，但是，这种教育哲学的传统方式具有简单、明了的特点，有助于我们专注于某些特定的思考领域，也有助于读者看到不同哲学流派之间的异同。此外，也希望读者去寻找和发现联系与差异。总的来说，所有的学习都应该是跨学科的、整体的和选择性的。

也有人坚持认为，哲学思想和教育的现实世界之间并没有真正的联系，也就是说，哲学的反思与特定情境下的"该怎样做"没有逻辑上的联系。这个想法有一定的价值，并且让我们意识到观念的不确定性和飘忽不定。但是，这并不能阻止哲学家和教育者努力在观念和实践之间建立有价值的联系。这一点也体现在教育目的和目标、课程内容、教学方法和其他教育实践领域的相关评论中。虽然柏拉图生活在 2 000 多年前，但是他和他同时代的人关于生活与教育的论述和思想对西方思想的发展产生了巨大的影响。它也仍然影响着今天的人们，即便他们并没有意识到。教育专业学生的学习任务之一就是，熟知教育的传统观念和现代的哲学观念，了解这些观念对我们今天和将来的生活和教育会产生怎样的影响，是变得更好了，还是变得更糟了。

今天，历史上一些教育观念仍然影响着公共观念，特别是关于回归基本价值观和道德规范的态度。许多人会把某些事物看成确定无疑或默许为社会工作网络中的一部分，而不去探究它们的起源。因此，他们可能会接受或推广一些教育实践的举措和建议，而并不知道这些举措和建议是否在历史的使用和批判中得到检验，是否与当前的条件或观念相适应。为了不被花言巧语迷惑，想要成为教育者、教师或家长的学生，需要了解教育的观念和传统，理智地看待教育以及教育者在我们今天的学校和教育变革中所发挥的作用。

虽然当今教育哲学中充满了不确定性和诸多困难，但显而易见的是，哲学的任务之一仍然是持续不断地探究和质询。本书作者希望鼓励各位读者参与到这种哲学的质询和挑战中去。人类的天性是充满好奇并由此充满困惑的，这就使得哲学成为一种永恒的人类事业——一项永远处于进程之中而不会终结的事业。简而言之，作为智慧追寻的哲学实际上是对更好的思维方式的追寻，这种思维方式事关人类面临的各种各样的困境。正如这种追寻关涉其他人类事务一样，这种追寻也关涉教育。当我们这样来看待和从事哲学研究时，它就不仅仅是一种心智活动，而且是可以增强我们对能做什么和应该做什么的理解力并提供行动指引的活动。

教育哲学视野的拓展

　　教育者需要明白，无论在世界观领域还是在行动领域，教育哲学都是至关重要的。为了更有意识地指导自己的教育实践活动，教育者应该利用哲学的观念和思维模式。这样说并不意味着他们要批判地接受任何一种哲学的观念或主张，只是要将哲学观念作为检验当前教育观念的一种方式。通过这种方式，在哲学分析和哲学批评的指引下，我们正在推动对现有社会和教育状况进行负责任的审查。

　　有些教育哲学家建议对构建个人教育哲学抱一种负责任的折中主义的态度。之所以要采取这种态度，是因为在他们看来，世界上没有两个人在心智和心理发展上处于相同的水平。而且，没有任何一种教育哲学在任何特定的时刻都是有用的或有价值的，因为哲学有其兴衰起伏，它们的价值依赖于我们所处的环境或时代的特殊需要。这可能意味着采纳旧哲学的观念，也可能意味着开辟新的哲学研究方向，但无论研究什么哲学，都应始终伴随着对其观念及其影响的批判性审查。这还意味着从事哲学工作可能会超越自己的文化传统。例如，东方哲学提供了与西方哲学传统的对比，以及另一种看待生活、社会和教育的视角。我们应该始终意识到对新的和不同的思维方式的需求。

　　从哲学视角来审视教育并非易事。然而，如果一个人想成为更专业的教育工作者的话，就必须学会这一点。从哲学视角审视教育，可以帮助一个人更加清晰地看清楚教育的目的、方法和课程、教师角色等学校教育观念之间的相互关系，从赞成者和反对者那里了解教育观念和教育实践的关系。本书展现了哲学视角的必要性，并提供了哲学见解的基础，这些哲学见解有助于个体在深度和广度上拓展个人和职业发展。

　　学习教育哲学是一件令人激动和充满挑战的事情。它会帮助人们邂逅一些伟大的和永恒的人类思想观念。它既能帮助人们理解教育的历史，又能帮助人们通过各种各样的视角，利用各种类型的心智工具来认识今天和未来的教育问题。

第一章

理念论与教育

- 理念论的发展
- 现代理念论的发展
- 作为一种教育哲学的理念论
- 对教育中理念论的评价

在西方文化领域中，理念论（idealism）可能是最为古老的哲学体系了，最早可以追溯到伟大的古希腊哲学家柏拉图。当然，哲学和哲学家在柏拉图之前就已经存在了，但柏拉图是古代最有影响的教育哲学的创始者。纵观古今，理念论始终是一种非常具有影响力的哲学思潮，美国19世纪的哲学思想就深受德国理念论的影响。虽然现在理念论已经式微，但它作为一种哲学力量始终活跃在当代宗教研究及道德哲学等特定领域。

一般而言，理念论者相信观念（ideas）是唯一真实的实在。但并不是说所有的理念论者都排斥物质（物质世界）；相反，他们认为物质世界的特点是变化、不稳定和不确定，而某些观念是持久不变的，尽管实际上一些观念也不是持久不变的。所以，观念主义（idea-ism）或许才是对这一哲学体系更为恰当的表述。不过，我们必须反对过于简单化地理解理念论，而是要在更广泛的范围内求得对这一复杂哲学体系更为深刻的理解。

为了获得对理念论的充分理解，我们有必要对一些与理念论相关的杰出哲学家的作品加以研究。没有哪两位哲学家的思想是完全一致的，所以要想恰当地理解理念论或其他哲学思想，对代表人物的不同哲学方法加以检视是最合适不过的。为了达到这个目的，我们将对柏拉图的理念论、宗教理念论、现代理念论及其特征加以探索和分析。

理念论的发展

苏格拉底（Socrates，前 469—前 399）是古希腊历史上一位领袖式思想家，他挑战同时代人对物质的关注。苏格拉底将自己视作激发人们思考的"牛虻"，他将毕生的精力都用在与雅典市民尤其是智者派（Sophists）争论生活的不可验证性这一问题上。他因为自己的信仰而在雅典遭受审判，被判处死刑。尽管苏格拉底的思想仅通过问答的方式口耳相传，柏拉图仍把它们记录了下来，并具体阐释了苏格拉底的思想和方法。

人们经常争论柏拉图是否在这些对话中增加了内容，因为他是在对话发生多年后才写下这些对话。普遍的观点是，柏拉图补充了大量的内容，并将对话以一种具有持久价值的文学形式呈现出来。因为今天很难把苏格拉底和柏拉图的观念截然区分开来，学者们通常将这些作品称为柏拉图哲学。

柏拉图的理念论

柏拉图（Plato，前 427—前 347）

柏拉图是古希腊哲学家，他是苏格拉底的门徒，一生狂热地崇拜苏格拉底。柏拉图因记录苏格拉底那几乎无所不包的对话内容而闻名于世。他的两部最为有名的著作是《理想国》（*The Republic*）与《法律篇》（*Laws*）。苏格拉底死后，柏拉图创办了学园（Academy），在那里，学生和教师平等地探讨学问。

柏拉图认为，人应该追求真理。真理是完美、永恒不变的，而物质世界存在缺憾，居于不断变化之中，所以人们无法从物质世界中获得真理。数学是永恒不变的真理的最好例证。"2 + 2 = 4""圆周上任何一点到圆心的距离相等"，这些概念以前是真的（即便在未被人们发现之前亦是如此），现在是真的，并且永远是真的。数学表明，人人都认可的普遍真理是可以被找到的，但是数学仅是永恒真理的一个知识领域，所以柏拉图认为我们必须去探寻其他领域的永恒真理，诸如政治、社会、教育，这也是真正的哲学家应为之奋斗之事。

在《理想国》中，柏拉图将理念世界与物质世界区分开来。理念世界或型相（form）是一切真知的本原，是最高的善。而来自物质世界变动不居的感观信息是不可信的。人们应该通过对话（或反讽）尽可能地将自己从物质世界中解放出来，借此而抵达善。辩证法（dialetic，或批判性讨论）之所以能够使人们从物质世界中解放出来，是因为它能够使人们超越实在而获得纯粹的真知。

辩证法可以被描述为所有的思考都始于一个命题（thesis，正题）或观点，如"战争是罪恶的"。这种看法能够通过指出战争产生的不良后果而获得支持，如战争造成死亡、家庭破碎、城市毁灭以及道德沦丧等。如果我们只是面对信念相似的人，那么我们就不可能改变自己的观点。如果我们正好遇到反题（antithesis）或对立的观点，如"战争是善的"，那么我们就不得不重新检视自己的看法，为自己的立场辩护。为支持"战争是善的"这一观点而提出的论点可能包括这样一种信念，即战争促进勇敢，有助于消除邪恶的政治体系，以及通过战争的研究能够促进技术的进步等。简而言之，辩证法是从正反两面来看问题。如果我们的反对者是对战争善恶这一真理性问题非常感兴趣的哲学家，那么他们将参与关于战争问题的对话，在对话中，战争可能带来的进步和倒退都会被提及。

柏拉图认为，如果论辩双方为各自立场进行辩护的时间充足的话，他们将更接近于一致或综合，从而更接近真理（真理也许是战争既有有利的一面，也有不利的一面）。如果人们争辩的目的是获胜，或者争辩的人不具有批判的视野，那么他们就无法完成这种辩证法。因此，柏拉图认为，运用辩证法的必要准备就是从学习数学开始，接受长期的教育。也正因为如此，柏拉图特别反对没有实践经验的人使用辩证法，他认为只有超过 30 岁的学生才能够达到辩证法训练所需要的成熟程度。

柏拉图将辩证法视作工具，它促使人们从关注物质世界转向关注理念世界。大致上可以说，辩证法打破了物质和理念的"界线"（divided line）。人们对世界的认识过程始于大脑、舌头、手势等的运用，而止于理念对真理的发现。在"洞穴隐喻"（allegory of the cave）中，柏拉图对被锁在黑暗世界中的囚徒作了这样的描述：他们只能看见投在洞穴远处墙上的影子，并将它们看作实在。我们可以设想其中一个囚徒从锁链中挣脱出来，他穿过一段陡峭的斜坡走到阳光下，经过一段时间的适应后，他看见了太阳，这才认识到太阳是热和光真正的来源。他因发现了真实的知识而高兴，他甚至希望能够进一步沉思。但是，他忘不了仍在洞穴中的朋友，因此他重返洞穴，告诉他们外面真实的世界。然而，因为他现在已经不能用关于影子的知识与囚徒朋友进行辩论，所以没有人听得进去他说的话。如果这个幸运的囚徒坚持要解放他的囚徒朋友，那么他的朋友们可能会杀了他。

这个隐喻的含义是，我们生活在影子和幻想的洞穴中，被无知和冷漠束缚着。当我们试着去打开身上的锁链时，教育便开始了；陡峭的斜坡代表把我们从物质世界带入理念世界——甚至把我们带入关于由太阳代表的善的沉思——的辩证法。需要注意的是，柏拉图的洞穴隐喻告诫人们，那个进入真实知识领域的人必须返回洞穴把开悟带给其他人。这表明，柏拉图坚信，哲学活动不仅是一项智力活动，而且哲学家必须和他人分享他的学问，尽管这样做可能要面临厄运，甚或死亡。

柏拉图认为，人并不能创造知识，最多只是发现知识。在另外一个饶有趣味的神秘领域，柏拉图推测，人的灵魂中原本就有真正的知识，但在将灵魂装进肉体的时候，真正的知识因被扭曲或污染而丢失。因此，人的一项艰辛的任务就是，努力回忆自己曾经知道的东西。苏格拉底证明了这一"回忆说"（doctrine of reminiscence），他说人生而有知，但知识本身并没有随人的出生一起出现，而他就是知识的"接生婆"。在与他人的讨论中，苏格拉底通过告诉一些他人从不知道的事实来帮助他人的思想"出生"。在《美诺篇》（Meno）中，柏拉图描述了苏格拉底与一个做苦工的男孩对话的情况，通过娴熟的追问，苏格拉底让这个男孩说出了毕达哥拉斯定理（Pythagorean theorem，即勾股定理），而这个男孩对自己有这样的认识一无所知。

在《理想国》中，柏拉图提出了一种能够创造理想世界的教育，在这个理想的世界中，个人和社会能够尽可能地接近善。他充分地认识到，大多数人确实相信物质是一种客观实在，相信个体差异的存在，相信不公正和不人道是生活的方式。因此，他希望创造一个世界，在这个世界上，像苏格拉底那样的著名人物能够被当成模范，他们能够受到奖赏而不是惩罚。他认为，国家必须在教育事务中发挥积极作用，要提供一种能够引导聪明的学生从关注具体信息到关注抽象思维的课程。

非常有趣的是，虽然柏拉图认为，不管是男孩还是女孩，都应该平等地享有充分发展自我的机会，但他认为，那些抽象能力不足的人应该从事社会管理的实践方面（practical aspects）的工作，而那些在辩证法方面表现优异的人则应该继续接受教育，直到他们成为能够引领国家迈向至善的强有力的哲学家为止。柏拉图认为，只有让哲学家担任统治者，国家才能够追求正义和真理的最高理想。

柏拉图认为，哲学王（philosopher-king）不应该仅仅是一个思想者，而且必须是一个实干家。他必须掌控国家事务，而且还要像一个哲学家那样，在走出洞穴之后再返回去教导其他人，他必须明白他的智慧渗透于国家生活的各个方面。毋庸赘言，这样的统治者对物质世界甚至统治并不感兴趣，但是他有统治的责任和义务，因为他最适合统治。这样的统治者既可以是男性，也可以是女性，而且柏拉图坚信，女性应该在国家及军队中占据和男性平等的地位。柏拉图认为，无知是恶的主要根源，因此他的哲学王不仅拥有智慧，而且还是一个善良的人。

尽管柏拉图曾经在叙拉古（Syracuse）城邦独裁者狄奥尼修二世（Dionysius II）的庇护下试图建立这样一个理想的社会，但是当狄奥尼修二世最终认识到柏拉图所做的事情是怎么回事的时候，柏拉图的努力便宣告失败了，因此他的社会理论从未得到完全实施。柏拉图思想的价值在于，它曾经激起人们对人性、社会、教育的意义和目的的思考，它甚至曾经通过许多微妙的方式渗透在现代思想和实践中。例如，如果我们知道了什么是最好的，那么还有谁不希望让最好的人来治理我们的国家呢？今天，国家为人们提供了一个庞大的教育体系，这一体系规定，人们最终能从事什么职业是由他们所接受的教育决定的。在柏拉图描绘的乌托邦中，他把人分成生产者（workers）、武士（military personnel）和统治者（rulers）三个不同的等级，今天我们也认识到了社会阶层对教育的巨大影响。

一般来说，人们认为西方文化中艺术的哲理化始自柏拉图。柏拉图曾经探讨过绘画、雕刻、建筑、诗歌、舞蹈和音乐等各种艺术。虽然柏拉图认为艺术仅仅是模仿（甚至是对模仿的模仿）而不是真正的知识，但他还是坚信，艺术（包括文学）经过严格的审查和筛选后能够反映纯洁和光明的美好事物。因此，通过审查和筛选，艺术可以成为教育过程的有用部分。

不管后来哲学家是赞成还是反对柏拉图的基本观点，柏拉图几乎影响了所有追随他的人。事实上，诚如哲学家艾尔弗雷德·诺思·怀特海（Alfred North Whitehead）所评论的那样，现代哲学只不过是柏拉图学说的一系列注脚。

宗教理念论

理念论对宗教有着显著的影响。例如，作为基督教的先驱，犹太教
（Judaism）就有许多信仰与理念论不谋而合。犹太教和基督教关于纯粹精
神和普世善良的一神论观念就与理念论的思想相一致。当亚历山大大帝
（Alexander the Great）在地中海世界传播希腊文化时，那里的希腊学校也同时
发展起来；相应地，许多《新约全书》（The New Testament）的创作者都曾经
或多或少地受到希腊文化和希腊哲学的影响。《新约全书》的重要创作者之一
保罗（Paul）出生在塔尔苏斯（Tarsus）的索罗（Saul），塔尔苏斯就是一个
深受希腊（或者说是希腊风格的）文化和希腊思想影响的城市。人们可以从
保罗的作品中看到大量源于犹太和希腊传统的理念论痕迹。同样，穆罕默德
（Muhammad）和伊斯兰思想（Isamic thought）连同它的理念论也都是希腊观
念的反映。

奥古斯丁（Augustine，354—430）

罗马天主教的奠基者深受理念论的影响。奥古斯丁就是在希腊风格的文化
影响下出生和成长起来的。奥古斯丁在《忏悔录》（Confessions）中描述了他
的早年生活，他说自己青年时期是一位异教徒，放浪形骸，直到386年皈依
基督教后，他才结束了放荡的生活。391年他成为一名牧师，395年被任命为
希波主教。奥古斯丁通过基督教信仰接触到柏拉图主义者（Platonists）和新柏
拉图主义者（Neoplatonists），如普罗提诺（Plotinus）。与柏拉图将世界分为理
念世界和物质世界一样，奥古斯丁在《上帝之城》（The City of God）中描述了
"上帝之城"（city of God）和"人间之城"（city of man）的区别。而且，奥古
斯丁与柏拉图一样，相信感觉是不可靠的，上帝的存在最终只能依赖信仰。他
写道："我们要想知道，首先必须相信。"在柏拉图的哲学中，灵魂拥有的知识
在被肉体禁锢时变得晦暗不明，而奥古斯丁的解释是，亚当（Adam）失宠使
灵魂变暗，人类的疑惑和不确定性由此产生。

奥古斯丁非常关心恶的概念，他认为人类的恶来自亚当的罪孽，因此他不
断努力，试图使人类重获亚当堕落之前的纯洁。这种观念类似于柏拉图关于星
座的神秘思想——居住在善附近的灵魂被放逐到物质世界中遭受痛苦和死亡，
人类必须努力重获曾经拥有的精神存在。

奥古斯丁很自然地接受了柏拉图将世界区分为理念世界和物质世界的思

想，不过他倾向于把这两个世界视作圣世（world of God）和俗世（world of man）。圣世是精神的、善的世界；俗世是黑暗的、罪孽的、无知的、痛苦的物质世界。奥古斯丁相信，个人应该尽可能地将自己从俗世中解放出来以进入圣世。虽然没有人能够在生前做到这一点，但奥古斯丁还是相信，一个人能够通过沉思和信仰专心于上帝，从而在精神上超越俗世。

和柏拉图一样，奥古斯丁也相信，人不会创造知识，因为知识是上帝已经创造好的，人只能通过发现上帝而揭示知识。他认为，我们只能从灵魂深处来寻找知识，因为灵魂是最接近神性的事物。因此，他提倡直观的教育方法，并且赞同柏拉图关于物质现象（physical phenomena）的看法，认为物质现象会把我们引入认识真知的迷途，像柏拉图一样，他非常认同辩证的学习方法。在奥古斯丁和他的私生子阿德奥底特斯（Adeodatus）的对话录中，就使用了辩证法来发现关于上帝和人性的真正观念。

奥古斯丁关于真正基督教本质的观念在那些倾向于禁欲基督教观念的人中得到了更多的认同。那些禁欲主义者认为，基督徒应该从世俗的事务中抽身出来进行沉思。奥古斯丁接受了柏拉图保守的艺术观。他认为，过于关注尘世事物对灵魂有害。他甚至怀疑教堂音乐的作用，因为它可能会使人无法把注意力集中在弥撒曲的真正含义上。 12

奥古斯丁追随柏拉图的传统，构建了自己的教育哲学。他认为，通过感官获得的世俗知识充满谬误，而理性可以引导人们去理解，他坚持认为，最终必须通过信仰来超越理性。例如，像三位一体这样的问题，不能被理性完全理解，需要靠信仰来接受。只有通过理性加上信仰，人才能进入真正的观念领域。

奥古斯丁认为，通过信仰获得哪类知识是由基督教教会决定的。基督教教会不仅要确定无可置疑的信仰（如三位一体的理念），而且要确定适当的教育方式。奥古斯丁认为，正确的学习并不容易。作为亚当的后代，儿童天生就有犯罪的倾向，只有在内心深处形成善，才能控制自己天生的邪恶。因此，学习必须集中在获取基督教教会的真理上。

在《论教师》（*De Magistro*）中，奥古斯丁提出了一个令人深思的问题："一个人可以教另一个人吗？"他认为，一个人不可能用传统的方式教另一个人，但是可以使用文字等符号系统指导学习者。学习一定是内在的，真知来自上帝。奥古斯丁是最伟大的基督教柏拉图主义者，他对学习者自发的才智和上帝指导下形成的才智的论述，深刻地影响着数个世纪的基督教教育。

理念论和宗教如此紧密地联系在一起并不奇怪。尤其是基督教，它发扬了上帝是超然的、纯粹的精神或理念的观念。此外，基督徒认为，上帝创造了其自身之外或者精神或理念之外的世界。而这种观念和柏拉图将理念作为真正实在的基础这一思想是相近的。

毫无疑问，宗教理念论会对教育和学校教育产生巨大的影响。早期的基督教教徒很快就认识到，如果给信徒们某种系统的教育，基督教精神会发展得更好。当他们建立学校时，他们选用了那些熟悉的样式。这样，犹太人和希腊人关于人性、社会和上帝的本质观念就与各种不同的基督教观念一并进入学校中。在此后的数个世纪中，基督教教堂一直是学校教育的创造者和保护者，在这种学校中，一代又一代人接受着理念论者的观点。

中世纪及之后，理念论和犹太-基督教（Judeo-Christian）传统互相影响，与欧洲文化的统一融合在一起，据此我们可以解释现代思想的诸多特点。在柏拉图看来，终极实在是理念，心灵是我们通向理念的桥梁。在犹太-基督教看来，终极实在是上帝，灵魂是我们通向上帝的桥梁。这看起来像是由逻辑阶梯连接着，一头是理念和上帝，另一头是心灵和灵魂。这样，人性和终极实在通过心灵和灵魂（或者它们的同类，即自我、意识和主观性）联系在了一起。

现代理念论的发展

13

到了 15 世纪和 16 世纪的现代初期，理念论的主观性和系统性也变得更为明显。理念论的这一特征以笛卡尔（René Descartes）、贝克莱（George Berkeley）、康德、黑格尔和罗伊斯（Josiah Royce）的著作为标志。

勒内·笛卡尔（René Descartes，1596—1650）

笛卡尔出生在法国南部拉艾（La Haye）小镇上的一个贵族家庭，从小在耶稣会学校接受教育，因此他对耶稣会学校有着很高的赞誉，但是他不满意学校的空洞说教。虽然他的哲学思想在很多方面挑战了天主教教义，但是他仍然忠诚于天主教。

很难把笛卡尔这样一位具有独创性的思想家归入某个哲学流派，而且如果把他归入某个哲学流派也容易产生误导。可以肯定地说，笛卡尔的哲学在很大程度上可以被视作理念论，但是，他对实在论（realism）及其他哲学流派也有很大的贡献。从研究的目的出发，我们认为笛卡尔最重要的著作是他广为人知的《谈谈方法》（ *Discourse on Method* ）① 和《第一哲学沉思集》（ *Meditations on First Philosophy* ）。

在《谈谈方法》中，笛卡尔主要展示了"怀疑的方法"（methodical doubt），凭借这一方法，他怀疑包括他自身在内的一切事物。笛卡尔认为，如果他能够找到清楚和分明的（clear and distinct）思想，那么他就有了能够在其上建立其他真正思想的坚实基础，因此他一直努力在寻找无可置疑的思想。他发现，除了不能够怀疑他在怀疑或思考外，一切都可以被怀疑。虽然他能够怀疑自己是否在怀疑，但是他不能怀疑自己在思考。通过这种方式，他建立起著名的笛卡尔第一定律，即"我思故我在"（cogito, ergo sum；英文为"I think, therefore I am"）。

自笛卡尔时期以来，笛卡尔的"我思"（cogito）催生了诸多哲学思想。循着这条轨迹，我们可以发现许多现代哲学。而且，"我思"支持了理念论的传统，因为它再次肯定了心灵在人类与世界的关系中所处的中心地位。

笛卡尔认识到，尽管"我思"是明确的，可是他并不能轻易地把"我思"的范围推延到其他无须怀疑的事物上。外在于"我思"的客体是由感觉获取的，而世人皆知感觉是主观的，它容易产生错误。而且，任何特殊的观念或思想都依赖于别的观念存在。例如，一个人不可能只考虑某个特殊的角而置其他所有的角、度、线等于不顾。因此，笛卡尔意识到从一个观念推导出另一个观念的必要性。他试图找到无须再推导的观念。但是他发现，除了"完美的存在"（perfect being）之外，根本不可能找到除了自身之外不与任何其他观念发生联系的观念——甚至是明确的"我思"也不能不与其他观念发生联系。笛卡尔认为，通过"完美的存在"，他遇到了上帝这一无限的、永恒的造物主，而上帝才是万物的根源。然而，一些批评者指出，证明一个人在思考的方式，并不能用来证明他在思考什么。

这样，笛卡尔得出了两个原则——"我思"和上帝（Diety），在此基础上他建立起自己的哲学体系。通过"我思"，他找到了明确的人类思想；通过上帝，他找到了所有思想之物的基础。他依据这两个原则建立起来的哲学体系，对后来几乎所有的哲学都产生了影响。我们很容易发现，这两个原则的很多内容都可以在传统的理念论中找到。有限的心灵思考关注上帝创造的思想之物

---

① 本书有中译本，即：笛卡尔.谈谈方法［M］.王太庆，译.北京：商务印书馆，2000.

（用柏拉图的话说就是，人类的心灵思考理念的终极实在）。笛卡尔认为，他找
14 到了这两个原则的方法——分析法——为哲学注入了新的生命。而且，笛卡尔
的哲学方法还延伸到包括自然科学在内的广大研究领域。

乔治·贝克莱（George Berkeley，1685—1753）

贝克莱出生在爱尔兰，并在那里接受教育，他在爱尔兰的英国国教大教堂
度过了几乎全部的牧师生涯。他年轻的时候就有诸多新颖的思想，撰写了几部
哲学论著，其中包括《人类知识原理》(*Principle of Human Knowledge*)。贝克
莱坚信，所有的存在都依赖于认识它们的心灵；如果心灵不存在，那么对所有
的意图和目的来说，就没有任何东西存在，除非它能被上帝的心灵感知到。贝
克莱曾经猛烈攻击实在论的主要原则——物质世界独立于心灵而存在。

根据艾萨克·牛顿（Isaac Newton）的观点，宇宙是由在太空中运行的物
质实体构成的，它们受数学定律——如万有引力定律的控制。贝克莱则坚持认
为，没有人能够直接经验到那样的事实，而且那样的理论也只不过是人类心灵
的构想罢了。贝克莱认为，人们常犯的一个错误就是，假定诸如树、房子和狗
这样的物体可以不被心灵感知而存在。反过来说则是，一件事物的存在是因为
有心灵在感知它，即"存在就是被感知"(esse est percipi；英文为 to be is to be
percieved)。有一个经典的问题是："如果没有人在附近听到森林中树倒下的哗
哗声，这个响声发生了吗？"贝克莱对此的回答是："没有，如果我们排除上
帝感知到这种响声的话。"这就是说，没有被感知的就不存在，但是在上帝对
事物的感知中，事物是存在的。

贝克莱的宗教观对他的哲学观产生了很大的影响。他认为，科学亵渎了
理念或精神等非物质存在，而且科学带来了"怪诞的无神论者思想体系"。什
么东西存在着并不重要——它或许是精神，或许是理念，或许是上帝。重要的
是，我们可以把贝克莱的努力看作对科学的蚕食和对坚持唯物主义主题的科学
实在论的最后一次反击。

贝克莱驳斥了物质可以不按照心灵的形式而自我存在的观点。他认为我们
能够获知的事物是由心灵构想的，而当我们想到宇宙在人类有限的心灵能够构
想它之前就已经存在时，我们自然就会假设存在着在任何时候都存在的永恒的
普遍心灵（omnipresent mind）。这样，我们就可以说，尽管人类也许不能永恒
地清楚意识到树倒下去，但是上帝能够永恒地意识到树倒下去。贝克莱在虚构
的实体和价值方面取得了成功，他的主要目的是论证上帝的存在以及上帝是万

事万物的真正根源。

戴维·休谟（David Hume，1711—1776）

事实表明，出生在苏格兰的哲学家休谟是贝克莱哲学观念最重要的反对者。休谟先是学习法律，后来曾任英国驻法大使馆的秘书与代办等职。他的著作最初并不被人们广泛接受，根据他的自述，他曾经"感受到胎死腹中的压力"。他26岁时写成的最重要的著作《人性论》（*Treatise upon Human Nature*），是对理念论攻击最猛烈的一部著作。虽然休谟一开始接受了贝克莱的"存在就是被感知"这一原则，但他得出的结论是，如果我们所知道的都是我们自己的印象和观念，那么我们就没有宣称物质实体或精神实体存在的真正基础。休谟没有找到证明事物必然联系或因果关系的证据。休谟指出，将一个事件的出现与另一个事件联系起来的，主要是我们的习惯，这种习惯是以一系列可能出现的事件为基础的，如果一个事件出现，我们就会期待另一个事件随之出现。我们所知道的是我们拥有观念和印象，这些观念和印象以杂乱的方式依次呈现。

贝克莱认为，自己充分驳斥了无神论（atheism）；而休谟则认为，上帝存在的理由并不比物质存在的理由多。因此，与贝克莱认为自己摧毁了无神论和实在论一样，休谟也认为自己摧毁了上帝和心灵的概念。不过，休谟承认自己的理论会导致影响宗教与科学的怀疑论，他不能调和感官世界和人类思想逻辑之间的悖论。

今天看来，贝克莱的观念似乎不合适，但他提出的概念影响了诸多领域的学者。他的主观心灵中心论，以及任何事物的存在都依赖心灵察觉这两种观念，影响了学者们进一步研究知觉的本质和思维的对象。

伊曼努尔·康德（Immanuel Kant，1724—1804）

德国哲学家康德出身卑微，他的父亲是一位马具商。他在家乡哥尼斯堡（Königsberg）的学校中接受教育，并最终成为哥尼斯堡大学（University of Königsberg）教授，他可能是哥尼斯堡大学曾经拥有的最著名的教授。康德被普遍认为是世界上伟大的哲学家之一。

与众不同的是，康德的著作是对过去的思想体系的批判，他试图掀起哲学领域的"哥白尼式革命"。他完成的两部重要著作可以说是这方面的努力，一部是《纯粹理性批判》（*Critique of Pure Reason*），另一部是《实践理性批判》（*Critique of Practical Reason*）。在这两部著作中，他试图为理性主义

（rationalism）和经验主义（empiricism）这两大敌对的哲学阵营制定法则。

理性主义者寻求普遍真理或观念，通过它们可以推导出一个连贯的知识体系和结构。他们不相信感知，因为它的结果非常个性化，也很不稳定。与之相反，经验主义者相信经验的直接感知，因为这些感知是实际，与日常生活相关。

康德注意到这两种对立的哲学观点的争论几乎无处不在。他接受了现代科学的有效性与可信性，认为这两种立场之间持续不断的争论对知识观的兼容发展毫无益处。

康德的理念论来自他对人类思想过程的关注。他认为，理性主义者的思考是分析性的，经验主义者的思考是综合性的。他在后天综合［a posteriori（synthetic）］、先天分析［a priori（analytic）］的基础上，构建了一个先天综合判断（synthetic a priori judgments）的哲学体系，达到科学和哲学的融通。他认为，通过这个新的体系，能够把人类经验中的有效知识建立在科学的自然法则上，获得哲学清晰度。简而言之，通过一个单一的体系我们能够把最优秀的理性主义者和经验主义者的洞察力汇聚在一起。这样，科学就有了坚实的基础，因为在康德看来，科学需要经验主义的方法来发现普遍的自然法则。同时，他也承认人类自我或心灵以及作为主要组织者的思维过程在完成这一体系中的重要性。

康德必须面对思考的主体和客体这一问题。贝克莱认为，事物的存在完全依赖于心灵，康德拒绝接受贝克莱的这一哲学立场，因为这一观念否认了科学法则的可能性。他还被主观心灵如何能够获知客观实在这一问题困扰，他断定自然或者客观实在是一个存在因果联系的连续体——在时间和空间中由它自身内在的秩序连接着世界。主观心灵通过自身无法洞察这一秩序，因为当主观心灵意识到某件事物的时候，该事物就不再是物自体（thing-in-itself）。心灵只意识到经验（现象，物自体的外在表现）。物自体被康德称为本体（noumenon）。一件事物的每一个经验（现象）都是整体事物（本体）的某个较小的、附加的知识片段。因此，我们所知道的都是经验的内容。如果脱离了经验，我们就会陷入理性主义者对事物本身的终极或本体实在的思辨中。

康德对休谟的怀疑论提出了直接的批驳，因为他想向人们展示真正的知识是可能的。为了达到这一目的，他使用了很难的方法把明显相反的主题结合在一起，如现象和本体、实践和理论、主观和客观，这使得他的成果蒙上了一层迷雾。康德的两大批判本身就说明了这种冲突的存在，因为一个讲的是思想逻辑，而另一个讲的则是实际应用。不过，在《纯粹理性批判》中，康德的结论最终与休谟的怀疑论趋同，因为他发现，纯粹基于理性和科学，不能对人类经验作出绝对普遍和必要的判断。

在《实践理性批判》中，他改弦易辙，转而进入实践领域——道德和伦理领域，认为在道德和伦理方面也应该能够作出普遍判断。因此，他的道德哲学或实践哲学就由被称为绝对命令（categorical imperatives）的普遍有效的道德法则组成，例如，"要经常行动，这样你才能将你行动的准则或决定原则变成普遍法则"。

这一思想路线贯穿在康德论述教育问题的著作中，对教育的关注是他关注基本道德的一项重要内容。他认为，"一个人能够投身其中的最大、最困难的问题是教育问题"。在他的道德哲学中，把每一个人都看作目的而不仅仅是手段就是另一个绝对命令。这一绝对命令极大地影响了他后来的教育思想，这一思想就是注重人的品格发展（character development）。康德关于教育问题的阐述，大部分是从他的绝对命令中推演出来的。他认为，人是唯一需要教育的存在，引导人思考和发现"善"的纪律（discipline）① 是教育的基本要素。不应只为了当前而教育儿童，还应该为了改善未来的状况而教育儿童，这被康德称作"人类的观念与全人类的命运"。就康德论述教育问题的大部分内容来看，他认为，教育必须由纪律、文化、自由选择和道德训练几个方面组成。在康德看来，教育的本质不应该是简单的训练，最重要的是启发或教育儿童不要盲目行动。这与他关于意志的看法紧密相关。意志教育是指按照从绝对命令衍生出的义务生活。实际上，康德认为儿童教育的一个重要方面就是教导儿童对自己和他人负责。

在康德关于思想过程的思考中，在他关于心灵及其对象与普遍道德理想之间关系性质的关注中，我们很容易看出康德的理念论思想。尽管他试图掀起哲学领域的"哥白尼式革命"的努力最终失败了，但是他的思想体系对后来的西方哲学（如理念论等）产生了巨大的影响。

格奥尔格·威廉·弗里德里希·黑格尔（Georg Wilhelm Friedrich Hegel，1770—1831）　17

黑格尔的思想也许是现代理念论哲学发展的顶点。黑格尔出生于德国的斯图加特（Stuttgart），18 岁前他一直在自己出生的城市接受教育，过着相当普

---

① 亦译"规训"。——译者注

通而平静的生活。18 岁时他进入杜宾根大学（University of Tübingen）主修神学，于 1793 年毕业。据他的教授说，在这一时期，他没有特别展现出作为新秀哲学家的潜力。此后，他做了若干年收入微薄的家庭教师。后来他继续深造，在从父亲那儿获得一小笔遗产后，他的努力也获得了更多的成就。他在耶拿大学（University of Jena）当了一段时间的讲师，然后又在一所中学当了几年的校长。1816 年，他成为海德堡大学（University of Heidelberg）的教授，两年后，即 1818 年，他开始担任柏林大学（University of Berlin）哲学教授，此后便一直待在柏林大学，直到去世。

虽然黑格尔几乎所有重要的著作都是他在去柏林之前完成的，但在柏林，黑格尔成为哲学界广为人知的重要人物。在其后出现的诸如马克思主义、存在主义和实用主义这些迥然不同的哲学体系中，都能找到黑格尔思想的基本原理。要研究黑格尔，就必须看他哲学体系的三个重要方面：逻辑、自然和精神。他的三部重要著作分别是《精神现象学》（*Phenomenology of Mind*）、《逻辑学》（*Logic*）和《权利哲学》（*Philosophy of Right*）。

黑格尔哲学的一个显著特征是他的逻辑学。他认为，自己建立了一个完美的逻辑体系，这一体系能够弥补亚里士多德逻辑学（Aristotelian logic）的不足。"辩证法"一词非常适合黑格尔的逻辑学，他的逻辑学经常被描述为正题和反题之间进行相当机械的斗争，两者斗争的结果产生合题（synthesis）。但是，他的逻辑学并非如此简单，因为它包含着各类事物的细微变化。更重要的是，黑格尔并不把自己的逻辑学看作一系列机械的、人为的联合构造的体系，而是把它看作连续统一体。可以说，连续统一体的特征是永恒运动的"综合化"（synthesizing）——一个运动着的、生长着的、永远变化着的思想过程。

黑格尔坚持认为，如果准确地运用他的逻辑体系，人们就会获得绝对观念（absolute idea）。这与柏拉图的恒常理念（unchanging ideas）相似。两者不同的是，黑格尔对变化很敏感（尽管批评他的人指责他关于变化的解释是失败的）。变化、发展和运动是黑格尔逻辑学的中心和必不可少的内容。即使是作为思想过程最后阶段的绝对观念也不是不变的，因为它也有一个反题——自然。

在黑格尔看来，自然是观念的"他者"（otherness）——反面。黑格尔认为，自然和观念并不像笛卡尔的二元论（dualism）哲学所认为的那样是绝对分离的，因为在他看来，在思维的最后阶段，任何二元论都让人无法容忍——必然要进行最后的综合。因为黑格尔坚持这样的观点，所以他并不否认日常生活中平常的事实、石头和棍子，只不过他认为，这些实在中较低级的事物并不是最后的综合物。

最后阶段或观念和自然的综合就是精神，在这个过程中出现了绝对事物。绝对精神通过一个民族的历史发展与艺术、宗教和哲学的最后工作显现出来。但是，这些显现出来的事物并不就是绝对精神，它们仅仅是绝对精神的外在表现。黑格尔并不认为这就抵达了完美的终点，但他确实认为人类正朝着终点迈进，不过是缓慢的、曲折的，而且有时候还可能出现倒退。在这种观点中，黑格尔的理念论最明显的就是对最终绝对精神的追求。

黑格尔体系的一个主要特征就是朝着更为丰富、更为复杂、更为完整的综合的方向运动。黑格尔认为，历史显示的这种运动和逻辑思维过程是一样的。在黑格尔看来，仿佛整个宇宙都是朝着完整统一的方向运动。因此，在黑格尔的体系中，如果我们要考察任何一件事物，我们都倾向把与它相连的另一件事物一并进行考察。这就像文明的发展一样，其历史运动是一个辩证的理性过程。熟悉马克思（Karl Marx）思想的人能够看出马克思与黑格尔的相似之处，因为马克思从黑格尔那里受惠很多。

黑格尔的思想不再拥有它曾经的辉煌。其中一个原因是他的体系以牺牲个体为代价来美化国家。它使得他的追随者认为，在神秘的、预先注定的命运面前，个人软弱无力。从这种观点来看，个人只不过是国家这一巨大的、完整的统一体的某一部分或方面。

黑格尔对教育哲学和教育理论的影响是显而易见的。伊万·索尔（Ivan Soll）曾经试图展示黑格尔对教育哲学的贡献——这种贡献不同于黑格尔看待哲学问题的主要方式。黑格尔好像认为，一个人要想接受真正的教育，就必须经历人类文化发展的各个阶段。这一观点乍看似乎很荒谬，其实不然，因为黑格尔坚信个体能从过去所有的事情中获得教益。这一观点可以从科学和技术的发展中得到证明：对一个生活在 300 年前的人来说，除了闪电这一自然现象之外，电是不可知的。今天，几乎每个人的日常生活都离不开电，而电的工作原理和几乎所有关于电的知识对 300 年前的那个人来说完全超出了他的经验。一个当代人可以在较短时间内很轻松地掌握关于电的基本知识；也就是说，人们能够"经历"或学习人类文化发展中一个极其重要的阶段。因此，当黑格尔说"密涅瓦的猫头鹰在黄昏时起飞"时，他是在说，我们对历史的理解只是逻辑发展的一部分，它本质上是追溯性的，只有当它发生时才能提供对现实阶段的理解。

18

黑格尔认为，至少对某些人来说，虽然不能了解全部，但是要了解人类集体意识的历史中的各种基本要素还是可能的。今天，由于知识爆炸及人类知识的扩展与复杂化，仍坚持这样的教育理想未免天真。但是，因为传承文化传统、理解人类发展道路的要求目前仍然存在，所以黑格尔的某些思想还是可信的，即使对黑格尔来说，获得普遍的、百科全书式的知识也只是一种理想，只有精英学者才有可能实现。

约西亚·罗伊斯（Josiah Royce，1855—1916）

20世纪初，在美国倡导黑格尔理念论影响最大的就是罗伊斯。他认为，事物的外部意义完全取决于它的内部意义，即它的"目的的体现"。他主张，"目的的体现"是"智力"的标准，并且事情的内在本质是精神的。像许多理念论者一样，罗伊斯认为，自己的哲学观点与宗教（对他而言当然是基督教）教学是紧密联系的，他花费了大量精力来表明它们之间的一致性。

19

罗伊斯认为，思想在本质上是行动的目的或计划，并且只有在把它们付诸实践时才能发现思想的实现。因此，如果没有一个在其中能够实现的外部世界，目的就是不完整的，同时，除非有这些目的的实现，否则这个外部世界也是无意义的。什么目的的实现呢？罗伊斯用黑格尔的术语回答：是绝对目的。他认为，对一个人的发展来说，最重要的就是对道德原则和事业的忠诚感。这就意味着一种精神上的暗示，在其中，一个人通过成为普遍设计的一部分而达到至善。这种思想的影响在教育事业中很明显，它不仅教导人们关注生活的目的，而且教导人们如何成为实现这一目标的积极参与者。

在康德和黑格尔之后，仍然有很多国家对理念论产生兴趣。德国理念论在英格兰掀起了一场重要的思想运动，这一运动见诸塞缪尔·泰勒·柯尔律治（Samuel Taylor Coleridge）、华兹华斯（Wordsworth）、托马斯·卡莱尔（Thomas Carlyle）和约翰·拉斯金（John Ruskin）等人的著作。英国理念论学派包括托马斯·希尔·格林（Thomas Hill Green，他的著作对伦理、政治和经济改革提出了诸多建议）和弗朗西斯·赫伯特·布拉德利（Francis Herbert Bradley，他坚决反对经验主义、功利主义和自然主义）。

除了罗伊斯的作品，美国的先验哲学［包括拉尔夫·沃尔多·爱默生（Ralph Waldo Emerson）的著作］也对理念论的观点产生了一定的影响。威廉·托里·哈里斯（William Torrey Harris）是美国另一位卷入理念论的哲学家和教育家，他后来成为康科德哲学学院（Concord School of Philosophy）院长，在那里他积极尝试将新英格兰先验论和黑格尔理念论融为一体。1867 年，他创办了《思辩哲学杂志》（*Journal of Speculative Philosophy*），对教育事务产生了重大影响。1857—1880 年，他担任密苏里州圣路易斯的督学，1889—1906 年担任美国教育专员。他提出了许多公共教育改革的方案，是公认的美国公立学校系统的创始人之一。

作为一种教育哲学的理念论

通常，理念论者对教育表现出极大的关注，许多理念论者的著作中有大量关于教育的论述。在《理想国》中，柏拉图把教育作为理想国的核心。奥古斯丁非常关注教育对满足基督教教徒需要的重要性。康德和黑格尔也有关于教育的论著，或在他们的著作中大量论及教育，并且他们还都以教师这一职业来谋生。稍近一点，像 A. 布朗森·奥尔科特（A. Bronson Alcott）、W. T. 哈里斯、赫尔曼·霍恩（Herman Horne）、威廉·霍金（William Hocking）、乔瓦尼·秦梯利（Giovanni Gentile）和 J. 唐纳德·巴特勒（J. Donald Butler）这些理念论者，都试图系统地把理念论原理应用于教育理论和实践。

或许，在 19 世纪，最著名的理念论教育家是 A. B. 奥尔科特——一个美国先验论者，他的思想是柏拉图、普罗提诺、康德、黑格尔、卡莱尔以及爱默生等人哲学思想的混合物，他经常给先验论杂志《日晷》（*The Dial*）投稿。A. B. 奥尔科特详细论述了绝对理念论，他认为，只有精神是真实的，物质的东西都是感官的错觉。他对青年人的教育很感兴趣，并且于 1834 年在波士顿的默索尼克寺（Masonic Temple）开办了一所学校，这就是后来有名的寺庙学校（Temple School）。A. B. 奥尔科特积极参与学校事务，他的女儿路易莎·玛丽·奥尔科特（Louisa Mary Alcott）是该校的一名学生，后来成为知名作家。与同时代的许多人不同，A. B. 奥尔科特提倡女性主义（feminism），谴责奴隶制，并且相信人性本善。他选择《圣经》中的一部分内容作为课程来保持儿童期的纯洁，并且用谈话教学法鼓励儿童公开讨论道德问题。他出版了《与儿童关于福音的谈话》（*Conversations with Children on the Gospels*），向儿童介绍神圣文学。A. B. 奥尔科特非常重视儿童的直觉知识，并认为教育中最重要的目标就是发展品格。他在寺庙学校的助手是伊丽莎白·P. 皮博迪（Elizabeth P. Peabody）。1860 年，皮博迪以 A. B. 奥尔科特和弗里德里克·福禄培尔（Friedrich

20

Froebel）的幼儿教育思想为基础，在波士顿开办了美国最早的幼儿园。

1843 年，A. B. 奥尔科特和查尔斯·莱恩（Charles Lane）在马萨诸塞州哈佛（Harvard，Massachusetts）创办了一个叫作"果园公社"（Fruitlands）的公共组织，试图引导人们过自给自足的简单生活。在这个组织中，人们投身于"苏格拉底对话"。A. B. 奥尔科特后来创办了康科德哲学学院，他的灵感来自柏拉图的学园。南北战争期间，A. B. 奥尔科特还做过康科德哲学学院的校务总监。他的思想影响了一大批人，包括爱默生和 W. T. 哈里斯。W. T. 哈里斯对A. B. 奥尔科特赞美有加，说 A. B. 奥尔科特使自己的教育哲学信念转向了理念论。

教育目的

理念论者通常都赞同教育不仅要强调心灵的发展，而且要鼓励学生关注一切事物的永恒价值。与柏拉图一样，他们相信，教育目的应该指向追寻真正的理念。理念论者的另一个重要目的是品格发展，因为对真理的追寻需要自律和坚韧的品格。这个目的在康德、W. T. 哈里斯、霍恩、秦梯利及其他人的著作中都很普遍。他们希望大众不只是有学识、有知识的人，而且是善良的人。

理念论者总是强调心灵比物质更重要。一些理念论者反对物质独自存在的观念，比如贝克莱，而其他人采取的立场是，物质可能以一种通常有害的方式存在，比如奥古斯丁。柏拉图式的理念论者坚持，一种正确的教育将包括对科学和艺术这些领域的考察，这反过来又可以引导学生学习数学和哲学等更具思辨性和抽象性的学科。在任何情况下，理念论者都强调对非物质和抽象领域的学习，很少重视对物质及具体领域的学习。在理念论者看来，重要的事情就是获得不可更改的真理。一些理念论者虽然没有严格遵循柏拉图式的观念，即认为真理是永恒和完美的，但他们确实认为真理是实质的和相对永久的。因此，在这些理念论者看来，可能存在许多真理，甚至存在相互冲突的真理，但是它们都是真理，都具有较持久的性质。因此，许多理念论者都坚持认为，宗教和经典这两个领域包含着持久的理念。

作为一个新柏拉图主义者，奥古斯丁赞同柏拉图的观点，即最高目的是对真理的追寻，但他甚至比柏拉图更坚定地相信，真理具有压倒性的精神意义。根据奥古斯丁的看法，对真理的追寻就是对上帝的追寻，一种真正的教育会将一个人引向上帝。因为上帝是纯粹理念，只有通过思想的沉思才能够到达上帝，因此一种真正的教育就必然关注理念而不是物质。

其他理念论者认为，真理有许多层次。比如，康德同时探讨关于纯粹理性和实践理性的真理。黑格尔认为，真理是发展的，从简单到丰富，再到更复杂的观念。这就是为什么许多理念论者相信，重要的并不是真理本身，而是对真理的追寻。甚至苏格拉底似乎也持这一立场，因为他曾说过，所有观念都对挑战开放，从"哲学家"的原意来说，哲学家不只是真理的发现者，而且是真理的热爱者和追寻者。

一些现代教育家与理念论哲学家有许多相同之处，这些教育家列出了他们喜欢的名著清单，其中包含与《圣经》、马克思的《资本论》(*Das Kapital*)、奥古斯丁的《忏悔录》、伏尔泰（Voltaire）的《老实人》(*Candied*) 截然不同的观点。这种观念也存在于古典实在论中，使用这类著作的意义并不在于它们中的任何一本或全部都包含最终的真理，而是它们包含了人类所构想的最好最持久的观念。最值得注意的是，即使是关于科学的书，其赞美的也是思想和观念，而不是单纯的感官材料，并且专注于重大问题，而不是细节。在这类书单中，经常会出现赫尔曼·梅尔维尔（Herman Melville）的《白鲸记》(*Moby Dick*)。如果只是把这本书看作一个海洋故事，或者只注意到其中使用船只的种类或者捕鲸的数量，那么读者就误入歧途了。《白鲸记》是一部包含关于公正、罪恶和勇气的伟大思想著作，这些思想每个人都需要思考。这部书或其他书并不是某个事件的文学读物，它为我们提供了关于自己和宇宙的洞察力。任何艺术或科学工作的主要价值都在于，它把我们带到一个新的思想高度。我们应该把文学和艺术作为带领我们进入理念世界与伟大理念王国的工具——这些理念对我们理解真理具有真正的价值。

理念论者把人看作思维的存在，人有足够的心智，能通过推理寻找真理。人类是呼吸、饮食和睡眠的存在，但是首先是思维的存在，人的思考范围涉及从荒谬到神圣之事，比如，柏拉图认为，最低级的思考仅仅是意见，在这个层次，人们思考不出什么结果，即便有结果，也通常自相矛盾。人们渴望智慧，这就意味着人可以改善自己的思维方式，提升观念的质量，虽无法企及完美和永恒，但是可以获取具有实质价值和持久的观念。人们能够通过运用别人的思想或者借助别人的作品来接近这一理想。重要的是，它能将我们的思维引向较普遍的观念，而不是思考日常生活中的琐碎之事。比如，阅读日报能了解世界上发生了什么，但是报纸通常不能帮助我们理解为什么会发生这些事情。这种理解不仅需要我们思考，而且需要有能力把别人的思想与对问题的批判性理解联系起来。

一些人认为，《圣经》《白鲸记》《理想国》并不是针对我们现在关心的环境污染、大规模杀伤性武器而言的。理念论者会说，虽然个体或许不能在这些著作中找到针对某一特定问题的明确答案，但能够找到处理各种问题的普遍方式，这有助于理解特定的问题及答案。比如，《圣经》处理战争和偏执这类问题，《资本论》详细谈论了在今天仍然有重大意义的经济问题。我们在处理当代问题上的失败，根本不是由于缺乏事实或观念，而是因为没有从伟大和包容的观念的有利角度来理解事物。

理念论者对观念以及人的心理和精神品质的强调，使许多理念论哲学家在各种教育环境中对个人的心智发展给予高度重视。理念论者对学习的主观主义取向而不是更客观的取向，被许多人认为是理念论最重要的贡献之一。

20世纪的教育家巴特勒认为，对个体的关注是现代人仍然奉行理念论的一个主要特征。他在《教育中的理念论》（*Idealism in Education*）中对问题的分析表明，自我处于理念论者形而上学（metaphysics）的中心，而且（我们可以推论得出）它也是理念论教育的中心。相应地，他发现自我是个体经验的首要实在；终极实在可以被看作自我；它可以是一个人的自我，一个社会的自我，或者一个宇宙的自我；因此，教育主要关注的就是自我实现（self-realization）。巴特勒引用秦梯利的话说，自我实现是教育的最终目的。

这种观点源于理念论传统。笛卡尔用他著名的"我思"去追寻"我思故我在"，把思考本身置于形而上学模式以及方法论探索的基础上。一些学者认为现代主观主义始于这一发展。贝克莱等一些思想者进一步发展了主观实在的观念，这一方面导致唯我论，另一方面导致怀疑论。贝克莱认为，只有被主观的个体心灵或者上帝的心灵感知到，事情才存在，这种观念推动了理念论者教育思想的主观主义倾向。因为思维和知识是教育关心的中心，很少有人知道，理念论对有关个体心灵和自我的教育观产生了多么巨大的影响。

即使主观主义是理念论的主要分支，我们也不应忘记另一个相当有影响的理念论概念——部分与整体的关系或者个体与社会的共生关系。柏拉图甚至不能想象有脱离了社会中具体地位和作用而存在的个体。同样的主题，虽然阐述的方式不同，但在奥古斯丁对有限的人与无限的上帝的联系的看法中可以看到。在现代，或许黑格尔最充分地发展了这个观念。他认为，个体必须与整体相联系，因为只有在整体关系的情境中，才能发现单一个体的真正意义。这使得黑格尔确信，只有服务于社会或国家，个体才能发现自己的真正意义，这一陈述与柏拉图的观念紧密相连。黑格尔甚至走得更远，他甚至指出，为了达到对自身的真正理解，一个人必须把自己与存在的整体联系起来，与宇宙联系起来。

这些思想对教育的影响在霍恩、秦梯利和 W. T. 哈里斯的著作中体现得非常明显，他们都对现代教育产生了影响。霍恩是 20 世纪早期美国的一位理念论者，他坚持认为，教育是人的一种诠释，它能帮助人们发现自身是宇宙心灵的组成部分。学习者是一个朝着无限可能生长的有限个体。由于学习者的不成熟性，教师的作用就是引导学习者沿着正确道路走向无限。这就要求教师成为一个博学的人，而且是一个具有完成这一伟大事业所需知识和个人品质的人。在这里，意志（willpower）的教育就成为核心，因为学习者很容易被欲望引诱，被一系列的腐败和不真实的命令引诱，奥古斯丁和其他的宗教思想家时常讨论这样的问题。霍恩认为，教育应该鼓励学生具有"不断完善的愿望"（will to perfection），个体在教育活动中朝着理想的典范进行自我塑造——这是一项需要毕生的努力才能够完成的任务。

秦梯利（1875—1944）是意大利的理念论者，他认为个体不仅是心灵共同体的一部分，而且与上帝的心灵相连。因此，所有的教育都是宗教教育。他认为，教育的一个主要功能是向上帝敞开灵魂。沿着这一路线，美国教育家和理念论哲学家 W. T. 哈里斯提倡，教育应该引导人们达到他所谓的"启蒙的第三阶段"。这包括个体意识到所有事情的精神本质，包括上帝与个人不朽的联合。黑格尔思想的影响在 W. T. 哈里斯的教育哲学中是很突出的，特别是他建议通过洞察绝对的个人本质来培养学生。在 W. T. 哈里斯看来，人类发展与教育是一系列辩证的经验。

许多人认为，亚伯拉罕·H. 马斯洛（Abraham H. Maslow，1908—1970）的人本主义心理学（humanistic psychology）强调自我实现，反映了理念论哲学的立场。马斯洛是一位美国心理学家，他最开始受到弗洛伊德学说（Freudian）和行为主义者（behaviorist）的影响。后来，他与这些思想断绝了联系，强调自由和人的自我实现的能力。马斯洛认为，人的本性包括多层次的需要，最基本的需要是对空气、水、房屋、睡眠和性的需要，其次是安全的需要。当人有了安全保障后，就寻求爱和归属、自尊以及从别人那里得到尊重的需要。在这些需要之上，是对真理、秩序、公正和美的需要。根据马斯洛的观点，健康的个体沿着需要的阶梯上升，从而充分实现其潜能。尽管自我实现是理念论教育的中心目的，但这并不意味着自我是在孤立中实现的。理念论者相信，个体自我只是一个部分，而且只有在一个较大的情境中才有意义。

　　理念论者大多关注道德品格，他们认为德行来自思考和先思后行。理念论者认为，追求智慧本身来自道德信念。奥古斯丁把上帝看作最高智慧，而且把追求智慧（上帝）作为最高的道德原则。对这个观念论述得最好的可能要数黑格尔，他把辩证法描述成由简入繁理解精神本身的运动。虽然黑格尔不相信基督教的超验上帝，但他接受了作为绝对精神（Geist）的上帝。他认为，历史是认识绝对精神的过程，我们都是上帝（或绝对精神）的一部分。他反对神学家认为上帝是不可知的想法，认为个体能够认识上帝。在他看来，当人理解寻找智慧或上帝的行动并完全参与其中，人就获得了充分的发展。

　　康德是一位更为突出的倡导者，他主张将品格发展作为教育的正当目的。他将理性，而不是上帝，作为道德律令的源泉；因此，在道德上唯一的事情就是善念。具有善念的人知道自己的责任是什么，并且会尽力担负起这种责任。康德提出了他所谓的"绝对命令"，即任何人都不能离开别人的行动而单独行动。教育的功能就是教育人们以尊重"绝对命令"的方式去了解并完成责任，这就是品格教育。正如巴特勒指出的那样，理念论者通常都承认，任何称得上教育这个名称的都是品格教育。品格教育不仅包括发展责任感，还包括发展意志力和忠诚感。

　　霍恩强调意志教育。他认为，通过意志教育，学生可以学会抵制诱惑，从事有用的活动。意志教育涉及努力，因为霍恩相信，教育与所付出的努力成正比。尽管一些教育家坚持认为，儿童只能遵循兴趣，可是霍恩坚持认为，意志力的发展使得一个儿童能够做一些实际上不太有趣但十分有价值的事情。霍恩认为，即使一个人不够聪明，也可以通过努力超越单纯的兴趣。

　　秦梯利等理念论者是贝尼托·墨索里尼（Benito Mussolini）法西斯政权的支持者，他们把忠诚的发展作为品格教育的重要方面。与黑格尔一样，秦梯利认为，个体的命运与社会或政府的命运息息相关，因此，个体需要对国家有一种强烈的忠诚感，一个没有忠诚感的个体是不完整的。当教师根据政权或社会的利益来行动时，就满足了学生的真正兴趣。同样，学生的正确角色在于服从教师的权威。

方法与课程

　　许多理念论者在看到当代的学校时，都会为他们看到的东西感到吃惊。他们看到学生们被编成班组去学习各种知识，随后成为某方面的专家，而且用几乎没有人文关怀的专业知识为同胞服务。现代的学生像机器人一样了解事情的细枝末节，获得一种没有什么深度的"教育"，他们的行为是建立在规则的基础上，而不是以内在的信念为依托。

理念论者倾向那些有深度的学科，并强烈建议修正这样一种观念——仅仅因为事物是新的或满足职业需要而对其进行研究。理念论者发现，许多过去的经典著作比那些新事物更有针对性，更有助于解决当今的问题。理念论者主张，当代的所有问题几乎都能在过去找到根源。比如个体与社会的关系，就曾经被伟大的哲学家和思想家广泛深入地讨论过。忽视伟大人物曾经说过的话，就会忽视表述他们鲜明观点的那些著作。

与专门化的学习相比，理念论者更喜欢整体式的学习。他们要求人们关注整体，而不是把许多部分拼凑在一起。整体式的学习方法将带给人们更为自由的学习态度。虽然自然科学等学科很有用，但只有当它们帮助我们更全面地了解事物时，才具有最大的价值。

柏拉图认为，最好的学习方法是辩证法。他相信，通过这种批判的思维方法，个体能够看到事物的全貌。从本质上讲，《理想国》是辩证思维的产物，它试图把不同的学习观念用一种有意义的方式整合起来，这会带来综合认识和普遍概念。辩证法是可以学习的，但它需要批判的态度、数学学习的背景以及长时间的学习。辩证法是一个扬弃的过程，它使各种观念处于相互辩驳之中，只有那些更加本质的观念才经得起最终的考验。

虽然今天的学校很少使用这个方法，但在整个中世纪，辩证法是广泛使用的教育技巧。各种思想终将被置于论辩的战场；如果它们胜利了，就有了某种相信它们的理由。教会人士，比如彼得·阿贝拉德（Peter Abelard），他在维护基督教教义的正确性时使用了辩证法，阿贝拉德的名著《是耶非耶》（*Sic et Non*）就阐述了从两个方面看事物的方法，通过这种方式，真理自会显现。

除了辩证法，一些理念论者还认为，真理也可以通过直觉和天启获得。奥古斯丁实践了辩证法，但他也非常强调获得知识的直觉法。他主张，如果让我们敞开心扉，上帝这种人类的内在之光可以与我们对话。奥古斯丁相信，我们应该尽可能地拒绝对物质主义的关注，以便我们与上帝和谐相处。他认为，即使是宗教音乐，也会让人感到不安。人们发现奥古斯丁的方法在今天的修道院或其他沉思型宗教团体中广泛使用，在那里甚至不允许说话。

甚至是在严格的宗教学派之外，许多理念论者仍提倡一种既包括辩证法又包括直觉法的概念性学习方法。柏拉图坚信，与其说人从自然界中学习，不如说从与他人的谈话中学习。奥古斯丁认为，尽管一个人可能是盲人或聋人，无法通过感官得到任何观念，但仍然能够通过学习所有重要的真理来接近上帝。

许多现代的理念论者通过辩证法或沉思来挑战学习的观念，但是这些方法并不像过去那样被广泛应用。今天，一些理念论者倾向于学习含有伟大思想的经典著作、作品或艺术来获取重要的观念。然而，理念论者相信，学习任何伟大著作都需要有经验的导师引导，他们强调理解思想而不是简单的信息存储和分类。他们会采用研讨会（seminar）的教学方式，这样师生之间就有了大量的对话机会。而且，倡导这一方法的理念论者强调，这些思想所包含的永恒价值经受了数个世纪的检验。

这些理念论方法很容易应用到大学中，但即便明白学习目的，如何在初等和中等学校中应用仍不是很清楚。理念论者不赞成批量化地生产毕业生，而是让学生对所处的世界有更广泛的理解。因此，课程设置应该围绕广泛的概念而不是特定的技能展开。在初等学校和学前教育机构，鼓励学生养成理解、耐心、容忍和努力工作的习惯，这将帮助他们今后继续学习更多的内容。这并不是说学生不能在这个年龄段学习重要的思想，而是说最初的教育要为以后开展更深入的研究做准备。

在理念论者看来，演讲法仍然占有一席之地，但是，演讲被看作一种激发思想的方法，而不仅仅是信息的传递。事实上，一些理念论教师不鼓励记笔记，这样能够让学生集中注意力于基本观念上。在理念论者看来，演讲的主要目的是帮助学生理解各种观念。理念论者也使用专题研究、课外活动、图书馆研究和艺术作品这些方法。然而，这些多种多样的活动都是从当前的主题学习中延伸出来的。这说明理念论者渴望展示知识的整合性，不喜欢随机和孤立的活动。

理念论和理念论教育的根本目标就是古希腊的名言"认识你自己"。像先前表明的那样，自我实现是一个重要的教育目的。因此，理念论者强调教育中自我指导活动的重要性。从本质上讲，他们认为真正的教育只发生在个体自我内部。虽然教师不能进入学生的内心，但可以提供材料和活动去影响学习。学习者使用学习材料和参与学习活动的过程就构成了教育。学生的学习行为源自个人，因为在理念论者看来，所有的教育都是自我教育。教师必须认识到，学生学习的时候，教师不一定要在场，要努力激发学生，即使教师不在的时候，学习也能继续。专题研究法就是自我指导活动的范例。理念论者认为，所有学习活动都要发生在高层次的思维水平上。

　　理念论者没有低估课程的发展，强调任何层次教育的核心要素都是教会学生思考。心理学家让·皮亚杰（Jean Piaget）和其他人提出，期望学生在不同发展阶段对所接触的材料作出一些批判性的说明是合理的，即使是幼年时读的童话故事。

　　然而，理念论者普遍认为学生使用的许多教育材料不够充分。尽管这些材料可以帮助教师教授阅读之类的技能，但理念论者不明白，为什么这些技能不能在概念能力发展的过程中传授呢？或许有人主张，19世纪晚期和20世纪初期的学校广泛使用的麦加菲读本（McGuffey readers），带给学生们阅读之外的东西，培育了亲子观念、上帝概念、道德感和爱国主义思想。有人可能会反驳，那时候学生获得的那些概念是错误的，但现在学生在学校中使用的不能带来什么近期成果的读物难道是一种改进吗？

　　尽管许多理念论者反对阅读中的灌输（indoctrination），可是他们认为，在帮助学生学习阅读的同时，也可以鼓励他们思考仁慈、真理和公平竞争等观念。尽管合适的儿童书籍和材料很少，可是理念论者仍然相信，教师应该鼓励在教学活动中对各种思想进行思考。教师应该帮助学生探索生活的目的、家庭、同伴压力的本质，以及相关的成长问题。

　　高年级的学生，能够使用那些更适合他们年龄的材料。《金银岛》（*Treasure Island*）、《汤姆·索亚历险记》（*The Adventures of Tom Sawyer*）、《彼得·潘》（*Peter Pan*）都写得很好，我们可以一边阅读一边引导他们讨论感兴趣的观念。对高中生来说，甚至有更多激发灵感的材料可供选择：《伊里亚特》（*The Iliad*）、《哈姆雷特》（*Hamlet*）、《重述的故事》（*Twice-Told Tales*）、《风、沙和星星》（*Wind, Sand, and Stars*）。由于这些材料已经在教学中使用过，人们可能会想知道，理念论者使用这些材料的方式是否有什么特别之处。理念论者指出，大部分教师并没有受过专门的训练，不知道如何利用这些书籍，将书中包含的观念最大限度地呈现出来。这些书单反而成为教师和学生需要克服的另一个障碍。

　　理念论者相信，观念可以改变人们的生活。基督教曾经只是一种观念，但是这些观念已经改变了整个社会。理念论者认为，通过发展思维能力，人类可以变得更高贵、更理性。他们倡导学习经典著作，不仅因为经典著作可以催生新的观念，还因为经典著作能够为人类增长学习经验提供方法。理念论者批评，学校教育的经典著作学习经常忽视人类心灵思考的重要性，只是要求学生记住一大堆信息和人名，根本不关注著作中蕴含的创造性和人性光辉。理念论

27

者相信，只有学生融入他人的创造性思维，只有激发学生进行反思性思考，创意才会出现，创造力才会产生。

虽然一些理念论者强调学习经典著作的重要性，但并不是说经典著作学习就是理念论教育的全部内容。实际上，一些理念论者推崇的学习具有明显的现代性特征。W. T. 哈里斯建构的课程体系围绕着数学和物理、生物、文学和艺术、语法、历史五个方面展开。霍恩则提出七个主要的学习科目，即物理、生物、心理学、数学、语法、文学、历史。W. T. 哈里斯和霍恩认为，这些领域很重要，而且范围很广，足以建构一个完善的理念论课程。

两者都很重视科学，这意味着像 W. T. 哈里斯和霍恩一样的理念论者并不排斥新知识的发展。确实很少看到他们把文科学习和自然科学学习对立起来。事实上，他们认为，科学和艺术都是促进全面理解的必要学习科目。

教师角色

理念论者很重视教师的作用。他们认为，教师不仅要理解各个学习阶段的需要，还要持续关注学习目的的多样性。一些理念论者强调模仿学习的重要性。他们相信，教师一定是孩子们想要成为的那种人，因此理念论者经常把苏格拉底作为学习原型和模仿对象。

巴特勒坚信，现代理念论教育者不应仅仅是模仿者，更应该是方法的创造者。他们提供多种学习方法，但在操作中则一定要坚持辩证法——即便是非正式的辩证法，也能够帮助那些陷入误区的孩子看到可选择的目标。哪怕辩证法是非正式的，但通过教师的全面参与，就能够保证学习过程的统一性，从而将未成熟的学生带出无知的困境。

理念论者不只关注对真理的探寻，还关注探寻真理的人。理念论者欣赏有哲学引导意识的教师，他们帮助学生选择重要的学习材料，激发进行深入思考的渴望。苏格拉底就是理念论者心目中的教师典范，苏格拉底的大部分时间都在与他人分析和探讨各种观念，他坚持先思而后行。在以理念论为导向的教师身上，能够发现苏格拉底的这些特征，他们会鼓励学生更好地思考，并以思考为基础来生活。一般来说，理念论者非常关注品格发展，他们认为，好的教育的首要目标就是促进学生的品格发展。

理念论哲学家认为，学生在道德和认知方面具有巨大的潜能。理念论者认为，学生拥有的道德价值观需要通过各种学校活动重新思考和发展。尽管理

28

念论者并不愿意承认"恶"是客观存在的，可是现实中的情况是学生很容易受有害事物的影响。因此，理念论者认为，学校有责任给学生展现理想的人生楷模，和柏拉图一样，他们认为理念应以学生既能用于知识又能用于指导的方式呈现。

在理念论者看来，教师具有独一无二的重要地位。教师的职责是激发学生提问，营造相应的学习氛围。教师要在各种学习材料中判断出哪些是最重要的，并鼓励学生沿着更具研究价值的方向刻苦钻研。由此可见，教学就是一种道德召唤，教师应该成为学生的榜样——为学生提供可供选择的生活样式。

根据看待个体的方式不同，理念论有不同的分支。理念论者不是将人看成简单的生物有机体，而是把人视作"内在光明"（inner light）、心灵或灵魂的拥有者。在宗教理念论者看来，学生是上帝的重要创造，学校应该努力发展学生身上的虔诚。大多数理念论者（不管是宗教理念论者还是其他理念论者）深切地感受到个体内在的力量（比如直觉），这是任何真正的教育都必须考虑的。大多数教育活动只不过是向人注入某些东西，而不是让本来已经存在的真理显现出来。正像前面我们已经探讨过的，柏拉图的"回忆说"就是要使灵魂重获真知——它在被安置到肉体这所"监狱"时就丢失了。辩证法是重获丢失的智慧的工具。

奥古斯丁认为，真理是个体灵魂所固有的。教育是使真理浮现出来的过程；因为很多真理直接与上帝相连，所以教育就是拯救的过程。可以认为，教育不仅包含辩证法，还包括沉思的方法，它们能把灵魂中的真理引导出来。这种教育观是中世纪经院教育的显著特征，在这种教育中，拯救不是由直接的行动而是由沉思来完成的。即使在今天，诸多教会学校仍然把沉思作为学生平常训练的一种手段。一些教会学校也为学生留出一部分时间来思考终极意义。

对教育中理念论的评价

理念论常常被认为是一种保守的甚至过时的教育哲学，因为它的主旨是维护恒久的真理或文化传统。通过考察我们知道，理念论者关注永恒的终极真理，他们认为，教育最重要的任务是传递文化遗产，由此我们得出了上述结论。众多拥护者指出了理念论的力量所在，例如：

- 理念论者提升了教育的认知水平。

- 他们关心文化保护和文化习得。
- 他们非常关注道德和品格发展。
- 他们认为教师在教育过程中是位于中心的、应该受到尊敬的人。
- 他们强调自我实现的重要性。
- 他们使用综合的、系统的、整体的教育方法。

29 　　从历史上来看，理念论对教育的影响相当深远，以至于今天很难找到一所不受理念论原则影响的学校。许多早期的大学都认为，自身负有宗教使命，哈佛大学（Harvard University）的第一个资助者约翰·哈佛（John Harvard）就是一位英国传教士。爱默生曾就读于哈佛大学，并毕业于哈佛大学神学院（Harvard Divinity School）。托马斯·杰斐逊（Thomas Jefferson）1819 年建立的弗吉尼亚大学（University of Virginia）是第一所世俗化大学，它不像耶鲁大学（Yale University）、达特茅斯学院（Dartmouth College）、普林斯顿大学（Princeton University）以及杰斐逊就读的威廉玛丽学院（College of William and Mary）那样致力于培养部长或者提高一个人的宗教地位。尽管理念论的影响在近几十年变小了，但是没有任何一种哲学像它一样对教育产生过如此深远的影响。从公元前 4 世纪的柏拉图开始，到中世纪的经院哲学（scholasticism），再到康德和黑格尔，一直到 21 世纪，理念论一直显示出强大而显著的作用。

　　近些年，一些因素削弱了理念论的力量：工业化和技术化敲响了理念论的丧钟；科学的发展向理念论原则发出了根本性的挑战。我们生活在物质主义文化中，世俗的实在论和其他自然主义哲学重新焕发出活力是由于越来越强调物质而不是生活的理想方面。与文化遗产和永恒价值相比，当代社会对新颖性的强调进一步侵蚀了传统的理念论立场。

　　很多理念论者指出，那些 2 000 多年前完成的传统著作中蕴含的思想在今天仍然很有意义。他们认为，像《传道书》(*Ecclesiastes*) 说的那样，"太阳底下没有什么新事物"，因为我们今天面对的诸多问题也是很久以前的人和哲学家面对的问题。譬如，柏拉图就广泛地探讨过政府、社会、个性和语言问题；亚里士多德既是一位科学家也是一位哲学家，他颂扬过许多理念论者推崇的观点。理念论者坚称，他们的观念与科学观念、科学方法并不像许多批评者说的那样水火不容。

　　然而，反理念论者强烈反对理念论过于保守的特性。实际上，他们主要反对的是理念论的基本假设。理念论认为，宇宙（世界）是绝对完美的，等待人们去发现它。这一观念阻碍了科学的进步，阻碍了新思想的产生及其发展进程。一个人如果接受了绝对观念的概念，就不可能去质疑它的绝对性，也就不可能超越这种观念。这是现代科学被人们接受的第一个阻碍，因为科学是以推测和假设为前提的，而不是以绝对性为前提的。事实上，现代科学的特征就像物理学家维尔纳·海森堡（Werner Heisenberg）的不确定性原理（indeterminacy principle）所表述的那样，他指出，找不出能够测出量子位置的准确工具，那就是说当测量某个物体时，另一个物体就改变了。另外，阿尔伯特·爱因斯坦（Albert Einstein）的相对论也是对宇宙不变论的挑战。

　　理念论被削弱的另一个原因是，传统宗教在当代事务中的影响发生了历史性的衰退。因为理念论与传统宗教有着内在的关联性，一方力量的削弱必然波及另一方。不过有迹象表明，宗教的衰败有可能发生改变。虽然传统的组织化的宗教影响减弱了，但人们对其他形式的精神性的兴趣增长了，比如神秘主义和新时代的信仰，这些信仰中往往包含古典思想。许多东方思想也发生了转变，融合了当代的思想，更容易被人们接受。另外，近年来基督教新教派重新焕发活力，它特别重视青年人的教育，常常用理念论的原则来教导年轻人。

　　从教育的立场来看，诸多问题还有待进一步审视。理念论在教育上的影响已经很大了，但是这些影响也许并不总是有益的。虽然理念论教育强调人类生活的精神层面，也强调认知层面，但是仍被指责为损害情感和身体的理智主义。许多人对信念的认知是偏狭的、迂腐的，人们常常忽视了这一点。这也导致人们指责理念论是狭隘的人生观或有智力精英主义的倾向。

　　精英主义的问题深藏于理念论的根部。柏拉图致力于培养智力精英——哲学王。奥古斯丁提出，宗教生活优于世俗生活，因为在宗教生活中能够发现较高质量的心智活动，所以僧侣被挑选出来接受特殊教育。理念论者倾向把普通教育看作挑选一些理解力好、适合教育的人，而不是面向大多数人。相应地，他们把教育的重点放在为社会的上层阶级服务，尤其是为那些将要步入政府或教会领导岗位的人服务。这就导致人们常常把普通教育视作一件奢侈品，只有极少数特权人士才能享有。后来，理念论者努力扩大受教育者的范围，让部分普通学校向公众开放，不过他们认为，对大多数人而言，接受职业和技术教育便足够了，博雅教育仍只适合精英。尽管并不是所有的理念论者都这样看，但是理念论教育的精英主义倾向还是得到了普遍认可。

　　约翰·保罗·斯特兰（John Paul Strain）说，只有查找数年前的教育杂志，才能找到一篇论述理念论的文章。有人或许会认为，这种明显的缺失表明理念论教育哲学不再可行，斯特兰说，这种不幸却是真的。当人们把理念论视作

30

一种教育哲学时，通常是指黑格尔的理念论，其在 19 世纪居于主导地位，并影响了杜威（John Dewey）和霍恩这样的思想家。尽管很难再找到真正的理念论教育哲学家，但理念论确实存在于美国的教育思维模式中。它关注传统和文化、阅读和书写、智力和道德。我们还可以把这一列表拉得很长，如：尊重父母权威，尊重法律和秩序，尊重纪律，爱国。斯特兰还说，理念论的思维模式还鼓励进步，强调强力制度、自我控制、纪律和教育的重要性。

斯特兰的看法也许能够反映出为什么很多教育哲学家不愿意被归入理念论之列——一方面是因为它的宗教特征，另一方面是因为它对政治权威的贡献。黑格尔相信，最好的政府是君主立宪，这也是斯特兰偏爱的政府。斯特兰是对的，因为理念论作为一种历史上的思维模式仍然很强大，它对我们的思想施加着强大的和微妙的影响。

31　　　有些人认为，黑格尔的理念论哲学非但没有促进顺从性，反而影响了解放的教育哲学。据卡洛斯·托里斯（Carlos Torres）所说，黑格尔的哲学思想对 20 世纪末的巴西教育哲学家弗莱雷（Paulo Freire）产生了重要的影响。虽然弗莱雷受现象学、存在主义、基督教的人格主义和马克思人类学的影响至深，但黑格尔哲学是弗莱雷政治思想的重要元素，尤其是在他的名著《被压迫者教育学》（*Pedagogy of the Oppressed*）中，他发展了黑格尔的哲学思想。弗莱雷运用黑格尔的辩证法来分析自我意识（self-consciousness）和社会意识（social-consciousness）的关系，以及隐含于控制、恐惧和文化变革中辩证的张力。

不过，弗莱雷超越了黑格尔强调政治和转化的综合逻辑结构。弗莱雷认为，教育包含认知活动，但它不仅仅是传递事实，而且也没必要在教室中展开。在以经验共享和批判性反思为基础的教育中，传统的教育概念必须退居其次。教育的根本要素不是从黑格尔的辩证法中抽取出来的逻辑论证，而是在真实的经验世界中实际运行着的逻辑推理结构。因此，教育必须超越理念论，实现真实经验世界的扩充和解放。

在托里斯看来，弗莱雷哲学和教育思想的方法论来自他高度觉醒的意识和社会变革的行动。和黑格尔一样，弗莱雷相信，教育不但是一种理论和实践（praxis）理性的行动，而且它必然带来某种政治结果，即将大多数人从阶级、种族和性别的压迫中解放出来。

理念论者的研究方法是通识性的，但如前所述，它也容易被指责为对人的情感和身体关注不够。如果我们关于"情感"的定义不仅仅包括审美的，还包括情绪和生活的个人-社会这一方面，那么这种指责还是可信的。理念论课程可能过于知识化和书呆子气，尽管专注于书本本身并没有什么坏处，但是如果忽视了对学生的情感和社会需要的关注，就不可能培养出完整的人（complete person）。

尽管理念论者声称自己的理论是全面的、普遍的，可是当他们的认知方法和书呆子气达到极端时，他们好像就忘记了自己关于全面论的建议。例如，持续阅读某一主题的学术论文来了解人类的本质是一回事，而在日常世界中，有目的地处理与人类同伴的社会关系则是另一回事。广泛地阅读有关"美德"的文章并不能让一个人变好。因此，理念论者的知识常常只是无用的知识，它只不过提供了一些关于人际互动的洞见罢了。

近年来，关于理念论已经过时的攻击增多了，抨击者认为，理念论课程与真实世界联系不够。从某种程度上来说，某些理念论者仅仅专注于过去的著作，从这方面来看，对他们的指责不足为奇。毫无疑问，过去的经典著作能够提供某种洞见，我们需要学习，但是这并不意味着我们可以不重视当代的思想和著作，许多当代的经典和著作也会成为今后的经典。

理念论者声称，他们比其他哲学家更关注品格发展。这也许是真的，但是它同时也提出了一个严肃的问题：理念论者为什么如此关注品格发展？他们想要发展的品格又是什么？通常，理念论哲学所说的品格发展是指作为学习者的遵从与屈服。例如，W. T. 哈里斯说，教给学生的第一条规则就是秩序，必须教会学生服从通常的标准，要阻止与学校功能相冲突的所有事情发生。更为直接的是，学生必须按时预习课文，按照铃声的节拍起立，学习安静和整洁的习惯。有人也许会问：这究竟是发展品格还是训练温顺？

这种品格训练也许能够维护教育和社会的稳定，但它确实是以牺牲创造性和自我指导为代价的。这样的品格训练还能够让学生不假思索地接受现成的观念。许多所谓的伟大思想，譬如，那些以站不住脚的假设或假定为基础的思想，经过最终的分析也许是对社会有害的。例如，秦梯利和罗伊斯就曾经花了很多时间来分析"忠诚"这一品格发展的核心概念。尽管忠诚在某些情况下对社会是有益的，但是当它鼓励学习者把宗教、政府或学校这些概念当成毋庸置疑、毋庸思考的独立存在全盘接受时，它也可能是有害的。

巴特勒等理念论者强调品格教育的自我实现，但是这种自我实现通常被看作是从一般自我（universal self）中引申出来的。因此，即使是较为温和的理念论者，也还是屈从于一个更大、更重要的观念的，那就是一般自我或上帝。这一推理的路线可以回溯到黑格尔，他认为个体意义的达成在于服务国家。

32

理念论哲学另一个值得注意的方面是，它认为哲学的基本功能在于寻找和传播真理。有人发现，柏拉图对这一观点的论述较为详尽，他认为，真理是完美的、永恒的。即使在今天，理念论者还是指出，对智慧的探索就是对真理的探索——这是每一代新学生都必须不断追求的，尽管最终的答案也许都一样。这种观点可能导致产生一种静态主义——它假定我们已经掌握了真理。这种信仰的危险是它阻碍人们去寻找新观念，而且形成独断主义和虚假的安全感。尽管理念论者认为，在他们的思想中现代人是相对的、多变的，但是众多理念论者的绝对主义也许是他们的致命缺陷之一。

必须指出的是，上述对真理的态度只是某些理念论者的特征，而另一些理念论者持一种多元主义的真理观，他们认为真理不是只有一个，这不仅是发现新知的需要，而且是激发智力的需要。和所有其他哲学一样，理念论也有多种意义及各种不足，因此把所有理念论者归为一类对有些人来说是非常不公平的。每个思想者都按照自己的经验来描述和表达自己的观点，没有任何两个人是完全相同的。不过，虽然理念论者在"正确"的真正含义和我们应该走的道路方面存在分歧，但都认为，正确的教育是重要的。

柏 拉 图
《理 想 国》*

《理想国》被认为是最伟大的理念论哲学著作之一，它最完整地表达了柏拉图的教育思想。该书完成于公元前4世纪，柏拉图描述了他眼中乌托邦式的人类社会，他习惯于用讽喻的方式来表达核心的思想。在这段选文中，柏拉图告诉我们，苏格拉底解释了人们如何获得更高层次的思想（哲学思考），这就好像是囚徒从洞穴内的阴暗因牢中逃出来。柏拉图展示了探索智慧之旅的痛苦、困难及潜在的危险。许多学者认为这个故事与苏格拉底的生活和死亡相似。

接下来，让我们把受过教育的人与没受过教育的人的本质比作下述情形。让我们想象一个洞穴式的地下室，它有一长长的通道通向外面，可让和洞穴

---

* 本文的翻译参考了郭斌和、张竹明合译的《理想国（节选本）》（柏拉图著）一书，商务印书馆2002年版。——译者注

一样宽的亮光照进来。有一些人从小就生活在这洞穴里，腿和脖子都绑着，不能走动也不能转头，只能向前看着洞穴后壁。让我们再想象在他们背后远处高些的地方有东西燃烧着发出火光。在火光和这些被囚禁者之间，在洞外上面有一条路，路边已筑有一带矮墙。矮墙像傀儡戏演员在自己和观众之间设的一道屏障，他们把木偶举到屏障上头去表演。

我看见了。

接下来，让我们想象有一些人拿着各种器物举过墙头，从墙后面走过，有的人还举着用木料、石料或其他材料制作的假人和假兽。而这些过路人，你可以料到有的在说话，有的不在说话。

你说的是一个奇特的比喻和一些奇特的囚徒。

不，他们是一些和我们一样的人。你且说说看，你认为这些囚徒除了火光投射到他们对面洞壁上的阴影之外，他们还能看到自己的或同伴们的什么呢？

如果他们一辈子脖子被限制了不能转动，他们又怎么能看到别的什么呢？

那么，后面路上人举着过去的东西，除了它们的影子之外，囚徒们能看到它们别的什么吗？

当然不能。

那么，如果囚徒们能彼此交谈，你不认为，他们会断定，他们会讲自己看到的影子就是真物本身吗？

必定如此。

如果一个过路人发出声音，引起囚徒对面洞壁的回声，你不认为，囚徒们会断定，这是他们对面洞壁上移动的影子发出的吗？

他们一定会这样断定的。

因此无疑，这些人不会想到，上述事物除影子之外还有什么别的实在。

无疑的。

那么，请设想一下，如果他们被解除禁锢，矫正迷误，你认为这时他们会怎样呢？如果真的发生如下的事情：其中有一人被解除了桎梏，被迫突然站了起来，转头环视，走动，抬头看向火光，你认为这时他会怎样呢？他在做这些动作时会痛苦，并且，由于眼花缭乱，他无法看见那些他原来只看见其影子的实物。如果有人告诉他，说他过去惯常看到的全然是虚假的，如今他由于被扭向了比较真实的器物，比较地接近了实在，所见比较真实了，你认为他听了这话会说些什么呢？如果再有人把墙头上每一件器物指给他看，并且逼他说出那是些什么，你不认为，这时他会不知道说什么是好，并且认为他过去看到的影子比现在看到的实物更真实吗？

更真实得多呀！

如果他被迫看火光本身，他的眼睛会感到痛苦，他会转身走开，仍旧逃向那些他能够看清而且确实认为比现在向他展示的实在还更清晰的影像的。不是吗？

会这样的。

再说，如果有人硬拉他走一条陡峭崎岖的坡道，直到把他拉出洞穴见到了外面的阳光，不让他中途退回去，他会觉得这样被迫着走很痛苦，并且感到恼火；当他来到阳光下时，他会觉得眼前金星乱蹦，金蛇乱窜，以至于无法看见任何一个现在变成真实的事物。你认为会这样吗？

噢，的确不是一下子就能看得见的。

因此我认为，要他能在洞穴外面的高处看得见东西，大概需要有一个逐渐习惯的过程。首先大概看影子是最容易的，其次要数看人和其他东西在水中的倒影最容易，再次是看东西本身；经过这些之后，他大概会觉得在夜里观察天象和天空本身，看月光和星光，比白天看太阳和太阳光容易。

当然了。

这样一来，我认为，他大概终于能直接看太阳了，就可以不必通过水中的倒影或影像，或任何其他媒介中显示的影像看它了，就可以在它本来的地方就其本身看见其本相了。

这是一定的。

接着，他大概对此已经可以得出结论了：造成四季交替和年岁周期，主宰可见世界一切事物的正是这个太阳，它也就是他们过去通过某种曲折看见的所有那些事物的原因。

显然，他大概会接着得出这样的结论。

如果他回想自己当初的洞穴生活，那个时候的智力水平，以及禁锢中的伙伴们，你不认为，他会庆幸自己的这一改变，而替伙伴们遗憾吗？

确实会的。

如果囚徒之间曾有过某种选举，也有人在其中赢得过尊重，而那些敏于辨别而且最能记住过往影子的惯常次序，因而最能预言后面还有什么影子会跟上来的人还得到过奖励，你认为这个既已解放了的人，他会再热衷于这种奖赏吗？对那些受到囚徒尊重并成了他们领袖的人，他会心怀嫉妒，和他们争夺那里的权力地位吗？或者，还是会像荷马（Homer）所说的那样，他宁愿活在人世上做一个穷人的奴隶，受苦受难，也不愿和囚徒们有共同意见，再过他们那种生活呢？

我想，他会宁愿忍受任何苦楚也不愿再过囚徒生活的。

如果他又回到洞穴中坐在他原来的位置上，你认为会怎样呢？他由于突然离开阳光走进地下洞穴，他的眼睛不会因黑暗而变得什么也看不见吗？

一定是这样的。

这时他的视力还很模糊，还没来得及习惯黑暗——再习惯黑暗需要的时间也不会很短。如果有人此时就要他和那些始终禁锢在地下洞穴中的人较量一下"评价影子"，他不会遭到嘲笑吗？人家不会说他到上面去走了一趟，回来眼睛就坏了，不会说甚至连一起往上去的念头都是不值得的吗？要是把那个打算释放他们，并把他们带到上面去的人逮住杀掉是可以的话，他们不会杀掉他吗？

他们一定会的。

亲爱的格劳孔（Glaucon），现在我们必须把这个比喻整个地应用到前面讲过的事情上去，用地下洞穴囚牢比喻可见世界，用火光比喻太阳的能力。如果你把从地下洞穴到上面世界并在上面看见东西的上升过程和灵魂上升到可知世界的上升过程联想起来，你就领会对了我的这一解释了，既然你急于要听我的解释。至于这一解释本身对不对，这是只有神知道的。但是无论如何，我觉得，在可知世界中最后看见的，而且是要花很大的努力才能最后看见的东西乃是善的理念。我们一旦看见了它，就必定能得出下述结论：它的确就是一切事物中一切正确者和美者的原因，就是可见世界中创造光和光源者，在可知世界中它本身就是真理和理性的决定性源泉；任何人凡能在私人生活或公共生活中行事合乎理性的，必定是看见了善的理念的。

就我所能了解的而言，我都同意。

那么来吧，你也来同意我下述的看法吧，而且在看到下述情形时别感到奇怪吧：那些已达到这一高度的人不愿意做那些琐碎俗事，他们的心灵永远渴望逗留在高处的真实之境。如果我们的比喻是合适的话，这种情形应该是不奇怪的。

是不足为怪的。

如果有人从神的沉思状态转变为人的邪恶状态，并以荒谬的方式行为不端时，这不出乎人的意料吗？在一个人刚睁开眼睛，还没完全习惯于黑暗环境时，就被迫在法庭上或其他什么地方同别人争讼正义的形象或正义形象的暗影，这不是在努力迎合从未见过绝对正义的人吗？

一点也不值得奇怪。

但是，凡有头脑的人都会记得，眼睛有两种性质不同的迷盲（bewilderment），

35

它们是由两种相应的原因引起的：一种是从亮处到了暗处，另一种是从暗处到了亮处。凡有头脑的人也都会相信，灵魂也能出现同样的情况。他在看到某个灵魂发生迷盲不能看清事物时，不会不假思索予以嘲笑的；他首先会问，人的灵魂是否从更光明的生活中走出来，因为不习惯黑暗而看不清，还是由于离开了无知的黑暗进入了比较光明的世界，较大的亮光使它失去了视觉？于是他会认为一种经验与生活道路是幸福的，另一种经验与生活道路是可怜的；如果他想笑一笑的话，那么从下面到上面去的那一种是不及从上面的亮处到下面来的这一种可笑。

你说得非常有道理。

如果这是正确的，那么关于这些事，我们就必须有如下的看法：教育实际上并不像某些人在自己的职业中宣称的那样。他们宣称，他们能把灵魂里原来没有的知识灌输到灵魂里去，好像他们能把视力放进盲人的眼睛里去似的。

他们确曾有过这种说法。

然而，我们的论证表明，学习的力量和能力已经存在于灵魂之中；就像整个身体不改变方向，眼睛就无法从黑暗转向光明一样，知识的工具也只能通过整个灵魂的运动从生成的世界转向实在的世界，直至它的"眼睛"得以正面观看实在，观看所有实在中最明亮者，即我们所说的善者。是这样吧？

（资料来源：Plato, *The Republic*, translated by B. Jowett. New York: Dolphin Books, 1960, pp.205-208.）

伊曼努尔·康德
《论 教 育》*

康德认为，教育是"一个人能够投身其中的最大、最困难的问题"。在下面的选文中，他向我们展示了教育是如何通过准则或者人类活动的持久原则塑造人类品格的。虽然这篇文章写于 18 世纪，但是它表达的对儿童通过活动而发展和学习的关注，也是当代社会关注的主题。康德强调品格发展和责任承诺的重要性。这在他对各种准则以及这些准则将如何带来某种结果的描述中得到

---

* 本文的翻译参考了赵鹏、何兆武合译的《论教育学》（伊曼努尔·康德著）一书，上海人民出版社 2005 年版。——译者注

了说明。

道德培养必须以某种准则而非规训为基础。一个是为了防止越轨行为，另一个则是对思维方式加以塑造。我们应该看到，必须让儿童习惯按照准则行动，而不是被某种欲望驱使。通过规训我们能形成某种习惯，而这种习惯会随着年龄的增长而消失。儿童应该学会按照准则行动，而且要认识到行动本身的正当性。人们很容易发现，让儿童做到这点是很困难的，而且父母和教师也还需具有道德塑造方面的一些见识。

举例来说，如果儿童说谎，那么一定不要惩罚他，而要以轻蔑的态度对待他，并且告诉他将来不会有人再信任他。如果儿童做了坏事就受到惩罚，做了好事就得到表扬，那么他就会仅仅为了得到奖赏而做好事。以后，当他进入一个并无任何这种奖惩的世界——做好事没有奖赏，做坏事也无惩罚时，他就会变得只关心自己在世上过得怎么样，行善抑或作恶完全取决于哪一种行为对他最有利。

准则必须从人自身出发确立起来。在道德塑造中，人们应该尽早向儿童灌输"好"和"坏"的观念。如果想要确立道德，那么就一定不能依靠惩罚。道德是极其神圣和崇高的，人们不能把它降格到规训的层次上。道德教育的第一要务是确立一种品格，即按照准则来行动的能力——开始是学校的准则，然后是人性的准则。儿童起初服从的只是法则。准则也是法则，但它是主体性的法则，是从人对自身的理解中产生出来的。触犯了校规校纪就必须接受惩罚，不过这种惩罚必须是针对过错实施的。

如果要塑造儿童的品格，那么就要让他们意识到，在任何事情上都有某些必须严格遵循的计划和法则。例如，他们必须设定睡眠、工作和娱乐的时间，既不能延长也不能缩短。对于不太重要的事情，可以让儿童自己作出选择，但是一旦他自己定下了规矩，以后就必须一直遵守。不过，我们必须注意，我们要塑造的是儿童的品格，而不是公民的品格。

儿童，特别是学童的品格中首要的一个特征是服从。这种服从是双重的，首先是服从领导者的绝对意志，其次是服从领导者那种被认为是理性和善良的意志。服从可以来自强制，这时它是绝对的；也可以来自信赖，而这就是另一种类型的服从了。这种自愿的服从是非常重要的；但那种强制的服从也极其必要，因为它能够为儿童将来遵守公民的法则做好准备——即便他不喜欢这些法则。

因此，必须把儿童置于某种必然的法则之下。这种法则必须是普遍的，在学校里尤其要注意这一点。教师一定不要只对某一个人表现出特别的喜爱，因为这样的话，法则就不再是普遍的了。一旦发现不是所有的人都像他一样遵从同一法则，他就会变得难以控制。

人们常说，任何事情都要以这样一种方式引介给儿童，即让他能出于本能（inclination）来做这些事。这在有些情况下是很好的，但很多时候我们还必须让他面对义务（duty）。后一种方式对他以后的人生具有极大的裨益。因为像缴纳公共租金、从事职业劳动这些事情，我们更多的是出于义务而非本能来做的。即使他没有认识到自己的义务，这样做对他也更好一些；他可能会认识到自己作为儿童的义务，但要认识到作为人的义务就困难得多。如果能认识到这种义务——这要随着年龄的增长才有可能，那么他的服从品格就会更加完美。

儿童对禁令的任何违反都是缺乏服从的表现，违反禁令就必须遭受惩罚。即使是不小心违反禁令，惩罚也并非没有必要。这种惩罚或者是身体性的（physical），也或者是道德性的（moral）。如果人们打击儿童那种希望被尊敬和被爱的渴望（longing）——这些渴望是服务于道德辅助手段的，就是在进行道德性的惩罚。比如，冷漠地面对儿童，以此来羞辱他。但应尽可能地保护和培养这些渴望。因此，道德性的惩罚是最好的方式，因为它有助于道德养成，比如在儿童撒谎时，蔑视般的一瞥就足够了，这已经是最合适的惩罚了。

身体性的惩罚是指拒绝给儿童渴求的东西，或是对他直接施以体罚。前者与道德性的惩罚相近，是否定性的；后者的施行必须谨慎，以免产生奴性。奖赏的做法也是不可取的，这样只会让儿童变得自私，并且由此产生一种功利性。

服从又可以分为儿童的服从和成长中的少年的服从。儿童不服从的话，惩罚就会随之而来。这种惩罚要么是自然的，要么是人为的。前一种惩罚是人通过自己的作为招致的——比如吃得太多的话就会生病，这是最好的惩罚，因为人在整个一生中都会经历到它，而不只是在童年才这样。利用儿童渴望受到注意和喜爱的本能是一种可靠的方法，通过它可以持久地维持训诫的作用。身体性的惩罚只能作为道德性的惩罚的补充，在后者不可行时才能使用。当道德性的惩罚不再有效时，人们才诉诸身体性的惩罚，但良好的品格不可能通过它来培养。不过因为儿童最初还缺乏道德反思的能力，因此必须以身体的强制来弥补这种不足。

具有愤怒特征的惩罚发挥不了惩罚的作用。这时儿童仅把它看作他人情绪的结果，而自己则是这种情绪发泄的对象。一般来说，对儿童的惩罚必须十分谨慎，要让他意识到，惩罚的最终目的只是为了他们自身的进步。那种让儿童在接受惩罚时还要表示感谢，还要亲吻惩罚者双手之类的做法是很愚蠢的，这只会让他们产生奴性。如果经常重复身体性的惩罚，就会造成儿童头脑愚钝；如果父母是因为儿童固执而施加惩罚，就只会让他们更加执拗。不过顽固的人还不总是最坏的人，他们通常很容易对善意的想法让步。

　　成长中的少年的服从与儿童的服从不同，它指的是服从于义务的规则。出于义务而做某事意味着听从理性的召唤。对儿童谈义务，那是白费口舌。他们最多只能认识到，义务是某种一旦违反就会招致惩罚的东西。儿童只为本能所引导，而他们一旦长大，义务的观念也就随之而至。羞耻观念也不能介绍给儿童，而应在他们进入少年阶段后才介绍给他们。羞耻观念只有在尊敬这一观念在他们心中生根之后才能找到自己的位置。

　　品格形成的第二个主要特征是诚实。它是品格的根本特征和本质。一个撒谎的人绝无品格可言，如果他有什么优点的话，那么也只是来自天赋。有些儿童有撒谎的本能，但这只不过是因为他们具有生动的想象力而已。让儿童改变这种习惯是父亲的事情，因为母亲通常认为这事无关大局，她们能看到的只是儿童的优良天赋和能力，并因此而沾沾自喜。这时就可以使用羞耻的观念了，因为现在儿童已经能够理解它了。羞耻时的脸红会泄漏我们正在说谎，但它并非说谎的证明，因为我们经常也会为他人的无耻行径——比如有人把罪过推诿到我们身上——而脸红。无论在任何情况下，成人都不要通过刻意地施加惩罚来迫使儿童说真话，而应该让他受到自己的谎话所招致的不良后果的惩罚。对撒谎者来说，丧失别人的尊重是最合适不过的惩罚。

38

　　惩罚也分为两种：肯定的和否定的。前者针对懒惰或不合伦理的行为，比如撒谎、不听话和难相处；后者则适用于恶意的不良行为。但人们首先要注意的是，不能对孩子所做的错事耿耿于怀。

　　儿童品格的第三个特征是合群。他必须能与他人保持友谊，而不是只顾自己。但有些教师在学校里的做法与此相悖，这是很不正确的。儿童应该为享受最甜美的生活做好准备。如果教师要优待某个儿童，那么其依据应该是儿童的品格，而不应是儿童的天赋，否则就会让儿童之间相互猜忌，这不利于儿童友谊的发展。

　　儿童还应该心胸坦荡，目光应该像阳光一样明朗。一颗快乐的心本身就能在美好的事物中感受到愉快。那种使人变得阴沉的宗教是错误的宗教，因为人必须怀着愉快的心服务上帝，而非出于强迫。

我们应该经常给儿童那处于学校严格控制下的欢快的心以自由，否则它那欢快的火苗很快就会熄灭。如果儿童能够获得自由，那么他很快就能恢复自然的活力。在某些游戏中，儿童必须在某方面力争比别人做得更好，这种游戏能很快让心灵欢快、明亮，因此是有益的……

儿童所受的教导应该与其年龄相符。有些父母为孩子早熟而感到高兴，但是，从规则来看，这样的孩子后来都不会有什么大成就。一个儿童的聪慧必须是孩子式的聪慧，而不能是对成人盲目的模仿。如果一个儿童满口成年人的那种道德说教，那就完全超出了他那个年龄的水平，纯粹是一种模仿。他只应该具有儿童的理解能力，而且不能过早地表现出来。这样一种早熟的孩子绝不会成长为一个真正有见地的、具有开明思想的成人。同样不能让人容忍的是，一个儿童追随时尚，比如烫卷发，或者随身携带烟盒。这样的矫揉造作对儿童来说是不合适的。文明社会的繁文缛节对他来说是一种沉重的负担，这会使他最终完全缺乏男子气概。因此，人们必须尽早遏制他的虚荣心，或者毋宁说，不要诱使他变得虚荣。如果过早地在儿童面前唠叨说他们是如何漂亮，说穿上这种或那种服饰会使他们变得如何可爱，或者把这些东西作为奖励许诺给他们，就会诱发他们的虚荣心。华丽的服饰对儿童没有好处。他们必须接受以满足生活必需为限度的干净和简单的穿着。

同时，父母也不要在大商场购买服装，不要自我欣赏，因为在这里跟在其他方面一样，榜样的力量是无穷的，它既能巩固良好的教导，也能将其摧毁。

（资料来源：Immanuel Kant, *Education*, translated by Annette Charton. Ann Abor: University of Michigan Press, 1960, pp.83-94.）

第二章

实在论与教育

■ 古典的传统

■ 现代实在论的发展

■ 当代实在论

■ 作为一种教育哲学的实在论

■ 对教育中实在论的评价

　　和理念论一样，实在论也是西方文明中最古老的哲学流派之一，它最早可以追溯至古希腊时期。由于历史悠久，实在论有众多的支持者和解释，如古典实在论、宗教实在论（religious realism），到科学的、自然的、理性的实在论。由于存在这些缠绕不清的流变，从贯穿其悠久历史的共同线索来理解这一哲学流派似乎是最合理的。

　　实在论最核心的线索也许是被称为独立原则或命题的东西。这一命题认为，实在、知识和价值是独立于人的思想而存在的。换句话说，实在论否定理念论"只有理念是真的"这一说法。实在论者认为，无论人们是否能够感知到如棍棒、石头、树等宇宙万物的存在，它们都是真实存在的。实在论者认为，物质是真实存在的，但这并不意味着物质只能有一种形式，物质可以有很多种，有些实在论者甚至承认物质和形式并存。重要的是，实在论者指出，物质实际上是独立实在的反映。要理解这种复杂的哲学，就必须审视实在论从古典时期以来的发展，它是怎样受科技革命影响而改变的，以及它的现状如何。

古典的传统

亚里士多德的实在论

亚里士多德（Aristotle，前 384—前 322）

柏拉图认为，物质没有永久的实在，我们应该用理念来关注自我。柏拉图的学生亚里士多德却认为，虽然理念本身很重要，但对物质的合理研究能够获得更好、更清晰的理念。亚里士多德在柏拉图学园学习和教学长达 20 年，后来他创办了自己的学校，即吕克昂学园（Lyceum）。他和柏拉图的区别慢慢地显现出来，但在很多方面，他并不能脱离柏拉图的影响。

亚里士多德认为，理念（或形式），比如上帝的理念或者一棵树的理念是可以脱离物质而存在的，但没有物质能够脱离形式而存在。每个事物都有普遍性和特殊性。例如，一个橡子的特殊性就是那些它独有的区别于其他橡子的属性，包括它的大小、形状、重量和颜色。没有两个完全一样的橡子，因此你可以说出每一个橡子的特殊之处。可是，每一个橡子都有普遍性，它和其他所有橡子都可以叫作"橡子"。

也许以人为例可以更好地理解特殊性和普遍性之间的区别。每个人都有其特殊性，有不同的样貌和身高，没有两个人是完全相同的。同时，所有人都有普遍性，他们都是"人"。这里的"人"和"橡子"都是实在，是不用考虑任何特殊性而独立存在的。因而，形式（普遍性、理念或者本质）是每个特殊性物质的非物质方面，并与这个类别中所有其他特殊性物质相联系。

虽然形式可能是非物质的，但它可以通过考察存在于自身内部的、独立于我们之外的物质对象而得到。亚里士多德认为，人们应该更深入地学习和理解事物的实在。在这一点上，他与柏拉图一致。然而，他们的不同之处在于：亚里士多德认为，形式或者真实的实在可以通过研究物质、运用理性得到；柏拉图却认为，形式或真实的理念只有通过一些类似辩证法的推理才能认识。

亚里士多德提出，事物的形式、物质的普遍性是永恒不变的，而特殊性是会变的。一个橡子的外壳可能会碎裂，其本身也可能会消失，但所有橡子的形式或"橡子"的性质不会消失。就人类而言，虽然作为个体的人会死亡，但"人"的性质仍然存在。就算所有人都消亡了，"人"的性质仍然会存在，就像所有现存的圆形物体都消灭了，但圆的概念仍然存在一样。

　　在人的发展中，我们可以把个体看作儿童，每个个体都有儿童的特性。而随着他们的成长，儿童的身体会改变并进入新的成长阶段（即青春期），然后他们会变为成年人。可是，不管经过几个阶段的发展和变化，作为"人"的性质仍然存在。所以说，无论物质的特殊性如何改变，其形式都始终保持不变。亚里士多德和柏拉图都同意形式是稳定不变的，而物质总是变化的，只不过亚里士多德相信形式存在于物质的特殊性之中，并且是物质变化的动力。相似地，现代哲学家亨利·柏格森（Henri Bergson）提出"生命冲动"（élan vital），认为每个物体都有生命冲动指引它来实现自己的目的。这可以被看作一个成长过程，一个橡子要实现它的目的，即成为一棵橡树，它必须有充足的阳光和水，它的根必须扎得足够深，它必须通过适当途径获得营养。亚里士多德认为，每个物体都有一个微小的灵魂或生命力引导它走上正确的道路。 41

　　亚里士多德既是科学家，也是哲学家，他相信虽然科学和哲学可以被人为地分开，但它们之间确实存在联系，研究其中一个会对研究另外一个有帮助。例如，研究一个橡子的物质面（如外形、颜色等）有助于引发对什么是橡子——对它的本质或形式的更深入思考。

　　当然，这些很大程度上要依赖于提出正确的问题。其中既有科学问题，也有哲学问题，而它们之间也可以重叠。如果一个人来到海边捡起一个贝壳，他可能会问许多关于贝壳的科学问题：它是由什么构成的？它在这儿多长时间了？它里面长着什么？它有多重？这样的问题有很多，回答它们将得到很多关于贝壳的信息，但这些问题只涉及事物的特殊物理形态方面。

　　也可以提出其他类型的问题，比如：它有什么含义？谁或者什么创造了它？它的目的是什么？这类问题基本上属于哲学问题，尽管它们可以通过科学观察来回答。这些都将支持亚里士多德的主张：我们越深入地走向物质，就越可能被引向哲学。

　　关于事物的最重要的问题就是事物的目的。亚里士多德认为，每个事物都有一个目的（purpose）。一条鱼的目的是什么？如果我们仔细观察，那么就会发现它的目的是游泳，而一只鸟的目的是飞翔。那么人类的目的是什么呢？亚里士多德认为，因为人是唯一被赋予思考能力的生物，所以人的目的就是运用这种能力。因此，当我们思考时就实现了我们真正的目的，而当我们不思考或者没有明智地思考时，我们就背离了这种目的。

在亚里士多德看来，世界是有计划和秩序的，因为事情的发生都是有规则的。一个橡子长成一棵橡树而不是枫树，一只小猫长成一只猫而不是一只狗。世界可以通过探究它的目的而被理解。因而，无论发生什么都可以根据其目的加以解释：橡子遵从它的命运，小猫也遵从它的命运。关于人，我们已经知道我们的目的是思考，但我们承认可以拒绝思考或者作贫乏的思考。我们可以通过不专心、误导或其他胡思乱想来避免思考。因此，亚里士多德认为，人可以拒绝思考而由此反对世界的计划性和创造的合理性，因为人类有自由的意志。可是，人们一旦拒绝思考，就会遭受错误观念、健康状况不佳和生活不幸福等后果。

亚里士多德认为，如果人们追求真正的目的，他们将获得适度的理性生活，避免走向极端。亚里士多德认为的极端有两个：过和不及。以吃为例，如果一个人吃得太多，他将变得肥胖，缺乏能量，亚健康甚至死亡。懂得把握度的人，即思考着的人会避免这类极端。在亚里士多德看来，适度的观点就是中道（golden mean），两极中间之道。

亚里士多德的中道观在他的维持平衡的灵魂实体说那里进一步体现出来。他谈到灵魂的存在有三个层面：植物的灵魂、动物的灵魂和理性的灵魂。当人们过着呆板乏味的生活时是在遵循"不及"的极端，当他们生气和怀有敌意时则是在遵循"过"的极端。当人们用理智来保持植物的灵魂与动物的灵魂的平衡时，他们就在遵循计划，实现自身的目的。这个观点与柏拉图的理想国概念相关。柏拉图认为，在好的国家中各个阶层：铜阶层（与植物的灵魂相对）、银阶层（与动物的灵魂相对）与金阶层（与理性的灵魂相对）处于平衡和和谐的状态。亚里士多德认为，一种好的教育能有益于做到中道，从而提升心灵与肉体的和谐和平衡。

平衡是亚里士多德思想的核心。他认为，整个宇宙处于某种秩序之中。在谈到人的时候，他并不像柏拉图那样把肉体和心灵对立起来；相反，亚里士多德将肉体看作通过感官的感知获得各种信息的途径，而感官获得的粗糙信息则由心灵的推理能力来组织。普遍原则是由心灵从对特定事物——感官知觉——的审查，以及从将所产生的观察结果组织成合理的解释中得出的。因而，肉体和心灵因其内在一致性而在一个平衡的整体中共同运作。

亚里士多德没有把个别事物独立于其普遍性之外。物质和形式不是两种不同的存在，而是同一事物的两个不同方面。形式存在于物质之中，而没有形式的物质是一个错误的概念，不是一个实在。需要着重弄明白的是，所有物质都处于某个现实化的阶段。柏拉图感兴趣的领域是形式或理念，而亚里士多德则试图将物质世界与形式世界统一起来。例如，他关于潜能和现实的看法。他认为，现实是完整的、完美的，而潜能是获得现实化，或是获得完美与形式的能力。形式和物质的统一赋予事物以实在，换句话说，我们所感受到的"真实的"橡子是既包含了形式的也包含了物质的橡子。

形式和物质的关系在亚里士多德的"四因说"（four causes）里得到了进一步的阐明：

1. 质料因：构成事物的质料。
2. 形式因：事物形成的根据。
3. 动力因：事物形成的动力。
4. 目的因：事物形成的趋向和用意。

通常来说，讲一座房屋时，它用的原料（木头、砖瓦和钉子）是质料因，建造的结构或遵照的蓝图是形式因，建成它的木匠是动力因，房子用来居住则是它的目的因。

物质是处于不断走向消亡的过程中，从这个方面来说，亚里士多德的思想类似于现代进化论和无限宇宙的概念。但二者的不同之处在于，亚里士多德认为由于运动是趋向终结的，宇宙也是由不断地扩张走向终结的。所有这些创造及其过程的推动力都是"不动的动者"（或者上帝），这就是说，亚里士多德认为物质的推动力或源泉已经超乎自身，是终极实在。在这方面，亚里士多德的哲学和柏拉图的哲学一样深奥。在亚里士多德看来，世界组织和运行的法则就是"不动的动者"。

当然，组织是亚里士多德哲学的基础，他认为所有事物都可以分出一个层次。例如，人类基于生物学，扎根于自然，可是他们追求一些超越他们自身的东西。人类可以以身体为特征，也可以以内在能力为特征。亚里士多德认为，人类是理性的生物，他们用思考来实现自身的目的，因此思考是他们最高级的特征。任何事物都可以被理解和排序，因为实在、知识和价值是独立于心灵而存在的，而任何事物也有其自身的内部一致性与平衡。

为了寻找到独立实在的结构，亚里士多德借助逻辑推理。柏拉图也对逻辑感兴趣，并运用辩证法来综合关于真理的对立概念。亚里士多德也关注真理，他试图通过完善辩证法来发现真理。他开创的逻辑方法被称为三段论（syllogism），这种方法被用来检测陈述的真实性。下面是一个简短著名的例子：

> 所有人都会死，
>
> 苏格拉底是人，
>
> 所以，苏格拉底会死。

这个三段论由大前提、小前提和结论三个部分组成。亚里士多德通过将对实在的陈述放入一个逻辑的、系统的形式中，而这种形式与正在研究的情况事实一致，来帮助人们进行更准确的思考。亚里士多德的逻辑方法是演绎推理，也就是真理源自普遍化，比如"所有人都会死"。这种方法存在的问题是一旦其中任意一个前提是错的，那么结论可能就是错的。而确定前提的正确性就遇到了这样的问题：我们用什么方法来检验它们的真实性？如果我们继续用三段论，那么我们就必须继续依赖一些未经证实的假设前提，因此有些批评家指出，三段论的方法可能推导出许多错误或者站不住脚的结论。而最终科学实验挑战了"合理的"信念。

亚里士多德认为，首要的善是幸福；而幸福的获得依赖于善良又有条理的心灵。只有当我们养成通过适当的教育来塑造美德的习惯时，才能实现这一目标。教育发展了推理能力，使我们可以作出正确的选择。在亚里士多德看来，这意味着过一种有思想的中道生活。而接受和遵从这一方法成为亚里士多德教育思想的核心。虽然亚里士多德没有深入阐释其教育理念的细节，但他认为遵从中道可以形成正确的品格。同样，遵从中道可以促进社会的良性发展，以及帮助国家培养出良好的公民。在《政治学》（Politics）中，亚里士多德进一步阐述了这个观点，认为受过正确教育的个体、受过正确教育的公民以及有组织、有道德的国家之间存在相互作用的关系。

亚里士多德对实在论的影响是十分重大的，涉及诸如：认识到系统研究自然的必要，用逻辑方法来检验外部世界，通过对特殊性的严格研究得出普遍性的真理，把事物分出层次，以及强调人性中的理性方面，等等。

宗教实在论

托马斯·阿奎那（Thomas Aquinas，1225—1274）

阿奎那出生在意大利的那不勒斯（Naples）附近。他5岁开始接受正规教育，在蒙特卡西诺（Monte Cassino）的本尼迪克特教会修道院（Benedictine monastery）学习，后进入那不勒斯大学（University of Naples）学习。1244 年，他成为多明我会 ① 的修道士，把一生奉献给了顺从、贫穷和心智工作。1245 年，阿奎那被送去巴黎大学（University of Paris）学习，师从著名的亚里士多德学派学者阿尔伯图斯·麦格努斯（Albertus Magnus）。阿奎那在巴黎大学学习、教学至 1259 年，然后多明我会派他回到意大利帮助组织多明我会学校的课程。1268 年他重返巴黎，作为一名神学教授和多明我会的教育领导者度过余生，1274 年 3 月 7 日去世。

　　阿奎那首次接触亚里士多德的作品是在那不勒斯大学学习的时候。从此他毕生致力于将亚里士多德哲学和基督教概念融合在一起的工作。阿奎那接受了亚里士多德的观点，认为人是物质和心灵的结合，或者按照亚里士多德的说法，是肉体和灵魂的结合。亚里士多德说到，人作为自然存在有自然的功能，但人最高的善是来自思考。阿奎那把这个观点与基督教的"启示"联系在一起，主张因为人都是上帝的孩子，所以人最好的思考应该是遵从基督教教义。他花了大量的时间来证明以启示为代表的上帝话语与亚里士多德的思想是一致的。

　　亚里士多德的观念对基督教有很大的影响，它们倾向鼓励教堂世俗化，这与奥古斯丁的作品中设计的修道院生活相反。渐渐地，亚里士多德的观念通过阿奎那的作品被融入基督教教义中，为宗教赋予了哲学的基础。阿奎那成为中世纪亚里士多德学派的权威，而且发现异教徒哲学家的观念与基督教观念之间没有巨大冲突。他认为，因为上帝是纯粹理性，世界是理性，所以正如亚里士多德所说，通过理性，人类可以知道事物的真理。同时阿奎那也强调用我们的感觉去获得关于世界的知识，例如，他提出的关于上帝存在的五大证明，就在很大程度上依赖于以理性为支配的感官观察。

　　阿奎那认为，上帝可以在虚无中创造万物，是"不动的动者"，并赋予世界以目的和意义。在他的巨著《神学大全》(*Summa Theologica*) 中，阿奎那总结了涉及基督教的争论，并用亚里士多德提供的理性方法来分析和处理这些宗教问题。事实上，基督教中许多支持性的论点来源于阿奎那的著作，而与基督教的哪个分支无关。罗马天主教把阿奎那的哲学［托马斯主义（Thomism）］当作其主导哲学。

　　阿奎那首先是一个传教士，对他而言，在上帝那里，所有的真理都是永恒

---

① 　多明我会（Dominican Order），亦译"多米尼克派"，天主教托钵修会主要派别之一，1215 年由西班牙人多明我创立。——译者注

的。真理通过神圣的启示由上帝传给人，但上帝同样赋予人在基督教教义之外寻求真理的理性能力。作为传教士，阿奎那不会把理性看得比启示更重要，但也想给理性一个合适的位置。他认为，神学是首先要考虑的问题，而哲学则是"神学的婢女"。这样通过承认神学的至高无上，他能够更充分地探索宗教思想的哲学发展。

阿奎那赞同亚里士多德认为的普遍性的确定来自对特殊性的研究，也承认"形式"是所有存在的主要特征。他同样支持"固有原则"，这与亚里士多德认为的每个存在都在朝着实现自身的目的而前进的观点类似。虽然他认为灵魂确实存在于肉体之中，但不是从人类的生物根源或其内在存在中衍生出来的，而是上帝创造出的永恒之物。阿奎那是中世纪经院哲学的集大成者，通过强调灵魂和救赎来处理人类的物质问题，如贫穷和战争。经院哲学家将亚里士多德的哲学与教会的教义结合起来，而阿奎那通过研究理性和信仰之间的关系，在这项任务中扮演了非常重要的角色。

阿奎那被称作"天使博士"，他对教育深感兴趣，他的著作以及与多明我会的合作都表明了这一点。除了《神学大全》，他还写了《论教师》（*De Magistro*），具体论述了他的教学哲学。例如，他怀疑一个人能否直接教导另一个人，或者是否只有上帝才能够充当教师的角色。他的看法是，在终极意义上，只有上帝才能够被称作教师。通常说是医生治愈了身体，但事实是，治愈很自然是由内而外的，而所有医生能做的都只是提供外在的治疗和刺激。教学也是这样。阿奎那认为，只有上帝能直接触及内在灵魂，所有教师能做的是激励和指引学习者，而不是直接地教。因此，教师只能向学习者点出知识并帮助他们通过标记和符号来认识和理解，这与奥古斯丁所说的一致。这样的教学是一种服务人类的方法。阿奎那认为，引导学生从无知到受教化是一个人能够给予其他人最好的服务。

在阿奎那看来，教育的首要机构是家庭和教堂，而国家或者有组织的社会则屈居其后。家庭和教堂有义务教一些关于不变的道德原则与神圣法律的事情。按照阿奎那的说法，母亲是孩子的第一个教师，因为孩子很善于模仿，所以是母亲这个角色来设定孩子的道德基调。教堂作为获得神圣知识的平台，应该建立起理解上帝法则的基础。国家可以制定和实施有关教育的法律，但不应削弱家庭和教堂在教育中的首要地位。也因此，宗教学校有一个很长的历史发展，它们不仅教授基础科目，而且要向学生反复灌输某一信仰的教义。

阿奎那赞同奥古斯丁所说的人生来就有原罪，而生命是一段考验期。但生命也可以是一段学习和启示的时期，因此阿奎那不同意人只能通过信仰来获取真理的观点。阿奎那认为，上帝是纯粹理性，而当上帝创造了世界时，上帝就使得人可以通过运用观察和理性来学习世界而获得真知。因为上帝赋予人理性，所以人能够更好地理解上帝，并领悟生命真正的目的和意义。阿奎那认为，人在尚不能理解的事情上需要信仰，但最终大多数宗教真理可以通过理性支持下的观察得到理解和证实。他相信，大多数事情可以通过理性来证明，比如上帝的存在，只有当理性达到极限时，信仰才是必要的。

法国哲学家雅克·马里坦（Jacques Maritain）是 20 世纪托马斯主义的著名倡导者。马里坦求学于巴黎大学，聆听过柏格森的讲座。他是人权的热心支持者，提倡自由的基督教人文主义和对自然权利的捍卫。在"二战"期间，他积极参与营救许多学者，并将他们从欧洲带到了美国。

现代实在论的发展

古典实在论和宗教实在论的一个主要问题在于，没能发展出更充分的证明理论。虽然古典主义者提出了实在、知识和价值能够通过研究特殊性而确定的命题，但他们仍然陷入了一种本质上是演绎式的思维方式。他们常常一开始就设定了一个所谓的真理，而且从未真正怀疑过"第一因"或者"不动的动者"。现代实在论（modern realism）的发展源自试图去纠正这样的立场和信仰，而这些修正性的尝试成为横扫西方文明的科技革命的中心。在所有从事这种尝试的哲学家中，或许有两位是最杰出的实在论思想家，他们是培根（Francis Bacon）和洛克（John Locke）。他们都潜心于发展思考的系统方法以及增进人类理解的途径。

弗朗西斯·培根（Francis Bacon，1561—1626）

培根不仅是一位哲学家，还是伊丽莎白一世（Elizabeth I）和詹姆士一世（James I）时期的政治家。他的政治努力并不成功，但他在哲学思想上的成就令人印象深刻。即使不虚夸的话，培根的哲学研究在范围上也可以说是雄心勃勃的。他主张，将所有的知识作为他的调查研究领域。他几乎完成了这件事，这证明了他的天才。在他最著名的著作《新工具》(*Novum Organum*) 中，培根质疑了亚里士多德逻辑学。

培根抨击了亚里士多德采用的神学思维方式，这导致科学的发展停滞不前。神学思维方式的问题在于，它以教条主义和先验假设为起点，而后再推导出结论。培根指出，科学不能以这种方式进行，因为科学必须完全与调查相关，而且是没有先入之见的调查。通过发展一种可靠的调查方法，人类可以摆脱对推理这种获取知识的主要方式的依赖，而且培根认为，观察和实验正是更合适的方法。培根认为，"知识就是力量"，并相信通过这种方式获取知识，人类可以更好地了解自身生活的世界，同时更高效地解决来自周围的问题与压力。这种方法后来被称为"归纳法"（inductive method）。

培根反对亚里士多德的逻辑学主要是因为，他认为亚里士多德的逻辑学产生了许多错误，尤其是关于物质现象。例如，宗教思想家（诸如阿奎那等经院哲学家）认为，上帝是确定自明的信仰——上帝是存在的、正义的、无所不能的等——然后，他们凭借上帝的力量（对人类事务的干预等）推理出各种事物。而培根的归纳法始于可观察到的实例，然后推理到一般的陈述或规律。这种方法与宗教思想家的方法相反，因为它要求在作出判断之前对特定的实例进行验证。例如，在观察到水结冰的温度是 0 °C 之后，关于水的冰点是 0 °C 的一般规律就可以建立。只要水在这个温度下持续结冰，那这个规则就是有效的。如果因为空气或陆地环境发生了改变，使水在 0 °C 下不再结冰，那么这个规律就必须改变。人们也可能通过演绎推理来改变自己的信念，但当他们以假定的绝对真理为起点，他们改变信念的可能性要比他们以中立的信息和假设为起点时小得多。

伽利略（Galileo）和天主教会关于地球在太阳系中的位置的争论便是一个归纳法与演绎法对抗的例子。教会支持托勒密（Ptolemy）的地心说，即地球是宇宙的中心，而伽利略则支持尼古拉·哥白尼（Nicolaus Copernicus）在《天体运行论》（*The Revolutions of the Heavenly Bodies*）中提出的观点，即太阳是宇宙的中心，地球围绕太阳旋转。教会的立场得到了几个推论的支持。首先，因为上帝创造了地球，所以有理由假设他会把地球放在宇宙的中心。同样，由于上帝选择将地球作为人类的栖居地，地球在创世纪的规划中必须处于一个重要地位，这又给地心说增加了砝码。而《圣经》中记载了约书亚（Joshua）经历了一场艰难的战争，他请求上帝让太阳静止不动的故事似乎也为托勒密的地心说提供了强有力的支持。

然而，伽利略依然为哥白尼的理论辩护，认为太阳才是宇宙的中心。但是这个观点被教会说成是在贬低上帝，与教会的教义互不相容。伽利略利用望远镜证实了哥白尼的观点，更增加了教会的愤怒。据报道，一位被邀请到伽利略的试验基地去通过望远镜观看地球围绕太阳旋转的牧师说，魔鬼把那些东西放在那里让他看。教会官员要求伽利略推翻他的观点，迫于压力，伽利略也只好放弃。后来的科学家如约翰内斯·开普勒（Johannes Kepler）、第谷·布拉赫（Tycho Brahe）和牛顿都证实了伽利略的发现。

由于科学或归纳的方法揭露了最初被认为是理所当然的命题中的许多错误，培根敦促人们应该重新审视所有先前接受的知识。他认为，人们应该试着摆脱思想上的各种假相（idols），因为人们很容易屈从假相，被蒙蔽了思想。培根描述了这样四种假相：

1. 洞穴假相：人们相信事情是因为他们的经验有限。例如，如果一个女人多次见到长胡子的男人干坏事，那么她可能会得出"所有长胡子的男人都是坏的"的结论。这是一个明显的错误概括的例子。

2. 种族假相：人们倾向相信一些事情，因为大多数人相信它们。大量研究表明，许多人改变自己的选择去适应大多数人的选择。这种方法被广泛用于影响人们对政治候选人的看法。

3. 市场假相：这种假相与语言有关，因为培根认为词语的使用常常会妨碍理解。例如，像"自由的"和"保守的"这样包罗万象的词语在形容人时可能没有什么意义，因为一个人在一件事上可能是自由的，在另一件事上可能是保守的。

4. 剧场假相：这是我们的宗教和哲学的假相，它会阻碍我们客观地看待世界。培根呼吁人们管理好自己的头脑，采用归纳的方式，打破过去的僵化观念，重新开始形成新的观念。

归纳法是在对特定事物进行系统观察的基础上得出概括的逻辑。这种观点的主旨可以在亚里士多德那里找到，但亚里士多德从未把它发展成一个完整的体系。在培根看来，归纳法包括对特定事物的数据收集，但它不仅仅是一种数据的分类和陈列。数据一定要进行审查，一旦发现矛盾，一些观点就要丢弃。培根坚持认为，如果归纳法能被很好地发展和严格地运用，那么它很大程度上对我们是有利的。它将通过揭开大自然的秘密，使人们可以更好地控制外部世界。

约翰·洛克（John Locke，1632—1704）

洛克追随培根的思路，试图解释人类如何发展知识。他尝试了一种他认为

48

相当温和的哲学工作：将妨碍人们获取真正知识的"垃圾清除掉"。例如，他尝试清除培根所说的人们头脑中的假相。

洛克出生于英格兰，是一位乡村律师的儿子。他受教育于威斯敏斯特公学（Westminster School）和牛津大学基督教堂学院（Christ Church College at Oxford），后成为那里的会员。他接受的是古典和学术教育。他后来对这一传统进行了反思，抨击其亚里士多德学派的根源及其对辩论的经院嗜好，他认为这只是争吵和炫耀而已。

洛克对实在论的贡献在于，他对人类知识的范围和确定性的调查，以及他将观念的来源追溯到思维的对象，或者任何进入心灵的事物。在洛克看来，没有"天赋理念"这样的东西。人出生时心灵就像一张白纸或一块白板（tabula rasa），观念是被印上去的。所有知识都是从独立于心灵的源泉中获得的，或者说是对独立来源的数据进行反思的结果。换句话说，所有的观念都是通过感觉和反省从经验中获得的。

洛克并不过分关心自我以及心灵的本质，而是关注心灵如何获得观念和知识。他认为，外在的客观存在可以被分为两种不同的性质类型：第一性的质（如体积、大小、运动）和第二性的质（如颜色、味道、气味、声音，以及其他"感觉"性质）。第一性的质是客观的（附着或直接与物体相连），第二性的质是主观的（有赖于人们对它们的体验）。

洛克是一个经验主义者，他尊重具体的和实践的经验而不相信抽象的理念论。因此，他认为，我们能知道的就是我们经历的。人们可以体验事物的性质，无论这种性质是物质上的还是观念上的。心灵可以操作的数据也一定是经验获得的数据，虽然它们来自外部，但心灵可以组合和整理经验，并能意识到它们的操作。因而，知识的获得有赖于感觉和反映。

关于外在客观物质世界的本质，洛克谈论得很少。他基本上假定了它的存在，并用实体论来解释这种存在，也就是说，物质或外部实在是经验的必要支持。他假设了一个独立的实在却不曾尝试去证明它的存在。他对哲学的主要贡献在于，对经验和思维的敏锐意识的发展。洛克的调查领域是人的经验和知识，而不是对天赋观念、本质或独立的物质实在的思辨。

洛克的教育观主要集中在他的著作《教育漫话》（*Some Thoughts Concerning Education*）中。但这些观点并不像他对认识论（epistemology）的思辨那么理论化，而是一些关于在教育过程中出现的如行为、懒惰、奖励、惩罚，以及其他一般概念的实践性观念。洛克的思想导向"绅士"教育，这点在英国教育中比较明显。人们可能会说，虽然洛克强烈支持民主的政治原则（这对杰斐逊的思想影响很大），但他的教育思想适合于贵族精英主义，并对 17 和 18 世纪英国教育的发展产生了巨大的影响。

当代实在论

在大多数情况下，当代实在论（contemporary realism）倾向围绕着对科学和科学问题的哲学关注而得到最有力的发展。这一转变大多发生在 20 世纪，而且与一些新的思想流派的发展有关，如逻辑实证主义（logical positivism）和语言分析（linguistic analysis）。然而，在这一发展过程中，独立的基本命题还继续存在。

20 世纪实在论的两位杰出代表人物是怀特海和罗素（Bertrand Russell）。他们有许多共同点，包括两人都是英国人，他们合作撰写数学著作，他们最终都在美国、英国以及其他国家的一些知名大学中讲学，并对教育感兴趣，写过教育方面的书。尽管有这么多相同之处，可是他们走的是不同的哲学道路。怀特海的哲学是柏拉图式的，寻求的是普遍范式，而罗素则是把数学量化和验证作为哲学概括的基础。

除了怀特海和罗素外，实在论哲学的继续发展有赖于另外两位代表人物的出现，他们就是 20 世纪末 21 世纪初的美国哲学家 H. 普特南（Hilary Putnam）和塞尔（John R. Searle）。H. 普特南有数学和哲学双重背景，是哈佛大学的名誉教授。塞尔是加利福尼亚大学伯克利分校（University of California at Berkeley）的哲学教授。

希拉里·普特南（Hilary Putnam，1926—2016）

H. 普特南试图建立一种变体形式的实在论，他称其为"内在实在论"（internal realism）。他在 1981 年出版的《理性、真理与历史》（*Reason，Turth，and History*）一书中第一次提出了这个概念，并在后面的作品中不断完善它，如《实在论的多副面孔》（*The Many Faces of Realism*）、《戴有人类面孔的实在论》（*Realism with a Human Face*）、《语词和生活》（*Words and Life*）。H. 普特南对哲学持以下观点：在我们试图去理解我们自己和这个世界时，哲学就成为成年人的教育学。他还说过，如果一种哲学可以被放入一个小容器中，那么它就属于这个容器。

在《戴有人类面孔的实在论》中，H. 普特南认为，传统实在论受到 17 世纪牛顿物理学的影响，给人们提供了一种关于宇宙的"神目观"（God's-eye view），即将宇宙视为一个巨大的机器，人类则是这个机器上极小的子系统，但人类仍然有能力将整体纳入他们的思维过程中。这让人想起了笛卡尔的"我思"。科学还在不断地影响着实在论思想的发展，在 20 世纪，量子力学领域的物理学家介绍了在观察者与宇宙之间的"切割"，这就是说，宇宙是十分复杂的，人类不可能在一张大图中就能理解它的全部。我们被迫以观察者的身份观察宇宙，并依赖在实验情境中用来测量宇宙的理论仪器；因此，我们得到了波动图（如电磁波理论）、粒子图（如原子理论）、弦理论、超弦理论等等。从这个角度来看，宇宙的"神目观"就太简单、太不真实了。

H. 普特南指出，罗素和怀特海试图在《数学原理》（*Principia Mathematica*）中发展出一种整体性的符号语言（"神目观"的逻辑和语言），他们试图从外部的一种理想语言的立场来概括出这种特殊语言。他们似乎认为，一旦存在一种理想的语言，他们就能把秩序和逻辑的明确性带到令人困惑的多样性中去。虽然他们付出了巨大的努力，但他们的计划还是失败了。根据 H. 普特南的观点，在现代哲学的环境中出现这样的失败是因为：如果人们不接受"神目观"，那么哲学研究中两个重要的传统分支——形而上学（终极实在论）和认识论（知识论）——可能会被认为是死的。这种认识的产物包括转向相对主义（relativism）和解构（deconstruction），以及一种新的哲学运动——后现代主义的发展。H. 普特南认为，这些"反实在论"的观点既不正确，也不是唯一选择。

在《实在论的多副面孔》中，H. 普特南指出，他所说的概念相对性（conceptual relativity）并不是指"怎样都行"，这种庸俗的相对主义会陷入自我中心主义和绝对主观主义。事实上，H. 普特南坚持认为，世界上的许多事实都不是由语言或心理表征创造的；相反，当谈论这些"事实"时，人们需要去理解"概念图式"，即人们用来描述事实的语言。虽然 H. 普特南仍然认为，他自己主要是实在论者，但是他的哲学历程更接近实用主义以及 W. 詹姆斯（William James）和杜威的思想。

约翰·R. 塞尔（John R. Searle，1932— ）

塞尔赞成传统实在论的观点，认为外在世界是独立于人的意识而存在的；关于世界的陈述的正确性是有赖于这些陈述与外部世界的对应程度。塞尔的兴趣吸引他去解释社会实在（social reality）或作为客观实在的婚姻、金钱、政府、运动、鸡尾酒会和大学是如何存在于一个完全是由物理微粒和磁场组成的世界上。在《社会实在的建构》（*The Construction of Social Reality*）中，他反对将所有实在都解释为人类的创造的现代倾向，其中没有"原初事实"（brute facts），只有人类心灵的建构。确实，社会实在是人类有机体为了自身的便利而通过有意识的和有目的的行为创造出来的，但意识在人类的神经系统或大脑中有其生理的和物理的基础。塞尔相信，一旦人们接受意识具有生理的和物理的基础这一事实，他们就会相信心灵与肉体是分不开的。

根据塞尔的看法，社会实在的基本要素是语言，因为语言是说明我们如何通过符号化和代表性来构建实在的。我们可以检验一下生物界，就会发现动物如蜜蜂、蚂蚁等也有社会生活。但人类的社会生活更复杂，因为人类既能用语言去代表和象征外部世界的事物，又能用语言去代表和象征内心有意识的想法和感觉。当然，人类没有语言也可以有思想，但那只是初级的生物倾向和认识；通过语言，人类建构了构成大量社会实在的制度事实。一张纸本身不可能是钱，除非人们相信它是钱，即除非人们通过分配功能、地位和操作规则等把它认作钱。语言使这些成为可能，但它带来了没有神秘感的、"主观的"实在，因为语言和制度本身可以作为客观事实条件来研究。

玛丽亚·蒙台梭利（Maria Montessori，1870—1952）

蒙台梭利是一位涉猎众多领域的教育哲学家。她的思想既拥有一个实在论的基础，又折射出许多进步主义哲学的影子。蒙台梭利出生于意大利的安科纳（Ancona）。她在罗马大学（University of Rome）医学院学习期间，还同时修习了心理学和人类学。后来她成为意大利第一位获得认证的女医生。

蒙台梭利在儿童儿科医院（Children's Pediatric Hospital）时研究儿科，尤其关注儿童的智力发育迟钝和其他心理障碍问题。她认为，智力障碍儿童不应被限制在精神病院，而应被送进教育机构。这些教育机构将为每个儿童提供个性化的医疗和教育帮助。她在这方面的工作极大地激发了她对儿童发展和教育的兴趣。然而，她的兴趣是很宽泛的，后面她被任命为罗马大学的人类学教授。其间，她做了多次关于人类学、生物学与教育的演讲，这些演讲稿后来收录在《教育人类学》（*Pedagogical Anthropology*）中。

1907年，一个慈善组织请求蒙台梭利为居住在罗马贫民窟圣洛伦索区（San Lorenzo quarter）的贫困儿童提供帮助，她称该地区为"阴影世界"

51

（a world of shadows）。在那里，她建立了一所名为"儿童之家"（Case dei Bambini；英文为 children's house）的学校，并接收了第一批 3—7 岁的学生。她不仅能够为这些孩子提供照顾和教育，还有机会尝试一些与早期儿童教育相关的新的理念。

蒙台梭利熟知卢梭（Jean-Jacques Rousseau）的教育思想，但她认为儿童不应该只受其本性和自然冲动的引导。她主张有限的、受控制的自由，以及为儿童学习提供一个"准备好的环境"。她反对西格蒙德·弗洛伊德（Sigmund Freud）关于婴儿性欲的观念，并认为童年时期的情感冲突不一定会产生长期影响。蒙台梭利同样熟知约翰·海因里希·裴斯泰洛齐（Johann Heinrich Pestalozzi）和福禄培尔的教育思想。她吸收了裴斯泰洛齐关于感觉的重要性和在学习过程中使用物体的观念，并发扬了福禄培尔关于提供自主活动和自然的学习环境的观念。然而，她设想的是一种基于科学的经验主义教学法，利用的是医学、人类学和生物学的观念。

蒙台梭利的教育观念和相关作品收录到后来广为人知的《蒙台梭利方法》（The Montessori Method）中。这种方法提倡一种结构化和有秩序的环境，在这种环境中，儿童可以使用自我纠正材料来进行单独学习。她还确定了儿童的不同发展阶段，从出生到 6 岁是"吸收性心智"期，这段时期儿童开始使用语言，建构概念，以及进入成人更大的世界。这段时期也是儿童的"敏感时期"，教师在向儿童传授思想和技能时要注意这一点。因此，她大力提倡一种特殊的教师教育，使教师能够认识到儿童在不同发展阶段的需要。她认为，你可以通过观察孩子来了解他们，而太多的教育者干扰了儿童的"自发行为"。她在《童年的秘密》（The Secret of Childhood）一书中提及，儿童有属于他们自己的秘密世界，而教育工作者可以通过努力去发展这个世界。和福禄培尔一样，她也相信儿童拥有一种内在的精神力量，这一力量能够激发他们的自我发展。而她的学校培养的生活观具有宗教的倾向。

蒙台梭利的教育观念在全世界流行，蒙台梭利学校也开始发展。但是她也受到了许多的批评。威廉·赫德·克伯屈（William Heard Kilpatrick），美国进步主义先驱之一，与杜威关系密切。他于 1914 年出版了《蒙台梭利体系考察》（The Montessori System Examined），批评蒙台梭利的教育体系是落后于现代教育思想的，是不民主的。他还认为，她没有鼓励多元种族社会所需的那种群体经验。

在蒙台梭利体系中，另一个让教育工作者感到困扰的方面是，宗教在课堂中的介入。蒙台梭利是一名狂热的罗马天主教教徒，她认为，宗教应该是教育的第四大支柱。以前的蒙台梭利学校可能很强调宗教，但发展到今天，绝大多数蒙台梭利学校在本质上世俗化了。然而，来自进步主义者和其他人的攻击还是极大地阻碍了她的观念进入主流的公立学校。

　　与当时的实在论相比，蒙台梭利的教育观念可能更接近进步主义的教育观念。但是进步主义是建立在实用主义这个哲学基础上的，而蒙台梭利的教育观念虽然以科学为基础，但似乎也包含了某种关于儿童发展的内在精神的观点。也有人会说，她的教育与进步主义在本质上都是实用性和社会性的。至少在一开始，她的工作致力于帮助穷人和弱势群体，而进步主义似乎更倾向中产阶级的教育。虽然蒙台梭利的教育观念并没有像进步主义教育观念那样成为公立教育的一部分，但它们确实成为不断发展的私立学校运动的一部分，而且她的许多教育观念和方法已经被众多公立学校的教师借鉴和采用。今天学校里使用的许多圆柱、管、棒和其他教学材料都是由蒙台梭利开发的，并在全世界的学校里得到广泛使用。一些公立学校的教师也开始接受蒙台梭利方法的培训并取得资格，然后将这种方法运用于他们的教学中。

　　蒙台梭利的教育观念在英国得到了更好的发展，1921 年英国成立了英国蒙台梭利学会（British Montessori Society）来推广她的方法。她的教育观念在西班牙也很受欢迎，在 1916—1927 年，西班牙也成为她的主要活动基地。西班牙内战爆发之后，她搬去了荷兰，并使其成为国际蒙台梭利协会（International Montessori Association）的永久总部。

　　墨索里尼在意大利建立法西斯政权后，其统治一直持续到"二战"结束。他授意蒙台梭利来帮助他改善意大利的教育制度，而教育部之前也认可她培训教师的方法。然而，由于她对促进意大利的民族主义不感兴趣，并认为儿童发展不应该受政治甚至民族出身的限制。她与法西斯政府发生了冲突，政府关闭了她的学校，镇压了这场运动。对杜威倡导的"民主的"教育改革，蒙台梭利认为，民主只是另一种政治意识形态，而儿童不应该过早接触到这些。她强调，儿童的早期教育应该摆脱政治压力，而不应该被灌输政治信仰，即使是民主的信仰也不行。蒙台梭利的教育观念与那些进步主义教育者的观念的另一个不同之处在于，对集体活动的理解。她认为，虽然一些集体活动是必要的，但儿童也应该有许多单独工作的个体活动。还有一个不同之处是，追随卢梭脚步的进步主义教育者对早期教育不太感兴趣，甚至蔑视它。无法对这两种相互竞争的哲学进行真正的比较，因为蒙台梭利发展的是学前教育，而进步主义者主要对 6 岁之后的教育感兴趣。还有一个不同之处在于，杜威认为教学主要是一门艺术，而蒙台梭利认为它也可以成为一门科学。

1936 年，蒙台梭利和她的儿子马里奥（Mario）开始在世界范围内推广蒙台梭利教育。这一运动很成功，今天几乎所有城市都能找到蒙台梭利学校，仅美国就有 6 000 多所蒙台梭利学校，而且你可以从学前班到大学一直参加蒙台梭利教育机构。因为这些教育机构都是私立的而且价格昂贵，所以经常有人指责，现在的蒙台梭利学校本质上是精英学校，主要为上层阶级提供教育。这一点很值得思考，因为蒙台梭利学校最初是为贫困和弱势群体儿童提供免费教育的机构。蒙台梭利是早期教育发展的先驱，这一思想现在已被广泛接受，但在当时是具有革命性的。她认为，对个体发展而言，0—6 岁儿童的教育要比大学教育更重要。

当我们纵观像蒙台梭利这样的实在论教育家建议的课程时，我们会发现，这些课程关注心理和身体，强调有关外部客观实在的主题，并运用高度组织化和系统化的方法。

作为一种教育哲学的实在论

实在论是一种复杂的哲学，因为它流派众多，有古典实在论、宗教实在论、科学实在论等。这种混乱可以追溯到亚里士多德，虽然他在哲学上的卓越成就主要源于他与柏拉图哲学的差异，但总体上来看，柏拉图与亚里士多德之间还是相似大于差异。今天看来，实在论的混乱主要存在于宗教实在论和世俗或科学实在论之间。宗教实在论指出亚里士多德的哲学与柏拉图和阿奎那的哲学极为相似；而世俗实在论（secular realism）则通过培根、洛克、罗素的作品将亚里士多德的哲学更多地与科学哲学的发展联系起来。

教育目的

作为理念论者，柏拉图认为，只有学习理念（主要是使用辩证法）才能达到对真、善、美等抽象概念的理解；相反，亚里士多德认为，研究物质世界也能发现理念（形式）。柏拉图和亚里士多德的最终目标是一致的，却采用了不同的方法。柏拉图认为，人可以通过对理念的思考来获得关于理念的知识；亚里士多德认为，人可以通过对物质的研究来掌握关于理念或形式的知识。柏拉图反对把物质作为研究对象或作为一个实体；而亚里士多德则以物质为研究对象，以达到进一步的目的。

宗教实在论者认为，物质本身并不重要，除非它能带来一些超越自身的东西。亚里士多德认识到，人们可以把任何事物简化成一项科学研究，但这只涉及物质的一个方面。一位科学家在小溪边捡到一块石头，可能会对它的尺寸、形状、重量等进行描述性研究，然而，这也会引起关于这块石头的起源与目的的哲学思考。当代研究月球的科学工作正说明了这一过程。人们对宇航员带回的样品进行细致的研究。许多照片和摄影作品都是关于月球构造的，但这些并不是简单地将其形状、大小、重量记录下来，而是有更深远的目的，不同学科的科学家和思想家同样热衷于探索我们宇宙起源的知识。这表明，科学研究可以引出最深刻、最根本的哲学思考。因此，人可以超越自然，并用自然来探索哲学思想。

对宗教实在论者而言，研究自然的主要目的是达到一个更高的境界。它是这样来论证的：上帝是纯粹精神，他创造了世界。上帝从无到有地创造了世界，并将自身置身于这个世界，赋予它秩序、规律和设计。通过认真地研究世界，发现它的秩序和规律，我们就能对上帝有更多了解。宗教实在论者如阿奎那认为，这是我们的首要目标。上帝创造世界，并提供一条人们可以去了解上帝的途径。托马斯主义者主张，课程应包括实践和思辨知识两个方面。例如，教育可以帮助个体认识世界，同时认识自我，从而使个人能够思考自己的行为，通过对物质与自我意识的实践研究，个体被引入终极实在或形而上学的更高层面。托马斯主义者认为，真正的教育是一个使人类无限接近上帝的永不完结的过程，也是知识和灵魂不断发展的过程。

许多思想家（不一定是哲学的实在论者）也认为，自然可以提供给我们超出它本身的更多东西。威廉·华兹华斯（William Wordsworth）、爱默生、A. B. 奥尔科特、梭罗（Henry David Thoreau）等 19 世纪的浪漫主义者认为，通过思考可以超越自然研究，个体能够进入更高层次的思想领域，而这种超越应该成为教育的主要目的。

古典实在论

实在论思想的另一个方面，也是与宗教实在论相关的，是古典实在论（classical realism）。虽然古典实在论者并不总是表达明确的宗教主题，但他们

54

确实提倡通过学习进入更高的思想境界。古典实在论观点的现代倡导者曾支持诸如"西方世界名著"（Great Books of the Western World）之类的项目，这种方法也被一些理念论者接受。它首先由罗伯特·赫钦斯（Robert Hutchins）和莫蒂默·J. 阿德勒（Mortimer J. Adler）等人提出，强调理解世代相传的知识。他们认为，课程应该围绕文学名著来组织，虽然这些文学名著可能已经有几百年的历史，但它们仍然能够呈现出关于个体与社会存在、人类机构、智力与道德努力以及自然秩序的基本知识。位于马里兰州安纳波利斯（Annapolis, Maryland）的圣约翰学院（St. John's College）就有这样一个项目，正是古典实在论者青睐的那种教育的实例。在圣约翰学院，学生需要阅读古典著作，包括亚里士多德和阿奎那的著作，同时也要阅读伽利略和达尔文（Charles Darwin）的科学著作。学生通常使用母语来阅读并分析这些著作，然后运用它们来更好地理解我们目前的问题与文化。学生还被鼓励去阅读一些如威廉·福克纳（William Faulkner）和欧内斯特·海明威（Ernest Hemingway）这样的当代作家的作品作为补充，而且阅读的重点是那些已经或将要成为包含"伟大思想"或与任何时代、任何地方的人都息息相关的普遍真理的经典著作。

按照这一思路，由阿德勒代表全面教育小组（Paideia Group）提出的《全面教育建议》（The Paideia Proposal）自 1982 年以来引起了广泛的兴趣。在这份报告中，基本的建议包括：（1）学校教育应该实行单轨制；（2）学校教育应该是综合教育，而不是专业化或职业化的教育。虽然阿德勒充分考虑了技能（如问题解决）和科目（如数学、历史、地理和社会研究），但他也非常强调在哲学、文学以及艺术中发现的思想。这使他的观点带有理念论的色彩，但他认为，这一知识体系是学生需要了解的独立实在。阿德勒认为，所有学生都应该遇到伟大的思想，而教授这些伟大思想的最好方法就是通过苏格拉底的问答法（即产婆术）。阿德勒的教育方法可以追溯到古希腊以及亚里士多德与柏拉图的哲学。

阿德勒的教育建议虽然一开始受到了新闻界的广泛关注，但到目前为止还没有引发重大的教育改革。许多教育家认为，阿德勒提倡精英主义的教育观念，只有聪明的学生才能掌握真正有深度的材料。另一种批评认为，阿德勒的教育建议只是另一种形式的"回到基础"运动（"back-to-the-basics" movement）。在《全面教育建议》之后的《全面教育问题与可能》（Paideia Problems and Possibilities）中，阿德勒指出，虽然"回到基础"运动与全面教育有一些相似之处，但两者的不同之处在于，全面教育强调一种讨论式的教学方法，而这种方法通常是不用于基础教育教学的。作为对精英主义指控的回应，阿德勒声称，他的学习方法是为所有学生设计的，而不仅仅是针对那些即将进入大学的学生。

世俗实在论

与宗教实在论者相反，更注重科学的世俗实在论者更加强调物质世界的可感知性及其运作过程和模式，而不是感官信息可能通向的任何先验世界。绝大多数世俗实在论者不相信有先验的精神世界。他们的方法是科学的或实证的，通过观察和研究的反映来看待世界。这场开始于培根的科学运动宣告了一个思想时代的诞生，它不仅强调要理解物质世界，还强调要控制它。亚里士多德提出了物质世界的秩序和规律，基于此，科学家开始探讨自然的规律。

世俗实在论强调运用严密的调查方法来理解物质世界。培根首先指出，人们应该清除心灵中的概括、语言和哲学假相。演绎法是在培根之前流行的思维方法，它主要是建立在理性思维上的。然而，单单理性就曾导致了亚里士多德思想中的许多错误，以及经院哲学家过度的形而上学思考。正是理性创造了诸如美人鱼、恶魔、半人马之类的想象。世俗实在论者认为，摆脱这一困境的方法——决定哪些思想是正确的——是在经验世界中验证它们。

洛克对培根的经验主义给予了很大支持。他指出，任何观念都不是生来就有的，但是通过反思或推理我们能够创造观念。例如，关于一头紫色奶牛的观念，它并不存在于感官体验的世界中，而是由与之相关的观念错误地组合而成。培根和洛克鼓励的经验主义运动要求像紫色奶牛这样的观念必须经过公众的验证。这意味着，那些没有经过科学实验和公众验证的观念只能被认为是臆测。

基于科学研究和科学方法，世俗实在论者认为，人类为了保障自身生存需要了解世界。这种为了生存的观念是很重要的。例如，19世纪英国哲学家、社会学家赫伯特·斯宾塞（Herbert Spencer）将自我保存（self-preservation）作为一个主要的、基本的教育目的。换句话说，儿童最需要知道的是那些如何维持自己作为一个个体、一位家庭成员和一名社会公民的事情。世俗实在论者认为，与人类早期受制于自然相比，人类控制自然是一个极大的进步。人类对自然的误解，比如对台风和洪水的迷信解释导致了许多错误的信仰。今天，人类不断的进步依赖于对自然更多的理解与控制。工业技术使人类陷入目前的生态混乱，但世俗实在论者同样认为，工业技术也可以引导人们走出这种混乱。

56

世俗实在论者强烈支持教育，不仅是为了人类的生存，而且是为了技术与科学的持续进步。如麻省理工学院（Massachusetts Institute of Technology）这样的技术型学校，它们的教育方法是实在论的，而且苏联也似乎更喜欢用实在论教育方法来实现技术上和政治上的目的。在美国，自从1957年苏联发射人造卫星后，技术和科学教育得到了更强的支持。当时的许多教育批评家，如海军上将海曼·里科弗（Hyman Rickover）认为，美国的教育已经变得太"软"，只能处理"时尚和虚饰"，并指出教育需要回归数学和科学等基础研究。

作为一种教育哲学，实在论一直以这种或那种方式存在于我们周围，但它更倾向在混乱时期坚持自我。就好像只要人们能够负担得起才可以拥有其他教育哲学，但实在论是必需的。人们总是需要一些基本的事实数据，以及像读、写、算这样的科目，这些对每个人来说都是必备的技能。里科弗的观点得到了其他科学家的支持，如詹姆斯·布赖恩特·科南特（James Bryant Conant），他是一位化学家，同时也是哈佛大学的校长。

自从苏联发射第一颗人造卫星后，许多人认为，美国的科技发展已屈居世界第二，而这在很大程度上是由于学校没有教授足够的基础性科目，尤其是科学与数学。里科弗曾指出，与苏联相比，美国缺乏有竞争力的科学家。他还很赞赏瑞士重视基础知识的教育，指出美国的教育体系也应该如此。里科弗将美国的教育缺乏技术知识和创造力的大部分责任归咎于杜威和进步主义学派，并认为他们提倡的教育不仅肤浅而且对我们的生存来说也是危险的。马克斯·拉弗蒂（Max Rafferty）是一位对进步主义学派和杜威更严厉的批评者，他的《受难的儿童》（*Suffer Little Children*）非常受欢迎。他认为，美国的教育忽视基础学科知识和其他重要的方面，如宗教、爱国主义、资本主义等。

一些教育家非常关注美国学校中基础学科的薄弱情况，因此他们组成了基础教育委员会（Council for Basic Education），为保留和增加学校中的基础学科——不仅是三门基础学科（读、写、算），还包括科学和历史等学科进行了艰苦的斗争。该委员会的一位主要发言人詹姆斯·柯纳（James Koerner）认为，部分问题出在教师培训上，受训的教师接受的是调查类的课程，而不是基础研究类课程，因此当他们站到讲台上的时候，仍然没有多少学识。

这种对基础学科知识的强调并不是一个新的发展。1892年，全国教育协会（National Education Association）成立了十人委员会（Committee of Ten）来研究这个问题，十人委员会负责提出规范美国教育的建议。时任哈佛大学校长的查尔斯·威廉·艾略特（Charles William Elliot）担任十人委员会的主席。十人委员会建议实行 12 年的学校教育，每个学生都要学习英语、数学和历史。职业教育（vocational education）可以教授，但只起辅助作用。

根据实在论者的观点，主要的问题是由于缺乏对基本价值观的承诺造成了普遍的文化失调，具体表现为学校纪律的崩溃和对基本传统的漠视。也许最能说明这一点的事实是，教育已经偏离了对读、写、算和品格发展中基本要素（essential）的关注，而转向其他据称有问题的活动，如性教育（sex education）和团体活动。实在论者认为，在 20 世纪 60 年代末 70 年代初受到广泛关注的"开放教育"运动（"open education" movement）正是这一转向的例子。不是让学生学习基础科目，而是建立一种"做自己的事"的伦理规范，鼓励学生探索和发现令他们感兴趣的事物。许多实在论者断言这会引起一个问题，因为儿童很少能够清楚地将兴趣与他们的教育发展需要直接等同起来。此外，他们并不总是知道什么对他们来说是最好的，或者他们需要什么。成年人在他们后来的生活中会意识到这种教育方法不能让他们在面对真实世界时有很好的准备，这也就证实了上述说法。实在论者指出，或许"发现"或"开放"方法失败的最重要证据是许多高中毕业生都是功能性文盲，而且数量多得令人尴尬。

实在论者认为，对基本文化价值承诺的瓦解不仅局限于教育领域，还反映于整个社会。20 世纪六七十年代，越南战争的混乱以及美国从中扮演的角色就是一个人们质疑自身立场的例子。今天，民主和以前一样，更多地依赖于对问题的公开辩论。但是许多实在论者认为，有组织的社会意愿在国家参与国际竞争或战争时允许年轻人反抗权威，则进一步反映了教育瓦解和失败的程度，因为教育是用来保证人们对基础知识和价值观的忠诚，以及如拉弗蒂补充的对道德和爱国主义的忠诚。

实在论者指责学校长期忽视基本价值观的另一个例证是 20 世纪 70 年代初的水门事件，包括总统在内的政府官员参与了掩盖非法和不道德行为的政治活动，政府和企业团体最高层的持续丑闻表明，这个问题一直在我们身边。批评者指出，被卷入这场丑闻的许多人都曾接受过美国的学校教育，然而，学校显然未能灌输给他们伦理行为和领导力所必需的品格特征和基本的价值观。这项指控还可能被加到安然公司、世界通信公司、美国国际集团和高盛集团等的商业丑闻中。

一些实在论者指出，我们最宝贵的资源——智力天赋——正在被浪费。"掺水"课程和"时尚与虚饰"已经限制了优秀学生的发展。教科书为了适应想象中的平均智力水平的学生而简化阅读材料和内容恰恰反映了这一点。这样"掺水"的练习并没有将学生的学术能力全面提升，反而只会将他们拉低到一个可以接受的平均水平。

对那些如此强调"基础教育"的教育家的批评者认为，他们是在危言耸听，是在喊"狼来了"，并认为基础教育方法回顾了过去一个时代的美国学校教育。这些批评者断言，基础教育是一种保守的方法，是一种对事实比对多元文化理解、创造力和人际关系更感兴趣的实在论。他们还指出，事实或基础知识可以在愉快的氛围中教授，而不需要那种与实在论有关的死记硬背式的教育。实在论者对此的回应是，这种观点往往是学校忽视教学这一艰巨任务的一种掩饰。

58

20世纪80年代，美国国家卓越教育委员会（National Commission on Excellence in Education）起草了一份名为《国家处于危机之中：教育改革势在必行》(A Nation at Risk: The Imperative for Educational Reform)的政府报告，由时任美国教育部长特雷尔·H. 贝尔（Terrel H. Bell）签发，并开展广泛讨论。该报告对所有高中生提出了以下建议：四年英语学习，三年数学学习，三年科学学习，三年社会研究，以及半年计算机科学学习。对于那些准备上大学的学生，还建议学习两年的外语。总的来说，该报告支持在学校实行更严格和可衡量的标准，更有效地利用现有的在校日，以及延长在校日或延长学年。此外，报告亦建议，提高教学水平，培养教学才能、教师应有的能力、校长及督学应有的领导才能。批评者指出，这些建议并无新意，而且似乎强化了其他保守派或右派教育组织建议的许多改革方案。关于报告，也许最重要的是报告的标题本身，即《国家处于危机之中：教育改革势在必行》，它强调除非实施改革，否则美国将面临严重的国家危机。

该报告还引发了一系列其他的教育改革提案，例如，20世纪基金会（Twentieth Century Fund）的《确立等级》（Making the Grade）和各州教育委员会的《追求卓越行动》（Action for Excellence）。所有这些不同的改革呼声一起导致了美国教育的变革，主要表现在更严的问责制、更高的毕业标准和广泛的测试。然而，这些并没有带来明显的资金增加，也没有带来明显的学生成绩提高。今天，类似的教育改革呼声仍在继续，而且每一位政治候选人也都会声明将基础教育放在优先发展的位置，即学生应该具备过去和现在的客观知识（objective knowledge），并以各种方式帮助促进新知识的发展。实在论者认为，这些只能通过向学生提供基础的核心观念，并使用明智的、非溺爱的方式来实现。

虽然大多数实在论者有许多相似的关注点，但是它们之间也存在差异。他们赞同学校应该培养要素，但他们从不同的角度来定义要素。例如，怀特海几乎是理想主义的，在他的建议中提到教育应关注观念，但是反对所谓"支离破碎的信息"和"惰性知识"。他认为，观念应该在实际的和有用的环境中学习。他的观念具有现实性，因为他认为一个人从他实际生活的物质世界中学到的东西最多。他为古典研究和专门研究辩护，如果这些研究在当下有重要的应用。怀特海认为，惰性是所有教育的核心危害；因此，他对要素的看法与其他人认为的要素大相径庭。

要素主义者（essentialists），即许多实在论教育家，非常重视教育的实践性，他们的实践观也包括道德和品格教育。洛克、约翰·F. 赫尔巴特（Johann F. Herbart）和斯宾塞都认为，教育的主要目的应该是道德教育。怀特海的观点也很类似，但他强调"教育的要素是宗教"。斯宾塞在他的《什么知识最有价值？》（*What Knowledge Is of Most Worth?*）中提出，科学提供了道德和心智教育，因为追求科学需要正直、自我牺牲和勇气。在洛克看来，这样的道德教育和良好的品格比单纯的心智训练更重要。洛克对品格教育的观点主要针对当时的英国绅士，他们应该为社会其他阶层树立榜样。和洛克一样，赫尔巴特认为，道德教育是建立在知识之上的，斯宾塞也同意这一观点。

方法与课程

世俗实在论者强调，要正确理解世界就需要理解事实以及对知识排序和分类的方式。例如，科学法则的建立依赖于对最新事实数据的核实。世俗实在论者认为，学校应该教授关于宇宙的基本事实，而且一个好的学校项目能够以有趣的和令人愉快的方式呈现材料。学校不仅要教给学生有关事实的知识，还要教给他们掌握这种知识的方法。实在论者非常强调运用观察和实验的方法获得批判理性。

世俗实在论对教育哲学的影响比宗教实在论更大，因为科学是当代生活的重要组成部分。这也并不令人惊讶，因为这种教育哲学的倡导者都是科学家，如里科弗和科南特。他们提倡的这种教育在本质上主要是科学和技术性质的，在更高层次上会带来专业化。专业化的观念与一般研究的理念论观念非常不同，它们产生于提炼和建立明确的科学知识的努力中。世俗实在论者指责，通才容易产生广泛的幻想，而这些幻想很少能得到证实。建立人类已知的知识是

59

很重要的，而这只能通过许多人的共同努力来实现，因为每个人都只占有知识的一小部分。实在论者也比理念论者更少相信教师的个性是学习过程中的一个重要因素。他们认为，在传授关于世界的有用知识时，无论是运用讲课、说教式教学，还是最新的计算机技术，重点应该放在教师传授知识的方式上，而不是教师的个性上。

实在论者支持正式的教学方式，虽然他们认为，如自我实现这类的目标是有价值的，但他们主张，自我实现最好发生在学生对外部世界有足够认识的时候。因此，学生必须接触事实，而教学与其他直接技术就成为实现这一目标的有效、有组织和有序的方式。然而，实在论者坚持认为，无论采用哪种方法，它都应该具有来自系统的、有组织的和可靠的知识的完整性特征。

反思一下我们混乱的历史，想想人们是如何因为对均衡饮食、疾病、自然灾害成因等事实的忽视而遭受苦难的，而这些知识在我们今天看来都是习以为常的。我们对知识的掌握和对美好生活的享受是缓慢而稳定的积累过程。人们如果不了解一些基本事实，那么就不可能长久地生存下去。实在论者认为，对事实的学习不必像人们描述的那样痛苦或无聊；学习可以而且应该是愉快的和有用的。洛克认为，玩对学习有明显的帮助（19世纪幼儿园创建者福禄培尔也持同样的观点）。洛克似乎也很好地掌握了儿童心理学，他提倡的方法在今天看来都是很现代的。除了肯定玩的价值，他还主张，儿童不应该被枯燥的课程弄得焦虑，不应该被推到超出他们的准备水平（即使这意味着学习阅读要推迟一年），而应该被给予肯定性的奖励来鼓励进一步的学习，同时教师绝不应该强迫儿童去做超出他们的自然倾向的事情。从许多方面来说，洛克都是现代教育理论的先驱。他认识到，不要超出儿童的能力和准备去催促儿童，这种认识在现代也很流行。而他对儿童"自然倾向"的敏感性与现代关于儿童成长和发展理论的主要观点是非常相似的。

虽然一些实在论者，如洛克，提出了关于具体教育问题的系统教育理论，如童年的本质或环境的影响，但其他实在论者，如怀特海，更关注人类活动的普遍范式。怀特海谈到了教育的"节奏"，并指出从三个主要阶段来认识它。第一阶段是浪漫阶段（14岁之前），这一阶段儿童教育活动的主要特征应该是发现广泛的主题，形成问题和设计新的经验；第二阶段是精确阶段（14—18岁），这一阶段的主要特征是对特定知识的严谨学习；第三阶段是综合运用阶段（18—22岁左右），这一阶段关注让学生成为有能力处理直接经验的有效个体，从而将知识的原理应用于生活。

虽然洛克和怀特海等实在论思想家关注儿童的天性和经验的流动，但实在论的批评者指出，在实践中，实在论太僵化了。他们指责，实在论者的理论衍生出了如赫尔巴特五段教学法这样的实践，即准备、呈现、联想、总括和应用。拉塞尔·哈姆（Russell Hamm）指责，这种方法会机械地变为复习家庭作业，呈现新的材料，提问回答，做课堂作业以及布置新的家庭作业。赫尔巴特还建议，尽可能地不让儿童空闲下来，而且必要的时候可以采用体罚（corporal punishment）。他的建议反映了实在论者对精确和秩序的倾向和偏好，这点在以下实践中也有体现，如打铃，设置学习时间段，实行部门化，安排每日教案，课程安排，增强课程的专业性，使用预先包装好的课程材料，采用直线员工管理组织形式并经常进行测验。

虽然实在论者强调关于物质宇宙的知识的重要性，但宗教实在论者和世俗实在论者对这些知识的理解是不同的。宗教实在论者认为，知识应该导致超越自身的事物，如上帝或真理。而教师的一项基本义务是帮助学生了解世界，并利用这些知识作为达到最终真理的途径。例如，在一些教会学校，学生学习地理、历史和科学等科目，但这些科目都是以强调宗教理念或道德的方式来呈现的。即使是数学学习也可能被赋予基督教的倾向，如果以诸如此类的方式提问："如果一个人有一尊圣约瑟夫雕像和一尊圣玛利亚雕像，他一共有几尊雕像？"与此相反，世俗实在论者倾向从物质世界的用途——获取事实、改进技术和推动进步——来看待物质世界的知识。因此，虽然实在论者通常教授同样的事物，但是为了达到不同的目的。

世俗实在论者主张基于能力、问责和表现的教学。他们还认为，在能力、表现和事实知识方面的教育发展是可以实现的，而且在相当大的程度上是可以测量的。此外，虽然学生在价值观、道德伦理、社会关系等方面的发展很难测量，但世俗实在论者通常认为，任何存在的事物都可以用某种形式来测量。比如，处理伦理问题的最好方法是了解伦理事实和研究伦理理论。再比如，许多哲学家赞同的最好的道德规范，也许就是人们使自己与宇宙法则保持一致。

当代实在论者强调科学研究与发展的持续重要性。教育领域中科学运动始于 20 世纪 90 年代，它带来了教育心理学与教育生理学知识的进步与教育方法的发展。这场运动也导致智力测验、标准化成绩测验、诊断测验和能力测验的广泛应用。科学也对课程产生了影响，主要体现在：出现了标准的工作清单、基于智力的同质化学生分组，以及标准化、系列化的阅读教材。科学运动还催生了更精确和基于经验的管理技术的应用，而最近的一个发展是计算机技术在学校中的应用范围越来越广泛。虽然，其中一些发展遭到抵制和反对，但在教育领域的实在论观点得到了许多教育家和一般公众的广泛认可。

当代一些美国教育批评家发现，实在论对科学技术的信仰是一种令人遗憾的倾向。虽然其他一些批评家承认科学的必要性和新技术的有用性，但他们不同意潜在的实在论理论，认为它在很大程度上助长了对科学和技术的滥用，因为他们认为实在论者对那些贴上"科学技术"标签的东西太易于接受，也不加批判。无论人们在这个问题上采取什么立场，它的存在都是实在论观念仍然具有活力的见证。

虽然实在论者对课程应当包括哪些科目有不同的见解，但他们仍然认为，学习的科目应当是实用的和有用的。洛克认为的实用性学习包括阅读、写作、绘画、地理、天文、算术、伦理和法律，补充性学习包括舞蹈、击剑和骑马。洛克强调身体锻炼的教育价值，并认为儿童应当有充足的户外活动时间，以便适应"炎热和寒冷，阳光和阴雨"。洛克致力于培养"完人"，他不仅重视智力教育，还关注饮食、锻炼和休闲。他认为，阅读指导应当从儿童能讲话时就开始，随后就应当开始写作指导。他提倡语言学习，特别是法语和拉丁语。他还喜欢园艺和木工，并提倡将"畅游"欧洲大陆作为一种有益的教育经历。

仔细研读洛克的著作，你会发现在他的课程体系中包括两种类型的课程：一种是为富人设计的，另一种是为穷人设计的。洛克建议，如果穷人的孩子与父母住在一起，那么他们在3—14岁都应当被送到工作学校。在工作学校，他们应当自己供养自己，而不至于给当地政府增加财政负担。在工作学校，他们可以"每天有填饱肚子的面包"，在寒冷的天气有"温暖的热粥"。在那里，他们将学会纺织、编织的手工技能和其他纺织羊毛的手工技能，而且获得"某种宗教信仰"。

实在论课程的历史特征是对说教（didactic）与实物学习（object study）的重视。例如，16世纪的神学家、教育家约翰·阿莫斯·夸美纽斯（John Amos Comenius），他是第一个在教育过程中广泛使用图片的人。他认为，只要提供合适的教育，一个人就有可能获得所有知识，而这种合适的教育应该建立在通过感官来完善人的自然能力的课程之上。他强调研究自然的重要性，而他提倡的课程包括物理、光学、天文、地理和机械等科目。在这种强调获取知识的"泛智论"目标下，夸美纽斯指出，学校应当是令人愉快的场所，在那里，教师富有同情心。

通过教育发展感官的思想还被卢梭、裴斯泰洛齐、福禄培尔、蒙台梭利和杜威采纳。裴斯泰洛齐认为，"对大自然的感官印象是人类教育的唯一真正基础"，而接下来的一切都是这种感官印象的结果。裴斯泰洛齐推广了诸如纺纱和园艺等技能，并让孩子们将数字应用到实际物体上，从而使算术等学科与自然相关联。福禄培尔曾在法兰克福（Frankfort）的裴斯泰洛齐学院（Pestalozzian Institute）学习，他也相信"实物学习"，他的教学方法主要集中于"恩物"（gifts）、歌谣和游戏。虽然福禄培尔的教育技术始于物质世界的物质实体，但他认为，世界万物都统一于上帝，上帝在物质自然和人类精神中表达自己。

赫尔巴特同样受到了裴斯泰洛齐的深刻影响。赫尔巴特批评了他所处时代的课程，将其称为"原子式课程"，他提出了"相关和集中"两项课程设计原则，即每门课程都可以与其他课程相关并相互融合。他认为，教学应当是多元的，应当教授地理、经济和历史，这样学生就可以看到为新知识提供基础的学科之间的内在联系。赫尔巴特认为，兴趣使观念活跃，而教育的功能就是使观念通过书本、讲座和其他教学手段保留在心灵中。

教师角色

教育最早的目的之一就是，教给学生生存必需的知识。在古埃及，学生需要了解生活的宗教要求和政治要求，以及如何为来生做准备。在希腊和罗马，年轻人要学习雄辩术，以此来提升他们在社会生活中的地位。在中世纪，一些学生准备成为牧师，其他学生则要学习骑士精神准则。在北美早期历史上，印第安人就有精心设计的仪式，并通过这些仪式来教给年轻人部落的生活方式。

教育一直是一种向人们传授要素知识的方式。在这方面，它发挥了宝贵的作用。实在论者认为，了解这些要素知识的需求在今天依然存在。事实上，这种需求可能更大，因为要学习的东西比以往任何时候都要多。当人们不能教会一个孩子如何读、写和理解数学时，他们就断言这个孩子将来会在工作、理解重要信息和社交发展方面存在困难。由于这一限制，这个孩子可能会成为社会的负担，而不是社会的财富。同样地，当人们不能教会孩子在科技社会中所需的各种生活准备和技能时，他们就不会最大限度地通过学校教育帮助孩子成为成功的成年人。

实在论者强调教师在教育过程中的重要作用，这个教师可以是一台电视、一个电视屏幕，或者一场电影。无论是哪种教学实体，是一个人还是一台机器，我们都需要以系统的和有组织的方式呈现学习材料，而且应该有一个明确

63

的方式来识别这种教学的效果，无论这种教学是关于科学的还是关于艺术的。例如，一些实在论者主张，一件艺术品如油画可以用诸如笔触的种类、色彩的明暗、主题的平衡和质量、表达的信息等客观标准来评价。教育活动也是如此；人们可以通过材料呈现的形式、材料的组织等具体的客观原则来判断某个教育活动是否有价值，来评价它是否适应儿童的心理组织形式，它的传递形式是否恰当，以及它是否达到了预期的效果。实在论者强烈支持对教师进行评估和测试，以证明他们对学生表现的影响。

虽然实在论者认为，教育应当帮助学生发展专门的技能，以培养专家和科学家，但他们并不反对人文教育。然而，他们确实发现，学校在教授人文学科时，并没有采用有利于认知发展的启发式教学方式，也没有采用尊重传统知识和价值观的方式。这类问题在当今教育界引起了激烈的争论，尤其是在高等教育方面，受到后现代教育理论的影响。有三本备受关注同时也饱受争议的著作：艾伦·布卢姆（Allan Bloom）的《走向封闭的美国精神》(*The Closing of the American Mind*)，迪内什·迪索萨（Dinesh D'Souza）的《偏执的教育》(*Illiberal Education*)和罗杰·金博尔（Roger Kimball）的《获得终身教职的激进派》(*Tenured Radicals*)，作者认为后现代主义和多元文化教育理论产生了负面影响。从本质上说，这些批评者认为，后现代主义正在通过提倡无意识的相对主义，使学校远离传统知识和价值观的教学，这会摧毁博雅教育。

一些实在论哲学家也卷入了这场争论。塞尔认为，后现代主义的挑战是对建立在实在论基础上的西方理性主义传统（Western rationalist tradition）的冲击。在塞尔看来，西方理性主义的立场一直受到批评，包括自我批评。但是后现代主义者寻求的并不是为了建立新的理性（rationality）标准而进行批判，而是通过放弃客观、真理和理性的标准来寻求他们认为有吸引力的社会和政治变革。人文学科是课程中最容易受到这种观点影响的部分。在一些人文院系，似乎重点不在于教导个人发展具有普遍知识文化的身份认同，而是通过他们的种族、阶级、性别或民族来定义他们自己。取代客观的真理标准，后现代主义者将多元文化的代表性作为课程内容和教师选拔的标准。他们不讨论伟大的文学著作，而是讨论"文本"；不是研究一个学术科目，而是以多学科研究为主导。此外，与其说是对各种主题的客观研究，不如说是主题成为被推进或谴责的原因。尽管如此，并不是每一位实在论哲学家都将后现代的多元文化挑战看作一种威胁。H. 普特南和露丝·安娜·普特南（Ruth Anna Putnam）发现，借用后现代主义者所倡导的文化多元论（cultural pluralism），实在论教育家可以让人们理解其他文化的存在和个体身份认同。

实在论教育家如哈里·S. 布劳迪（Harry S. Broudy）希望，教师能以批判的眼光看待他们所做的事情。布劳迪希望，教师在看到当代教育趋势可能产生的负面影响时，他们能够回到更基础的主题上来。实在论者抱怨，他们被消极地等同于查尔斯·狄更斯（Charles Dickens）笔下的葛擂梗先生（Mr. Gradgrind）和华盛顿·欧文（Washington Irving）笔下的伊卡博德·克兰（Ichabod Crane）上尉。他们说，他们不提倡死记硬背和机械学习，也并不排斥在学习活动中解决问题、设计项目与愉快体验。他们相信这样的经历在培养既有知识又有技能的学生方面应该是卓有成效的。此外，他们希望看到高等教育机构培养出有能力的教学专家，他们将成为学生未来发展的榜样。

64

对教育中实在论的评价

实在论已经在美国教育中稳居一席之地。如果说这一进步始于 1957 年苏联第一颗人造卫星上天以及次年引发的争论，那是不正确的，尽管这一事件无疑加速了这项运动。从 19 世纪末至今，美国社会进入工业和技术时代，这一时期成为实在论发展的主要推动力。因此，在一个高度重视专业精神和技术技能的社会，学校将培训和培养专业人员作为主要任务也就不足为奇了。然而，许多批评者谴责这种状况是目光短浅和不人性化的，主要是为了迎合物质利益。虽然古典实在论者和宗教实在论者仍然承认实在论研究可以提供更高的道德和精神价值，但批评者指责说，相比之下，世俗实在论者通常保持着一种倾向社会控制（social control）和秩序的唯物主义人性论。

虽然秩序和控制的问题往往被置于现代世俗实在论和科学实在论的大门下，但有证据表明，对秩序和控制的偏见可以追溯到亚里士多德和阿奎那。这些思想家倾向于用一个自身具有内在和系统秩序的独立实在来看待宇宙。因此，人们必须适应和调整这个实在，梦想和欲望必须包含在它的要求之下。这种观点在当代的结果是，国家工业化的需要和国际市场经济的要求面临着调整的压力。在一些国家，正如人们预料的那样，实在论观点被用来支持极权主义政权、宗教制度和其他似乎寻求压倒一切的控制权威的世界观。

杜威试图通过表明我们知道的现实既不是完全在头脑中，也不完全是客观和外在的，来抵消他所认为的实在论和理念论的消极方面；相反，他认为人类的实在是由个性和环境组成的。杜威主张，用智慧改造世界，使之更符合人类的价值观，而不是把适应环境和社会条件作为一种单向运动。杜威的批评者指责他在教育领域推动了一场"生活适应"运动，但这场运动更具有实在论的特征，而不是杜威哲学的特征。

对实在论最直言不讳的批评也许来自存在主义者和后现代主义者。他们攻击实在论，因为实在论提出了一个固定的、可理解的宇宙的概念，这个宇宙能够被观察者的智力客观地感知。他们认为，这种观点在几个世纪以来，随着理性和启蒙时代的到来，一直被推崇，并进入了当代的技术社会。它将理性神化，忽略了人的激情、情绪、感觉和非理性方面，损害了人的整体性。如果我们想真正地理解现实世界中的人，我们就必须考虑到人的整体性和完整性，而这种整体性正是实在论倾向所忽略的。实在论者声称，他们确实以整体的方式看待人类，而且他们的整体性依赖于一个由法则和规律组成的宇宙。批评者反驳，实在论者关于人在世界中的整体性的观点受制于他们对宇宙的本质及其运行方式的先入之见和错误观念。

他们说，这些先入之见常常导致实在论者得出这样的结论：人类创造了教育领域中的困难。例如，怀特海轻视"迟钝的普通学生"，尽管事实上，这样的普通学生占学龄人口的大多数。实在论者似乎更关注学生是否符合标准课程的要求，而不是将他们视为独立的个体。

罗素相信对知识的热爱是为了它本身，同时他也强调个性、主观性和人文关怀。他说，"卓越"是教育中值得追求的东西，这种观点可能不会遇到什么阻力，除非世俗实在论者想用外部标准来衡量卓越。罗素表达的这种观点最终导致学生被看作一个更高级实体的从属，如课程或某些预先确定的优秀标准。许多人会同意罗素的观点，因为这个问题是他们批评实在论的不人性化影响的核心。

关于博雅教育和职业教育的争论进一步说明了这种不人性化和预先确定的卓越的观点。虽然许多实在论者认为，两种教育都需要，但他们还是倾向将博雅教育看作对优等生在艺术和科学方面的强化学习，而那些智力天赋较低的学生应该接受更为狭隘的技术职业训练。例如，科特南研究了市中心贫民区的社会状况后得出结论：城市贫民尤其是非裔贫民面对的环境是"社会炸药"的温床。批评者指出，虽然科特南可以设计出振奋人心的、敏感的和人道主义的教育改革方案，但他仍然建议穷人接受职业教育。这种观点常常导致"上等人"接受一种教育，其他人则接受另一种教育。

　　尽管实在论者一再提及"整体"教育，可是他们还是推动了教育向专业化方向发展的运动。这可能是每个人都必须面对的知识爆炸的必然结果，和其他人一样，实在论者也碰到了这个难题。但他们倾向于关注专门的、零碎的知识模块，这对解决难题毫无用处。夸美纽斯提倡的泛智主义教育方法（pansophist approach），使个体能够运用理性来获得一切知识。在历史上，有很多实在论者曾提倡这个观点，但是他们倾向于零碎的、基于事实的方法，这不利于整体和统一的思考。今天，我们可以通过谷歌以及其他类似的搜索引擎来获得海量知识，但这是否有助于我们更好地看清全局，或者提高我们对世界的认识，仍然值得怀疑。

　　今天，科学家和技术人员的实在论理想作为一种模式被实现，这表明了对知识统一性认识的不足。因为科学家们通常只研究一个巨大整体的一小部分，而无须完全理解这个巨大整体或鉴别它的"社会成本"，即它对人和环境的影响，或者说它对人类和宇宙的影响。因此，科学家有可能在没有完全意识到的情况下从事一项反社会或反人类的项目，因为对他们来说只是从事了一小部分的研究。那些在卡纳维拉尔角（Cape Canaveral）从事尖端空间技术工作的高级技术人员很可能忽略了这样一个事实：这个昂贵的小玩意儿占用的资源，原本可以用来帮助无家可归的人。也有开发商、公司或政府盲目地提高技术的技能，扩大其用途，破坏河流和森林。通常，以科学进步的名义所做的事情都会有社会成本，而这部分成本并没有被考虑。

66

　　实在论继续表现出对基于事实的认知方法的偏爱。尽管这有值得称赞的方面，但也容易导致许多错误。曾经被认为是无可争辩的事实，现在在很多情况下被认为是有趣的神话或彻底的无知，例如，托勒密的宇宙论就曾得到宗教实在论的支持。即使现代物理学的"定律"背后有大量的研究和实验，在未来也可能会产生新的思想。而后现代主义者指出，要确切地了解任何东西，即使是"科学真理"，也有很大的困难。

　　关于"事实"一词的含义也出现了混淆，因为既有"理性的事实"，又有"实证研究的事实"。亚里士多德认为，不同重量的物体下落的速度不同，这是不言而喻的。直到伽利略，这个"理性的事实"才被实证研究推翻。伽利略验证了这个命题并发现了它的错误。如果人们牢记这一点，就可以理解"事实的"方法会导致思想的封闭和狭隘。如果一个人已经掌握了真理（不管是宗教的还是科学的），他将很难有动力去进一步探索，而对这些事实的接受将阻碍思想的开放和对知识和智慧的自由探索。

　　一个根植于实在论传统的争议是关于测验的问题。一个实在论的假设［如 E. L. 桑代克（E. L. Thorndike）所说的］——任何存在的事物都是有数量的，都能被测量——导致了太多的标准化测验，从对幼儿的智力测验到对大学委员会和联邦教师的测验。测验运动（testing movement）被吹捧为科学的、以事实为基础的，它在某些方面获得了几乎不加批判的认可。然而，许多人指出，这样的测验通常是基于分类的，而且受制于各种解释性和创造性的答案。同样的批评也可以用在统计研究上，比如关于教育的意见调查和其他类型的数据抽样。

　　这些由统计支持的研究通常被认为是科学的和事实的，这反过来又使研究者相信这些发现揭示了一些真理。然后，可能会发生一种"皮格马利翁效应"（Pygmalion effect），通过这种效应，数据会影响教师对教育研究和课堂上的学生的看法，包括他/她正在做什么的看法。这种信任"事实数据"的危险已经受到了许多学术刊物的广泛关注，这不仅是因为"皮格马利翁效应"，还因为统计抽样本身就极具争议性，甚至可能令人反感。然而，这种所谓的科学测验或抽样在我们当代社会的各个方面并没有减少，甚至越来越普遍。就好像教育工作者和其他所有人一样，对任何被贴上"科学"标签的东西都抱有盲目的信仰。

　　有人说测验运动是科学对教育产生最大影响的领域之一。这一运动得到了世俗实在论者的大力支持，而且提高了近年来要求问责、成本效益，以及满足国际经济竞争需求的呼声。测验的目的是找到一种更有效地测量教师效率和学生表现的方法，许多州已经要求学生在毕业前通过能力测验。1965 年通过的《初等和中等教育法案》（Elementary and Secondary Education Act）在 2001 年被重新授权为《不让一个孩子掉队法案》（No Child Left Behind Act），它就非常依赖运用测验技术对学生进行分类。其主要的兴趣是努力确保学生具备基本的技能，如读、写、算，并对学生如何获得这些技能进行测验。然而，批评者表示，过度关注测验这些特殊技能会导致学校忽视文学、地理、历史、艺术和体育活动等难以测验的领域。批评者还表示，教师倾向于教那些可测验的内容，因为这些东西带给他们的成功是可以测量的。

　　一些学校体系对未来教师进行强制性的能力测验。国家教师资格考试（普瑞克西斯考试）［National Teacher Examination（Praxis）］就是一种旨在确保教师在获得资格证之前掌握基本专业知识的考试。这一趋势为那些关注教育质量的人提供了宝贵的客观支持，但一些人认为，这种测验存在文化偏见，而且对某些社会群体是苛刻的。也许鉴于测验引发的争议，我们应该考虑另一个极端，苏联教育家马卡连柯（Anton Makarenko）就是代表。他说，每当他收到一份学生档案时，他都会将它扔进火里，以免影响他对那个学生的客观看法。

最后，倡导纪律和努力工作的实在论者也会因为各种内部困难而受到批评。一些宗教实在论者支持这个观点，因为它得到了原罪说的支持，即人类注定要腐败、懒惰和容易做坏事。虽然现代世俗实在论者可能会反对原罪的观点，但原罪观点的残余仍然影响教育，因为努力工作和纪律被认为是有好处的，而且还有一种观点认为，学生的头脑中应当塞满"事实真理"，这样他们才不会落得个糟糕的结局。

"努力工作和纪律"相结合以及对事实真理的强调，遭到了从思想家卢梭到当代经验学习的支持者的激烈批评和攻击。批评者认为，持相反观点也同样有道理：人的天性是好的，精力充沛的，充满好奇的。不应该强迫人们接受教育；相反，教育应该以令人愉快的方式进行。两种观点，即人性本善或人性本恶都是极端的，并容易犯同样的错误。也就是说，它们似乎暗示了人性是什么和能变成什么的某种决定论（determinism）。问题是，实在论在其大多数形式中都有一种狭隘的、限制性的人性论，这种观点对学校教育和教育理论都产生了消极影响。

然而，不管实在论有什么缺点，实在论的教育哲学通常都得到了许多教育家、家长、商业领导人、宗教机构和大部分美国人的强烈支持。实在论的方法似乎更符合许多人认为的"严肃的"、保守式的教育。很多人认为，缺乏纪律是当今学校的首要问题，而实在论教育哲学中对纪律和权威的强调吸引了很多人的注意。这种对纪律的强调，不仅包括行为纪律，还包括对学科、学习和生活活动的纪律教导方法。当我们认真审视各国现有的学校实践时，我们发现更多的学校遵循的是实在论的教育原则，而不是其他教育哲学的教育原则。

亚里士多德
《政治学》与《尼各马可伦理学》*

亚里士多德认为，教育就是要培养品德高尚的人。他认为，教育不应该局限在教室中，而应该成为城邦的职责。同时他还认为，应该运用科学和哲学的方法去"实践"，从而获得智慧。他的一个主要关注点是，如何塑造理解和

---

* 本文的翻译参考了廖申白译注的《尼各马可伦理学》（亚里士多德著）一书，商务印书馆 2003 年版。——译者注

"思维的正确性"。亚里士多德的教育著作对西方教育的发展产生了重要的影响，他的思想直接影响到人本主义者与科学主义者的教育概念，同时，他的观点在教育领域也得到世俗思想家和宗教思想家的赞赏。

孩子出生之后，给他们什么样的营养，对他们的身体机能会产生极为不同的影响。看看其他动物的情况以及那些一心想使其后代具有适于征战体质的民族就不难明白，牛奶含量丰富的食物，对人类的身体最为适宜；饮酒愈少则愈不容易生病。其次，儿童能够进行的所有运动对他们都有益处。为了使儿童的幼肢不致变形弯曲，现在有一些民族使用器械来保证儿童身体挺直，从幼年开始就训练儿童抵御寒冷是明显有益的，这样儿童的健康和战斗力都可以加强。因而不少民族有把新生的婴儿投入冰冷溪水的习俗，另外，有些民族则仅仅给婴儿裹上单薄的襁褓，如凯尔特人（Gelts）就如此。因此，所有能够通过习惯适应的事物，都应及早开始培养这一习惯为宜，但应当循序渐进。儿童的温暖体质很容易训练得适应寒冷。

关于儿童的早期保育应按上述方法或其他类似的方式进行，接下来是5岁以前的时间，这一时期的儿童不能有任何学习任务或强制性的劳动，否则会阻碍其身体发育，同时还须注意使儿童保持一定的运动量，以免他们的肢体僵滞，通过其他一些活动或嬉戏就可以做到这一点。但这些嬉戏不应该流于鄙俗，不应过于劳累或过于散漫。被称为"儿童法监"的官员要细心遴选适于儿童倾听的故事或传说。所有这些事项都应为儿童未来的生活道路作好铺垫，各种各样的嬉戏玩耍都应当是他们日后将热情投入人生事业的仿照。在《法律篇》中，柏拉图提及的禁止儿童哭叫的做法是不对的，因为哭叫有益于儿童的生长发育，对他们的身体也是一种锻炼。儿童哭叫如同深呼吸运动一样，可以增强身体的力量。儿童法监应监督儿童的成长，此外尤其要注意的是，避免儿童与奴隶在一起。7岁以前，儿童都应在家中抚养。即使尚且年幼，耳闻目睹都很容易使他们染上不良习气。总的说来，立法者务必尽力在全邦杜绝一切污言秽语，把它当成一件事来办。因为哪怕是轻微的丑话也会很快产生秽行。特别是年轻人，绝不能说或者听这类秽语。一个还没有取得参加共餐资格的自由人如果被发现在言语上或行为上犯禁，必须施之以斥责和体罚。年长的自由人如果言行与奴隶无二，就须剥夺其共餐资格。既然我们禁止这类言语，就应该禁止人们观看淫秽的图画和戏剧表演。要委任行政官员监察一切临摹和图画，防止它们模仿淫秽的行为，不过法律允许的为某些这类神祇举行的节庆场合要除外。法律允许成年人为了他们自己以及妻子儿女崇拜这些神祇。但是在青少年达到有资格参加共餐和饮酒的年龄之前，立法者应禁止他们吟诵长短句的诗歌或观看喜剧，达到年龄后教育才能使他们摒绝这类作品的不良影响。

我们已经粗略地论述了顺便涉及的这些问题，后面将更为详细地加以阐明，并将确立依据我们所拟的必要法规，执政者应该首先对这些事情进行管理，以及怎样进行管理。悲剧演员西奥多勒斯（Theodorus）不允许任何别的演员（哪怕是位微不足道的演员）先于他登台，他这样做有几分道理。因为观众对他们首先听到的演唱总是动情的。这一点也同样适用于诸多的任务或行为，我们经常偏爱最先见到的东西。因此，青少年应当对一切恶劣的事物保持陌生，尤其是对暗示邪恶和仇恨的事物。5 岁之后到 7 岁为止的两年里，儿童应当观看将来要学习的事情。教育要分为两个年龄阶段，即从 7 岁至青春期的阶段和从青春期到 21 岁的阶段。那些以 7 岁为单位来划分年龄的诗人大体上没有说错，不过我们应该按自然的差异来划分，因为一切艺术和教育都谋求弥补自然的不足。

此后，我们应首先考虑，是否应确立某种关于儿童的制度；其次，是否应由全邦公民共同监护儿童或者应采取私人监护的方式（如今这种方式正在大多数城邦流行）；最后，这种制度应该具有什么样的性质。

谁也不会有异议，立法者最应关心的事情是青少年的教育，因为那些没有这样做的城邦都深受其害。应该教育公民适应他生活于其中的政体，因为每一政体一开始就形成了其固有的习俗，起着保存该政体自身的作用。例如，平民制的特征之于平民政体，寡头制的特征之于寡头政体，其习惯特征愈优良，由之而来的政体也就愈修明。

一切能力和技术的个别运用，都需要预先的训练和适应，显然美德的运用也是如此。如果整个城邦有着唯一的目的，那么很明显对所有的公民都应实施同一种教育。对教育的关心是全邦共同的责任，而不是私人的事情——今天的情况则是个人关心各自的子女，个人按自己认可的准则施教。然而对共同的事情应该实施共同的教育。同时不能认为每一位公民属于他自己，而要认为所有公民都属于城邦，每个公民都是城邦的一部分，因而对每一部分的关心应当同对整体的关心保持一致。以此而论，斯巴达人应当受到赞扬，因为他们尽了最大的努力来训练儿童，把儿童的教育作为全邦的共同责任。

显而易见，在教育方面应有立法规定，而且教育应是全邦共同的责任，但也不能忽视教育的内容以及实施教育的方式。关于教育的实例，如今众说纷纭。无论是有关美德还是有关最优良的生活，人们对年轻人应该学习的内容莫衷一是，至于教育应该偏重思想内容还是偏重灵魂的伦理特性，人们同样是争论不休。现今实施的教育也令人迷惑不解，谁也不清楚应当进行什么样的训练，不清楚应当注重在生活中的运用还是应当注重美德修养或卓越的知识。所有的观点都有人称是，一旦涉及美德问题，依然是各执一词。因为不同的人崇尚的美德并不完全相同，因此他们关于美德修养的观点理所当然地彼此相异。毫无疑问，儿童应该学习那些真正必要的有用的东西，但不是所有的东西；因为职业被分为自由职业和非自由职业；对于幼儿，只能给他们传授不使他们庸俗化的有用知识。任何职业、艺术或科学倘若使得自由人的身体、灵魂或心灵不适合美德的运用和实行，都应被认为是庸俗的。因此，我们称败坏公民身体的技艺为庸俗的，而领取酬金的活计会劳瘁公民并贬抑其心灵。还有一些自由人的知识领域，某些人大致可以不失身份地参与其中，但如果他们过于尽力，刻意求精，那么同样会受到上述的危害。一个人行为或学习的目的能产生很大的差异，为自己、为朋友或者出于美德的行为都不会丧失身份，然而一旦为了其他目的，同样的行为往往就会显出卑贱和奴性。正如我已经说过的那样，现行的教育科目，部分具有自由主义性质，部分具有非自由主义性质。

习惯上教育大致可以分为四种，即读写、体操、音乐（有些人加上去的）和绘画。读写和绘画知识在生活中有许多用途，体操有助于培养人的勇敢。关于音乐则有些疑问，今天大多数人修习音乐是为了娱乐，但是最初设置音乐的目的则在于教育。因为自然本身，正如人们常说的那样，要求我们不仅能够很好地工作，而且能够安然享有闲暇。因为，正如我必须一再重复的那样，所有行动的首要原则是休闲。两者都是必需的，但闲暇胜过职业；因此，必须认真地问一个问题：闲暇时人们应该做些什么。显然，我们不应该自娱自乐，因为那样的话，娱乐将是生命的终结。但如果这是难以想象的，在严肃的职业中，娱乐比其他时候更需要（因为辛劳之人更需要松弛，娱乐就是为了放松，而劳作总是伴随着辛苦和紧张），那么我们只能在适当的时候引入娱乐，娱乐应是我们的良药，因为它们在灵魂中创造的情感是放松，我们从快乐中得到休息。闲暇本身就会给人带来生活的快乐、幸福和享受，忙碌之人与此无缘，只有闲暇者才能领会这份怡乐。忙碌者总是以某一未竟之事为目标而终日奔波；然而幸福就是一个目标，所有人都认为，与幸福相随的应该是快乐而不是痛苦。当然，对快乐，根据每个人的不同习惯，各人自有各自的主张，最善良的人的快乐最为纯粹，源自最高尚的事物。因而显然应该有一些着眼于享受闲暇的教育课程，这些教育和学习只为了自身范围的事物，而那些必需的有关劳务方面的教育则以自身之外的其他事物为目的。因此，前人们把音乐归入教育，既不是作为必需之物——因为它不具备这种性质，也不是作为实用之物——因为音乐不像读写，在赚钱、管理家庭、获取知识和政治生活等方面有着广泛的用途；它也不像绘画，有助于更好地鉴别各种艺术作品；它也不像体操，有助于健康和强壮，因为我们看不到音乐能起这样的作用。于是，剩下的可能就是闲暇时的心智享受，显然这是设置音乐课程的初衷。音乐被认为是自由人的一种消遣方式。故荷马在诗中这样说道：

恍如邀友同享欢宴，

接着又有一句描写应邀赴宴的宾客：

吟游诗人使一切人快乐。

在别的一些地方，奥季塞乌斯（Odysseus）说这是最高尚的消遣，当朋友们开怀欢畅——

华堂列坐绮筵，

恭听诗人清吟。

因此，应当有一种教育，依此教育公民的子女，既不立足于实用，也不立足于必需，而是为了自由而高尚的情操。后面将要讨论，这样的教育应是一种还是多种，它们有什么内容，应采取什么方式等问题。至此，我们已经做好了铺垫，从古人们那里可以找到某些证据，他们的规范教育体例中早就列进了音乐。此外，儿童们的教育中包括一些实用的课程，如学习读写，但并不是仅仅为了实用，而是为了通过它们得以步入更加广阔的知识天地。同样，学习绘画也并不是为了在私下的交易中不致出差错，或者在各种器物的买卖中不致上当受骗，而毋宁是为了增强对形体的审美能力。处处寻求实用是对自由大度胸怀的极大歪曲，既然在教育方面习惯先于理性，肉体先于心灵，由此，显然预先应把儿童交给体育教师和角力教师，这些人分别能造就儿童的体质和教给他们身体方面的本领。

快乐的人需要外在的富足，因为他是人。人性本身不足以用于沉思，但身体必须健康，必须有食物摄取以及其他的照顾和关照。然而，我们绝对无法想象一个快乐的人会想要很多的东西，因为我们常说，没有身外之物反而会得到他人的祝福。自给自足不是过度的，行动也不是。但是，即使不是天地之主，也可以做光荣的事。因为一个人可以用适度的方式按照美德行事。我们可以清楚地看到这一点：个人做好事的程度并不比当权者低，甚至更高。有能力

71

就足够了，因为那个按美德行事的人的生活将是幸福的。梭伦（Solon）还对这个快乐的人做了描述，他认为被给予适度外物的人，能够做最光荣的事，过节制的生活；因为拥有适度财富的人才可能做他们应该做的事。阿纳克萨哥拉（Anaxagoras）也认为，快乐的人应该既不富有也无权。他认为即使他被大众认为是荒谬的，也不会感到惊讶；因为他们只根据外在进行判断，只对外在事物有感知。

因此，智者似乎是赞同上述观点的；也因此，这些陈述具有一定的分量。我们从事实和生活的实践中判断真理，因为关于它们的决定性因素改变了；我们应该把上面所说的一切付诸实践，应用到实际生活中去；如果我们的论点与事实一致，我们就可能接受它们；但是，如果它们之间有分歧，我们就只能仅仅把它们看作文字而已。他同样会因为智慧而精力充沛，并且关注到这一点并使之处于最佳状态，就有可能得到众神的偏爱。因为一旦神对人类事务给予任何关注，正如人们所认为的那样，我们就有理由认为他们会喜欢那些最好的、与自身最亲近的东西；而这一定是智慧。我们也有理由认为他们会善待那些热爱和尊敬他们的人，那些关心朋友的人，那些行为正直和体面的人。但所有这些品质都专属于智者，这是很清楚的；因此，他很可能同时是众神最敬爱的人，也是最快乐的人；这样看来，智者一定是最快乐的人……

人们认为人成为好人，有些靠本性，有些靠实践，有些靠教导。现在很明显，凡是属于自然的东西都不在可控范围内，而是由于某些神圣的原因，存在于那些真正幸运的人之中。但要注意，理性和教导并不是在任何情况下都有用的，听者的心灵必须事先养成习惯，才能恰当地感受愉悦和厌恶，就像滋养种子的土壤一样。而那些顺从欲望，不肯听从理性的人，是不会理解的。对于这样一个人，怎么可能改变他的信念呢？总的来说，激情似乎不屈服于理性，而屈服于强迫。因此，在某种程度上，一定存在着一种与美德相关的品格，崇尚高尚，痛恨可耻。一个人很难从小就在美德之路上受到良好的教育，除非他的成长依照法律；大多数人尤其是青年人都不喜欢有节制、有耐心的生活，因此教育和机构应该受到法律的管制，因为一旦熟悉了就不会感到痛苦。

也许在我们年轻的时候就受到良好的教育和关注是不够的；因为在我们成年后，应该继续研究和实践所学到的东西，我们也应该为此目的制定法律。简而言之，我们应该想要与整个人生有关的法律；因为大众往往服从于强制而不是理性，服从于惩罚而不是荣誉原则。因此，有些人认为立法者应该告诫人们要有美德，并呼吁人们遵守荣誉原则，因为那些在实践中表现良好的人更服从领导；而对那些不服从命令和天生不服从美德的人施以惩罚，并把无药可救的人完全驱逐出去；因为善的人，生活在尊重的原则下，就会服从理性；恶人贪图享乐，并被痛苦纠正，如同负重的畜类。因此，人们常说，痛苦应该是与被爱的快乐相对立的。

因此，如前所述，要成为一个好人，他必须受过良好的教育，必须养成良好的习惯，从而继续生活在良好的制度之下，永远不做坏事，无论是出于非自愿还是自愿。要做到这一点，就必须遵从某种明智的原则，遵从某种有执行其法令权力的正确规则。但是父权没有力量，也没有强制力；总而言之，也不是任何人的权威，除非他是国王或类似的什么人；但是法律确实具有一种强制力，因为它是从某种审慎和理智中产生的理性。此外，人们讨厌那些压抑他们欲望的人，即使他们做得正确；但当律法规定什么是善的时候，它就不可憎了。仅在斯巴达城邦和其他一些地区，立法者似乎已经注意到了教育和制度；而在大多数城邦，这些事情都被忽视了，每个人都像独眼巨人（Cyclops）一样，自己随心所欲地生活，却为他的孩子和妻子执法。

因此，城邦最好应该关注教育，并遵循正确的原则，而且城邦应该有权实施教育：但如果这一项公共措施被忽视，那么每个人都有责任为自己的子女和朋友的美德作出贡献，或者至少使之成为自己深思熟虑的目标。

（资料来源：Aristotle, *The Politics*, translated by B. Jowett. New York: Colonial Press, 1899, pp.192-199; Aristotle, *The Nicomachean Ethics*, translated by R. W. Browne. London: Henry G. Bohn, 1853, pp.284-288.）

约翰·洛克
《教育漫话》*

洛克的教育著作是教育界的经典之作，曾经统领 18 世纪的教育思想，至今仍影响着人们。基于经验观察，洛克认为，教育要培养举止优雅、知识渊博的英国绅士。洛克不仅是一位哲学家，还是一名医生，因此，他的著作中不仅包含教育方面的内容，还有关于健康、锻炼、身体成长和发展的内容。与同时代的人相比，洛克更倡导一种自由且人性的教育观。洛克主张教育民主，但他

73

---

* 本文的翻译参考了熊春文翻译的《教育片论》（约翰·洛克著）一书，上海人民出版社 2005 年版。——译者注

的教育主要服务于社会上层阶级的儿童。他强调发展儿童个性、自我约束及理性的重要性，同时强调品格与心智的发展。

健康之身体寓于健康之精神，这是对人世之幸福的一种简短而充分的描绘。凡是身体、精神都健康的人就不必再有别的奢望了。身体、精神有一方面不健康的人，即使得到了别的种种，也是徒然。人们的苦难或是幸福，大部分是自己造成的。不善用心的人，做事绝不能够遵循正当的途径；身体孱弱的人，就是有了正当的途径也绝不能获得进展。我承认，有些人的身心生来就很坚实、健康，用不着别人帮多少忙。他们凭着天赋的才力，自幼便能向着最好的境界发展；凭借品格和天赋的体质，能够作出奇迹。但是这样的人原是很少的。我敢说，我们日常所见的人中，他们之所以或好或坏，或有用或无用，十分之九是由他们的教育决定的。人类之所以千差万别，便是因为教育之故。我们幼小时所得的印象，哪怕极微极小，小到几乎觉察不出，都有极重大长久的影响。正如江河的源泉一样，水性很柔，一点点人力便可以使它导入他途，使河流的方向发生根本改变。从根源上这么引导一下，河流就有不同的趋向，最后就流到十分遥远的地方去了。

我觉得孩子们的心灵容易被引导到东或到西，正和水性是一般无二的，心灵固然是人生的主要部分，而我们关切的主要是内心，可是心外的躯壳也是不可忽视的。因此，我打算首先谈谈身体的健康问题。大家都知道我对这个问题格外研究过，我之所以先谈这个问题，大概你也早已料到了，是因为这个问题的范围很窄，大概很快就可以谈完。

我们要能工作，要幸福，必须先有健康；我们要能忍耐劳苦，要在世界上作个人物，也必须先有强健的身体；这种种道理都很明显，用不着任何证明……

一般原则既已照理提过，现在我们应该更进一步，稍微详细讨论一下管教的细节了。我曾一再说到儿童应该严加管束，也许大家不免怀疑我太不从儿童幼小的年龄与身躯考虑他们所应受到的对待了。但是，你只要听我继续说下去，这种误解便会烟消云散。因为我知道，极严酷的惩罚好处很少，不，它在教育上的害处还很大，并且我也相信，在其他条件相同的条件下，那些受惩最重的儿童，长大了很少成为最优秀的人。直到现在我一直主张的只是说，无论需要何种严格的管理，总是儿童越小越须多用。一旦施用适度，获得效果之后，便应放松，改而采用比较温和的管教方法……

所谓礼貌，儿童往往弄不清楚，而聪明的女仆和女导师又往往用许许多多的忠告去告诫他们，我觉得学习的方法与其顺从规则，不如树立榜样。儿童若是不与不良的伴侣在一道，知道自己因为行为优雅，所以能够得到人家的尊重和赞许，他们便会乐于仿照别人的榜样，使自己的行为变得优雅的。万一稍微没有留心，孩子脱帽与退步致敬的姿态来得不优雅，那种缺点可以由教跳舞的教师去帮助改正，他可以把当时人们所说的村俗之气的率直天性完全去掉。我觉得，跳舞最能使儿童变得自信和举止优雅，使他们有资格和年长的人交际，因此我主张，当他们到了能学跳舞的年岁，马上就该学习跳舞。因为跳舞虽然只是一种优美的外表的动作，可是不知道为什么，它使儿童在思想上和姿态上具有丈夫气概的作用比什么都强。除此以外，我是不主张使幼小的儿童因为礼貌上的细节而多吃苦头的。

儿童有些过失，你知道，只要他们的年纪稍长之后就可以改正过来的，你千万不必过多担心……

我认为，在一个人或一个绅士的各种品行之中，美德是第一位的，是最不可缺少的。他要被人看重，被人喜爱，要使自己也感到喜悦，或者也还过得去，美德是绝对不可缺少的。如果没有美德，我觉得他在今生来世都得不到幸福……

当他到了能说话的时候，他就应该开始学习阅读。但是说到这里，我又要提到一件大家极容易遗忘的事情，再来叮嘱一下。就是，你应该极力注意，绝不可把读书当作他的任务，也不可使他把读书看成一种工作。我已经说过，我们从极小的时候起就是自然而然地爱好自由的，因此我们对某些事情之所以感到憎恨，是因为别人把那些事情强加给了我们，此外没有别的理由。我常有一种想法，觉得可以使儿童把学习当成一件光荣的、荣誉的、快乐的和消遣的事情，或是把它当成做了别的事情以后的奖励。假如不使他们因为忽略了求学就受到责备或惩罚，他们是会自己要求受教的……

儿童是可以被这样诱导去学会字母的，他们在读的时候，只觉得这是一种玩耍，别人要受鞭笞才肯去学习的，他们自己在玩耍中就学会了。儿童不能把任何工作或严肃的事情放到自己身上，这是他们的心灵和肉体都受不了的。这会伤害他们的健康。我相信有许许多多的人，他们一生一世都憎恶书本，憎恶学问，原因就是在他们厌恶一切这类约束的年岁，被强迫与被束缚去读书。这种情形正同吃得过饱一样，饱食之后所产生的憎恶是消灭不了的……

祷词、教义和《十诫》（*Ten Commandments*）是他应该彻底熟记的。但是

74

我觉得熟记的方法不是由他自己在入门书上去读，应该在他不能读书以前就由别人反复读给他听。但是不可把熟记与学习阅读混为一谈，以免彼此互相妨碍。学习阅读时应该极力避免给他增添麻烦，或是变成他的一种任务……

当他能够很好地读英语的时候，就可以让他去学写字。在这里，第一件应该教他的事是握笔的正确姿势，他实际在纸上写字以前一定要学会这一点。因为一个人要想做好任何事情，一次就不可学得太多。如果一个动作能够分作两部分，那么就不能希望一次把两部分都学好，不只儿童应当这样，成人也是一样……

他一到能说英语的时候，就应该学习其他语言。如果提到的其他语言是法语，那么没有人会怀疑这种主张的。理由是，人们习惯于用正确的语言教学方法去教法语，就是时时和儿童说法语，而不是按照语法规则去教。如果常常和他在一道的导师只和他说拉丁语，也只准他用拉丁语作答，那么拉丁语一定也同样容易学好，不过因为法语是一种活文字，说话的时候用得多些，应该先学，那时说话的器官还很柔顺，要使他发出正确的法语，养成一种把法语发音发得好的习惯，这是耽搁越久越不容易做到的。

采用这种方法，通常他花上一两年的工夫就可以把法语说好了，那时，他就应该去学拉丁语，不过奇怪的是，一般父母在法语上做过尝试，可是并不觉得拉丁语也应该采用同样的说与读的方法去学习。当他学习这种外国语言，不和导师说其他语言，读其他语言的时候，只有一点要注意的，就是他不可忘了读英语，这可以由他的母亲或者别人去保持，听他每天从《圣经》或别的英语书上选读几段……

75　　　当一个儿童学习法语和拉丁语的时候，他同时也可以学算术、地理、年代学、历史和几何。因为假如用法语或拉丁语教他这种学问，他一旦能够听懂这两种语言中的任何一种后，他就会在掌握这种科学知识的同时，掌握一门语言。

我觉得应该从学习地理开始，因为学习地球的形状、世界四大部分的情况和边界，以及某些王国与国家的位置与国界，不过只是一种视觉与记忆力的训练，一个儿童会高高兴兴地去学习并记住的。这是一定的。现在，我住的屋里就有一个儿童，他的母亲便用这种方法把地理教得很好了。他还不到 6 岁就已经知道了世界四大部分的界线，如果问他，他就能立即在地球仪上指出任何国家，在英国的地图上指出任何郡县。他知道世界上一切大河、海角、海峡和海湾，他能够找出任何地点的经纬度。我承认，他在地球仪上应当学习的还不止这么一些通过视觉学习与熟记的事。不过这是良好的一步，是一种准备，一旦他的判断力成熟了，余下的就会容易学得多。而且他的时间相当充足，他乐于知道事物，他就可以因此在不知不觉之中学会文字了。

在他记住地球仪上的各个自然部分以后，他便应该开始学算术了。我所说的地球仪上的各个自然部分，是指在各种名目与国别之下的海陆的位置，还不涉及那些人为的和虚拟的界线，这种界线全是设想出来更好地改进地理科学之用的。

算术是最简单的，因此也是第一种抽象推理，人们的头脑通常接受或习惯于这种推理：它在生活与工作的各个方面的用途都很普遍，几乎没有什么事情离得开它。当然，一个人的算术也不能掌握得太多、太完美……

最能给人教训的是历史，最能使人得到愉快的也是历史。因为它最能给人教训，所以它应由成人去研究；因为它最能给人愉快，所以我觉得它最适合一个青年男子去学习。他一旦学过了年代学，就知道了我们这个地方经历的几个时代，而又能够把它们变成儒略周期（Julian period）①以后，他就应该去学一点拉丁文的历史了。选择的时候要以文本平易为准，因为他无论从什么地方读起，有了年代学的知识，都不至于杂乱无章了。题材有乐趣，他就会乐于去读，而不知不觉之中也就学好了文字，不至于像一般儿童一样，因为要去阅读他们力所不及的书籍，如同要学罗马的文字，就去阅读罗马的雄辩家和诗人之类的作品，以致大吃苦头。一旦他通过阅读掌握了比较容易的作家的作品，如查士丁（Justin）、欧特罗庇厄斯（Eutropius）、昆图斯·库齐提乌斯（Quintus Curtius）等人，然后再去阅读比较深奥一点的作家的作品就没有太大困难了。这样从文本最简明和最容易的历史学家的作品开始，循序渐进，最后他就可以读得懂最困难和最高超的拉丁文作家的作品，如同塔利（Tully）、弗吉尔（Virgil）和贺拉斯（Horace）等人的作品了……

虽然我遇到的各种物理学派很难鼓励我去阅读论文，这些论文根据一般物质的基本原则演绎出一种自然哲学体系，很难从中获得多少确切的知识和科学，但是博大无比的牛顿先生告诉我们，我们根据事实所证实的原则，把数学用到自然界的某些部分，我们可以据此获得关于这个不可思议的宇宙的特定领域的知识。牛顿在他的名著《自然哲学的数学原理》（*Philosophiæ naturalis principia mathematica*）中，对我们这个行星世界及其最重要的可观察现象作

---

① 儒略周期是开始于公元前 4713 年、长达 7 980 年的纪年法，被用于历史上各种不同历法的日期转换。——译者注

了一个良好明晰的说明，如果别人对自然界的另外部分，也能同样给我们一个良好明晰的说明，那么我们对这个伟大精深的机器的某些部分，便有希望得到比我们现在所期望的更多一些真实和确切的知识了。虽然只有少数人有足够的数学知识来理解他的论证，但最精密的数学家已经考察过他的论证，并承认它们是对的，可见他的书是值得一读的。凡是想要了解我们这个太阳系中大量物质的运动、性质和运行的人，一定可以从中得到不少的启示和满足，只要小心地注意他的结论就够了，因为他的结论可以看作已经证明了的命题……

虽然我现在已经对我听到的常见教育评论作出了总结，但我并未将其看作论述该主题的一篇不偏不倚的论文。教育上需要考虑的事情还多得很。尤其是当你想到儿童的各种不同气质、爱好和过失，要给予合适的医治的时候更是如此。事情太多了，要一本书才写得完，其实一本书也还不够。每个人的心理都与他的面孔一样，各有一些特色，能使他与别人区别开来。两个儿童很少有能用完全相同的方法来教导。除此以外，我觉得一个王子、一个贵族和一个普通绅士儿子的教养方法，也应当有所区别。不过，我在这里提到的只是关于教育的主要目标和绅士子弟教育的一般看法，因为我这里说的绅士子弟年岁很小，所以我只把他看作白纸或蜡，可以随心所欲地塑造和定型。我提到的差不多全是这种青年绅士的教养所必需的项目。我现在把这些偶然想到的写出来，刊印出来。虽然这绝不是一篇完善的教育论文，它也不能使得每个人都从这里获得恰恰适合他的儿子的方法，但是假如有些爱护自己的小宝宝的人士格外有勇气，关于孩子的教育问题，敢于问问自己的理性意见，不去一味服从古老的习俗，我希望这篇文章对他们能够有些启发。

（资料来源：John Locke, "Some Thoughts Concerning Education, " in *The Works of John Locke*, vol.X. London:W. Otridge and Son et al., 1812, pp.6-7, 35, 50, 128, 143-144, 147-148, 150, 152, 172-173, 175-176, 186-187, 204-205. ）

第三章

东方哲学、宗教与教育

- 东方思想的发展
- 东亚与印度的思想
- 中东思想
- 作为一种教育哲学的东方思想
- 对教育中东方哲学的评价

　　自从人类产生以来，宗教就在人类生活中占有一席之地。最早的证据可以追溯到石器时代，从史前时期人类创作的图画中可以看出，人们在进行狩猎和农耕之前会举行宗教仪式，祈求好的收成。在哲学出现以前，宗教在创世说、生命的意义、死后的生活、伦理观和幸福的意义等方面发挥着重要的作用。在各种仪式、节日庆典和朝圣活动中，在各种著作、绘画、雕塑、庙宇、建筑物、音乐、舞蹈、诗歌、教堂、圣徒和学者中，我们都可以感受到宗教的存在。宗教早于哲学，后来发展成为哲学的一部分。宗教强调思考重大问题，这些问题推动人们去了解世界，有人会说，宗教使我们更加富有同情心和更具人性。持各种信仰的传教士把教义传播到世界各地，给各地带去知识、医疗援助和教育，使许多人的生活更有意义和更丰富。然而与此同时，一些人指出宗教信仰的负面影响，包括宗教审判，对其他信仰的不宽容，以及对科学知识的阻碍。弗洛伊德在《文明及其缺憾》(*Civilization and Its Discontents*) 以及《一个幻觉的未来》(*The Future of an Illusion*) 中指出，虽然宗教有许多负面的影响，但它开启了人类的文明。爱因斯坦也谈到了宗教故事和宗教传统神秘和有害的方面。对许多人来说，宗教是一套信仰、仪式、习俗和崇拜。一些宗教信仰里只有一个神，一些宗教信仰里有很多神，还有一些宗教信仰里根本没有神，也有其他人以个人的方式实践宗教。有些人坚持认为宗教信仰是他们传统的一部分，有些人是为了安全，而另一些人是为了救赎的承诺；宗教似乎为许多人提供了一些与生死有关的重大问题的答案。

东方思想是最古老的宗教信仰之一，它有着漫长而悠久的历史。它不仅跨越了许多个时期，而且包含丰富的思想。这使它在人类思想的历史发展研究中具有特殊的魅力，尤其是将其与西方思想作比较时，这种魅力会更大。的确，一些东方宗教受到西方文化的影响，虽然起源于东方，但目前已经非常西化。

一般认为，东方哲学包含四个主要地区的思想：印度、中国、日本和中东。虽然每种文化都有着不同的哲学信仰，但也存在相同之处。最一致的一点就是，它们都更关注人类的内心世界而不是外在世界。东方哲学不像西方哲学那样注重实证，它强调直觉、内心平静、安宁、态度发展和神秘主义。通常认为，发源较早的东方哲学对西方思想有着重大的影响，明显的例子就是中东思想对犹太教和基督教（两者都起源于中东）的影响。今天，东方信仰仍然十分重要，甚至被当成反对那种自满的只关注物质生活的西方哲学的"解毒剂"。

东方思想的发展

对西方哲学的研究大多始于对古希腊哲学的研究。作为一种系统的思想，古希腊哲学形成于公元前6世纪，最初的代表人物是泰勒斯（Thales），后来发展到毕达哥拉斯（Pythagoras）、苏格拉底和柏拉图。然而有些证据支持这样的观点，即古希腊哲学和柏拉图的哲学应归功于印度哲学，因为印度哲学强调虚幻的物质和其他理念论的倾向。当古希腊哲学还处于萌芽状态时，印度和中国的哲学已经发展到了很高的水平。

古希腊哲学始终强调理性而不是神秘主义和超自然主义，西方哲学受此影响，倾向于逻辑和唯物主义。相反，东方哲学则注重人的内心世界而非外在世界，依靠直觉而非理性，追求神秘主义而非科学发现。这在各地也有差别。中国哲学总体上不如印度哲学那么神秘。但是总的说来，它们都始于对人内心世界的关注，然后再发展到对外部世界现象的关注。

虽然印度和中国的信仰有时也被称作哲学，但即便是今天，它们也被认为是宗教而不是哲学。因为从早期起源来看，它们表现出对自然的精神层面的强烈关注。它们的故事中也像古希腊神话那样充满了各种神，但是不像希腊人那样试图将宗教和哲学分开。印度、中国和伊斯兰国家的宗教与哲学通常交织在一起，宗教教义与哲学观点相融合，都是关于世界本源以及人与自然的互动。因此，哲学和宗教之间的界限是模糊的。

大多数西方哲学家还在争论哲学研究是否应该与宗教研究分开。但是想想看，要区分阿奎那到底是神学家还是哲学家是多么困难呀，或者，要如何区分科学家亚里士多德还是相信"不动的动者"的亚里士多德。确实，与哲学不同，宗教思想更多地依赖演绎法、宗教信仰、直觉和神秘主义。可是许多哲学，甚至是现代哲学，在今天仍然欣赏这些方法。区分是困难的，尤其是去回顾那么遥远的过去。我们很难期望早期文明对宇宙的本质和人在宇宙中的地位有一种精密或科学的观念。因此，也许我们不应该去作那么严格的区分，而应该思考这些观念如何提高人类关于世界和自身的理解力。在东方哲学家眼中，这个世界有时是敌对的，有时是慈善的，有时是可知的。也有一种倾向认为，东方的宗教或哲学只是西方哲学的前奏，但这些信仰有许多在今天仍然是可行的，并有许多追随者。虽然挑战这些信仰的现代哲学和科学哲学越来越多，但东方思想仍然有价值，因为它们为今天的人们提供了许多不同和有用的视角。

东亚与印度的思想

中国、朝鲜、日本和印度，是一片拥有众多人口的广袤土地。这些地区的人过着长期的定居生活，东亚和南亚地区也以保持相对稳定的传统而出名。在这些地区，传统和禁忌使人们对变革持怀疑态度，认为那样可能会使宗教和社会风俗逐渐遭到破坏。可是，不同文化之间的巨大社会差异依然存在。在过去，这些地区的许多文化与西方文化相比，组织更完善，技术更先进，内容也更丰富。

西方人认为东方思想有点神秘和奇异。例如，强调严格的等级制度、牢固的家族关系和对祖先的崇敬，这些通常不被西方社会广泛认同。同样，东方哲学家对西方过度关注物质商品、社会进步和道德准则的变化感到排斥。东西方的差异实在是太大了，这使人们想知道是否有可能在这两种观点之间搭一座桥进行沟通。这当中最大的绊脚石可能还是缺乏对两种文化、两种文化之间巨大历史差异以及对它们各自的期望和动机的理解。

　　西方文明对东方世界的政治和经济有巨大的影响，反过来，东方思想又丰富了西方世界的哲学和精神世界。由于两种文化都流行种族中心主义的思想，两种文化之间没有充分进行应有的严肃对话。要理解东方人的立场，就必须放下西方的偏见和西方化的目的。只有这样，西方人才能在东方哲学中发现更多值得佩服和学习的地方。

印度思想

　　印度哲学的发展经历了一个漫长而复杂的历史。在摩西（Moses）、佛陀（Buddha）或基督出现之前，印度的哲人已经在思考生命的意义。在印度思想中，几乎可以找到各种信仰的影子，从唯心主义到唯物主义，从一元论到多元论，从禁欲主义到享乐主义。虽然印度哲学十分强调寻求智慧，但这并不意味着拒绝世俗的快乐。同样，印度哲学虽然强调沉思，但也有实践的特质。它起初被作为一种解决生活问题和提高生命质量的基本方式。例如，早期的人面临精神和身体上的痛苦，并试图了解其中的原因，而宗教领袖对周围世界的沉思有助于提供关于周围世界的答案。印度哲学家坚持认为，知识应该被用来改善社会和公共生活，人应该根据自己的理想去生活。在印度哲学中，对普遍的道德公正有一个主要的认识，即个人应对自己是什么样的人和自己将成为什么样的人负责。

印度教

　　在印度的传统中，哲学与宗教紧密地交织在一起，它们可以追溯到 4 500 年前，即公元前 2500 年到公元前 1700 年之间在印度河峡谷（Indus Valley）兴盛的文明。印度教（Hinduism）的主要原则有灵魂的神性、存在的统一、神性的唯一和宗教的和谐。虽然今天的印度教中有许多不同的分支信仰，但大多数印度教教徒认为，生命是一个永恒的循环，即出生、死亡和重生。每个人在死后都会重生或转世。只有通过良好的生活，人才能从这种生存循环中解脱出来。

　　印度教没有知名的创立者，没有先知，也没有一套明确的教义。它可以追溯到史前时期。早期印度教教徒崇拜代表自然力的神。逐渐地，一些思想家开始相信，虽然神性存在于各种单独的形式中，但这些形式都是普遍精神"梵"（Brahman）的一部分。众多神性组成"梵"。其中最重要的神有：梵天（Brahma）——宇宙的创造者，毗湿奴（Vishnu）——宇宙的保护者，湿婆（Shiva）——宇宙的破坏者。印度教是与生活在印度的人民一起成长的。相较于作为教义而言，它更多的是一种生活方式。印度教通常不主张禁欲主义或弃世，因此它不打击欲望，但它相信人应该能控制和调节欲望。印度教教徒基本上相信，人类不应该穷其一生去追求纯粹的世间成功。

印度教哲学最初体现在《吠陀》（*Vedas*）、《奥义书》（*Upanishads*）和《史诗》（*Epics*）三个基本文献中。这些文献出现在公元前 1200 年到公元 200 年。

《吠陀》 "吠陀"的意思是知识。《吠陀》在成书之前就已经存在了几个世纪，也许超过 1 000 年，被称为吠陀时期。它是最古老的印度教经典。《吠陀》是由一个自称为雅利安人的民族的一组赞歌、圣诗和记事组成。早期吠陀宗教崇拜自然，将自然力量人格化。吠陀时期的印度人认为，宇宙由地、空和天三部分组成。洪水意味着河流生气，好天气意味着天神高兴。宇宙多神的观点认为有许多神存在，例如：阿耆尼（火神）、因陀罗（雷神）、伐楼拿（天神）。《吠陀》的第一部是颂歌，用祭品和祈祷来赞美和安抚众神。其中有神祇，如黎明神；有恶魔，如干旱魔和黑暗魔。众神与恶魔展开斗争，最终众神打败了恶魔。吠陀文学中还试图说明一种在人们的物质需要和精神生活之间的和谐发展，以下是《吠陀》中的基本精神信念：

81

1. 存在着一个终极实在，而且它是宇宙产生的终极原因。

2. 这个实在是非创造的、自身发光的、具有永恒精神的。

3. 宗教，或者称作"法"（dharma），包含对这种精神的冥想，以及过一种美德和正义的生活。

4. 人的灵魂具有神性的，体现了整个宇宙的最高精神。

吠陀的先知认为，人是一种精神，而不仅仅是肉体和心灵。作为一种精神，人的本质是神圣的。与其他动物不同，人之所以可以认识自身，是因为神存在于其中。但当欲望、生气或贪婪驱使人时，人就无法看到这一点。因此，这些罪恶必须被消除，人的心灵与灵魂必须被净化。这个净化的过程可能需要数次的转世。

《奥义书》 19 世纪德国哲学家、作家亚瑟·叔本华（Arthur Schopenhauer）说："读《奥义书》是我人生的安慰，也将是我死亡的寄托。"《奥义书》的意思是"秘密教义"，它建立在《吠陀》的基础上，却将吠陀的思想提升到了一个新的层面。《奥义书》比《吠陀》更高深，更具智慧，在《奥义书》中，神已退于幕后。无论多么粗略，它标志着印度真正的哲学思辨的开始。在《奥义书》中，献祭与崇拜被鄙视，沉思被颂扬，神圣的知识是重要的东西。表达的是将个体"我"（阿特曼）与宇宙的最高实在"梵"相结合。与吠陀文学相反，妇女享有与男人同等的地位。

《奥义书》提倡一种一元化的神性概念，梵是万能的、无所不在的、永恒的、非个人的、不可描述的绝对。任何生物都可以在梵那里找到自己的起点和终点。《奥义书》讲述了一个充满苦难的生命根据一个人的行为（"业"）继续轮回成一个新的生命。《奥义书》提供了对梵本质真正理解的探索，梵是最高的实在，就像上帝是基督教思想的核心。梵是万物赖以生存的东西，是万物之源，是海洋、山、河、植物和所有事物的本质。因为梵存在于一切存在之中，否认梵就是否认自己的存在。

因为梵是唯一的绝对实在，人必须通过理解梵去达到自由。完成这一事情的最好方法就是去找一个老师，一个了解梵的人。然而对梵的理解是神秘的，只能传授给有天分的学生。学生被建议谦逊地跟随一位灵性导师（guru，古鲁），他精通吠陀经文，也熟知梵的知识。这样的教师可以传授不朽的真理。在吠陀文学中，宗教思想的发展由多神论到一神论，一神论思想在《奥义书》中再次被强调。"梵无所不在，梵是唯一。"

印度教宣称，灵魂不死。当肉体死了，灵魂会重生。生命是一个出生、死亡、重生的永恒轮回。灵魂可以重生为动物或人，"业"的法则表明，每一个行为都会影响灵魂在下一个轮回中的重生。如果一个人过善良的生活，那么灵魂会转世为一个更高的境界；如果一个人过邪恶的生活，那么灵魂会转世为一条蛇或一只虫，轮回不断，直到达到精神上的完美。那时，灵魂将进入一个新的存在水平，叫作解脱（moksha）。在那里，灵魂就不再轮回转世。根据印度教的教义，动物也有灵魂，特别是奶牛，它是神圣的动物。因此，许多印度教教徒是素食主义者。

印度教另一个方面的影响是，它形成了法律。这些法律在印度人的生活中发挥了重大的作用，并形成了至今仍影响着印度社会生活的法典。印度思想（Indian thought）中最伟大的立法者之一是摩奴（Manu），据说他是《正直行为法》（Law of Rightous Conduct）的主要作者之一，按照西方人追溯的历史，这本书很可能是在基督教时代的前几个世纪内完成的。尼采（Friedrich Wilhelm Nietzsche）等现代西方哲学家曾在强调教育和智力精英时引用过印度教的这些法律。

摩奴安排婆罗门阶级做社会最上层的僧侣统治集团。婆罗门（Brahmins）由学者、思想者、牧师、教师，以及寻求梵并着简单而严谨的生活的人组成。婆罗门下面是刹帝利（Kshatriyas），由有勇气和能力却没有婆罗门智慧的人组成。刹帝利下面是吠舍（Vaisyas），由将寻求财富和权力作为最终目标的商人和专职者组成。首陀罗（Sudras）由工人和仆人组成。首陀罗下面是"不可接触者"（untouchables）——被认为是不比低等动物地位高多少的人。虽然摩奴不认为种姓制度有必要被继承，但一个世袭的种姓制度发展起来了，而且成为印度社会中一个牢固的部分。印度宪法在 1950 年废除了种姓制度，并给予"不可接触者"足够的公民权，但区分依然存在于印度的生活中。

摩奴建立了一个人一生中理想的三个阶段。在第一阶段，学生在一位灵性导师或宗教教师的免费指导下接受身心训练。没有规定的学习课程或方法，学习按照学生的能力进行。学习是为了自己而不是为了获得什么。在第二阶段（25 岁左右），男人要结婚，家庭成了重要的考虑因素。在这个阶段，男人认识到他们对圣人、神、祖先、动物以及穷人的责任。在第三阶段（50 岁左右），男人将他的家庭支配权转让给儿子后，选择在森林中隐居，或作为明智的顾问或忠告者来帮助社会团体。虽然《正直行为法》规定妇女应服从男子，但与其他宗教相比，印度教的教义被认为是进步的。摩奴认为，女人幸福，家庭兴旺。

史诗　在印度哲学中，有两部最著名的史诗——《罗摩衍那》（*Ramayana*）和《摩诃婆罗多》（*Mahabharata*）。后者相对更为重要，因为它是世界上最长的史诗，而且包含《薄伽梵歌》（*Bhagavad-Gita*）。这部史诗写于公元前 200 年至公元 200 年间。《薄伽梵歌》的第一部分主张追求各种瑜伽（yoga），第二部分详细拟定了一个泛神论的教义，第三部分解释了灵魂（purusha）和人性（prakriti）的原则以及其他属于这个原则的教义。《薄伽梵歌》提升了这样的思想，即整个自然界以及整个宇宙从名字到形式都是幻想。唯一的实在就是精神，强调应该对责任有严格的献身精神，以及出生时分配给每个种姓的职能。在《薄伽梵歌》中，神与人的对话更加亲切和具体，从而实现了更加个人化的形式。

《薄伽梵歌》是一首由 18 章 700 节组成的诗，它描述的是一场发生在公元前 1000 年持国百子（Kauravas）与般度五子（Pandavas）之间的战争。他们是堂兄弟，为了争夺王位的继承权而战斗。其中有一个伟大的战士阿周那（Arjuna），他考虑的是战争的结果和生存的本质和意义。阿周那提出问题，奎师那（Krishna，奎师那被认为是毗湿奴的代表）回答。奎师那向阿周那解释

83

他为什么应该战斗。阿周那被告知他必须完成他的"法"，这是他生命的义务，也是唯一可以获得解救的方法。他们讨论的更深一层内容涉及动机、目的以及人类行为的意义，并认为理想的个体应以同样的平静接受痛苦和快乐。带着不可动摇的决心，一个人应该不再被快乐、嫉妒、忧虑和恐惧左右，而应该变得有耐心、坚定和宽容。

《薄伽梵歌》解释了神对人类的同情。奎师那并没有过多地强调智慧的品质，而是强调献身与责任。在通往智慧的道路上，获得解救是简单的，神与人不是敌人而是伙伴。《薄伽梵歌》的一个重要主题就是解救向每个人开放，梵接受所有。

瑜伽的观念与《薄伽梵歌》是联系在一起的。《薄伽梵歌》中讨论了圣人通过平静进入了瑜伽的境界，它经常被解释为一种"绝对统一"。由此，一个人可以通过"瑜伽"将自己的灵魂与整个世界的灵魂贯通起来。历史上，最著名的瑜伽形式是帕坦伽利（Patanjali）的经典体系，它创立于公元2世纪，在《瑜伽经》（*Yoga Sutras*）中有所描述。帕坦伽利并没有阐述一种哲学，而是阐述一种如何引起某些心理状态的指导方法。瑜伽是一套精神与身体的练习，旨在使灵魂从身体的束缚中解脱出来，使灵魂统一于梵。瑜伽包括三个外在的步骤：（1）正确的姿势；（2）正确的呼吸；（3）精神的控制。身体要被控制得如此之好，以至于不会给严肃的冥想练习带来任何障碍。学习者不关心声音、景象、皮肤感觉或者其他精神干扰。为了使思想集中于达到自由和启发，情绪同样需要得到控制。

现代印度教

印度教的现代复兴是由拉宾德拉纳特·泰戈尔（Rabindranath Tagore）、斯里·奥罗宾多（Sri Aurobindo）、萨瓦帕利·拉达克里希南（Sarvepalli Radhakrishnan）和圣雄甘地（Mahatma Gandhi）等人领导的。

圣雄甘地（Mahatma Gandhi，1869—1948） 甘地出生于印度西北部的博尔本德尔（Porbandar），他的父亲是土邦首相。1891年，他获得伦敦大学学院（University College London）的法律学位。回到印度后，他为了促进社会改革而放弃了法律实践。他领导了一场非暴力运动，抗议英国的盐税。他将"非暴力不合作"（satyagraha）称为"真理的力量"。甘地在其他非暴力反抗活动和抗议活动中表现突出，促成了印度在1947年从英国手中独立。甘地认为，宗教应该是实践的，神是不会通过在洞穴冥想而被认识的，而应该通过生活去认识。神是真理，寻求真理的最好方法就是在言语、思想和行为上实践非暴力（ahimsa）。人们应该过着关爱和服务他人的生活，而宗教应该塑造我们的社会、感情、教育和政治生活。甘地反对传统意义上的"不可接触者"身份、强迫寡居以及童婚。他赞成男女平等，主张寺庙与学校向所有人开放。甘地认同印度教中的日常实践：善待低等动物，鼓励每个人都从事手工劳动。他相信，神不是抽象的，而是一种鲜活的存在——"一种无法言语的神秘力量，渗透于每个事物中"。甘地相信，人穷其一生也不可能完全认识神，最多只能认识到真理的一部分，这样的真理鼓励人们以一种宽容的态度看待他人的观点。一个人应该为自己的罪行赎罪，而不是让他人去承担。甘地认为，虽然绝对不使用暴力是不可能的，但应该以此为目标去努力。甘地的思想受到全世界的关注，并对马丁·路德·金（Martin Luther King）产生了巨大的影响，马丁·路德·金的非暴力活动遏制了美国的种族歧视。1948年，甘地被一名印度教狂热分子纳图拉姆·戈德斯（Nathuram Godse）暗杀。

印度教在今天最大的争论就是种姓制度。虽然"不可接触者"或"达利特"（Dalits）这样的概念——字面意思是"破碎的人"——现在已经被法律废除，而且即使现代的印度总统中也有来自达利特阶层，但传统依然存在。一些印度人说，国家需要有人去做那些不受欢迎的工作，而达利特正好可以充当这一角色。现在在印度，没有什么比种姓制度产生的分歧更大，毕竟它已经被信仰和哲学支持了几个世纪。

对于西方人，最近一次观察到传统印度教可能是在"哈瑞·奎师那运动"（Hare Krishna movement）中，青年人剃光头，身穿长袍，敲着鼓。这个教派1966年在美国成立，由A. C. 巴克提韦丹塔·斯瓦米·帕布帕德（A. C. Bhaktivedanta Swami Prabhupada）发起。这个组织的成员过着禁欲的生活，戒绝肉食、药品和赌博。除为要孩子外，他们控制着性生活。他们中的许多人在做社区工作，招募成员，在各行各业工作。"神光使命"（Divine Light Mission）是另一个相似的组织。这两个组织都集中在北美地区，成员遍布世界各地。

佛　教

佛教始于印度。它在一定程度上是对印度教的反叛，佛教反对崇拜多个神灵，以及对种姓制度、超自然现象和祭司权力的强调。

悉达多·乔答摩（Siddhartha Gotama，约前563—前483）　乔答摩相传出生于古印度北部迦毗罗卫国（今尼泊尔境内）。出生年代不确定，只能根据其生活或传道的时间以及被尊为佛陀的时间来估算。佛陀没有写下东西，而大多数关于他的作品是在他死后相当长一段时间里出现的。他的思想一开始也是口口相传的。根据传说，佛陀出生时，蓝毗尼公园（Lumbini Park）的树突然开花。相传他是富有的印度王的王子，叫乔答摩，命中注定成为统治阶级。他由32个侍从在3个宫殿照料，而且他的父亲试图让他在年轻的时候远离所有的不快乐。19岁时，乔达摩娶公主耶输陀罗（Yasodhara）为妻，并生了一个儿子叫罗睺罗（Rahula）。这样看来，乔答摩有一个完美的生活。但当他29岁时，他意外地有了许多发现。首先，他看到了一个满面皱纹、没有牙齿的老头弯腰拄着拐杖。然后，他看见了一个发着高烧的病人。接着是用布裹着的尸体正准备被抬到葬礼的柴堆上。这些经历使乔答摩想要去寻求一种获得宁静的办法，即使面对衰老、疾病和死亡等生存阴暗面时也能保持宁静。在他第四次出行时，他遇到一位游说的圣人，他劝乔答摩离开妻子和儿子去寻找顿悟。这种顿悟可以使他从人生的痛苦中得到解脱。乔答摩以苦行者的角色跟随了许多师父学习。据说，他一天仅靠一粒米而活。一天，他走到格雅（Gaya）附近的一个村子，坐在一棵菩提树下获得启示，达到了一种大彻大悟的境界，而且
85 明白了万事万物的真谛。乔答摩认为，人能够在涅槃（nirvana）中得到解脱，涅槃是一种完全快乐与和平的境界。为了达到涅槃，人必须将自身从对万事万物的欲望中解脱出来。他的第一次讲道被称为"初转法轮"（Sermon on the Turning of Wheel of the Law），是讲解痛苦问题和如何克服它。他相信，人的欲望是痛苦的根源，在他的教义中，他提出"四谛"，即：

1. 苦谛——人生就是痛苦。
2. 集谛——痛苦的根源是欲望。
3. 灭谛——欲望消除，痛苦就会减少。
4. 道谛——通过"八正道"，欲望就会减少。"八正道"包括：
（1）正见——对人生的方向和目标的正确理解。（2）正语——不说谎、不诽谤、不中伤、不参与愚蠢的闲谈或粗糙而骂人的话。人不许说不用心的话，如果不能说出任何有用的话，那就应该保持沉默。（3）正业——避免破坏生活和财务，人应该提倡过一种和谐而平静的生活，选择一项诚实的职业。没有不忠实的交往或不正当的性交往。（4）正命——希望走正确的道路，将知识用于实际。（5）正精进——将人的能量投入有益的思想。（6）正念——对欲望、生气、希望和害怕有警醒的态度。（7）正定——不理睬激情的欲望和罪恶的思想，发展精神认识。（8）正思——带着爱和非

暴力的思想保持中立和超然。

佛教接受了印度教的"宇宙是轮回，就像没有尽头的河流"的观点。轮回是由"业"操纵着，人必须跳出轮回。只有认识了涅槃，人才能从生死轮回中得到解脱。和印度教一样，佛陀相信转世，认为善行能使人转生为善良和有智慧的人，而恶行会使人转生为贫穷和有疾病的人。

佛陀抛弃了仪式和庆典的观念，以及婆罗门维护的知识和宗教。佛陀还反对神秘、沉思和个体神的概念。具有讽刺意味的是，他回避崇拜，也从不祷告，佛陀却成为一个通过祷告被千百万人崇拜的神。佛陀花费大量时间去教授和指导门徒：（1）通过平常的讲道逐步达到真谛；（2）认识到思想的合适顺序；（3）使用仁慈的词语；（4）避免无关紧要的事情；（5）避免对他人的苛责。佛陀不相信一个人可以将佛教所有教条解释清楚，但应该根据学生的自身条件从基础开始，而更难的思想应该在更高级的教师指导下进行。

在开始讨论之前，佛陀试图通过提出合适的问题来形成对一个人观点的看法，然后运用明喻、寓言、神话以及诗歌作为教学形式。除了细心注意自己的教学形式，佛陀还认真注意弟子的行为与训练，通过耐心告诫纠正他们的弱点。

后来，佛陀才怀着极大的疑虑接受妇女成为弟子。佛陀早期教导弟子回避妇女，甚至不去注视。对于女弟子，佛陀提出的原则是与施主保持一定的距离，成为一个完全顺从的角色。而对将成为佛门的弟子，需要过一种贫穷、冥想和学习的生活，佛陀制定了规则——僧伽（sangha），即僧侣的佛规。这些是佛教经文中的重要部分。227法则规定了僧侣的行为，包括四个很大的禁忌，即不淫乱、不偷窃、不杀生（小到虫子和蚂蚁）、不夸耀（不妄言）。僧侣们要定期聚会，检查自己是否有任何标准上的失误。如果其中有人认为自己犯了错误，就应该公开忏悔。

今天，僧侣以其明亮的橘黄色袈裟闻名于世，继承了乔答摩的理论观点，他们认为，痛苦发生在当人们与宇宙不和谐时。痛苦是错误态度的结果，欲望是不快乐的根源。而当人们在执着与放弃中寻求"中道"（middle path）①时，快乐就会随之而来。

印度教的教徒主要在印度，佛教弟子出现在除印度之外的缅甸、斯里兰卡、中国、朝鲜、日本、柬埔寨和老挝。佛教在印度盛行了1 500年后，失去了它的立足点，或被印度教驱赶，或被其吸收。它延续了2 500多年，却经历

①　亦译"正道"。——译者注

了极深的变化。许多新的思想流派已经形成，其中一些与旧的思想流派共存，许多在佛陀入灭后的几个世纪创作出来的作品也被划归到其名下。在第一阶段，佛教强调不附着；在第二阶段，佛教强调对人性的关注和成佛的愿望；在第三阶段，佛教强调一种与宇宙和谐的感觉。在其中，人不受束缚地去改变内在强迫与外在强迫。尽管发生了种种变化，佛教仍保持着一种可识别的特征和连续性。

耆那教

耆那教（Jainism）在许多地方与印度教和佛教很相似。耆那教教徒是"耆那"（Jaina）的跟随者。"耆那"就是那些得到了启发的人。耆那教与印度教的相似之处在于，两者都发源于印度的同一地区，都反对盛行的正统观点，反对种姓制度和人格神，使用了许多相同的术语，着重强调不伤害。两者都反对吠陀文学，颂扬涅槃——从生与死的轮回中解脱出来。然而，与佛教不同，耆那教只在印度活动。

87　　耆那教教徒相信，每一个生物，哪怕是一粒尘埃，都拥有一个永恒的灵魂，叫作"魂"（jiva），有一个临时的躯体。这些魂都很相似，都有意识。永恒的魂被囚禁在万物之中，每一个魂在最终获得自由之前都在许多躯体中转世。在它获得自由后，它将永恒存在于一种完美知识和极大幸福的状态下。耆那教教徒不相信神，而崇拜24位精神导师（二十四祖），而且运用其思想解决日常生活中的问题。二十四祖都是"福渡者"，他们跨越了存在的溪流，进入了解脱之地，是"完整的灵魂"。他们摆脱了人类无休止的出生和重生的轮回。耆那教的男女信徒用一生的时间冥想或学习圣书。耆那教的理想或说最高目的就是，认识最高或绝对完美的人性，其中最初的纯净是没有任何痛苦或束缚的。

传统的信仰认为，耆那教最初由筏驮摩那·摩诃毗罗（Vardhamana Mahavira）发展起来，他是一个王族家庭的继承人。摩诃毗罗出生于印度东北部的贡得村，这是毗舍离（Vaisali）[比哈尔邦巴萨尔（Basarh, Biharstate）]的郊区，靠近现代的巴特那（Patna）。他的传统出生年份是公元前599年，但学者们认为这个时间比实际早了40年或更长时间，因为摩诃毗罗应该比同时期的乔答摩要年轻。当摩诃毗罗30岁时，神出现了，并劝他放弃这个世界。根据传说，他站在神圣的阿苏卡树下，放弃了所有的财产，脱掉了所有的衣服，用手拔光了自己的头发，表明不再关心身体，乐意面对痛苦。他被认为是最后的先知，而这个宗教比他的出生日期更古老。摩诃毗罗被认为是耆那教的第二十四祖和最伟大的领袖。

耆那教教徒相信，耆那教是世界上最早的宗教，甚至早于印度教。耆那教第二十三祖巴湿伐那陀（Parsvanatha）要早于摩诃毗罗250年，而巴湿伐那陀之前的第二十二祖估计要比摩诃毗罗早涅槃84 000年。因此，拥护者相信，宗教是永恒的。在父母死后，摩诃毗罗做了12年的苦行者，据说大约于公元前527年在帕瓦（Pava）得到了涅槃。摩诃毗罗死后，他的追随者中有创建伟大帝国的印度国王钱德拉古普塔（Chandragupta）。

摩诃毗罗的口头教化，后来以文字形式流传，包括以下哲学和伦理教义：

1. 人类在自然界具有二重性，即精神和物质。

2. 人必须用精神本质去控制物质世界。

3. 人可以通过努力使其灵魂与业报分开。

在履行誓言前，每个耆那教教徒都必须放弃一定的错误思想。一个耆那教教徒不得：（1）对耆那教理论的正确性有任何怀疑；（2）接受其他信仰；（3）质疑业报结果；（4）与伪君子结盟。

耆那教教徒所立的誓言是：

1. 不伤害任何生命。不用言语或行为伤害任何人。一个人应该捂住嘴，以防止对空气的伤害，一个人应该避免踩到任何生物。人不能践踏任何生命，人不能抓挠身体以免伤害身体上的寄生虫，避开庄稼以免伤到动物，像土中的虫子。人不能杀害任何动物，包括鱼。耆那教教徒要积极救助生病的动物，将无数的鸟食放于大街上。耆那教教徒还相信，人应该避免有心理疾病，如果遵守了这些教义，人们就可能得到和平和友谊。

2. 不说谎，不欺诈，不鲁莽和说粗鲁的话。不说对他人有害的话，不提坏的建议。

3. 不偷窃，不成为贪婪与嫉妒的受害者。

所有耆那教教徒都要遵守以上誓言，而那些处于最高等级的教徒（被称为雅提斯）还有两条额外的誓言。

4. 练习禁欲，要么忠于婚姻，要么放弃所有的性接触。

5. 抛弃所有的牵挂，不爱不恨任何事物。

其他誓言主要针对户主，包括：避免不必要的旅行，限制日常使用物品，防范邪恶，保持特定时间的冥想，保持特定时间的自我克制，偶尔作为僧侣服务几天，不饮酒或其他药物，以及为支持雅提斯而施舍。耆那教教徒十分看重这些誓言，虽然他们十分关心生命，但他们认为，如果耆那教教徒不能遵守这

88

些誓言，那么就应该被饿死。

耆那教教徒相信，宇宙是永恒存在的，它经历了无数次由自然力量产生的革命，没有任何外部神性的干预。世界是不可创造和不能毁灭的。他们认为，尝试证明神的存在是无望的，然而他们可以认识一个更高的神——耆那，作为其崇拜的对象。耆那是神圣法规的老师，他（从所有激情与幻想中解脱，获得自由而且无所不知）已经在消灭了所有业报之后达到了完美。

耆那教有一种哲学，它拒绝将各种体系作为绝对的东西，只将其作为部分真理加以肯定。这点可以在"或许说"中找到。没有任何判断是绝对正确或绝对错误的。

耆那教教徒宣布七条关于现实的主张：

1. 或许存在（有）。
2. 或许不存在（无）。
3. 或许存在又不存在（亦有亦无）。
4. 或许不可描述（不可言）。
5. 或许存在并不可描述（有亦不可言）。
6. 或许不存在并不可描述（无亦不可言）。
7. 或许存在又不存在又不可描述（亦有亦无亦不可言）。

12—13 世纪，由于其无神论以及反吠陀教义，耆那教派遭到了印度教的强烈反对。随着时间的推移，耆那教的观点产生了许多分歧，最严重的是绝对非暴力教义。

阿尔贝特·施韦泽（Albert Schweitzer）博士是一名医生、哲学家和风琴演奏者，他也遵守耆那教的信条，他声称，只有当病菌攻击他认为的高级生物体（人体）时，他才会去消灭病菌。施韦泽成为一名医疗传教士，并在法属赤道非洲服务了一段时间，他在那里建立并管理阿尔贝特·施韦泽医院（Albert Schweitzer Hospital）。1952 年，他获得了诺贝尔和平奖。

89　　另一些关于杀生的问题被提出，例如，"如果一条蛇将要咬我，我能不能杀蛇？"虽然耆那教明确规定宽恕和非暴力，但许多人会质疑，在这个世界上这些观点是不是成立，在这样极端的条件下，暴力看起来是有必要的。

中国思想

宗教在中国人的思想中亦占有重要位置。古代中国政府在制定政令时，会大量运用宗教思想，社会和经济生活也与宗教信仰紧密相连。宗教、哲学、政府和社会生活互相交织在一起，试图帮助人们达到宇宙与生命的和谐。

大多数的西方哲学强调冲突，例如，哲学与宗教的冲突、商品与劳动力的冲突、过程与环境的冲突以及个人权利与政府权力的冲突。在中国的哲学中，更多的是强调和谐和正确的思考。中国思想家认为，好的行为可以帮助人们达到和谐。这种政府的、经济的、家庭的和谐可以实现更高水平的综合。

儒　家

孔子（前 551—前 479） 孔子出生在鲁国（今中国山东省曲阜市）一个贫困而普通的家庭。年轻时，他当过"委吏"（司会计）和"乘田"（管畜牧），后由中都宰升任司寇，后摄行相事。在他的一生中，他周游列国并教化人民如何执政和如何成为"君子"。在他死后，他的谈话和言论被收集整理成了著名的《论语》。2 000 多年来，儒家思想（Confucianism）成为影响中国人生活的最重要的力量。它影响了教育、政府和个人行为。孔子成为"万世师表"，他睿智的言论被广为称颂。

在孔子教育生涯的巅峰时期，大约有 3 000 名弟子聚集在他身边。他教授哲学和音乐，由于强调伦理，孔子用来描述道德的字是"礼"。这个"礼"很多人能谈论，但很少有人能够做到。孔子的理想是过正直、高尚和有节制的生活。孔子认识到，他的思想与那些贵族不同，因为那些贵族认为，人的高低贵贱取决于出身。孔子坚称，要成为贵族是行为与人格的问题。他的弟子们虽然很贫穷，但都很高贵。孔子声称，他不拒绝指导任何人。

孔子认为，人是社会性的。人们必须参与社会交往，但没有必要屈服于社会。有德行的人总会试图引导其他人走向道德之路。孔子劝告他的弟子，如果发现统治者不公正，就要提出批评。他对政治权威感兴趣，并建立了"五常"，即他想到的管理子民的规则。

 1. 仁——永远将人民的利益放在第一位。

 2. 义——己所不欲，勿施于人。

 3. 礼——对每个人都谦虚有礼。

 4. 智——被知识和理解引导。

 5. 信——在任何方面都诚实。

孔子认为，人民在生活上需要标准和规则，他为广泛的社会活动制定了规则。同时，他也认为个人不应凌驾于社会之上，因为人对自己的父母、祖先和社会有高于一切的义务。在个人行为与社会行为中，信是必要的。孔子教导说，一个人的幸福直接取决于他人的幸福。

孔子十分重视教育，但他相信培养德性（moral character）高于教授知识和技能。这种德性是实用的，表现在处理人与其父母的关系上。子女必须服从父母，尊重父母获得的人生智慧。一个人如果遵守这些原则和其他正确的原则，就能成为君子——一个真正的"士"，德性也就发展了。君子是由于忠实、勤勉和谦虚才有别于众人，君子不会为邪恶的君主效力或仅仅寻求个人利益，而愿意为了善而放弃自己的生命。

孔子认为，个人发展的更高境界是"五常"（并不是作为社会规则的"五常"），即正确的态度、正确的步骤、正确的知识、正确的道德路线、正确的坚持。

社会如果推行这些品行，将会成为一个以正义和智慧为原则的新社会。

孔子从来不试图去创建一个宗教，他既不强调宗教实践、神、救世主、牺牲，也不强调救赎；相反，他强调的是此时此刻，以及为人民服务。他的目标是教育人成为一个好的父亲、母亲、儿子、女儿、朋友和国民。孔子认为，每个人都应该努力发展自身直至达到完美。

第一批接触到中国宗教传统的欧洲人是耶稣会的传教士。其中一些人深刻地感受到儒家思想与基督教之间可以进行调和，认为孔子就是"中国的亚里士多德"。儒家思想在中国盛行数世纪，以至于直到 20 世纪，未来的官员都要参加基于儒家准则的考试。

道 家

老子（约公元前 5 世纪） 老子曾服务于朝廷并看到了它的腐败。他了解儒家思想，但对其有所讥评。老子将他的学说写成一本短小精悍的书，即《道德经》。它在中国很有影响，尤其对处于逆境中的人有指导意义。与儒家极大地强调履行外在义务和规矩相反，道家（Taoism）强调发展内心生活来面对任何困难。道家的理想是，一个人可以回避普通的社会义务，过一种简单的、自然的和沉思的生活，逐渐接近自然的状态。人不是要变得有教养，而是应该"回归婴儿"的状态。

91　　道家的中心概念是"道"，意思是"方法或道路"。道是简单的、不知不觉的、无形的状态，是存在和非存在的基础。道是一个无目的、非道德、非个人的宇宙实体，是所有存在事物的基础。它看不见，听不着，握不住。它是宇宙运行的方式——一种完美与和谐的方式。道与自然相一致。道的法则指出，所有的现象都经历了一个逆转的过程，在这个过程中，它们回到了最初的状态。既然道成为一切，那么一切就都会回归到道。这种回归是通过个体的不断转化发生的，因此生命是一个无穷变化的过程，这使得生命永恒。也许，道最本质的特征就是无为，顺其自然，不将个人欲望强加于事情的自然过程。这是一种不争的生活方式。老子相信，最好的统治者是使其统治顺其自然，而冲突和战争代表着一个社会的根本失败，因为它们给国家带来了破坏，也不尊重生命。

在《道德经》中，老子说："人法地，地法天，天法道，道法自然。"当事物遵循其合适的路线，宇宙中就存在完美与和谐。人们起初是快乐的，痛苦是由文明带来的改变而产生的。因此，最好的事情就是过一种宁静的、与自然交往的生活。这同样表现在死亡上，因为它是宇宙万物起起落落的巨大变化中的一部分。道家变成一种神秘的哲学——自然神秘主义——因为自然过程有时会超越逻辑。人们需要分享自然的真理，并寻求绝对精神的统一。道有时是不可知、不可见、不可说的。为了接近自然，早期的道家信仰者在偏远地区过着孤独的生活，而后来的信仰者在自然和社会生活之间达成了某种妥协。道家认为，每个人都应该努力获得幸福和永生。他们通过祈祷、法术、特殊饮食、呼吸控制、冥想和背诵等许多方式来实践这一理想。

老子认为，人不能违背自然的基本法则。在道家中，"无为"是重要的理念，这不意味着什么都不做，而是不去做任何不自然的、非自发的事。最重要的是，人不应该去苛求某事，而应该让事物顺其自然地发展。许多人熟悉阴（女）和阳（男）的象征，它强调自然界中对立但和谐的力量。道家强调，人们必须与外部世界和谐相处。

道家哲学具有很强的相对主义色彩。老子说，美丽、食物的味道以及居住地点都没有绝对的标准。就像鹿吃草，蛇喜欢蜈蚣，而猫头鹰喜欢老鼠一样。对道德问题也一样，道家相信，有一个"此"和一个"彼"，谁能说得清哪个是正确的呢？应该允许事物在包罗万象的宇宙中自然发展。

道家同样谈论政治实践。当自由不受干扰，也没有特权时，快乐和和平就会随之而来。道家反对以神性或出身来划分等级，也经常通过不抵抗来反对强权和军国主义。道家同样相信，人们可以管理自己，老子的著作中存在很强的无政府主义思想。他们相信，政府试图将规则强加于人们身上，这与自然的生活不协调。他们反对战争和镇压性的行为，并说法律越多，窃贼和强盗就越多。"民不畏死，奈何以死惧之。"最好的统治者是道家的圣人，他的统治是为了全体人民的利益，超越了善恶，超越了情感。

道家发展进程中的另一个重要人物是庄子（约前369—前286）。在《庄子》一书中，他主张超越世界而不是改造世界。他认为，为了达到这样的解放，就要做到"逍遥游""心斋"和"坐忘"。对于"道"，庄子认为，它是超越自我和世界的。生与死都是自然的一部分。因此，一个人应该以极大的冷漠和幽默来面对生活。

日本思想

神道教（Shinto）是日本哲学的主要历史基础。神道教鼓励自然崇拜，即崇拜树、山、石头、海等自然物。同时，还崇拜君主，举行祭祀，相信巫术、占卜，以及举行净化仪式。到公元1000年，日本已建造了300座神社，供奉了3 000个神灵。神道教的崇拜中心是太阳神——天照大神，这是日本人生活中最神圣事物的象征。在19世纪，当时的日本政府推进了国家神道教，强调爱国宗教仪式和天皇的神性起源。在"二战"后美军占领日本期间，日本政府废除了天皇是神的信条。

适应生活，享受生活，同自然建立亲密关系是日本人的观念之一，对他们来说，直觉（intuition）高于理智，宗教观点常常与自然、家庭的观点交织在一起，他们对忠诚、贞洁和自然有着强烈的感情。如今，日本在受到东西方文化的影响下还能够保留很多自己的文化和哲学遗产。日本人成功地融合了儒家、佛教、道教的信仰和实践，并将它们与一种独特的日本视角相结合。佛教的发展就是一个例子，佛教起源于印度，繁荣于中国，日本对它进行改造，使其符合日本人的观念，最终演化为日本的禅宗（Zen Buddhism）。

禅 宗

佛教大约在552年传入日本，成为一种促进日本民族和政治统一的方式，圣德太子（Prince Shotoku Taishi，573—621）对佛教作出了很大贡献，他相信，佛教有助于促进社会和谐。他不仅鼓励佛教僧侣在日本讲学，还帮助他们建立佛教寺庙。不过，那时的日本人对佛教进行了相应的修改，使其适应日本的文化和生活。

佛教禅宗由一位叫菩提达摩（Bodhidharma）的印度僧侣（通常被称为达

摩）于 6 世纪在中国创立。禅宗直到 1191 年才传到日本。当时已经有一些禅宗流派建立，如临济宗和曹洞宗。

禅宗没有救世主，没有天堂，没有信仰，也没有神。它没有书或经文，也不教导人，只有指示。它建议，训练心灵并释放它。其倡导者强调，禅宗既不是西方意义上的哲学，也不是西方意义上的宗教：因为它不宣扬教义，也不改变宗教信仰。它提倡一种观念，即一个人可以在不放弃自己的宗教信仰或哲学的情况下探索新的道路。

禅宗强调，解答问题、得到智慧是依靠自身，而不是外在的途径。它更多地依赖直觉，而不是智力上的发现，并认为逻辑思维和语言会阻碍一个人的开悟。从任何经验中获得的洞见都是无法传授或交流的，然而训练和技巧可以为开悟（顿悟）指引方向。最重要的是形成"第三只眼"（the third eye），它能帮助人们看见双眼能见之外的事物，并使这些事物和谐一致。

仅仅靠个人冥想是不能达到开悟的，开悟体现在时时处处：人们工作时，在田野散步时，或与朋友交谈时，只有这样才可达到开悟。即使是人们日常生活中的普通事物，其中所隐藏的深层含义也需要"第三只眼"才能揭示。铃木大佐（Daisetz Suzuki）说："禅是什么"是一个简单却很难回答的问题。一个人伸出一根手指，那是禅。一个人静静地坐着，那是禅。一个人做的每一件事情，说的每一句话都是禅，一个人不做的每一件事，不说的每一句话，也是禅。禅存在于一切事情的内部、外部和周围。禅在花园里，禅在所有人身上。

禅宗强调冥想，目的是唤醒每一个人的心灵。开悟来自对现实直接和直觉的理解，从而唤醒一个人的佛性。禅宗教徒认为，智力、理性或者逻辑是不能帮助人们实现开悟的，相反，一个人必须超越理性思维的框架。即使在文学作品里，比如俳句（haiku，通常由 17 个日语音节组成的短诗），也要练习摒弃一般的思维方式，如：

> 静静的池塘，啊！
> 一只青蛙跳入水中
> 激起水的响声。

禅宗的基本方法是坐禅（zazen）、以心传心（koan）、参禅，这些方法是为了帮助个人达到顿悟。坐禅就是坐在那儿冥想，也就是一个人以莲坐姿势坐在那里，双眼半睁半闭，直视前方，进行冥想。以心传心是一种陈述，或者解答禅宗弟子思考的问题，比如"在你的祖先出生之前，你的脸是什么样子？"以心传心帮助一个人获得一个完全不同的人生观。参禅是冥想和讨论。弟子对一个以心传心问题进行思考，然后再私下里向教师请教。教师帮助弟子改正他们的错误观念以及偏见。

禅宗的方法还包括一些身体暴力，比如用竹棍鞭笞弟子，以开启他们的心灵。教师也会对弟子大声呵斥，让他们进行体育锻炼。这些方法用来打断理性思维过程，打破宇宙合理化的愿望，从而唤醒学生。这些做法的目的是让某些事发生。当它们成功时，就会开悟。

随着禅宗逐渐繁荣，它的追随者也随之增多，为实现禅宗理想目标的寺庙也就建立起来了。僧侣们强调工作的重要性，强调一种没有财产或浪费的苦行生活方式，强调一种致力于实现其所有才能的生活，在这种生活中没有真正的文化教育，只有在实践中学习。禅宗没有规定一个人成为禅师需要的时间，一个人一生的时间也不一定够用。即使再多的阅读、教学或沉思也不足以成为禅师。它是整体性的生命对整体的回应——一个与万事万物的无条件的结合。

在日本文化中，禅宗的影响在文学、戏剧、绘画、箭术、柔道、剑术、空手道及茶道中广泛存在。正如人们经常练习的那样，这些艺术强调思想的集中，以及人与自然的和谐。

中东思想

中东国家主要包括土耳其、伊朗、以色列和阿拉伯国家。许多世纪以来，中东地区一直是重要的商业地带，这个地区的历史充满冲突，且影响非常深远。中东地区被认为是许多哲学和宗教思想的发源地，而中东思想（*Middle Eastern thought*）仍然是对西方思想和传统的挑战。许多思想家将中东地区看作历史上东西方文明交流的平台。今天，中东地区的主要语言是阿拉伯语。虽然中东地区有各种哲学和宗教，但最重要的宗教还是伊斯兰教。

今天，犹太教和基督教被认为对西方文化传统产生过重要的影响。事实上，当有些人提起西方宗教传统的时候，常常会用到"犹太-基督教"（Judeo-Christian）这个术语。犹太教和基督教都起源于中东的文化环境，可以说，如果不从中东的历史、文化和地理根源来看待《希伯来圣经》[*Hebrew Bible*，即所谓的《旧约全书》（*Old Testament*）]或《新约全书》，就无法完全理解它们。犹太教和基督教产生于中东地区，但它们受到西方的影响，在许多方面已经发生了改变。

犹太教

犹太教的起源可以追溯到希伯来思想，从亚伯拉罕的召唤（the call of Abraham）开始，经由耶和华时期，《妥拉》(*Torah*) ① 被授予摩西和百姓，历经《旧约全书》时期的犹太教，再到《密西拿》(*Mishnah*) 和《塔木德》(*Talmud*) 时期。犹太教的古典时代始于摩西，一直延续到几个世纪后《塔木德》的完成。

一个名为亚伯拉罕（Abraham）的牧羊人和他的妻子撒拉（Sarah）住在古代的吾珥（今伊拉克），他们在底格里斯河（Tigris）和幼发拉底河（Euphrates）流域肥沃新月（Fertile Crescent）地带游牧。作为一位传奇英雄，据说在公元前 2000 年亚伯拉罕从美索不达米亚（Mesopotamia）来到了迦南（今巴勒斯坦）。据说上帝与亚伯拉罕说话并与他立约。他的使命是找到新的土地和新的信仰。他相信存在一个至高无上的上帝，统治着世界，尤其是人类。他的孙子雅各布（Jacob）从天使那里得到了 "以色列" 这个名字，并与他的众多后代（以色列人）定居在埃及。从公元前 1750 年至公元前 1580 年，他们一直被埃及统治者奴役。后来在摩西的带领下，以色列人从埃及逃到了沙漠，40 年后他们到达迦南周边。摩西死后，约书亚带领着以色列人来到了迦南，在那里他们在扫罗王（Saul）的军事领导下建立了君主国。后来在大卫王（King David）和所罗门王（King Solomon）的统治下，这个地区成为以色列王国。作为一个游牧部落的宗教和哲学，犹太教在其早期的发展中仍有许多根源。它先于基督教和伊斯兰教出现，并对两者的发展起到了重要的作用。

犹太教的核心是《希伯来圣经》，即《旧约全书》，这本书记载了犹太人的起源和发展。按《圣经》所讲，上帝（耶和华）在西奈山（Mount Sinai）传授给摩西《十诫》。犹太经典还包括《妥拉》《先知书》(*Prophets*) 和《圣录》(*Writings*)。《妥拉》共五卷：《创世记》(*Genesis*)、《出埃及记》(*Exodus*)、《利未记》(*Levitcus*)、《民数记》(*Numbers*) 和《申命记》(*Deuteronomy*)。除了以上经典著作外，《塔木德》是后来从《妥拉》中衍生出来的记载风俗和法律的集合。

犹太教哲学家亚历山大城的菲洛（Philo of Alexandria），将犹太教的基本的信仰归纳为以下五条：

1. 相信上帝。

2. 相信只有一个上帝。

3. 相信上帝创造的世界并非永恒不变的。

95

---

① 亦译《律法书》《摩西五经》。——译者注

4. 相信只有一个宇宙。

5. 相信上帝关心整个世界和所有创造物。

在犹太教早期的观念里，上帝似人，拥有和人类一样的身体属性以及相似的情感，如厌恶、嫉妒、爱、仇恨等。在后来的观念里，上帝变得更加理想化，成为一种精神存在，更加神秘化。上帝就是"我是我所是"。在这里，上帝不仅是一个精神实体，还是全知、全能和永恒的，是一位公正的神，根据人们的生活品格对他们进行公正的处理。也有人相信弥赛亚（Messiah）——救赎主的来临，他将在人间建立天堂，建立锡安（Zion）圣城。

在习俗方面，犹太教强调遵守安息日。这是一个具有重大精神意义和欢乐的日子——一个身体得到休息的日子。此外，还有其他一些节期和仪式，如赎罪日、逾越节、住棚节和五旬节。这些节日和圣日既庆祝欢乐，也庆祝痛苦。每一个盛典都提醒信徒，上帝在他们生活中的重要性。

信徒要做祷告，在教堂里，祷告者要组成一个团体共同来祷告。有些信徒会遵守某些饮食方面的规定，但并不是所有的信徒都会那样做。对犹太教而言，每个教区都实行自治。拉比不是神父，他的任务是教人们学习法律法规，并对法律法规进行解说。今天，正统的犹太教教徒竭力忠诚于古代传统，反抗现代性。他们认为，《妥拉》是上帝神圣的话语，必须不折不扣地遵守。他们认为，犹太教应该影响生活中的一切，包括食物、穿着、工作和婚姻。正统的或者说保守的犹太教教徒力求对《妥拉》作严格解释，而改革派则试图对其进行重新解释，以便使犹太教适应现代生活。"改革者"并不总是遵守特殊的饮食规则，也不戴圆顶小帽，而且他们经常用希伯来语以外的其他语言做礼拜。

今天，犹太教经常被认为是以色列的（以色列国成立于 1948 年），但很多犹太人生活在以色列之外。然而，在许多信徒看来，这些古老的话语是在以色列才有了生命："以色列人选择耶和华作为他们的神，耶和华选择以色列人作为他的子民。"犹太教是一个非常重视学习的宗教，许多犹太人对艺术、商业、文学和科学都有很深的造诣。

基督教

基督教主要基于耶稣基督的生活和教导。今天主要的基督教派包括罗马天主教、新教和东正教。基督教在开始时是犹太教的一个教派，主要集中在耶路撒冷（Jerusalem），在那里，一批信徒组织起来并宣称耶稣（Jweish）为救世主。一般认为，耶稣出生于公元前 6 世纪（这个日期与基督教历法的开始时间相冲突，基督教历法是基于中世纪修道士对希律王之死时间的错误计算）。施洗者约翰（John）给他洗礼后，耶稣便开始了传道生涯。后来，他把他的信徒聚集起来，这些信徒把耶稣当作"基督"，意为：被选中的人，被派来实现上帝的承诺。据说，耶稣能创造奇迹，宽恕罪孽。

根据《新约全书》，耶稣出生在伯利恒（Bethlehem），是一位处女所生。在公元 30 年，被罗马帝国驻犹太总督本丢·彼拉多（Pontius Pilate）钉死在十字架上。耶稣死后第三日复活，后脱离肉体，升入天堂。耶稣的言行代表着上帝，是《新约全书》的基本准则。耶稣死时，他只拥有数百信徒。在耶路撒冷，这个新的宗教遭到很多敌视，信徒们不得不从耶路撒冷撤退到撒马利亚（Samaria）、大马士革（Damascus）、安条克（Antioch）等地。基督教教徒的热情很高，在小亚细亚和希腊、塔瑟斯的扫罗（也就是圣保罗）花了 30 年时间建立了教会。基督教迎合了穷人和受压迫者的需要，到 150 年，在整个小亚细亚又建立了许多教会。然而，基督教教徒仍继续受压迫长达 3 个世纪，尤其在尼罗王（Nero）、图密善王（Domitian）和戴克里先王（Diocletian）统治时期的罗马。然而，在君士坦丁一世（Constantine I）掌握大权以后，324 年他将基督教定为罗马帝国的国教。罗马从此成为以罗马天主教为代表的基督教的中心。

基督教哲学在罗马帝国衰落和灭亡后统治着欧洲，经历了被称为黑暗时代（Dark Ages）的时期，进入中世纪，大约在 13 世纪达到其社会控制的顶峰。根据英国历史学家吉本（Gibbon）和其他历史学家的研究，基督教以其对唯一上帝的正统信仰，挑战了多神论和当时的政治气候，成为导致罗马帝国衰落和灭亡的因素之一。

虽然基督教很大程度上是基于耶稣基督的生平事迹，这些记载于《新约全书》中的《马太福音》（Matthew）、《马可福音》（Mark）、《路加福音》（Luke）、《约翰福音》（John），但它后来通过其他著作，又被赋予了一种更哲学的表达方式。基督教融合了犹太教的神创论和天意观，但更强调上帝的父性和上帝对人类的关怀。是否把耶稣当作神，一直是犹太教和基督教的主要区别。与《旧约全书》相比，《新约全书》清晰地描绘了一个更有爱心和关怀的上帝。

奥古斯丁、阿奎那等思想家给基督教注入了西方哲学的根基。在吸收了柏拉图、亚里士多德等哲学家思想的基础上，他们提供了基督教信仰的精髓，后来成为罗马天主教哲学的核心部分。在欧洲，由于印刷术的发展，《新约全书》和《旧约全书》有机会被更多的人阅读，因而，对它们的新注解也随之增多。这也成为引发由路德（Martin Luther）发起的新教改革的因素之一。

马丁·路德（Martin Luther，1483—1546） 路德是德国奥古斯丁会的一个修道士，同时也是维滕贝格大学（Wittenberg University）的《圣经》神学教授。他对罗马天主教的不良行为感到惊骇，尤其是兜售赎罪券。按照罗马天主教的观点，凭借赎罪券，一个人可以得救，而且可以免受地狱之苦的惩罚。于是，路德开始根据自己对福音书的理解，着手重建教会。他把《圣经》翻译成德语，使它更容易被人们理解。路德认为，人们应该读《圣经》，并按照自己的理解对它进行解释，因此他呼吁"信徒皆祭司"。他非常支持教育，发起了一场教育运动，并开办了路德学校。这些学校由欧洲王室而不是天主教管理。然而，正是路德提出的"人人皆可解释《圣经》"的主张，导致了基督教内部一些领袖诸如约翰·加尔文（John Calvin）、约翰·诺克斯（John Knox）、胡尔德莱希·茨温利（Huldreich Zwingli）领导的教会分裂，形成许多独立的势力。今天，美国有300多个不同的基督教教派把基督教教义作为基本信仰。

圣依纳爵·罗耀拉（Saint Ignatius Loyola，1491—1556） 马丁·路德宗教改革运动兴起后，罗耀拉领导反对该运动，他是一位过着自我克制的俭朴生活的牧师。1534年，罗耀拉创建了耶稣会。因为罗耀拉曾经是一名军人，他建立的耶稣会沿用了军事路线，有将军、上校以及其他参谋等职位，很像今天的救世军组织。这一反对运动影响广泛，并把大量的注意力放在了教育上。到1640年，耶稣会已经建立了500所学校，其中包括神学院和大学。今天，美国有28所耶稣会大学，其中包括乔治敦大学（Georgetown University）、福德姆大学（Fordham University）和罗耀拉大学（Loyola University）。耶稣会认为，正确的教育可以培养能够帮助遏制新教神学影响的领袖。他们认为，天主教教徒在艺术和科学知识方面需要与时俱进，而这些知识使天主教教徒能够更明智地表明立场，并遏制新教的发展。许多耶稣会成员成为著名的科学家和艺术家，例如，耶稣会成员在秘鲁发现了奎宁。由于他们广泛的活动、传教旅行和热情，耶稣会成员也积极参与了许多国家的政治活动。但由于该组织的丑闻，教皇克雷芒十四世（Clement XIV）[1] 于1773年解散了耶稣会。然而，

---

[1] 原书此处为"克雷芒四世（Clement IV）"，经核查，与史实不符，故中译本更正为"克雷芒十四世（Clement XIV）"，此错误可能是"XIV"遗漏"X"所致。克雷芒十四世（1769—1774年在位），是意大利教士罗伦佐·甘加内利（1705—1774）1769年继位罗马教皇之后的法号。——译者注

1814年教皇庇护七世（Pius VII）重新恢复了耶稣会。

今天基督教的一个重要运动是"普世教会运动"，它主要局限于新教，它的目标是基督教的普遍团结，许多人支持它作为一种创造平等和接受所有宗教的方式。另一场始于20世纪的运动被称为"灵恩派基督教"（charismatic Christianity），它认为个人经历比圣礼和制度更重要。这是一种尝试，使宗教不仅更加个人化，还更加感性和直接。五旬节派和"重生"基督教教徒的"耶稣运动"也是基督教现代化运动的一部分，仪式中可能包括摇滚以及其他形式的现代音乐。另一个由天主教教徒发起的现代基督教运动是由秘鲁牧师古斯塔沃·古铁雷斯（Gustavo Guttirez）发起的，他写了一本名为《解放神学》（*A Theology of Liberation*）的书。这本书鼓励牧师和其他人更加关心穷人和受压迫者的困境，并鼓励他们从事社会和政治活动。

在当今世界，犹太—基督教思想仍然是重要的宗教和哲学力量，西方社会的大部分伦理道德、社会风俗及法律法规是基于犹太—基督教原则的。

伊斯兰教

穆罕默德（Muhammad，571—632） 穆罕默德出生于麦加（今沙特阿拉伯），他很小的时候父母双亡，由族人抚养长大。后来，一位富孀雇用他，让穆罕默德在她到大马士革做买卖时照看她的骆驼。刚开始，穆罕默德是她的管家，后来成了她的丈夫。

穆罕默德在麦加附近的希拉山（Mount Hira）上的一个山洞里进行苦修，在此期间，他要在岩洞待很长时间，进行长时间的斋戒、守夜、祷告和冥想。在穆罕默德40岁那年，他宣称自己得到了第一次启示，真主通过启示天使吉布列（Gabriel）向穆罕默德传达启示。一开始，穆罕默德并不确定这些启示，但越来越多的信息使他确信，他得到了来自真主（安拉）话语的"启示"，以及"先知的召唤"。根据传统，天使吉布列让穆罕默德骑上一匹有翅膀的马，并将他带到了耶路撒冷的圣殿。他从那里被带到七重天，并遇见了早期的先知，包括摩西和耶稣；然后他独自走向了安拉的宝座。穆罕默德奉命号召所有人信奉安拉——一位真正的神。后来，吉布列天使再一次出现，并告知穆罕默德，他的使命是恢复阿拉伯人对他们父亲亚伯拉罕的纯粹信仰，并且把阿拉伯人从奴役和神像崇拜中解放出来。于是，穆罕默德劝告他的子民，放弃对其他众神的信仰，追随真正的神安拉。穆罕默德指出，人生是一场考验，在世的行为决定了死后的归属。那些过着美好生活的人死后会去天堂，那里是一个满是花草树木的大花园；而那些不能过美好生活的人死后会去地狱。

一开始，当地人并没有很好地接受穆罕默德对他们的劝告。622 年，为了免遭古来氏族人（the Quraysh）的迫害，穆罕默德被迫离开麦加，前往耶斯里卜（Yathrib），即现在的的麦地那（Medina）。在那里，穆罕默德取得了成功，并作为先知王在那里统治了十年之久。他声称，他已经恢复了被犹太教和基督教破坏的亚伯拉罕的宗教信仰。穆罕默德娶了几个妻子，并声称拥有神的出身。穆斯林迁徙麦地那的这场运动被称为"希吉拉"（Hegira），穆斯林历法也是从这一年开始记起。在这个新群体中，穆罕默德拥有巨大的威信和权力。630 年，作为伊斯兰教最早的将军之一，穆罕默德带领军队进入麦加，并用武力征服了这座城市。麦加成为圣城和伊斯兰教的中心。穆罕默德建立了一个以安拉的法则为基础的政府，在那里人人平等，但必须服从真主安拉。"伊斯兰教"这个名字是指穆罕默德的宗教，它的信徒是穆斯林。

穆罕默德声称，所有政府机构，包括军队，都要服从真主。他把所有的神都从卡巴（Ka'aba）中剔除，麦加就成了伊斯兰教的圣城。然后他试图统一阿拉伯部落，并把他们聚集在一个由安拉意志统治的国家。穆罕默德还为修建第一座清真寺奠定了基础，清真寺成为进行祷告、管理活动和教育的场所。穆斯林经常就日常事务向每个清真寺的领袖（伊玛目）寻求建议。

穆罕默德死后，艾卜·伯克尔（Abu Bakr）开始把穆罕默德从安拉那里得到的启示编成一本书，即《古兰经》（Koran），意思是"读物"。对穆斯林而言，《古兰经》中的每一个字都是天使吉布列传达的真主的话。这本书是用古典阿拉伯语写成的，大部分穆斯林认为，它不能被翻译成任何其他的语言。穆罕默德的生平故事和语录还被收集到《圣训》（Hadith）中，作为指导的来源。不断发展的《圣训》和对《古兰经》的重新解释发展成为伊斯兰教教法。伊斯兰教教法规定了对酗酒者、赌徒、强盗和同性恋者进行严厉惩罚。它对妇女也有严格的规定，特别是对通奸。惩罚可能包括肢解、钉十字架、鞭打、用石头砸死。伊斯兰教教法还禁止对先知穆罕默德的侮辱。今天，在一些拥有大量穆斯林人口的国家，伊斯兰教教法被重新定义和解释为当代伊斯兰教教法。

伊斯兰教的发展很大一部分归功于《古兰经》的巨大影响力。《古兰经》共 114 章，记载了天使吉布列在 23 年间向穆罕默德传达的启示。它涵盖范围很广：从形而上学到伦理学。它为那些绝望的人、穷人和被抛弃的人说话，而不论其种族、肤色和国籍。由安拉启示给穆罕默德的《古兰经》，清除了真主和人类之间的障碍物，任何人，无论罪孽多么深重，都可以在安拉面前恳求谅解，人们甚至不需要去清真寺就可以与安拉对话。《古兰经》还谴责放高利贷、投机取巧、暗示性音乐以及食猪肉、喝酒等，同时也禁止说谎、偷盗、通奸和谋杀。

穆罕默德告诉教徒，安拉是一位有目的的神，他创造万物以达到理想的目的。教徒们从《古兰经》中了解到，每个人都将接受最后审判，安拉将审判所有灵魂。真主在《契约书》上对善行和恶行进行统计；作为奖赏，那些遵循安拉意愿的人将会永远生活在天堂里。穆斯林认为，真主会不时地派遣像亚当、摩西、亚伯拉罕、耶稣这样的先知，但他们的信息经常被曲解。他们相信耶稣是一个伟大的先知，但不是神。

伊斯兰教的基本信仰包括以下几条：

1. 神唯一。

2. 圣地（整个世界都归属于安拉，因此人们在哪里做礼拜，哪里就是圣地）。

3. 真主面前人人平等。

4. 相信来世。

5. 禁止喝酒。

6. 为人诚实。

7. 通奸罪孽深重。

8. 布施。

9. 对动物的责任（用充满仁慈和同情的心善待动物）。

10. 有限制的一夫多妻制（一个穆斯林男子可以娶四个妻子），只要他能照顾她们。值得注意的是，大多数穆斯林是一夫一妻制。

穆斯林的宗教职责包括以下五条：

1. 信仰证词：穆斯林的信仰证词为"除了真主安拉外，再无其他的神，穆罕默德是安拉的使者"。

2. 礼拜：穆罕默德要求，穆斯林每天做五次礼拜——即在黎明、中午、下午、日落和晚上各做一次。

3. 施天课：鼓励信徒与穷人分享食物与金钱，并资助穆斯林学校及清真寺。

4. 斋戒：要求所有信徒都要在斋月期间斋戒，在这期间，从拂晓到黄昏，每个人都不准吃饭、喝水。

5. 朝圣：穆罕默德主张他的追随者每年都要前往圣城麦加。这一朝圣之旅被称为"朝觐"（hajj）。男性穆斯林完成朝觐者被称为"哈吉"（hajji），女性穆斯林完成朝觐者被称为"哈加"（hajjab）。每个信徒一生至少要进行一次朝觐旅行。

穆罕默德死于632年，之后伊斯兰教发生了一场分裂。穆斯林分裂为逊尼派穆斯林和什叶派穆斯林，前者追随伯克尔（穆罕默德的朋友），后者追随第四任哈里发阿里（Ali，穆罕默德的亲戚和真正的继承者）。还有其他派别，如苏非派穆斯林，他们是穆斯林神秘主义者，寻求与真主建立更亲密的关系。苏非派穆斯林使用音乐和舞蹈来达到更高的意识水平，如他们的托钵僧舞，舞者为了与安拉合一而进入一种恍惚状态。许多苏非派穆斯林从事艺术活动，有些是重要的诗人，如莫拉纳·贾拉尔丁·鲁米（Molana Jalaluddin Rumi，1207—1273）。

跟其他的宗教一样，伊斯兰教也经历过大的改革。两个主要的变革是伊斯兰高等教育改革和修订伊斯兰教教义，使其被现代世界接受。经过改革，科学与宗教权威之间的外在冲突减少，同时世俗教育取得很大发展。H. A. R. 基布（H. A. R. Gibb）认为，伊斯兰教的正统立场与18世纪基督教教义的立场相似，在过去100年里，世俗教育的发展壮大使穆斯林同样受到全球的影响，这种影响彻底改变了西方文化：印刷媒体、电影、电视及网络。然而，这也导致许多穆斯林呼吁回归更基本的信仰和对伊斯兰教教义的严格解释，这又导致了反西方的主题。

作为一种教育哲学的东方思想

在东方哲学中，有许多内容是谈论教育的。今天看来，西方的教育往往被看作获得工作或促进社会进步的一种方式。许多西方学者关注客观存在，认为高阶思辨（lofty speculation）、神秘主义、冥想或其他一些消耗时间的事毫无价值。因此，西方教育制度强调秩序、规则、科学、物质关怀和事实的重要性。事实上，西方思想中的大部分世俗主义和中立性是作为对思辨思想尤其是中世纪的宗教思辨思想的反应而发展起来的，但有人说，西方哲学在追求客观性和科学证据的同时，可能也失去了一些重要的东西。

东方思想催生了许多进入西方哲学的思想，而且东方哲学仍然是当前信仰的有益对立面。例如，对"进步"的理解，东方思想家和西方思想家是很不相同的。在西方思想家看来，进步可以用更好的桥梁和更实用、更有效的社会和政治体系来衡量；而在东方思想家看来，进步是不附属于任何事物，是一个人的内在发展。

然而，有一点是很明确的，东方思想家常常关注自身的教育。他们把教育当作增进聪明才智、维持家庭、制定法律法规、解决社会事务、促进社会和经济发展的一种方式。东方哲学赞颂教育，尤其是教师的作用，因为许多伟大的思想家既是教师，又是理论家。他们看到教师的重要性，认为教师可以帮助人们了解新的学说，并且指导人们追求美好的生活。东方哲学家认为，教育是一种必需品，它既能帮助我们过好现实的生活，又能帮助我们实现来世的美好生活。

101

教育目的

东方哲学中没有单一的教育目标，早期东方哲学著作的目的是提供有关自然力量的信息，以便人们可以更好地应对自然。自然力量常常反复无常、难以应付。吠陀文学的作者用拟人化的方式使这些力量更容易被人理解，从而为那些认为自然和人类一样不值得信任的乡村居民所接受。那些著作还提供一些方法，这些方法有利于人们应对或迎合自然的力量，以便去平息自然的狂暴。

印度和中国哲学家后来的著作更加复杂，对神和仪式的关注越来越少，而把更多的注意力放在对生活的关注上。人们逐渐认识到，个人的生活方式是一件重要的事情，它能改变其他事情。东方哲学对生活中的苦难给予了极大的关注，但在今天狭隘的思维框架下，人们可能会像佛陀一样，一开始也没有看到世界上的苦难，一直到后来才注意到。今天，一场严重的交通事故现场很快就会被清除干净，以至于人们几乎看不到流血，也感受不到受害者的疼痛。老人被转移到看不见的地方等死，精神病院和监狱监禁那些可能对他人造成骚扰或身体伤害的人。因此，人们被屏蔽在人类的大部分苦难之外。

在东方哲学中，苦难被看作一种生活方式。苦难的产生有其自身的原因，这些原因可能来自外界，也可能来自内心，或者两者兼有。那些在以前过一种放荡生活的人，现在或将来会为他们原来的不良行为付出代价。我们应该认为，苦难对我们的发展是有益的。一些哲学家认为，我们能减少苦难，但要遵循一种方式，即一条困难重重而又漫长的道路。

东方哲学的发展不像西方哲学那样单一。要想了解东方哲学，必须一个体系接一个体系、一种文化接一种文化、一个学派接一个学派地去研究、去理解。像儒家这样的学派，延续了很长时间，对一代又一代的普通民众和皇帝都产生了影响。有时，这些学派为扩大影响而互相竞争，而一些学派也会发展成新的学派或不同思想的基石。许多学派至今仍然存在，而且拥有一大批追随者，这些都证明了它们持久的生命力。和西方哲学的方法不同，大部分东方哲学开始于感觉经验（sense experience），并将其带回到意识中。在西方哲学中存在这样的信念：一个人应该持续不断地增加自己感觉经验的数量，以便积累大量的事实和数据。而东方哲学的方法往往试图减少感觉经验，或者起码减少其在智慧获得（或开悟）中的作用，因为它不同于知识。

102 东方教育哲学更强调师生关系的作用，关注师生关系带来的巨大改变和提升。学生的改变也正是受灵性导师、大师、先知、牧师（minister）或神父（priest）的影响。改变是很重要的，因为大多数东方哲学家强调，如果没有带来改变的思想，一个人是不能过上美好生活的。教育也是一种必要的救赎方法，它承担着塑造一个人精神品质的任务。重点在于转变，因为一个人必须有能力沉着地面对生活或苦难。态度的塑造也很重要，东方哲学家强调，一个人对待生活的态度常常是决定因素。佛教教徒指出，如果一个人只把心思放在聚敛财富上，那么他永远得不到幸福。

大多数西方哲学是以改变社会为目的的，但更大的社会改革常常开始于个人的改变。一个人尝试改变并得到改变，而后许多人发生改变，从而整个社会也就会发生改变。东方哲学家认为，人是软弱的，他们寻求快乐和财富，但可以改变他们，使他们不追求这些东西。失败会发生，但这只是个人的失败，人可以通过冥想、布施、亲近自然、斋戒及祷告来加以克服。

东方哲学中一个反复出现的教育目的就是使人类与自然和谐相处。它强调观察自然并通过漫游和朝圣来了解自然。东方艺术反映了对大自然的深切渴望，甚至是精神上的思考。对自然的研究应有助于内省，强调对内心生活的关注。在东方哲学中，获得智慧、顿悟、开悟或涅槃是至高无上的。所有的方法都是为了达到这种境界，在智慧中产生美德、正确的生活方式，以及正确的社会和政治行为。

方法与课程

东方哲学中运用了多种教育方法，例如，口述传统、古典写作和信息技术。与西方哲学相比，为了实现过上美好生活、减少苦难、达到开悟、实现涅槃等目的，东方哲学为教育提供了各种各样的教育方法。例如，印度教强调传统的口授和阅读神圣文献，《奥义书》仍然代表着其精神和哲学基础。印度教信仰的发展经历了一系列阶段，领袖们将每一阶段的思想以箴言的形式收集起来，这些箴言往往需要一些注解来使其易于理解。在每一阶段，人们必须发展自己的观点，来应对批评的挑战，并为新问题提供答案。

虽然瑜伽不是唯一的方法，但当人们想起印度哲学的主要方法时，便会想到它。在帕坦伽利瑜伽中，心灵进入一种恍惚状态，在这种状态下，心灵被清空了所有内容，不知道主体或客体，并被吸收到终极中，在那里它与"梵"融为一体。借助瑜伽，心灵从肉体中解放出来，获得了超越感官的物质世界的内在自由。中国哲学也强调瑜伽（如佛教），也注重教人正确的行为准则（如儒家）及态度的养成（如道教）。但中国哲学强调此时此地，而不是像印度教哲学那样强调超自然观念。

中国人决不醉心于超自然的观点或为来世做准备。中国哲学的主要特征是分寸感（a sense of proportion），人们按照适当的优先顺序安排自己的态度和行为。从传统上来说，家族和祖先被放在很重要的位置，由后人纪念和赞颂。社会和谐、秩序感、家庭和社会中正确的行为规范，也受到极大的重视。

103

教师角色

虽然一个人依靠自身的力量能达到极乐世界，但是许多教派重视灵性导师或教师的重要性。教师拥有知识，能引导学生走正确的道路。一些立志当灵性导师的人要花费几十年的时间去做准备。有潜力的灵性导师要经过仔细筛选，还要通过各种各样的方式对其进行适当的培训。灵性导师在学生生活中占据中心地位，并因其传授的智慧而受到尊敬。在有些情况下，灵性导师或禅师可能会让学生做一些似乎毫无意义且荒谬的事情，但那些事情有助于学生开悟。因此，学生必须对自己的老师抱有极大的信心。

日本思想比中国思想更加强调人与自然的和谐统一，但两者都主张尊敬教师。例如，禅宗把教师放在一个十分突出的位置。在教师的帮助下，通过以心传心——由一些神秘问题和突然打击带来的震撼——学生可以突然达到开悟。通常情况下，学生们四处漫游，寻找完美的禅师，从他那里得到开悟。除了以心传心，还强调通过冥想来寻求宁静。禅对箭术、园艺、茶道也有影响，欧根·赫立格尔（Eugen Herrigel）在《箭术与禅心》（*Zen in the Art of Archery*）中指出，通过对箭术的研究，我们可以了解自身，懂得生存的意义。在《禅与摩托车维修艺术》（*Zen and the Art of Motorcycle Maintenance*）中，罗伯特·M.波西格（Robert M. Pirsig）还展示了如何处理即使是最小的元素，如摩托车零件，也能带来快乐和开悟。波西格说，"佛陀居住在数字计算机的电路或自行车变速器的齿轮中，就像他居住在山顶一样舒适"。

在基督教的思想中，教师角色同样重要。正像奥古斯丁所说的那样，虽然教师只给予指导，但他在学生的学习过程中起着重要的作用。阿奎那认为，合格的教师在促进学生精神发展的同时，也帮助学生学习了一些关于物质世界的知识。大多数宗教把教育当作宣传其基本宗教信仰，使人皈依其思想的一种方式。

东方哲学倾向于颂扬神圣文学，像犹太教、伊斯兰教及基督教都有自己的圣书。大多数情况下，这些著作都需要注解，因而有必要拥有一批牧师、拉比、伊玛目为人们讲解这些著作。在某些庆典场合和比较特殊的情况下，同样需要宗教典礼、祷告、祭祀等。作为现代的信仰，这些宗教在一个快节奏的世界经常受到不断变化的社会和政治事件的挑战。西方哲学随着每一次社会剧变似乎都会发生变化，然而，东方哲学不易受其影响，继续保持原貌。例如，西方社会里，学校常常注重学习事实和科学观念，而不是探索不同的观念和精神主题。东方教育倾向于与西方教育传统保持距离，许多东方人认为，西方教育传统不能实现令人向往的哲学和宗教理想。

对教育中东方哲学的评价

研究东方哲学的一个很好的理由是，它代表了一种审视当代西方教育观点的有利角度。它鼓励人认真质疑人类对科学、唯物主义、自然、宗教传统、教育的最基本承诺，以及进步和美好生活的意义。这并不是说各种西方哲学不涉及这些事情，而是它们一般不会用同样的方式来看待。例如，虽然亚伯拉罕在基督教、犹太教和伊斯兰教中都被誉为伟大的先知，但他的生活和思想在东方和西方的诠释方式截然不同。

西方信仰不同于东方信仰，它们强调向上的社会流动。到达社会上层在许多西方人眼里是最重要的事情，而且他们认为任何人都可以做到这一点。他们被灌输这样的观念：应该到达社会上层，即使这样会让他们疏远家人、朋友或者远离自己生活的圈子；如果优先事项、秩序规则、礼仪和伦理阻碍他们去追求渴望得到的物质上的东西，那么这些常常会被忽视或者成为被嘲笑的对象。在东方哲学里，秩序、规则、合作和耐心普遍受到推崇，而且秩序是与自然法则相称且和谐一致的。

纵观历史发展，东方哲学有一些地方应该受到批评。比如，印度教哲学强调顽固的超自然主义。有些西方哲学家看到了有着紧密联系的东方宗教与哲学、宗教与政权之间存在教条主义的危险。与西方哲学不同，东方哲学观点的特点往往是模糊不清，不同派系间存在分裂，以及对救赎的个人主义态度。在一些情况下，似乎还通过种姓制度等加剧了对人类生命的无情漠视。当西方哲学越来越倾向推崇自由和政治上的民主，一些东方哲学却仍然提倡对统治者的教条式忠诚，并相信自己在宇宙中的固定和有序地位。

东方哲学困扰西方哲学家（尤其是当代西方哲学家）的另一个方面是，对法典、规则及规定性生活方式的极大信赖。例如，佛教的八正道、耆那教徒的五戒、儒家的正确的行为准则、犹太教和基督教的诫条等等。人们在生活中可能需要帮助和指导，但这些规则清单常常让思想家们感到过于矫揉造作，在现代生活中没有任何实际用处，在许多情况下，现代生活似乎需要一种更加"情境化"或务实的方法。古代哲学表明，对正在孕育的文明来说，非常需要一个稳固的体系，但是由于复杂的社会和道德两难状况，这种体系不适合当今世界。在对规则作出解释时，一个人也会碰到困难。例如，对耆那教教徒来说，是否可以杀死病菌？对基督教教徒来说，是否可以杀死攻击者？关于法典，表面看来似乎很简单，但常常很难在现实情境中运用，因此许多当代哲学家是根据实际情况来解决问题，而不是依赖那些表面看起来严密的规则。

事实上，许多东方哲学并没有像西方哲学那样把科学纳入其中。它们不觉得有必要为它们的观念提供科学证据，因为这些观念更多的是基于理性、信仰、传统、情感或直觉。在历史上，他们中的许多人拒绝像伽利略和达尔文那样用科学的方法来回答有关生命和宇宙的问题。

关于教育，通过东方文化，人们能发现东方哲学很尊重并关注教育。教师在各种思想的形成中扮演核心角色，而且是伟大的哲学和宗教领袖。东方哲学强调，一个人不仅要懂得知识，还要能把知识教给其他人，像佛陀、孔子、耶稣及穆罕默德都是教师。

西方人对以理论为主的学习方法持批评态度，与东方观念中教育应主要关注社会交往和职业技能的观点形成鲜明对比。对许多西方教育者来说，东方思想似乎过于强调教师在学习过程中的作用，忽视学生自主学习的作用。强调完美也是东方思想的一部分，这在许多西方思想家看来也是错位的，他们认为重要的不是达到完美，而是在生计、物质收益或幸福方面改善自己的现状。东方哲学另一个令人不安的方面是，大量使用故事、类比和隐喻来表明观点。还有一种观念，特别是一些印度思想家提倡的，即矛盾是明智的陈述。

虽然仍有数百万人信奉东方信仰，但是这些信仰不太可能极大地改变西方发展的进程。事实上，随着西方通过"全球化"来扩大自己的影响范围、权力范围及交流范围，这似乎很可能是反过来的事情。在西方哲学对传统观点提出挑战时，各种迹象都表明这已经进行了一段时间。尤其是，日本、中国、印度的多座城市和阿拉伯联合酋长国的迪拜快速地成为大工业和银行中心，这正在改变这些国家的信仰及社会经济制度的特征。西方社会也经常出现政教分离的问题，而在许多东方哲学中，政教分离并不存在，宗教团体有自己的设施：小学、中学、学院和大学，它们是国家-宗教体系的一部分。

对一些批评者来说，东方哲学的吸引力与其说是真实的，不如说是浪漫的。许多人把东方哲学当作逃避忙乱的、不断变化的和高速工业化的社会的一种手段。例如，杰克·凯鲁亚克（Jack Kerouac）在他的著作《达摩流浪者》（*Dharma Bums*）中就谈到斋戒及山上独行等话题。今天，东方哲学已在宗教、精神分析、艺术、音乐等领域找到一席之地，有人说，它为我们提供了一种全新的、独创的视角。虽然有批评，但东方哲学仍然是一项有吸引力的研究，它强调广阔的、多样的视角。这是一项重要的研究，因为它不仅在历史上具有重要意义，拥有大批追随者，而且还使人们以一种新的方式去重新看待生命的目的和意义。

106

《薄伽梵歌》

《薄伽梵歌》，或称《梵歌》，是印度著作中最广为人知且受人喜爱的作品之一。《薄伽梵歌》的字面意思是"主之歌"或"神之歌"，至今依然在印度教寺庙中广为传颂。它影响了一大批思想家，如梭罗、爱默生、甘地等。它记载了伟大的战士阿周那王子与神的化身奎师那之间的对话。阿周那向奎师那询问，面对人生挑战时该如何掌控自己和承担责任，他们关于这些话题的对话体现了印度哲学独特的伦理价值观。

阿周那说：

你既赞扬弃绝之道，又赞扬瑜伽之道，奎师那啊，请你明确告诉我，两者之中，哪种更好？

奎师那说：

恰当的弃绝行为会带来自由，恰当地采取行动也会带来自由，这两种方式都要优于回避的举动。当一个人无怨恨，无渴望，他的弃绝之心就不会动摇，他既不渴望某物，也不会在求而不得中郁郁寡欢，很快就能摆脱妄想的束缚。

愚者认为，瑜伽行为，不同于瑜伽知识；智者却能洞察到行为和知识合而为一。选择任何一条道路并坚持到底，都会获得相同的结果。行动的追随者，知识的求索者，都享有同样的自由。

不循瑜伽之道，弃绝的行为很难达到梵；只要修习瑜伽，就能达到梵。

修习瑜伽净化心神，控制自己，制服感官，将自我视为众生之我，纵然有为，也不会染身。

瑜伽行者洞悉真谛，认为"我什么也没做"，无论是看、听、嗅、尝和触，还是行走、睡觉和呼吸、说话、放掉和抓住、睁眼和闭眼，上述种种，他都认为"我没有在看、在听，那都是视觉、听觉、触觉的活动"。

他将献身于梵的欲念弃置一旁，身处行为之中而不受行为干扰，犹如莲叶身处池水之中而不沾水。

对瑜伽之道的追随者而言，身体与心智、感觉器官和理智仅为工具，他自知自身不是工具，心灵才得以纯净。

与梵结合，舍弃行为的结果，人能从灵魂的工作中找到平和。如果没有梵，人就是囚徒，囚禁在行为之中，任由欲望拖拽。

幸福安居于九门之城，与行为分离，不卷入行为之中，也不卷入他人之中。

不要说："神带给我们错觉。"你憧憬着你是行动者，你完成的伟业，你已取得的累累硕果。这是你的无知，这个世界中存在的种种错觉，让你觉得可以如此憧憬。

主无处不在，完美无瑕：他为何关心人类的恶或善呢？

宇宙灵魂是光，光被黑暗笼罩，黑暗的错觉，让我们憧憬。

当宇宙灵魂之光驱散了黑暗，光照亮我们前行，此时显现的梵，就如同光

107

芒万丈的太阳。

投入其间，心中有梵，而行动不在其间。过往事迹或思想上的模糊之处，经由知识而得以自由，他们发现了自由之所在，无法复归之所在。

众生皆平等，无论是婆罗门、受过教育者和谦恭者，还是牛、象、狗及贱民，智者都一视同仁。

在世之梵，抗争世间的不平等，在此磨砺中成就自身。梵是一个整体，坚定不移，不受罪恶侵袭。除了梵，我们还可安居何处？

开化的梵者，心无旁骛，无所忧虑，既不因此在的所得欣喜若狂，也不为不快之事黯然神伤。

触碰永恒，让心灵死寂；宇宙灵魂的赐福，让心灵鲜活。因心知梵之所幸，历久弥坚。

接触所产生的快乐，就像孕育忧愁的源泉，有始有终，智者不耽乐其中。

趁尚在人世，身心俱在，掌控每一次冲动的驱动，把握每一次愤怒的驱使，终将找到梵，品到乐与福。

瑜伽的快乐需向内寻找，探寻平和之境，向内的视野也将到达梵，领略涅槃之境。

自我控制，斩断欲念，平抚涟漪，感知宇宙灵魂，终将发现梵中的涅槃无处不在。

摒弃外在的接触，心神凝于双眉间，控制气息之流均匀地出入鼻腔，感官、思绪和心灵均在掌握之中，如此终将获得自由。斩除恐惧、愤怒，摒弃欲望，终将永获自由。

当他知道了我之所求，那个承受了所有苦行、给予每次馈赠的人，世界之主，众生之友，他会进入我此刻的平和之境吗？

铃木俊隆
《禅者的初心》*

20世纪20年代，铃木大佐将禅宗的思想介绍给西方人，如今另一位铃木——铃木俊隆（Shunryu Suzuki）将这一传统保留了下来。铃木俊隆是日本

---

* 本文的翻译参考了梁永安译的《禅者的初心》（铃木俊隆著）一书，海南出版社2010年版。——译者注

的一位禅宗大师，1959 年来到美国，55 岁的铃木俊隆决定留在美国并建立了几个禅宗中心。铃木俊隆常常使用"初学者的心"这一说法，因为他认为，我们需要用一种直接的、简单的方式看待生活，就好像我们是初学者一样。铃木俊隆主要谈论了教师在教育过程中的作用，即让教师和学生的心都成为"佛陀的心"。同时他还强调，坐禅是一种真实的、平静的冥想方式，它可以使身心合一，帮助我们超越思维。

在我 31 岁那年，我的师父圆寂了。虽然我希望可以到永平寺潜心禅修，但我不得不留下来继承师父的禅寺"主持"一职。我变得很忙，而且由于年轻，我遇到了许多困难。这些困难让我获得了一些经验，但与宁静祥和的生活方式相比，这些经验根本不算什么。

把我们的禅道持之以恒地贯彻下去是很有必要的。禅不是某种兴奋，禅只是全神贯注于我们一般的日常事务。当你太繁忙或太兴奋时，你的心就会动荡不安，这很不好。如果可能，你要尽量保持宁静喜乐，远离兴奋。但通常在现代社会中，我们会变得一天比一天忙，一年比一年忙。如果经过很长一段时间，我们再重访一个熟悉的老地方，我们会对它的变化感到惊讶，这是不可避免的。但是，如果我们让自己太兴奋，我们将完全被卷入忙碌的生活，最终迷失自我。因此，如果你的心是宁静、恒常的，那么即使身处喧闹的世界，你也会不为所扰。在喧嚣与变化中，你的心仍然会平静而稳定。

禅不是一种让人兴奋的东西。一些人出于好奇而去修禅，这只会使他们更加繁忙。如果修行使你变得更糟，那么就荒谬可笑了。我认为，如果你每周坐禅一次，那么这将使你足够忙碌。不要对禅太感兴趣，一些对禅太兴奋的年轻人往往会荒废学业，跑到深山野岭去坐禅。这种所谓的兴趣并不是真正的兴趣。

只要对宁静、平常的修行持之以恒，你的人格特质将会建立起来。如果你的心一直处于忙乱的状态，你就不会有时间去建立自己的人格，而你也将不会有所成就——修行得太卖力尤其会有这样的风险。建立人格就像做面包——你要一点一点地掺和，一步一步地做，而且烤面包时必须是中等的火候。你最了解你自己，因此你也明白自己需要什么样的"火候"。但如果你太兴奋，就会忘了什么样的火候才适合你，你将迷失方向。这是非常危险的。

佛陀说过："善于修行的人就像牛车夫。"牛车夫了解一头牛的载重量，他就会避免牛车超载。你了解自己的心灵状态和能力范围，千万别负荷过度。佛

109

陀还说，建立人格就像建造坝堤。在修坝堤时，你要非常小心，如果急于求成，堤坝就会漏水。小心翼翼地筑堤，最终就会建成一座坚实的坝堤。

我们"远离兴奋"的修行方式听起来非常消极，但事实并非如此。那是一种明智而有效的方法，而且非常浅显。但我发现这一点对人们来说非常难理解，尤其是年轻人。另外，或许有人觉得我在谈的是渐悟法门，其实也不是。事实上，这是顿悟法门，因为如果你的修行是宁静且保有平常心的，日常生活本身就是开悟……

修行中最重要的一点是，有正确的努力。朝正确方向的正确努力是很必要的。如果你朝着错误的方向努力，尤其是如果你没觉察到的话，那么你的努力就会白费。修行时，我们的努力方向应该从"有所成"转向"无所成"。

通常在做一件事情时，我们都是想要成就些什么，得到些什么结果。而所谓"从有所成转向无所成"，则意味着我们的努力不应该以追求结果为目的。如果你为追求"无所成"而去做一些事情时，那么里面就有一种良好的品质。因此，不带任何特定目的去做一些事情就足够了。当你刻意地努力去达到某种目的时，就会产生一些多余的特性，同时还会出现一些多余的东西。你应该尽量去除多余的东西。如果你因修行得很好而心生骄傲，这种骄傲就是多余的东西。这一点非常重要，但是通常我们不能敏锐地认识到这一点，以至于让自己的修行走向错误的方向。

因为我们全犯了同一个错，所以不了解自己在犯错误。因为不了解这一点，我们就会犯更多的错。我们为自己制造了各种麻烦，这类糟糕的努力被称作"法缚"或者"修行障碍"。你被某些错误的修行观念缠住了，走不出来。当你被卷入某些二元观念，就表示你的修行并不清净。所谓"清净"，不是指擦拭某些东西，使其从不干净变回干净。所谓"清净"，指的只是让事物保持它的本来面目。如果一些事物被附加上某些东西，那么它就是不清净的。当一些事物变成二元的，那也就是不清净的。如果你认为自己会从坐禅中得到些什么，那么你的修行就已经不清净了。"修行可以带来开悟"这句话并无不妥，但我们不应该被这个说法围限，不应该被它污染。当你在坐禅时，就只管坐禅。如果开悟到来，它就会到来。我们不应该执着于得到开悟。坐禅的真谛始终存在，即使你没有意识到它，因此不要去想你也许可以从坐禅中得到什么。只管打坐就够了，坐禅的真谛就会显现出来，然后你会领悟它。

人们会问：何谓不抱持计较心理的坐禅？而哪一种努力又是这种修行的先决条件？那一种努力就是：把多余的东西从我们修行中除去。如果有多余的观念闯进来，那么你应该制止它，你应该让修行保持清净。这就是我们努力的目标。

有一句禅语说："聆听一掌的鼓掌声。"我们通常认为鼓掌需要两只手，而一只手是鼓不出任何声音的。但实际上，一只手的本身就是声音。哪怕你听不到声音，声音还是会在那里。如果你用两只手鼓掌，就会听到那个声音。但如果那个声音不是在鼓掌之前就已经存在的，你也不可能把声音制造出来。在你制造出声音来之前，声音就已经存在，因为有那个声音存在，你才能把它制造出来，然后你才能听见它。这声音无所不在，如果你练习一下，自然会听见。不要刻意细听那个声音，如果你不刻意细听，声音就会无所不在。如果你只是去听听看，声音就会有时在，有时不在。各位明白这个道理吗？即使你什么都不做，坐禅的真谛都随时与你同在。但是如果你试图去找到它，试图看看它的真谛，结果就是什么都找不到。

各位是以人的形体活在这世上的，但在你拥有人的形体以前，各位本已存在。你以为在你出生之前，你不存在，但如果你不存在，你怎么可能会出现在这世上呢？因为你早就已经存在，所以你才能出现在这世上。同样地，任何不"存在"的东西也就不可能"消失"，一样东西之所以会消失，是因为它存在。你可能认为，当你死了，你就消失了，也就不存在了。但就算你消失了，有些存在的东西也不可能会消失。那只有魔法才办得到，我们没有那个能耐对世界施以魔法，世界就是它自身的魔法。如果我们看着某个东西，它就有可能从我们的目光中消失；如果我们不去看它，它就不可能从我们的目光中消失。因为你看着它，所以它才会消失，但如果你不看它，一样东西怎么可能会消失？如果有人看着你，你可以逃开，但如果没有人看着你，你就不可能自己逃开。

因此，不要把目光放在特定的东西上，也不要想取得某种特别的成就。你已经在你清净的本质中拥有了一切。如果你理解这个终极事实，你就会一无所惧。当然了，会有一些困难，但是，这不可怕。如果人们不能意识到困难，那么才是真正的困难。他们可能看起来非常自信，认为自己朝正确的方向作出了一些重大的努力，但他们不知道自己所做的这些是出于恐惧。某些东西也许会从你的面前消失，但如果你努力的方向是正确的，那就不用担心会失去任何东西。即使努力的方向是错误的，只要你意识到了这一点，那么你就不会被蒙蔽。没有什么是可以失去的。正确修行的清净本质，是常住不变的……

研究佛法的目的不是为了研究佛法，而是为了研究我们自己。没有一些引导教法，我们是无法研究自己的。就像如果你想要知道水是什么，你就需要

110

科学，而科学家需要实验室。在实验室里就会有五花八门的方法去研究水是什么。因此，就有可能了解水的成分、各种形态及性质。尽管如此，科学却不能了解水的本身。我们的情形也是一样，我们需要一些教法，但仅凭这些，我们不可能了解"我"是什么。教法并不是我们自己，教法只是对我们的一些解释。因此，如果你执着于教法或教师，你就犯了一个大错误。与一位师父相遇的那一刻，就是你应该离开他的时刻。你应该独立，而你之所以需要一位师父，是因为你需要让自己变得独立。如果你不执着于师父，他就会给你指出一条让你可以通向自己的道路。你找师父是为了自己，而不是为了师父。

中国的临济禅师教授弟子的方法有四种：有时他会谈弟子本身，有时他会谈禅理本身，有时他会给弟子或禅理一个解释，有时他又会完全不给弟子任何教导。他认为，即使没有任何教导，弟子仍然是弟子。严格地讲，师父并没有必要教导弟子，因为弟子自己就是佛，即使他自己意识不到。反过来说，如果弟子意识到自己就是佛，但又执着于这一点，就是迷误。当他没有意识到时，他会拥有一切；但当他意识到时，就是个大错误了。

如果你没有从师父那里听到什么而只打坐，这就叫"无教之教"。但是，有时这还不够，因此我们要听听佛学讲座或讨论佛法。但应该记住的是，我们在某个地方修行，目的只是为了研究自己。我们为了变得独立而研究自己。像科学家做研究需要方法一样，我们研究自己也需要某些方法的帮助。我们需要师父，因为我们不可能完全通过自己来研究自己。但有一点不能弄错，你不应该用从师父那里学东西来取代研究你自己。跟随一位师父以便研究自己，这是日常生活的一部分。从这种意义上说，修行与你在日常生活中的活动没有区别。因此，在禅堂中找到你生命的意义，就是找到你日常生活中活动的意义。你来禅修，就是为了找到生命的意义，你需要坐禅。

当我在日本永平寺修行时，寺里的每个人都只做他该做的事，仅此而已。就像每天早晨醒来，我们必须起床一样。在永平寺时，当需要打坐时，我们就打坐。当需要参拜佛陀时，我们就参拜佛陀，仅此而已。修行时我们并不觉得有什么特别，我们甚至不觉得自己是在过僧院生活。对我们来说，僧院生活就是正常生活，倒是那些从城市来上香的人才是不正常的人。当看到他们时，我们会想："哦！来了一些特别的人呢！"

但每次我离开永平寺一段时间后，再回到寺里，感受就不一样了。当我听到各种修行的声音时（撞钟声、诵经声等），我就会有一种很深的感触，眼泪夺眶而出，鼻涕和口水也流出来。所以说，只有从寺外来的人才会感受到寺院的修行氛围，身在其中的人实际上是不知不觉的。我想，这个道理在任何事情上都是通用的。比如，我们听到风吹松树的声音，看到松树在风中摇摆的样子，我们并不会有什么感觉，然而却有人会触景生情而写出一首诗。

因此，你对佛法有没有感觉并不是重点，你对佛法感觉是好是坏也无关紧要，佛法无关乎好与坏。我们只是做我们该做的事，这就是佛法。当然，有时候某些激励是必要的，但激励只是激励，它不是修行的真正目的，仅仅是一帖药。当我们感到泄气，就用得着药物；而当我们精神抖擞时，就用不着任何药物。不应该将药物与食物混为一谈，有时药物是需要用到的，但不应该把它当成食物。

因此，在临济禅师所说的四种教法中，最上乘的一种是不给弟子任何说明，也不给他任何激励。如果我们把自己想成是身体，那佛法就好比是衣服。有时我们会谈衣服，有时我们会谈自己的身体，但是不管是衣服还是身体，那都不是我们自己。谈论我们自己是大活动，我们仅仅表达了大活动中最小的粒子。仅此而已。因此，谈论我们自己是对的，但实际上没有必要这样做。在开口前，我们早已把无所不包的大存在给表现出来了。因此，谈论我们自己的目的是为了纠正误解，让我们不会执着于大活动的任何特定的、一时性的色或是相。我们只要去谈论自己的身体是什么，以及我们的活动是什么，我们就不会对两者有所误解。因此，谈论我们自己的目的，实际上是为了忘了我们自己。

道远禅师说："研究佛法是为了研究自己。"当你执着于你真实本性的一时性表现时，谈论佛法是有必要的，否则你就把一时的表现当成真实本性。这个一时性的表现并不等同于真实本性，但与此同时却又等同于真实本性！它有时是真实本性，在最小的时间粒子中，它是真实本性。但它并不总是真实本性，因为在下一刹那，它就不再是真实本性了。为了明白这个事实，研究佛法是有必要的，但研究佛法的目的只是为了研究我们自己和忘掉我们自己。当我们忘记自己时，我们就会成为存在（亦即实相）的真实活动。了悟这个事实以后，这个世界将再也没有烦恼可言，而我们也可以毫无烦恼地尽情享受生命。修行的目的就是为了要了悟这个事实……

想要了解佛法，你必须先忘掉所有先入之见。首先，你必须抛弃实体或实有的观念。我们对生命的一般见解，都深植于实有的观念。大多数人相信，一切都是实有的，并且认为他们看到或听到的都是实有的。当然，我们看见的鸟儿或听到的鸟叫声确实存在，然而，我所说的"确实存在"与各位所说的"实有"意思并不完全一样。佛法认为，生命既存在又不存在。因此，那只鸟既存在又不存在。生命是实有的，对佛教来说这是一种外道观点。何谓"外道"？就是当你把一切视为实有，认为它们具有实体性和不变性，那你就不是佛弟子。就此而言，大部分人不是佛弟子。

真实的存在来自空性，而且会归复于空性，从空性中出现的存在才是真实的存在，我们必须穿过空性之门。这种存在的观念很难解释，在今日，很多人感受到现代世界充满了空虚，或感觉到他们的文化自相矛盾。反观过去，日本人却相信他们的文化和传统生活方式是永恒的存在，直到后面战败，他们才变得非常愤世嫉俗。有些人认为这种愤世嫉俗是很要不得的，但我认为这种新的态度要比旧的态度更胜一筹。

只要我们对未来有某种确定的观念或期望，我们就无法以真正认真的态度面对当下。我们常说："这件事情我明天或明年再来做吧！"我们之所以说这样的话，是因为相信今天存在的东西明天也会存在。即使你没有卖力，你仍然会预期，只要按既定的道路向前走，某种结果就会自然到来，但根本没有一条固定的道路是永远存的。你在一刹那接着一刹那时，都得找出自己的道路。某些由别人设定的完美理想或完美道路，并不是我们自己的真正的道路。

我们每一个人都必须开拓出属于自己的真正的道路，一旦做到了这一点，我们开拓出的道路，就会是一条遍通一切的道路。这句话听起来很玄。当你把一件事彻底弄明白之后，你就会了解一切。当你试图了解一切，这样反而什么都不会了解。最好的方法是先了解你自己，了解自己之后，你就会了解一切。因此，当你努力开拓自己的道路时，你就能够帮助他人，也会得到他人的帮助。开拓出自己的道路之前，你帮不上任何人的忙，也没有任何人可以帮得上你。想要获得这种真正的独立，我们必须忘掉一切既有想法，一刹那接着一刹那去发现一些相当新颖而且不同的东西。这是我们活在世间应有的方式。

（资料来源：Shunryu Suzuki, *Zen Mind, Beginner's Mind*. New York: Weatherhill, 1999, pp.57-59, 59-61, 76-79, 110-111.）

第四章

实用主义与教育

- 实用主义世界观的根源
- 美国的实用主义者
- 作为一种教育哲学的实用主义
- 对教育中实用主义的评价

"实用主义"（pragmatism）源自一个希腊语单词，意思是"工作"。实用主义鼓励我们寻找最高效的程序，做最有效的事情，以帮助我们实现理想的目标。由于这个观念是如此明智，人们可能会想知道为什么人会坚持做无用功，低效地处理事情。这可能由于以下原因：习惯和传统的力量、恐惧和冷漠，以及习惯性的思维和行为方式似乎有效，尽管它们在当今社会已经失去了部分或全部作用。实用主义审视传统的思维和行为方式，尽可能地把它们融入日常生活，当然，它也支持创造新的观念，用以应对日新月异的社会生活。

虽然实用主义被认为是美国的当代哲学，但是它的根基可以追溯到英国、欧洲和古希腊的哲学传统。这一传统的一个重要元素是，科技革命带来的发展的世界观。启蒙运动所培育的质疑态度和更自然的人文主义的发展也是启蒙运动的产物。虽然我们可以从培根、洛克、卢梭和达尔文等人的作品中找到实用主义产生的背景，但是实用主义成为系统性的哲学体系所需要的哲学要素，主要来自皮尔斯（Charles Sanders Peirce）、W. 詹姆斯和杜威的贡献。

实用主义世界观的根源

实用主义的鼻祖很多，他们的思想也很多样化，但是有一些基本元素至关重要。它们是归纳法、人类经验的重要性，还有科学和文化之间的关系。

归纳法：一种新的思维方式

培根的思想高度赞扬了日常生活世界中的人类经验。他对实用主义产生了重大的影响。他提出的归纳法是科学方法的基础，而科学方法又对实用主义至关重要。培根认为，科学应该主要关注物质方面的问题，实用主义者将其范围扩大到经济、政治、心理、艺术、教育甚至伦理方面的问题。例如，在《我们怎样思维》（*How We Think*）中，杜威提出，科学的思维过程是教育和伦理方法的核心。在杜威看来，当人们以一种有序和连贯的方式思考时，他们正在按照科学方法的思路思考，尽管他们并不一定意识到这一点。当杜威使用"科学"这个术语时，他不是指试管与统计，而是指对生活设计问题的有条理的思考与实验方法，旨在为所有人带来更好的生活。如果思维过程的本质是有意识的，如果我们都接受过这方面的教育，那么人类的思维更有可能具有条理性和连贯性，并获得理想的结果。

实用主义的主旨是提高对结果的敏感度，将结果作为思想的最终检验，并非无视基本原则。因此，实用主义的结论，并非总在生活中有实际用途。首先，实用主义者认为，不能人为地将方法和目的分开。也就是说，使用什么方法，总是在某种程度上支配着实际获得的结果。在这种情况下，对结果的关注，要求谨慎地使用方法。其次，思维的结果并非一般意义上的实用，这是因为，结果可能是审美的，或者是道德和伦理的。虽然实用主义者是科学思维方法的热情倡导者，但是他们不是在枯燥无味的实验室中的隐居者；更确切地说，他们希望将他们的科学方法应用于人类问题，确保所有人的生活方式更加民主和人性化。

实用主义的归纳法，在乔治·赫伯特·米德（George Herbert Mead）的思想中得到了很好的诠释。米德用归纳法来研究社会学和心理学的行为，这种方法在以往的任何研究中，都没有被使用得如此淋漓尽致。特别是他将自我看作社会自我（social self）的观点，影响了杜威和其他实用主义者对教育问题的思考。米德认为，如果我们用归纳法看待儿童，那么就能看到儿童不是通过学习变得更为社会化；与之相反，他们为了学习不得不更加社会化。换句话说，对米德而言，自我在本质上是社会化的，而不是一些隐藏在观点后面的内在精神。

　　W. 詹姆斯将归纳法用于道德问题和宗教问题。他通过道德信仰付诸实施的结果来判断该信仰是真还是假，是正确还是错误。这表明，W. 詹姆斯对归纳法的扩展应用已远超前人。因为，对他来说，归纳法能够扩展到普通经验主义中没有包括的人类经验。W. 詹姆斯应用归纳法到如此程度，他抛开对事物性质的原有假设，并在经验的基础上建立他的观念。他认为，在宗教事务上，如果宗教信仰产生了适当的结果，那么它也是有价值的。例如，如果信仰上帝能给人带来生存的意义和价值，那么就不应该拒绝。他谈到"坚定理智"和"柔软感性"的人。坚定理智的人只能接受被科学证实的观念，而柔软感性的人可能接受并不是严格遵照科学规则的观念；一个人也可能将这两种视角合理地融合在一起。 115

　　因此，一些实用主义者并不过于狭隘地解释归纳法的意义，因为狭义的解释容易将归纳法仅仅限定于物理和物质的研究。米德将归纳法应用到社会学和心理学领域；W. 詹姆斯用它来解释宗教和道德信仰；紧接着，杜威也向他的前辈们学习，将其应用于解决教育和民主社会问题。

经验的核心

　　人类经验是实用主义的重要组成部分。对经验的强调也帮助实用主义具有明确的环境导向，而且对经验的重视也是英国和欧洲哲学的传统。

　　洛克研究了人类体验事物和逐渐认识事物的方式，他的研究使他形成了这样的观点：人的心灵在出生时是空白的，好像一块白板。观念并不像柏拉图认为的那样是先天的，相反，它来自经验，即来自感觉和反映。当人们接触到经验时，这些经验在他们的心灵中留下了深刻印象。因此，婴儿通过品尝，很快知道"牛奶"；通过嗅觉，知道"香水"；通过触摸，知道"天鹅绒"；通过视觉，知道"绿色"。经验通过一种或多种感官铭刻在心灵当中。一旦进入心灵，经验就可以通过反思，以多种方式联系起来。因此，人可以创造出"绿色的牛奶"或"芳香的天鹅绒"之类的概念。

洛克相信，随着经验的积累，人们的心灵中会留下更多的观念，也会有更多的联结方式。然而，他表明，会像产生正确的观念一样，人们也会产生错误的观念。虽然都是从感官世界中获得的，但是一个人可以获得一个苹果或者一匹马的正确观念，也会错误地把"一个女人"和"一条鱼"联系起来，创造出"美人鱼"的观念。人们确保观念正确的唯一途径就是，在经验的世界中证实它们。当然，人们可以在现实中找到一个苹果或者一匹马存在的证据，却不能找到一条美人鱼存在的证据。

也许有人会把人类的大脑想象成电脑：除非编入程序，否则就不会有任何结果输出。与此相仿，洛克也强调，要把儿童安置在理想的教育环境中，他还强调了环境对塑造一个人的重要性。在他的著作《教育漫话》中，洛克描述了培养绅士的理想教育，绅士应该有丰富的经验，包括在不同文化群体中广泛旅行。洛克高度重视经验的重要性、经验与思维过程的关系，以及经验对个体发展的重要性，这为后来的思想家开辟了道路。

不过，洛克的经验概念也有内在缺陷，并带来了许多困难。他认为，心灵是一块白板，这种观念把心灵看作被动的、可塑性强的容器，里面充斥着从感官得来的杂乱无章甚至相互冲突的印象。当将其引向逻辑结论的时候，洛克的观点带来了身心分离，其导致的结果是人们仅仅能认识观念。这也是贝克莱的观念基础——"存在就是被感知"（任何事物的存在依赖于心灵）。休谟吸收并发展了洛克的观点，并将其发展到对观念和物质对象的存在和意义持怀疑态度的程度。因此，一些人受到被动心灵以及对实在本质的不确定性这样的概念的影响，开始接触哲学问题，也会导致一些思想家对认识实在的真正本质持完全怀疑的态度。

在杜威看来，皮尔斯开辟了一条道路，帮助人们走出洛克造成的逻辑绝境。观念不仅要被视为白板上的孤立印象，还要被视为经验的相互关联部分。杜威这样阐述是为了说明观念功能性的界定要参照具体的问题情境，而不仅仅是心理建构。对杜威而言，洛克的心灵观太消极了，因为它意味着一个人观念的形成主要依赖于外部资源。

与康德一样，杜威指出，心灵的重要性在于它在观念形成中发挥着活性剂作用，同时也是一种促进环境产生有效变化的工具，反过来，它又可能影响任何人或任何事情。杜威始终如一地强调，在有机体与环境之间存在着交换关系。从经验上看，人们体验到事物的美丽、丑陋等等，但他们并没有把这些事物作为主观心灵对客观实在的反映来体验，而是通过经验与自然的关联性和连续性来体验事物。

杜威不仅抛弃了洛克的认识论，也抛弃了洛克的社会学理论，尽管它对古典自由主义（liberalism）作出了很大的贡献。洛克的"自由"观，意味着权力的实施应该伴随着选择。这种自由观加上他对经济因素的关注，导致了关于财产、工业和贸易的自由放任理论（laissez-faire theory），提倡限制政府和警察的作用，但也为经济剥削创造了条件。杜威认为，洛克的自由放任观点促成了所谓的自我表达哲学的流行，在这种哲学中，少数人的自我表达阻碍了大多数人的自我表达。洛克的古典自由主义认为，个体先天具有某种天赋能力，只要没有障碍，这种能力就能把人引向自由。然而杜威认为，这种自由主义有助于那些具有特权地位的人的解放，但它并不能为大多数人带来普遍自由。

杜威也挑战了最早由巴鲁赫·斯宾诺莎（Baruch Spinoza）提出的观念，斯宾诺莎认为，只有当每个个体通过与整体一致的行动获得权力，"被其结构和动力强化"，才能实现真正的自由。这种个体按照整体行事的观念可能会导致一种黑格尔式的个体对国家或其他此类外部机构的顺从。杜威认为，我们应当在我们所处的现实世界中明智地行动，因为我们不能脱离他人、自然或人类机构行动。

杜威这种对社会力量的认知让许多解释者相信，这会支持社会适应（social-adjustment）或"生活适应"的教育观（我们应该教导个体适应事物的发展方式）。杜威促使人们认识当代状况及其交互关系，但这并不阻碍人们不断地改善现有的制度，或者废除它们并建立新的制度。事实上，杜威并非倡导斯宾诺莎、洛克和传统自由主义者的观点，他的观点暗含了有关个体和社会行动的改良激进主义。

让-雅克·卢梭（Jean-Jacques Rousseau，1712—1778）

另一位哲学观点影响实用主义的人物是卢梭。与洛克一脉相承，卢梭也广泛地探讨了教育和政治的关系。他在 1762 年发表了《社会契约论》（*On the Social Contract*）和《爱弥儿》（*Émile*），表达了对当权人物的种种不满，这使卢梭迫不得已，离开巴黎到瑞士的伯尔尼（Bern）寻求庇护。

虽然卢梭出生于瑞士的日内瓦（Geneva），但是他在法国度过了大部分岁月。他的第一篇哲学作品是一篇获奖的文章，题目是第戎学院（Academy of

117

Dijon）1749 年提出的一个议题——"科学与艺术的复兴是否有助于净化道德?"（Has the Restoration of the Sciences and the Arts Contributed to Purify Morals?）。对于这个问题，卢梭非常坚定地回答"否"，因为他同洛克一样，主张环境在形成人类经验和思想的过程中具有重要作用。他强调，文明在它目前的形式（就是科学和艺术）上是有害的，因为它使我们远离自然。

卢梭认为，自然个体本性善良，但被人类文明败坏了。他并不认为，人们应该放弃发展所有的艺术和技术，但他确实认为，应该加以控制，尤其是控制发展那些对人类自然天性有所阻碍的艺术和技术。简言之，卢梭只赞成那些不损害自然生活的文明形式。他选择丹尼尔·笛福（Daniel Defoe）的《鲁滨孙漂流记》（*Robinson Crusoe*）来表达他构想的"高尚的原始人"（noble savage），并将它作为重要著作《爱弥儿》的基础。在笛福的故事中，鲁滨孙（Robinson）的船只遇难，流落到一个荒无人烟的海岛，他几次回到损坏的船上，取回求生所需的文明用具。当然，这些东西不会妨碍他的自然生活，他自己建造房屋，种植庄稼并且自行设计、制造交通工具。在其他文学作品中，类似"高尚的原始人"还包括《新鲁滨孙漂流记》（*Swiss Family Robinson*），詹姆斯·费尼莫尔·库珀（James Fenimore Cooper）作品中的纳蒂·班波（Natty Bumppo），以及《瓦尔登湖》（*Walden*）中的梭罗。

同样地，在《爱弥儿》中，卢梭描述了一个儿童被带出文明城市，在乡村长大成人的故事。在乡村，爱弥儿（Émile）有一位私人家庭教师，这位家庭教师确保他自然地成长，同时家庭教师尽力安排有利于爱弥儿向自然学习的课程。卢梭对书籍没有多高评价，他认为，书籍只会增加文明的虚伪本质。在《爱弥儿》中，他建议，爱弥儿在 12 岁之前不要进行书籍的学习。从一般意义上讲，卢梭很少关注女童的教育，但书中有一部分提到了爱弥儿的伴侣苏菲（Sophie）。苏菲将成为爱弥儿的良伴，她应该受到一种与爱弥儿相匹配的教育。

卢梭对实用主义的主要贡献不是其浪漫主义的"高尚的原始人"，而是他在自然与经验之间建立的教育联系。当然，他建立的自然与经验之间的联系影响了许多教育理论家，包括裴斯泰洛齐、福禄培尔、弗朗西斯·W. 帕克（Francis W. Parker）、G. 斯坦利·霍尔（G. Stanley Hall）和杜威。卢梭强调自然主义在教育中的地位，影响了实用主义思想家的儿童观。人们不再将儿童看作"小大人"，而是将他们看作经历不同发展阶段的自然有机体。将儿童作为一个发展中的人的观点，影响了儿童心理学先驱 G. S. 霍尔等许多心理学家。卢梭的观点帮助教育者提出了关于儿童自然行为的问题。换句话说，让儿童长时间地坐着不动，专注于抽象概念，保持安静，或是表现出精确的肌肉控制，似乎都是不自然的。卢梭帮助教育者对儿童发展的生理阶段、心理阶段和社会阶段更加敏感，他对学习的生理方面的关注，直接影响了杜威、蒙台梭利等现代教育家的理论。

卢梭对儿童发展本质的关注及其对人性本善的信念为"儿童中心"教育（child-centered education）奠定了基础。虽然这一议题在一些实用主义者的教育理论和实践中得到了体现，但是也有一些人反对围绕卢梭作品而产生的多愁善感的浪漫主义思想——这种浪漫主义经常被认为是不受约束的放任主义（permissiveness）。虽然人们认为这种观点起源于卢梭，但是恐怕卢梭本人也不相信当今某些放任主义所暗示的那种许可。人们还听到了对实用主义教育理论的许可指控，但当人们仔细研究实用主义主要思想家的著作时，就会发现这些指控是毫无根据的。

卢梭哲学的标志之一是，他认为儿童兴趣是教育的先导。然而，兴趣和心血来潮是不一样的，因为卢梭所说的兴趣是指儿童对他们生活的世界进行探索的本能倾向。他相信儿童的自治，但又将其看作自然的自治，因为儿童应该承担他们行为的自然后果。卢梭对实用主义的影响在于，他关注自然教育，并强调儿童学习经验的自然发展过程。

科学与社会

现代科学极大地改变了人们对人类命运的看法。科技革命的兴起已经是无可争辩的事实，因此原来的形而上学观、宗教观和社会政治哲学都遭到了质疑。科学的进步不仅影响了社会的理论观点，还影响了社会结构和社会关系的实践领域。科学进步带来的社会问题是实用主义关注的焦点，在这一方面，实用主义受到了培根、洛克和笛卡尔等人的影响。科学技术的发展强烈地影响了实用主义思想家，虽然技术带来了许多当代社会问题，如污染和战争，但是实用主义者相信，如果以对社会负责的方式使用科学，也可以帮助解决这些问题。

奥古斯特·孔德（Auguste Comte，1798—1857）

在那些将科学方法应用于社会学领域并作出过重大贡献的人物当中，孔德占有一席之地。虽然他不是实用主义者，但是他像培根一样，通过帮助思想家对利用科学帮助解决社会问题的可能性变得敏感，影响了实用主义的早期发展。例如，杜威曾谈到，他被孔德的观点深深吸引过，孔德认为，西方文明是无组织的，这是因为在猖獗的个体主义（individualism）中，仅有一小部分是真正的个体，大多数人只是没有个性的芸芸众生。从孔德那里，他得出这样一个观点：科学在社会生活中既可以是一种信息手段，也可以是一种调节方式。

孔德的理想是用科学来改革社会。今天，人们可能会认为孔德过于乐观了，因为人们发现科学和实证主义思想也有消极的一面，可以被用于对人和社会有害的方式。然而，孔德强调，科学不仅仅是对自然的物质的关注，还可以被用来解决社会问题。在这方面，孔德是现代社会学的奠基者之一。他愿意将社会结构和关系看作能够进行系统研究和控制的，这有助于引入影响实用主义的社会理论要素。

119
查尔斯·达尔文（Charles Darwin，1809—1882）

也许，达尔文的著作对实用主义的科学出发点产生了最重要的影响。达尔文先在爱丁堡大学（University of Edinburgh）学习医学，又在剑桥大学（Cambridge University）学习神学。后来，他获得一个去南半球科学探险的机会。他在小猎犬号军舰上度过了五年，直至 1838 年返航。此后，他把整个人生都用来发展他的科学理论，这些理论主要基于他在航行中收集的材料。

他的重要著作《通过自然选择的物种起源》（*On the Origin of Species by Means of Natural Selection*），简称《物种起源》（*On the Origin of Species*），出版于 1859 年，震动了西方知识界和宗教界。宗教分子抨击达尔文的理论，因为它挑战了《圣经》的"创世说"；大部分知识分子也不接受，因为它挑战了古典宇宙论的信条。达尔文的基本宇宙哲学是：自然界通过发展或"进化"的过程运行，并没有预设的方向或目的。先驱者亚里士多德早就发表过类似"进化"的基本观点，但是只有达尔文收集了大量的证据，他不辞辛劳地把它们以最有启迪的方式组织起来。他的研究科学性很强，同时他的语言风格通俗易懂，任何受过教育的人都能读懂。他认为，物种的自然演变是通过普遍的生存竞争来实现的。这种后代血统渐变（descent with modification）发生于有机体和环境的交互影响过程。食物供应、地理环境状况和有无掠夺者，这些都为自然选择的发生创造了条件。有利的生存特征保留下来了，不利的生存特征消失。通过这种过程，一些物种继续繁衍，而另外一些物种随着环境的变化而消失，完成这样的过程需要相当长的时间。达尔文的理论，唤起了人们对许多智力探索领域的大检验，受达尔文启发形成发展的宇宙论也在各个领域得到广泛应用，其影响之广，甚至远超达尔文的想象。

在哲学领域，发展的宇宙论矛头直指柏拉图哲学的本质论和宇宙观。这支持了宇宙本身处在发展过程中的哲学观；因此，"实在"（reality）不是在"存在"（being）中被找到的，而是在"成为"（becoming）中被发现的。逐渐地，这种观点导致对"板块"（block）宇宙观的质疑，这种宇宙观认为，宇宙是确定与永恒的，单单依靠智力可以完全理解。在实用主义者看来，达尔文的自然选择和进化的宇宙观意味着，实在是开放的过程，没有确定的结果。这种开放的过程观，形成了实用主义的教育理念，人的教育直接与生理发展和社会发展相关联。从这种观点出发，实用主义者试图解释在事物自然秩序中形成的人类经验——这种自然秩序本身是可以改变的，如果有明智的方式，那么人类也有可能在某种程度上细微地控制自然秩序。

美国的实用主义者

有人说，实用主义基本上是一种美国哲学，但实用主义植根于欧洲哲学传统。除此之外，席勒（F. C. S. Schiller）也发展了一种英国实用主义。尽管如此，从广义上讲，对实用主义进行过充分论述的主要有皮尔斯、W. 詹姆斯和杜威。

根据路易斯·梅南（Louis Menand）的观点，实用主义者被一件核心事情联系起来，那就是"一种关于观念的观念"——观念并不像柏拉图所说的那样在那里等待被发现，而是像锤子和微型芯片一样，是人们为改造世界而设计的工具。而且，观念不仅仅是个体创造的，它还是社会群体构建的。换句话说，观念完全取决于人类和环境。

查尔斯·桑德斯·皮尔斯（Charles Sanders Peirce，1839—1914）

在有生之年，皮尔斯从来没有得到过应有的认可。尽管他有一位引领美国知识界的朋友 W. 詹姆斯，可是他从未获得任何大学的正式教席，在那个时代，他的核心观点也从未赢得过公众的赞誉。在他生命的大部分时间里，他是一位孤独的隐居者，最后在穷困潦倒中死去。然而有意思的是，近年来皮尔斯的著作获得了人们的关注。

皮尔斯主要的哲学成就在于，他对后来哲学家的影响。最终，在他去世后，他的著作才得以公开发表。然而，他最有影响力的研究是他生前发表的论文《怎样使我们的观念清楚明白》（*How to Make Our Ideas Clear*）[刊登于 1878 年 1 月的《通俗科学月刊》（*Popular Science Monthly*）]，他分析了心灵和物质（或主观事物和客观事物）的二元性。他接受了心灵和物质实在有区别的前提假设，但他也主张，我们对客观实在的了解，有赖于个体对已有客观实在形成的观念。因此，最重要的事情，务必使观念尽可能清晰和准确。他认为，人们应该对观念的结果保持极端的敏感性。皮尔斯强调，实践效果的概念构成了我们对客观事物的全部概念。因此，有人可能会说，对任何对象的心领神会，不外乎我们对其实践效果的意义领会。正如皮尔斯所说，"我们对任何事物的观念，都是对其切合实际效果的观念"。因此，观念或者概念，不能和人类的行为相分离，因为拥有一种观念，就是在人类生活的舞台上意识到它的作用和结果（或者说它们的可能性）。

皮尔斯总结道，任何真正知识的获得都离不开实际经验，要在经验中检验人们的观念，这是因为所有观念在经过验证之前，都只不过是假设而已。虽然皮尔斯整个思想体系很复杂——甚至涉及对上帝、不朽和自我本质的思辨——但是，他关于观念的本质以及在经验中验证它们的必要性的研究对实用主义产生了深远的影响。

威廉·詹姆斯（William James，1842—1910）

W. 詹姆斯将实用主义带到公众领域。他出身显赫的家庭，相当轻松地尝试过包括医学在内的几个职业，然而使他成名的是心理学和哲学。他对哲学的贡献在于他对观念的论述。

W. 詹姆斯真诚地接受了皮尔斯有关观念实践效果的忠告，这是 W. 詹姆斯真理理论的重要组成部分。在 W. 詹姆斯看来，真理不是绝对的，也不是不可改变的，而是人们在日常生活实践中创造的。真理不是依附于观念的附属物，因为真理是在观念使用和观念效果中被发现的。正如 W. 詹姆斯喜欢说的那样，"证据就在布丁中"，也就是说，在一个人能够说出布丁（观念）是不是好的（真理）之前，不得不品尝（检验）它。此外，真理并不总是客观的、可证实的或普遍的（大写真理）；它也可以在具体的个人经验中找到，可能是独一无二的（小写真理）。W. 詹姆斯认为，这就是个体存在的"不可驳倒的实在"（inexpugnable reality）。在个体生活中，经验的产生对个体具有意义性和真理性，这不必由其他人来客观地证明。"切实可行性"（workability）和"不可驳倒的实在"这种真理观，就是 W. 詹姆斯所说的"彻底经验主义"（radical empiricism）。事实上，他坚持认为，真理与经验不可分离。为了得到真理，一个人必须研究经验本身，而不是那些不可改变的、绝对超凡脱俗的、与经验无关的内容。

因此，在 W. 詹姆斯看来，最主要的材料就是人类的经验。他集中精力研究他所说的经验流（stream of experience），这是连续的、系列的事件过程。他曾告诫说，经验是一个"双功能"（double-barreled）的词，因为这里有"经验着"——真实存在的、正在发生的方面，也有"被经验着"——经验的事物或经验本身。因此，经验是主要材料（primary datum），它可以通过横向（经验着）和纵向（被经验着）被习得。W. 詹姆斯呼吁，思想家应关注经验，而不是本质、抽象和普遍性，因为他对经验的研究结果显示，宇宙是开放的、多元的和正在形成中的。

约翰·杜威（John Dewey，1859—1952）

W. 詹姆斯使实用主义走向大众化，而杜威使其"系统化"，并将其主要思想引向深远发展。杜威出生于 1859 年，同年，达尔文的《物种起源》出版了，达尔文的思想在杜威哲学中起了很重要的作用，因为发展的宇宙观构成了杜威整个哲学信念的核心。像 W. 詹姆斯一样，杜威认为，没有永恒的绝对真理或普遍性存在，而且他的基本材料是经验；像皮尔斯一样，杜威认为，要依据人类经验的效果来澄清观念。除了与 W. 詹姆斯思想一样具有巨大的力量和影响之外，杜威还有别的优点，那就是他锲而不舍地探索那些最复杂的问题，并努力地探索它们的实际用途。

杜威虽然受皮尔斯和 W. 詹姆斯的影响很大，但是他主要从黑格尔哲学传统那里开始他的哲学之旅。在杜威看来，黑格尔的主要影响是他对历史发展的研究，以及他从相互矛盾的历史推动力中发现统一性的探索——而不是他抵达了绝对精神。杜威曾谈到，"认识黑格尔哲学，为我的哲学思考留下了永久的精神财富"。如果说杜威获得了什么，那么就是成长、发展和生命发展的动力，而不是通过思辨获得的绝对事物。他接受了 W. 詹姆斯经验流的概念，以此为基础，杜威开启他涉猎多个领域的哲学生涯，这个生涯从马车时代，历经第二次世界大战，进入原子时代。

自然和经验　杜威认为，经验不仅仅是孤立的偶发事件，它和自然有着很深很广的联系。经验和自然不相分离；更确切地说，经验本身源于自然。在反思意义上，经验能被划分为经验着的存在和被经验的事物，但这个词的基本意义，仍然是经验源于自然。人们经验的并不是"经验"，而是他们所处的世界——一个由事物、观念、希望、恐惧和志向组成的世界，所有这些都植根于自然。杜威认为，误导以前哲学的是对经验本身和我们对它的想法的混淆。已经有太多思想家从事经验的反思研究，他们将这作为终极实在。令人遗憾的是，这些哲学家都停留在抽象概念，而不是真实的经验上。

杜威的经验中心和他对其重视程度，从他主要著作的标题中就能看出来：《实验逻辑论文集》（*Essays in Experimental Logic*）、《经验与自然》（*Experience and Nature*）、《艺术即经验》（*Art as Experience*）和《经验与教育》（*Experience and Education*）。在这些著作中，杜威对经验的研究不仅仅是思辨上的探索，因为他主要努力方向是现实生活中的问题。杜威将皮尔斯思想放在重要位置，关注观念的实际效果。他主张真正的思想来自问题情境，这是经验流需要攻克的阻碍或障碍。在遭遇这些障碍时，意识被唤醒并集中注意力，同时它使一个人更敏感地察觉到这种情境。杜威认为，只有在处理这些真实生活问题时，创造性智力才能得到发展。传统哲学家也运用问题情境，不过他们尝试把它纳入已有的抽象概念之中，杜威认为，每一个情境都是独特的，只能通过实践行动的可能性效果进行经验性探究。这种研究途径反映了杜威的立场，那就是，我们不能以单一方式理解由经验与自然构成的世界。因此，人们必须对新奇和变化敏感，必须在处理问题时寻求创造性。杜威朝着发展经验方法论的方向前进，经验方法论主张，方法优先于形而上学。

在杜威看来，经验源于自然又存在于自然。自然包括石块、植物、疾病、社会环境、享受和苦难。简言之，一个人不能把经验和自然分开。自然是人所经验的，而且人们必须从与自然的联系角度来看待这种经验。这样看来，自然既是变动的又是稳定的，既是悬而未决的又是确定无疑的；也就是说，一些事物迅速变化并使生活不稳定，而另外一些事物变化缓慢并提供了一种稳定感。一些经验是稳定的，而另外一些经验是波动和混乱的。例如，植物和动物的物种自然变化需要相当长的时间，陆地轮廓的改变往往需要许多个世纪。然而，有一些生命形式，诸如某些种类的细菌，却能够相当迅速地进化，况且，地理面貌可以通过火山运动迅速改变。因此，自然有一些特征相当稳定，而另一些特征则常常波动，人类生活事件也可以这样来解释，因为杜威将人类生活看作自然的一部分。在家庭生活中形成的某些人类行为方式，甚至能够持续一生，而另一些人类行为方式则会很快改变。有些人会把所谓的性别革命作为变化的一个标志，但与养育儿童和家庭生活有关的某些人类需求似乎持续存在。出于同样的原因，广泛的社会和政治剧变带来了巨大的社会波动，诸如 1917 年俄国社会主义革命。然而，人们深入考察后发现，这些事件发生的原因通常可以追溯到很久以前。因此，杜威认为，一些事物相当稳定，而另一些事物则变化迅速，无论我们指的是生物学、社会制度还是政治事务。

虽然杜威没有接受卢梭的浪漫主义教育，但他接受了卢梭的影响，看到了自然在教育中的重要性。卢梭确立了三种教育资源：（1）自然，身体和能力的自发发展；（2）人类，人们在发展中产生的社会影响；（3）事物，人们在周围的客观事物中获得的个人经验。杜威认为，卢梭将这三种因素视为单独发生作用，哪一种被应用就产生作用。杜威的自然主义与卢梭有所不同，他认为，这三种因素必须相互关联。卢梭认为，一个儿童在他的个性形成期，应该被转移到乡村，并且被"自然地"教育；与此相反，杜威强调，儿童不应该远离有益于适当教育的社会环境。因此杜威认为，自然不仅包括物理实体，还包括社会关系。

杜威极力主张，如果一个人接受开放世界观和多元实体论的前提，那么进行抽象概念的解释就变得不那么重要，更重要的是考察人类的自然发展过程。接纳开放事物的本质观，并不必然导致过度乐观主义的生活观，因为一些过程通向人类的幸福，而另一些则导致人类的厄运。杜威相信，在很大程度上，人们能够控制自己的个人事务，并为自己创造更积极的生活。虽然杜威充分关注人类生活悲惨的一面，但是他坚持认为，我们有能力为自己和他人争取更满意的生活。这能通过使用有机会产生更理想结果的过程来明智地实现，这些过程可能有助于缓解甚至解决人类社会的某些问题。如果人们恰当地使用科学方法和经验思维，那么就能够帮助他们实现那些理想的结果。事实上，思维过程极其重要，因为杜威坚信，尽管不能说绝大多数，至少许多人类困境来自错误思维。他非常关注将思维过程和社会活动联系起来，这表现在他对社会运动和教育的强调。

实验主义与工具主义　杜威对社会运动与教育的关注使他的哲学具有明显的实践导向。杜威极力主张，哲学不应当只是处理不变的理论概念，在这个充满变化和不确定的世界中，哲学应该关注生活中的人类问题。他相信，当遇到需要为真实问题寻找实践性解决方案时，大多数思想家的工作是追求确定性（quest for certainty），找出正确的、永恒的观念。在杜威看来，观念并不是永恒不变的，我们是否接受观念，取决于它们能否很好地解决问题。杜威提到"有保证的论断"（warranted assertibility），通过它，一个人能够保持一种立场，不用相信它是绝对的或永恒不变的。

杜威相信，人们应当利用哲学来帮助他们在处理社会问题时更具"实验性"，在采取行动之前反思性地测试各种观念和建议，并在实验中尝试各种观念和建议后对结果进行批判性评价和反思性评估。在这种意义上，观念是解决人类问题的工具，这些解决方案应该在实验的基础上进行尝试，这样我们能在工作中有所收获，还能重新调整方案，使其达到更好的效果。因此在某些时候，杜威对实验主义（experimentalism）与工具主义（instrumentalism）这些术语的偏好超过了实用主义，但杜威的哲学并非一种科学主义，他也不迷信科学。他的主要兴趣是实用主义在哲学方面的应用。

在《我们怎样思维》中，杜威展示了如何以观念为工具，解决真实生活中的问题。他将观念描述为五个阶段：

1. 感觉到的疑难，它产生于一个人的经验冲突或正在进行的经验中的障碍或阻碍。

2. 疑难的所在和定义，用精确的术语界定问题的范围或特征。

3. 提出可能的解决方案，以及广泛的假设。

4. 通过对建议方案的发展进行推理，思考实施这些方案可能产生的结果——简而言之，就是仔细考虑事情的发展。

5. 通过进一步观察和实验，以决定是接受还是否决方案，验证假设，看看它们能否达到预期效果。

124   在这方面，杜威对方法的重视超过抽象答案，并将它作为关注的焦点。如果宇宙是开放的，存在是不稳定的和不可预测的，那么人们不能期望找到一劳永逸的解决方案；相反，我们必须把每一个人类问题作为新问题来对待。这并不是说答案不重要，但它的确意味着答案必须放在真实的生活情境中，没有两种答案完全相同。因此，我们必须从实验和工具意义上看待观念的地位。像皮尔斯一样，人们理解一些事物是正确的还是错误的，总是依据它们在人类活动中起到了什么作用或产生了什么效果。杜威在芝加哥大学实验学校（Laboratory School at the University of Chicago）的工作不仅表明了他对教育的关注，还表明了他的信念，即观念应该在现实生活的熔炉中得到检验。

杜威对社会世界中个性（individuality）的处理，是他哲学中争议不断的一个领域。这些争论有点让人吃惊，并使人相信这样一种观点，即杜威被

"骂"得很多，被讨论得很多，但很少有人阅读他的著作。一方面，人们声称，他以牺牲组织化的社会为代价推崇个性；另一方面，一些批评者指控，他使个体埋没于沉闷的客观现实之下，这代表了科学意识和集权式的社会制度。这些矛盾之处确实让人惊讶，如果人们公正地阅读过杜威的著作，那么他们就会发现，事实上很难找到杜威支持上述哪种观点的证据。

杜威没有接受极端的主观性或客观性，而是试图表明，经验首先且主要是宏观的，肉眼可观察的，主观性（或个性）和客观性（或社会和物理环境）的区分来自经验。简单地说，其中一个并不一定比另外一个更加真实，杜威认为，主观与客观或个人与社会处于不稳定的平衡中——一种权衡处理的（transactional）关系中。当然，严格的制度约束能够淹没个性，极端的个体主义（诸如经济上的自由放任主义）也会排斥社会性。事实上，杜威所说的个性和社会性彼此相连：两者都是可能性，而不是保证。换句话说，人们必须努力使更好、更理想的个体和社会生活成为现实，而不仅是理论倡议。

杜威认为，现代工业社会淹没了个性和社会性。他强调，由于现代社会的混乱无序性，学校应该成为培养儿童个性和社会能力的机构。通过民主生活的过程，学校能实现个性和社会性共同培养的目标。个性很重要，因为它是人类事务推陈出新和发展变化的源泉，而社会性则允许我们以卓有成效的方式共同工作。杜威将个性定义为个人的自由和选择，及其与客观环境之间的交互作用。如果个体的选择是明智的，那么个体就能对自己的命运和周围的客观世界行使更大的控制权；也就是说，他们将拥有更多的自由。

社会是个体发展的环境或者媒介。在杜威的心目中，如果没有人道的、民主的和教育性的社会条件，那么就不存在真正的个性；因此，社会范畴是包容性的（inclusive）哲学观念，因为它是实现独特的人的手段。在杜威的理论体系中，个性与社会性不能分离；它们彼此依赖且相互联系。从这个角度，人们能更好地理解杜威的学校理想，也能更深地认识到，他为什么反对那些促使个体与社会机构疏远的哲学思想。通过民主教育，学校必须增强个性与社会性的交互作用，因为一方支持并增强着另一方。

宗教经验　由于实用主义作为主要的"世俗人文主义"对公共教育产生了重要影响，它有时也会受到宗教势力的抨击。然而，像 W. 詹姆斯和杜威这样的实用主义者，他们本人也持久关注着宗教经验（religious experience）。W. 詹姆斯的代表作之一《宗教经验种种》（*The Varieties of Religious Experience*，1902），对哲学和神学思想产生了影响。虽然杜威的《共同的信仰》（*A*

125

Common Faith，1934）影响没有那么大，但是他简洁地表明了自己的立场，这潜在影响了他的教育思想和民主理论。虽然 W. 詹姆斯和杜威都不信奉超自然主义或有组织的宗教活动，但他们都是西方人文科学悠久传统中的人文主义者，就像过去许多关于宗教的思想家一样，诸如德西迪里厄斯·伊拉斯谟（Desiderius Erasmus）和杰斐逊。杜威编了一部关于杰斐逊的书，名为《杰斐逊文集》(*The Essential Jefferson*)，向他的天才致敬。杜威和杰斐逊都强烈相信，心灵的力量能够战胜迷信，并相信教育是民主国家生存的一个基本因素。

杜威坚持认为，成为"宗教"人并不意味着需要接受超自然的观点，他认为，大多数有组织的宗教有负面作用，因为它们试图将人分离和分类，这种做法在民主社会中是站不住脚的。当人类理解他们自身与社会背景的关联，并采取行动提升这种有价值的关联元素时，他们就获得了一种宗教品格。一种非宗教的态度认为，人类的目标和成就应该归因于单独的个体，与他或她所处的自然和社会环境无关。

道德发展　在《人性与行为》(*Human Nature and Conduct*) 中，杜威建议给道德来一场"广泛的扫描"(broad sweep)，因为任何涉及社会准则的道德都与人类研究有关。他认为，不仅要分析道德，还要按照休谟的怀疑论传统建设性地审视它们的观念。杜威认为，对于道德规则，人们应该鉴于所有特殊情况并依据它们的后果重新审视；因此，每个行为都需要按照道德效果来评判其好坏。本质上，这是一个教育过程，因为只有通过仔细的反思性思考，才能获得对道德效果的理解。杜威反对将道德理论建立在先验推理或者神的戒律之上。他认为，从根本上讲，道德品质是个体通过参与社会生活并继承文化遗产获得的，还可以通过日常生活和反思性探索获得。

最近，劳伦斯·柯尔伯格（Lawrence Kohlberg）的著作促进了道德领域的新发展，并引发许多争论。他声称，他的理论，至少部分理论，是对杜威道德教育观的详尽阐述。柯尔伯格强调，理解一个人道德品质的关键，就是要理解那个人的道德哲学。柯尔伯格相信，每一个人都是一个道德哲学家，虽然道德从一个人传递到另一个人会发生变化，但是普遍的（universal）道德思维方式可以描述为认知发展阶段（cognitive developmental stages）。尽管道德思维发展阶段的顺序不变，可是发展的速度各不相同，况且，儿童在任何阶段的发展都可能受到阻碍。道德思维发展阶段包括"结构性的整体"(structured wholes)或总体思维方式，而不仅仅是对特定情况的态度。

柯尔伯格的著作也受到了一些批评。争论的焦点之一是他如何解释杜威的观点。杜威认为，生长（growth）是有顺序的，或者说是分阶段的，但他并没有按照柯尔伯格的思路，从离散的、不变的阶段来看待发展。归根结底，柯尔伯格道德教育的方法，更应该归功于康德而不是杜威。柯尔伯格的道德阶段理论，指向一种确定的、最终的目的（正义），其与杜威哲学最接近的事情是"生长"的概念。

从杜威的视角来看，道德教育应该帮助学生获得至关重要的观念，它们将成为"引导行为的动机力量"，或者带来"扩展与加深生活的意识"。在《民主主义与教育》（*Democracy and Education*，1916）中，杜威坚信，"所有培养有效分享社会生活能力的教育全都是道德教育"；在《教育中的道德原理》（*Moral Principles in Education*，1909）中，他声称，参与社会生活是学校教育的主要目的。要使观念成为行为的动力，它们必须影响个体和他人的道德关系，就像杜威所说的那样，"最终的道德动机和力量不外乎是社会智力"。为了促使社会智力的生长发生，学校必须精心组织和安排，为学生提供与他们个人经验有关的教育，使教育进入学生的个人生活，并协助他们形成自己的判断力——或者杜威所说的"社会力量"和"品格力量"。个体只有在"在形成和检验判断力中不断练习"的情况下才能实现这一点。简而言之，教育的目的，就是个体判断力和社会能力的生长。

审美的发展　杜威晚年对艺术发展很感兴趣，这是受好友艾伯特·库姆斯·巴恩斯（Albert Cooms Barnes）这位成功的内科医生和艺术收藏家的影响。为收集艺术品，巴恩斯创建了巴恩斯基金会（Barnes Foundation），主要收藏印象派画家和后印象派画家的作品。巴恩斯与杜威有着大量的书信往来，他请求杜威研究艺术的哲学意义和基础。根据杜威的观念，艺术是形式和内容的结合。也就是说，艺术家总是把他们的观念融入他们创作的物品之中。因此，他们致力于自己的工作，直到获得令人满意的结果。艺术家不仅是创造者，还是观察者。无论如何，杜威不相信艺术和审美体验只属于专业艺术家。他认为，如果通过教育发展人们的创造才能，那么每个人都有可能获得并享受审美体验。因此，艺术需求不是少数人专有的，很有可能是每个人的需求，而且艺术能被应用于日常生活。一种真正的审美体验，是一个人全身心致力于艺术创作，以至于意识不到自我和被创造物之间的差异；两者是如此统一，以至于差异变得无足轻重。简而言之，一种审美体验提供了和谐与完整；它是最高形式的人类经验。像希腊人一样，杜威认为，人们应该把艺术投射到所有人类活动中，诸如教育的艺术，杜威坚信，虽然教育有很多科学的方面，但教学仍然主要是一种艺术。好的教育，有助于统一心灵和身体、思维和行动，这些实现以后，教育就成了最高的艺术形式——教育艺术。

在他漫长的职业生涯中，杜威是很多社会和政治事业的热心支持者：劳工组织工会、妇女选举权、学术自由、简·亚当斯（Jane Addams，1931 年获得诺贝尔和平奖）发起的"赫尔之家"运动、第三政党和反对战争，他通过关注并支持这些活动，探索一条解决社会和政治问题的道路。他担任过教师联合会主席，是美国公民自由联盟（American Civil Liberties Union）的捐助者，以及美国大学教授联合会（American Association of University Professors）首位主席。他是"宣布战争为非法"运动的一员，但他强烈支持第二次世界大战，以及公开谴责"出于良心拒服兵役者"，这令他的许多追随者感到失望。杜威去过很多发展中国家，了解它们的教育体系并提出改善建议。他最值得关注的行程是到访俄罗斯、中国、日本、土耳其、墨西哥和南非。1919—1921 年，杜威在中国游历并讲学。

新实用主义

实用主义，没有随着杜威时代的过去而完全沉寂，但它确实衰落了一段时间，特别是在学术界。不过，最近一段时间，它经历了一场被称为新实用主义（neopragmatism）的复兴运动。根据威廉·卡斯帕里（William Caspary）的说法，人们对杜威哲学的兴趣正在复兴，尤其是对分析主义和后现代主义思想家作出了广泛的回应。在很大程度上，这种复兴也受多位美国哲学家著作的影响，比如理查德·J. 伯恩斯坦（Richard J. Bernstein）、理查德·罗蒂（Richard Rorty）和科尔内尔·韦斯特（Cornel West）。在罗蒂看来，否定实用主义的美国和欧洲哲学家的行为是草率的，因为他认为 W. 詹姆斯和杜威是在分析哲学和后现代哲学所走的辩证法道路的终点等待。卡斯帕里反思了罗蒂的主张，他发现，在观念冲突与撞击频繁的今天，杜威的作品仍然非常中肯。杜威充满希望的哲学，可能帮助解决一些冲突，但他也警告，杜威的解决方案经常支离破碎，而且像其他伟大的思想家一样，他的主张也并非前后一致。罗蒂则认为，对客观知识的哲学探索已经如此渗透到哲学传统中，以至于成为正常的话语。他相信，正像杜威建议的那样，现在需要的是"非正常"的话语，即对人们习以为常的假设进行批评，动摇人们的基本信念，发展新的和更有创造力的思维方式。罗蒂的批评影响了作为西方哲学传统的一部分的教育哲学，这些批评还引发了有关社会政策和种族的问题。

在一部名为《实用主义和种族问题》（*Pragmatism and the Problem of Race*）的煽动性著作中，作者比尔·E. 劳森（Bill E. Lawson）和唐纳德·F. 科克（Donald F. Koch）认为，要将实用主义和种族问题联系起来。他们指出了实用主义对社会问题的关注及其解决困难和完成任务的精神特质。劳森和科克感到，实用主义方法可以作为一种研究种族问题的方式，也为解决这些问题提供了一种行动手段，他们认为，杜威对民主的全面看法将包含以积极和合作的方式看待这些问题。在查德·考策（Chad Kautzer）和爱德华多·门迭塔（Eduardo Mendieta）主编的《实用主义、民族与种族：帝国时代的共同体》（*Pragmatism*，*Nation and Race*: Community in the Age of Empire）中，多位作者从实用主义对种族问题的影响方面对实用主义进行了更多的批评。虽然他们认为需要在这方面重振实用主义传统，但是他们也发现，实用主义者在处理这些问题时经常扮演一种复杂甚至矛盾的角色。在促进对社会问题（如种族问题）采取更民主态度的同时，有些人认为，实用主义也被用于促进帝国的建立，并被教育以及社会和政治领域的各种利益集团收编，用于狭隘和限制性议程。至今还有一些政治领袖宣称自己是实用主义者。

威廉·爱德华·布格哈特·杜波依斯（William Edward Burghardt DuBois，1868—1963）

杜波依斯出生于马萨诸塞州大巴灵顿（Great Barrington，Massachusetts）。他毕业于田纳西州纳什维尔（Nashville，Tennessee）的费斯克大学（Fisk University），1895 年，他成为第一个获得哈佛大学哲学博士学位的非裔美国人。在哈佛大学，他跟随 W. 詹姆斯和乔治·桑塔亚纳（George Santayana）等杰出学者学习。他还曾在柏林大学学习过一段时间，在那里，他深受黑格尔哲学的影响。他曾任教于威尔伯福斯大学（Wilberforce University）、宾夕法尼亚大学（University of Pennsylvania）和亚特兰大大学（Atlanta University）。他还担任过联合国的顾问和纽约的和平信息中心（Peace Information Center）的主席；1959 年，他因投身促进世界和平活动，荣获列宁和平奖。1950 年，杜波依斯作为美国劳工党候选人竞选参议员失败。杜波依斯出版了一本论文集《黑人的灵魂》（*The Soul of Black Folk*，1903），以社会学纪实的方式描述了黑人在美国白人社会中的苦难经历，此项工作受到了亨利·詹姆斯（Henry James）的高度赞赏。他还出版了《美国黑人的重建》（*Black Reconstruction in America*，1935）等其他著作。1905 年，杜波依斯发起了全黑人的尼亚加拉运动（Niagara

Movement），阐述了许多社会改革原则，他还帮助创立了全美有色人种协进会
（National Association for the Advancement of Colored People，简称 NAACP）。
从 1910 年到 1934 年，他担任全美有色人种协进会杂志《危机》(*The Crisis*)
的主编。杜波依斯发展了泛非主义（pan-Africanism）的观念，认为全世界黑
人有着共同利益，应该一起努力去克服种族偏见，即便会带来骚动和抗议。

　　杜波依斯作为一个社会学家、教育家和作家，他主张黑人中"有才能的
十分之一"需要接受高等教育，从而培养一支有才华的黑人骨干队伍，他们
能够引导黑人社会大众走向正确的方向。这些观念导致了他与另外一个非裔
美国教育家布克·T. 华盛顿（Booker T. Washington，1856—1915）的冲突。
B. T. 华盛顿曾经是一名奴隶，后来成为亚拉巴马州塔斯基吉师范与工业学院
（Tuskegee Normal and Industrial Institute in Alabama，现在的塔斯基吉大学）的
首任校长。B. T. 华盛顿坚信，黑人在那个时代需要的教育，是工业和职业教
育。他认为，如果黑人有技能，那么他们就能促进社会经济进步，并且能在
白人主导的社会中获得更多的认可，他们能通过努力工作比通过要求平等权
利更快地进步。B. T. 华盛顿的观念在当时获得了广泛的认可，与他来往的知
名人士有安德鲁·卡耐基（Andrew Carnegie）和约翰·D. 洛克菲勒（John D.
Rockefeller）。他甚至受邀去白宫做西奥多·罗斯福（Theodore Roosevelt）总
统的客人，他出版的自传《超越奴役》(*Up from Slavery*，1901）给他带来了巨
大的社会声誉。杜波依斯则认为，B. T. 华盛顿的观点对白人权力结构过于迁
就和调和，因此他非常强烈地反对 B. T. 华盛顿的观点。后来，他对美国社会
变革的缓慢越来越感到沮丧，并在 1961 年加入了美国共产党。后来，他接受
了加纳政府赞助的一个编纂项目的邀请，放弃了美国国籍，成为一名加纳公
民，致力于《非洲百科全书》(*Encyclopedia Africana*）的编写工作，直至 1963
年去世。

　　继杜波依斯等伟大的黑人领袖的传统之后，另一位伟大的非裔美国人是马
丁·路德·金（1929—1968）。他是一名浸礼会牧师，后来成为 20 世纪五六十
年代黑人民权运动的领袖。因为领导亚拉巴马州蒙哥马利（Montgomery，
Alabama）的大规模黑人抵制公交运动，马丁·路德·金声望渐起，点燃这场
运动的是黑人女子罗莎·帕克斯（Rosa Parks）拒绝走到车后面为白人让座事
件。马丁·路德·金也为融合教育而奋斗，但他对融合教育的方向有严重的
疑虑。然而，他从来没有放弃希望，认为事情肯定能够得到改善。1963 年 8
月，他在华盛顿特区组织了一场大规模的游行，并发表了他著名的演讲"我有

一个梦想"（I Have a Dream）。马丁·路德·金有强烈的非暴力信念，他认为
我们可以在没有种族冲突的情况下实现变革，1964 年他被授予诺贝尔和平奖。
1968 年，他在田纳西州孟菲斯（Memphis，Tennessee）遇刺身亡，他身后获
得诸多荣誉，例如，1977 年的总统自由勋章（Presidential Medal of Freedom）
和 2009 年的国会金质奖章（Congressional Gold Medal）。在美国，他的诞辰被
作为全国性节日来庆祝。

　　马丁·路德·金的教育观是杜威式的，即他觉得技能非常必要，但批判性
思维更重要。他相信，我们需要将人们从每天身处的"宣传沼泽"（morass of
propaganda）中解救出来，人们需要具备筛选和衡量证据的能力、明辨是非的
能力、辨别事实与虚构的能力。马丁·路德·金相信，智力确实是我们需要提
升的能力，但是没有品格的智力会将我们引向一个不理想的未来。马丁·路
德·金像杜威一样，也意识到了教育能以消极的方式进行，而这只能加强传统
的文化观念和偏见。这就是为什么他觉得实用主义者所提倡的批判性思维的发
展是如此重要。

　　韦斯特（1953—　　），一位来自普林斯顿大学和哈佛大学的宗教学教授，
是今天非裔美国人问题的主要发言人，他是杜波依斯、马丁·路德·金和杜威
的忠实崇拜者。他写的《种族问题》（*Race Matters*，1993）是一部探讨非裔美
国人在当今社会中角色的著作，在他最近的著作《民主问题：战胜帝国主义》
（*Democracy Matters*: *Winning the Fight Against Imperialism*，2005）中，他坚持
认为，政治体系的虚荣和傲慢以及当代生活中盛行的物质主义，终会将我们引
向虚无主义。韦斯特经常在他的著作和演讲中引用杜威的名字和他的思想。他
坚信，就像杜威做的那样，我们需要一个强大的民主公共学校体系。然而他指
出，种族、贫穷和权力问题正在妨碍我们实现这个目标。

　　韦斯特提出了前瞻性实用主义（prophetic pragmatism）。在《美国人对哲
学的逃避》（*The American Evasion of Philosophy*）中，韦斯特认为，实用主义
起源于爱默生，在皮尔斯、W. 詹姆斯和杜威，以及最近 R. J. 伯恩斯坦和罗蒂
那里得到了充分的发展。然而，杜波依斯、莱因霍尔德·尼布尔（Reinhold
Niebuhr）、C. 赖特·米尔斯（C. Wright Mills）和莱昂内尔·特里林（Lionel
Trilling）等人也在实用主义中占有一席之地。韦斯特以多种方式，将非裔美国
人的基督教和解放神学传统与实用主义联系起来，承诺了一些新的方向，并认
为实用主义提供了更有希望的分析社会和政治生活的方法，能够避免传统哲学
中的问题。实用主义者通常坚持认为，社会变革应该通过和平手段来实现，特

别是通过教育、公共对话，以及社会和政治问题的实验性解决途径，这是杜威所说的智慧方法。这表明了实用主义的人道乐观主义，因为实用主义者呼吁，与其采用武装斗争和暴力，人们还不如一起寻求理性，付诸实施并进行评估，让所有人获得新目标，以及更加美好和幸福的生活。这并不意味着，生活没有悲惨的一面；更确切地说，一种适当的哲学方法总是避免让人们被悲惨的生活摧毁，使人们不至于处在绝望的麻木中。

虽然他们自己也是改革派的教育家，但实用主义者指出，在过去的很多时候，教育领域充斥着一刀切的、不加反思的改革主义观念，这些观念适得其反，无法持久。由于这些观念的浅薄，许多中小学的教育实践者干脆忽视了可能的改革，而是以更平庸的方式继续传统的学校教学。毕竟，在教育理论中谈论革命和激进主义会使学校成为右翼政治利益带头的愤怒的公众批评的对象，会使人们对教育机构（学校）失去信任，最终让学校来承担激进变革的责任。如果教育者想要进行罗蒂或者韦斯特所建议的新批评，那么人们需要理解我们的教育传统，吸取当前的教训（关于这一点，保守的或激进的教育理论都可以提供信息），继续进行哲学讨论，以深思熟虑和有益的方式挑战根深蒂固的教育思维方式。

130

作为一种教育哲学的实用主义

实用主义对美国教育的影响不容忽视。许多学校都以这样或那样的方式实践过实用主义观念的元素，但这种影响并不总是有意识地与实用主义联系起来。一个主要原因是，在实用主义最具影响力的时期，人们常把它视为激进的社会变革，或者干脆把它看作进步主义教育（progressive education）。许多教育工作者认为，这种界定妨碍了本质保守的、传统的学校接受实用主义观念；因而，他们更喜欢在实践中应用实用主义观念，而不将这些观念界定为实用主义或进步主义。在某种意义上，实用主义的基本元素从"后门"进入学校，这也解释了为什么人们经常使用（或误用）实用主义观念和方法，但并不认为自己使用了实用主义和杜威哲学。

虽然实用主义极大地影响了进步主义运动，但将实用主义和进步主义相提并论是错误的。虽然许多进步主义者声称他们赞同杜威的哲学观念，但杜威经常批评他的许多追随者制造的进步主义运动。他在《经验与教育》中，将矛头指向进步主义过度的"儿童中心",认为它是被传统束缚的、旧式的美国教育。人们经常引用杜威的名字,但很少阅读他的著作,而且许多狂热的进步主义者甚至断章取义地理解杜威的观念。

　　进步主义教育运动兴起于 19 世纪末 20 世纪初,当时,许多自由主义思想家认为,美国教育并没有反映民主理论中的公平和自由观念。美国进步教育协会(Progressive Education Association)成立于 1919 年。这个组织进行了一项研究,将 1 500 名进步主义学校的学生与传统学校的学生进行了比较。到了上大学的时候,看看接受进步主义教育的学生与接受传统教育的学生,哪一类学生的成绩更好。进步主义也有"强硬"派和"温和"派。"温和"派持有浪漫主义的儿童性善论,他们认为,"以儿童为中心"的教育就是很少限制行为,或是避免严格地按照学业成绩划分等级。然而人们认为,这种教育会导致放任主义,并以此指责进步主义教育,甚至谴责杜威的实用主义,因为许多进步主义者声称,杜威是他们的哲学领袖。进步主义的"强硬"派则认为,教育内容应该反映自然科学、社会科学和技术领域的新进展。一些"强硬"派的进步主义者甚至认为,人们应该采用科学程序,测量儿童的能力和智力水平,以此将儿童分为不同类别,以满足国家的需要。这种观点导致的分组做法加剧了学校和社会的社会差异,并导致杜威的实用主义被指责为极端的物质主义,而事实恰恰相反。杜威认为,教育既不需要过度宽松,也不需要严格的物化考量。学生确实要适应物质世界的需要,但这应该是在智力和情感的双重作用下完成的。

教育目的

　　杜威和实用主义者认为,教育是一种生活需要。教育使人们自我更新,使他们能够处理与环境互动时遇到的问题。杜威指出,通过教育这种代际文化传递过程,即成人与儿童间行为、活动、思想和情感的交流,文化穿越时空被保存下来。没有这些,社会生活就不能保存。因此,人们不应该仅仅将教育看作教授学业内容的学校教育,而应该将它们看作生活的一部分。

　　杜威认为,学校环境应该是这样的,它包括儿童生活中的其他环境——家庭、工作——它们以一种有意义的方式协同起来,成为儿童学习的场所。在实用主义者看来,教育不仅是为未来生活做准备,还是儿童生活的重要组成部分。儿童世界的生活对他们自己非常重要,就像成人世界的生活对成人非常重要一样。因此，教育者应该了解儿童的兴趣、动机和他们成长的环境。在《我的教育信条》（*My Pedagogic Creed*）中，杜威提出教育有两个基本方面：心理学和社会学。任何一方并不从属于另一方，因为儿童的本能和力量是任何教育的材质和出发点，而且教育者对社会条件的了解对解释儿童的力量是必要的。教育者不知道这些力量和本能是什么，直到它们可以转化为学生的社会对应物，并投射到他们未来的生活中。总之，杜威相信，个体应该被当作社会人（social beings）来教育，因为社会人有能力参与并主导自己的社会事务。这意味着，社会群体之间更自由地相互影响，同时也要关注个体未来成长所需的全部潜能的发展。杜威把教育看作一种解放个体的途径，它使个体朝着适合个人和社会目的的方向持续不断地生长。

不论学校教育和学习的具体目的是什么，实用主义者都强调，人类达到这些目的的方法非常重要。杜威认为，（1）目的应该来自现有条件；（2）目的应该是试探性的，至少开始时是这样的，并保持灵活性；（3）也许最重要的是，必须始终致力于在活动中实现自由发展（freeing of activities），这是一种"看得见的目的"（end in view）。最后一条建议是杜威教育观的核心。确切地说，杜威认为，人（父母、学生和公民）是教育的目的，而不是教育的过程。

正如杜威在《民主主义与教育》中所阐述的，教育的目的是生长："既然生长是生命的主要特征，那么教育就是不断生长；在它之外没有别的目的。"在这一点上，杜威认为，生长是能力的拓展——以有意义的方式从经验中学习，并指导未来的人生历程。这强调了上面提到的第三点，即教育应该解放人的活动，使人们更有能力指导个体和社会生活，因为只有通过这种方式，适合民主生活的生长才能发生。

悉尼·胡克（Sidney Hook）在《现代人的教育》（*Education for Modern Man*，1963）中主张，生长的教育和民主社会的教育一致。事实上，民主的理想确立了生长的方向，由此产生的生长将通向一个更好、更繁荣的社会。智力的意义在于它能够使我们打破习惯的束缚，并能够设计出更令人满意和理想的替代方案。胡克指出，生长、民主和智力是相互涵盖、彼此关联的教育目的。

根据阿尔文·奈曼（Alven Neiman）的说法，前现代（premodern）哲学家生活在一个相对稳定的世界里。在这个世界里，永恒的观点占主导地位，所有生物（像亚里士多德的橡子）都会变成它们本来就应该变成的样子。然而，现代主义改变了这种观念。自然界不是按照某种超然的设计展开的，而是只通过自然选择、偶然性和蛮力发挥作用。杜威争辩道，因为旧的稳定性已经消失，现在人们必须将他们自己看作意义的创造者（meaning-makers）——为这个世界带来秩序和意义的人。人类不仅仅是生物意义上的有机体，他们还必须是理解自身个体经验和社会经验的有机体，以便应对生活的不可预测性，并处理社会问题。杜威将生长看作教育的核心目的，因为我们可以通过生长的方式来迎接生活的挑战。就像罗蒂所指出的那样，人类需要超越人生普遍意义的探索，在他们当下的、真实的环境中寻找意义。

克伯屈（1871—1965）是一位颇有影响的教育家，也是杜威的学生和同事。他曾任教于哥伦比亚大学师范学院（Teachers College，Columbia University），多年来，他一直是进步主义教育的热心支持者。他提出了设计教学法（project method）①，即学生通过共同参与各种项目来学习。克伯屈坚持强调，教育应该使人们获得"最完满和最佳生活的可能性"。已经获得的成就和将来还要获得什么么成就总是不确定的；因此，持续的进步需要明智的努力。教育成为教导儿童怎样生活的活动，教育的功能通过项目或其他方法，帮助人们指导、控制和引领个体和社会经验，使其走向更民主和更幸福的生活方式。

实用主义者主张，人们要意识到他们行动的后果，这样才能更明智地引导自己的行动，无论这种行动是在个体还是社会层面。用这种方式，个体需要较少的特别支持和引导，就能学习引导和控制自己的行动。他们也能学习在更广阔的社会环境中发挥更大的作用，甚至能参与社会转型与社会变革活动。受过教育的人正是以这种方式生长，而且他们的生长基于与他人共同分享的良好环境，同时也基于内在的自然灵活性。学校应该培养思考、创新和积极进取的习惯，这些将帮助人们激发潜能，实现个人能力最大化。

在实用主义者看来，教育既是一项实验性的事业，又是一种有助于社会革新的事业。它应该提升人们的人文精神，增强人们为当前的经济、政治和社会问题找到新答案的意愿。教育应该提升个体与社会的福祉，这将减少对习俗的依赖，鼓励更多地依靠智慧和民主生活。当然，这并不意味着，不尊重或抛弃有价值的传统；恰恰相反，它意味着我们必须学习明智地解决紧迫的问题，而不是不加思考地依赖传统。

杜威指出，教育哲学不是应用预先设计好的观念去解决任何问题，而是形成正确的精神态度和道德态度，以解决当代的问题。当社会生活中发生根本变化时，人们应该重新建构他们的思想和教育内容以迎接挑战。

133

---

① 亦译"项目教学法"。——译者注

方法与课程

实用主义者喜欢可以以各种方式使用的灵活教育方法。他们也更喜欢功能性的学校，如可移动的儿童型号的桌子，为幼儿准备更大字体的书本，儿童型号的盥洗室等，这些都是杜威在芝加哥实验学校实验性探索的成果。在芝加哥实验学校，人们尝试了各种教学程序和方法，其中许多成为公立和私立教育的主流教育程序和方法。杜威认为，我们需要持续不断尝试新的观念和程序，拒绝那些不能帮助儿童更好地学习的观念和程序。我们必须认识到，教育需要各种教学方法，没有单一的教育方法能够完成教育工作，因此我们的方法应该利用更广泛的社区资源，诸如图书馆、博物馆、剧院和历史遗址，以这种方式，"实地考察"（field trip）的概念被广泛应用于进步主义教育环境。

实用主义者敦促教师和学生看到所有知识都是相关的。阅读、写作和拼写可以合并为语言艺术，而历史、地理、政治、经济和多元文化研究可以放在社会研究之下，因为这些领域是相关的。除此以外，社会研究、语言艺术和其他领域的课程之间都能找到相关性。可以通过在课程中发展一种交叉学科的方法（cross-disciplinary approach）来建立这种相关性，使学生理解事物是如何相关的。然后，学生可以选择一个领域，集中精力学习一个单元，比如"探索"（exploration），所有学科领域的学习内容都将围绕这个主题。例如，语言艺术将涉及探索文学，包括过去和现在的著名探险家的传记，探索对人们影响的历史描述，探索主题的科幻小说，以及学生研究探索主题的写作和研究项目。另外，他们可以将探索和数学学习结合起来，如环球航行所需的实用数学，以及从毕达哥拉斯时代到爱因斯坦、史蒂芬·霍金（Stephen Hawking）时代的数学探索故事。如果不对宇宙进行自然科学研究，那么就无法研究"探索"。学生可以探究科学发现的历史和戏剧，以及涉及各种探索性方面的艺术、戏剧和音乐。当然，这类教育活动的开展要以尊重学生参与者的发展、经验和教育水平的方式进行。如果以教育的方式来处理这些问题，那么学生就会以实际和应用的方式参与到知识的基本原理中，这样知识的有用性就会更加明显。这种方法展示了可用于核心主题的各种学科之间的关系，也向学生展示了所有知识是如何相关的。

实用主义者是行动导向教育（action-oriented education）的坚定拥护者，因此他们更建议采用活动导向的方法，根据这种方法，学生不仅可以学会将各种知识联系起来，并利用它们解决问题，还可以根据它们采取行动。为了更全面地了解探索，学生可能参观历史上的探索地点或当代的探索地点，如肯尼迪航天中心（Kennedy Space Center）、大峡谷国家公园（Grand Canyon National Park），或者大都会艺术博物馆（Metropolitan Museum of Art）。在学校，他们可以重构在这些考察中生成的观念，将它们与相关探索的观念和事件联系起来，了解其中的困难，并研究探索所产生的积极和消极影响。例如，欧洲人抵达美洲对印第安人产生了深远的影响，其积极和消极影响甚至持续到了今天。重构这部分人类经验（质疑和研究这个阶段的人类历史），不仅有助于学生更好地理解过去，还有助于学生更好地理解当代问题。这些学习包括阅读、讲座或演讲、实地考察、音像制品和网络链接；也可以通过学生情景剧、角色扮演和建模等形式开展。

实用主义者非常关注教儿童如何解决问题，他们相信，真实生活情境会激发儿童在实践背景中的问题解决能力。例如，节约和明智地使用能源是今天的一个重要问题。假设在一个特定的科学课上，学生想要了解节约能源。有人建议，他们应当设计一个能源分配系统。这就成为一个具体问题，学生需要查看能源的发展历史，有多少种不同的能源已经被人类使用，能源竞争如何加剧世界问题，关于能源的科学研究提供了什么解释，还有哪些能源和计划可用。

实用主义者认为，材料的收集应该符合学生的年龄特征，教师必须提供指导，确保活动在合理的范围内进行。学习动机存在于学生的兴趣之中，而教师作为拥有资源的服务者，则负责帮助学生在每一种情境中获得最大的教育益处。学生进行自主学习，他们可能会遇到各种问题，比如使用什么样的能源分配方案，如何建造一个公平的分配基础，以及涉及哪些社会和经济问题。他们还可以研究有什么替代性能源能被开发，如此社会才能更高效地节约能源。在尝试解决这些问题并提供解决方案的过程中，学生逐渐认识到需要克服的实际障碍，并收获重要的理解，这将有助于他们解决将来的问题。

实用主义教育者提倡满足儿童的需要和兴趣。有时候，这会被误以为是让儿童做任何他们想做的事情，但需要和兴趣并不一定意味着一时兴起。假设一个儿童想要制作飞机模型。实用主义者会指出，儿童对这一主题的内在兴趣可以作为激励的基础，通过它们与课程的其他领域知识建立连接。例如，人们通过研究螺旋桨的基本原理，或者通过研究人们的飞行梦想和最终实现飞行来教授数学和物理知识。满足学生的需要和兴趣，不意味着总是等待儿童提出主题，因为他们经常意识不到自己的兴趣和需要。一个精心准备、目的明确的教师，将会提出建议，激发学生的兴趣，帮助他们启动新的学习项目。事实上，

134

教师的作用就是帮助学生生长，这就意味着，引导他们进入一个新的知识领域，促使他们的理解、技能和能力变得更深入、更复杂和更熟练。在杜威的芝加哥实验学校，奉行的原则是从儿童直接感兴趣的活动开始，当他们在活动中遇到实际问题时，帮助他们专注于获得与活动相关的具体知识，活动反过来又将他们引向更通识的知识。

135　　实用主义者倾向于广泛的教育，而不是专门的教育。他们强调，当人们将知识分解为零散的要素，而且不把它们重新整合起来时，我们就将面临失去全景式观察的危险。在今天知识爆炸的情况下，一个人不可能什么都知道，但可以了解自然和社会的一般运作原理。实用主义者并不反对将知识分解成其构成要素，也不反对在高等和专业教育层面上的专业化，但他们确实鼓励将知识要素重新组合成一个整体，从而提供新的方向和见解。

　　实验（experimentation）的概念是实用主义的基础。事实上，杜威将他在芝加哥的学校称为"实验学校"，以此来说明他的教育（和哲学）是实验性的。虽然有无数的指南、格言和准则都是和教育相关的，但实用主义者坚持认为，经过最终的分析，教育是一个实验过程，因为总有新的事物需要学习，总有不同的事情需要经历。杜威举了一个例子，7岁的学生正在煮鸡蛋，并将鸡蛋与蔬菜和肉类进行比较。如果仅仅将煮鸡蛋作为最终目的，那么学生用烹饪手册作指导就够了。然而，他们甚至指出，在煮鸡蛋、提问和寻求答案的过程中，学生就会发现蛋白是动物类食物的一个特征，它相当于蔬菜中的淀粉。因此，他们学到了营养学中的重要一课。教师本可以事先告诉他们这些信息，但生动的发现方式比单纯的讲述更深刻地阐明了这些知识。这种学习方法有双重的价值：（1）学习了重要的知识内容；（2）发展了探究和自立的技能，这将使个体在未来几年中受益。

　　克伯屈的设计教学法作为一种基本的学习方法，也被应用于教学过程中。项目应尽可能由学生通过个人和小组讨论来选择，教师作为主持人，在追求项目的目标方面与学生合作。在某些情况下，教师并不明确结果会是什么样的。克伯屈谨慎地指出，教师需要且应当否决那些太模糊或资料不足的项目。他提倡，小学阶段的各个年级都应该采用设计教学法，也可以扩展到中学阶段，只是需要减少数量，以便为一些专业化学习留出空间。虽然实用主义者对教育方法的论述有所不同，但他们都赞同适当的教育方法是实验性的、灵活的、开放的，并以个体思考能力的提升和明智地参与社会生活为导向。

　　实用主义者反对将知识从经验中分离出来，也反对将知识分门别类。当这些情况发生时，事实就从经验中剥离出来，知识的分门别类会把注意力集中在学科上，而不是儿童的学习经验上。例如，在专业化学习中，学生可能会引用莎士比亚（Shakespeare）的一段话，但没有真正洞察和理解这段话如何能让他们了解世界和自己的生活。同样，那些忽略学科，将儿童作为唯一出发点的人，就有可能忽视有组织的知识的重要性。因此，这是一个双向通道，既有整体性，又有分割性。

杜威觉得，我们不应该在儿童的兴趣和重要的必须学习的学科知识之间制造一条鸿沟。难题常常在于：如何组织学科内容，以何种方式呈现给学生。例如，把传统历史教给学生，这是学生应该简单学习的内容，因为它们对学生有益，尽管它们可能离学生的日常生活经验很遥远。历史学习应使学生能将他们的经验、习俗和制度与过去的经验、习俗和制度进行比较，并建立联系。它应该提供相应的内容、背景知识和相关视角来释放和丰富个人生活。杜威认为，把历史和当今现实割裂的教学实践是错误的，因为它使学生无法从历史学习中获取有见地地洞悉现实生活的能力。割裂的历史也失去了其作为一门学科的价值，它不能帮助提供一种理解目前生活事件的视角。

当一个人把儿童学到了什么看作确定的和预先设计好的，注意力就会过多地指向结果，而较少关注过程。实用主义者希望，至少要集中一些注意力给过程，因为目的不应该与方式相分离。他们认为，方式是用来完成某些支配结果（或者目的）的东西。例如，说美国学校应该培养民主社会的公民，然后以这样的方式建立学校，使学生几乎没有什么选择、判断或者决策的机会，这实际上是无法培养民主社会的公民所需要的素养的。

实用主义者相信一种多样化的课程观。这导致美国教育扩展到许多领域，包括以前不被认为属于它范围的许多内容。例如，实用主义者主张通过"以问题为中心"的学习活动来研究职业、卫生以及家庭、性别和经济等主题。实质上，它开始于一个中心提问或问题（a central question or problem），学生学习如何攻克这个问题，如健康问题，学生根据他们的兴趣和需要，用不同的方法解决这个问题。一些学生可以独立学习，一些学生可以在小组中学习，还有一些学生可以在不同的组合和背景下学习。学生可以通过书本、期刊、视频、旅行、实地考察、客座专家和其他资源获取信息和想法。通过对材料进行研究和评估，学生得出结论并构建有关问题的适当概括。对学习和生长进行评估，这有助于设定下一个学习单元。传统学科并没有被忽视，而是被用来作为问题的知识背景，以及帮助学生学习和生长的方法。

教师角色

对杜威而言，教与学对人类群体和社会延续极其重要。事物的延续过程、传递过程使社会生活成为可能，这不是一个生物学或遗传学过程，而是一个社会和人类共同体文化传递的过程。一个共同体的存在是因为人们有共同的东西（价值、信仰、语言等）。因为这些东西在生物学意义上是无法传递的，它们只能通过社会和教育过程传递给年轻一代。否则，每一代人都必须重新创造，而不仅仅是重新解释前几代人知道和理解的东西。

因为所有的社会生活都有潜在的教育意义，人们通过非正规教育过程而不是正规教育来学习大部分的知识；然而，非正规教育过程并不总是有目的和精心开展的。正规教育的意义在于，它采用精心设计的方式传递文化，以确保有序的社会生活和共同体延续的可能性。然而危险的是，正规教育可能会变得抽象，远离学生的真实生活经验，因此要时常关注它与生活经验之间的适当联系。这就使教师的角色变得极其重要。

137   教育可以被科学地研究，但它的有效实践从根本上讲是一门艺术。当教师使教育摆脱惯例化和枯燥难耐时，他们就将这门艺术表达得淋漓尽致；所有的生活都能给人以教育，但社会生活帮助人们从他们的教育中提炼出根本意义。杜威，像柏拉图一样，相信社会是人类学习经验的必要组成部分，我们必须警惕甚至反对，学校把教学内容当作脱离社会生活的事物。

训练和教育不是一回事。我们可以通过行为调节，训练儿童喜欢或者回避某事，尽管他们根本不理解为什么要这样做。动物的许多行为是训练的结果，但人类不像马，人类有广泛的理解力，能按照他们的理解来做事。因此，只有当理解和明智的行动得到促进时，教育过程才得以实现，而帮助儿童明智地思考和行动就是教育，而不仅仅是训练。学习活动应该被用来传递思想，帮助学生发展理解和技能，并且应该提供教育环境，让学生能对他们所学的东西进行实践和检验。这种教育方法必须被框定在一个经过精心设计的环境中，以达到最大的教育效果，因此，具有知识和情感的教师是最重要的。

实用主义者认为，儿童有内在的学习动机，因此教师应该捕捉并利用已经存在的学习动机。教师应该理解，并不是所有的学生都有相同的起点，因而不能用同样的方法去教育他们。虽然项目可能会激发某些学生进行小组学习，但应该为其他学生提供个性化的项目。实用主义者认为，教师应该作为知识的引导者和学习资源的提供者，而不是仅仅在学科知识上训练学生的监工。训练和口头问答有特殊功能，但不是教学的中心功能。在《民主主义与教育》中，杜威坚持认为，教师的主要职责是营造一个合适的学习环境，以刺激学生在智力与情感方面的理想生长。这种环境最重要的部分是学科内容的学习，教师必须拥有渊博的学科内容知识，才能把学科内容划分成基本的学习元素，使学生将它们和自己的生活经验联系起来。以学生当前兴趣和生活情境为起点，向他们展示知识是如何与他们的生活相联系的。教学成为帮助学生识别问题和研究有组织的知识的过程，以了解社会生活是如何从过去发展至今，什么是需要继承的，还有什么是需要改变的。

杜威相信，只要学习者明白知识如何与当今现实社会相关联，他们就会以最大的动机去学习系统化的知识。例如，在芝加哥实验学校，杜威让学生用一个小手摇织布机编织简单的东西——一种他们都喜欢的活动——来帮助学生研究纺织品在人类历史上的影响。他们学习将当前兴趣和较为远离目前生活但至关重要的人类兴趣建立联系。使用手摇织布机，帮助他们认识到特别重要的一点：人类在早期文化中如何解决穿衣和生存问题。使用这种学习方法的变化形式也可以激发成熟学生对更复杂和更抽象事物的兴趣。例如，假设考虑所有中学生都对成人世界的工作感兴趣。继续使用纺织品这个例子，我们应该考虑到，纺织制造业是当今全球经济的一个重要议题，以及它如何引起全球经济变化。以他们的兴趣为出发点，学生会发现纺织品贯穿于人类历史发展的长河。使用天然纤维制作服装，是史前文化对人类的一项重大贡献；丝绸贸易，是希腊-罗马世界和古代中国的联结点与冲突点；羊毛和亚麻竞争，是欧洲工业革命一个重要刺激因素；棉花是美国南北战争中农奴制问题的核心；还有天然的和人工合成纤维的纺织品制造，对当今全球经济也很重要。这些研究有助于学生从历史和当前的视角来看待他们的生活。教师的一个主要作用是帮助学习者识别这些历史方面，确定问题框架，并找到适当的知识体系以帮助理解这些事件。

实用主义者重视促进学生发挥积极作用的教学。相对教师传授知识、学生被动接受知识而言，实用主义者更愿意看到积极主动的教师和学生。教师的行动包括创设学习环境，指导学生开展学习活动，帮助学生定位知识并将其融入自己的经验中；学生的行动包括提问，寻求影响他们的信息和知识，以及提高管理生活和富有成效地参与社会的理解和能力。

实用主义者要求，优秀的教师必须具备博大精深的知识，了解影响学生生活的当前情况，知道如何组织和引导学生进行调查，了解心理学的发展

138

和学习理论，能为学生提供支持性的学习环境，深入地了解学校和社区中哪些资源可以用来教与学。一个人想要成为教师，需要广泛的知识，因此杜威是教师培训机构的支持者，他认为，教师培训机构能够帮助人们成为更好的教师。

对教育中实用主义的评价

20世纪中叶以后，很少有哲学家标榜自己是实用主义者；相对而言，分析哲学、存在主义、解释学（hermeneutics）和后现代主义成为哲学的时尚潮流。然而，今天实用主义的复苏正在发生，因为杜威始终如一地、强有力地论述了科学、民主和教育的联系，他的观念在今天仍然具有很大的影响力，他的追随者不局限于教育领域，也分布在其他领域。然而，对杜威的理解，有很多不同意见。一个阵营指控，他想要利用教育形成一个多元社会，却没有预先考虑特殊文化的差异；另一个阵营认为，他倡导文化多元论，却贬低了个体主义。此外，他还贬低了系统学习的学术原则，特别是数学和自然科学学科领域的系统化学习原则。从20世纪50年代开始，进步主义教育受到严厉批判，因为它部分推动了降低公共教育标准运动。虽然进步主义教育者进行了反驳，但许多传统教育工作者觉得，进步主义教育方法不够严谨——我们需要返璞归真的教育方法。还有一些对实用主义者的错误批评认为，实用主义教育哲学贬低知识的习得，淡化了课程，从这个学科中抽出一块，从那个学科中抽出一点，而没有充分深入地探索这两个学科，这种做法迎合了学生的兴趣，但轻视了他们真正需要的基础学科。有些批评是有价值的，因为进步主义教育改革有时实施得太过仓促，没有为相关学校的教师队伍或教育结构做好充分准备。此外，还有一些改革者并没有完全掌握要进行的改革的基本观念。在杜威的观点方面也存在同样的问题。一些教育家将杜威的教育思想解释为，教育的智力和认知方面不重要。然而，事实上，杜威是把智力和思维放在其哲学的中心位置。杜威认为，智力是在处理问题和达成解决方案的有目的的活动中发展的。杜威并没有忽视书本和学科内容，或否定周期性训练的必要性。他只是单纯地反对这些是教育中最重要事情的断言。杜威相信，每一个有目的的人类活动，都有促进智力、情感、审美和道德生长的潜在力量。

　　事实上，杜威极力主张的与经常以他和其他实用主义哲学家的名义所做的之间存在很大的差距。一个值得关注的例子就是"生活适应"运动。在 20 世纪 50 年代，一些批评者争论道，实用主义者，特别是杜威，提倡从伦理上调整个人的愿望和兴趣，以适应当下社会和经济状况的生活方式。他们表示，这种观点加剧了垄断经济和社会分化的现状。事实上，一个从前的教育运动的确被称为"生活适应"运动，但并没有迹象证明杜威或者其他任何主要的实用主义者曾经支持过它。杜威确实使用过"适应"一词，但他用这个词，只是涉及人们调节客观环境以适应自己的需要，反过来，也会调节自己以适应客观环境的需要。他指出，为了重建和重新定位社会，人们首先必须和现存环境互动。在这种意义上，他们不得不像其他有机体一样调节自己，但是他们这样做，是为了加强一些条件，改变另外一些条件，而不是简单地顺应现状的权威和权力关系。

　　一些批评者抨击实用主义，因为认为它对生活问题的处理是相对的和情境性的。他们坚持认为，实用主义者反对传统的价值观，而支持不确定的、多变的和无常的价值观。虽然这些指控包含一些真实的元素，但部分批判可能与实用主义为解决社会、文化和教育背景而非传统哲学的形而上学话题所做的努力有关。尽管如此，即便是被批评者指控为相对主义，实用主义者（诸如杜威）并不认为，传统观念和价值应该被不假思索地抛弃，相反，它们应该被精心学习，并被应用在能够发挥作用的地方。实用主义者相信，无论如何，一个人不可能仅仅依靠传世价值观来应对生活，应该在人类活动的每一个领域寻找新的观念和价值观。这个问题在实用主义者的教育方法中尤为明显：它支持学校应该保持一种实验性的学习方法的观点。这些批评者似乎没有意识到，这并不意味着观念和方法，无论其起源多么古老，都会被自动废弃。只是在实用主义者看来，当新的观念和方法有助于更好地解决令人困惑的人类问题时，就应该予以发展和应用。

　　有几个因素可以解释实用主义在教育中应用的困难：除了误解之外，实用主义偶尔缺乏明确性，这常常使它的观念应用起来非常困难。此外，热心的追随者试图将宽泛的观念应用于具体的教育问题，因此过度简化了实用主义的立场，或者接受了对杜威和实用主义者意思的第二手解释。然而，一些人挑剔实用主义本身的缺点，但另外一些人把它看作主要的思想来源。事实上，诸如开放课堂、开放教育、合作学习、夏山学校（Summerhill School）以及其他许多形式的选择性教育（alternative education）的支持者都说，他们的动力和方法源于杜威的教育观念。

140　　　威廉·帕兰热（William Paringer）在《杜威与自由改革的悖论》（*John Dewey and the Paradox of Liberal Reform*，1990）中，采用马克思主义视角，认为杜威不够激进，他太过于固守启蒙运动的概念，太缺乏意识形态和政治分析。因此，帕兰热指出，当杜威研究教室中的权力关系时，他没有对更广阔社会中的权力关系——这种关系强调种族歧视、性别歧视、暴力和阶层划分——给予足够的关注。恰恰与此相反，桑福德·赖特曼（Sanford Reitman）在《教育的弥赛亚情结》（*The Educational Messiah Complex*，1992）中认为，美国进步主义者和改造主义者，从杜威那里借鉴的思想太过激进。他们开始将学校视为解决困扰社会所有弊病的工具，而忽略了杜威的观点，即所有社会生活都有潜在的教育力量，教育的任务就是确保这些生活产生理想的教育结果。最近，历史学家戴安娜·拉维奇（Dianne Ravitch）在《回顾百年失败的学校改革》（*Left Back*: *A Century of Failed School Reform*，2000）中指出，当今学校似乎忘记了它们特有的学术使命，主要原因要归结于杜威的进步主义追随者——从儿童中心的进步主义者到改造主义者。在他们热情地解决社会问题的过程中，忽视学校建立的根本学术原因。杜威肯定意识到了阶级冲突、种族问题和其他社会因素，他确实相信教育可以在解决这些问题上有所作为，但他选择了更为缓和、更少对抗的变革方法，而不是他的许多更激进的批评者所真正喜欢的变革方法。

　　最后，关于当代学校教育的所谓失败，人们可能会怀疑它是不是与杜威、实用主义，或者甚至与进步主义教育运动的过激行为有如此直接的联系，正如许多批评者所认为的那样。当人们谈到学校教育的失败时，有很多社会因素需要考虑，诸如家庭的作用、经济结构、阶级、种族，甚至是教育活动发生的建筑类型和学校环境。有人可能辩论道，进步主义教育所需要的教育者是出类拔萃的，即在教育理论和实践领域有极强的胜任力、智慧和高度的敏感性，且接受过高水平的教育。即便在当今时代，能否培养和留住足够数量的这种教育者也值得怀疑，特别是考虑到社会是否愿意为教师和教育提供相应的财政支出水平。批评者似乎也没有考虑到美国教育的官僚主义和政治化性质，这往往会扼杀更富创见和更有益的改革。

　　然而，这些批评倾向表明实用主义（特别是杜威的理论）仍然继续影响着教育理论研究者。尽管如此，有许多著作和论文批评杜威和进步主义教育，但由于没有在公共教育中系统地使用它，它没有得到真正应有的评价。大多数批评者仅仅对其零星方面提出异议，只是进行论战性的攻击而不是批判性的分析，或者仅仅利用实用主义的某些特定方面支持自己一派的观点。无论如何，实用主义已经为教育理论和实践作出了重要的贡献，而且它们的影响将会持续。

另一个评价杜威和实用主义持续影响力的工作，由南伊利诺伊大学本代尔分校（Southern Illinois University at Carbondale）的杜威研究中心（Center for Dewey Studies）完成。杜威研究中心收藏了杜威的论文、往来书信、其他文件和出版物。这里出版了广受赞誉的杜威作品集，大约有 40 卷资料。这些资料有助于人们更好地、更系统地理解杜威哲学，也有助于提升杜威在教育领域的学术影响力。

威廉·詹姆斯
《与教师的谈话》

141

W. 詹姆斯的教育论述很少，但是他的核心思想基本上反映在这些为数不多的教育论述中。下面节选的内容阐明了他的主要观点，特别是意识流（stream of consciousness）和作为行动有机体（behaving organism）的儿童。意识是很复杂的，不能简单地划分为智力和实践，它也不能脱离习惯性的行为模式。根据 W. 詹姆斯的观念，教育的过程是获得重要的行为习惯，并获得更高、更丰富的组合的观念。

意识流

……即使是出于个人的目的，教师也绝对有必要了解心灵最普遍的元素和活动方式。

现在人们所共知的事实是，心理学、心灵科学研究的是转瞬即逝的事物。这就是，我们当中的每一个人，当我们清醒（和常常当我们睡着）的时候，某种意识一直在活动着。知识、情感、欲望、沉思的河流，或者连续的状态、波浪、领域等我们乐意称呼的任何名称。它们持续不断地经过，并再次经过，构成了我们的内心生活。这种意识流的存在是根本的事实，它的本质和根源形成了我们的根本问题，也构成了我们的科学……

　　因此，我们拥有了意识领域，这是第一个普遍事实；第二个普遍事实就是具体的领域总是复杂的。它们包括对身体和周围事物的感知、过去经验的记忆和对遥远事物的思考、满足和不满足的感觉、欲望和反感，以及其他情感状况，它们与确定的意志一起，在每一次排列和组合中呈现多样性。

　　人们发现，在绝大多数我们具体的意识领域中，所有这些不同类型的元素都会在某种程度上同时出现，尽管它们彼此之间的构成比例不断变化。例如，一个领域似乎除了感觉之外没有其他成分，另外一个领域似乎除了记忆之外没有其他成分，等等；但如果一个人仔细地考量，那么他将会发现，围绕感觉，总是有些许的思想或意志，或者在记忆周围，总是有一些情感或感觉的痕迹或影子……

　　在我们意识领域的连续变化过程中，一个领域融入另一个领域的过程经常是缓慢进行的，而且会发生各种内容的内部重新排列。有时中心一直保持不变，但与此同时，边缘迅速地变化；有时，中心改变，而边缘保留下来；有时，中心和边缘改变位置；有时，整个领域会突然再次发生变化。对此很难有一个很清晰的描述。我们知道，就绝大部分意识领域而言，每一个领域对它的拥有者来说，有一种实践性的统一，从这种实践观出发，我们能将一个领域与之相似的其他领域归为一类，将它们称作情感领域、困惑领域、感觉领域、抽象思维领域、意志力领域……

作为行动有机体的儿童

　　我希望，现在我们继续对意识流的特性进行描述，询问我们能否以任何可理解的方式分配其功能。

　　它有两个很明显的功能：它能够引起知识，以及它能够引起行动。

　　我们能否说出，这些功能中哪一个更为根本？

　　这里存在着一种历史上由来已久的两种不同观点。大众的观念总是倾向于通过一个人的心理过程对其实际生活产生的影响来评估其价值，但哲学家通常有不同的观点。"人类的至高无上的荣耀，"他们说，"就是成为一个理性的存在（rational being），去认识绝对的、永恒的普遍真理。因此，智力在实际事务中的运用就成为次要事情。'理论上的生活'才是他的灵魂真正关心的内容。"采取这种观点还是另一种，强调实践的理想，还是理论的理想，没有什么别的选择比这更影响我们的生活态度。在理论的理想中，情感和热情的抽象化，远离人事纷扰的退避，这些做法不仅仅是可以被原谅的，而且是值得称赞的，并且人们应该这样，把所有那些有助于平静和沉思的行为，看作有益于人类不断完善的行为。在实践的理想中，沉思仅仅是人类存在的一面，热情和实际有效的资源，将再次成为人类的荣耀，人类每战胜一次地球外部的黑暗势力，就会被动地获得一定数量的精神文化，而且行为仍然是检验每一种教育是否名副其实的标准。

我们不可能掩饰这样的事实，自柏拉图和亚里士多德以来的古典哲学传统将心灵的纯粹理性功能放在重要的位置，然而我们这个时代的心理学强调的重点从心灵的纯粹理性功能转向人们长久以来忽略的实践功能。进化论要对此负主要的责任。我们现在有理由相信，人类是从类人猿的祖先进化而来的，类人猿几乎没有纯粹的理性，总体上来说，如果它们的心灵有任何功能的话，那么就是它似乎是一种行为调节的器官，根据从外界环境获得的印象，使它们更好地逃避灭亡。因此，意识起初似乎只是一种追加的生物完善性（除非它唤醒有用的行为，否则毫无价值），它是脱离理性思考就难以理解的事物。

在我们的天性深处，我们意识的生物基础持续存在，这是无法掩饰的，且是无法削弱的。我们的感觉吸引我们或者威慑我们，我们的记忆警告我们或者激励我们，我们的感情促进我们，我们的思想规范我们的行为，因此，从总体上看，我们可能兴旺繁荣，我们在陆地上的岁月能够长久……

没有人比我更强烈地相信，我们的感官所认识的"这个世界"，仅仅是我们心灵的整体环境和对象的一部分。因为它是原始部分，所以它也是其他部分的必要条件（sine qua non）。如果你牢牢掌握了关于它的事实，那么你就可以不受干扰地进入更高的领域。我们在一起的时间如此短暂，因而我更喜欢首要的和根本的，而不是完整的，正因为如此，我建议你们要果断地抓住那些格外简单的观点。

我可以简单地解释为什么我把它称为根本的。

第一，这样人类和动物的心理因此变得不那么连续。我知道，对你们中的一些人来说，这并不是一个让人感兴趣的理由，但也有其他人会受到影响。

第二，心理活动由大脑活动决定，它们并行运转。但大脑，就我们对它的理解而言，它带给了我们实际的行为。每一个从皮肤、眼睛或耳朵流向大脑的生物电流，又从大脑流出进入肌肉、腺体或内脏，帮助动物适应产生生物电流的环境。因此，它概括并简化了我们的观点，认为大脑生活和精神生活拥有某种根本的目的。

第三，心灵的真正功能，不直接涉及这个世界的环境、伦理的乌托邦、审美的想象力、对永恒真理的洞悉以及富于幻想的逻辑联合体，除非产生这些内容的心灵能产生更切实可行的内容，否则人类个体永远也不可能实施这些内容。因此，切实可行的心灵功能是更基本的，或者至少是更原始的结果。

第四，从一开始，无关紧要的"不切实际的"活动，就与我们所说的行为和环境适应没有什么关系。我们曾经领会的真理，无论多么抽象，在某一个时期都将影响我们的世俗行为。你必须记住，我这里说的行为，指的是广泛意义上的行为。我指的是演讲，我指的是写作，我指的是"肯定"和"否定"，我指的是事物的由来、事物的朝向和情感的决定性；并且我既指将来的行为，也指当前的行为……

你应该把基础的专业任务主要看作训练学生的行为；不是将行为看作狭义上的举止，而是从最广泛的意义上，将行为看作应对环境带来的生活变化所采取的任何可能的举措。

教育与行动者

……（教育）包括组织人类的资源和行为能力，使其适应其社会环境和物质环境。一个"未受教育的"人，是一个除了最习惯的情境以外，对所有事物都感到困惑的人。与之相反，受过教育的人实际上能通过记忆中储存的例子和获得的抽象概念，从他以前从未置身的环境中解脱出来。简而言之，将教育称为后天行为习惯和行为倾向的组织，这是再好不过的描述了……

……因此，你应当让你的学生留有这样的印象。你应该帮助他们养成习惯，引导他们获得行动的能力——情感的、社会的、身体的、口头表达的、技术的或其他的。在这种情况下，你应该不会吹毛求疵，也不会多费工夫，而是乐意以一种普遍的方式，将这些讲座中倡导的心灵的生物学概念当作具有实际用途的事物。这个概念肯定会涵盖你自己的教育工作的大部分内容。

习惯律

教师应该认识习惯的重要性，这非常重要，在这方面，心理学对我们有极大的帮助。的确，我们会谈论好习惯和坏习惯；但当人们运用习惯这个词时，在大多数情况下，他们想到的是坏习惯。他们谈论吸烟的习惯、骂人的习惯和酗酒的习惯，而从来不说节制的习惯、适度的习惯或勇敢的习惯。然而事实上，我们的美德和邪恶都是习惯。如果要用明确的形式来表示的话，那么我们的整个生活是一堆习惯——实践的、情感的和智力的——为我们的幸福或者灾祸而系统地组织起来，并使我们不可抗拒地走向我们的命运，不管命运可能是什么……

我相信，我们受到习惯律的支配是由于我们拥有血肉之躯。简单地说，我们神经系统的生物组织是可塑的，这就解释了为什么我们第一次做某件事情的时候总是感到困难，但是不久以后它就变得越来越容易，甚至到了最后，我们经过足够的练习再做这件事，就能达到半机械化的程度甚或达到几乎没有意识的状态。我们的神经系统……以它们被训练的方式生长，就像一张纸或是一件外套，一旦被折皱或者折叠，倾向以后永远向着同样的折痕方向倒去。

因此，习惯是我们的第二天性……

如果我们仅仅是习惯的集合，那么我们就是被固定化的生物，是过去自我的模仿者和复制者。在任何环境下，习惯总是使我们保持某种倾向，因此教师首先要关心的应当是，将多种对整个人生的发展最有用的习惯植根于学生身上。教育是为了行为，而习惯是构成行为的原材料。

……在所有的教育中最重要的事情是，使我们的神经系统成为我们的盟友而不是敌人。这好比是积累财富并有效地运营，它使我们能轻松自如地享用这笔财富带来的好处。为此，我们必须尽早养成自觉行为和习惯行为，尽可能多地采取有用的行动，并警觉地抵制朝着不利方向的发展。我们越多地将日常生活细节移交给不费力的自动行为保护，我们就越能发挥更高级的意识力量，越好地释放它们，使它们进行自己专有的工作。再没有比除了优柔寡断之外没有其他任何习惯的人更可悲了，对这样的人而言，点燃每一支雪茄，品尝每一杯酒，每天的起床与入睡时间，以及每项工作的开始，都是明确的意志需要思考的主题。这样的人，有一半的时间用来作出决定或者悔恨，而这些事情应该是植根于他身体之中的自觉行为，根本不需要进入意识层面。如果这些日常事务还没有在哪一位听众身上建立起来，那么就让他现在开始把这些事情纠正过来吧！

……两个重要的准则产生了……第一个准则就是，在获得一个新习惯，或者改掉一个坏习惯时，我们必须认真地投入其中，尽可能使我们自身具有强大的、果断的主动权。我们要抓住所有可能的机会，提高正确的动机；专心地融入鼓励新方法产生的情境；与旧的习惯告别；如果情况允许的话，那么做一个公开的宣誓；简而言之，运用你知道的所有辅助手段，来巩固你的决心。这将给你一个新的开始，在这种时刻，击败诱惑，将其扼杀在萌芽之中，每天抵制诱惑，也会使它以后不再出现……

第二个准则就是，绝对不要容许例外发生，直到新习惯确定无疑地在你的生活中扎下根来。每一次松懈就像一个人小心翼翼绕起来的线团掉下来，每一次滑落松开的线，需要再一次缠绕许多圈。持续的训练是使神经系统的行为无误的良好方法……

我们在年轻时都打算在毁灭者将我们击倒之前成为一个男子汉。我们希望并期待永远享受诗歌，在绘画和音乐方面越来越有才华，在精神和宗教观念方面有所增进，甚至期待我们的观念能够与这个时代的伟大哲学思想一较高下。这就是年轻时候的我们，然而，有多少中年男女实现了这些诚恳、热切的愿望呢？当然，相对来说很少；而且习惯律告诉我们，为什么会这样。在适当的年龄，每一个人都会对上面所说的某些事情产生一些兴趣；但如果不是持续地、以合适的内容培养它们，使其成为一个强有力且必备的习惯，兴趣就会消退直至失去，甚至被与之相反的兴趣俘虏……我们忘记了，每一个值得拥有的好东西都必须付出一系列的日常努力。我们一次又一次地推迟，直到微笑的可能性逐渐消失。

当谈到习惯这个话题时，我常常受到批评，他们指责，如果按照我的理论，旧的习惯是如此强大，以至于新习惯的获得，尤其是突然的变革或转化都不太可能发生。当然，有充足的理由谴责这样的批评；不论突然转变多么罕见，毋庸置疑，它们的确会发生。然而，我主张的一般规律和最令人吃惊的突然转变，它们并不是水火不容的。为此我特别指出，在新刺激物和新兴奋点出现的情况下，新的习惯可以形成。现在的生活围绕新刺激和兴奋点展开，有时候它们是非常批判性的和革命性的体验，它们改变了一个人的全部价值标准和观念系统。在这样的情况下，习惯的旧秩序将会被打破，如果新的动机继续保持下去，那么新的习惯将会形成，并且在他身上将形成一个新的或再生的"天性"……

观念的联合

我们说过，意识是一条不停流动的河流，充满着客观事物、情感和冲动倾向。我们已经看到，在我们思想里最引人注目的目标形成中，意识的状态或律动像大量的浪端或浪尖，每一个浪端或浪尖通常都有生机勃勃的关注焦点，在我们的目标周围，是潜在能够实现的其他目标，整体目标周围附着了情绪和行为趋势。我们尽可能地贴近自然，用流动性的词语来描述心灵的状态。最开始在这些连续波浪的流动中，任何事物都是不确定的。但我们如果仔细地检查，那么就会发现，每一个波浪都有一种构成，在某种程度上，它可以由刚刚流逝的波浪的构成来解释。这种波浪与先前波浪之间的关系，可以由两个基本的"联合法则"来说明，它们被称作邻近律（law of contiguity）和相似律（law of similarity）。

邻近律告诉我们，跟随表达某种客观事物的波浪（就像某种经验之流），我们能够想出下一个波浪将要表达什么。消失的客观实体，是心灵已有内容的邻居。当你背诵字母表或者主祷文，又或者说，当你看到一个客观实体时想起了它的名字，再或者说，一个名字让你想起这个客观实体，这都是通过邻近律，有意义的词汇在人们的心头浮现。

相似律告诉我们，当邻近律无法描述发生了什么，即将到来的客观实体将被证明与正在进行的客观实体相似，即使这两者过去从来没有让人同时经历过。在我们的"幻想之旅"中，这就是频繁出现的情形……

……观念的联合确实与教师的实际教学有关，让它植根于精神或大脑，或者让它的规律成为可缩减的或者不可缩减的。无论你的学生是什么人，他们都是将碎小的观念联合起来的组织体，只不过速度会有差异。他们的教育，包括从中组织一些决定性的趋势，使一种观念与另一种观念联系起来——印象与结果、这些与反应、那些与结果，等等。联合的体系越丰富，个体适应世界的能力就越完备。

因此，根据"联合"和"天生和后天获得的反应"这样的属性，教师可以系统地阐述自己的职责。它主要是在学生的心灵中建立一个有用的联合系统。这样的描述听起来比我起先给出的那个范围更广。但是，当想到我们的联合训练通常是为了获得反应或行为，无论这些训练是什么，人们一般会看到，相同的事实蕴含了两个定律。令人吃惊的是，一旦掌握联合的原理，就会发现我们能够解释的心灵活动是如此之多……

清晰地掌握这些内容，能让人们对心理学的组织机制有坚实而简单的理解。一个人的"天性""性格"，只不过意味着他习惯了的联合方式。教育的首要任务，是打破不好的联合或者错误的联合，建立其他新的联合，将联合的倾向引到更广泛的渠道。但是在这儿，像其他原则一样，困难在于对它的应用。心理学可以说明这些规律：只有具体的策略和才能才可以使它们产生有用的结果……

观念的获得

我们过去经验的图像，无论其性质如何，视觉的还是语言的，闪烁的还是暗淡的，丰富的还是独特的，抽象的还是具体的，从严格意义上来说，不一定是记忆的图像。也就是说，在心灵处在边缘状态或者相关环境背景之前，也就是在知道它们的具体显现日期之前，它们不需要上浮到意识层面。它们可能仅仅是概念，是一个物体或其类型或类别的浮动图片。在这种不明确具体日期的情境中，我们称它们为"想象"（imagination）或者"概念"（conception）的产物。当想到某个客观事物的时候，人们用某个体化的事物来表示，这时人们常常使用"想象"这个术语。"概念"经常被用在我们需要将客观事物想成某个类型或类别的时候。就目前我们的目的而言，它们的区别不是很重要；在这里我们将使用"概念"或者更模糊的"观念"一词来描述内心对客观事物的思考，不管它们是"太阳"或者"尤利乌斯·恺撒"（Julius Caesar）这样的个体事物，还是"动物王国"这样的群体事物，抑或是完全抽象的属性，像"理性"或者"正直"。

我们教育的结果是，一点一点地充实人的心灵，随着经验的增加，以及观念的储备……语法和逻辑科学不过是试图从方法论上对所有这些获得的观念进行分类，并追踪它们之间的某些关系的规律。它们之间的关系形式，依次被心灵注意到，被当作更高级的概念和更抽象的序列来对待，就像我们谈论命题之间的"三段论关系"，或四个量构成的"比例"，或两个概念的"不一致性"，或一个概念在另一个概念中的"含意"。

因此，如果从宏观方面理解，那么你会看到教育的过程除了获取观念或概念的过程之外别无他物，最好的受过教育的心灵拥有最大的观念储备，准备迎接生活中更为多样的危机事件。缺乏教育，不仅意味着没有获得这些技能，还包括在随之而来的沧桑变化中，感到"震惊"和"慌乱"。

（资料来源：William James, *Talks to Teachers on Psychology: And to Students on Some of Life's Ideals*. New York: Henry Holt and Co., 1916, pp.15-19, 22-31, 64-69, 72-73, 76-84, 144-146.）

约翰·杜威
《民主主义与教育》*

杜威最重要的教育著作可能是出版于 1916 年的《民主主义与教育》。他对教育的理解既具体又复杂，而且他努力以一种普通人都能够理解的语言表达他的观念；然而，他并不总是成功的，因为复杂的观念往往难以简单表达。下面的选文能够清晰明白地表达杜威的观点。在其中，杜威反思了教育的社会性，以及个体进入社会关系中接受教育的必要性。沟通是社会背景下个体教育的核心，因为沟通扩大了经验并使其有意义。教育出现在正式和非正式的环境中，而哲学的作用是使两者保持适当的平衡。

1. 生活的更新通过传递

生命体与无生命物体之间最明显的区别在于，前者以更新维持自己的生命。石块受到撞击，它抵抗。如果它的抵抗力量大于打击的力量，那么它的表面保持不变。否则，它就破碎成更小的石块。石块决不会以自我保存的方式抵抗撞击，也不会将撞击转化为调整下一步行动的有利因素。尽管生命体很容易被优势力量毁坏，可是它仍然设法使作用于它的力量变成它自己进一步生存的手段。如果它不能这么做，那么它就不仅仅是被劈成更小的碎片（至少在较高的生命形式中），而且将失去它作为生命体的身份。

只要能够忍受，它就努力为自己的利益使用周围的能量。它利用阳光、空气、水分和土壤中的资源。所谓利用它们，就是说将它们变为保存自己的手段。只要它们不断的生长，它们在利用环境时所花的力量，就会大于它们失去的：它生长着。在这个意义上，理解"控制"这个词，我们可以说，生命体能为它自己的继续活动而管理并控制各种力量，如果不控制这些力量，那么它们就会耗尽自己。生活就是通过对环境的控制活动，进行自我更新的过程。

在一切高等动物中，这个过程不能无期限地继续下去。过一段时间，它们就要屈服，就要死亡。生命体不能完成无限期自我更新的任务。但是，生活过程的延续，并不依靠任何一个个体生命的延长。其他形式生命体的繁殖，也在

147

---

* 本文的翻译参考了王承绪译的《民主主义与教育》（约翰·杜威著）一书，人民教育出版社 2001 年版。——译者注

不断进行着。虽然正如地质学的记录显示的那样，不仅仅是个体，甚至物种都会消灭，但生活会以越来越复杂的形式继续下去。随着某些物种的消失，另一些生命体诞生了，它们更适合利用其他物种无法斗争的障碍物。生活的延续，意味着生物体需要不断重新适应环境。

我们上面所讲的是生命体，它最低的形式是作为一种物理的存在。但是，我们使用生命这个词来表示个体和种族的全部经验。当我们看到一本名为《林肯传》（*Life of Lincoln*）的书时，我们并不指望里面有一篇关于生理学的论文。我们期待里面有对社会背景的描述，对早期环境、家庭条件和职业的描述，对品格发展中的主要事件的描述，对重要斗争和成就的描述，以及对个人的希望、爱好、快乐和苦难的描述。我们往往以相似的方式讲述一个原始部落的生活、雅典人民的生活、美国民众的生活。"生活"包括习惯、制度、信仰、胜利，以及失败、休闲和工作。

我们以同样丰富的含义使用经验这个词。通过更新而延续的原则，适用于最低生物学意义上的生活，同样也适用于经验。就人类而言，信仰、理想、希望、快乐、痛苦和实践的重新创造，伴随着物质生存的更新。通过生活群体的更新，任何经验的延续都是实在的事实。教育在它最广泛的意义上，就是这种生活的社会延续。社会群体的每一个组成分子，无论是在一个现代城市，还是在一个原始部落，并没什么不一样，生来都是未成熟的，孤弱无助的，没有语言、信仰、观念和社会准则。每一个个体，作为群体生活经验载体的每一个单位，总有一天都会灭亡。但是群体的生活将继续下去。

社会群体中每一个成员的生与死，这些基本的不可避免的事实，决定了教育的必要性。一方面，存在着不成熟的群体新生成员——集体未来的唯一代表——与掌握群体知识和习惯的成年成员之间的对比；另一方面，这些不成熟的成员，有必要不但在形体方面保存足够的数量，还要教给他们成年成员的兴趣、目的、知识、技能和实践，否则群体就将停止它特有的生活。甚至在原始部落，如果任凭他们天赋和意愿所能做的事情，成年成员的成就也远远超过不成熟的成员。随着文明的发展，不成熟的人天生能力与成年成员的标准和习惯之间的差距越来越大。仅仅是身体的成长，仅仅掌握极少的生存必需品，还不能使群体生活绵延下去。成长需要慎重的努力和周到耐心的照料。人类生来不但没有意识到这些，而且不十分关心社会群体的目的和习惯，因此必须使他们认识这些，并使他们主动感兴趣。教育，而且只有教育能够做到这些，才能够弥补这个缺陷。

社会通过传递过程而存在，正如生物的生存一样。这种传递，依靠年长者把工作、思考和情感的习惯传递给年轻人。没有这种理想、希望、期待、标准和意见的传递，从那些正在离开生活的社会成员传递给那些正在进入群体生活的成员，社会生活就不能幸存。如果组成社会的成员继续生存下去，那么他们可能会教育新生成员，但将是一项以个人兴趣为导向而不是以社会需要为导向的任务。现在，它是一项必要的工作。

如果有一次瘟疫突然夺去了社会全体成员的生命，那么这个群体显然将永远消灭。群体的每一个成员都将死亡，瘟疫会将他们全部折磨至死，这些都明确无疑。然而，人的年龄有大有小，有些死去，有些出生，这样的事实使社会结构通过观念和实践的传递，实现组织不断更新的可能性。但这种更新不是自动的。除非尽力做到真正和彻底地传递，否则，最文明的群体也会退化到野蛮状态，然后恢复成原始人类。事实上，出生的儿童是那样的不成熟，如果放任他们自行其是，没有别人的指导和帮助，那么他们甚至不能获得自身生存必需的能力，人类的幼儿与很多低等动物的幼崽比较起来，原始能力差得很多，甚至维持身体所需要的能力，也必须经过教导方能获得。因此，对人类一切技术、艺术、科学和道德的成就来说，那就更需要教导了！

2. 教育和沟通

的确，社会的继续存在，必须通过教育和学习，这是多么显而易见，我们似乎过分详述一个自明之理。但事实证明，这种强调是一种让我们摆脱过度学术化和正规化的教育观念的手段。诚然，学校教育是代际传递的一个重要方法，通过传递来形成未成熟者的各种倾向；但这仅仅是一种手段，和其他的许多机构相比，又是一种相对表面的手段。只有当我们领会更基本的和更持久的教导方式的必要性时，我们才能把教育方法摆在适当的位置上。

社会不但通过传递、通过沟通继续存在，而且简直可以说，社会在传递中、在沟通中生存。在共同、共同体和沟通这几个词之间，不仅存在字面上的联系，人们还因为有共同的东西而生活在一个共同体或社会，他们必须共同具备的是，目的、信仰、期望、知识——共同的了解——和社会学家所谓的志趣相投。这些东西不能像砖块那样，从一个人传递给另一个人；也不能像人们用切成小块分享一个馅饼的办法给人分享。确保共同了解的沟通，可以促成相同的情绪和理智倾向——对期待和要求作出反应的相同的方法。

人们居住地相近，并不自然成为一个社会，一个人也并不因为和别人相距很远，而不在社会方面受其影响。一本书或者一封信，可以使相隔几千里的人，建立起比同住一室的住户之间更为紧密的联系。甚至为同一个目标工作的个人，也不构成一个社会群体。一部机器的各个部分，为着一个共同的结果以最大程度相互合作运转，但它们并没有形成一个共同体。但是，如果它们都认识到共同的目的，并且都对它感兴趣，而且会根据这个目的调节自己的具体活动，那么它们就会形成一个共同体。但是，这将涉及沟通。每个人必须了解别人在干什么，而且必须有办法使别人知道自己的目的和进展情况。意见的一致需要沟通。

因此，我们不得不承认，甚至在最社会化的群体内部，有许多关系还不是社会化的。在任何社会群体中，有许多人与人的关系仍旧处在机器般的水平，各人相互利用，以便得到希望的结果，并不顾被利用人的情绪和理智的倾向，甚至他们是否同意。这种利用表明了物质上的优势，或者地位、技能、技术能力和对工具、机械的或财政的掌握上的优势。就亲子关系、师生关系、雇主和雇员关系、统治者和被统治者的关系而论，他们仍旧处在这个水平，并没有形成真正的社会群体，不管他们的各自活动多么密切地相互影响。发命令和接受命令改变行动和结果，但它本身并不产生目的的共享和兴趣的沟通。

社会生活不但和沟通完全相同，而且所有的沟通（以及所有真正的社会生活）都具有教育性。成为一个沟通的接受者，就是获得扩大和改变的经验。一个人分享别人的想法和感受，他自己的态度也就或多或少有所改变。被传递的人也不会不受影响。在尝试性的交流中准确和完备地将一个人的经验传达给另一个人，尤其是交流的内容比较复杂的时候，你会发现自己对经验的态度也在改变，否则就只是在感慨和宣泄。要沟通经验，必须形成经验，考虑和另一个人的生活有什么联系点，以便使经验进入这样的形式，使他能够理解经验的意义。除了论述平凡的事物和令人注意的话题以外，必须富有想象力地吸收别人经验中的一些东西，以便把他自己的经验明智地告诉别人。一切沟通就像艺术，因此完全可以说，任何社会安排只要保持重要的社会性，或者充满活力地为大家分享，在参加这个社会安排的人看来，都是有教育意义的。只有当它变成照章办事的模型时，才会失去它的教育力量。

因此说到最后，不但社会生活本身的经久不衰需要教导和学习，而且共同生活过程本身也具有教育作用。这种共同生活，扩大并启迪经验，刺激并丰富想象，对言论与思想的正确性和生动性负责。一个在身体和精神两方面真正单独生活的人，很少有机会或者没有机会去反省他过去的经验，萃取经验的精华含义。成熟的和不成熟的人，彼此的成就不等，这不但使教育青年人成为必要，而且这种教育会提供巨大的刺激，把经验整理成一定的次序和形式，使经验更容易传达，因而也最为有用。

3. 正规教育的地位

因此，每个人从和别人共同生活（只有他真正的生活而不只是继续生存）中得到的教育与有意识地教育年轻人之间存在明显的区别。在前一种情况下，教育是附带的；这种教育是自然的、重要的，但它并不是人们联合的确切的理由。虽然可以毫不夸张地说，任何社会制度，无论是经济制度、家庭制度、政治制度、法律制度和宗教制度，它的价值在于扩大和改进经验的影响，但这种影响并不是它原来动机的一部分，原来的动机是有限的，而且是比较直接实际的。例如：宗教的联合，始于希望获得统治力量的恩赐和避开罪恶的影响；家庭生活，始于希望满足各种欲望和使家庭永垂不朽；有系统的劳动，主要是为了奴役别人；等等。一种制度的副产品，即它对有意识生活的质量和程度的影响，只是逐步被注意到的，并且这种影响只是更逐步地被认为是实施这种制度的一个指导性因素。即使在今天，在我们的工业生活中，除了那些勤奋和节俭的价值观外，世界上工作得以进行的人类联合的各种形式的理智和情感反应，与物质产出相比，所受到的注意要少得多。

然而，对于年轻人，联合生活的事实本身，作为直接的人生事实，显得非常重要。虽然在我们和年轻人接触的时候，容易忽略我们的行动对他们倾向性的影响，或者把这种教育的效果看得不及某种外界有形的结果重要，但是对待成人就不那么容易。训练的需要太明显了；改变他们态度和习惯的要求很紧迫，以至于完全无法考虑这些后果。既然我们的主要任务在于，使年轻人参与共同生活，我们情不自禁地考虑，我们是否能够形成确保这种能力的力量。各种机构的最终价值在于其独特的人文影响——对经验的有意识的影响，如果人们这方面的认识取得进展，那么我们可以确信，这一启示主要是通过和年轻人的相处学到的。

因此，我们可以在上面考虑的广阔的教育过程中，区别出一种比较正规的教育，即直接的教导或者学校教育。在不发达的社会群体中，很少有正规的教学和训练。野蛮人的群体主要靠相同的联合来向年轻人灌输必要的倾向，而这种联合使成人对他们的群体保持忠诚。除了使青年成为完全的社会成员的入社

150

仪式之外，他们没有特殊的教育方法、材料或者制度。他们主要依靠儿童参加成人的活动，学习成人的风俗习惯，获得他们的情感倾向和种种观念。这种参与，一部分是直接的，儿童通过参与成人的各种职业活动，成为他们的学徒；一部分是间接的，通过戏剧游戏，儿童重复成人的行动，从而学会了解他们像什么，对野蛮人来说，要找到一个专供学习的地方，除了学习之外别无他用，这是十分荒谬的事情。

然而，随着文明的进步，年轻人的能力和成人关心的事情之间的差距扩大。除了比较低级的职业之外，通过直接参与成人的事业进行学习，变得越来越困难。成人所做的很多事情，在空间和意义上是那么遥远，以至于游戏性质的模仿越来越难以再现其精神。因此，有效地参与成人活动的能力，依靠事先给予以此为目标的训练。有教育目的的机构（学校）和明确的材料（课程）被设计出来了。讲授某些知识的任务则委托给专门的人员。

没有这种正规教育，就不可能传递一个复杂社会的一切资源和成就。因为书籍知识的符号已经被掌握，正规教育为年轻人获得经验开辟道路，所以如果让年轻人在和别人非正式的联系中获得训练，那么他们是得不到这种经验的。

然而，从间接的教育转到正规的教育有着明显的危险。参与实际事务，不管是直接地或者是间接地在游戏中参与，至少是亲切的、有生机的。在某种程度上，这些优点可以弥补所得机会的狭隘性。与此相反，正规的教学容易变成远离生活的和呆板的——用通常的贬义词来说，是抽象的和学究气的。低级社会积累的知识，至少是付诸实践的；这种知识被转化为品性；它们被包含在紧迫的日常事务之中，因而具有深刻的意义。

然而，在文化发达的社会，很多必须学习的东西储存在符号里。它远没有变成熟悉的动作和对象。这些材料是相对专业的和肤浅的。用通常的现实标准来衡量，它是人工的。因为这种衡量通常与实际事务相联系。这些材料存在于它自己的世界内，并没有被通常的思想和表达习惯融化。总是存在一种危险，正规教学的材料仅仅是学校中的教材，和生活经验的材料脱节。那些永久对社会有益的内容很可能被忽视，而那些没有为社会生活结构所吸收，大部分还是符号表现的专门知识受到学校的重视。因此，我们有了这样一个通常的教育概念，这个概念忽视教育的社会必要性，不顾教育与影响有意识的生活的一切人类群体的一致性，而是把教育与传授相关遥远事物的知识和通过语言符号传达学习（获得读写能力）等同起来。

因此，教育哲学必须解决的一个重要问题就是，要在非正规的和正规的、偶然的和有意识的教育形式之间保持恰当的平衡。如果学生获得的知识和专门的智力技能不能影响社会倾向的形成，不能增进平常的充满活力的经验的意义，那么学校教育只能制造学习上的"骗子"——自私自利的专家。一些知识是人们自觉学得的，因为他们知道这是通过特殊学习任务学会的，另一些知识是他们不自觉学得的，因为他们通过和别人的交往，吸取他们的知识，养成自己的品性。因此，避免这两种知识之间的割裂，成为学校教育一个越来越难以处理的任务。

（资料来源：John Dewey, "Democracy and Education," pp.1–9, in *The Collected Works of John Dewey*, *Middle Works*, *1899–1924*, Vol.9: 1916. Edited by Jo Ann Boydston. Carbondale: Southern Illinois University Press, 1980, pp.4–13. Copyright 1980 by the Center for Dewey Studies, reprinted by permission of the publisher.）

第五章

改造主义与教育

- 改造主义的历史背景
- 改造主义哲学
- 作为一种教育哲学的改造主义
- 对教育中改造主义的评价

改造主义哲学（philosophy of reconstructionism）有两个主要的前提假设：（1）社会需要不断的改造或变革；（2）这种社会变革要求对教育进行重构，将教育作为改造社会的手段。对参与变革的人来说，尤其是每个时代都需要的那种直接和必要的变革，把教育作为以明智、民主和人道的方式进行这种变革的最有效和最充分的工具，这并不罕见。改造主义者倡导一种变革的态度，鼓励个体努力使生活比过去和现在更好。尤其是现在，改造主义激起了人们的响应，因为人们正面临着一系列令人困惑的问题，如种族问题、贫困、战争、全球化、生态破坏、技术扩张，这些问题都要求迅速重构所有现存的宗教和哲学价值体系。

现在，那些曾对宗教、家庭生活和教育切实可行的意识和观念已不再像以前那样奏效了。人们不但对这些已经发生的变革感到困惑，而且对未来的变革前景也感到困惑，如果人类要充分应对变革带来的问题，那么就必须作出改变。虽然一些有才华、有远见的人早就思考并推动了社会变革，但直到目前才形成一个系统的、特别关注教育的观念体系，那就是改造主义哲学。

改造主义的历史背景

在整个人类思想史中，改造主义的思想曾以这样或那样的形式存在过。例如，为未来的城邦（共和国）进行设计规划的柏拉图，就是一个"改造主义"哲学家。他勾勒了一个正义的城邦，在这样的规划中，教育将成为崭新和美好社会的建设"工具"。他要求彻底摆脱当时古希腊的习俗，倡导男女平等、共同养育子女以及由哲学王来统治国家等。在《法律篇》中，他又设想了一个限制利润、禁止收取利息、人们像朋友一样共同生活的时代。

斯多葛派（Stoics）哲学家基于他们对世界状态的关注，提出改造主义思想。身为罗马帝国皇帝和哲学家的马可·奥勒留（Marcus Aurelius）坚称自己是世界公民，而不是罗马公民。今天，为了缓解狂热的民族主义和沙文主义，改造主义者也明确地阐述了这一观点。

奥古斯丁等许多基督教哲学家宣扬改造主义改革，以此来实现一个理想的基督教国家。奥古斯丁在《上帝之城》中宣扬的改革指向人类灵魂而非物质世界，但这些改革也对物质世界产生了影响。20世纪主要的改造主义者布拉梅尔德（Theodore Brameld）指出，奥古斯丁提出的一些难题是后来的乌托邦式哲学家努力回答的，比如，从人类的历史来看，人们能否坚信他们理想的目标终究会实现。托马斯·莫尔（Thomas More）、托马斯·坎帕内拉（Thomas Campanella）、约翰·瓦伦丁·安德烈埃（Johann Valentin Andreae）、塞缪尔·戈特（Samuel Gott）以及其他基督教乌托邦作家，为了使国家的发展更符合基督教思想，也提出了一些改革思路。

18世纪和19世纪的空想社会主义者，如克劳德·昂利·圣西门（Comte-Henri de Saint-Simon）、查尔斯·傅立叶（Charles Fourier）、弗朗斯瓦·诺埃尔·巴贝夫（François Noël Babeuf）在其著作中通过发展各种形式的社会主义，倡导其改造主义理想。在工业革命的影响下，罗伯特·欧文（Robert Owen）和爱德华·贝拉米（Edward Bellamy）看到了技术的使用不但能创造出物质财富，而且能改善全世界的人道状况（the lot of humanity）。马克思强烈谴责不人性化的工业体系给工人带来的伤害，他描绘了一个基于国际共产主义的改造世界。

虽然马克思获得的是哲学博士学位，但他写了大量有关经济和历史的文章。他批驳脱离实际（armchair）的哲学思想，并像改造主义那样认为教育不应该是象牙塔内的事务，而应该是一种变革世界的途径。在《关于费尔巴哈的提纲》（*Theses on Feuerbach*）中，马克思写道："哲学家们只是用不同的方式解释世界，而问题在于改变世界。"

在马克思看来，目前的教育被作为巩固资本主义制度的手段，它通过设置正式课程和非正式课程［或隐性课程（hidden curriculum）］来培养温良和顺从的品性，以维护统治阶级的利益。上层统治阶级通过控制学校来实现以上目的，而学校则通过规章制度、纪律规范和课程来控制学生。如果教科书上的内容挑战了经济、政治方面的传统观念，触犯了性别、宗教以及其他敏感问题，那么这些教科书将会受到严格的审查。尽管教师没有意识到，可是他们常常潜在地将传统的偏见、态度和行为延伸到下一代身上。学生之间也会相互制约，来自同伴群体的压力是强大的和难以抗拒的。虽然教育可以用来奴役人民，但只要我们对教育作出恰当的解释，它也能够解放人民。为了实现这个目的，我们需要推翻目前的社会和经济制度，建立一种新的教育，以提高社会对经济控制的意识，使每个人成为目的而不是手段。

两次世界大战破坏了人们对未来世界的乐观态度，并涌现出大量反乌托邦的作品，如奥尔德斯·赫胥黎（Aldous Huxley）的《美丽新世界》（*Brave New World*）、乔治·奥威尔（George Orwell）的《1984》（*1984*）等。尽管如此，改革家和乐观主义者依然存在，如罗素在《社会改造原理》（*Principles of Social Reconstruction*）中列出了避免社会陷阱和战争灾害的预防措施。如今，各种团体纷纷出谋划策，想要改变世界的面貌，并消除种族主义、贫困与战争。一些人提倡运用条件反射（conditioning）或行为工程（behavioral engineering）的方法，这种方法出自斯金纳（B. F. Skinner）的《瓦尔登第二》（*Walden Two*）。在《超越自由与尊严》（*Beyond Freedom and Dignity*）中，斯金纳认为，人们无法用传统方式承受自由，他们必须果断地以行为技术为基础，建立一个崭新的社会秩序。

纵观从柏拉图到斯金纳的社会变革观点，我们发现许多人提出乌托邦式的建议，把教育作为社会变革的主要方式。例如，柏拉图认为教育是美好社会的首要因素；马克思把教育看作帮助无产阶级发展社会意识的方式；基督教作家倡导教育在灌输宗教信仰和理想上的作用；现代技术专家则把教育作为推动技术改革的方式，并为人们提供现代工业社会所需的生活技能。在《瓦尔登第二》中，斯金纳描绘了一个理想的社会，这个社会由受过良好训练的技术人员、工程师、艺术家和农学家组成，他们受过教育或者具有高超的专业技能。斯金纳描绘的理想图景与浪漫主义传统背道而驰，它既不同于梭罗的《瓦尔登湖》，也不同于卢梭的《爱弥儿》。卢梭认为，《爱弥儿》好比是将社会带往更新、更好道路的引路人，洛克的《教育漫话》也是如此。洛克的"绅士"通过养育和教育获得的美德来引导社会的发展，而卢梭的"高尚的原始人"则通过他们的纯良和自然禀赋来引导社会。他们都期待通过教育来推动社会变革。

在美国，也有些人将教育作为社会改革的工具，比如马萨诸塞州的教育改革家贺拉斯·曼（Horace Mann），以及在芝加哥大学和哥伦比亚大学任教的杜威。杜威将教育作为个体发展和社会变革的工具，尤其是在 20 世纪二三十年代，他的哲学思想被认为推动了激进的社会变革。杜威的实用主义思想摒弃了绝对的观念，接受了相对主义思想，这引发了许多人的不满。这些人认为，多种力量影响下的教育将把美国社会引向自由放任的道路并最终走向毁灭（即便是现在，仍然有一些人坚持这样的观点）。虽然杜威的哲学思想在今天基本上被看作温和的进步主义，但他的思想高潮部分常常被认为是激进的。

从根本上来说，现代改造主义走向实用离不开杜威的影响。改造主义提倡科学方法、问题解决（problem solving）、自然主义（naturalism）和人文主义，但在如何使用实用主义方法方面，改造主义与实用主义存在着分歧。虽然实用主义提倡持续不断的变化，并倡导前瞻性地解决人和社会的问题，但在那些自称进步主义者的掌控下，改造主义成为帮助人们适应社会而不是变革社会的工具。人们可以用 20 世纪初来到美国的移民来部分地解释这种态度，这些移民需要适应或同化美国的语言和风俗，以融入美国社会主流之中。通过教育来使人们适应社会和文化价值的需要早就存在，且也将一直存在下去。不过，改造主义者并不认为这是教育应承担的主要职责。在改造主义者看来，教育应该成为这样一种工具，即它能够使人们从容地应对事物的瞬息万变。

155

虽然杜威激进的论述涉及政治、哲学、教育及其他领域，但他的教育观向来被解释为，教育是推动改良性（evolutionary）的社会变革，而不是革命性（revolutionary）的社会变革。杜威设想的社会变革是通过民主社会的不断进步来实现的，而不像改造主义者一样，将社会的根本变革看作必由之路。一些实用主义者提倡在现有社会框架内解决问题，而改造主义者则认为，虽然这对一些问题来说可能是适当的方法，但它并不适用于所有的问题。他们常常觉得，我们应该超越当前价值体系的一般界限，从一个新视角去看待这些问题，而不要受传统的约束。乌托邦作家向来就认为，社会上许多大问题不经过社会结构本身的变革是无法解决的。在这方面，他们可能比其他任何学派都理解得更为深刻。众多乌托邦主义者和改造主义者（公平地说，包括杜威）相信：人们认为的邪恶的事物，实际上是他们拥护的制度不可分割的一部分；不对这些制度进行彻底变革，我们是不可能根除这些弊病的，不管是在商业领域、宗教领域、教育领域，还是在政治领域，都是如此。

当人们听说苏格拉底（被称为"雅典的牛虻"）选择了面对死亡，而不是去反对已存在的雅典法律时，许多人都困惑了。一些改造主义者指出，实用主义者看来已经接受了苏格拉底的妥协。虽然实用主义者拥护变革，但并不主张以人的异化为代价，而主张通过健全的民主制度，逐渐说服人们接受有序的、系统的社会变革。例如，杜威就不情愿使教育的发展快于社会本身。因此，虽然改造主义根源于先前的哲学体系和哲学家的思想，但它试图沿着比前人更激进的方向前进。

改造主义哲学

从传统意义上说，改造主义不是一门哲学。也就是说，它并不试图去做认识论或逻辑的详尽研究。如前所述，改造主义更关注人类现有的、广泛的社会文化结构。人们可能会说，改造主义就是一种纯粹的社会哲学。我们与其说它的主要领导者是专业的哲学家，还不如说他们是教育家和社会活动家，因为改造主义者关注社会文化状况以及怎样使其更适合人们的广泛参与。

康茨（George S. Counts）和布拉梅尔德就是很好的证明。布拉梅尔德更接近传统哲学家的形象，更深入地揭示了改造主义哲学的本质。康茨是一位兴趣广泛的教育活动家和学者，虽然他拥有许多哲学方面的知识，但其作品和专业活动大都涉及社会行动。

156
乔治·S. 康茨（George S. Counts，1889—1974）

康茨出生于乡村家庭，他的成年生活主要是在美国的一些主要大学和学界度过的。他游历了许多国家，并进行了大量的研究和学习，尤其是在苏联。后来，他结识了杜威，受到这位哲学家社会信念的极大影响。

在改造主义方面，康茨留下了一本短小且广为流传的著作——《学校敢于建立一个新的社会秩序吗？》(*Dare the Schools Build a New Social Order*，1932)。这本著作最初是在一个全国性的教育者团体中以三个公开讲座的形式发表的。"学校敢于建立一个新的社会秩序吗？"这一主题使教育者大为震撼。1930年，康茨从苏联回来，在那里他详细研究了苏联的状况。看到美国在经济大萧条的社会混乱中陷入困境，康茨认为，这种状况的产生是不可原谅的，也是可以避免的，并竭力去唤醒教育者，以发挥他们在社会和文化改造中的战略地位。

康茨传递的主要信息是，虽然教育历来都是文化传承的主要方式，但由于现代科学技术和工业化的发展，社会文化状况发生了很大的变化，我们必须将教育作为建设新的文化模式、消除社会恶习的积极力量。康茨给我们的启示是，教育者必须设想并努力实现社会根本变革的美好愿景。他认为，教育者不应该舒舒服服地满足于现有状态，支持社会目前的局面，而应该承担更为困难的社会变革任务。另外，他对进步主义教育有些不满，指责它成为"思想自由的上层中产阶级"的代言人。他说：

> 如果进步主义教育是真正进步的，那么它必须从这一阶层的影响中解放出来，坚定而勇敢地面对每一个社会问题，应着手应对生活中各种毫无遮掩的现实，要与社会建立有机的联系并形成一个现实的、广泛的福利理论，要对人类命运形成一种引人注目的、富有挑战性的愿景，不再需要像今天这样在压制和灌输的泥潭中感到恐惧。

康茨认为，学校应该承担起社会变革的责任，而这一观点受到强烈的批判。他被指责为同情苏联（或共产主义）的人。批评康茨的人认为，学校是一个相对较弱的机构，不能完成如此重大的任务。康茨不赞同这种说法，他指出教育不应该推动任何一项改革，而应该"给我们的孩子一个未来可能性的愿景，并努力激发他们的忠诚和热情来实现这一愿景"。在他看来，所有的社会制度和实践都要经得起严格的推敲，而学校教育作为一种合理的手段，可以对其进行理性的审视。然而，真正的改革必须具有文化上的广泛性和彻底性。

1927—1929 年康茨到苏联游历。起初，他是苏联的热情支持者，到 1936年，他的态度发生转变。康茨写过许多书（一些是关于苏联文化和教育的）和几百篇文章，他影响了许多学生、教育家和社会改革家。

西奥多·布拉梅尔德（Theodore Brameld，1904—1987）

布拉梅尔德对改造主义发展为完善的教育哲学思想具有重要的影响。布拉梅尔德出生于威斯康星州，学生时代的他既积极又聪明。1931年，他获得了芝加哥大学（University of Chicago）的哲学博士学位。后来，他在波士顿大学（University of Boston）、波多黎各大学（University of Puerto Rico）和夏威夷大学（University of Hawaii）教授哲学和教育哲学课程。他写过许多书，包括《趋向改造的教育哲学》（*Toward a Reconstructed Philosophy of Education*）、《教育即力量》（*Education as Power*）和《教育哲学的模式》（*Patterns of Educational Philosophy*）。

不管从教育上还是从文化上来说，布拉梅尔德都将改造主义看作一种危机时代的哲学。他看到人类的发展正处于十字路口：一条路通向灭亡，另一条路通向救赎，人们必须选择走哪条路。总而言之，他将改造主义看作一种关于价值、终极目标和意愿的哲学。虽然他对我们应该走哪条路有明确的想法，但他指出他不能确定我们会走哪条路。

在布拉梅尔德看来，处于现代文化中的人面临着众多困惑和冲突。他们一方面有着巨大的向善能力，另一方面又有着可怕的破坏能力。因此他认为，为了生存，人类必须拥有明确的目标。广义上而言，这要求全世界范围的联合。人们放弃狭隘的民族主义偏见，使全世界成为一个大的联合体。这就需要建立世界政府和全球文化，"在这种文化下，为了世界和平这一共同目的，所有种族、国家、肤色和宗教信仰的人民走到一起，团结在维护国际秩序的旗帜下"。哲学活动的主要内容之一是，探究世界联合这一核心目的下不同概念的含义。人们需要一种民主的价值取向，"在这种取向下，人们仍然相信自己，相信自己有能力去引导和控制自己，并进而去影响相关的人"。这将涉及建立一个促进多数派决策和保障少数派批评的世界政府的运动。实现这些目标的一个基本手段是教育。

在《开放社会及其敌人》（*The Open Society and Its Enemies*）中，卡尔·波普尔（Karl Popper）描述了解决社会问题的片段式推进方法（a piecemeal engineering approach）。与乌托邦式的社会改造方法相反，波普尔赞成片段式推进方法，这种方法有助于形成开放的社会观，人们可以从中找到多种可能性。波普尔反对乌托邦式的方法，因为他认为长期的乌托邦式的目标可能会变得僵化和不易变通。然而布拉梅尔德则看到了这两种方法的价值，那就是乌托邦式的终极目的和片段式的实现途径。他认为，日常生活需要片段式推进方法，但这需要某种目标作为引导，即便这些目标在不同的时期会发生变化。的确如此，波普尔也认为，目标可能会发生变化。但是布拉梅尔德并不认为事情总是如此，他反对将任何事物绝对化，在目标设定上也是如此。布拉梅尔德既是一位梦想家又是一位实干家；他的建议更多是发自内心的，而不是可以证实的，但他对个体和社会的不断完善总是抱有希望。布拉梅尔德积极促使各项建议更加周全和易于实施，他将乌托邦概念看作一种工具，帮助人们树立有价值的目标，并引导他们接受变革本身。

改造主义者倾向从整体上看待问题。他们认为，问题是重叠的，人们解决一个问题，往往又会引发新问题；但他们又坚信，如果鼓励人们从更广泛的视角去看待问题，那么解决问题的概率就会大大增加。改造主义者指责道，虽然片段式推进方法有良好的动机，但它们仅仅是修补问题而已，并没有解决问题，而且很可能不知不觉地带来了其他问题。

经常有人提出这样的论点：没有什么经验方法能够告诉我们好的社会是什么样的，改造主义者的前提假设更像是愿望的实现，而不是别的什么。批评者认为，没有一个人（包括布拉梅尔德）可以确切地说好的社会应该是什么样的。虽然布拉梅尔德意识到并赞赏这种批评，但他坚持认为，科学成果以及科学的实证方法应该被用来探索社会发展的方向，也应该为改善人们的生活提供产品和技术。然而，他对以下事实提出了批评：科学——不亚于政治学、教育学和经济学——往往是分裂的，而且处理得过于狭隘，科学可能被用于破坏性目的而不是建设性目的。

虽然科学技术有助于提高社会效率，但它常常被滥用并导致破坏性结果。在美国，交通事故和工业生产事故造成的死亡，是我们生活在一个高度机械化的社会所付出的一部分代价。科学技术也被用来制造香烟、酒精和可能对人类健康有害的手机，以及开发用于食品、农作物当中的有害化合物；它还被用于战争和工业，伤害消费者，贬低工人并使其丧失人性。当然，布拉梅尔德并不反对科学技术的进步，但他认为这些进步应该取决于人性化的使用。他意识到，人们很难对"究竟什么是富有人性的"给出明确的答案。不过，他仍然坚持，在教育的引导下，人们能以更广阔的视野看待人及事件。

以布拉梅尔德为代表的改造主义者，是面向未来的和乐观的。这并不是说改造主义者相信未来一定比现在好，也不是说潜在的阶级斗争力量或者精神力量会把我们推向新的高度；而是他们相信，只要人们拥有积极的态度，努力工作使生活更加美好，就能拥有一个更美好的明天。布拉梅尔德本身就是一个有争议的人物，他认为学生需要接触有争议的观念和许多替代性的信仰，他们也需要基于自己的观念和信仰采取行动。

依据改造主义哲学，除了学校外，个人和组织也是推动观念发展和社会变革的力量。布拉梅尔德指出，从专业角度来讲，虽然像索尔·阿林斯基（Saul Alinsky）这样的激进主义改革家和社群组织者很难称为教育者，但他对美国普通民众教育作出的贡献远远大于任何一所学校的校长和教育专家，他曾写过《激进者守则：现实激进派实用启蒙读本》(*Rules for Radicals: A Practical Primer for Realistic Radicals*，1971)。例如，在纽约的布法罗（Buffalo），阿林斯基教导穷人联合起来，抗议过高的失业率，为每一个合法劳工争取平等的工作机会。社区改革组织协会（Association of Community Organization for Reform Now，简称 ACORN）就是一个致力于解决社区问题和其他社会问题的组织。

还有许多个人和团体也是社会变革的代言人。例如，拉尔夫·纳德（Ralph Nader）曾四次竞选美国总统，长期以来一直为保护消费者权益和社会正义而奋斗。纳德认为，只有使众多的个体公民（private citizen）变为公众公民（public citizen），不平等和不公正现象才能消除。康芒·库斯（Common Cause）也指出，人们应该共同努力，消除社会的不公正现象，以此推动社会变革的进程。巴克敏斯特·富勒（Buckminster Fuller）是受到广泛赞扬的又一人，他为未来的觉醒（future awareness）和技术的人性化控制设定了发展计划。富勒是一位工程师，也是一位发明家，他开创了网络状穹顶的使用，撰写了《协同论》(*Synergetics*)这样一本将自然与设计结合起来的著作。此外，刘易斯·芒福德（Lewis Mumford）花费了大量时间来分析当代城市文明的模式，并提出可供选择的发展道路。今天，互联网上的网站和博客鼓励个体成为信息公民（informative citizen），参与到有益的社会变革中。

今天，有许多组织认同改造主义者的观点。例如，国际绿色和平组织（Greenpeace International）从事教育事业，参与社会活动，如保护鲸和濒危物种。其他一些组织强调对雨林和脆弱礁石的保护，反对在荒野和海洋地区钻探石油。塞拉俱乐部（Sierra Club）是支持环境问题的另一组织，它经常参与政治活动。另一组织美国笔会中心（PEN American Center），致力于改变审查制度，在世界范围内促进言论自由。世界法律基金会（World Law Fund）是拥有进步思想的又一例子，它开发了世界法的模式，并在他们的项目中招募学生作为助手。世界未来学会（World Future Society）创建于 1966 年，也是一个世界性组织，它审视未来发展趋势，形成政府、家庭、科学和教育的发展模式，并将其作为世界发展和人类行为的指南。

除了个人博客外，互联网还提供了大量关于社会、政治和环境等方面的网站的信息，这些网站提供了一个人可能在国家或国际层面上联系的组织与团体的名称和地址。还有很多基层组织促进地方上的变革，帮助人们改变他们社区的现有政策。

亨利·戴维·梭罗（Henry David Thoreau，1817—1862）

梭罗挑战社会习俗，是美国最早推动改造主义思想发展的人物。虽然梭罗做过一段时间的任课教师，但他对学校里的做法不再抱有幻想，他觉得学校教育阻碍了学习而不是促进学习。1838 年，他创办了自己的学校，旨在培养人成为永远的学习者和实干家。他开始使教育离开课堂，进行实地考察，不仅观察自然，还参观售卖打印机的商店。虽然他的学校仅持续了几年，但他仍然通过讲课和写作继续参与教育。他在瓦尔登湖附近的树林中度过了两年的隐居生活，这里靠近马萨诸塞州的康科德村（Concord Village in Massachusetts）。在这里，他写了《瓦尔登湖》。在《瓦尔登湖》中，梭罗讨论了反思性生活的必要性，谈到了超越服从社会需求的"更高法则"。他反对为支持奴隶制和战争纳税，拒绝缴纳为美墨战争买单的人头税，并因此入狱。在其文章《论公民的不服从权利》（*Civil Disobedience*）中，他提到了许多这方面的思想，这对甘地反对英国在印度的殖民统治产生了很大的影响。

另一位通过写作来抨击社会时弊的美国批评家是厄普顿·辛克莱（Upton Sinclair，1878—1968）。他在《屠场》（*The Jungle*）中描写了肉品加工业中的丑闻，这推动了制定第一个联邦食品法案的进程；他的《宗教利益》（*The Profits of Religion*）抨击宗教，而《鹅行鸭步》（*The Goose Step*，1923）[①] 则抨击教育。

改造主义哲学在整体上强烈倾向乌托邦或未来主义思想。改造主义者对乌托邦思想情有独钟，表现为希望建立一个没有饥饿、没有斗争、富有人性的理想世界。他们相信，规划未来、思索未来都能让人们更好地选择未来的发展道路；他们也相信，学校应该激发学生形成这种想法，教师也应鼓励学生成为一个未来导向的人。

托夫勒（1928—2016）创造了"未来的冲击"这一术语，他指出，社会短

160

---

① "鹅行鸭步"是将鹅行走的姿势比作军队检阅时的正步走，借此讽刺专制统治下的滑稽场面。——译者注

时间内的急剧变化并没有产生多少社会效益，反而带来了危害，这使人们的身心几近崩溃（breakdown）。现代人时常患有心脏病、溃疡、神经紊乱及其他类似疾病，就恰好说明了这一点。为了同未来的冲击作斗争，托夫勒认为，"未来学习"（future studies）应成为各级各类学校的课程内容，这种课程的组织形式包括学生编写剧本，参与圆桌讨论，角色扮演，计算机编程的"未来游戏"，以及主办未来博览会和俱乐部。

托夫勒的《第三次浪潮》（*The Third Wave*）是继《未来的冲击》（*Future Shock*）之后的又一力作。在这本书中，他描写了深刻影响人类生活的三次主要变革或"浪潮"。第一次浪潮是由农业发展推动的，它结束了人类的游牧生活。据托夫勒说，这次浪潮大约从公元前 8000 年持续到公元 1650—1750 年。第二次浪潮是由工业革命推动的（也就是"工业浪潮"），一直持续到 1955 年。这次浪潮不仅带来了工业、技术上的变革，也相应地改变了人们的思维方式，并促使学校采用与工厂相似的规则化、有固定步骤的方式。托夫勒说，现在第三次浪潮正在发生，它强调人们在家中使用技术参与联合项目中展现的个性和"热关系"（hot relationships），这创造了一种服务经济，而不是工业经济。托夫勒认为，现代家庭配备许多"电子设备"（electronic cottages），为儿童和成人提供了充足的学习机会。正因为如此，越来越多的学习可以在家中进行。

在《为了明天而学习》（*Learning for Tomorrow*）中，托夫勒说道：

> 在这样一个社会里，如果技术变革的速度减缓，如果没有战争、侵略、流行病及其他扰乱人类正常生活的自然灾害，那么这个族群为自己的未来制定一个可行的蓝图是很简单的，因为明天仅仅是今天的重复。

然而，今天的变化速度是如此之快，而教育体系仍将世界作为一个静止的系统来看待。这个问题使我们想起了 J. 阿布纳·派底维尔（J. Abner Peddiwell）的《剑齿虎课程》（*The Saber-Tooth Curriculum*）[1]对这一状况的详细阐述。人们普遍认为，只要冰川消融没有使人们的生活发生改变，教育似乎就没有必要作出改变。今天，学校仍继续传授那些不能再用于改善或维持族群生活的理论和实践。托夫勒说，即使是现在，"好多学校、学院还将教学建立

---

[1] 剑齿虎课程是本杰明（Benjamin，1939）提出的。他在文中讽刺这样一个社会，学校为了培养学生的警觉性，要学生学抓鱼；为了锻炼学生的力气，要学生学用棍打马；为了培养学生的勇气，要学生学吓跑老虎的技巧。然而，这个社会的溪水早已干涸，马和老虎也已消失殆尽。本杰明用这则故事来说明课程应反映学生的需求和社会的变迁（黄政杰. 课程设计［M］. 台北：东华书局，1992）。——译者注

在这一静止的观念之上，即未来的世界基本上是相似的，因为当前的状况是显而易见的（present writ large）"。这是最不可能的，更有可能的是，未来的世界与人们现在所知的世界完全不同。但是，目前学校实施的教育不是为了未来，甚至不是为了现在，而是为了过去。

一种现代教育方法是将企业管理理论运用于教育。一些人主张采用保罗·S. 乔治（Paul S. George）在一本名为《Z 型学校理论》（*The Theory Z School*）的挑衅性著作中所称赞的日本管理手段。乔治将日本和美国最好的公司指定为 Z 型，他认为人们应该效仿成功的商业实践，并将它们应用于学校。这包括设立基本理念、课程整合、课堂一致性、群体参与以及富有活力的领导。Z 理论方法的一个基本方面是，它将工人或学生作为家庭成员来对待：主管人员听取工人的意见，关心他们的需求、顾虑和工作动机。乔治认为，虽然将日本管理理论全盘应用于教育存在许多困难，但这种理论的许多方面都可以使学校比现在更有效率，更有活力，更有合作精神。

詹姆斯·赫恩登（James Herndon）在《如何在你的祖国生存》（*How to Survive in Your Native Land*）中指明，虽然他的班级在开展新的、创造性的活动，但同校的其他班级依旧埋头于学习古埃及的课程。人们能将过时的课程编排出一个长长的目录，这些课程应该被更符合今天和明天需要的课程取代。例如，一些学校强调用书写取代键盘输入，有时在数学课上禁止使用计算机或计算器，向学生教授拼写和句子结构而忽略创造性的写作，用朗读训练代替阅读速度的培养等。这种维持现状的热忱可能代表了学校董事会和州立法机关等学校管理方的态度。这些机构往往提倡更保守的观点，而看不到根本性变革的必要。

只要对改造主义有足够的理解就可以知道，改造主义者对当前社会的很多方面持批判态度。他们指出了现代社会中的许多矛盾和矫饰之处。他们认为，教育应该试图引导学生成为变革的推动者，帮助他们处理各种社会问题。例如，康茨提议，教育者应当涉猎政治学等重大变革领域；他还建议教师竞选政府官员，或者成为推动社会变革的积极分子。改造主义者认为，学生应该更多地思考和实践诸如世界政府，以及消除战争、冲突、偏执和饥饿的方法。

虽然大多数教育者并没有认真对待改造主义者所倡导的哲学，但有些教育者已经意识到了改造主义者对变革的急切需求。在 20 世纪六七十年代，由于冷战和苏联人造卫星的发射，对相关性和创新的呼吁引发了学校教育项目的变革。学校鼓励教师创新，但是这些创新通常是最微不足道的类型，相关的解释也主要与正在衰退的体系有关。因此，这些变革往往适得其反。这一时期形成的学校改革项目并没有持续多长时间，也没有使教育有所改变。因此，变革的不严肃性和无效性引发家长和其他非专业人士的不满，他们号召"回到基础"并重建过去权威的学校结构。

然而，从多方面来讲，目前正在对今天以及未来的教育需求进行更为慎重的评估。世界未来学会为教师提供了大量的研讨会，促使他们对未来进行思考。这些研讨会催生了一些目前在小学、初中和高中开展的关于未来的项目。教育者也逐渐意识到，课堂活动本身并不是目的，在学生离开教室的岁月中，他们会遇到从来没有设想过的状况。这种担忧使杜威指出，儿童今天所学的内容到他们毕业时可能就会过时。因此，他强调教给学生解决问题的方法，他认为这不管是对现在还是对未来都是有用的。

162　　许多人猜测学校的发展方向，以及未来几年它们应该遵循什么方向。一些未来学家对此提出建议，如延长学龄前儿童的学校教育时间，将正规教育延伸至从出生与死亡的整个生命历程，增加计算机技术的使用来辅助学习，以及采用 DNA 研究的有用成果等。

一些人认为，人们需要看得更远，而长期预测可以从生殖技术等方面入手。未来的准父母将能预先确定孩子的性别，编码或规划孩子的智力、相貌和人格。体外受精将变得很平常，胚胎移植也会很普遍。父母将能选择要双胞胎还是三胞胎。就像赫胥黎在《美丽新世界》中描写的情况一样，人们已经能在人造子宫内培育胚胎；将来的某一天，父母也能到"婴儿胚胎室"（babytorium）购买胚胎。干细胞研究和人工克隆实验会对社会和教育产生深刻的影响，人们看待儿童的方式也会发生相应的变化。在未来社会，随着孩子的成长，他们也会通过多种新媒体在家接受更多的教育，这些媒体不仅指传统的微芯片技术，还包括现在还未设想出来的新技术。另外，还会有 24 小时全托中心，父母可以长期将孩子放在那里，只在选定的适宜时间看望孩子。然而，从另一个角度看，学校本身可能将过时，变得没有必要。

伊万·伊利奇（Ivan Illich，1926—2002）

伊利奇出生于维也纳，他在佛罗伦萨大学（University of Florence）学习后决定担任天主教牧师。他在罗马的格列高利大学（Gregorian University）学习神学和哲学，在萨尔茨堡大学（University of Salzburg）获得博士学位。然后，他到纽约当牧师，在这里，他开始公开反对人们对波多黎各的"文化无知"。从一位牧师成为社会改革家后，伊利奇提出现在的学校根本没有存在的必要。

在墨西哥的库埃纳瓦卡（Cuernavaca），伊利奇成立了国际文献中心（Center for International Documentation，简称 CIDOC），他和其他学者在这里研究和探索教育的根本出路。在国际文献中心，任何人都可以成为教师或学生。在《去学校化社会》（*Deschooling Society*）一书中，他区分了学校教育和教育，指出教育应该在整个社会中普及，而不是仅由专门的教育机构来承担。他认为，人们可以在工作中、在家里以及在日常活动中可能出现的其他地方接受教育。伊利奇也提倡使用"学习网络"，人们可以与他人共享信息和才能。一些批评者指出，社会曾经历过一个没有学校或学校很少的历史时期。其他人也认为伊利奇的思想对未来有很大的影响；他们认为那些为初等、中等和高等教育设置的专门机构很可能会过时。

伊利奇的兴趣很广泛，包括教育、交通、医学、政治以及第三世界的经济状况等。在他生命的最后几年中，他没有写多少教育方面的著作，但是《去学校化社会》的主要思想获得了大量的关注，胡克称这是一本"非凡而愚蠢的书"。它激励受教育者，尤其是那些关注社会不平等的教育者，重新思考学校在社会中扮演的角色，进一步思考学校是否总是发挥积极作用。

一些批评者认为，伊利奇所做的工作主要是评定教育在公正社会中的作用，从中世纪以来，人们理想的公正社会强调个体、社会和自然之间的合作关系。从伊利奇的观点来看，教育应该是"愉快的"（convivial）活动，在这种活动中，机构应该用心对待人们并把他们当成个体来看待。伊利奇在后来出版的一本书《医学的报应》（*Medical Nemesis*）中指出，人类处理疼痛和死亡的能力已经被医学专业占用，这不是为了满足个体的需要，而是满足共同的工业社会的需要。

因此，像尼尔·波斯特曼（Neil Postman）这样的教育家谈到"伊万·伊利奇问题"也就不足为奇了，他们重新思考自己到底有多保守，并重新考虑知识分子的懦弱或更糟糕的愚昧问题。伊利奇提出了一个关键性问题，即学校在促进学生的全面发展以及人类需要时到底有多大的效果；在这样做的时候，伊利奇要求人们去思考：学校在为一个公正和道德的世界服务方面有多大成效。

伊利奇等思想家提出的观点能够为教育者未来的教学指明一条新路。例如，为了使学生对未来进行思考，一些课程提出了这样的问题：十年后你生活的环境会怎样？未来的家庭又会如何？在随后的年代中会发生哪些主要的变化？在有些学校中，学生玩起了"要是……又怎样"的游戏。在游戏中，他们会问"要是你的眼睛看不见了，在未来的某一天又重见光明，你看到的第一件

163

事物将会是什么""要是没有学校，每个人都必须寻找自己的教育，你会从哪里开始"等问题。

在一些学校的教育实验中，学生在项目中研究他们在火星上的可能生活。他们还对制定什么样的法律提出问题。在火星上，他们将如何管理有限的食物供给和空气供应？他们在火星上可能会从事什么活动？之后，学生需要思考如何建设一个理想的社会，重点关注经济、政治、社会模式等领域。他们需要准备一个规划图，向大家说明这些不同类型的活动如何相互关联，从而形成一个高效和谐的社会。有的学校还要求学生撰写自己的讣告，陈述死亡原因、年份以及他们一生中从事的主要活动（一位有创造力的学生写道，他的死亡是由于一个粗心的机器人投下的锤子所致）。

学生能使用多种预测性技术来进行短期或长期的预测。在预测活动中，学生要对他人的预测进行评价。他们会被要求去写剧本或科幻小说，还会被鼓励从目前的事实出发去考虑未来，比如：（1）美国人口占世界人口比例相对较低，但消耗了世界上大部分已开采的能源；（2）世界人口中只有一小部分是白人；（3）美国人在任何大城市居住的平均时间不到五年。类似的事实会提高学生对未来的兴趣，并可作为撰写报告和讨论的基础。学生也会将这些事实作为剧本创作和角色扮演的素材。许多学生对未来有一种天然的兴趣，教师会把这种兴趣作为他们学习数学、科学、艺术的动力；对那些不能用传统方式激起兴趣的学生，教师可通过小说以及对未来的关注来激发其兴趣。因为明天的世界将由今天的孩子来管理，鼓励年轻人关注未来是非常重要的，有必要促使他们根据自己的目标和愿望去塑造未来。

德日进（Teilhard de Chardin，1881—1955）

德日进说不上是一位未来学家，他是一位耶稣会牧师和科学家。他的主要兴趣是寻找连接科学与宗教的方法。他认为，答案就在于技术的运用，这在当时是一种先进的观点，因为那时电视机和计算机还没有得到广泛使用。他在《人的现象》（*The Phenomenon of Man*）中阐述道，上帝正在创造一种"压缩性的融合"（compressive convergence），而且技术会促进这种融合，或者形成他所说的"智慧圈"。马歇尔·麦克卢汉（Marshall Mcluhan）继承了德日进的许多思想，他对"地球村"的理解就类似于德日进的"智慧圈"概念。

一种新的思维方法是混沌理论（chaos theory），它源自数学理论，尤其得益于朱尔·亨利·庞加莱（Jules Henri Poincaré）的工作。物理学领域的量子力学，尤其是海森堡的工作及其提出的不确定性原理或者说物理变化过程中的偶然性和不确定性，推动了混沌理论的发展。近来的一些新方法采用了非线性动力系统（nonlinear dynamical systems）理论或复杂系统（complex systems）理论这些名称。基本上，这些理论都认为，自然界中找不到绝对的直线或完全对称的图形，然而人类在日常生活中仍以对称和可预测的假设进行操作。人不是机器，但"现实的机械模型"常被用来测量或描述人类的行为，如用心理学测验中的精确数字来描述人类行为，或者通过社会学研究来测量人的社会行为。斯蒂芬·J. 瓜斯泰罗（Stephen J. Guastello）在《混沌、灾难和人类事务》（*Chaos*，*Catastrophe*，*and Human Affairs*）中提出，由于没有注意到人类社会体系的非线性特征，一些相关知识被忽略了。正如许多哲学家所指出的那样，在自然界和社会体系中看到的秩序和规则可能是通过人们的假设和思维过程强加给它们的。像康德所说的那样，我们的思维方式影响着我们解释事物的方式。托夫勒指出，以伊利亚·普里高津（Ilya Prigogine）为首的布鲁塞尔学派（Brussels School）的研究表明，世界充满着变化、混乱和过程，而不像牛顿学说或拉普拉斯模型阐述的那样，是个有秩序的模型。

混沌理论家看到了世界的活力、动荡和不稳定性，在其理论中没有僵化的概念和固定的标准。他们不接受关于金融、概率（probability）和经济的传统观念。像钟形曲线、平均回归、周期或其他行为预测模型等概念，只是人类强加给自然界的观念，用来解释事物的秩序，混沌理论家认为这些模型是对现实的弱化和不准确的表达。

混沌理论的支持者将此思想应用于广泛的学科领域中，如生态学、生物学、经济学和政治学等。矛盾的是，一些倡导者坚持认为，许多以前被认为是混沌的事物能在确定性意义上被理解，这导致确定性混沌（deterministic chaos）现象的产生。这一观念对社会科学和教育可能是有用的，因为我们在许多情况下需要从随机因素或概率角度来解释各种状况。而我们知道，在测量人类行为的社会科学中，许多变量是无法控制的。虽然混沌理论由来已久，但直到最近这些年，人们才共同努力将这一理论运用于自然事件与社会互动。

这些观念影响了我们对世界和教育的思考，尤其是关于如何将教育运用于当今世界的思考，改造主义者对所有这些影响作出了回应。作为当代的教育哲学流派，改造主义站在时代的前列，促使教育成为社会改革的积极力量。他们倡导教育者要成为主要的变革推动力量，对学校进行变革，为建设一个崭新、美好的社会作出贡献。

作为一种教育哲学的改造主义

改造主义教育者最显著的特征在于，他们认为现代社会面临着严重的生存危机，而学校和教育家在应对这些危机和提供必要的行动基础方面发挥着重要作用。

教育与人类危机

许多教育者自称为改造主义者。教育改造协会（Society for Educational Reconstruction，简称 SER）成立于 1969 年，这促进了改造主义思想在更广范围内的传播。教育改造协会发布的政策性文件提出了改造主义的两个基本目标：（1）采用民主的方式，作出规范人类生活的决议；（2）构建和平的世界共同体。教育改造协会成员支持任何地区的教育者向学生传达他们对社会的关怀，也鼓励人们将改造主义价值观运用于学校和社区的教育实验项目中。

教育改造协会成员认为，大多数教育和社会变革方法是不充分和过时的。在他们看来，我们不能等待大多数哲学所倡导的渐进式变革，特别是在这个时代，人类的存亡有赖于迅速采取措施，使社会更人性化、更富有生产力和更加安全。事实上，我们处在一个危机叠加的时代，进步主义哲学曾经作出很多承诺，对建设性处理当前问题来说，它们的方式似乎显得有些过时。教育改造协会指出，现在人类拥有的强大力量能使我们和所有生物从地球上消失，除非找到某种方法将技术发展与人类权益的最高准则融合起来，否则所有深思和讨论将变为虚夸的言辞。学校没有承担这项任务，正如一位改造主义者所说的那样："当计算机按下核按钮时，学生会'发现'什么学术概念？"

改造主义者认为，当今社会的主要斗争发生在两种人之间：一种人希望维持社会现状或几乎没有变革；另一种人认为，需要进行巨大的变革，以此来确保人类的延续并使人类生活得更好。这种斗争并不局限于某一个国家，它是一个国际性危机，需要人们同心协力并有规划地采取行动。改造主义者认为，教育者和学校在这一行动中发挥着关键作用。

在这个危机时代，如果从国内和国际两个角度对教育者的角色进行评估，那么人们可能会得出与改造主义者一致的结论：从最糟糕的情况来看，大多数教育者只是作出被动的反应；从最好的情况来看，他们会成为解放的力量。许多教师来自中产阶级家庭，他们的父母极少因为失业而陷入收入减少的困境；他们无衣食之忧，他们的父母有能力送其上大学。许多人接受的学校教育仍然传授传统上流社会的生活和社会态度。作为对他们努力的奖赏，一些人会获得某种职位，他们在这一职位上能继续用预先设定的方式和内容进行教学。这种教学不能满足少数群体的需要，不能改变种族态度，不能培养适应变革的个体，也不能发展人性化的态度，更不能解决贫困、压迫、战争和贪婪的问题。有人甚至会说，教育非但没有解决这些问题，反而使它们长期存在。例如，教育为战争和华尔街培养了专家，并帮助和怂恿了猖獗的消费主义（consumerism）。改造主义者坚持认为，人们已经忘记了教育应该创造变革，不幸的是，今天的教育主要被用于维持现状。

166

为了使教育者真正推动社会变革，改造主义者主张参与课堂和学校之外的事务。康茨在 1932 年的演讲《学校敢于建立一个新的社会秩序吗？》中提出，教育者应该变得更加政治化。批评者质疑了这一观点，因为教育者在社会中并没有处于作出基本政治和经济决策的位置上。虽然康茨建议教师参与政府官员的竞选和关注课堂外的社会问题，但能这样做的教师很少。而且，这样做的教师不是为了促进教育事业的发展或社会变革，而是为了政治生涯、获取个人利益或其他物质利益。

还有一些批评改造主义的人认为，教师不应该参与社会和政治事务，因为学校应该保持中立立场，教师可能会因为参与党派斗争而失去客观性。然而，法国哲学家萨特（Jean-Paul Sartre）指出，绝对中立的职业是不存在的，不行动就相当于默认。有意不行动的教师应为我们周围的荒谬事件承担责任，就像那些善良的德国人也同样应当为纳粹的暴行负起责任一样。不存在中立的立场；即便有，大多数改造主义者也会赞同歌德（Goethe）的观点，即"地狱中最烫的熔炉是为那些在冲突时刻保持中立的人预留的"。

20 世纪 60 年代后期，哥伦比亚大学学生运动发生后，岛原宣男（Nobuo Shimahara）对高等教育的中立性提出异议并进行了探讨。岛原宣男提出，将中立性作为一种解决困境的呼吁是无效的和过时的。为什么呢？因为学院和大学在很大程度上受到政治的影响，偶尔也会掺杂进政治利益和经济利益。例如，高等学府的研究在一定程度上受制于私人企业的投资结构和政府中的政治优先次序。大学理事会和校友会的成员通常在美国及其他国家的公司体系中拥有较高职位，能极大地影响当地、全国乃至国际事件。而且，他们对高等教育的基本政策产生很大的影响，使高等教育反映商业部门的态度和经济利益。

改造主义教育者一般都是激进的教育改革家，而不是反动的保守派、胆小

的温和派或软弱的自由派。在过去的几十年中，越来越多的教育者希望彻底
改变教育目标和教育方法，如赫伯特·科尔（Herbert Kohl）、肯尼思·克拉克
（Kenneth Clark）、保罗·古德曼（Paul Goodman）、亚历山大·萨瑟兰·尼尔
（Alexander Sutherland Neill）、伊利奇及波斯特曼。然而，只有少数人认识到，
没有社会结构的根本变革，教育变革是不可能发生的。一些社会学家指出，改
造主义追求的教育变革不能脱离广泛的社会变革独立进行。基本上而言，教育
变革在社会变革之后，很少有教育变革先于或导致社会变革。为使教育者更有
效地参与教育变革，他们必须承担教育者和社会活动家的双重角色。改造主义
者认为，这两种角色是不能分开的，因为教育者应该有足够的决心在课堂上采
取行动。这也是一个公民的职责所在，尽管这里所说的公民是指世界公民而不
是国家公民。作为一个公民意味着，人们不仅是社会的参与者，还在寻求更好
的价值，终结社会生活中的低级之处和有害之处。这也意味着，人们有采取行
动的意愿，促使社会朝着更好的方向发展。

教育者是行动者尤其是社会活动家的观点让一些人忐忑不安。改造主义者
解释道，我们没有必要将知识与行动分开。知识应该指导行动，而行动则应该
澄清、修正并扩充知识。纽约公共图书馆（New York Public Library）中悬挂的
一幅画表明了这一点：在修道院里，僧侣们在忙着护卫《圣经》；而在外面，
骑士们则正在烧毁房屋，割掉那些迟交税赋的纳税人的鼻子。僧侣们显然认为
没有必要用他们的知识来改善人们的生活。诚然，无思想的行动是盲目的，而
无行动的思想则是站不住脚的。教育者这种不干涉的态度，一定程度上让人们
面临的问题广泛增加。虽然行动没有观念完美，但是正像杜威说的那样，将观
念付诸行动，会带来需要在人类经验领域重新评估的其他行动，而且随后的思
考会促进观念的完善。改造主义者乐于融合思想与行动、理论与实践、知识分
子与行动派。

学校的作用

美国人对学校有许多要求。当人们需要学习驾驶技术时，学校就开设这一
门课，就像他们开设性教育、家庭经济学、毒品教育和许多其他课程一样。然
而，那种认为教育者和学校可以更好地引导社会的观念可能是错误的。学校是
一个组织化和专门化的机构，它们在满足各种需要方面可能比其他机构做得更
好。然而，学校基本上没有变化，认为通过使教育更有意义或更负责任来推动

社会发展的观念，只能说是使教育更符合现状的需要，对目前存在的既得利益更负责任。有人认为，最近为使学校课程变得更开放或更灵活而进行的胆怯的变革也会导致必要的社会变革，这可以说是一厢情愿的想法。这种对教育机构的修修补补，并没有在改变权力机构中取得胜利，也不能维持或促进教育机构的发展。

今天教育的一个巨大需求是以更广泛的视角来看待学校。这类运动不能仅仅是"生活适应""适切性""问责"或"回到基础"教育运动，因为这些只会使那些需要改变的观念和机构存在更久。为了取得成效，这类运动必须寻找一种更加彻底的解决途径，通过各种方法改变包括学校在内的现存社会机构，使它们更加关注人类的需要。

这类运动必须基于以下观点：学校并不与社会分离，而是包含在社会之中；社会改造并不是通过学校来推动的，而是与学校一同进行。这就需要教育者通过行动探索更多的可能性，需要教师找到可能的途径，并构想更好的世界图景。它要求学校机构摆脱传统意识形态框架的束缚，树立新的目标和价值观。它需要教师和学生是有道德的，这样的道德强调，头脑中反复周旋的观念和他们每日愿意作出的行动之间不存在冲突。这意味着坚持通过个体和共同的努力来改变社会，如果不参与其中，那么就是在协助那些陈旧的、没有成效的和不人性化的价值观和体系延续。人类正生活在一个残酷的世界，核毁灭随时可能发生，空气和水受到污染，人口激增，这些都威胁着我们每天的生活。在这个世界中，种族关系恶化，国际误解加剧，战争威胁升级，金融危机不断加深，国际范围内的政治疲软。

美国曾经实施了一项史无前例的大众教育计划。这在一定程度上是成功的，因为它使许多在其他国家被拒绝入学的人接受了教育。虽然美国的教学方法还不那么理想，但一直都在提高。然而，改造主义者认为，现在的学校仍然没有跟上时代的发展。1990 年，大约有 60% 的工作要靠体力来完成。而今天，只有不到 6% 的工作需要人工完成，这是因为技术已经成为人们生活的重要组成部分，这种技术对即将出现的工作种类和数量产生了很大的影响。但是，教育在应对这种变化方面一直很缓慢。现在，我们必须加倍努力去面对下一个时期可能发生的更大变化。这是一个艰巨的任务，人们的教育需要为未知的未来做准备，而且未来的世界很有可能比现在更为复杂。

社会和学校的目标设定是很重要的，因为虽然很多人忙于生活事务，但他们所做的许多事是害人害己的。人们制造出导弹、新的战争方法、有害的产品、不必要的奢侈品以及其他类似事物，他们并不缺乏首创精神、内驱力和生产能力，但所有这些都具有真正的价值吗？这是一个道德问题。改造主义者从道德角度来看待人类的所作所为，因为人类所做的每一件事都会对未来产生影响。因此，改造主义者认为，学校教育必须致力于民主和人道的目标，对未来社会产生更好的影响。

伊利奇对学校角色提出一个新的激进观点。他指责道，像美国这样的现代社会太过于依赖现有机构，尤其是教育机构。学校认证并许可了那些寄生性利益，它们控制着社会的想象力，而且通过学历授予的权力来决定什么是有价值的。现在几乎已经到了这种程度，那就是没有得到学校教育证明的知识是令人怀疑的。社会和人类的结果造成了个体心理上的无能和自理能力的缺乏。

伊利奇认为，我们必须将学习从教学中分离出来，创建一种新的教育形式，以自我能动性为基础，并建立学习者与世界之间的新关系。根据伊利奇的观点，现有教育机构的控制性太强了。我们所需要的教育体系，不是有选择性的控制，而是提供受教育的机会，帮助学生安排自己的教育。这种新体系将成为信息存储和获取的"学习网络"（learning networks），从中可以进行技能交流以及同龄人间的能力竞赛。它应该在任何发展阶段都能为学习者提供有用的资源，也能帮助那些愿意分享知识的人，并将这些信息告知那些想学习的人。它也将为公共问题的开放性调查提供机会，并将知识传播到更广泛的领域。去学校化运动使教育的途径更加开放，促进了知识和技能的分享，释放个体主动性，使个体免受机构的操纵。在某种程度上，伊利奇的学习网络预见了计算机使用［诸如互联网和万维网（World Wide Web）］的巨大能量。虽然伊利奇的著作没有带来学校的大规模解体，但他促使人们重新反思关于教育和学校的一贯认识：人们接受教育的方式有很多，正规学校教育并不是唯一的途径。

保罗·弗莱雷（Paulo Freire，1921—1997）

巴西哲学家、教育家弗莱雷也呼吁进行改造主义变革。由于他持有的政治观点，弗莱雷一度不得不离开祖国。在《被压迫者教育学》中，弗莱雷表达了教育如何被用来奴役和剥削穷人。他认为，理想的教师应与学生做朋友。通过适当的教学方式，教师可以使学生甚至是成年学生认识到剥削他们的力量，并意识到如何利用教育和知识来改善他们的生活。弗莱雷批评了传统的教育观念，因为在这种教育观念中，人们不是去认识事物，而只是记住教师提供的信息。与之相反，弗莱雷希望，教育能关注人们日常生活中遇到的真实问题，他也希望教育能更具互动性。在弗莱雷看来，如果穷人需要更好的医疗保健，那么教育就应该帮助他们理解或构建获得医疗保健的方法。

　　弗莱雷开发了一个扫盲项目，帮助农场工人在 45 天内学会读写。他与农民和工人共同生活，并帮助他们根据发音生成词汇。而且，他们使用的词汇都与生活、社会因素及经济状况等方面存在的问题有关。因此，从更广泛的角度来看，弗莱雷认为，教育关乎人类日常生活的社会价值。他曾受若昂·古拉特（João Goulart）总统邀请去巴西，开展巴西文盲工人的教育工作，但在一次军事政变后，他被拘禁了 70 天。出狱后，他开始了自我放逐。巴西军方说，弗莱雷是"基督和巴西人民的叛徒"。1979 年，在一个更加自由的制度下，弗莱雷被邀请回到巴西，并被任命为圣保罗市教育局长。弗莱雷倡导的教育也被称作"解放教育学"，因为他试图帮助人们摆脱经济、社会、政治等压迫力量的束缚。

教育目的

　　改造主义强调变革的必要性。从目标指向世界文化或文明的意义上来说，它是乌托邦式的。然而，它也很灵活，因为它认为目标可以随着实施过程中出现的问题和障碍而修改。不管具体的教育目标是什么，在改造主义者看来，有一件事是很确定的：我们需要社会变革和社会行动。

　　促进社会变革的思想认为，我们能使个体和社会生活变得更美好。有些人可能将这种观点看作演进式发展或者黑格尔主义。也就是说，人们能促使事物从不太令人满意转变为比较令人满意。因而，改造主义者希望更多的人成为社会变革的主体，改变自身以及周边的环境。此外，改造主义者反对重知不重行的抽象或空谈的哲学。他们不认为知与行之间存在任何冲突，因为所有的行动都要事先考虑好。改造主义者希望结束象牙塔式的心态，使每个人都以某种形式参与到社会行动中。他们认为，教育既关系到个人也关系到社会，而今天人们受到的学校教育一般以个体主义和竞争为基础，倾向于将人们分成三六九等。改造主义者认为，学校不能脱离社会，人与人之间不能彼此分离。他们力争团结而不是分裂。

　　当康茨写出《学校敢于建立一个新的社会秩序吗？》时，他也呼唤改造主义者团结起来。他批判进步主义者选择的生活适应道路，也揭示了他们在解决当前关键问题上的失败。康茨呼吁一种新的进步主义，它将更加积极地在社会

170

变革中发挥主导作用。然而，审视现在的情况，人们发现学校和教育者不仅没有成为社会变革的领导者，还常常是阻碍者。甚至当社会向前发展、接受新的社会习俗时，学校仍旧保留着传统的方式，如规定着装、限制使用新型通信方式。康茨呼吁教育者应当带头争取权力，并为社会的利益行使权力。他认为，教育者应更多地参与政治事务和社会事务。通过这种方式，他们将能够改善自己的教育，并去更好地教育他人，其效果远超任何课堂活动。

改造主义者坚信世界共同体、兄弟情谊和民主最终能够实现，并希望将三个理想目标贯穿到学校和社会中。学校应该通过课程、管理和教学实践来培养这些理想。虽然我们不能期望学校依靠自身的力量改造社会，但它们可以通过采用这样的理想为其他社会机构树立榜样。

方法与课程

改造主义者批评了当前各级各类学校中运用的教学方法，因为这些旧方法使现实状况中潜在的传统价值观和态度更加牢固，而教师在这样的环境中不自觉地成为坚守传统价值观念的代言人。教育过程中暗含着隐性课程，这使学生获得既定的生活方式。教师在一定程度上忽略了这些潜在影响，他们就会通过教学技术和教学过程来培养与维持旧的体系。例如，学校董事会或州政府规定教师在课堂中必须使用的教科书，而那些不假思索地接受和使用指定教科书的教师就成为灌输教育的"同党"。这些教科书常常得到人们的赞同，因为它们是没有争议的，即便在经济、种族或性别观念上有些曲解，那也是在主流文化中相当普遍的观念。这个问题由来已久，并以许多容易引起争端的方式延续至今，比如歪曲历史，歧视某些群体和种族。

教科书、教学技术和教学过程等都对学习者产生了影响。例如，教师被看作知识的传播者，学生被看作被动的接受者，在这种教学方式下，不管传递给学生什么内容，他们都会不加批判地接受。学生方面的被动使得他们在分析和建构事物时或在作出判断和决定时缺少创造性。也许这种问题在社会研究领域更加明显，因为这些领域并不鼓励客观性和批判精神。往往被称为社会研究的东西只不过是加强沙文主义倾向的民族主义偏见。那些预先设计好问题和答案的教学材料，使学生对社会、经济和政治结构产生同样的看法。我们希望通过社会研究来培养良好的公民，但对什么是良好的公民所固有的偏见会使学生形成一种狭隘和迂腐的观念。

美国公民中只有少数人在国家选举中投票，这是令人遗憾的。地方选举的参与者更少，对某些问题的参与甚至还不到公民人数的 15%。民意调查显示，很少有公民知道他们的代表和参议员是谁，更少有人知道高级法院成员的名字、总统的职责、政府的部门等。大多数公民对政府持有消极的态度，虽然他们会抱怨税收高、政府办事效率低及政府官员素质低，但他们并没有行使自己的权利去改变这些局面。在改造主义者看来，投票失败只是一个表象，还有更深层的原因。除了选举外，公民还需要为他们信任的候选人工作，或自己去参与政府官员的竞选。改造主义者认为，仅仅选举候选人上台是不够的，还应该在争取任期限制、游说改革、企业和政府机构监管改革等方面发挥作用。在民主社会，这是一个持续不断的过程。

改造主义者提出，教育应该唤起人们对公共行动主义的兴趣。例如，一位政治学教授应允许学生花一个学期的时间为他们所选的竞选者工作。通过这种社会参与，学生对政治过程的了解远远多于他们阅读枯燥乏味的书籍或者听讲座时的收获。改造主义者非常赞同将这种方法纳入学校教育。在《人人皆精英的社会：教育的政治学和美国的未来》(*An Aristocracy of Everyone: The Politics of Education and the Future of America*) 中，本杰明·巴伯 (Benjamin Barber) 进行了类似的推理。他认为，民主和教育密不可分，一方消失，另一方就不可能全然存在。他还指出，教育应该是国家的首要任务，并提供所谓的"服务型学习" (service learning)，认为这是帮助学生参与社区事务，获得第一手的信息和体验社区生活的适当方式。他认为，这不仅有利于培养更好的公民，还可以加强民主。

教师教育项目的最新发展方向是促进社会正义，如加利福尼亚州洛杉矶 X 中心 (California-Los Angeles Center X)。X 中心是加利福尼亚大学洛杉矶分校 (University of California，Los Angeles) 教育研究生院实施的两年制综合实验项目。该中心的研究重点是正义、城市学校伙伴关系及社会文化研究。X 中心认为，教师的预备教育应强调公平地分享财富和接受差异。目标是培养出具有变革性的、有社会正义感的教师。

改造主义者希望学生尽可能地参与社会活动，因为他们在活动中既可以学习，又能运用所学到的内容。布拉梅尔德认为，学生应该将一半左右的时间用于传统的学校机构之外，在学校外的其他地方学习。虽然传统课堂环境有一定的价值，但在学生看来，更重要的是运用他们学到的内容，而传统学校并不鼓励这样做。

172   课程组织的一种方式是，将进步主义者主张的核心计划改为布拉梅尔德所称的"轮状"课程。在布拉梅尔德看来，核心内容可看作车轮的轮毂——学校项目的中心主题。辐条代表相关研究，如讨论小组、田野体验、内容和技能研究以及职业研究等。轮毂与辐条相互支撑，车轮的边缘则发挥着综合和统一的作用。虽然学校每个学年都有自己的"车轮"，但要保证每个学年之间的连续性，使它们互相融合、互相增进。虽然每年都会有所不同，但每年总会从前几年延续一些问题和解决方案，并向新的综合方向发展。布拉梅尔德认为，改造主义者的课程是由向心力和离心力共同推动的。它的向心性是指能使社区成员团结起来进行共同学习；它的离心性是指它从学校延伸到更广泛的社区中。正是由于学习和社会之间的动态关系，这种课程才有能力促进文化转型。

在课程方面，改造主义者欣赏那些以真理、友谊和正义为核心的"世界性"课程，他们反对仅仅关注当地或社区观念和理想的狭隘课程。改造主义者还强调学习世界历史，探索联合国和其他世界性机构在当代社会所从事的工作。这种课程应当是由热心学生引导的社会行动，如参与有意义的社区活动，将社会问题告知公众，使用诉状和抗议书等。学生既能从书本中学习，也能从组织投票竞选、消费者调查、反污染运动中获益，还能在这种学习中为社会作出真正的贡献。

近年来，美国社会的重要发展是学校对美国社会多元文化给予了很大的关注，这得到了改造主义者的强烈支持。文化多元论这个词语常被用来描述文化上的多样性，而多元文化教育（multicultural education）是研究这一问题的教育项目中常见的术语。多元文化教育受到许多认证机构的重视，如美国国家教师教育认证委员会（National Council for Accreditation of Teacher Education）就在面向未来教师的研究中倡导多元文化教育。将多元文化教育作为教师教育认证项目中的必要组成部分，主要是基于美国社会的历史和现实状况，因为美国社会汇集了多种文化，人们需要正确地认识这种多样性而不是忽略它。

最初，各州的公立学校体系起到了文化"大熔炉"的作用，人们将学校作为移民儿童美国化的手段，以此来消除文化差异，使新移民适应美国社会的主流文化。可是，人们逐渐意识到，许多没有消失的文化差异为美国社会结构增添了活力，人们应该保护这种差异。因此，现在的多元文化课程选编了来自不同文化背景的故事，而且一些美国历史课本中也包括非裔美国人、妇女和印第安人的历史。移民一直是美国生活中的一个事实，人们现在不仅关注来自欧洲和亚洲的早期移民群体，还关注来自拉丁美洲、俄罗斯的新移民。这种发展令改造主义者欢欣雀跃。他们认为，对美国起源多样性的认可及对其他文化起源和习俗的研究是早就该做的事情，并将这种发展视为促进世界不同地区人民之间和平与理解的基本途径。他们相信，如果多元文化教育得到恰当的关注和理解，那么会有助于改变美国人看待自己的方式，有助于形成符合人类最高价值观的观点。

改造主义者意识到，在单一社会里人的思想很容易被禁锢，以至于人们意识不到其他国家的问题。他们鼓励人们学习其他民族的语言和文化，阅读其他文化的文学作品，以及涉及世界性问题的报纸和杂志。今天的一些学校对其他国家文化给予了极大的关注，通过专门的活动让学生了解其他国家独特的兴趣、节日和习俗。有时候，学生也会穿上其他国家的服装，品尝这些国家的食物以及参与一些活动，以便于更好地理解文化差异。改造主义者希望教师能胸怀世界、立足人文，并善于引导学生参与各种活动项目。改造主义者相信，当学生参与一些社会或文化活动时，该课程产生的学习效果远远超过课堂讲授。

改造主义者指出，我们是相互联系的，需要从整体和多元文化的视角来看待世界事件。他们倡导实现未来文化目标的活动，使学生理智地面对变化。教师应该鼓励学生为未来的变化制订计划，并对人口、能源和交通问题有所了解。除此之外，学生还可以参观其他文化的公益组织和团体。

改造主义者希望学校解决的社会问题是核战争、核武器扩散以及作为解决国际问题方式的一般战争概念。像全国教育协会这样的教育机构已经为教师准备了课堂中使用的教学材料，向学生解释核战争会带来的危险和恐慌。然而，这种做法受到其他人的强烈抵制，他们认为，这会使儿童受到惊吓，也会激起战败国的受挫感，引发新的侵略行为。改造主义者认为，像鸵鸟一样把头埋在沙子里只会一无所获，对核战争的可能性和危险性的认识或许是国家消除未来冲突的最大希望。一些改造主义者反对核武器、氢弹及其他武器的试验和进一步发展，并反对传播关于如何制造这类武器的信息。他们相信所有国家和人民相互联系的"宇宙飞船式地球"的心态（"spaceship earth" mentality），希望人们齐心协力，终结战争可能带来的毁坏性后果。

如果人们真正对社会和教育感兴趣，那么依据改造主义的推断，人们将处于作出重要决定的关键时刻。他们强烈要求社区采取行动并促进教育的发展，为人们争取社会权利和人权。一些未来主义者坚持"放眼全球、立足本土"的观念，这得到了改造主义者的强烈支持。

教师角色

改造主义者期望教师既是教育者，又是社会活动家。他们需要能紧跟时代步伐的人，这样的人要能深刻地关注社会问题，并有勇气采取行动。基本上，持改造主义观点的教师将教育作为解决社会问题的重要手段。首先，教师要告知他人问题的性质和程度，可能是诸如砍伐雨林、炸毁珊瑚礁、使鱼类资源枯竭及造成其他生态灾难等破坏性行动，更不必说世界各地发生的许多非人道行动，如监禁那些持有非主流政治思想的人，在工作场所对儿童和成人的不人道待遇等。其次，教师要为人们如何采取行动提供建议，如给政府官员或联合国官员写信，通过社会捐助筹集经费，抗议或抵制产品。改造主义者认为，现在学校中所教的东西太过理论化了，学生需要积极地解决社会问题，这既包括世界性事务，也包括地方性事务，如周边环境的清洁工作，帮助无家可归者，以及支持中意的候选人竞选。

一些人可能会说，这类教师的角色是不稳定的。许多人，包括教育工作者，并不相信学校是社会变革的场所，因为这种活动总是带有党派属性。他们认为，学校的作用是将过去和当前发生的事情传授给人们，而不应该将学校作为质疑传统或促进激进变革的地方。而改造主义者指出，传统信念和做法曾经也是激进的，像《独立宣言》（Declaration of Independence）、《美国宪法》，只是它们现在被人们接受，成为主流思想。他们认为，社会的进步来自持续的深思熟虑的变革，而课堂教学正是产生这种变革的最佳场所。

持改造主义观点的教师角色很难扮演，因为人们还没有做好准备接受他们传授的观念，但他们遵循一个道德原则，即教育有能力也应当使世界成为一个更好和更和平的地方。教师应当从被动和恐惧中解放出来，为了变革而努力工作。他们需要关注那些在教科书上找不到的关键问题，也可以使这类内容成为学校课程的一部分；他们也应当使学生对所接受的知识持批判态度。波斯特曼和查尔斯·魏因加特纳（Charles Weingartner）建议教师使用探索发现法（crap detecting），通过这种方法鼓励学生批判地检验他们接收到的各种信息，这些信息可能来自学校、大众传媒、网络，也可能来自家庭、教堂、政府等社会机构。教师不应该成为被动的知识传播者，而应该成为分析和变革的推动者。

需要指出的是，改造主义者认为所有变革都是在民主框架内发生的。因此，虽然教师能让学生意识到问题所在并指出问题的来龙去脉，但学生有自己做决定的自由，也能自己决定在多大程度上参与其中。事实上，改造主义者主张，民主程序应当贯彻于各级学校教育中，而且学生在目标、方法、课程的形成和实施中能积极地发表自己的看法。教师可以是一个有用的学习促进者，但关于学校教育以及如何使用学校教育的决策也必须让学生积极参与，这是布拉梅尔德极其强调的一点。

对教育中改造主义的评价

改造主义者认为，他们的方法与实用主义者的方法有着根本的不同。从实用主义者在社会、经济、政治问题上持有的观点来看，确实如此。然而，若说实用主义者（如杜威）有时并不赞同激进的解决办法，那是一种误解。但杜威主张，解决社会问题的方法必须经过仔细思考和实验，并时刻关注可能的后果。这种方法表明，杜威是一个谨慎的激进分子，也是一个反思型社会变革支持者。由于改造主义缺乏杜威的谨慎，它时常受到抨击。而且，它对社会问题的分析及其附带的补救措施也被指责为肤浅的，更不用说对社会本身的危害了。

改造主义者有着强烈的变革愿望，但他们的建议常常过于草率。指责者指出，这种草率引发了大量教育目的和方法上的讨论和争辩，但没有什么真正的效果。人们能够指出实用主义对学校产生的实际影响，但很难明确说出改造主义产生了什么影响。之所以出现这种情况，可能是因为实用主义者的建议更容易被人接受，而且它们在表面上看起来不那么激进，还可能是因为这些建议是深刻和可行的。同样地，由于缺乏影响力，改造主义者的建议在大众或大多数教育者中不受欢迎。

最近对多元文化教育的关注似乎是对改造主义观念的重申。长期以来，改造主义者一直推崇文化多元论（现在称为"多元文化主义"，multiculturalism），因此对改造主义影响的评价应当包括多元文化教育。当然，多元文化教育的发展既来自有组织的改造主义的推动，也是种族群体争取自身权益的结果。例如，墨西哥裔美国人没有寻求美国思想和制度的根本变革，而是倡导承认他们的文化身份，以便在目前的社会中获得认可。那些寻求包容性而非排斥性的妇女、非裔美国人和印第安人也是如此。改造主义者意识到，虽然他们在积极推动多元文化的进程，但还有许多工作需要做。

对学校能够做什么，改造主义者在很多方面表现出浪漫主义观点。迈克尔·卡茨（Michael Katz）和戴维·泰亚克（David Tyack）等历史学家及詹姆斯·科尔曼（James Coleman）和克里斯托弗·詹克斯（Christopher Jencks）等社会学家的研究表明，人们对学校的期待远远超过了应获得的收益。这是因为学校不可能直接影响收入、种族认可和机会均等。康茨认为，当教育工作者联合起来时，可以实现重大的社会变革；但是，教师能否获得这样的权力，能否比其他人更好地运用权力，这是令人质疑的。

对改造主义者的另一个指责是，他们对民主和决策的看法是有问题的。改造主义者从需要变革这个前提出发，并常常在开始行动之前就阐述变革的目标。这不同于杜威的观点，杜威认为目标是开放性的，而且手段和目标之间有着紧密的关系。改造主义者倡导世界法，但人们对法律的认可度要看法律在多大程度上尊重了基本的文化范式，以及人们或他们的代表如何表达这些法律条文。由于世界文化的多样性，建构任何文化群体都支持的普遍规则是不太可能的。世界法不但无视文化的多样性，而且它认为集中规范人类的行为是有益的，这会遭到不同哲学信仰的人合理而明智的反对。目前，存在这样的观念，即认为变革和新事物的出现是由于个体的变化，世界范围内的任何集权都有可能对社会变革产生不良的影响。确实，它可能导致改造主义关于变革理想的破灭。人们无法确定世界法是否可能，或是否会令人向往。联合国可能是人类在这方面最显著的实验，但它在控制战争、国际冲突、经济不公及饥饿方面的能力是微弱的。改造主义那种明显的乌托邦主义虽有可取之处，但它也可能会使我们远离当前问题，而仅去关注某种理想的目的。

批评者指出，改造主义者和其他进步主义改革家已经跟不上改革步伐。他们曾经为 20 世纪早期和中叶的社会福利活动进行了激烈的斗争。他们要求失业保险、福利、工会主义、累进所得税和社会保障，而且将税收支持的教育从中小学拓展到社区学院和州立大学。这些目标已经完成，而且也成为事实；然而，改造主义者没有提出新的项目和目标，以抓住公众的想象力和当代社会活动家的热情。事实上，近年来与改造主义相比，世界未来学会、塞拉俱乐部、国际绿色和平组织等机构似乎为世界问题提出了更多的替代性解决方案。因此，改造主义的许多主张现在都是一种疲惫的重复，它的力量已经消散了。

虽然改造主义在今天的保守气氛中的表现不太突出，但它号召人们采取行动的影响犹存。虽然有早期的自由改革实践，但问题仍在持续着，甚至比以前更复杂和更具挑战性。今天，人们谈论的不是危机，而是那些对计划最周密的改革都免疫的巨大危机。许多国家反对长期规划，它们这样做是以一种危机心态来蒙混过关。也就是说，在危机出现之前，这些国家不会采取行动。

人们使用计算机对世界的发展趋势进行了模拟预测，人类正在面临着一系列严重危机，像人口爆炸、工业化失控导致的自然资源枯竭和环境破坏。罗马俱乐部（Club of Rome）的报告对解决这一问题的呼吁是最引人注目的。这个由 100 名企业家、科学家、经济学家、教育家和政府官员组成的团体，试图促进协调一致的国际政治行动，并使其朝着合理和人道的方向发展。在他们创建的预测图表中，除非人们即将采取行动，否则人口、食品供应、经济衰退和不可再生资源都将面临灾难。《增长的极限》（*The Limits of Growth*）是在他们早期工作基础上完成的。书中预言，如果仍然保持这样的增长速度，那么 21 世纪将出现全球性灾难。在他们的第二个报告《转折点上的人类》（*Mankind at the Turning Point*）中，罗马俱乐部描述了两个巨大的差距：一个存在于人类与自然之间；另一个存在于北半球的富国与南半球的贫国之间。这些发现和结论都强调要及时进行全球性的根本变革，这样的观点早就由改造主义者倡导过。多年前，改造主义者就已经预测到会有一场危机和灾难即将到来，因此人们不应该对此感到惊讶。那些指责改造主义者是危言耸听的批评者可能需要重新考虑这一立场。如果是这样的话，那么改造主义者也就犯了一个错误，即未能够发出强烈的警告。今天，许多人没有意识到这些问题的广度和深度，改造主义可以恰当地宣称，教育工作者并不总是了解所涉及问题的严重性。除此之外，改造主义者认为，学校和教育工作者并没有直截了当地告诉公众，进行真正变革的必要性和困难。

177

改造主义哲学是应对唯物主义、传统文化价值和社会稳定中道德简化的一剂良药。虽然改造主义者的理论并不总是受欢迎的，但他们激发了人们对关键问题的思考，他们设想了更美好的世界，并提出了实现的途径。一些哲学的不足之处可能在于，它们缺乏未来目标，不管是短期的还是长期的。社会价值、人道正义、人类共同体、世界和平、经济公正、机会均等、自由及民主等，正是这个世界所缺乏的，这也都是改造主义的显著目标。改造主义者确实没有耐心，也显得急于消除社会弊病，然而在这个充满憎恨、贪婪、偏执、贫困和战争的世界中，这也是可以理解的。

乔治·S.康茨
《学校敢于建立一个新的社会秩序吗?》

　　康茨是最激进的进步主义教育家之一,他的思想对改造主义产生了重大影响。他认为,教育的目标应该是社会改革,并促使教师摆脱他们的"奴役心理",为人民的利益而工作。康茨认同进步主义在教育上的运动,但对其变革言论和不愿意采取行动的态度感到失望。下面的选文写于1932年经济大萧条时期,康茨在文中号召教育者"争取权力"(reach for power),实施社会变革,这些话在今天仍有很大的影响。

　　(教育)……必须……坚定而勇敢地面对每一个社会问题,应着手应对生活中各种赤裸裸的现实,要与社会建立有机的联系并形成一个现实的、广泛的福利理论,要对人类命运形成一种引人注目的、富有挑战性的愿景,而不再像今天这样对压制和灌输如此恐惧。这要求我们面临教育上的许多关键问题——关于学校对儿童发展施加影响的程度和性质的问题。在呼吁儿童权利的运动中,提倡极端自由的主张获得了很大的胜利,甚至那些最善于将他人思想转化为自己观点的教育实践者都放弃塑造学习者的任何意图。当"灌输"一词出现在教育论述中时,我们当中没有一个人不会被吓坏……

　　我认为,一方面,在任何完备的教育计划中,都必定有一个关键因素在发挥作用,至少在规划现代世界的活动中是这样的。那种不努力去深刻地、彻底地理解世界的教育是名不副实的;而且,不能为了支持某一理论或观点而故意扭曲或压制事实。另一方面,我拥护这样的观点,即所有的教育都含有大量的强加因素。从事情本质上来说,这是不可避免的,因为社会要依靠这个来存在和发展。因此,这又是大家极其向往的,而且坦然接受这一事实也是教育者的主要职责。我甚至认为,不能够这样做是因为在获取普遍真理的过程中个人有很深的偏见,还因为在教育理论和实践中引入了蒙昧主义(obscurantism)①……

　　学校在其本质意义上说应该是中立的,不能教授任何有偏见的思想,这是一种错误的见解。我们已经观察到,个体是如何不可避免地被他生活中的文化塑造的。就学校而言,类似的过程也在运作,这可能是受到某种程度的有意引导。我的理论是,完全中立是不可能的,学校必须帮助学生形成价值观,培

_____

① 亦译"反启蒙主义""愚民政策"。——译者注

养其品位，甚至将观念强加给学生。很明显，学校无法进行全盘创新。这意味着，我们必须对教师、课程、建筑、教学方法等进行选择。并且在选择过程中，必须权衡选择这个或那个的利弊。这是一个基本的事实，不能因为无关或不重要而被忽视，它构成了所讨论问题的最基本要素；也不能用适宜的措辞掩盖这一事实……

如果我们现在假定儿童生活的环境会对他们施加各种影响，那么真正的问题不在于这种影响是否会发生，而是这种影响来自何处。过去对此问题的回答，我想可能只有一种答案：对于所有真正关键的问题，学校必须服从统治阶级或群体的意志；在一些小问题上，学校可获得一定程度上的自由。然而，未来可能不同于过去。或者我应该说，如果教师能充分增强自身的勇气、智慧和视野，那么他们可能会成为某种程度上的社会力量。对于这种可能性，我并不太乐观，但在一个像我们这样缺少领导者的社会，人们可能要接受教师的引导。通过强大的组织，他们至少可以激发公众的良知，并对学校行使比以往更大的控制权。而且，他们将对更为基本的强加形式承担某种责任，根据我的观点，这种强加是不可避免的。

我坚定地认为，教师应该有意地争取权力，并充分利用他们获得的权力。在学校课程和教学程序许可的范围内，教师将积极地影响下一代的社会态度、理想和行为。要做到这些，教师绝对不能玩花招或虚伪。他们不能说，自己仅仅是传授真理，也不能说自己不愿意去运用手中的权力。前一种观点是错误的，而后一种则是他们无能的表现。我观察到，那些影响人类历史进程的人总是毫不犹豫地运用他们得到的权力。他们这样做代表的不是眼前利益或某个特殊阶层的利益，而是人民群众共同的、持久的利益，教师肩负着保护和促进这种利益的重大社会责任。从这方面来说，他们在社会中处于相对独特的地位。既然教师职业既包括高层次的科学家和学者，也包括在各级各类教育体系中工作的教师，那么他们就应该运用各个时代的知识和智慧…… 179

这又引起了我们的思考：如果教师拥有权力，那么他们应该怎样施加影响呢？我认为，这取决于社会状况。目前，我们生活在一个动乱的时代，生活在一个深刻变革的时代，生活在一个革命的时代。人类是否曾经历过比目前发生事情还要多的时期，这是非常值得怀疑的。为了与这个时代相适应，我们不得不去回顾古代帝国的衰落，甚至回到未被记载的时代，那时人类刚刚放弃了狩猎、捕鱼和挖陷阱这些天然的技艺，开始尝试农业和定居生活。今天，我们正处于文明上升期，这确实是史无前例的——这个文明建立在科学、技术和机械化之上，拥有更强大的力量，并且使整个世界变成一个大社会。正是这种释放的力量，不管是在经济领域、政治领域、道德领域、宗教领域，还是在艺术领域，旧的模式都遭到破坏，世界上任何地方的人都能看到奇怪的思想和情感。如果生活是安宁的，没有被重大事件扰乱，那么我们可能就会展示才能，将注意力集中在儿童的天赋培养上。然而，生存于这样一个变化多端的世界里，我们一刻也不能将关注社会事务的视线移开，或放弃我们对所处时代特殊需求的关注……

考虑一下这个国家的现状。如果我们中有人不是在我们的机构中长大的，那么当他调查经济状况时则很难相信自己所看到的；或当他听财政官员对经济衰退的原因和解决方法的严肃报告时，他也很难相信自己听到的。现在，这个社会已经出现了极其显著的矛盾：人们对自然力量的控制远远超出了古代人的想象，而且这种控制伴随着极大的物质上的不平衡；极端的贫困与极其奢侈的生活方式共存于世界之中；各种商品的极大丰富却伴随着贫困、痛苦，甚至饥饿；市场生产过剩是造成身体上痛苦的主要原因；饿着肚子去上学的孩子走过破产的商店，那里堆积着来自世界各地的丰富的食品；强壮的男子迈着沉重的步伐沿街寻找工作，却毫无结果，最终带着破碎的希望进入被诅咒者的行列之中；工业巨头们毫无提醒地关闭了工厂，解雇了工人，这些年来他们利用这些劳动力聚积了大量的财富；而自动化机械不断地替代人力，使社会面临着失业劳动力不断增加的威胁；在政府官员的庇护下，欺诈者和匪徒扩充了他们的商业渠道并强行勒索；经济上的寄生现象，不管是合法的还是违法的，都是如此普遍，以至于合法劳动的传统逐步出现了衰退的迹象；工人获得的工资是如此少，以至于根本就不够他们去购买自己生产的物品；消费先于生产，蓄意浪费的观念被普遍认为是最高的经济智慧；心理学被用来煽动人的欲望之火，使人们被欲望奴役，受生产的束缚；政府建议种棉者将棉花的间距扩大三倍，以促进市场的发展；那些讲求实际的商人只注重追求物质利益，而常常忽略伦理和审美方面的考虑；联邦对失业者的救助遭到反对，理由是这将使大众变穷，而社会受惠成员一直靠救济金生活；甚至承担重任的领导也求助于巫医，争相与其他人预测繁荣时代的复苏；在自耕地充足的时期，社会逐步形成了一种狂热的个体主义意识，这种意识促使无情的剥削体制合理化，而此体制丝毫不考虑未来国家与世界的自然资源和人力资源。如果一个人能走出《旧约全书》的文字，将目光转向这个充满悲惨和威胁的巨大场景，那么他就能想象出耶利米（Jeremiah）在说些什么。

180

然而，我们应该强调目前的状况也是蕴含着希望的。这个时代充满着各种可能性。我们现在拥有的文明，是在所有人的努力下形成的人性化的、美好的、宏大的文明。这至少是我们今天所知道的，明天我们可能知道得更多。最终，人们实现了对自然界各种力量的控制，物品奴役的时代远去了，而工资奴役的时代来临了，并在过去的遗迹中占有一席之地。人们曾经认为，人类长时间辛苦农作的血泪浇灌并孕育出了今天人类文化的精湛成果，从今以后，这样的说法再也不会言之有理了。大自然创造成就的极限已经被极大地拓展了，我们今天所受到的约束仅仅是自己的理想、自律的力量以及设计适合工业时代的社会安排的能力。如果我们相信工程师所说的话，在目前的发展水平上充分利用现代技术，那么我们生产出来的产品会是繁荣时期生产数量的许多倍，并且人们的工作时间会减少一半。我们有足够的力量来迎接这一丰足的时代，使所有人的生活都有保障，使贫困永远消失。因此，产生怀疑和消极心理的唯一原因就在于，我们是否有能力适应所处的时代。

生活在这样一个需要作出重大决定的时代，我们面临着或好或坏的命运。像地球上其他民族一样，美国人需要作出抉择。他们不再完全相信早期共和国所给予的鼓舞，他们必须重新决定要利用自己的才能做些什么。尤其是在那些有自然资源和文明的物质媒介辅助的国家里，人们变得很困惑，并对未来不知所措。这样看来，他们好像缺乏必要的道德品质，以加快、约束和引导他们无与伦比的力量。在我看来，杜威教授近期的一篇论文准确地描述了我们的困境。他说："学校，就如国家一样，需要一个中心目标。这个目标将创造新的热情和奉献精神，并将统一和指导所有的心智计划。"

（资料来源：George S. Counts, *Dare the Schools Build a New Social Order*? New York: Arno Press and the *New York Times*, 1969, pp.9–12, 19, 27–29, 31–37.）

哈罗德·沙恩和琼·格兰特·沙恩
《为明天教育青年一代》

哈罗德·沙恩（Harold Shane）和琼·格兰特·沙恩（June Grant Shane）都因其关于未来的著作而出名。下面的选文反映了改造主义者的信念，即学校应该是"社会变革的前沿阵地"。教育被视为也许是为未来做准备和实现重大变革的唯一理智的方式，人类要实现一个文明的未来，就必须进行教育。有人可能注意到，下文出自托夫勒主编的一本书，托夫勒是名著《未来的冲击》的作者。像 H. 沙恩、J. G. 沙恩和托夫勒这样的改造主义者、未来学家，他们希望将未来的曙光带进各级各类学校和教学中，并将此作为研究的课题。他们努力改变学校，以促进人们对未来作出更多的思考。

181　为了明天而学习：未来在教育中的作用

很久以来，人们对学校教育的目的就有不同的看法。简单来说，主要分歧存在于保守者和革新者之间。前者对目前状况比较满意，认为教学应该反映现实并维持现状；后者认为，学校应处在社会变革的前沿。当然，在这两种极端的立场之间，还存在着许多不同的观点。

为了接受未来导向的教育观念，我们需要加入另一些人的行列当中，他们相信教育必定是文化变革的推动者。从这个行动立场出发，我们探讨了教育可能的发展，通过"教导未来"（teaching the future），我们的儿童会受到更好的教育。

当我们与 12 岁以下的儿童一起活动时，向他们介绍未来的有意义的方式至少有两种：一是人们所寻求的未来世界的景象，包括儿童所认同的自己的未来角色形象；二是对教育内容、教育环境或氛围的看法，希望这能让儿童个体行为的变化朝着与他们自我未来形象一致的方向发展。

一种"美好"未来世界形象的发展意味着许多新的教学方法。因此，它要求在没有灌输的情况下做好准备，将广泛的探究作为教学方法，并不断发展开放的思想，为探究做准备。它也包括对社会责任意义的理解（这是世界上许多受人尊敬的文化之一），对自己和同伴有用的工具性技能，将意义带入个人生活的表达技巧，以及幽默地对着我们生活的世界大笑（带有所需的善意和热情）的意愿，甚至是欢快的讥讽，这种个人的幽默感被每个季度大众媒体中滚动播出的罐装式"过度幽默"或荒诞闹剧削弱了。

"未来化的教育"意味着，学习者开始感受到并接受自由的限度和利益。最后，以未来为导向的教与学应该关注这个无法避免的事实：教育会加剧而不是减少不平等！它会在一定程度上使人个体化，并将增加不同个体对社会贡献能力的不平等，而不是压制这种差异，因为这样做的话会带来迟钝的、平等主义的智力贫困。（然而，对于这种"增加不平等"的教育，我们必须提一个重要的限定条件。这种未来导向的学习应该减少所有人以多种形式参与有效的、易接受的、表达性交流能力的不平等，这些形式包括姿态和表情等无声却很有雄辩力的语言。）

这些教育方法和目标太重要了，我们不能将其推迟到学生的中学阶段，甚至不能推迟到小学阶段。如果采取适当的方式，它们还可以运用到 3 岁以下的儿童身上。

学习内容

假如人们深入到一般化表达的背后，琢磨"学校应该将广泛的探究作为一种教学方法"的含义，那么当解释或将它应用到年轻学习者身上时，这个句子到底表达了什么含义呢？我们如何去改变学习内容以及我们努力创设的教学氛围（精神状态或基调）呢？

由于直到 20 世纪 70 年代，大多数教育倾向保留过去的传统并维持大部分现状，人们可能会认为，最好的未来导向的教育可以建立在对当代实践的颠覆之上。这种转变将创造或加速课程发展趋势和变革，使我们

从	转变为
集体教学	个性化教学
单一化学习	多样化学习
消极地吸收答案	积极地探索答案
固定的日常活动	灵活的日常安排
正式知识和技能的训练	形成值得期待的赏识，引起学生对知识的探求欲望
教师主导和指导	学生的主动性和小组规划
孤立的教学内容	相互联系的学习内容
记忆性的答案	培养问题意识
强调书本	使用多媒体，这是对教材的补充
消极掌握信息等	积极的心智刺激等

182

然而，如果仅仅倡导或默认现在小学教育中的颠覆性转变，这显得过于简单化，并且很可能对成功的未来教育形成错误的观念。除了许多基本的 180 度转弯外，现在需要的是对什么是合适的学习内容以及适合学习的心理情感和社会氛围的特征有一个新的理解。

　　将统一的未来导向的自我形象注入儿童心灵，而没有麻木的灌输，这种教育经验还需要我们更好的理解。我们也要酝酿一个令人向往的心理空间和情绪稳定的社会环境，使年轻的学习者在接受与追求一个令人满意的角色形象时获得安全感和自我指导。

　　那些真正重要的教学内容是融会贯通的知识、技能、态度和自信，这些会在学习者忘记他从学校中学习的知识细节之后仍然指导他们的行为。我们提倡的并不是降低这种内容为本的个体能力的水平，而是要使个体与其经验目标及对这些目标的接受之间有更密切的联系，因为他已认识到这些知识、技能、态度和自信的作用，并认为它与面向未来的角色形象是相关的……

　　我们前面已经注意到，"教导未来"具有双重任务。除了运用重新解释的方法为儿童提供更合适的未来角色形象，还要为他们创造良好的、富有情感的学习环境，这种健康的情感氛围能协调儿童的思考和行动，这也与教育的目标一致。

　　有资历的教师很早就意识到，"好的"或"合适的"教学环境和氛围能让学习者获得更丰富的学习体验。这种环境的常见特征是鼓励探究、尊重学习者、自由的氛围、刺激性内容、灵活的教学程序等。对这样关注未来的学校而言，教育环境尤其重要，因为需要激励儿童作出持续的努力，实现一个更美好的未来世界，同时也能让自己在这个现实世界中有立足之地。

　　这并不是说每个儿童都应该为他在奥威尔式的未来中的位置做好准备，而是指他的学习经历应能使他自由地"创造自己"，使他沿着切实可行的自我形象发展成为健康的、有奉献精神的、愉快的人。很明显，支持性的环境是非常重要的，它有助于儿童完成精细的发展任务。然而，这样的环境具有什么特征呢？心理氛围中有一些重要但常被忽略的组成要素，它能使儿童自由地进行累积式的自我实现。下面简要列举了这些要素。

获得认知体验的情感方式

　　学习者应该为学习而准备。他的态度、准备状态为经验内容的组织提供时机、顺序和范围，而这不是预先设定的课程指南或学习过程所能做到的。

　　鼓励参与。为了使12岁以下的儿童将来有效地参与未来生活，我们需要为他们创造适宜的氛围，这种氛围应当帮助他们确信自己"处于"一些事物中，他的观点受到重视，而且他能依据自己拥有的优良品质自由地作出决定。

因此，对抗这种强制性措施也变得没有必要了，即便是那些年幼的儿童也能形成这种理解力。他们也开始意识到，在未来的岁月里，广泛的参与使得鼓励精英为他人着想的做法变得不再必要。

减少"新教伦理"统一行为的约束

不愉快或艰难的学习任务至少有规训价值，长久以来，这样的说法至少说服了一部分美国人。它们"能使你成为一个真正的人"。在漫长而寒冷的冬季步行去上学，对迟到者的惩罚，用闹铃提醒的日程表，"防止游手好闲、惹是生非"的繁重工作，以及堆积如山的训练型家庭作业，这些都是新教伦理在教育上的表现。

教学要最大限度地促进自我实现，人们越来越清晰地意识到，随着孩子的长大，试图将人的个性放入 18 世纪新英格兰模具中的做法是不明智的

未来需要的是迅速适应的灵活性和力量，而不是按照细致且严格的指导模式对行为问题作出回应的能力。这并不是说小学教育将不再有标准，而是指这种教与学的基调将反映出对许多不同价值观的欣赏。对人类个性的尊重——认识到儿童最好在不同时间，以不同的方式做不同的事情——意味着有不同的入学年龄、不同的学习时间、大量的个性化经验以及对中等教育阶段强制入学的合理限制的重新思考。

由社会来承担责任，而不是儿童或学校

直到最近，人们还认为儿童要为他们在学校中的表现和成绩负责，惩罚和成绩报告单分别是维持秩序和记载学业表现的工具。在 20 世纪 60 年代末和 20 世纪 70 年代，有很多关于学校应该承担责任的言论，尤其是在可测量的学业技能方面。当为未来而教时，人们希望在教室中进行这样的教学，即儿童不会因为没有达到"C"等或更高的要求而受到责备。

与此同时，人们的心灵中可能会充满疑问，学校教师是否能够为正式的纪律和统一的学业表现负责，尤其是在追求一种惬意氛围的时候。只有在令人舒服的氛围中，没有不合理或过早的学业压力时，年幼的学习者才能够获得有利的经历，这种经历能使他们在走向未来的时候拥有积极的自我概念和健康的未来角色形象。教师和学习者承担不了全部的责任，社会必须再一次为儿童的教育经历承担起部分责任。

汤姆·索亚（Tom Sawyer）在密西西比河畔的小镇上长大，镇上所有的

成年人都觉得要对儿童的成长负责。我们回想一下，当汤姆偏离正道时，有人是多么迅速地采取行动或者告知波莉姨妈的。从更广泛、更有活力的意义上来说，在人类历史的大多数时候，社区都会为下一代的成长负责，今天的社区需要再一次发挥这种作用。

（资料来源：Harold Shane and June Grant Shane, "Educating the Youngest for Tomorrow," in *Learning for Tomorrow: The Role of the Future in Education*, edited by Alvin Toffler. New York: Random House, 1974, pp.183–186, 192–194. Reprinted by permission of Curtis Brown, Ltd.）

第六章

行为主义与教育

■ 行为主义的哲学基础
■ 行为主义的哲学之维
■ 作为一种教育哲学的行为主义
■ 对教育中行为主义的评价

　　行为主义（behaviorism）并不是理念论、实在论、实用主义这样的哲学思想体系。事实上，人们常常把行为主义看作一种心理学理论。与系统哲学相比，它的针对性更强，适用面相对狭窄。同时，行为主义在教育领域得到越来越多的关注和接受，以至于在很多情况下，行为主义已经拓展到被认为是哲学的领域。这些拓展包括关于人类和社会本质、价值观、美好生活，以及对实在本质的思辨或假设的理论性思考。

　　不管是心理学还是其他学科，都不可避免地涉及哲学假设及相关问题。在很长一段时间内，心理学被认为是一种哲学研究；只是近些年，大多数心理学家才将自己定位为科学家。今天，行为主义的主要支持者坚持认为自己是科学家，与其他心理学流派的支持者相比，他们的理由更为充分。尽管如此，大多数心理学家在研究过程中会遇到哲学问题，许多心理学理论也建立在关于人性的假设上，这恰恰是哲学史上长期探讨的问题。虽然行为主义者声明，其研究朝向客观化的科学方向，但与其他心理学理论一样，这种研究与哲学问题关系密切。

弗洛伊德和卡尔·荣格（Carl Jung）虽然不是行为主义者，但他们非常关注哲学问题，事实上，他们的心理学也一度被认为是哲学阵营里的一部分。弗洛伊德的《文明及其缺憾》更像是一本哲学专著，荣格的"原型"（archetypes）则充满了神话和哲学色彩。这里的观点是，哲学和心理学都涉及心灵，因此它们经常交织在一起。虽然斯金纳反对形而上的哲学，但他创设的观念也有哲学的影响，很多其他思想家也在继续发展行为主义思想的哲学方面。

本章将说明行为主义与早期的心理学和哲学体系之间的联系，以及这些体系如何影响现代行为主义理论。同时，本章也将探讨行为主义中的哲学命题，这些表述主要在斯金纳的著作中。最后，本章还将探讨行为主义——或更恰当地称为"行为工程"——的教育作用和影响。

行为主义的哲学基础

行为主义植根于多个哲学传统。实在论的"独立实在"与行为主义者"行为是环境的产物"的信念是一致的。同时，行为主义也受惠于唯物主义哲学，如霍布斯（Thomas Hobbes）认为，实在主要指物质和运动，这些概念能解释所有的行为现象。

实在论

行为主义与实在论的联系，主要体现在新实在论及其对科学的拥护之中。然而，新实在论与古典实在论也有某些相似之处。比如说，亚里士多德认为，人类通过对特殊性的研究得出形式和要素，而行为主义者认为，人们通过对特定行为的细致研究来理解人类行为。事实上，他们扩展这个理论是为了说明，人性（如果有的话）可以通过传统意义上的人性某一特定方面——行为来解释。另外，在行为主义者看来，没有隐藏在科学现象之下的"内在"实体，因为真实的事物都能通过外在的、事实的和可观察的行为反映出来。

因此，行为主义的实在论要素包括，从具体、可见的事实或行为中概括出

"形式"或者行为法则。行为主义者认为，人类的人格、性格、正直等特征都是特定行为方式的结果。这些特质不是由个体内部决定的，而是来自于通过环境条件反射形成的行为模式。对环境的强调，展现了另一种实在论倾向——宇宙中可辨识的、事实的、可观察的方面的重要性。换句话说，通过了解特定行为及其如何受到环境影响，我们可以发现行为产生的模式和进程。因此，行为主义者主张，我们完全能了解行为的规律，由此逐渐尝试控制行为。

在亚里士多德看来，行为的概念显得有些陌生，但在基本框架上，亚里士多德和行为主义者有些相似之处。这种联系在最近的实在论中变得更加明显，特别是随着现代科学的出现而出现的实在论。例如，培根发明了科学的归纳法，他认为，人们应该拒绝那些被认为是不容置疑的教条，采用一种从发现的事实中寻找意义的探究方法。行为主义认为，一个人应该停止强调心灵、意识、精神或灵魂是行为的原因，而应该关注那些可观察到的、能被经验验证的行为。这个观点既是"培根式"的，也是新实在论的代表观点。

行为"法则"的观念虽然与亚里士多德和培根的实在论有相似之处，但更接近怀特海的观点。怀特海认为，哲学家应该寻求实在模式（patterns of reality），行为主义者尝试通过探索塑造行为的的过程和模式来做到这一点。他们认为，一旦我们对这些有足够的了解，就有可能更有效地设计我们所需要的人和社会条件。

唯物主义

唯物主义（materialism）植根于希腊哲学，但今天人们所说的唯物主义，是指随着16—17世纪的现代科学一起发展起来的理论。唯物主义主张，实在可以通过物质和运动的规律来解释。行为主义无疑是一种唯物主义，因为大多数行为主义者通过神经学、生理学和生物学的视角看待人类。他们认为，心灵、意识和灵魂的信念是科学诞生之前的遗物。行为主义者一直在强调，身体是物质的，行为是运动的。因此，霍布斯指出，要从物质和运动的角度来认识人类。

行为主义的要素与机械唯物主义的某些观点类似。机械唯物主义可以追溯到几个世纪以前。在唯物主义者看来，人类并不是某种超自然的存在（某些宗教人士持此观点）；相反，他们是自然的一部分。虽然人类是更为复杂的自然有机体，但他们与自然界任何其他的创造物一样，可以被研究，也受自然规律的支配。

托马斯·霍布斯（Thomas Hobbes，1588—1679）

霍布斯是机械唯物主义的代表人物。他与笛卡尔、伽利略和开普勒等重要思想家私交甚密。他从这些人那里学习了很多哲学和科学的知识，同时他本人也是一流的思想家。霍布斯是一个彻底的决定论者，他反对笛卡尔思想中的自我决定和自由意志要素。在很多方面，霍布斯更认同伽利略和开普勒的思想，并将他们关于物理世界的一些想法应用于人类和社会制度。霍布斯主张，生命只是运动中的物质，我们可以认为，人类就是有生命的机器。以此为依据，一个有组织的社会就像一部机器：它也具有并维持着人赋予的生命。在《利维坦》（*The Leviathan*）中，霍布斯描述了维持社会这个高度结构化的组织机器的一些政治主见。

霍布斯认为，个体的心理学构造可以用机械论的术语来解释。人们通过知觉感受客体的性质（颜色、气味、质地等）。感觉是物质的，感觉到的是性质，而性质是运动。根据霍布斯的观点，甚至连想象力也是运动的，思想也是如此。因此，所有的存在都是物质和运动，而所有的实在都可以由精密的数学来解释。

在一些领域内，行为主义与机械唯物主义的密切关系显而易见。唯物主义者和行为主义者都相信，在某种程度上，身体构造决定着行为。身体功能的施展可被客观描述，也能预见到。正因为这种身体构造，人们能作出许多运动反应，同时器官和四肢按照已知的生理过程运作。比如，大脑不包含灵魂，但包含着生理的、神经的材料和过程，因为化学的和电的过程构成了大部分大脑功能。然而，身体在情境中（boby-in-situation）是十分重要的，因为人类的行为和运动是即刻存在的。需要观察的重要事物就是，在一定的环境中（支持物质条件）的行为（动作）。虽然这与行为主义者所讲的并不完全相同，但它与机械唯物主义的相似之处是很明显的。在行为主义者看来，人们的行为或运动是重要的数据，同时关于物质的知识也是极为重要的，因为它可以帮助人们理解行为本身。

早期行为主义者

伊万·巴甫洛夫（Ivan Pavlov，1849—1936）

巴甫洛夫是苏联著名的实验心理学家和哲学家。他因研究人和动物的反射反应而闻名，他设计了各种条件反射实验。巴甫洛夫发现，每次给狗喂食时敲铃，狗就会形成条件反射，将铃声与食物联系起来。因此，当铃声响起时，狗就本能地期待食物并同时分泌唾液。巴甫洛夫是条件反射理论的创始人，同时他一生都是弗洛伊德对神经症解释的坚决反对者。

巴甫洛夫的条件反射研究显示了实在论和唯物主义是如何联系的。对狗来说，身体的反应并不是基于狗内在的精神；相反，这种反应的形成是以条件反射为基础的，同时条件反射可以用外部环境来解释。这个观念就是巴甫洛夫反对弗洛伊德主义的核心之处。可以说，弗洛伊德通过他对早期儿童和家庭训练的影响所做的大量研究认识到了条件反射。然而区别在于，弗洛伊德认为这种影响存在于精神的潜意识之中，是一种"内在"的东西；巴甫洛夫想要的解释是基于可控的外部条件反射，而不是行动的内在来源。致力于外部原因的探究恰好说明了实在论者对独立实在的强烈喜爱，而唯物主义者都主张事物是可以用物质和运动来解释的。

新行为主义者认为，巴甫洛夫的研究方向是正确的，但他的解释过于简单了。巴甫洛夫只研究了条件反射行为，而当代行为主义者使用了操作性条件反射（operant conditioning），这包括被条件化的有机体的行动。有机体可以通过其行为改变环境，同时环境的改变在某种程度上又强化了有机体的行为。当代的观点更趋向于双向流动，而巴甫洛夫只展现了其中的一个方面。尽管如此，他的开创性研究还是具有至关重要的意义。

约翰·B. 华生（John B. Watson，1878—1958）

华生认为，心理学研究中的内省法是具有迷惑性的，同时也是不科学的，他对此进行了批判。他只依赖于行为观察法，认为恐惧是对环境产生的条件反应。在实验中，他使人们对恐惧产生条件反射，然后再消除它。他认为，环境是行为的主要塑造者，如果他能控制一个儿童的成长环境，那么他就能按需要将儿童塑造成任何一种人。根据他对巴尔的摩（Baltimore）的约翰斯·霍普金斯医院（Johns Hopkins Hospital）妇产科病房里的新生儿进行的研究，他声称对行为主义者而言，有机体的内部已无须任何发展了。他进一步指出，如果一个人一出生时是健康的，那么就有可能通过适当的行为训练将其塑造成"天才、有教养的绅士、小流氓或暴徒"。华生的一生是很有影响力的，一般认为，他的研究直接引发了美国声势浩大的行为主义心理学运动。

与其说华生是一个早期的行为主义者，不如说他是一个唯物主义者。他认为，神经系统的主要功能就是协调感觉和运动反应。因此，大脑仅仅是神经系统的一部分，而不是心灵或意识的所在地，也不是一个自我活动的实体。他认为，感官不但能获得知识，而且也是指导活动的工具。在拒绝心灵和意识等心灵主义概念的同时，华生也拒绝了另一些概念，例如，目的、感觉、满足、自由意志。这些概念无法观察，因此也就无法进行科学处理和测量。

行为主义与实证主义

华生只承认可被观察到的事物这一态度为其后的研究者开创了一种新的模式。桑代克继承了华生的观点，他表示所有存在着的事物都具有某种可以被测量的性质，这种观点无论是在心理学界还是在哲学界都产生了很大的影响。为华生和桑代克的理论提供哲学基础的是实证主义（positivism）运动。

哲学的实证主义是由现代社会学的创始者孔德开创的。他的目的在于改革社会，他主张用实证的社会科学来实现这一目标。他认为，将科学原理系统地应用于社会环境，人们就能认识到社会秩序的构成规则、它们的演变，以及更系统地应用它们的方法。这可以通过发现真正和精确的社会知识来实现，而对这种知识的检验将是它在多大程度上帮助人们改变物质世界和社会，使之朝着更理想的状态发展。

孔德将历史分为三个时期，每个时期都有特定的思维方式。第一个时期是神学阶段，这一时期事物的解释是以精神和神为参照的；第二个时期是形而上学阶段，这一时期用原因、内部原则和本质来解释事件；第三个时期是实证阶段，这一时期是最高阶段，人们不再尝试探索那些超出观察与测量之外的事物了。

孔德影响了其后的思想家，使他们运用科学来制定社会政策，而行为主义者则沿袭了这一传统。当代行为主义者认真对待华生的信念，即通过使用科学的条件反射，实际上一个健康的儿童可以被培养成任何一种人。因此，不但科学家关心科学，而且社会政策的制定者对此也很关注。在这一观点中，社会科学成为改善社会的关键。在某些方面，心理学、社会学、人类学和类似学科，不再被称为社会科学，而是被称为行为科学（behavioral sciences）。

早期实证主义是建立在 19 世纪经验科学的基础之上，而当代的实证主义者对科学概念的逻辑和语言更感兴趣。逻辑实证主义学派就是一个最好的例子。逻辑实证主义涉及行为主义者和较早的实证主义者所熟悉的领域，但它主要是以强调命题的逻辑和证实原则（principle of verification）而著称。这场运动开始于 20 世纪初，继而形成了由欧洲学者组成的维也纳学派（Vienna Circle）。这个学派后来解散了，但逻辑实证主义者的一个目标是发展一套一致的逻辑或语言学的短语和结构。这一努力是为了纠正科学调查中遇到的语言困难，因为调查经常会被所使用的词语和表述困扰或误导。假设一个人按科学的方法来研究一个教育问题，这个问题广泛地涉及自我概念或自尊。如果他在任何可测量的事物中都不能发现确实有这样一个"自我"存在，那么该怎么办？他需要做的就是检查人们使用"自我"一词的时候是表示什么含义。在科学诞生之前和形而上学的思考中，这个词披上了多种色彩，它的用法十分模糊，与心灵、意识以及神学上的灵魂很类似。从真正的科学意义上说，一个客观的陈述需要用能解决问题的术语来表达。换句话说，人们必须清晰地表达他想要说什么。

这种哲学流派与行为主义的联系在于，行为主义者寻求一种能更准确地反映行为事实的语言框架。针对这个可称为"简·琼斯"（Jane Jones）的特定生命体，行为主义者在说明其本体同一性或个体特征时，讲得更多的是"条件反射行为""强化行为""行为反应库"或"操作性条件反射"，而不是"自我"。在行为主义者看来，自我或自我概念经常过多地与心理建构主义联系在一起，其危险性在于一种方向上的误导，即通过向简·琼斯输入一些神秘的、内在的、驱动性的力量来解释她的行为，而这也正是弗洛伊德学派和其他很多心理学理论所主张的观点。

逻辑实证主义者很反对错误地使用语言这一行为。他们主张，人们应该用富有意义的话来表达那些在某种情况下可被观察的和可被检验的事实。根据行为主义和逻辑实证主义的观点，作出"盒子里有火柴"这样的陈述是一回事，而说"简·琼斯有自我概念"是另外一回事。核实盒子里是否有火柴很容易，只要打开盒子检查一下就可以了，要么有火柴，要么没有火柴。然而，谁也不能"打开"简·琼斯来找到她的自我。然而，我们可以通过观察简·琼斯的行为来看是什么促使她形成现在的行为。

行为主义者认为，由于对行为的了解太少，人们错误地将行为的含义都归因于某种"内在的存在"，是自我、心灵、意识、灵魂或者某种隐藏着的实体引发了行为。然而，即便是最细致的和精确的科学实验也不能找出这个内在的存在。行为主义者和逻辑实证主义者都同意英国哲学家赖尔（Gilbert Ryle）的观点，即传统意义上的心灵确实意味着"机器中的幽灵"（或者身体中的心灵）。

逻辑实证主义者不仅关注语言的精确性，还支持所谓的证实原则。这个原则意味着我们不应该将任何陈述当作真实的，除非它能被经验证实，或者至少在它能被证实之前。例如，关于天使或精灵的陈述因为陈述本身的性质，无法被任何科学方式证实，也无法在未来某个日期证实。甚至那些相信有天使或精灵存在的人也不认为它们可以被科学证实。"太空之中存在某种有智能的生物"，这种说法现在来看可能是无法验证的，但将来随着人类科技能力的发展，我们是有可能验证其真实性的。因此，逻辑实证主义者尝试着阻止那些无意义的陈述，提倡更可控的、严谨的语言和思维。行为主义者很注意粗心的语言和逻辑陈述，主张尽量避免这样的错误。行为主义者认为，可观察的实际行为和环境条件都是确实存在的，而且可以通过客观、逻辑和精确的术语来描述它们。

行为主义的哲学之维

斯金纳（B. F. Skinner，1904—1990）

斯金纳出生在宾夕法尼亚州的萨斯奎汉纳（Susquehanna）小镇。他曾经求学于汉密尔顿学院（Hamilton College）和哈佛大学，随后在明尼苏达大学（University of Minnesota）和印第安纳大学（Indiana University）任教，后来重返哈佛大学成为心理学教授。一些人认为，他是行为主义的集大成者，也有人认为，他是 20 世纪最伟大的心理学家之一。斯金纳的著作和影响的确引起了世人的关注和讨论，既有人对其进行强烈批判，也有人像信徒一样对其加以模仿。与其他行为主义哲学家相比，斯金纳的优势在于，他的观点是基于对动物的实验室研究，以及在可控制和可证实的环境中对人类的研究，这与巴甫洛夫和华生是一致的。

斯金纳本人经常驳斥心理学的哲学方法。他认为，一方面，很多错误和误解的产生是因为哲学家们试图从先验的概括中推导出对人类的理解（换句话说，他们一直是满足于内省的"空想科学家"）；另一方面，他主张将结论建立在以观察和控制为基础的科学实验之上。然而，他发现有必要对人性（human nature）和美好社会等传统哲学话题进行叙述。事实上，斯金纳并不是一个缺乏想象力的埋头于实验室的科学家，他也是一个梦想家和理想主义者。

因此，在他的著作中可能会觉察出一种强烈的社会激进主义的要素。

人性　传统上来讲，关于人性的研究是哲学努力探索的一个重要方面。它一直是许多伟大的哲学家形而上学的核心，同时影响着对伦理学的哲学态度。斯金纳主张少一些哲学思辨，多一些对"现实的"行为的观察，但同时他也提出了这样一个问题——"人是什么？"

在《超越自由与尊严》中，斯金纳开始解释对人性的传统看法。传统的观点都将人性归因于各种各样的内驱力、影响力，或者是其他自主人（autonomous person）的神秘行为——例如，引发攻击、勤奋、注意、认识和知觉的力量。传统意义上讲，人们假定这些能力处于某个地方，需要经过细致的研究才能发掘出来，而一般认为就是这些能力组成了（至少是一部分）人性的本质。与之相反，斯金纳主张，比如说攻击性，它并不是人性中固有的，即人自发地有伤害和损害他人的意识。人们产生攻击的习惯是因为攻击行为被特定环境中的依随性强化了。在斯金纳看来，强化依随性（contingencies of reinforcement）本身就解释了攻击性，并不像以往假设的那样是人类的某种内部或者遗传的力量。

举个例子来说，在战时，一些人行为堕落。越南战争期间，一些美国士兵肆意屠杀平民身份的妇女和儿童，美莱村大屠杀被世人知晓。当这个事情暴露出来，引发了一系列怀疑和恐惧。为了解释这个问题，一些评论者说这些行为预示了人性内在的邪恶。在一个被公开审理的法庭上，一个军官对自己参与大屠杀事件表示了忏悔。

以斯金纳的观点来看，人们可以说，无论这些行为多么恶劣，找到一个罪魁祸首并惩罚他／她都不能解决真正的问题，即"是什么条件引发了这个问题"。惩罚（punishment）可能会压抑这种行为，但惩罚最终是无效的或起反作用的，因为它没有触及问题的根本。在战斗条件下，士兵杀害他人是因为他本质上是邪恶的吗？还是在那种情况下根据环境的依随性和特定攻击行为的强化来观察他的行为更有意义？后者似乎更有道理。虽然不是所有的士兵都杀害普通百姓，但如果那里没有发生战争，没有备战的行为，也没有需要备战的环境条件，那么平民似乎就不会被士兵杀害了。邪恶在于发动战争，训练人们去杀人，以及维持和确保使这种行为得到奖励的条件——而不是人们内心深处的某种天生的邪恶。

斯金纳指出，传统观点认为，一个自主的个体在感知世界时，会伸出手或对世界采取行动来"了解它""吸收它"并"掌握它"。这暗示着行为和主动都源于自主人，但斯金纳的主张与其相反。认识就是环境作用于人的一个事实，我们感知和认识可以到达的程度就是我们对环境依随性刺激作出的反应。例如，一个人可能根据依随性的安排对热、光、颜色等产生反应。斯金纳指出，我们晒太阳还是避开太阳光，是取决于那里的冷热程度。因此，人们就理解了阳光、炎热和寒冷。阳光还会影响到时间的安排、进度表的制订以及某些活动的开展。有关太阳、热和光的知识在某种程度上得到了扩展，以至于人们的行为与这些环境条件联系起来，而且这种行为不断得到强化。人们经常觉得认识只是一个认知的过程，但实际上它是一个与行为、环境、神经学甚至生理学有关的过程。

一些批评者认为，行为主义不能解决有关个体意识的问题——包括自我意识。他们坚持认为行为主义者忽略了一个内在的领域（inner realm）。在这个问题上，对斯金纳理论最著名的批评者就是卡尔·罗杰斯（Carl Rogers），后者是一位倾向于使用哲学研究方法的心理学家。罗杰斯主张，个体内部确实存在着内在的领域——一个以自由为特征的实在。他赞同人类是受外部因素制约的，同时人类也能对外部的刺激物作出反应。但罗杰斯认为，斯金纳并没有解释人们对外部条件所做的自由的和负责的选择是怎样被训练而成的。个体对刺激物作出的反应并非按照预先设定或固定的方式进行，而是在多种方式中进行选择抑或创造出新的方式。换句话说，个体可以选择一个方向，负责任地沿此方向而行，为这种选择承担相应的责任。罗杰斯指出，这就体现了人有选择的自由和承担责任的自由，而这种自由来自内在；它是主观的、内在的东西。

192 斯金纳认为，罗杰斯的这种指责是十分严重的，不能够将其轻易忽略。然而争论的分歧点在于，起决定性影响的是一个人在做自我分析时领会到的东西。斯金纳认为，人在这方面领会的东西是很难被理解的，因为这主要是对个体环境的自然依随性作出反应的问题。人们对自己的内在刺激作出反应（没有充分觉察），比如走路、跳跃或跑步等行为。根据人们对这些行为及其原因的了解来看，人们必须做得更多，而不仅仅是对它们作出反应。这种认识除了包括对纯粹内部独白的系统研究，同时还包含对身体机能、环境条件和依随性的认识。

了解一个人的愿望、信仰和感觉——这些经常被认为是最为私密的部分——是很难的。由于许多人缺少必要的语言工具，这个问题似乎就更难解决了。没有语言这种表达形式，在很大程度上，行为就不会被察觉。斯金纳主张，用语言来描述感觉的意识是社会化的产物，而不在单独个体的范围内。真正了解这个内在的领域是很困难的，因为人们不能用适当的语言来描述它。我们都太倾向于将事实归因于我们确信存在的内在或自主人。我们不能通过有效地揭示强化依随性来描述所有的人类经验。

斯金纳并不否认个人意识（personal awareness）会涉及人们的认知，但他肯定人们认知的东西本质上都是外部世界的物体和状态。也就是说，知识的本质和内容会以可观察的形式出现。用斯金纳的术语来说，这些内容将是关于行为与强化依随性的知识，而不是关于心灵、灵魂、意识或"内在的人"的旧观念。

有些批评者指出，斯金纳正在破坏或废除所谓的人性，斯金纳对此作出了回应。他认为，科学的分析决不会破坏人性，原因是没有理论会破坏它试图描述的客观条件。真正具有破坏性的实际上是人类的行为，并不是理论本身。斯金纳这样来阐述："需要被废除的是自主人——内在人、那个胎儿、那个控制魔鬼的人和那个用文学作品中的自由和尊严来防护自己的人。"剩下的就是真实的、可观察的、基于生物学和动物性意义上的人类有机体。虽然斯金纳主张，人类不是古典意义上的机器，但他认为人类与机器是相似的，因为我们是一个以合法的、可观察的方式行动的复杂系统。即使我们人类只是简单的动物和机械行为的主体，斯金纳也为人类的复杂性、独特性和难以理解而着迷。

也许对斯金纳观点最准确的描述就是，我们自出生之日起就既是管理者又是被管理者。在真正意义上讲，我们人类是我们自己的创造者。这就是斯金纳关于人类进化两个过程的观点，其中一个过程是生物学意义上的进化，另一个过程是文化意义上的进化，在后一方面，人类具有很大的创造性。对斯金纳来说，文化意义上的进化更为重要也更能引起他的兴趣。他指出，环境是经过广泛设计的，并不是自然的，它是由人类改造而成的。人们生活的环境包含重要的强化依随性，正是强化使人成为人。

通过文化设计美好社会 斯金纳的思想是自相矛盾的。一方面，他似乎是一个坚定的科学家，仅仅涉及实际的、可被观察的行为；另一方面，他似乎还是一个乌托邦式的空想家。也许斯金纳乌托邦理想的最佳表述体现在他的著作《瓦尔登第二》中，这是一个对未来社会实验的虚构表述。在这本著作的推动下，1967 年在弗吉尼亚州路易莎县（Louisa County，Virginia）中建立了双橡园（Twin Oaks）。在双橡园内，人们用经过修正的斯金纳的方法来教育孩子。斯金纳参观了双橡园，并对这里的人努力实现《瓦尔登第二》描述的社会留下了深刻的印象。他也意识到，人们必须对他的建议进行修正才能够适应日常的生活。

在《超越自由与尊严》中，他以非虚构的文学形式来阐述他的观点。在斯

193

金纳看来，最重要的是社会环境，社会环境就是文化。这截然不同于以下观点：文化本质上远离人类行为的思想和价值。斯金纳认为，行为承载着一种文化的思想和价值，同时它也改造着文化，改变着文化的同时变革着文化。从广泛意义上讲，文化的发展就是建立在社会环境或强化依随性环境之上的行为实践的发展，因此我们就可以说是在一定社会背景之下的实践促进了文化的发展。

斯金纳举了一个例子来说明文化的发展是受到约束的。在过去，人们对控制有一种感觉，这种感觉有时候是盲目和偶然产生的。人们不能充分地理解自然的控制以及怎样能够更有效地利用它。斯金纳主张，控制本身使得我们对行为的重要性更加敏感。强化跟随（依随）行为，而并不是先于行为（即使大多数人的行为被之前的强化控制）。行为朝被积极强化的方向发展；因此，人们应该通过控制、设计或依随性来强化想要得到的行为。

斯金纳承认我们不清楚培养孩子、有效教育公民或构造美好社会的最好办法是什么，他主张探索比我们现在更优的方法。为了改变文化和个体，行为必须改变，同时改变行为的方法就是，改变强化依随性（文化或社会环境）。

什么是强化依随性呢？简单来说，依随性就是行为发生的条件，它们强化了行为的同时也影响了行为的发展方向和性质。例如，如果没有汽车，那么人就不能够驾驶汽车。驾驶汽车的能力是建立在汽车这一客观条件之上的。此外，我们驾驶的方式是建立在其他众多条件之上的，例如，特定汽车的功能和容量、道路和交通环境以及大量起辅助作用的条件。最终，驾驶汽车成为人们的一种能力。它被应用于期待的方向，帮助人们谋生，同时扩大了人们活动的范围。汽车能做的事情是有价值的，因此人们驾驶汽车的行为得以强化。上述条件中的一些促成了很强烈的依随性，而由于对这些依随性缺乏理解和控制力，在驾驶过程中就会遇到很多麻烦，比如超速和鲁莽驾驶问题。

斯金纳认为，在很多情况下强化依随性很难被辨别。首先，过去不习惯于从行为主义的视角来看待人类的情况（或者我们不认可行为主义的核心）。其次，人类的理解受到某种观点的限制甚至误导，这种观点坚持相信关于自主人的一些概念。人们并没有发展出对条件反射、依随性、行为发生的内外原因等问题的敏感性。然而，斯金纳主张依随性可以被理解（尽管有些困难）。随着我们对行为和环境的关系有了越来越多的理解，我们能够探索出控制行为的新方法。随着进一步地理解，不仅设计和控制独立行为及其依随性是有可能的，甚至设计和控制整个文化都是有可能的。

斯金纳认为，教育的过程是设计和创造文化的主要方式，同时他还关注到

194

许多机构，如学校。他相信，积极的强化可以引导人们开始改变或控制学校以及其他的机构。以奖励（rewards）来塑造行为，也就是说，以行为结果的好坏来强化行为。好的结果就是积极的强化，坏的结果就是惩罚。不过，存在这样一个问题，人类常常忽略长期的结果。即时的积极强化不久后可能会产生消极的效果。因此，兼顾塑造行为的短期影响和长期影响很重要。斯金纳指出，计划和可预见的影响都过于简化了，也许非系统化的过程更有效。因此，与整个教育体系相比，改变特定的教学实践更容易，同理，改变一个机构比改变整个文化更容易。但当我们在讨论人类行为时，还是一定要在整个文化蓝图的背景下进行。

"什么是美好社会？""我们怎样才能实现它？""谁来定义美好？""谁来控制美好社会？"这些都是一些大命题，也是整个历史发展进程中社会或文化重建的绊脚石。直到近代，这些问题才被认为是超出了科学研究的领域。虽然存在这种观点，但科学仍在探索什么是美好社会以及怎样才能算是一个美好社会。这些问题包含许多价值判断（value judgments）而非事实判断。这似乎要排除关于行为主义科学及其他科学的部分。然而，恰恰相反，斯金纳反对"与宗教和哲学相比，科学家更远离价值判断"这一说法，他以一种更为合适的方式提出此问题："如果一个科学分析可以告诉我们怎样去改变行为，那么它能否告诉我们应该作出哪些改变呢？"换句话说，人们往往会因为某些原因而采取行动来实现改变，而这些原因中就有行为的结果。如果说我们喜欢一种没有战争的文化，那么就是说我们愿意做消除战争的行为。无论怎样，行为的结果就是去努力地引起变化，这种结果中都包含着人们所认为的好的和有价值的东西。因此，人们可以在斯金纳的观点里看到，美好社会和价值都属于行为主义科学家的研究范畴，因为那些善和价值都涉及行为，甚至基于行为并从行为中产生。作为一个行为主义科学家，斯金纳坚持潜心研究价值和善，但他也像哲学家一样处理哲学问题。批评者可能会为该给斯金纳贴上什么标签而争论不休，但斯金纳本人关注的是价值和善，同时这些也错综复杂地融入了他关于实现更好的文化和社会环境的论述里。

那么，斯金纳认为什么是善和价值呢？简单来讲，把某样东西归类为善就是把它归类为正强化物。某些食物是好的，因为它们给予我们正强化（它们是令人愉快的、美味的、爽口的、健康的等等），同时人们趋向于寻找和食用好的食物。同理，一些食物是不好的，因为它们味道不好，不利于身体健康，不受欢迎，所以人们都不吃它们。然而，不同的味道以及其他一些因素可能对某

195 些人来说是一种强化，而对另一部分人来说起相反的作用。这个道理适用于众多领域，例如，某物摸起来是好是坏，看起来是好是坏，听起来是好是坏，等等。斯金纳将这些善称为"个人的善"。

还有一些善，斯金纳称其为"他者的善"，虽然它们也是从"个人的善"中产生的，但是它们涉及与社会更为相关的行为。大多数社会发现猖獗的不诚实行为是一种负强化。虽然一些人发现不诚实的行为能够获取利益，但是社会业已建立一套控制特定行为的措施，不诚实的行为将遭受惩罚，同时，诚实将得到赞扬及回报。即便对罪犯来说，对同伙的诚实也将得到高度的赞扬，不诚实只有出现在对付外界或敌人的时候才会得到奖赏。

斯金纳还指出了另一种善——"文化的善"。这种善引导着信仰某一文化的成员为了整个文化的生存和提高而努力。一般说来，这些善可能会有朦胧的文化和遗传根源，而且我们并不总是清楚为什么要支持我们的文化或将其改造为更好的状态。正如斯金纳所指出的，今天人们面对着太多问题，为了继续生存下去，我们需要即刻的变革。人们正面临着战争、人口过剩、饥饿以及环境污染，所有这些，如果任其发展下去的话，那么可能意味着灾难。他坚持，我们唯一的办法就是去进行各种行为改变，使当今世界的个体以更人道和更有成效的方式运作。

发生改变不单纯是因为时间的流逝，而是因为随着时间的流逝发生了另外一些事情。因此，我们又回溯到行为之上。并非所有的改革都必然是好的和有价值的，行为也是如此。然而，直接和有意图的改变依赖于人们对自身行为及其结果的意识。我们可以这样描绘文化产品的行为语境：如果生存会让人更强大，如果人的生存有赖于人们所处的文化环境和自然环境，那么我们可以通过文化设计来达到生存的目的。斯金纳似乎想要表达，除了行动之外，我们没有其他的选择。我们必须成为变革的催化剂，创造一个美好社会。

但是，什么是"善"呢？善就是在"人权""社会""文化背景"等方面有明确的加强。什么是"价值"？价值就是具有强化效果的因素。美好社会能给予个体满足感，提供社会影响及长期存在的意义。美好社会是非常有价值的，而且通过文化的合理化设计来实现价值，也就是通过强化依随性的适当设计和发展来实现的。

斯金纳主张，需要一整套关于完善人类行为的科学及方法，尽管这样的发展可能是道德中立（moral neutrality）的且很有可能被误用和滥用。然而他认为，其中包含一个明确的生存价值。生存价值并不一定就能对抗此弊端，但他认为，生存对挽救有望保留下来的习俗大有帮助。当一个人在审视现代世界的状况及人类危机时，他就会更为赞同斯金纳的观点。

作为一种教育哲学的行为主义

行为主义的原理和行为工程的方法可以追溯到巴甫洛夫和华生，但斯金纳开创性地将他们的理论应用于当代生活的众多领域。斯金纳将行为主义延伸至政治领域、经济领域、教育领域和其他的一些社会领域。他热切地拥护行为主义，将其视为一种更为实际的且能起到更佳效果的教育方法。

196

教育目的

虽然许多人都不赞成使用"行为工程"这一概念，但它已经逐渐成为教育过程的一部分。有人认为，在以往的教育中早就使用了条件反射，只是没有被标明出来而已。教师通过表情、成绩和体罚让学生对坐直并且保持安静形成条件反射。当学生在情绪上受到困扰时，条件反射就是一种方式，通过这种方式可以发展出一套按部就班的程序，这套程序就是依靠奖励（或惩罚）来使他们形成复杂的行为模式。在一些专门研究有情感困扰的人的机构里，学生可以获得代币，同时可以使用这些代币来买东西，比如饮料、娱乐时间，甚至离开这个机构的时间。学生可以通过不同的途径获得代币。他们可以通过坐在他们的位子上，做某项必需的工作或通过一些良好的社会行为来获得代币。批评者认为，对孩子来说不适宜对他们的每个行为都施以外部的奖励，但斯金纳回应道，当其他的方法都不起作用或效果不明显的时候，外部的奖励是必要的，随后这种外部的奖励应该逐渐地被更为内在的奖励替代。

行为主义者认为，儿童是一个有机体，在入学之前已经被高度规划。这种规划是由父母、同龄人、兄弟姐妹、广播、电影、电视和电脑等其他影响因素完成的。有些规划可能是不良的，但是儿童会接受并受其影响。斯金纳认为，人们在道德选择上遭遇困难的原因就是他们接受到的道德规划本身是自相矛盾的。比如，家长经常说一套做一套。

斯金纳想用一些系统的、有意义的东西来取代大多数人接受的、无规律的、杂乱无章的条件反射。为实现这一目的，对"什么是系统的、有意义的"

（儿童应该接受的条件反射）这一问题必须达成一致。这一观点引起了激烈的辩论，因为它预示着一些人将决定让其他人形成什么样的条件反射。斯金纳主张，成人特别是教育者的一个职责就是，作出教育决策以及使用有效的方法（条件反射是最好的）来实现它们。他认为，人们应该创造一个和平公正的世界，如果条件反射可能助其一臂之力的话，那么就应该使用条件反射的方法。

不难看出，儿童在学校中接受条件反射的方式并不令人满意。要么是教师没有系统地进行条件反射，要么是强化后没有立即进行条件反射。斯金纳要求教师明白，他们所做的事情通常都和某种条件反射相关，因此，他们需要了解怎样做才更加有效。

许多人认为，教育和条件反射是两码事。教育可能表现出一种自由的思想，人们可以自由地批评、同意或者不同意。条件反射看起来是执行某种特定想法，且这种特定的想法无须得到学生的同意。然而，斯金纳认为，教育和条件反射没有什么区别。他不认为思想最初就是自由的，无论学生作出的是批评的判断还是接受的意见，依据的都是他们之前接受的条件反射。

当今的教育中包含了太多死记硬背的知识，斯金纳认为，电脑可以发挥重要的作用。一般说来，电脑的程序是经过特定方式设计的，它能够提供斯金纳认为的更为系统化的学习和教育中所缺失的即时强化。电脑学习程序可以采取不同的形式。行为主义者喜欢的那种形式都是基于这样的理论：人们想要的那种反应应该得到奖励，而且应该立即施行。

一些批评者认为，行为工程主要基于实验室中对动物的实验。一些人主张，斯金纳对动物的实验是不适用于人类及人类教育的，但是斯金纳辩解道，人类虽然高度完善，但也是一种动物，因此人类和动物的区别在程度上而非类别上。

行为主义技术的主要目标在于改变行为，同时为其指出更为合适的方向。一个人是否应该按指定的方向发展这个问题便随即凸显出来。由谁来决定？怎么改变？按什么方向？斯金纳回答道，人类已经被环境的力量控制了，这种环境的力量包括家长的培养、学校教育、同龄伙伴、媒体、教堂和社会。他认为，控制是不好的，也就是说我们应该感受到自由，起码是相对的自由。但是我们常常被一些事情控制着——尽管我们可能会在这些影响我们的控制中得到帮助，比如形成准时和讲卫生的好习惯。因此，斯金纳摒弃了与生俱来的自由概念，他说人们总是被控制的，尽管我们常常不能够意识到控制的存在及我们被其引导的方向。

关于控制的一个主要错误就是控制并不是时时刻刻存在着的，而是随意的、没有明确方向的。人们为了自身的目标和意图被政治家控制，同时为了其自身的利润被商业利益控制，但是这些控制都直接指向最基础的目的。不幸的是，这些目的有时不良地影响了那些处于控制末端的人。斯金纳提倡那些指向良好目标的控制，同时他认为应该通过控制发展出一个新的社会。这就意味着必须有人负责确定这种控制是经过有效训练的，另外控制也是指向建立最高目标的。当前，许多种控制都是可能存在着的，但它们指向的是物质消费、迷信和贪欲。斯金纳指出，关于建立一个和平的、亲密的和自由的世界，人们已经讨论很多年了，而现在，人们第一次有了实现这个理想的方法。如果控制不应用于这样崇高的目标的话，那么就是不道德的。

斯金纳热切地拥护教育，尽管许多批评者认为斯金纳提倡的教育并非真正的教育而是条件反射。斯金纳指责那些所谓的教育并非真正的教育，因为它缺乏强化，并没有适当地鼓励学生进步，也没有即时强化。举个例子来说，当学生进行听写考试时，他们关注的是"什么答案是正确的或错误的"。一个星期之后，当试卷返还给学生时，一般情况下，他们都失去了兴趣。斯金纳认为，应该让学生们立即知道他们的对与错，这就是他在程序教学中主张使用即时强化法的原因。

198

虽然许多行为主义者兼用积极和消极的方法来强化行为，但斯金纳只提供正强化。虽然负强化有效果，但它常常会带来许多负面影响。奖励好的行为比惩罚不好的行为能达到更好的结果。例如，在训练鸽子表演某些行为的实验中，当鸽子啄出一个正方形时，就用食物来奖励它，如果不加以奖励，那么这个行为就会停止。当不给予这个行为奖励时，它可能还会延续一小段时间，但最终它会消失。一些行为主义者用撞击或类似的策略来惩罚鸽子，斯金纳主张最有效的办法就是取消奖励。也就是说，取消对有机体做特定任务的奖励实际上就是一种惩罚。在大多数情况下，斯金纳并不认为停止奖励某特定行为是一件很简单的事。

许多人认为，行为工程的目标就是培养行动机械的人——这种人受他人控制并且依赖那些控制他们的人。斯金纳反对这种说法，并认为，环顾当前世界，我们发现大多数人被他们没有意识到的一些力量控制着。今天人们生活在一个通过高级控制可以帮助我们改善生活的世界中，只要这种控制是以正确的方式实施的。《瓦尔登第二》中就展现了一个用技术来改善人们生活的世界，这个世界更加仁慈，更有创造性，甚至更为个人主义。斯金纳不认为个人主义会独立于社会发展而存在。《瓦尔登第二》这个标题就是由梭罗的小说《瓦尔登湖》发展而来的。《瓦尔登湖》描述了梭罗自己选择的在森林里的隐居生活。当今的大多数人可能会认为这种类似瓦尔登湖的计划很浪漫，甚至会以同样的方式来理解斯金纳的努力。然而，最主要的一个区别在于，斯金纳试图展示当技术被明智地用于创造一种新的和现代的瓦尔登湖时，它能做什么。

在《瓦尔登第二》中，弗雷泽是其他人的条件反射调控者。他意识到自己也处于控制之中，他作出的任何决定都有许多冲突。斯金纳指出，受条件反射影响的人可能不同意或不知道自己被条件反射影响着。无论如何，人类都有意识或无意识地被条件反射影响着，同时甚至可能会通过自我条件反射而得到帮助。自我条件反射表现在人们对正确的事情进行的自我奖励，以及对错误的事情进行的自我惩罚，也许是关于吃对的食物或锻炼等事情，就是杜威所讲的"好习惯"。斯金纳指出，个人习惯的养成在很大程度上取决于人们为了使自己的生活更美好而使用的那种条件反射技术。

方法与课程

根据行为主义者的观点，教师有多种奖励及强化的方法可以使用，包括赞扬、微笑、抚摸、给小星星或糖果。在一些学校里面，纸币或代币也被纳入强化机制。研究表明，不需要在任何时候都使用奖励，因为它们在"间歇"的基础上产生效果。举个例子来说，一个儿童被要求连续三次正确地拼写出一些单词，之后就不再需要这样做了。儿童举手来回答第一个问题，并且回答正确。对第二个和第三个拼写词要重复这样做。在这之后，她就不会再被提问了。这个儿童可能会继续举很多次手，如果她没有被再次提问的话，那么举手的次数将会逐渐减少。如果同一个儿童只是偶尔被提问，那么这种情况会产生正如她每一次都被提问一样强烈的效果。因为斯金纳认为，间歇的奖励比连续的奖励产生的效果更为强烈。斯金纳指出，这就是为什么赌徒或爱钓鱼的人会如此热衷于从事他们的活动，因为他们受到了间歇的强化。

我们可以简要描述一下在一般的教育过程中行为矫正（behavior modification）的程序：（1）明确预期的结果，即需要改变什么，以及如何评价；（2）消除可能使学习复杂化的不利刺激，创建一个良好的环境；（3）为预期的行为表现选择适当的强化刺激；（4）运用即时强化开始塑造预期行为；（5）一旦一种预期行为的模式形成了，慢慢减少给予强化刺激的次数；（6）评价结果，重新评估未来发展。

例如，假设一个学生在走廊里奔跑，危及自己和其他同学。为了安全起见，教师想要矫正他的行为，也就是说，使这个学生不在走廊里奔跑便是矫正的目标。研究表明，这个学生之所以跑，部分原因是他必须全力赶到大楼的另一头上下一节课，他感到课间休息的时间太短了。另外，他也是一个喜欢奔跑的学生。教师努力缩短了上课时间，这样学生就有充足一点的时间赶往上下一堂课的教室。当这个学生不再奔跑的时候，教师开始表扬他，因为他不在走廊里冲撞到大家了，同学们也渐渐地对他友好了。这个学生因为从他的同伴那里得到了更多的正强化，教师觉得没有必要再表扬他了。另外，这个学生发现如果他不浪费时间的话，那么就可以按时到达下一个教室，甚至不需要多余的时间。最后，他意识到走比跑更有益，因此外在的强化也不再需要或者可以减少了。教师所做的评估表明，预期行为是完全可以被塑造的，且最终可以停止所有的外部强化。这并不意味着教师对这个问题失去了兴趣，他应该定时查看一下这个学生新形成的行为是否还继续保持。还有人观察到这种方法也强化了教师的行为，这种成功使得教师在遇到类似的情况时会再次使用这种方法。

斯金纳认为，用来指导的一种最好办法就是使用教学机器（teaching machines，用今天的术语来讲，就是计算机）。斯金纳本人也被称为"教学机器之父"，同时在这个领域做了重要的研究。一种程序可能会提问："谁是美国第一任总统？"学生输入他们的答案，或勾选一个方框，然后点击一下按键，他们的答案就会出现在屏幕上。如果他们回答正确，那么他们就会得到该程序的奖励，这便会强化学生使其记住答案。题目变化多样，学生们发现计算机给予他们非常有价值的信息。

程序中的问题都是相关的，且由易到难。斯金纳认为，教学应该以小步子进行，并且后一个问题应该与前一个问题相关。他希望学生只体会到成功。如果学生做错了一两道题，那么仍可以继续做下去；但如果做错了很多道题，那么说明学生可能不适合做这套程序。早期的一些教学机器用糖果或跟他们说话来奖励学生，但近来的研究表明，回答对了问题本身就已经是充分的奖励了。

另外一些更为复杂的程序是为成人设计的。程序中包含了广泛的阅读材料，阅读完毕后，要求学生在多个选项中作出选择。如果学生选择了正确的选项，那么屏幕将切换到下一道题。然而，学生选错了之后的措施出现了两种相反的观点。斯金纳认为，如果学生做错了题就让他重新阅读一遍材料，这个惩罚过重，即便他做错了题，也应该让他继续做下一道题。其他的行为主义者，比如普雷西（S. J. Pressey）认为，重新阅读材料并不令人反感，学生在做下一道题之前应该得到这一道题的正确答案。一些程序尽量减少这个过程的痛苦，如果学生选择了错误的选项，那么程序将显示出一个画面说明为什么这个答案是错的，然后返回到需要重新阅读的材料处。现在的教育程序更多地使用了普雷西的模式。

早期的一些教学机器也是"分级"机器。也就是说，它包括为一般水平的、迟钝的、聪明的学生所设计的程序。学生如果答对从练习一到练习十的所有问题，那么他就可以跳过下一课，因为下一课是重复的；如果学生做错一道题的话，那么他就必须做其后的十道题；如果学生做错了两道题的话，那么在开始下一课之前，他必须再完成一个补习的程序。

根据行为主义者的观点，程序教学的好处有很多：给予即时强化，程序材料由一些有资格的人编写，学习分很多小步子进行，这样学生就可以避免犯错误。程序教学的一个主要缺陷就是，虽然它对教实际的知识很有效果，但它不能教一些更侧重概念或创造性的知识。斯金纳为此而辩护，他主张可以通过发展程序来教更为复杂的观念，同时也可以发展出一种程序来对学生的创造性想法给予强化。

在行为主义者看来，课程应该被划分为短小而独立的单元。这样的课程容易被掌握，同时便于设计和评估学习目标。在这种情况下，学习目标比较简单和直接。例如，历史不应该教一些宏大的、包容万象的故事，而应该是小的、易于管理的单元。科学也是如此，小单元的构建和主题的安排，使科学能被成功地学习，而不会出现复杂的枝节问题。在成功完成这些小单元后，"大的图景"就会出现。在行为主义课程观中，有一个问题很突出：教学的目标必须以行为科学的术语来描述，不能仅仅是教学的主题。换句话说，无论学习什么学科，学习的客观结果就是可观察的或可测量的行为，不是行为的改变就是对预期行为的强化。行为主义者认为，他们的课程观是更为科学的：它是高度结构化的，它基于经过测试的证据，同时它的结果可以被测量和验证。在这一点上，行为主义者体现出行为主义和实证主义的一些核心品质。

行为工程涉及很多与现代教育有关的问题，同时也带来了很多与控制和民主程序有关的哲学问题。行为工程的应用及明显效果使得它在教育过程中受到密切关注。然而在教育者看来，没有什么比行为工程应用于教育引起的讨论更令他们感到愤怒的了。斯金纳一直对教育很感兴趣，写文章探讨教育，与教育者谈话，同时在一些领域做了开创性的工作。斯金纳对教育的看法是他关于个人和社会的整体观点中的一部分。他认为，教育不仅传授给人们知识，同时还对人们的生活产生重要影响。许多批评者将斯金纳的观点与以下几个人联系起来：赫胥黎（《美丽新世界》），奥威尔（《1984》），及安东尼·伯吉斯（Anthony Burgess）[《发条橙》（*Clockwork Orange*）]。虽然斯金纳坚持，他关于条件反射的理论与这些作品中描述的不同，而且更为人性化，但他也不否认控制的力量（正如赫胥黎、奥威尔和伯吉斯所讨论的）可能存在。

今天，多种多样的行为科学方法已经被广泛使用了，本质上，所有这些方法都依赖一个特定的理论：人们首先要确定他们预期的行为，然后通过各种奖励来强化预期的行为，使这种行为重复出现。一些教育者对使用奖励这个方法提出严肃的质疑，特别是明确的奖励，如钱或者糖果，但行为工程师认为，奖励需被谨慎使用，且仅适用于那些没有明确外在奖励的情况下。物质奖励常常是在一些特殊的教育情况下才会使用。例如，针对那些需要形成特定行为或完成特定工作的学生。卡尔·贝赖特（Carl Bereiter）和西格弗里德·恩格尔曼（Siegfried Engelmann）对一些学习能力较差的学生使用行为科学的方法。有的心理学家还将行为科学的方法应用于其他领域，比如训练如厕和驾驶直升机等。然而，这些方法的核心问题在于，必须系统且即时地进行奖励。斯金纳和其他研究者认为，目前大多数教育存在的主要问题就是缺少即时强化。

近年来，人们已经从机械的、被动的行为矫正模式转向强调自我管理和参与者在塑造自己行为方面的积极作用。在早期华生和斯金纳使用"人就像是机器"方法的模式中，对环境的处理是关键性因素。今天，许多行为主义者集中精力研究环境与有机体之间的相互影响，这种影响丰富了有关有机体的知识。这能够在一定程度上帮助人们更好地解决问题和分析他们自身的状况。

这种转变所指向的是，现在许多行为主义者集中精力研究"头脑中的过程"——人们的信仰体系、思考和自我控制。这可以引导个体来研究他们自己的行为，发现危险的因素，采取适当的措施来阻止消极的行为或至少减轻它们的影响。这种方法可能会使人想起康德的一种观点，即心灵是观念转化的积极因素。因此，目前许多行为主义者研究"人们是怎样思考，思考又是怎样矫正行为的"这一哲学问题。

今天，一些人宣传通过生物反馈（biofeedback）矫正行为进而改造个性的方法。机能反馈法可以用来改变诸如吸烟之类的行为，也可以减轻身体的疾病，如头痛、失眠或高血压。这种方法使用医学的监控设备，同时还主张沉思和训练。机能反馈法的主要目标在于使身体与环境相协调。

更为新近的一种行为矫正的方法就是强调内在的人。认知理论（cognitive

theory）强调人类的内部品质，同时还指出人类可以通过思考、创造力和意志力改变他们的生活。许多消极的、令人苦恼的情感和行为都产生于人类对自我的认识。一个精神上健康的人对事物有着正确的理解，同时能够基于这种正确的理解有所行动。

那些提倡认知方法的人认为，这是更为人性化的方法，因为它着眼于个体，不是被动的由环境操控的机制，而是一种有意识的存在。个体的存在可以由他自身的思考力量来塑造，而非仅仅被外部力量或无意识控制。个体可以决定他们自身的命运，还可以以其自身的力量使用行为技术来发展和创造自己。在使用这个力量的过程中，行为主义者认为人本身就最好地表达了什么是人性。

教师角色

所有的教师在他们的教学过程中都会使用一两种行为技术，尽管他们没有意识到这个事实。教师以成绩、对学生的态度、手势以及其他多种方式来对学生进行条件反射。这种条件反射常常是无意识的，也很草率；然而行为主义者认为，这种条件反射太过随意，并且起了相反的作用，因为一种特定的条件反射可能会消除另一种。例如，在星期一教师奖励了某种行为，但因为某些原因，没有在星期二或星期三继续奖励这种行为。同样，教师没有形成即时奖励适当行为的态度。学校里一些教师奖励某种行为，而其他教师不奖励这种行为的情况也经常发生。

斯金纳和其他行为主义者愿意看到教育者意见一致，正如他们愿意看到一些行为被强化，然后用已经被证实的条件反射方法来实现这些行为。这意味着教师必须在一起工作，同时在目标和方法上达成一致。这也意味着教师不仅仅应该始终如一地奖励好的行为，同时也应该自始至终不奖励那些不良的行为。虽然这种方法听起来在实质上是专制的，但是大多数教师期望得到的行为是基本一致的：学生更加努力学习、做作业、按时上课等等。斯金纳认为，如果教师认同这些目标，同时使用正确的方法，在一个相对短的时间内，这些目标就能实现。

教师能做的最重要的一件事就是，学习条件反射过程的理论和技术。虽然所有的教师都会影响学生的行为，但他们并不都是以行为主义者认可的方式影响行为。教师必须掌握条件反射的技术并且应正确地使用它。批评者指出，学校无法与其他外部行为的影响竞争，如同伴群体、电视、家庭和互联网，但行为主义者认为，教师如果联合起来明智地采取行动，那么他们可以有所作为。

对教育中行为主义的评价

在许多生活领域内，人们对行为工程的兴趣越来越浓厚。商业、宗教组织、军队和学校都使用它，在一些运用行为技术获得成功的机构中，它变得更为流行。

也许在许多提倡者看来，这个方法最显著的特征就是，它是科学的且建立在研究的基础之上，同时研究者可以运用此方法获得可测量的成功。自20世纪60年代以来，它就被应用于教育领域。许多教育者是行为技术的积极拥护者，同时在班级中广泛地运用它。在一些特殊教育领域，教师发现即时强化的概念十分有助于控制和指导那些有运动障碍及智力障碍的儿童。即便是对普通教育课堂来说，在教育的过程中经常可以看到教师使用代币对学生进行正强化或负强化，这种方法是有效的。

行为主义的流行是因为在其他方法都失败的时候，行为主义的技术似乎是起作用的。另外，许多行为工程师——特别是斯金纳——使用的方法尽量回避了那些教育中令人厌恶的事情，这吸引了许多同时代的教育家。儿童也很欢迎这种鼓励和奖励他们成绩的方法。教育的计算机程序提供了即时强化，而且在教师和学生中流行。随着新软件及新计算机的开发，它们影响越来越广泛，同时也是传授知识的有效方法。

行为工程师认为，他们的方法不仅仅可以在教育领域内使用，也可以应用于社会生活领域。比如，斯金纳将其理论应用于社会及文化变革领域。他认为，行为工程可以在全世界范围内应用，主张行为主义的方法可能解决饥饿、战争及经济动荡等问题。

许多人对斯金纳的建议嗤之以鼻，并尖锐地攻击他的理论，特别是其关于"个体没有与生俱来的自由和尊严"的理论。他们宣称，如果施行了斯金纳的建议，那么奥威尔在《1984》中描述的由独裁者"老大哥"（Big Brother）掌管的局面将成为必然。斯金纳答复他们说，他的理论可能是在这个技术复杂的时代生存的唯一希望。他认为，人们已经到达了一种极限，他们再也无法承受以自我为中心、以暴力为生活方式、以牺牲多数人的利益为代价的少数人的财富等旧的奢侈品，以及支持这些旧的奢侈品的关于人的内在构造的旧的哲学和神学观念。在过去的认识中，自由和尊严是具有强烈支持作用的情绪化观念，但斯金纳认为，这些观念经常被用于掩盖其他问题。例如，攻击性和邪恶通常被描述成人类内在构成的一个组成部分或与原罪有关，我们对它毫无办法，因为我们不能改变人类的本性。斯金纳认为，这些容易逃避和肤浅的假设实在令人遗憾，最终的结果就是一个人在开始之前就放弃。因为攻击性和贪婪是后天习得的行为，如果通过适当的方法对这些行为加以控制，这些行为就可以被抛弃或压制。

一些批评者指出，斯金纳的理论轻视和限制人性，但有强有力的理由可以说明斯金纳的观点是乐观的，坚持认为人类几乎可以通过行为工程被塑造为任何样子。从斯金纳的观点来看，人们的内部构造很少限制各种创造性方式的发展。出于这些原因，斯金纳的理论主张，如果我们有决心在这项事业中进行规划和合作，那么就有可能与优秀的人一起建设美好社会。控制处于环境之中——在强化依随性之中——同时以这种方式，个体被间接控制着。然而，一些批评者认为，正如赫胥黎的《美丽新世界》，斯金纳的《瓦尔登第二》也描绘了反乌托邦的现象。

204

另外一些批评者认为，行为技术在实验室中可能是成功的，但它存在社会适应性问题，因为人类社会中存在各种各样的变数和未知因素。在实验中，严格的控制是可以保证的，但在杂乱无章的户外世界，控制是很难实现的，当行为主义者不是在处理普遍性问题，而是在处理学习的分步骤程序时，他们可能有最可靠的依据。当然也可以构建一个忽视或贬低内在人性的理论，它可能会有很好的效果，但这仍不意味着不存在先天的人类能力和特征。斯金纳指出，"没有任何理论会破坏它是关于什么的理论"，但这个想法是双向的。个体没有内在的自由和尊严的这一观点并没有破坏所谓的内在自由和尊严，如果事实上它们确实存在的话。

在许多方面，争论就是过去关于天性与教养之争（nature-nurture debate）的延续，是探讨关于人的发展是不是先天的（自然）或可以受到抚养和其他教育的影响（教育）。可能在天性与教养之争中最明显的弱点就是，双方的拥护者似乎都不愿意承认人的发展可能是双方影响的结合。斯金纳坚持认为，实际上，所有人类的行为都被环境中这样或那样的影响因素共同控制着，尽管人们有时意识不到。斯金纳曾对教育哲学学会（Philosophy of Education Society）说，他之所以在那里做演讲，是因为他生活中所有的环境影响——他居住的地方、他就读的学校以及其他的事情——都引导着他。然而，那些持天性或生物学观点的人，似乎不愿意承认环境带来的全面影响。

爱德华·O. 威尔逊（Edward O. Wilson）发展了这种有关天性与教养之争的讨论，而这种发展并不是来自哲学，而是来自科学。在《社会生物学：新的综合》（*Sociobiology: The New Synthesis*）中，E. O. 威尔逊认为，心灵并不是一块白板，即洛克所谓的白板，而是一个等待开发的照片底片。E. O. 威尔逊为达尔文主义带来了新的发展；他相信基因的影响是绝对的。自由意志、灵魂、心灵和自我——所有的这些都是幻觉。环境条件也可能影响基因结构。理查德·道金斯（Richard Dawkins）在《自私的基因》（*The Selfish Gene*）中提出了这种观点，他在书中提及了"文化基因"（memes）的存在。文化基因是传递到大脑中的思想、口号和信念，它们像基因一样运作，因此学习到的经验可能会影响基因结构，这个观点颇具争议。然而，E. O. 威尔逊认为，当人类的基因组工程完成、成千上万个基因都被正确地识别时，所有的知识都能够运用生物学的术语来解释。关于天性决定人类特征的类似想法长期影响着教育理论，在诸如查尔斯·默里（Charles Murray）及理查德·赫恩斯坦（Richard Herrnstein）所著的《钟形曲线》（*The Bell Curve*）等书中表现得尤为突出。他们提倡的观点是，并非每一个人都被公平地赋予了掌握知识的能力，个体或群体之间的智力存在自然和固有的差异。

也许真正的真理正介于两者之间：人先是基于遗传因素而对某些行为有倾向性，但是这些影响可以通过培养环境进行修改，甚至改变。对行为主义、实在论及其对教育的影响来说，现今重要的挑战来自一种被称为建构主义（constructivism）的心理学理论。这种理论认为，学生并不是被动地接收信息，而是积极地将新信息与其已有的知识建立联系，使它成为自己的知识。跟行为主义类似，它也有自己的哲学先驱。正如 M. 格林（Maxine Greene）指出的，建构主义的众多哲学根源包括实用主义、存在主义、现象学、解释学和一些理念论的模式，所有这些哲学都曾经反对客观性、过度理性和脱离实体的抽象含义。他们坚信——正如建构主义者一样——真理是被创造的（或建构的），而不是发现的或揭示的。

作为一个心理学理论，建构主义在很大程度上借鉴了皮亚杰（1896—1980）和列夫·维果茨基（Lev Vygotsky，1896—1934）的理论。根据凯瑟琳·福斯纳特（Catherine Fosnot）的观点，建构主义是非实证的，为反对行为主义及生物学阶段论奠定了新的基础。建构主义的目标不是促进成熟或行为调节，而是通过认知结构的建构和重组实现学习者的良好发展。正如福斯纳特描

205

述的，和皮亚杰一样，建构主义者对平衡充满了兴趣，这种平衡包含同化和顺应。这种平衡是一种关于发展和变化的动态过程。

根据福斯纳特的观点，维果茨基通过他在社会互动方面的工作对建构主义作出了贡献。他研究儿童在日常经验中发展出的"自发"概念，以及在课堂或学习环境等结构化活动中学习或强加的"正式"概念。自发概念为儿童提供了通过经验学习的动力，而正式概念为更成熟的意识和应用提供了经过训练的结构，脚手架（scaffolding）促进了儿童对概念的理解。儿童从外界获得重要的认知结构，同时也从经验那里获得了个体的认知结构。福斯纳特指出，关键是建构主义补充了一种新的声音，人类总是不断持续更新他们对现实的看法，同时在这个过程中人类改变了他们自身和他们生活的世界。

行为主义的倡导者并不否认儿童有自主学习的时候，以及他们可以吸收、联系、内化和建构思想。然而，倡导者仍主张学习是被环境条件而非某种神秘的内在力量控制和强化的。

批评者指出，行为主义者不仅对人类做了可疑的假设，还对宇宙的本质做了可疑的假设。批评者认为，支撑行为主义许多观点的一个假设是，相信宇宙是机械运行的，事物的计划是有序的、有规则的、可预测的，因此也是可控的。这就出现了另外一些严肃的问题，比如宇宙是不是以这种方式运行的，行为主义者是不是将这种秩序的观念强加于难以预测的宇宙等。在行为主义者努力发展行为技术的过程中，对秩序及规律的偏爱也是最为显而易见的，他从一些哲学家所说的基于非常可疑的假设的东西中获得一种精确的方法。这种对精确性的追求似乎是对物理学的模仿，但一些物理学家认为，即使在他们自己的学科中，精确性也被高估了很多。换句话说，行为主义者可能会在追求确定性的流沙之上建构他们的理论，这个观点受到杜威的质疑。

批评者指出，行为主义最明显的弱点之一就是，斯金纳等行为主义者提出的社会政策建议。行为主义者在描述学习是怎样发生的，以及在实验室或教室中如何改变行为，可能站在坚实的基础上，但有些人，如斯金纳，从实验室到广泛的社会、政治及经济条件，做了一个飞跃。在《瓦尔登第二》中，斯金纳指派一些人为重塑瓦尔登湖社会的规划者和控制者，这些控制者听起来似乎更像是实验室中的心理学者。批评者再次表示，实验室与社会在很大程度上是不同的。历史充满着这样的例子，某些个体或群体认为他们且仅仅是他们能够引导社会走向正确的方向，历史展示了这种想法带来的灾难性后果。在许多方面，政府的权力来自神的权威、辩证唯物主义法则还是行为法则，这三者看起来并没有多大的区别。

一个反复出现的问题是谁控制了控制者。斯金纳认为，被控制者对控制者施加影响，正如学校里学生的行为影响着教师的行为。换句话说，被控制者的行为设定了控制者的反应条件。这个论点似乎并不充分，因为主动权是对控制者有利的，社会、政治、智力或经济权力都集中在控制者手中。

在阿尔菲·科恩（Alfie Kohn）的《奖励的惩罚》（*Punished by Rewards*）中，批评行为主义的基本假设本质上是令人不愉快的、起反作用的。一个问题就是行为主义主要源于对鸽子、老鼠等动物的研究。科恩认为，人类的行为与老鼠及鸽子的行为是不一样的。此外，他认为行为主义在现代生活中变得如此普遍是消极的。例如，从儿童一生下来，人们就用各种奖励，如糖果和零花钱，来操控他们的行为。成年后，他们得到了诸如绩效工资、逐级晋升及特殊头衔等手段的奖励。还有人建议，应对儿童读书及做作业进行奖励，科恩认为，那样做破坏了内在的动机。儿童不需要奖励来督促他们学习，因为学习本身就有价值，可以成为一种奖励。道德的议题是讨论人是否必须得到奖励才能做他们本应该做的事。科恩担心行为主义理论的影响将会破坏人对自我的认识、个体责任感和自力更生的品格。

虽然斯金纳和其他行为主义者强烈声明他们的目标和方法没有贬低人也没有掩盖内心的感受及意志，但对他们的程序导致人类机械化的指责是有一定依据的。一些批评者认为，行为主义者忽视了真正意义上的人，而赞同一种关于人类的新的和更为机械的观点。《瓦尔登第二》中的弗雷泽说他是在这个受控制的社会中唯一不开心的人，因为他是唯一没有在那里成长起来的人。如果可以选择做弗雷泽，带着他所有的挫折、希望和担忧，或者做《瓦尔登第二》中其他新的机械化个体，他们愚昧地对施加在他们身上的控制一无所知，那么许多人会选择前者。

托马斯·霍布斯
《利维坦》*

17世纪的英国哲学家霍布斯虽然不是一个行为主义者，但是他的唯物

---

* 本文的翻译参考了黎思复和黎廷弼合译、杨昌裕审校的《利维坦》（托马斯·霍布斯著）一书，商务印书馆1985年版。——译者注

207　　主义哲学中包含许多重要的行为主义思想。以下的选文均出自 1651 年首次出版的《利维坦，或教会和公民国家的内容、形式和权力》(*Leviathan, or the Matter, Form, and Power of a Commonwealth Ecclesiastical and Civil*)。霍布斯认为，人的思想是通过感官与环境对象相联系，而运动（或行为）是极为重要的（与生俱来的或是遗传的），也是后天习得的（学习的）。他关于"欲望"和"嫌恶"的观念与正强化和负强化有着密切关系。霍布斯认为，科学和理性可以促进建立美好社会，这与行为工程相类似。最后，正如斯金纳等行为主义者一样，霍布斯认为自由取决于外部条件。

引　言

　　"大自然"，也就是上帝用以创造和治理世界的艺术，也像许多其他事物一样，被人类的艺术模仿，从而能够制造出人造的动物。由于生命只是肢体的一种运动，它的起源在于内部的某些主要部分，那么我们为什么不说一切（像钟表一样用发条和齿轮运行）的"自动控制的系统"都具有人造的生命呢？是否可以说它们的"心脏"无非就是"发条"，"神经"只是一些"游丝"，而"关节"不过是一些齿轮，这些零件按照创造者的意图运行，使整体运动起来的呢？艺术则更高明一些，它要模仿有理性的"大自然"最精美的艺术品——"人"。因为"利维坦"，这个号称"国民的整体"或"国家"（拉丁语为 Civitas）的这个庞然大物，是由艺术创造的。虽然它远比自然人身高力大，但它只是一个"人造的人"，而且以保护自然人为其目的……

论感觉

　　关于人类的思想，我首先要个别地加以研究，然后再根据其序列或其相互依存关系加以研究。个别地来说，每一种思想都是我们身外之物的某一种性质或另一种偶然的表象或现象。这种身外之物通常被称为对象，它对人类身体的眼、耳和其他部分发生作用，由于作用各有不同，因此产生的现象也各自相异。

　　所有这些现象的根源都是我们所谓的感觉，因为人类心灵的概念都是首先全部或部分地对感觉器官发生作用时产生的。其余的概念则是从这个根源中派生出来的……

　　引起感觉的是对某一感觉器官施加压力的外界物体或对象，其作用方式有些是直接的，比如味觉和触觉等；有些是间接的，比如视觉、听觉和嗅觉等。这种压力通过人体的神经以及其他经络和薄膜的中介作用，继续传导至大脑和心脏，并在这里引起抗力、反压力或心脏自我表达的努力，由于这种努力是外向的，因此看来便好像是外在之物。这一假象或幻象就是人们所谓的感觉，对眼睛来说就是光或有颜色的图形，对耳朵来说就是声音，对鼻子来说就是气味，对舌和腭来说就是滋味，对身体的其他部分来说就是冷、热、软、硬和其他各种通过知觉来辨别的性质。一切所谓的可被感知的性质都存在于引起它们的对象之中，它们不过是许多种不同的物质运动，这种运动对我们的感官施加不同压力的。在被施加压力的人体中，它们也不是别的，而只是各种不同的运动，因为运动只能产生运动。但在我们看来，它们的表象都是幻象，无论在醒着的时候还是在梦中都一样。正如压、揉或打击眼睛时就会使我们幻觉看到一种亮光，压耳部就会产生鸣声一样，我们所看到或听到的物体通过它们那种虽不可见却很强大的作用，也会产生同样的结果。因为这些颜色和声音如果存在于引发它们的物体或对象之中，那么它们就不可能像我们通过镜子或者在回声中通过反射那样与原物分离。在这种情形下，我们知道自己看到的东西是在一个地方，其表象却在另一个地方。真正的对象本身虽然在一定的距离之外，但它们似乎是在我们身上产生的幻象，不过无论如何，对象始终是一个东西，而映象或幻象则是另一个东西。因此，在所有情况下，感觉都只是原始的幻象，正如我在前面所说的，它们是由压力造成的，也就是由外界物体对我们的眼、耳及其他专属于这方面的器官发生的运动造成的……

论推理与学术

根据这一切，显然可以看出，理性不像感觉和记忆那样是与生俱来的，也不像慎虑那样单纯是从经验中得来的，而是通过辛勤努力得来的。首先是恰当地使用名称，其次是从基本元素到把各个名称连接起来形成定论的这一整体的过程。在这一过程中使用的良好而又有条不紊的方法，就是演绎法，即一个论断与另一个论断的联合，直到我们获得有关问题所属名称的全部结论为止。这就是人们所谓的学识。感觉和记忆只是关于事实的知识，这是已经发生且不可改变的事实。学识则是关于一个事实与另一个事实之间的依存关系及结果的知识。通过学识，我们就可以根据目前所能做的事情，推知在自己愿意的时候，怎样做其他的事情，或者怎样在其他的时候做类似的事情。因为当我们看到某一事物是怎样发生的、由于什么原因以及在什么方式之下产生的之后，当类似的情况出现在我们能力范围之内时，我们就知道怎样使它产生类似的结果……

总结起来说，人类的心灵之光就是清晰的语词，但首先要用准确的定义去扼杀和清除模棱两可的东西，推理就是步伐，学识的增长就是道路，而人类的利益则是目标……

论自觉运动的内在开端——激情以及表示这些开端的术语

动物有两种特有的运动：一种被称为生命运动，从出生起就开始，而且终生不间断，比如血液的流通、脉搏、呼吸、消化、营养、排泄等，这种运动不需要想象的参与；另一种运动是动物运动，又称为自觉运动，这种运动按照预先考虑好的方式进行，比如行走、说话、移动肢体等。感觉是人类身体器官和内在的运动，这种运动是由我们所看到或听到的事物的作用引起的。幻象是这一运动在感觉之后所留下的痕迹。这两点已经在第一章和第二章中阐述了。因为行走、说话及类似的自觉运动始终要取决于事先出现的有关"去哪里""走哪条路"和"讲什么话"等想法，所以想象显然是所有自觉运动最初的内在开端。当运动的东西无法看见，或其运动的空间由于太小而无法感知时，自然人虽然想象不到哪里有运动的存在，但这并不妨碍这种运动的实际存在。因为一个空间即使小得不能再小，当它朝着更大空间拓展时，由于其本身就是更大空间的一部分，因此每次拓展必然先从小空间开始。人体中这种运动的微小开端，在没有表现为行走、说话、挥击等可见的动作以前，一般称之为意向。

当这种意向朝向引起它的某种事物时，就被称为欲望或愿望，后者是一般意义上的名称，而前者往往只限于表示对食物的渴望——饥饿与渴。而当意向避离某种事物时，一般就称之为嫌恶。欲望和嫌恶，这两个名词都来自拉丁文，两者所指的都是运动，一个是接近，另一个是退避……自然本身确乎是在把某些真理传授给人们，如果人们试图超乎自然限度去寻求什么东西，那么他们就会挫败在这些真理上……

人们渴望的东西也称为他们所爱的东西，而嫌恶的东西则称为他们所憎恨的东西。因此，爱与欲望是同一回事，只是欲望指的是对象始终不存在时的情形，而爱通常是指对象存在时的情形。同样的道理，嫌恶所指的是对象不存在的情形，而憎恨所指的则是对象存在时的情形。

有一些欲望与嫌恶是与生俱来的，比如对食物的欲望、排泄和免除的欲望，后两者可以或更适合被称为体内感到的对某种事物的嫌恶，另外还有为数不多的几种欲望也是与生俱来的。其余的部分则是对特定事物的欲望，是由于

经验而来的，是由于本人或其他人尝试其效果而来的。因为对那些自己完全不
知道的事物或相信不会有的事物，我们除了进行尝试以外更不可能有更多的欲
望。然而嫌恶则不但指向那些我们了解的曾经伤害过我们的事物，同时也指向
那些不知道是否会伤害我们的事物。

既不渴望又不憎恨就是轻视，轻视是心在抵抗某物的作用时的静止或不服
从的状态；产生这种状态的原因是，心已经转移到其他更有力的事物上去了，
或是对这个事物缺乏经验。

由于人体的结构时常处于不断的变化中，因此同一类事物便不可能在同一
个人身上永远引起同一类的欲望和嫌恶；而所有的人对任何一个单一对象都具
有相同的欲望就更不可能了。

任何欲望指向的对象对他本人来说，都称为善；而憎恶或嫌恶指向的对象
则称为恶；轻视指向的对象则称为无价值和无足轻重。因为善、恶和轻视等词
的用法从来就是和使用者相联系的，任何事物都不能简单化、绝对化，也不可
能从对象的本质之中得出任何有关善恶的共同准则。在没有国家的地方，这种
准则只能从个人自己身上得出；有国家存在的地方，这种准则就会从代表这个
国家的人身上得出；也可能是从争议双方选定，并以其裁决作为有关事务准则
的仲裁者身上得出的……

正如我在前面所说的，在感觉方面，真正存在于我们体内的，只是外在对
象的作用所引起的运动。从外表上来说，在视觉方面，这就是光和颜色；在听
觉方面，这就是声音；在嗅觉方面，这就是气味；等等。因此，当同一对象的
作用，从眼睛、耳朵和其他器官传到心时，其产生的实际效果就仅仅是运动或
意向。这种运动或意向，就是朝向或避离发生运动的对象的欲望或嫌恶。而这
种运动的表象或感觉，就是我们所谓的愉快或不愉快的心理。

这种被称为欲望的运动，从其表象方面来说就是高兴或愉快，它看起来是
生命运动的一种加强和辅助。因此引起高兴的事物，由于辅助或加强生命运动
而被恰当地称为高兴和辅助；相反，那些阻挠和干扰生命运动的事物则被称为
不高兴和烦恼。

因此，愉快或高兴便是善的表象或感觉，烦恼或不高兴便是恶的表象或感
觉。因此，一切欲望、心愿和爱好都或多或少地伴随着一些高兴，而一切憎恨
和嫌恶则或多或少伴随着一些不高兴和烦恼。

有一些愉快或高兴是由于对现实对象的感觉而引发的，可以称之为感觉的
愉快——"肉欲"一词，它所引发的行为都是遭谴责的行为，因此在法律诞生

以前它是没有使用余地的——这一类的愉快包括一切身体的添增与排除，此外还包括视觉、听觉、嗅觉、味觉和触觉方面的一切愉快事物；还有一些愉快产生于预见事物的结局或终结而引起的预期，不论这些事物在感觉上愉快或不愉快都一样。这类的愉快便是得出这类结论的人的心理愉快，一般称之为快乐。同样的情形，有些不愉快是感觉方面的，被称为痛苦；另一些则是对结果的预期方面的，被称为悲伤。

这些被称为欲望、渴望、喜好、嫌恶、憎恨、快乐和悲伤等单纯的激情，在不同的情况下，其名称也不同。第一，当它们一个接着另一个出现时，便会随着人们对达到其欲望的可能性的看法而具有不同的名称；第二，由于被爱好或憎恨的对象而产生不同的名称；第三，许多激情总交织在一起；第四，由于变动或连续状态本身。

论一般所谓的智慧之德及其反面的缺陷

一般说来，在所有的事物之中，与其他事物相比较，美德是颇具崇高价值之物。因为如果所有人的一切都是均等的，那么就没有值得珍视的东西了。我们理解的所谓智慧之德永远是为人称赞、重视并渴望自身具备的心理能力，通常称之为良好的智慧；只是智慧这一语词也被用来专指某一能力，以示有别于其余。

这样的美德分为两类，一类是自然的，另一类是习得的。所谓自然之德并不是指与生俱来的，因为如果那样的话就只会是感觉了。在这一点上，人与人之间的差异很小，而且和禽兽也相差不多。我所指的是无须方法、训练和专门指导，只来自应用和经验的智慧。这种自然智慧主要存在于两方面之中：第一是设想敏捷，也就是迅速地将一种思想和另一种思想相连接；第二是对准既定目标方向稳定。与此相反，设想缓慢就会形成一种心理障碍，一般称之为迟钝或愚笨，有时也用其他名称来表示运动迟缓或行动困难。

这种快慢之别，是由人们不同的爱憎激情产生的，有的人是这样，有的人是那样。因此，某些人的思想就驰于一途，而有些人则驰于另一途，继续坚持下去，对通过设想产生的看法就会有所不同……在人类思想延续的过程中，也许有些人认为没有什么值得注意的地方，而另一些人会加以考虑；一些人在某方面很相似，而在其他方面相差很远；或者处理及怎样满足这样一个目的……

至于习得的智慧，我指的是通过专门的方法和教导获得的智慧，这方面只有推理一项。推理是根据对语言的正确运用而产生学识……

引起智慧的这种差异的原因在于激情，而激情的差异则一部分是由于身体构造不同，另一部分是由于教养有别而来的。因为如果这种差异是由于大脑和内外感觉器官的秉性不同而产生的，那么人们在视觉、听觉或其他感觉方面的差别就正如想象和判断了。因此，它是从激情中产生的，激情本身不但会由于人们的性情而有所差异，而且也会由于习惯与教养不同而有所差别。

最能引起智慧差异的激情主要是或多或少地对权势、财富、知识和名誉产生的欲望。所有的这些欲望都可以简化为第一种，也就是权势欲，因为财富、知识和荣誉不过是权势的几种不同形式而已。

因此，一个人如果对以上种种都没有很大的热情，而是抱着一般所说的无所谓的态度，那么他虽然不失为一个不会冒犯别人的好人，但他也不可能具有很强的想象力或很多的判断。因为对欲望来说，思想就像是侦察员或侦探一样，四处窥探，以发现通向所希望的事物的道路。一切心理运动的稳定性和敏捷性都是由这里产生的；正如没有欲望就意味着死亡，激情淡薄就意味着愚钝……

论第一与第二自然律以及契约法

自然权利，作家们通常称之为自然法，是指每个人都有自由按照自己的意愿运用自己的力量，以保全自己的天性，也就是保全自己的生命，因此，这种自由就是用自己的判断和理性认为最适合的手段去做任何事情的自由。

自由这一语词，按照其确切的意义来说，就是外界障碍不存在的状态。这种障碍经常会使人们失去一部分做自己要做的事情的力量，但不能妨碍他按照自己的判断和理性所选择的方式运用剩余的力量。

自然律是理性发现的戒条或一般法则。这种戒条或一般法则禁止人们去做损毁自己的生命或剥夺保全自己生命的手段的事情，并鼓励人们去做自己认为最有利于保全生命的事情。虽然谈论这一问题的人习惯于把法和律、权利和法律混为一谈，但事实上应该对其加以区分。因为权利包括做或者不做的自由，然而法律决定并约束其中之一；因此，法律与权利的区别就像义务与自由的区别一样，在同一个问题上是不一致的……

因此，以下的话就成了理性的戒条或一般法则：每一个人只要有获得和平的希望时，就应当力求和平；在不能获得和平时，他就可以寻求并利用战争的一切有利条件和帮助。这条法则的第一部分包含着第一个同时也是基本的自然律——寻求和平，追随和平；第二部分则是对自然权利的概括，即利用一切可能的办法来保护我们自己。

211

这条基本的自然律规定了人们应该力求和平，由此引申出以下的第二自然律：在别人也愿意这样做的条件下，一个人为了和平与自卫的目的认为必要时，会自愿放弃这种对一切事物的权利，并以如此大的自由来对抗其他人，正如他允许其他人对抗自己一样。因为如果每个人都拥有这种可以做任何事情的权利，那么所有人都处于战争状态。但是如果别人都不像他那样放弃自己的权利，那么任何人就都没有理由剥夺自己的权利，因为那样就等于自取灭亡（没有人必须如此）而不是选取和平。这就是福音书上那条戒律"你们愿意别人怎样待你们，你们也要怎样待人"，也就是那条一切人的准则，"己所不欲，勿施于人"。

（资料来源：Thomas Hobbes, *Leviathan, Part I and Part II*, edited by Herbert W. Schneider. Indianapolis, IN: Bobbs-Merrill, 1958, pp.23, 25–26, 49–55, 64, 68, 109–110. Reprinted by permission of the Bobbs-Merrill Company. Copyright 1958, The Liberal Arts Press.）

斯金纳
《超越自由与尊严》*

在以下的选文中，斯金纳关于人类的自由与尊严的观点与许多哲学家支持的传统观念相矛盾。他指出，那些传统观念对社会有害，尤其是被哲学和教育学流派拥护的放任法。同时，他拒绝放任法并不意味着他倾向惩罚，相反，他赞成基于行为技术原则的控制。

那些拥护自由与尊严的人并不仅限于采用惩罚这一手段。但是，他们在寻找及应用其他替代措施时表现得十分胆怯和羞涩。对自主人的兴趣使得他们仅能采用一些效果不佳的措施。我们现在讨论其中的一些……

一种能调整行为但又似乎没有控制行为的方法，在苏格拉底的产婆的比喻中得到了体现，即一个人帮助另一个人"生产"出行为。既然，产婆在产妇怀孕的过程中没有发挥任何作用，在其分娩过程中也只是稍有帮助，那么"生产"出行为的人对自己的行为享有全部的功劳。苏格拉底在自己的教育实践中示范了这种助产术，或叫问答法。他试图去说明，一个没有接受过教育的奴隶小孩如何在他人指导之下推导出了毕达哥拉斯定理。苏格拉底认为，小孩子一

---

* 本文的翻译参考了王映桥和粟爱平合译、陈维纲审校的《超越自由与尊严》（斯金纳著）一书，贵州人民出版社 1988 年版。——译者注

步一步地求证，并没有什么人告诉孩子该怎么做，是他一个人独立完成的。换句话说，在某种意义上，孩子一直"知道"这一定理。苏格拉底主张，甚至连基本的知识也可以用同样的方式来引导。因为灵魂知道真理，所以人只需告诉他"他知道"就足够了。这一例子经常被引用，好像它与现代教育实践密切相关……

　　知识的助产术、精神治疗的助产术或道德的助产术并不比惩罚性的控制来得容易，这是因为，助产术需要复杂的技巧和注意力的高度集中，但是它也有其自身的优点。它似乎可以给实施者一种神奇的力量，如同神秘地运用提示和暗示法一样，它获取的结果比其付出的代价多得多。然而，个人的显著的贡献并不会因此而减少。相信他可以未学而知，因为他自身具有精神健康的良好种子，他自身有能力与上帝直接沟通。一个特别重要的优点在于，实施者可以免于承担责任。正如畸形儿和死胎并不是产婆的错误一样；学生失败，教师也可以不负责任；病人未能解决自己的问题，精神治疗师也没有责任；信徒的行为有所不义不信时，与神秘的宗教领袖亦无干系。

　　助产术有其自身的优点。在学生获取新的行为方式的过程中，教师应给予他们多大程度的帮助，这是一个很微妙的问题。教师不应当匆匆告诉学生该做什么或该说什么，而是要等待他们自己作出反应。正如夸美纽斯所说，教师教得越多，学生反而学得越少。学生可以通过其他途径获取知识。一般来说，我们既不希望别人告诉我们那些我们早就知道的东西，也不希望别人告诉我们那些我们永远也不能很好掌握的东西。我们是不会去阅读那些早已熟悉或者一窍不通的书的。我们愿意读的书，是那些在其帮助下我们能顺利地表达出自己想法的书。我们理解作者，虽然在他写成书之前我们无法将自己所理解的东西清晰地表述出来。在心理治疗的过程中，助产术对病人也有类似的作用。助产术是很有帮助的，因为它施加的控制比通常承认的多，其中有一些还颇具价值。

　　但是，这一方法的优点远比人们宣称的少。苏格拉底例子中的奴隶小孩什么都没学会，因为没有任何证据表明，他以后还能独自论证毕达哥拉斯定理。助产术像放任法一样，带来的积极结果应归功于未能被认识的其他控制形式。如果病人可以在没有治疗师的帮助下，仍然找到解决问题的方法，那么是因为他在其他场合遇见过类似的环境。

　　与弱控制相关的另一种比喻是园艺法。一个人的行为在发展的过程中，是可以加以指导或培养的，就像一种作物的生长可以通过定向法加以培植一样，行为也是可以"培养"的。

212

这一比喻特别适用于教育事业。幼儿的学校被称为幼儿园。儿童的行为是在"生长"着的，直到他"成熟"了。教师可以加快其生长的速度或稍稍改变其生长的方向。但是，用传统的观点来看，教师不能教，只能帮助学生学习。这种指导法在精神疗法中也十分流行。弗洛伊德认为，一个人的成长必须经过几个发展阶段，假如他"固定"在某一阶段了，治疗师就必须帮助他破除禁锢，使他继续发展。政府也经常运用指导法，例如，政府通过免税的措施来鼓励工业的"成长"，或提供一种有利于改善种族关系的"气候"。

指导法并不像放任法那样容易，但它常常比助产术简单，并具有与其相似的优点。如果一个人只是简单地指导他人行为的自然发展，那么别人就难以指责他是在试图控制这种发展。个人的成长是个人的成就，是对他的自由、价值和"潜在倾向"的验证。而且，正如园丁对他种植的东西最终会长成什么样子并不负责一样，指导者在事情出错后也是没有责任的。

但是，指导法的有效性完全取决于它发挥控制作用的程度。指导就意味着替受指导者开辟新的发展机会，或者阻止行为在特定方向上的发展。开辟机会并不是一种非常积极的行为，但是如果它增强了行为发生的可能性，那么它就是一种控制。只是为学生选择学习材料的教师，或者仅仅向病人建议改变工作或环境的治疗师，都是在施行控制，只是这一点往往不为人们所察觉。

当生长或发展受到阻碍时，指导法的控制作用就更为明显了。限制阻止了人们获得朝特定方向发展所需要的材料，同时也葬送了机会。德·托克维尔（De Tocqueville）在美国生活期间就注意到了这一点。他说："人的意志并没有遭到破坏，而是被软化了、扭曲了，并受到了指导，人们很少被迫……行动，然而行动本身往往是受到限制的。"正如拉尔夫·巴顿·佩里（Ralph Barton Perry）指出的："谁决定了人应该知道哪些选择，谁就控制了人选择的来源。谁在何种程度上阻止人接近任何思想，或者在何种程度上把人局限在一定的思想范围内，使其不可能接近有关的一切可能的思想，谁就在一定程度上剥夺了人的自由。"因为"剥夺自由"就意味着"控制"。

如果能够创造出一种环境，人在这个环境中能很快地掌握有效的行为，并继续有效地实施这一行为，那么这无疑将很有价值。构建了这样的环境，我们便可以减少迷惑烦乱，创造机会，而这正是指导法或称生长法、发展法的关键所在。但是，引起可观察到的变化的是我们安排的依随性，而不是预先设计好的成长模式。

卢梭对社会控制带来的危险十分敏感。他认为，可能避免这些危险的方法就是让人依赖事物而非依赖他人。在《爱弥儿》中，他描写了一个孩子是如何直接通过事物本身而不是通过书本来了解事物的。他在书中描述的方法至今仍很盛行，主要是因为杜威在其教育实践中对现实生活的强调。

依赖事物而不是依赖人这一方法的优点就是可以节省别人的时间和精力。一个孩子必须等到家长提醒他该上学的时候才去上学，他就是在依赖自己的家长。但是，如果一个孩子学会靠钟表或按照周围环境的一些能显示时间特征的事物来进行活动（并不是遵循一种"时间感"），那么他就是在依赖事物。这样一来，对他父母的要求就减少了……

依赖事物还有另外一个重要的优点，同由别人安排的依随性相比较，与事物相关的依随性更为准确，且能塑造更有用的行为。与任何其他的指导者相比，环境具有更深入、更微妙的现实性。一个人的驾驶行为如果是由汽车的反应来决定的，那么一定比只是遵循驾驶指导更灵活……

但是，事物并不轻易地接受控制。卢梭描述的行为过程并不简单，而且，它们并不总是有效。由事物（包括"非故意"行为的人）引起的复杂依随性，在没有帮助的情况下，对人一生的影响是微不足道的。这一问题十分重要，我们以后还要讨论。我们还必须记住，事物施行的控制可能是破坏性的。事物的世界可以是专横的。自然依随性联系可以使人们从事迷信活动，诱使人们去冒越来越大的危险，去从事一些劳而无功的事，直到他筋疲力尽，等等。只有由社会环境产生的相反控制才能提供保护，以防这些后果出现。

依赖事物并不等于独立。孩子无须家长提醒他什么时候该去上学，这说明他已经处于某种更微妙、更有效的刺激物的控制之下了。一个孩子学会了与人相处时该说什么或该干什么，是因为他受到社会依随性的控制。那些在批准的或不批准的温和依随性下与他人和睦相处的人，与警察国家的公民一样被有效控制（在许多方面甚至更为有效）。一方面，正统宗教通过制定教规来施行控制；另一方面，造就神秘主义者之行为的依随性更为私人化和特殊化。那些为个人价值而努力工作的人受到了产品微妙而有力的控制。那些通过自然环境学习的人受到的控制，同教师施行的控制一样有效。

一个人永远不可能真正自立。虽然他能有效地处理各类事务，但他一定是依赖那些曾经教他这样做的人。是那些人在为他选定他该依赖的事物，并决定他的依赖形式和依赖程度（因此，那些人无法推卸对所产生结果应负的责任）。

令人感到奇怪的是，那些极力反对操纵行为的人，却在操纵心灵方面作出了最积极的努力。很明显，当通过改变环境改变了人的行为时，自由和尊严就

214

受到了威胁。而那些应对行为负责的心灵状态改变时，似乎并没有带来什么威胁，也许这就是因为自主人具有能指导他妥协或反抗的神奇力量……

信仰、偏好、知觉、需要、目的和观点也是自主人的所有物，据说这些伴随着我们心灵的改变而改变。其实，每种情况下真正发生变化的都是行动的可能性。一个人相信，他在走过一块地板时，地板能承受他的重量，这取决于他过去的经验。如果过去他走过多次而没有出事，他就会自然而然地走上去，他的行为不会带来任何感觉不安的厌恶性刺激。他会说，他对地板的稳固性有"信心"，或坚信它能承受住他的重量。他感到的这些信念和信心，并不是心灵状态，最多不过是与过去事实有联系的行为的副产品，而且它们并没有解释为什么人会从地板上走过。

我们通过强化行为来增加行动的可能性，这样就建立了"信心"。当我们诱使某人在地板上行走，并由此使他建立起地板能承受他重量的信心时，人们或许不会说我们是在改变他的信念。但是，当我们给予他口头保证，使他相信地板是结实的，并亲自踏上去向他证实这一点，或者向他介绍地板的构造时，从传统意义上讲，我们是在改变他的信念。这两者之间唯一的区别仅在于方法的明显性。一个人通过在地板上行走而"学会了相信地板"，在这种情况下产生的变化是强化作用的显著效果；但是，当他被告知地板是结实的，并看到有人在上面行走，或者当有证据使他"确信"地板能承受他的重量，这时他所产生的变化依赖的是过去的经验，只是这些经验的作用在眼下已不大明显罢了。例如，一个人在坚固程度不一的物体表面（例如，结冰的湖面）上行走时，会很快区分出有人走过的表面和无人走过的表面，即区分出什么是安全的表面，什么是不安全的表面。而且，他懂得可以从容地在前一种表面上行走，而行走在后一种表面上时应该小心。一旦他看到有人在冰面上行走，就等于是有人向他保证了该表面是安全坚固的，于是危险的表面就变成安全的，这一判断过程可能会被遗忘。这样一来，判断所带来的结果似乎就成为被称为心灵改变的这一内在过程了。

偏好、知觉、需要、目的、态度、观点以及其他心灵特征的改变，也可以通过同样的方法进行分析。我们可通过改变依随性来改变一个人观察事物的方法，改变他观察到的事物，但我们并不是在改变所谓知觉之类的东西。我们是通过有区别地强化不同的行动过程来改变不同反应的相对强度，而不是在改变所谓的"偏好"。我们是通过改变剥夺性条件或不同的刺激来改变行动的可能性，而不是在改变某种需要。我们以特定的方式强化行为，而并不给予人们目的或意图。我们是在改变人们对某事物的行为，而不是在改变人们对它的态度。我们是在抽样检查并改变人们的语言行为，而不是其观点。

　　改变心灵的另一途径，即指明一个人以某种特定方式行动的理由，而这些理由几乎都是依随于该行为的后果的。例如，一个孩子用刀的方法很危险，为避免出现事故，我们可以使环境更安全些，如拿走刀子，或给他更安全的刀子，但是，这样并不能使他学会使用世界上各种有危险的刀子。如果任他使用刀子，那么他可能在用刀不当而割伤手指后掌握正确的用刀方法。我们也可以采用并不十分危险的惩罚形式来帮助他，例如，当我们看见他危险地用刀时，打他一下，或嘲笑他。如果"正确"和"错误"这两个词已经对正强化物和负强化物形成了条件反射，那么我们就可以告诉他，哪些方法是"正确"的，哪些是"错误"的。假如所有这些方法都会产生副作用，例如，会改变他与我们之间的关系，我们就会转而求助于他的"理智"（当然这需要他达到"明理的年龄"才有可能）。我们可以向他指出，一个人不同的用刀方法会产生什么后果，以此来建立依随性。我们还可以告诉他，怎样从依随性中推导出规则（如"绝不可以将刀口对准自己"）。这样一来，我们就告诉了孩子应该如何正确地用刀。我们还可以说，我们已经向他传授了关于正确使用刀子的知识。但是，我们的指导、教育和别的语言刺激都必须利用大量先前的条件反射，这些在先前形成的条件反射往往被人们忽视，而将它们的贡献都归功于自主人。还有一种更复杂的论证，它涉及从旧的理由中推断出新的理由这一推理过程。由于这一过程依赖于长期的语言活动，它特别容易被称为心灵的改变。

　　当通过改变心灵来改变人的行为的诸种方法效果十分显著时，人们却极少对此持容忍态度，即使明显改变的只是心灵。当改变者和被改变者之间的力量明显不平等时，我们不能宽恕心灵的改变，因为这是"不适当的影响"。我们也不赞同秘密地改变心灵。如果一个人没能观察出可能改变他心灵的人在做些什么，那么他就无法逃避，也不可能进行反击。因此，此时他已处在一种"宣传"的包围之中。就连那些本来是赞同改变心灵的人也拒绝采用这种"洗脑"的方法，因此它实施的措施实在是太明显了。常用的洗脑方法是建立一个强烈的厌恶条件，如饥饿或睡眠不足，并通过缓解来强化对某种政治制度和宗教制度"表现出积极态度"的行为。控制者通过强化那些对其自身有利的意见，来使人们形成一种对控制者有利的"观点"。这一控制过程对那些受它控制的人来说，可能并不明显；但对局外人来说，是十分明显的，以至于没有谁把它看作可以接受的改变心灵的方式。

215

控制显得不完整时，自由与尊严就会得到尊重，但这是一种幻觉，产生这一幻觉的部分原因是操作行为的或然性质。很少有环境条件能以反射的方式"激发"行为；它只是使某些行为出现的可能性更大。一个暗示虽不足以引起反应，但它能给一个微弱的反应增加力量，使其更可能出现。这种暗示是显而易见的，但引起该反应的其他事件模糊不清。

正如放任法、助产术、指导法和建立对事物的依赖一样，改变心灵也被自由与尊严的捍卫者容忍，因为它也是改变行为的不太有效的方法。有了它，改变心灵的人就能避免受到人们的指责，说他是在控制人。事情出了问题后，也不需要他来承担责任。这样，自主人便得以保留下来，成绩归功于他，错误也归咎于他……

只有采取温和的非消极控制形式，自主人的自由与尊严似乎才能得到保障。运用这些措施的人似乎在为自己辩护，反对那些认为他们在试图控制行为的指责。即便事情做糟了，他们也没有责任。放任法是不用控制的，如果出现灾难性的后果，那么责任应由别的依随性来承担。助产术，也叫接生术，似乎将人的行为归因于产生行为的人；而发展指导法则把它们归结到受指导者本人身上，当一个人依赖事物而不依赖他人时，他人的干预作用似乎就大大减弱了。靠改变心灵来改变行为的各种方法，不仅受到自由与尊严的捍卫者的拥护，而且他们还竭力将这些方法付诸实践。虽然人们大谈什么要减少他人对行为施加的控制，但其他一些措施仍在发挥作用。当一个人以可接受的方式对温和控制作出反应时，他也许要受到早已不起作用的依随性的影响。由于自由与尊严的捍卫者不承认这些依随性的存在，因此便鼓励了人们错误地运用这些控制法，由此便阻碍了一种有效的行为技术的发展。

216

（资料来源：B. F. Skinner, *Beyond Freedom and Dignity*, Indianapolis, IN: Hackett, 2002, pp.83-97, 99-100.Copyright ©1971 by B. F. Skinner. Reprinted 2002 by Hackett Publishing Conpany, Inc., through special arrangement with the B. F. Skinnner Foundation. All rights reserved.）

第七章

存在主义与教育

■ 存在主义哲学家及其思想
■ 现象学哲学家及其思想
■ 现代生活中的存在主义
■ 作为一种教育哲学的存在主义
■ 对教育中存在主义的评价

存在主义的源头可以追溯到古希腊的智者派，而存在主义作为一个独特的哲学领域出现，却是 19 世纪的事情了。人们在克尔恺郭尔（Søren Kierkegaard）的著作中发现了这种哲学倾向，从某种程度上来说，是尼采的著作激起了这一新的哲学热潮。到了 20 世纪，布贝尔（Martin Buber）、卡尔·雅斯贝尔斯（Karl Jaspers）和萨特这些存在主义的代表人物进一步发展了这种哲学。

虽然存在主义与现象学（phenomenology）是两个不同的哲学流派，但它们有许多共同之处。现象学是存在主义最亲密的同盟军，它主要从第一人称的角度揭示了意识现象（phenomena of consciousness），研究事物在观察者面前呈现的经验。现象学的产生归功于 20 世纪初的胡塞尔（Edmund Husserl），此外，海德格尔（Martin Heidegger）和梅洛-庞蒂（Maurice Merleau-Ponty）等代表人物也极大地推动了现象学的发展。存在主义研究存在，并关注个体在自己的感受、思考和责任中发挥的作用。虽然现象学和存在主义是独立的思想运动，但是两者有许多相似之处，也有许多共同的原则，甚至有些哲学家更愿意称自己为存在主义—现象学家。尽管萨特通常被认为是存在主义者，可是他也像现象学家一样进行创作。尽管海德格尔不承认自己是存在主义者或现象学家，可是存在主义者从他的哲学作品中找到了许多共鸣。当这两种哲学应用于教育之中时，它们是如此紧密地结合在一起，以至于一些倡导者将它们的著作称为教育的存在主义现象学。

218　　　　尽管传统的哲学家也关注知识、真理和意义的本质问题，可是存在主义者思考的是，这些问题是怎样在个体的经验中产生重要影响的。

存在主义哲学家及其思想

存在主义在不同文化中广泛传播的同时，也获得了一系列诠释。这些看似折磨人的、混杂的多种理解均出自存在主义的基本信条——孤独的、疏离的、异化的个体（individual）偶然降临到这个无意义的、荒谬的世界当中。

弗里德里希·威廉·尼采（Friedrich Wilhelm Nietzsche，1844—1900）

存在主义者对个体主义本质的研究，受到德国哲学家和语言学家尼采的影响。尼采出生在莱比锡（Leipzig）附近的一个小镇上。他的父亲是路德教会的牧师，他从小就十分虔诚。尼采是一位出色的学者，24岁就成为巴塞尔大学（University of Basel）的古典哲学教授。在巴塞尔大学，他遇到了理查德·瓦格纳（Richard Wagner），两人之间建立了持续一生的友谊。在普法战争期间，尼采遭受并发症的重创，身体每况愈下，一直没有恢复过来，尽管如此，在他妹妹伊丽莎白（Elizabeth）的照顾下，他一直在坚持写作。虽然尼采并不承认，但他的哲学思想常被认为是浪漫主义哲学。尼采也被认为是后现代主义和存在主义哲学的先驱。因为他认为传统的耶稣-基督教的道德对人的过度驯化使人变得软弱，所以他尝试着在传统的道德基础上建立一种新的道德。在《查拉图斯特拉如是说》（*Thus Spake Zarathustra*）中，他构想了一个超越常规社会价值、摆脱陈规陋俗限制的"超人"。这一主要思想在《善恶的彼岸》（*Beyond Good and Evil*）和《论道德的谱系》（*Toward a Genealogy of Morals*）

中得到发展。在《权力意志》(*The Will to Power*) 中，尼采审视了自己思想的政治影响，他赞成那些替他人创设价值的优秀人物拥有领导地位，他的妹妹是亲纳粹分子，篡改了他的理论，德国纳粹正是利用了这一点来达到蛊惑人心的目的。尼采是基督教及其教育学的批评者，他最著名的论断"上帝死了"，是其著作《查拉图斯特拉如是说》中查拉图斯特拉的悲歌。这个故事也给作曲家理查德·施特劳斯 (Richard Strauss) 带来了灵感，这一作品成为斯坦利·库勃里克 (Stanley Kubrick) 1968 年导演电影《2001：太空漫游》(*2001：A Space Odyssey*) 的音乐主题。

尼采和其他存在主义者的不同之处在于，后者对个体存在怀有深刻的道德保留感，甚至道德不确定性。即便不理会尼采的极端化倾向，存在主义式的个体主义也是以焦虑、尚未确定和矛盾为特征的。为了了解存在主义者试图表达什么思想，我们可以先逐一审视这个特殊思想体系中四个具有代表性的哲学家：克尔恺郭尔、布贝尔、海德格尔和萨特。

索伦·克尔恺郭尔 (Søren Kierkegaard，1813—1855)

克尔恺郭尔的童年是在父亲的严厉管教下度过的，父亲希望把他培养成为饱学之士。在父亲的严厉管教下，克尔恺郭尔小小年纪就学会了剧本写作，并熟练地掌握了拉丁语和希腊语，而且还形成了追求心智志趣的习惯。在他的青年时代，克尔恺郭尔研究了黑格尔哲学，但反对黑格尔将哲学思想系统化，也不赞成坚持社会中心的视角，他主张人应该寻找可以指导生死的个人真理。

克尔恺郭尔是一个虔诚的基督教教徒，与此同时，他又对当时的基督教教义发起了猛烈的攻击，其著作《抨击"基督教世界"》(*Attack Upon "Christendom"*) 反映了他对当时庸俗的基督教信仰的批判。他认为当时的基督教已经被现代扭曲了，传统的基督教似乎延续了许多时髦的荒谬，这些观点使克尔恺郭尔逐渐与宗教团体疏远。由于没有上帝存在的证据，也没有理性的方式能够认识"他"，因此克尔恺郭尔号召每个现代人领略"信仰的乍现"(leap of faith)，以此作为基督教教徒的神圣之所在。只有通过"信仰的乍现"，一个人才能重新建构自己的生活，才能真正按照基督教教徒的准则来生活。

克尔恺郭尔进行的哲学研究，是孤独的个人对抗客观的、科学导向的世界。他对科学进行了尖锐的批判，他认为，科学对客观的偏好正驱使现代社会远离切实可行的基督教信仰。客观性已经融入人们的思维方式中，这使人们成为集体取向的，或者用当代美国社会学家的话说——"他者导向的"。与此相反，克尔恺郭尔强调主观个体的个人选择，不去考虑寻求客观证据的科学要求。这种不需要任何根据的主观性意味着一个人将抛弃理性，接受毫无根据的信仰。

克尔恺郭尔并不关心普遍的"存在"，他只是关注作为个体的人的存在。他认为人们有必要逐渐理解灵魂、命运和上帝的实在。他抨击黑格尔哲学以及其他抽象的、使人失去个性的哲学思辨，认为这种哲学强调的是思想而不是思考者。他认为，个体面临的生活选择只能由他们独自作出，并自己承担全部责任。克尔恺郭尔描述了"人生道路"的三个阶段：第一个阶段是"美学"阶段，个体生活在感官的愉悦中，感性占主导地位；第二个阶段是"伦理"阶段，个体以"整体人类"的要求为标准，逐渐理解个体在生活中的位置和作用；第三个阶段是"宗教"阶段，克尔恺郭尔认为，这是最高阶段，个体独自站立在上帝面前。

克尔恺郭尔认为，在上帝和世界之间有一条没有桥梁的鸿沟，我们必须通过信仰的方式才能跨越。这需要热情，而现代生活非常缺乏热情。我们获得这样的热情，不是通过反思，而是通过将自己理解为上帝的创造物。克尔恺郭尔认为，教育应当是主观的和宗教的，教育应当发展个性，在个体与上帝之间建立联系。他反对进行职业技术的学习，因为这些都主要把人引向世俗的客观世界。

在克尔恺郭尔所处的时代，他并没有获得多少关注，但是他的作品和思想在 20 世纪焕发出活力与生机。克尔恺郭尔惧怕的不受限制的、愤怒的物化和技术革命狂潮已经成为现实。世界大战带来了史无前例的死亡和破坏，这已成为 20 世纪的特征。伴随着这种物化的加剧，极权主义的兴起、个性的丧失在逐渐加剧。而且，许多欧洲和美国的知识分子发现，克尔恺郭尔的思想巧妙地指出了现代个体的真实处境。在这些思想家的努力下，"存在主义"一词为越来越多的人所熟知。

220　　克尔恺郭尔努力将存在主义思想与基督教教义融合在一起，这对许多现代思想家产生了深远的影响，例如，保罗·蒂利希（Paul Tillich）、鲁道夫·布尔特曼（Rudolph Bultmann）、雅斯贝尔斯、加布里埃尔·马塞尔（Gabriel Marcel）、米格尔·德乌纳穆诺（Miguel de Unamuno）、卡尔·巴尔特（Karl Barth）、约翰·麦奎利（John Macquarrie）、彼雷·布唐（Pierre Boutang）、尼古拉·别尔嘉耶夫（Nikolai Berdyaev）等。基本上，他们都认为宗教主张常常是自相矛盾的，因此，我们必须独立作出选择，关于信仰没有确定的答案。即便如此，人们内心中也时常会升腾起克尔恺郭尔描述的焦虑和痛苦。

马丁·布贝尔 (Martin Buber，1878—1965)

布贝尔是一位哲学家和神学家，他在克尔恺郭尔的基础上形成了自己的思想体系。布贝尔在欧洲出生，接受教育，后来移居中东，参加那里的犹太人建国运动。可能是这场运动让布贝尔明白了人类的困境，他的作品中反映出人类需要相互尊重、树立尊严。在布贝尔的著作中，人们最为熟悉的是《我与你》(*I and Thou*)，这本书试图触及人类关系的核心。

在《我与你》中，布贝尔描述了个体有能力将自己与外部世界联系起来，也能根据外部世界来界定自身。这种客观关系以"我—它"(I-It)为特征，在这种关系中，个体通过纯粹客观的方式看待外部世界，将自己之外的外部世界看作实现个人目的的工具和手段。一个人有必要用"我—你"(I-Thou)的关系看待同伴，这也意味着，一个人必须认识到每一个个体都有一个情感丰富的意义世界。如果个人体验或现实处境被无视或忽略到一定程度时，那么人类将持续遭受难以摆脱的荒谬感。这种荒谬感来源于"我—它"的关系中，非人道、死亡和毁灭是由一个人强加给另一个人的。

布贝尔发现，在商业、宗教、科学、政府和教育中，人们被当作物（它）来看待。今天，许多学生认为，他们仅仅是储存在电脑名单中的名字或编号。在大学里，一门课程就有上百个人，教师记不住每个人的名字，甚至很难记住到底哪些人选了这门课，这是很正常的事情。这种状况也加深了前面提到的担忧。教师布置作业、批改论文以及给出评分，可是学生和教师彼此疏远。当学生上完课，他们又被其他同样没有姓名的人取代。布贝尔认为，这种情况可以有所改变。在教师和学生之间有一种恰当的关系，这种感受对方情感的方式就是"共情"。这并不是"我—它"之间主体与客体的关系，而是主体与主体的关系——分享彼此的知识、情感和追求。在这种教师和学生共同参与的关系中，双方都以人的方式分享彼此的知识和情感。布贝尔认为，这种关系应该存在于不同层次的教育过程中，以及社会的各种交往关系中。

布贝尔认为，一系列"我—你"关系构成了一个连续统一体，人类在一端，上帝在另一端。神性与人性是相关的，通过与人类同胞的交流，个体经历了交互主体性，这使精神生活更加丰富。就像上帝的存在很难被证明一样，神性与人性之间的相互关系也很难被证明。然而，一个人对上帝和人类同胞的信仰，也是献身于更高目标的证明。

布贝尔的人文主义思想对很多思想家产生了深远的影响，这种影响不仅存在于哲学和神学中，还延伸到了心理学、精神分析、文学和教育中。事实上，布贝尔是少数专门出版过教育论著的存在主义者之一，尤其是他详细论述了师生关系的本质。他慎重地指出，现在的教育也像其他领域一样，也由"我—它"关系构成，在这种关系当中，学生被当成物来看待。在布贝尔憧憬的教育中，虽然教师和学生有不同的知识储备和知识种类，但是他们在人格上是平等的。

让-保罗·萨特（Jean-Paul Sartre，1905—1980）

在存在主义的代表人物中，萨特最为人们所熟知。他出生于法国，在一个鼓励发展智识上的才能的家庭中长大。他小小年纪就开始写作，特别关注人类的选择困境。他的祖父曾当过语文教师，在他的影响下，萨特成为一名哲学教师。而且，他还是一名出色的学生，在20世纪30年代，他完成法国的学业之后，前往德国向海德格尔学习。之后，他在巴黎定居，并成为一名哲学教授。

在此期间，他也展现了文学上的抱负，即便是在"二战"中法国被纳粹占领期间，他也坚持写作，他写的几本小说和剧本非常畅销，尤其是在激进的"左派"中。然而，与同时代的其他人一样，萨特也卷入了"二战"的炮火硝烟中。他加入了法国军队，战争开始没多久就被德国人俘虏。法国沦陷后，他获得假释回到巴黎，并参加了法国抵抗运动（French Resistance）。纳粹对待抵抗战士俘虏的方式是残酷而严厉的，参与抵抗运动的同胞随时都可能面临死亡的危险，这样的处境激发萨特深入思考个体存在的荒谬性和无意义感。

即使在纳粹死亡机器的威胁下，萨特仍然坚持写作，并于1943年出版了一部重要的哲学著作《存在与虚无》（*Being and Nothingness*）。这本书是20世纪的原创哲学著作之一，它最为完整地表述了萨特的哲学思想。它主要探讨了意识［自为存在（being-for-itself）］和意识的对象［自在存在（being-in-itself）］。意识，也称为自为存在，是对客观世界的反映和否定。人的意识试图成为自身的对象，就像一个有自我意识的人在扮演一个角色，确确实实地想要成为另一个人，或者就像是一位敬业的教师想要成为学生，并获得所有教师的优秀品质。可是，这种尝试通常以失败告终，意识或者个体，不能是其所不是。事实上，自为存在常常可以超越、无视或者跨越自在存在，这说明人的意识或个体是自由的，在某种意义上可以说，意识处理的是事物的意义，而不是粗糙的客观现实或者事物自身。

在萨特的哲学作品中，他从陷入荒谬世界的孤独个体的角度来看待人类的困境。萨特认为，人的存在没有原初的意义，因为人被抛入这个世界的时候没有预设任何意义，我们在这个世界上遭遇到的任何意义都必须由我们自己来建构。意义的形成是个人的事情，因为世界和个体都没有预设意义，也没有预设存在的理由。上帝没有为存在提供意义（萨特是个无神论者），理念王国或者相互依存的物质实体也没有自己独立的、不可改变的意义。除非人们设定自身的意义，否则，不管在个体层面上还是集体层面上，人类的存在都是没有意义或理由的。

萨特的哲学观是朴素的，至少与实在论或者理念论相比是这样的，而与实用主义相比的时候，它又是悲观的。然而，存在主义者认为，他们的观点是客观的和现实的。萨特的"存在先于本质"（existence precedes essence）指的是，既然我们出生的时候没有预设意义，那么我们就可以用任何合适的方式设定我们自身存在于这个世界的意义。在萨特看来，既然没有上帝或者第一因，没有预先确定的自我或本质，那么就没有什么能够阻止我们成为自己想要成为的人。用存在主义者的观点来看，他们的观点并不是消极的或悲观的，而是满怀期待的、积极的。

我们也可以这样看待物质世界和科学，因为萨特认为科学是一项人类的创举，它并不比其他的作品更好或是更坏。因此，当人们回过头来看他们自身时，他们会发现没有什么在起着决定作用，所有的绝对观念、规则和限制都是微不足道的，仅仅是人类思想的荒谬产物。既然没有原初的限制存在，那么就没有决定论，一切皆有可能，人性是绝对自由的，就像萨特的名言，"人是被判定为自由的"（Man is condemned to be free）①。科学知识和技术可以改善人们的生活，也可以带来毁灭，到底怎样使用取决于我们的选择。

在萨特看来，人类的自由是令人惊叹的，既然我们是完全自由的，那么我们就应该为我们的选择和行为承担起全部的责任。换句话说，我们不能够做一些事情，然后又声称那是上帝意志、科学法则造成的，或者说是社会或恶魔让我们这样做的。我们没有借口推卸责任，就像萨特的剧本《禁闭》（No Exit）中想要表达的一样。在虚无和困惑的世界中，剧中的角色彼此寻求答案，他们彼此伤害和折磨，最终在"他人即地狱"的论述中落幕。

如果我们认真思考存在的推动力，那么我们会逐渐理解人类的存在是复杂的。当今社会许多人在战争、疾病、饥饿中艰难度日，少数人却在挥霍无度。愚昧无知、种族冲突以及其他严峻和让人沮丧的社会现实制造了许多人类

①　亦译"自由是对人的惩罚"。——译者注

困境，但是这是谁的责任呢？上帝吗？供需法则吗？国家荣誉吗？循环吗？不是。每个人都有责任。如果人们能够制造战争，那么也能够创造和平的环境。如果人们可以通过荒谬的经济学，让少数人控制一个国家的财富，最终导致大多数人的饥饿，那么人们也同样可以重新分配财富，使人们不再忍饥挨饿。换句话说，如果人类是痼疾的制造者，那么也能创造更好、更人性化的生活方式。这取决于我们，所有人需要做的就是有理有据地作出选择和采取行动。然而，这些选择和行动并非易事，因为每一个改变我们社会处境的努力，都会受到那些既得利益者（如公司法人、政客等）的抵制。萨特并未天真地无视现有的社会条件和习俗，他也意识到许多人并不觉得战争、少数人控制剩余价值、他人缺衣少食有什么问题。

我们可能会说，虽然人拥有个体的自由，但仍然需要遵循自然和科学规律。如果让萨特回答的话，那么他会指出"自然""规律"和"科学"这样的词汇和含义就是人类创造的。可是，我们可能会反对，虽然科学和科学规律确实是人类创设的，但是我们不能够忽略我们自己的本性和动物本能。然而，我们称之为本性的东西本身是没有意义的，也是没有道理的，而人们却赋予它自然的意义。我们可以看一下，那些人们平常所说的自然规律的含义是如何随着时间的推移而改变或被改变的：一些人仍然认为性本恶，好斗是人的天性或本能。从前，人们普遍接受世界是扁平的观点，但是，现在这种观点发生了变化，不但人们的生活发生了变化，而且他们的观点也在改变。没有人会拿他的生命打赌说一千年之后的人会和我们一样看待这个世界。这样的论述说明，即便是自然本身，它的含义也是人类赋予的。通过这种赋予，我们逐渐控制自然，而且也会限制这种控制。我们说人类不能控制自然，是因为我们不能理解它，但是，我们说不能控制自然，是因为在很大程度上没有赋予它充足的含义。总而言之，科学研究毕竟不过是努力赋予自然世界以意义，以便人们能够更好地控制自己的生活。因此，人类甚至要对自然的含义负责。恐怕有人开始认为，萨特把人看作有力量控制自然的半神，有必要指出，萨特的观点恰好相反。萨特认为，虽然人们想要像神那样施展力量、运用财富，但是神并不存在，这也进一步证明了人类的荒谬性。事实上，当人们想把自己当成宇宙的主宰或造物主时，萨特认为，这是陷入了"无用的热情"之中。

虽然前面说到的许多观点可能听起来有点奇怪，但如果我们费心思量一下，那么就会发现我们常常用不同的方式来看待存在问题。我们可能会将生命看作"一盆草莓"，或者走到另一端，成为叹惋命运、愤世嫉俗的悲观主义者。

萨特试图让我们将注意力放在一些显而易见的观点上：我们可以有所作为，但不能不选择我们的目标并为之努力。我们可以说，人类取得的每一项进步，所作出的每一项人道主义行为，都是因为一些个体或群体作出了这样的选择，然后为实现这一选择而奋斗。我们所实现的事情，如果有的话，也很少是偶然发生的。即使是那些看似偶然发生的事件，也显示了萨特的洞察力，因为它们是意外，本身是没有意义的。它们有赖于人如何体验，是遭受、经历、忍受还是享受。正是人赋予它们对于人的意义。

西蒙娜·德·波伏娃（Simone de Beauvoir，1908—1986）

波伏娃与萨特半生相恋、终生未婚，她撰写了许多赞颂存在主义的作品。她出生在巴黎一个虔诚的天主教家庭。她就读于天主教女校，后来在巴黎大学学习哲学，1928 年，她在那里遇到了萨特。她通过了哲学教师资格考试，先后在马赛大学（University of Marseilles）、鲁昂大学（University of Rouen）、巴黎大学教授哲学，直到德国武装力量入侵才离职。战后，她与萨特、梅洛-庞蒂、雷蒙·阿隆（Raymond Aron）一道创办了每月评论杂志《现代》（*Les Temps Modernes*），这一杂志逐渐成为激进的政治和哲学辩论论坛。1967 年，她参与了"对越战争罪的伯特兰·罗素法庭"（Bertrand Russell Tribunal of War Crimes in Vietnam）。1948 年，她发表了她最重要的哲学作品《建立一种模棱两可的伦理学》（*The Ethics of Ambiguity*）。她一直关注女性主义的问题，1949 年出版了《第二性》（*The Second Sex*），在这本著作中，她探讨了当代社会中的女性角色。由于她对婚姻和当代社会女性角色的观点，罗马教廷将她的这部著作列入禁书名录。她的这部著作推动了大学和基层的女性研究。

波伏娃指出，从孩提时代开始，我们出生在一个"严肃的世界"，一个有既定价值观和信仰的世界。对儿童而言，世界是一个权威的、不可改变的地方。进入青春期后，我们需要为我们的选择和行为承担责任。然而，我们的社会常常像对待孩子那样对待青少年或成人，因此我们逃避为自己的行为承担责任。我们必须意识到我们身上的自由，思考正义和责任的问题。同时，我们也需要意识到他人的自由，并呼吁男男女女，在自己的自由生活中，也需要考虑他人的自由。

批评者指出，一般来说，存在主义（特别是萨特和波伏娃的哲学）缺少对学校等复杂机构作出解释的社会理论，这一因素严重阻碍了存在主义思想更彻底地应用于教育问题。萨特可能是所有存在主义哲学家中最有个性的，他最终与马克思主义理论联合，但他没有采纳教条化的马克思主义立场，而是倾向于将自己当作一个独立的思想家。正如萨特所说，这主要是因为他的理论不能形单影只：它需要马克思主义才能变得完整，而马克思主义也需要存在主义视角来发挥人文化的影响。显然，萨特逐渐认识到，个体能在参与社会和政治生活中找到价值，只要个体对这种参与进行界定。

玛克辛·格林 (Maxine Greene，1917—2014)

M. 格林关于教育可能性的表述是全面觉醒（wide-awakeness）。其目的是使学习者能对各种可能性保持专注、敏锐或全面觉醒。当代生活的很多事情妨碍了意识的觉醒。许多人所处的社会充斥着令人窒息的官僚主义和精神缺失的消费主义。其他人则遭受着难以忍受的贫穷和忽视。虽然在统治和权力的影响下，会有这样或那样的力量让很多人感到很被动，但 M. 格林强烈建议，通过个体有意识的努力，这样的被动局面能够得到很大的改变。个体可以努力让他们自己保持警觉，思考全球的境遇，探索究竟是什么主导着我们的生活，并以有意义的方式解释他们的日常经验。教育能够极大地帮助我们完成这样的全面觉醒，但是这样的教育必须以恰当的方式构思和实施。对教育者而言，这意味着不接受主导性的行政等级制度是不可避免的。这意味着要意识到等级制度是由人类创造的，它不是宇宙必然秩序的一部分。教育者要意识到，教学材料、考试评估或者课程审议制度是由不同的政治利益集团操控的。教师要逐渐意识到考试评估中的道德问题，是否存在不公正的歧视或干预免费教育活动的制度化行为。最后，教育者应当发展现象学和解释学的能力，揭开现实状况的神秘面纱，帮助学习者发展相似的能力。人们必须学会评估舒适的惯例和随波逐流的压力，以及精心挑选的道德原则。他们必须学会用开放的心态看待事物，这样才有可能全面觉醒。

尽管存在主义者看似对非理性的主张很着迷，可是他们很少乃至从未倡导过将非理性作为教育的目标。相反，他们只是努力把非理性放在恰当的位置上，把它作为人类状况的一个方面来看待。许多存在主义者谈论过"生活悲剧性的一面"，其实大部分悲剧是非理性的结果。存在主义帮助我们将非理性放在恰当的位置，推动我们进行理性的描述。在教育中，存在主义一直强调帮助学习者理解和领会生活经验，尽管它们本身令人疑惑、充满矛盾。就像唐纳德·范登堡（Donald Vandenberg）强调的那样，教育是要在人性许可的范围内，使个体成为一个理性（reasonable）的人。因此，在非理性世界中，理性应当作为存在主义教育哲学的目标之一。

M. 格林还指出，当今世界的问题之一是拥护科学权威和感性行为权威的人的两极分化。在这一端，人们将科学知识作为基本问题的终极答案；在另一端，人们将主观的个人体验作为答案的唯一来源。虽然教育者不会完全接受某一方的观点，但是他们不可能不受这种两极分化（也被称作"文化危机"）的影响。受到这一两极分化影响的年轻人，他们可能会对理清生活中相互冲突的主张感到灰心丧气，举手投降。他们可能会尝试着符合某种角色模型，以被他们的同龄人接受。这种文化冲突带来的挫折通常会导致反智主义（anti-intellectualism），因此教育者必须帮助年轻人学会概念化思考，形成理性看待世界的视角。

存在主义者寻求的理性视角，并不像旧理性经验主义那样，只关注外部世界的影响，存在主义者认为，理性是推动我们探索外部世界的原初意识。M. 格林认为，存在主义并不推崇向内探索和内省，而是关注个体如何通过感受、判断、相信、记忆和想象来接触外部世界。构成内在经验流的内容与外部世界有关，涉及存在主义者所说的意向性（intentionality）。这一概念值得深究，因为它是所有存在主义教育概念的核心。人类的许多有意识的生活是在人们没有明确意识到自己有意识的情况下发生的；也就是说，意识融入日常生活事件中，而且我们把日常事物本身看作理所当然的。可是，在意识的领域中，我们偶然清晰地觉察到，事物突然变得让人疑窦丛生，日常事件自然流动的前方出现了阻碍（barriers）（与詹姆斯-杜威的有意识经验流的"hitch"或"block"相似）。因此，人们必须尝试着通过存在主义批判、现象学描述和解释学解释，"有意向地"处理事务。人们必须尽可能理性，不是客观地、置身事外地远观，而是知晓人的状况。如果我们对可能性和全面觉醒持开放态度，那么我们也必定理性。

现象学哲学家及其思想

埃德蒙·胡塞尔（Edmund Husserl，1859—1938）

胡塞尔出生在奥匈帝国摩拉维亚（Moravia）的一座小城——普罗斯佩兹（今捷克普罗斯捷约夫），他在德国和奥地利接受学校教育。尽管他获得了数学博士学位，可是在听完弗朗茨·布伦塔诺（Franz Bretano，1838—1917）的讲课之后，他决定献身哲学。胡塞尔曾在几所大学中教授哲学，其中包括格廷根大学（University of Göttingen）和弗赖堡大学（University of Freiburg）。康德和黑格尔较早使用了"现象学"这个术语，但今天用这个术语特指一种哲学方法，一般归功于胡塞尔。基本上，现象学和存在主义都是以第一人称体验的视角来研究意识问题。

226 　　虽然胡塞尔受到康德和黑格尔的影响，但他认为自己的作品与他们的并不一样，而与笛卡尔倒是有些相似之处，笛卡尔呼吁哲学应该建立在超越怀疑的洞察力之上。在胡塞尔的主要著作《观念》（*Idea*）中，他的目的是想要通过现象学方法使哲学成为不同于物理学和行为科学的严密科学。后者被胡塞尔称为"自然立场论"，指的是思考者对周围事物或外部行为的感知完全符合它们的本来面目。而且，传统科学假定，人类的思想之外还存有一个自在的外部世界。与此相反，胡塞尔想要研究人对外部事物的"原初直觉"（original intuition），也就是他想要研究，在人们开始为外部事物赋予意义或者解释之前，他们对事物的最初意识把握。他的研究领域是前概念层面上的意识，即意识的原初和即时状态。现象学家试图理解"原初体验"或最初的意识现象，它先于影响人们感受意义的已有学习体验和偏见。胡塞尔号召人们"回到事物本身"，这意味着回到意识的原初和即时状态。

马丁·海德格尔（Martin Heidegger，1889—1976）

　　海德格尔出生于德国梅斯基尔希（Messkirch）的一个笃信天主教的家庭。海德格尔在弗赖堡大学学习的时候，受到了康德哲学的影响，后来成为胡塞尔的学生，并成为他的助教。海德格尔采用了胡塞尔的方法论，并用解释学——对生活经验的解释——来拓展其用法。后来，海德格尔成为弗赖堡大学的一位知名教授，他教导了许多年轻学生，其中属萨特最为人所熟知。他的教学和著作影响了许多哲学家，尤其是1927年出版的代表作《存在与时间》（*Being and Time*）。

　　海德格尔曾多次不厌其烦地指出，他研究的主要范畴是存在，而不是孤独和疏离的个体，他的出发点是在世（being-in-the-world），或者个体—环境层面的生活经验。这种个体存在（individual existence）就是此在（dasein），海德格尔对此作了大量的分析。虽然海德格尔的意图和目的是研究存在，但他的分析在很大程度上依赖个体对个人意义世界的解释和建构。

对海德格尔而言，个体存在或在世，包括三个基本方面。第一个方面是个体将世界作为周边环境来体验。这里的环境不仅仅是指客观意义上的物理环境，同时也包括个人体验的环境。因此，它不是严格意义上的客观经验。第二个方面是对他人或同胞的体验。这是复杂社会关系的基础；个体不但主观地体验他人，而且他人也主观地拥有自己的个人观点。第三个方面是个体意识到自己是一个独特的和主观的存在。当个体提出"我是谁?"的问题时，他将会强烈地感受到这种个体层面的存在。在遇到这样的基本问题时，个体会直面存在的痛苦和焦虑，因为在鲜活的经验层面上，这些问题没有一个明确的答案。没有法则、纲要或客观现实会自动提供答案，人们必须自己来回答。

莫里斯·梅洛-庞蒂（Maurice Merleau-Ponty，1908—1961）

227

胡塞尔通过现象学还原的方式寻找一个完全"悬置"的世界，而梅洛-庞蒂认为，我们不可能脱离这个世界，因此也没有完全的"悬置"。海德格尔寻求对存在的理解，而梅洛-庞蒂则关注知觉（perception）的首要地位。在萨特看来，意识和世界之间存在着根本性的对立，而梅洛-庞蒂则把知觉看作世界的一部分。对梅洛-庞蒂而言，知觉是在世界中的，而且世界也是知觉的对象。因为反思是在世界的时间变迁中进行的，准确认识它的唯一方式就是接受哲学研究中的这个世俗基础。他看到心灵植根于身体和世界当中，并认为知觉并不仅仅是外部事物对人产生作用的结果，因为不存在纯粹的内部或外部。

在梅洛-庞蒂的哲学中，知觉是首要的。他认为，以前的哲学错误地将人与世界的主要关系看作认知者与认知对象的关系。思考、思维和思维的对象不是具体的，而是抽象的。知觉发生在一个具体的、时间变化的世界中，一个人后来对它的想法可能不适用于未来知觉。换句话说，知觉是即时的和前反思状态的，而且"每一次知觉都发生在特定的范围内。我们'在行动中'体验着某种知觉及其范围，而不是通过'提出'或者明确地'把握'它们"。这种认识给梅洛-庞蒂的哲学打上了怀疑论的印记，它的重要性在于，我们不能够把知觉看作纯粹的、统一的抽象概念或者定律，超验的笛卡尔式"我思"也没有抓住真理，真理没有内在于知觉当中。这些都是第二位的，不是主要的。我们可以在反思中获得确定性，但是确定性是抽象的、分门别类的、第二位的。换句话说，抽象真理在知觉中是显而易见的，但是知觉中有一种潜在的方式能够让我们获得真知灼见，那就是通过感觉或者经验这样更为恰当的方式，而不是通过哲学独断和对过去的假设来获得。

现象学和解释学

现象学强调有条理地描述意识对象，而解释学则着重解释某一段时间的意识体验。语言在解释学中非常重要，因为丰富的内涵和意义需要语言来揭示。海德格尔在分析此在和时间时，努力理性地理解人的存在，而这离开了语言就无法进行。就像他在《现象学的基本问题》(*The Basic Problems of Phenomenology*)中强调的那样，"在讲述什么的时候，此在说出了自己，表达了自己，就像在世，居于存在当中，并占据了存在"。实际上，当人谋划或者深思某事的时候，他们对自身的规划，融入了对未来的自己和世界的理解。将自身的规划融入新的理解当中，也就是说，重新界定自己并朝着新的方向奋进。这就是自我（或此在）是如何成长和进化的，它就是海德格尔试图理解的历史和时间的概念。理解（和思想本身）是通过某种形式的语言或符号表达进行的。为了获得清晰或者合理的理解，人们必须小心地使用语言来进行解释。

在解释学发展的过程中，有两位哲学家比较重要，他们是汉斯–格奥尔格·伽达默尔（Hans-Georg Gadamer，1900—2002）和保罗·利科（Paul Ricoeur，1913—2005）。伽达默尔传承了海德格尔的后期哲学，他们不仅仅关注此在的存在，还关注理解自身或者自我理解的此在。这从海德格尔对历史和时间的关注中可以看出来。事实上，将意识和自我中心（selfhood）驱逐出去，有利于从个体发展史的视角理解自我，建立本质的、统一的自我理解。可是，这不同于向内的凝视，这种自我理解来自尝试着理解自身和世界，来自尽可能理性地对待周围事物。因此，解释现象学不包括寄居于存在主义中的激进（可能是自我中心的）个体主义。

然而，解释学确实关注语言使用的内在过程，如同伽达默尔强调的那样，"解释学主要是在使他人清晰理解和使自己清晰理解受到阻隔的时候使用"。伽达默尔认为，解释学哲学的主要价值是自我形成（或者教化，Bildung）的教育价值。他相信，这种自我形成是比传统认识论更为重要的哲学研究目标。

利科与伽达默尔在很多方面有相似之处，他将现象学的出发点由知觉主义模式转化为语言学模式。他主张，将具体问题作为研究的焦点，而不相信一个人能够通过直接的或者内省的方式认识自己。唯一的途径是寻求间接的理解，这说明了他为什么关注语言。他的语言学和现象解释学是建立在这样的观念基础之上的——一个人通过语言来表达他的自我理解。通过语词，通过语言，人们将他们对自己的任何理解带到公开场合。因此，利科的现象学关注对意识现象的间接描述，因为这些现象是通过语言来揭示的，而解释学的解释被带到了对符号（语言）的理解与自我的理解之间的关系问题上。

现代生活中的存在主义

存在主义影响了许多思想领域。它对现代神学领域的影响，尤其体现在尼布尔、马塞尔和蒂利希的著作中。存在主义还被引入心理学和精神病学领域，罗杰斯和马斯洛对其推崇有加。

比如，罗杰斯认为，教师应该为了学生在教学实验中冒险尝试一下。教师应当寻找"人的潜能与智慧"，让学生发生自我导向的改变。要进行这样的冒险，教师不仅需要有个体的自我意识，还需要有信任学生的意愿。这意味着教师必须成为"学习的促进者"，帮助学生释放潜能。罗杰斯反对将教学看作展示、引领或指导；教师应当"赏识"（prize）学习者，使其感到自身的价值。这可以通过赏识学生的感受和想法来实现，也可以进行罗杰斯所说的"移情性理解"（empathic understanding）。成功的教育与生活应当以培养"功能完善的人"（fully functioning person）为目标。

马斯洛阐述了需要层次理论（hierarchy of needs），区分了基本需要和超越性需要（metaneeds）。基本需要是主要的，包括空气、食品、抵御危险和熟悉环境。超越性需要超越了这些基本需要，需要个体不断进取或成长来实现自己的潜能。超越性需要包括归属与爱、尊重和审美需要等。在马斯洛看来，超越性需要是帮助人们成为自我实现的人必不可少的条件，自我实现的人以现实为导向，是自发的和富有创造性的。马斯洛也区分了虚假的自我实现和真实的自我实现。虚假的自我实现是冲动的、不加约束的释放，例如，某人的行为像一个被宠坏的孩子。一个真实的自我实现的人会说，"我关注自己的感受，也关注你的需要"。这一核心观点激励人们作出自己的选择，尊重自己，并富有同情心。生活充满悖论和矛盾，没有哪种生活模式是唯一正确的。存在主义的思想框架使我们意识到个体的差异和变化。

现代生活增加了人们的紧张感和焦虑感。个体选择、个体行动和责任的本质是，焦虑是真实的，存在于所有人身上，不管他们的生活状态或意识形态如何。存在主义者非常关注现代生活的特征，他们在著作中也进行了广泛的论述。有一些人批评存在主义过分关注焦虑，徘徊在生活的悲剧、荒谬和是非颠倒的一面，忽略了生活中满怀希望和乐观向上的主题。存在主义者回答说，太多的人错误地强调乐观、美好和美丽——所有这些都造成了对存在的错误印象。例如，如果有外地的朋友来访，那么主人通常会带他们到美丽的景点——公园、博物馆、美术馆和最好的餐馆。我们不会带一个客人去贫民窟、监狱，以及那些苦难随处可见的地方。如果感受不到这些，那么拜访者只是获得了对这座城市的片面印象。存在主义认为，已经到时候平衡天平的两端了，他们认为，生活的悲剧性的一面更接近人类的真实存在，个体必须面对这种处境，这才是更为基本的。最终，每个人及其家人、朋友都终将死亡。人类除了面对悲剧和死亡之外，别无他途。因此，存在与不存在的概念也成为一种焦虑。

也许听起来会有点奇怪，基督教神学家发现了存在主义，并为基督教体验赋予了新的含义。乍看起来，存在主义似乎是反宗教的。像尼采，他对存在主义有重要的影响，他声称"上帝死了"。克尔恺郭尔也抨击传统的基督教。虽然传统的基督教精神在承诺永恒救赎的时候具有强烈的乐观主义色彩，但无神论存在主义者赞同马克思的观点，认为宗教是民众的精神鸦片，它使人们向往假想的天国，远离真实世界中的问题，结果民众受到少数人的残酷剥削。克尔恺郭尔相信，真正的基督教精神以焦虑、恐惧和怀疑为特征。基督教存在主义神学接受了一些主题，向信徒提出了这样的主张：焦虑和怀疑是基督教教徒生活中要遇到的真实而又必要的经历。

法国的宗教存在主义者马塞尔论述了基督教教徒对他人的"主观性"和"存在"的体验。我们不应该仅仅将这种"存在"看作经验的对象，而应该是共同遵守"黄金法则"的同伴。这种"存在"观念与布贝尔的"我—你"概念有相似之处，也可以与萨特的自为存在（主观性）和自在存在（客观性）相提并论，但马塞尔比萨特更加注重社会关系的必要性与特征。马塞尔察觉出焦虑和"毫无根据"的选择，他认为，虽然一个人的信仰总是受到怀疑和质疑，但一个人并不完全与所有其他存在隔绝，他需要向他人的"存在"保持开放。

其他的基督教思想家，像蒂利希，他考察了人性中所有含糊不清之处。蒂利希问道，在现代这个"焦虑的时代"，人们怎样定义自己。他回答道，尽管面临命运、死亡、无意义和绝望，我们必须有"存在的勇气"。这种"存在的勇气"是基于在上帝"消失"时对上帝的信仰，涉及一种为由此产生的怀疑所破坏的信仰，类似于克尔恺郭尔的"信仰的乍现"。因此，勇气成为信奉者维护自身信仰的必备品质。存在主义对现代基督教信仰的影响很大。它点了一盏灯照亮了宗教的神秘之处，使人们减少了对物质生活的过分关注，它也使宗教更多地成为个人的责任和内在的信念。

有人质疑存在主义是否能称为哲学。当然，它不像传统哲学一样具有系统的哲学形式，但它仍然很好地保持了苏格拉底以来的哲学传统。苏格拉底是雅典人的"牛虻"，挑起了雅典人的良知，刺破了他们的正派面具，存在主义者也同样号召人们检视自己的个人生活，剔除肤浅的信仰和不负责任的行为。

作为一种教育哲学的存在主义

因为存在主义是对哲学模式的一种反叛，所以它的很多追随者没有过多关注方法论和系统阐述。但是，一些哲学家认为，存在主义为生活经验的描述提供了严格的方法论，也为个体经验的解释提供了方法。

教育目的

存在主义者认为，以前的大多数哲学基本上要求人们深入思考与日常生活关系不大或没有关系的抽象概念。经院哲学家的辩论可以说明这一点，他们对一根针尖上能站立几个天使这样的问题感兴趣，回答这种形而上学问题毫无贡献，哲学家通过激烈的争论在辩论中取胜只是获得了心理上的满足而已。即便如此，这些答案也是不能被证明的。存在主义者坚决拒斥这种思辨的方式。在他们的哲学中，个体作为参与者投入其中。人们探寻与自己生活相关的情感和观点。相应地，存在主义教育强调的不是学术争论，而是创造，也就是说，一个人能够创造与自己存在相关的观念。

萨特等存在主义者认为，"存在先于本质"。先出现个体，然后才是个体创造的观念。天堂、地狱和上帝这样的观念全都是人类虚构的。即便是有神论的存在主义者也承认，虽然上帝的观念与存在有相同之处，但这是不可证明的。而且，创造和平、真理和正义概念的人会得到荣誉，而制造偏执、战争和贪婪的人则会受到谴责。因为人类是所有观念的创造者，观念本身获得的关注可以同人类所获得的关注相提并论，所以如果人类创造的观念和实际行动是有害的，那么他们会创造新的观念和行动来取代它们。

因为作为观念创造者的人类个体是非常重要的，所以存在主义者坚称，教育应该关注人类个体的现实处境。这样的教育将个体看作世界中的独特存在——不仅是观念的创造者，还是活生生的、感情充沛的存在。存在主义者指出，许多哲学和宗教习惯于将个体仅仅看作认知的存在。个体确实在认识这个世界，但是同时也是作为一个感受着的、有意识的个体而存在的，存在主义者认为，个体存在的这一面值得人们关注。

存在主义者主张，好的教育应该鼓励个体问这样的问题："我是谁？""我的生活将走向何方？""我为什么存在？"在面对这些问题的时候，人们必须认识到个体既是一种非感性的和理性的生物，更是一种感性的和非理性的生物。个体总是处于转变当中，人们认识自身的那一刻可能正是他们开始全面审视自己的时刻。

大多数的教育哲学家强调，人是理性世界中的理性存在。这在很大程度上来自亚里士多德的理念——我们能够理解我们在宇宙中的位置，这种理解主要是通过理性和观察来磨炼我们的智力的结果。即使到了启蒙时代，一些人仍然坚信，我们可以稳步提高关于宇宙的知识和对宇宙的掌控力。然而，即使有了这种理性的增长，我们仍然不断受到战争、非人道行为和非理性的困扰——即便是那些认为自己掌握了逻辑、科学和哲学的人。

对当代存在主义者而言，尤其是法国和德国的存在主义者，"二战"是非理性和非人道的分水岭，他们开始重新看待人性。存在主义者重新审视了死亡、勇气和理性。理性，过去常常为战争带来的死亡和破坏进行辩护，如今人们也开始重新认识它。存在主义者发现，理性在某种程度上被用来为残忍和侵略进行辩护，上百万的犹太人被送进毒气室，正是纳粹思想的理性动机所致。理性被用来为这些残忍的行为进行辩护，人们会说他们只是遵循命令，那不是他们的决定，或者这样做是为了国家利益。

存在主义者认为，好的教育应当强调个性。这种教育试图帮助我们每一个人看到自己身上的恐惧、挫败和希望，以及通过多种方式使用理性来惩恶扬善和救死扶伤。因此，任何教育的第一步都应当是理解我们自身。

存在主义者坚称，生活中"荒谬"的一面也需要认真探索。也许人们所认为的对宇宙的合理解释，是他们对自己认为合理的东西的应用。我们很难看清楚事物的本来面目，客观地说，就好像我们来自另一个星球。可是，如果真的是这样，那么那些被认为理所当然的事物会显得多么奇怪啊！比如，女性踩着她们称之为"鞋"的小高跷走路，男性脖子上戴着他们称之为"领带"的色彩艳丽的索套。我们还能发现更多荒谬的事物，比如耳朵上吊挂的摇来摆去的、闪闪发亮的物品，或者一个讨厌非裔美国人的人却要在夏天把自己的皮肤晒成黑色。这是理性的行为吗？或者说，人们运用理性就是为了说明他们是理性的吗？

有一种存在主义主题的戏剧叫作荒诞剧（theater of the absurd）。尤金·约内斯科（Eugene Ionesco）、塞缪尔·贝克特（Samuel Beckett）[《等待戈多》（*Waiting for Godot*）]、爱德华·阿尔比（Edward Albee）、让·热内（Jean Genet）等写这种风格的剧本。荒诞剧是关于人生的，夸大和突出反映了生活中非理性和荒谬的一面。热内在《阳台的故事》（*The Balcony*）中，以妓院为背景，展示了普通人如何通过他们的性幻想来显示他们的权力地位。在《谁怕弗吉尼亚·伍尔夫？》（*Who's Afraid of Virginia Woolf?*）中，一对已婚夫妇花了大量时间互相攻击，他们在不断的演练中，吵架的技巧已经变得相当娴熟。这样的人还在一起生活，看上去是为了让自己能够找到更好的伤害对方的方式。埃里克·伯恩（Eric Berne，1910—1970）的《游戏人间》（*Games People Play*）也展示了人们怎样利用别人来实现他们狭隘的目的。

绝大多数的教育并不鼓励人们去了解生活的荒谬之处，而是强调好的一面。例如，大多数儿童读物关注存在的一致性和可靠性。它们展现给儿童的是，没有婚姻冲突、战争、饥饿或死亡的生活。存在主义者认为，一个人受到的教育中最重要的内容是去审视生活中沉沦、危险和丑陋的一面，既呈现非理性也呈现理性的一面。可是，在教育中，我们总是被"包裹"起来。显而易见，成人并不认为应该将死亡这样的人类真实处境暴露在儿童的面前。因此，他们告诉儿童，他们死去的祖母远行了或者离开了。在生育、性、金钱等方面，成人对儿童撒了谎。存在主义者认为，在真实的教育中，儿童应该了解生活的多重面目，不管是好的还是坏的，理性的还是非理性的。

存在主义者认为，教育应当培养人们对焦虑的理解力。许多人被生活挫败，是由于教育没能为他们进入充满冲突和非理性的世界做准备。存在主义者所说的焦虑是指意识到存在的紧张感。当人们卷入生活之流中，当他们饰演不同角色的时候，他们在卷入的过程中肯定会感到紧张不安。存在主义者指出，死亡之后不存在紧张，因此一些人不惜一切代价让自己的生活过得像行尸走肉来回避冲突。死的另一面是生，存在主义者的生存需要一定程度的紧张感。基督教存在主义者认为，基督教教徒是身处冲突当中的，他们必须不断怀疑他们所相信的是不是真的，以及他们所做的是否正确，以支持他们的信仰。

存在主义现象学在教育哲学中的一个显著特征是，它将"可能性"作为教育的目标。可以说，对人的存在的强调是对"成为"的强调，因为人的意识是不可能静止的。这是对萨特论断的回顾，人的意识（自为存在）不可能成为物品，或一种客观的事物（自在存在）。因此，当一个人从存在主义现象学的视角谈论教育目的的时候，"可能性"是最为重要的。

就像戈登·钱伯林（Gordon Chamberlin）在《教育法案》（The Educating Act）中强调的那样，"我们对过去发生在我们身上的事情的解释构成了我们对现在周围生活世界的解释"。这种"对生活世界的解释"（life-world interpretation）可能是充分的，也可能是不充分的，但每一个人都是在已经被解释的生活背景中应对新的见闻的。海德格尔想要在他的解释学中理解生活世界的"历史"，伽达默尔也想在他的教化或者教导的概念中领会教育的含义。简而言之，每一种新的经验都会增加我们每个人所拥有的经验的意义，并为当前和未来的可能性奠定基础。因此，教育者必须知晓自己和学生的经验世界。的确，我们可以说教育者的主要目标是帮助学习者构筑最好的、可能的生活世界。重点并不单单放在过去，而是要放在现在和未来的可能性上。就像钱伯林指出的那样，"教育总是引导着行动。教育总是紧随着行动。确确实实，教育就是一种行动"。

弗莱雷在《被压迫者教育学》中进一步阐发了这一点。弗莱雷认为，人们常常被压迫，这是因为他们是为剥削者服务的"顺民"。不管剥削者是谁，被压迫者都不加批判地接受，并将其作为至高无上者来服务。在弗莱雷看来，只要人们处在这样的意识状态中，"活着就要像个样子，像个样子就像个压迫者"，压迫就随时可能发生。而且，压迫带来消极被动，而消极被动提供了一定程度的安全感，因为不需要冒险。然而，对弗莱雷而言，带来解放的教育是一种阵痛，就像婴儿的生产一样，它将一个新的生命带到了这个世界上。这样的教育不能通过理想信念或高谈阔论来获得，只能通过有目的的行动来实现。

以存在主义为出发点，解放教育首先要激发人们产生这样的认识，充满压迫的世界不是一个封闭的、我们不能够逃脱的世界，恰恰相反，压迫的处境是可以改变的。但是，这种认识是暂时的，因为它必须促使人们行动起来，改变现状。这种教育观的意义在于，它指出了人们是如何感知情境的，或者情境是怎样将自身呈现到意识当中的。一方面，压迫性的知觉是宿命论的，既定的东西是无法改变的；另一方面，解放性的知觉并不接受既定的必然性，而是倾向于看到可能性，看到通过实践或者有目的的行动而产生的世界。

方法与课程

大多数存在主义者认为，首要的事情是改变对教育的态度。存在主义者不将教育看作填鸭、衡量高下、适应既定的标准，而是建议首先要将学生看作个体，允许他们在塑造自己的教育和生活中起到积极作用。每一个学生在来到学校的时候都带有他自己的经验背景，这些内容将会影响个人的抉择，存在主义者极力主张学校等机构应该是自由的场所，鼓励学生按照自己的意愿行动。一些作家，像凡·克利夫·莫里斯（Van Cleve Morris），认为尼尔的《夏山学校》（*Summerhill*）勾勒出了存在主义向往的教育图景。尼尔的书初版于 1960 年，并多次再版，夏山学校之所以在国际上享有盛誉，是因为它强调学生自由的、自发的游戏，情感的开放表达，学生参与学校的民主管理。尽管这些主张常常会得到存在主义倾向教师的响应，可是这个学校并没有被当作"存在主义的"，而是"进步主义"学校。这样的环境鼓励学生作出自己的选择，自由地采取行动。夏山学校有它自己的规章制度和纪律，有些是学生制定的，有些是管理者制定的，与其他绝大多数学校相比，它基本上是一个自由的机构。

　　在存在主义者看来，没有两个儿童是相同的。他们的成长背景、个人特征、兴趣和渴望都是不同的。对差异迥然的个体进行相同的教育是荒谬的。然而，在绝大多数情况下，儿童不仅被归为一类，还被教授适合他们年级水平的相同内容。人们已经用"大众社会""孤独的人群"和"绵羊国家"表达了他们的忧心忡忡，但是在存在主义者和夏山学校人看来，今天的教育机构仍然在培养合格与顺从的儿童。

234

　　一些教育者强调教育是适应，这让许多存在主义者感到不安。虽然杜威相信教育应该处于变革的前沿，但他也认识到，在致力于变革的同时，需要让儿童为当前社会做好准备。但是，一些"进步"教育者在实用哲学的幌子下，将"生活适应"作为教育的首要重点，并提倡扼杀个性与社会变革的教育。存在主义者想要终止对学生的控制，因为教师总是用预定的行为路径来控制学生。存在主义者希望，儿童能从呈现给他们的各种选择中选择自己的道路。学校常常有统一的材料、课程和教学，虽然教育者热衷于讨论要在教育中推动学生个性的发展，但大多数的教学计划和教学方法变得越来越雷同。存在主义者认为，教育应该具有多样性，教育多样性不仅应当存在于课程中，还应当存在于教学方式中。他们指出，一些学生用这种方式学习，而另外的学生要用其他的方式才能学得很好，因此应该向学生开放更多学习方式的选择机会。

　　范登堡在《存在与教育》（*Being and Education*）一书中对传统的教学方法作了现象学的描述，它的主要特征是统治/屈服、命令/服从的关系。教师统治一切并发号施令，而学生的角色就是屈服和服从。在这样的关系中，教师和学生之间远不是令人满意的教育关系，他们扮演的角色注定了教育的失败。换句话说，教师在耗费时间控制学生，学生沉浸于反抗教师的控制。教育方法的使用既不是帮助学生理解他们的在世，理解他们的个人史和回应方式，让他们开放地迎接可能的成长，也不是帮助学生更好地理解他们的潜能，或者参与到丰富的教育活动中。结果是，学生远离了学校、课程和教师。现象学教育者希望建构一种教学方法，为他们自己和他们的学生提供一种对世界的开放性。这并不意味着教师对学生放任自流；相反，由于教师有更丰富的经验、知识和现象学的理解力，因此他们有责任创建一个适宜的教育环境，从而有助于学生认识过去、现在和未来的可能性。这种意识也应该对时间敏感，即对有意识的生活的过去—现在—未来的性质敏感。恰当的教育方法会将世界的可能性带到了教师和学生面前——教师重新发现学习的激动人心之处，而学生则面临一个充满可能性的新世界。

实际上，这样的方法帮助学生更好地掌握自己的语言，实现更有效的交流方式——使学生更善于表达，有能力理解和自我表达。另一个例子是对人类历史的开放，以及对人类文化为何如此发展的更多理解。学生应该受到教导，更好地理解人类的冒险，也更清楚地认识他们周围的环境。他们对人类的可能性变得更加敏感，并明白自己并不一定完全是由过去决定的。每一个现在都是从过去走过来的，每一个现在也孕育了未来改革和新方向的可能性。为了实现这种教育途径和目标，教师必须理解他们的主要职责是帮助学生探索世界，并向他们展现世界的可能性。

从某种意义上说，存在主义者寻求的是一种帮助学生内化世界并使之成为他们自己的方法，但这并不仅仅是一个内化的过程。钱伯林将教育体验描述为"两种复杂经验流的交汇"——教师的经验流和学生的经验流。因为教师年长，所以教师的经验通常比学生的经验更丰富，虽然如此，可是教师和学生的经验都是复杂的；教育过程是这两种经验流的汇聚。学生因为不成熟、缺乏理解或其他因素而具有依赖性，但这并不意味着所有的主动权都在教师一方。教师的角色是推动学生适应、内化和转变观念。从学生的反应中，教师可以得知学生是主动的还是被动的；通过提问和表达学习愿望，学生也能引领教学的方向。

就像钱伯林认为的那样，教师可以对学生提出权威的要求，但这种权威来自对教育过程和学生世界的理解。学生也有权威，比如在解释教师的教学意图上，他们有权说明怎样的学习是恰当的，有权宣称他们的生活世界适于接纳怎样的内容。在某种程度上，教师和学生经验流的融合有赖于先行者带来了怎样的教育经验，也有赖于当事人对当前事件的解释。最后，融合的产生还需要负责任的行动，即教师如何更为有效，学习者如何更好成长，两者怎样才能更好地掌控个人事务和生活事务。

在《教师即陌生人》(*Teacher as Stranger*)中，M. 格林提出了教育者在面对师生间的人际关系处境时必须提出的各种问题。教师不仅要问"我是谁"这一存在主义式的问题，还要问"我怎样才能将他人看作同伴"的问题。仅仅知道同伴的生理、心理等科学特征是不够的，我们也必须了解他们的现象学处境。教师必须用现象学的方式，将他们理解到、感觉到、想象到的事物作为重要的事实、有用的知识或者严肃的信念。当代社会生活充满着不确定性和混乱，教育者有必要寻找理性的理解与领会——不是从远离生活经验的、包罗万象的客观层面出发，而是立足于每一个人带到教育情境中的意识世界。因此，教育者并不会简单地看待教育过程，不会仅仅将其看作从外部向学生施加什么，而会努力理解每个拥有独特背景的学生有怎样的学习方式。

这并不是说，教师和学习材料中没有结构化的知识，也不是说学生必须与难懂的观念纠缠。在 M. 格林看来，教育者既需要"意志坚定"，也需要"意志温和"，也就是说，他们必须能从学习科目的视角和学习者生活经验的视角来理解教育过程。当然，没有哪一个教育者能够进入学习者的意识世界，看看学习者正在想些什么，经历着什么，但是我们每一个人都是学习者，每一个人都经历过很难跨越和理解的情境，这为我们提供了理解学习者的同理心。教育者尝试着理性地理解自己的经验，理解曾经经历过的学习困难，这有助于更好地理解学习者体验到的困难、神秘、不确定和快乐，以便于采用恰当的教育方法。

存在主义者对教育方法的关注并不在于具体技术，尽管这些技术很重要，而在于为教学邂逅(pedagogical encounter)扫清道路。就像范登堡所说的，"先建立根基，这样个体存在能在师生关系中为自身清理出空间来"。

有趣的是，大多数存在主义哲学家接受过漫长而严格的教育，而且他们当中的许多人曾经在大学里教过书。他们主要关注人文学科，也主要集中在这个领域中写作。在 M. 格林的大力推动下，存在主义者想要通过人文学科唤醒现代人，使人们意识到大都市和失控的技术带来的危险。一些存在主义者感到，与其他学科领域相比，人文学科蕴含了引发内省和促使自我意义发展的丰富潜能。人文学科广泛地蕴含于存在主义课程，因为他们关注人类存在的本质，比如人与人的关系、人类生活的幸福与不幸，以及生活的荒谬与意义。简而言之，存在主义者想要从整体上看待人类——变态的与高尚的、庸俗的与神圣的、绝望的和充满希望的——他们认为，人文和艺术比科学更能做到这一点。存在主义者对课程应该包括哪些内容没有明确的规定，但他们认为，处于一定情境当中的学生所做的选择应当是决定性因素。

虽然与需要学习的具体内容相比，存在主义者对学习者的生活经验更感兴趣，但他们中的一些人也重视课程组织及其内容。不过主要是从学习者的立场来看课程，而不是从具体学科的内容体系出发。范登堡建议，构思课程的恰当方式应该是从"视域"（landscape）和"地域"（geography）来看待学生。"视域"与学习者的前反思意识有关，它是非组织化的，甚至是混乱的，教育应当在学习者自己界定的范围内不断地拓宽这些视域。"地域"则将秩序与逻辑带到视域中，向学生提供组织化的课程，展现出结构化的教育。"视域"是一个人在世的原初情境，"地域"是事实世界、普遍概念和抽象世界。真实的存在并不是非此即彼，而是两者兼顾或者身处其中。忽略"视域"将会引起学习者的异化（alienation），忽略"地域"将会导致无序和混乱的意识生活。教育者必须解决范登堡所说的"教育学的悖论"（pedagogic paradox）。教育者必须寻求一种情境，学生能够从中将他们的原创性（originality）、视域同课程组织的地域结合起来，从而使他们的原创性获得力量和方向。

237　　M. 格林用不同的方式作出了相似的强调，她对具体科目的阐释更加明确，因为她是人文和艺术学科的坚定倡导者，同时她也强调基础学科。M. 格林认为，课程设计的原则应当是给个体提供"获取意义"（sense making）的机会。在许多情况下，我们很难在传统课程中激发学生的兴趣，因为太多的年轻人生活在被支配与异化的环境中。如果教师向学生讲授教条式的"真理"，如果学生不能从课程中获取生活的意义，那么很有可能学生只能在组织化的教育活动中进一步异化。这是一条艰难的途径，对教师而言，他们有义务在某种程度上将学生从熟悉的环境带到遥远的学科知识中。在某些情况下，这也不是那么困难，因为经过适当解释的学科知识本身可以介入学习者的生活经验当中。M. 格林阐述了人类可以用文学等方式帮助学生解释人类社会和人类个体面临的道德困境。除了文学以外，其他艺术形式也能表达学习者生活中的丰富意义。其他的学科领域，如线性代数或者化学不能直接进行类似的应用，而且对许多学生而言可能还会显得遥远，但它们也可以帮助学生获取意义。不管是什么科目，也不管教师面对的学生天性如何，教师都有必要面对这样的教育挑战，尽可能平衡学生个别化的要求和他们了解各种科目的需要之间的紧张关系。

当然，教师的责任之一是传递所珍视的价值观与理想，另一个责任是传递生存和发展所需的技能和概念。可是，学生对抽象的教育论断并不感兴趣，实际上可能还会排斥它们。而且，社会对应当怎样教育并没有多少一致的看法，而且整个社会对课程应当包括什么也没有明确的规定。这进一步使教师的工作变得复杂化，但 M. 格林坚称，这并不是不可能完成的任务。她建议开展对话，让学生和社区参与有关教育的对话和共同活动。虽然目前并不是没有关于教育的公开讨论，但那些公开讨论就像一个群体对另一个群体说话一样。例如，一些强调基础学科的倡导者想要回到理想化的早期时代；一些人则在讨论教育技术、职业教育或人文学科的功过。在 M. 格林看来，有必要对复杂的课程问题形成一些共识，事实上，这样重要的问题不能单单交给教育专家来处理。

与此同时，教师必须决定课程中应该包括哪些内容，应当怎样教或怎样跟学生互动，当然这需要考虑具体要求、时间和环境的限制。这意味着教师必须了解学生的需要，也必须充分认识到学生是如何感知世界和教育的。教师必须学习和把握课程选择和组织中的道德抉择，深入了解学生的不同选择给他们生活带来的差异。这项任务并不是轻而易举的，但存在主义现象学对教育的理解为我们提供了宝贵的教育见解。其中之一是，学生需要适度的自由，将自己感知到的可能性与组织化的课程融合起来，也需要将他们自己的行动过程与最好的公共生活整合起来。

教师角色

许多其他的教育哲学家十分注重教师的权威人格，但存在主义者并不在意。他们认为，教师可以是学生，学生也能是老师。在"我—你"和"我—它"的概念描述中，布贝尔对此进行了具体的讨论。在"我—它"的关系中，教师把学生作为接受指导和知识填充的对象，学生成了被操控的对象。布贝尔的后继者支持"我—你"的方式，在这种关系当中，学生和教师相互学习，彼此尊重。

存在主义者中有许多理想的教师典范，如苏格拉底和萨特这样的哲学家。虽然苏格拉底没有存在主义之名，但他的生活方式是存在主义者梦寐以求的，尤其是，他宁可付出生命也不愿改变自己的生活方式。存在主义者赞美知识渊博的人，后者不只是象牙塔式的哲学家。存在主义者相信知识和智慧的力量，为了确保这一点，他们认为，这些观念需要在日常存在的熔炉中受到检验。而且，知识需要得到应用，如果你不愿意用自己的行动来支持这些观点，那么你就不是真正相信它们，只不过是在需要的时候动动嘴皮子而已。

在"二战"期间支持法国地下组织，声援阿尔及利亚独立运动，谴责越南战争，以及为自由出版辩护，萨特的这些行为证明了他对自己观点所做的承诺。萨特指出，不采取行动实际上也是一种行动，因为如果我们大家不行动，那么邪恶的事情就可能会发生。萨特关于责任和行动的观点影响了20世纪60年代末和70年代初的许多年轻人，他们反对越南战争和生活的机械化趋势。他的观点也引发了各种支持个体自由的运动，他不断宣扬我们是"注定自由的"。因为我们自由地存在着，即便面对暴政和官僚统治，我们仍然能够站起来，采取行动反对我们不赞成的事物，因为真正有道德的人是按照他们的信念行事的。

虽然许多具有存在主义观点的教育理论家极力主张，教师应当有强有力的信仰和责任感，但是他们不应该期望学生接受这些信仰，除非学生自己领悟出来。虽然教师能够而且应当呈现观点，但是学生采取的行动和立场应当是他们自己选择的。例如，夏山学校创设了一个支持并鼓励个人选择的环境。学生可以自己制定课程、测验甚至行为准则。尼尔指出，在夏山学校中，他的投票权同其他学生一样，而且他也常常因为充分的理由在投票中落选。

一些存在主义教育者认为，今天的学校过于官僚化了，有太多的规则，这些规则不是学生自己制定的，而是施加在他们身上的。他们相信，学校应该提升"内在导向性"，同时应当鼓励学生按照自己的信念采取行动，即便这意味着挑战他们的现状。例如，布贝尔极力主张，教师应当以平等和相互尊重的方式对待学生。

存在主义教师的角色并不简单，他们需要同日常生活中的荒谬作斗争，包括学校和教学生活中发生的荒谬之事，而且其他教师和家长可能并不赞成甚至还会反对他们。这就是勇气产生的地方，存在主义者相信，教师要像苏格拉底一样，有勇气在他们的教学中实现真正的个性。

239　　存在主义者十分关注学生有意识地获取知识。他们认为，学生应该以有意识的方式对他们所面临的事物采取行动，人们需要认识到意识是怎样运作的。的的确确，教师扮演的是心理学家的角色，但不是用行为主义的技术在被动的心智中培育知识，他们主张有意义的学习，这只有在学生主动地面对世界，并与之互动时才会产生。这种方式的问题在于，虽然人们用相似的方式面对或接受知识，但是个体差异依然存在，我们必须理解和接受这种差异。存在主义者认为，学生能够通过自己的努力发现知识，教师的角色是学习过程中的引领者或促进者。虽然进步主义者也认为教师是引领者和促进者，但是存在主义者在学习过程中的作用更加个性化，而且他们不认为学习必须与民主或社会发展有关。M. 格林多次在其作品中谈到存在主义—现象学的主题，她说，必须让我们保持自己的"视域"、个人/社会生活条件和环境之间的联系，有意识地让我们的经验不断向前发展，意识到我们与世界相遇的方式以及我们改变世界的方式。我们也需要鼓励学生"自我反思""全面觉醒"，并参与到他们独特视域的创造当中。

对教育中存在主义的评价

存在主义哲学被誉为一剂针对美国教育的疗效显著的解毒剂，特别是在教育已被组织心态和持续官僚体制支配的地方。存在主义者提出，我们不应该被技术社会欺骗。他们发出的挑战影响了很多人，比如西奥多·罗萨克（Theodore Roszak）描绘的反主流文化（counterculture）。这样的挑战唤醒我们关注生活的悲剧性和荒谬性，关注孤独、没有根基的现代个体的存在。对从来没有经历过饥饿、毁灭性战争或大范围种族屠杀的当代美国人来说，存在主义是一剂良方。大多数美国哲学家持有乐观主义论调，而存在主义的目的是发出现实、清醒但并不绝望的呼声。

之所以说它是清醒的，是因为它号召人们重新审视美国文化，认真思索物质主义蔓延、工人工作机械化、"他者主导"（other-directedness）以及反智主义对个体产生的毁灭性影响。没有哪一种现代哲学像存在主义那样关注政治、社会和经济生活的个体体验。它描绘了当代社会的处境以及永恒的人类困境。它鼓励人们在一个倾向于迫使人们向外关注非个人的世界中进行自我审视（self-examination）。

人们不断受到广告的轰炸，这些广告诱导我们成为与自己不同——更瘦、更聪明、更富有——的人。个体受到宗教、学校、家庭、商业、工业、政府和其他机构力量的操控。存在主义为我们指出了可能性，这些诱惑和引诱是可以拒绝的，如果我们愿意，那么我们也能够自由地选择自身，但要表现出勇气。我们不是任人摆布的棋子，也不是没有拯救者、无助的牺牲品。即便抵抗的力量微不足道，并且终究会以死亡告终，个体也应该投入克服各种困难的斗争中。阿尔贝·加缪（Albert Camus）写了《陌生人》(*The Strange*)，这是20世纪广泛传阅的小说之一，以及《西西弗斯的神话》(*The Myth of Sisyphus*)，描述了人们为了在一个荒诞、敌对和困难的世界中生存而必须经历的挣扎。标题中的"西西弗斯"（Sisyphus）是指希腊神话中的一个人物，他每次将一个大石头推上山顶，石头都会滚下来，这一切都将永无止境地重复下去。

针对当前的教育，存在主义者提出了严厉的批评。他们谴责，学校是一种非人性化的力量，它对个体进行灌输，并窃取了个体的主动权。学校的主要功能似乎是像罐头加工厂加工金枪鱼一样对人进行加工。加工出来的产品都是大同小异的。虽然这种类推在学校这个例子上显得夸张了一些，但是存在主义者的批评引起了人们对问题严重程度的注意。教师和学生是这种情况的牺牲品，如果现代社会的教育机构与个体认同、个性和幸福感背道相驰，那么现代社会就没有希望找到其自身。因为学校非但没有提升个性，反而常常淹没了它。

现代生活的状况提升了存在主义思想受欢迎的程度，这主要是因为它旗帜鲜明地反对维持现状和去人性化。然而，存在主义思想的通俗化也有它的不足之处，它赞美个体（这里指的是抽象的个体），而不是对社会有效运作的集体需要。一些教育者为了提升个性，拒绝所有秩序、纪律和学习。他们宣扬的个体主义对真实的个体是有害的，因为它助长了自私、自我中心和不考虑他人的风气。存在主义呼吁我们意识到自己作为真实存在者（being）存在（existence），但是这常常会被"做你自己的事情"这样的伦理观破坏。萨特曾经提醒过这种伦理冲突，虽然个体能够做任何事情，但是这也向他人发出信号，他们也能够做任何事情。萨特警告道，如果一个人完全自由，那么他也完全有责任，这是每个个体都需要牢记于心的。

存在主义思想中的个体主义和虚无主义特征遭到一而再、再而三的批评，这也使一些追随者与其分道扬镳，将存在主义引向新的发展方向，现象学有时被吹捧为研究教育问题的更适当的方法。范登堡是这一方法论运动的领军人物，他主张从儿童生活经验的视角分析问题，也就是说，从儿童世界、存在和感受体验出发。这种现象学方法的拥护者试图理解和发展一种更适当的理论，范登堡称它为"向内性和向外性的发展时序"（the chronological development of inwardness and outwardness）——理解人们的意识是如何立足于自己的视角而发展或教育的。这种方法研究的教育现象是，有意识的个体存在如何通过学习获得拓宽、进步和整合。这里的"学习"指的是"开始认识事物"和"意识到以前没有意识到的事物"。然而，教育现象指的是那些有意识存在的普遍觉醒。它所强调的重点仍然是儿童的生活世界，但关注的不是虚无主义生活方式的教条化概念，而是强调方法步骤，理解在现代世界中个体如何从过去、现在走向未来（how individuals come to be）。

　　虽然存在主义教育理论承诺带来更多的方法论启示，但是存在主义—现象学运动也出现了一些难以克服的问题。其中之一是，许多人使用现象学术语时遇到的困难。德文经常使用连接符号来表达，这些术语很难翻译，这给读者带来了很多理解上的困难。批评者指出，这些表达方式使我们的思想变得混乱，而且一种理论只有在清晰程度高与混淆程度低的时候才是有用的。支持者回应，虽然存在主义—现象学理论很复杂，但这是因为它要阐释的人类境遇本来就是复杂的。而且，对迷恋"客观"科学术语和控制的人来说，存在主义—现象学的观念可能显得很奇怪。存在主义和现象学的支持者认为，理解上的困难是我们需要付出的小小代价，毕竟这一哲学丰富了我们的理解和行动。

　　存在主义者和现象学家的教育观念并没有说个体不能向他人学习，也没有提到不能从纪律中获益，或者不能在学校中进行正式学习。然而他们坚持，这些都不是人们创造新的发展大道和认同的必由之路。虽然存在主义和现象学经常被认为是选择性教育运动，但它提醒我们正式学习——甚至读、写、算——也只能被视为一种选择。存在主义哲学家让我们睁开双眼，看到人类的可能性，让我们不再狭隘和教条化。

让-保罗·萨特
《存在主义是一种人道主义》*

　　萨特是一位多产的作家，他写下了许多不同类型的代表作，包括小说、戏剧和正式的哲学著述。在以下的选文中，他为自己的一些观点进行了辩护，并在辩护的过程中提出其哲学观中的核心命题。他声明，存在主义的的确确是一种人道主义，为人类的自由和责任提供了洞见。虽然萨特并没有直接论述教

---

* 本文的翻译参考了周煦良和汤永宽合译的《存在主义是一种人道主义》（让-保罗·萨特著）一书，上海译文出版社 2005 年版。——译者注

育，但是他的观点已经被应用于学习、课程和教育的伦理方面。

本文的目的是为存在主义受到的几种责难进行辩护。

首先，存在主义曾被指责为鼓励人们对人生采取无所作为的绝望态度。既然全部解决途径都被堵住了，人们必然就会认为世界上的任何行动都是完全无用的，而最终接受一种观望哲学。而观望是奢侈的，因此共产党人特别指出，这是一种资产阶级的哲学。

我们受到的另一个责难是，我们强调了人类处境的阴暗面，描绘卑鄙、肮脏或下流的事情，而忽视某些具有魅力和美并属于人性光明面的事情。就如天主教批评家梅昔埃小姐（Mlle Mersier）指出的那样，我们忘记了婴儿怎样笑。不管是从哪一方面，我们都被指责为忽略了人类的一致性，而孤立地看待人类。共产党人认为，这是因为我们的理论建立在纯粹主观性之上——建立在笛卡尔的"我思"①之上：这是孤立的人找到自己的时刻；在这样的处境中，个体不可能与自身之外的他人取得一致。这个"我"是无法通过"我思"接触到人的。

基督教谴责我们否认人类事务的真实性与严肃性。因为我们不承认上帝定下的清规戒律和永恒价值，所以只剩下自己的自发行动而已。每个人都可以做其想做的，而且根据这种观点，我们不能斥责其他人也这样想或这样做。

今天，我将尽量答复这些指责。这也是我为什么要把这篇短文命名为《存在主义是一种人道主义》（*Existentialism and Humanism*）的原因。许多人可能会对我将存在主义与人道主义联系起来谈感到诧异，但是我想要做的是说明我们怎样理解它。不管怎样，根据我们对存在主义的理解，我们首先可以将存在主义说成是使人类生活充满可能性的学说，也是确保所有行动和真理应用于环境和人类主观性当中的学说。对我们的主要指控当然是我们过于强调人类生活的阴暗面。最近有人告诉我，一位女士只要在紧张的时候说出一句下流话，她就会为自己开脱道，"我敢说我一定成了一名存在主义者"。因此，丑恶的事物似乎被看作存在主义。这就是有人将我们称为"自然主义者"的原因，但果真如此，他们对我们这样大惊小怪又是为何，因为看到真正的自然主义者，他们也没有害怕或引以为耻。有些人能够安然地读完左拉（Zula）的《土地》（*La Terre*），可是只要读存在主义小说，他们就会感到恶心。有些人将希望寄托在人类的智慧之上——这是一种悲惨的智慧——他们发现存

242

---

① 出自笛卡尔的名言"我思故我在"。——译者注

主义的智慧更加悲惨。然而，还有什么比"仁爱始于家庭""升擢歹徒，他会反咬；将他击倒，他则崇拜"这样的格言更让人垂头丧气的呢？我们还知道很多类似的格言，它们都大同小异——都是指不可以反对当权者；绝不要反对当权派；要安分，切不可以下犯上。再不然就是这样：任何不遵循传统的行动只不过是浪漫主义；任何没有得到成功经验所证实的行为注定要招致挫折；经验告诉我们，人类不可避免地走向邪恶，除非我们制定严厉的法规进行限制，否则将导致无政府主义。直到现在，仍然有人说着这样丧气的格言，一旦得知让人生厌的行为，他们就会说"这就是人性！"——恰恰就是这些重弹现实主义老调的人，埋怨存在主义对事物的看法太过阴郁。说实话，他们过激的责难使我们不得不怀疑，惹恼他们的很可能不是我们的悲观，而是我们的乐观。因为归根到底，我将要向你阐明的这个学说，之所以让人恐慌，是因为它告诉我们人有选择的可能性。为了证实这一点，让我们将整个问题按照严格的哲学标准来讨论一下。那么，我们所说的存在主义究竟是什么呢？

如果要求那些使用"存在主义"这个词的人解释一下它的含义，大部分人可能会说不上来。现在这个词变得非常时髦，人们会欣然地宣称这个音乐家或那个画家是"存在主义者"。《光明》（Clartés）杂志的一位专栏作家就自己署名为"存在主义者"。确确实实，这个词被随便用来称呼那么多事物，也就不再有什么明确的含义了。看来，由于缺乏像超现实主义那样的新奇学说，所有那些急于加入诋毁和捣乱运动中的人现在都抓住存在主义哲学不放，然而他们在其中还是找不出什么来达到他们的目的。因为，说实在话，在所有的教导中，存在主义是最不招摇，最最严肃的：它完全是为专业人员和哲学家提出的。即便如此，它的含义也很容易界定。

这个问题之所以有点复杂，是因为存在主义有两派所致。一派是基督教存在主义，像雅斯贝尔斯、马塞尔，他们都是虔诚的天主教徒；另一派是无神论存在主义，像海德格尔、法国的那些存在主义者和我。我们的共同点就是，我们都相信存在先于本质——或者不妨说，哲学必须从主观开始。这话究竟什么意思呢？

试拿一件工艺品——比如，一本书或一把裁纸刀——来说，它是一个对此已有概念的工匠制作的：他对裁纸刀的概念，以及已有的制造技术（这是概念的一部分，说到底，即一种公式）早就心中有数。因此，裁纸刀是一种可以用某种方式制造的物品，而且也总是服务于某一目的，我们不能想象一个人在做

243

一把裁纸刀的时候，不知道要拿它做什么。我们可以说，裁纸刀的本质——使它的制作和定义成为可能的许多公式和质地的总和——先于它的存在。这个样式的裁纸刀或书籍就是靠这样在我眼前出现的。因此，我们站在技术的立场来看待这个世界，我们可以说制作先于存在。

当我们称上帝是造物主时，我们多半将他想象成一个超级艺术家。当我们思索哲学问题时，不管是笛卡尔的学说，还是莱布尼茨（Leibnitz）的学说，多少总含有这样的意思，就是意志跟在理性后面，至多是随理性一同出现，因此当上帝创造万物的时候，他清楚地知道自己在创造什么。因此，上帝头脑中人的概念与工匠头脑中裁纸刀的概念相仿：上帝按照一定的程序和一种概念制造人，就像工匠按照定义和公式制造裁纸刀一样。每一个人都是神圣理解之中某个概念的体现。在18世纪的无神论哲学中，不光上帝的观念被压制，本质先于存在的观念也是如此。我们现在能够从狄德罗（Diderot）、伏尔泰甚至康德的著作中找到这些思想。人拥有人性，"人性"这样的观念能够从每一个人的身上找到；这意味着每一个人是人类普遍观念的特殊体现。在康德的哲学中，这种普遍性被推向极致，以至于森林中的野人、自然状态中的人、中产阶级全都包括在同一定义里，并且具有同样的基本特征。在这里，人的本质又一次先于我们在经验中看见的人在历史上的存在。

我代表的无神论存在主义始终认为，如果上帝不存在，那么至少还有先于其本质的个体存在，这种个体存在在获得清晰界定之前就已经存在了。这种个体存在是人，或者像海德格尔所说的，是人的实在（human reality）。那么，我们所说的存在先于本质意味着什么呢？我们指的是人首先存在，人碰上自己，在世界上涌现出来——然后才给自己下定义。存在主义说人是不可定义的，那是因为开始的时候他什么都不是。他最终也不能成为任何人，他只能成为他使自己成为的那个人。因此，人性是没有的，因为没有上帝提供一个人的概念。人就是人。这不仅仅是他自己构想的，也是自己想要成为的那样的人，当他存在之后构想自身的时候——他就是在追寻存在之光的显现。人是他使自己成为的那个人，除此之外，他什么都不是。这是存在主义的第一原则。这也是人们所说的"主观性"，人们使用这个词来责难存在主义。但是我们用这个词除了说明人比石头或桌子更有尊严，还想说明什么呢？我们想说的是，人首先存在——在别的事情之前，人首先将其自身推向未来，并意识到自己正在这样做。人确实是一个拥有主观生命的设计者，而不是一种苔藓、菌类，或者一棵花椰菜。人在自我规划之前，什么都不是；即便在理性的天堂中也是如此；人只是在企图成为什么时才存在。可并不是他想要成为的那样。因为我们一般理解的"想要"或"意图"，往往是在我们使自己成为现在这样时所做的自觉决定。我们希望参加聚会，写书或者结婚的时候，我们所说的"希望"可能是一种先验的表现以及自发的决定。但是，如果真的存在先于本质，那么人对他自身是有责任的。因此，存在主义的第一个结果是，它使每个人明白自己的本来面目，并将自己存在的责任完全担负起来。而且我们说人要对自己负责时，并不是指他仅仅要对自己负责，而是对所有人负责。对"主观主义"这个词有两种理解，指责我们的人仅仅指出其中的一种。主观主义一方面指的是个人的自由，另一方面指的是人不能超越人类的主观性。后者是存在主义更深层的含义。当我们说人自己作出选择时，我们确实是说我们每一个人必须亲自作出选择；但我们的意思是，人在为自己作出选择时，他也为全人类作出了选择。事实上，一个人采取的实际行动是为了如其所愿创造自身，没有一个人是没有创造力的，每个人都有一个他想要成为的人的形象。选此择彼的过程中我们也确定了要选择形象的价值，因为我们不可能选择更糟的。我们总是选择更好的，我们选择的所谓更好也是对所有人而言的。而且，存在先于本质，如果我们存在于我们形成自身形象的过程中，那么这种形象在我们寻找自身的时代以及对这个时代中的人而言，它都是适用的。因此，我们的责任要比我们想象的重大得多，因为它关心的是人类整体。比如，如果我是一个工人，决定参加基督教的工会，而不参加共产党的工会。而如果我以一个会员的资格，宣称安分守己毕竟是最好的处世之道，因为人的王国不是在这个世界上，这就不仅仅是我一个人承担责任的问题。我要人人都安分守己，因此我的行动是代表全人类承担责任。或者，举一个个人一点的例子，我决定结婚生子，即使这个决定只是根据我的处境、我的情感或欲望作出的，但这一来不但为我自己承担责任，而且号召全人类奉行一夫一妻制。因此我这样既对自己负责，也对所有的人负责；我在创造一种我希望人人都如此的人的形象。在模铸自己时，我模铸了人。

（资料来源：Jean-Paul Sartre, *Existentialism and Human Emotions*. New York: Philosophical Library, 1957, 9–18. Reprinted by permission of Philosophical Library, Inc.）

玛克辛·格林
《学习的风景》*

———————————————

　　M.格林对存在主义现象学教育作出了重要的贡献，她鼓励教育者运用人类发展中富有创造力的成果，帮助人们认识自己的生活。全面觉醒是指对人类存在的可能性持开放态度，而且意识到人们对意义的需要。在以下的选文中，M.格林勾画了艺术和人文学科怎样帮助学生更加敏锐地意识到他们的存在境遇。M.格林特别关注文学，她建议对文学作品中所描绘的人类困境进行现象学的解释，以帮助学生获得个人的意义。

245　　在克尔恺郭尔"如何成为一名作家"的自嘲式阐述中，他描述了一个星期天下午，他坐在腓特烈斯贝公园（Frederiksberg Garden）中，向自己询问道，他将怎样度过自己的一生。他想，不管他身处何处，现实中的人总是想要使生活轻松一点。那些所谓的"时代恩人"（benefactors of the age）懂得怎样让世界变得更美好，其中，"一些人通过修建铁路，一些人通过制造公共汽车和汽船，一些人通过发明电报，而另一些人则通过用更加简短而容易理解的概括性语句来描述值得了解的事物，来使得生活变得愈发容易；最后，时代真正的恩人……系统地使人类的精神存在愈发简单起来……"他说，他决定"像许多人所做的那样，借助人文主义热情"使事情变得更艰难，"让我们看到困难无处不在"。

　　克尔恺郭尔在1846年这样写道，他预见了某些当代思想家所说的"文明的痼疾"。这种痼疾反映在"对用物质进步来满足人类精神的文明怀有一种无力感——追求更高的收入、更营养的食物、特效药、应用物理和化学的胜利等"。他看到个体被归入"公众"（the Public）这样的抽象概念之下，迷失在"群体"（the Crowd）的匿名性之下。像其他人一样，他对工业化和技术化时代作出了回应，他关心生活中的去人性化、自动化和将生活变得越来越无聊的程式化。在他看来，人类的现实——生活的现实——只能被理解为一种困难，确切地说是一种可怕的自由。让事情对所有人来说变得更加困难意味着唤醒他们的自由意识。这种形式的交流让他们意识到"存在的个体模式"，即在多变和纷扰的世界中承担个体的责任。

———————————————

* 本文的翻译参考了史林译的《学习的风景》（玛克辛·格林著）一书，北京师范大学出版社2016年版。——译者注

　　1846 年，梭罗居住在瓦尔登湖畔，他以第一人称的方式写下了自己在那里的体验，将人们从昏睡和安逸的生活中唤醒过来。《瓦尔登湖》一书也努力驱使个体去发现他们的生活目标，让生活过得更加艰难一些。在书的开头，梭罗就饱含热情地讲述了如何摆脱昏昏欲睡的状态。他谈到，很少有人清醒得足以过一种"诗意而神圣的生活"。他主张"只有清醒才是真正的活着"。对于什么打动他去过一种道德的生活，他私下发表过很有说服力的看法。但他从来没有指明，也没有提出过自己的道德观。他的作品的主旨并不仅仅描述了丛林中的独特生活，他也想触动其他人作出"有意识的努力"来提升他们的生活，或者激发他人用他或她自己的方式去发现什么是"从容不迫地活着"（live deliberately）。

　　随着技术的发展和碎片化知识的增加，越来越多的人意识到自己被无法理解的力量侵犯。近几年里，这个问题变得愈发严重。随着时间的流逝，风格各异的作家和艺术家都清晰地表述了他们被限定和被控制的体验。科学进步和实证思维兴起之时，一种新的传统已经初具雏形，这一传统就是被动、默许和梭罗所说的"安静的绝望"。现在这种传统可能被冠以了"人文主义"的名义，它总是将人类理解为在充满问题的生活中寻找自我并作出选择的生物。人们刻意制造出了一些与历史、哲学和心理学相关的文学和艺术作品，来激发人们的批判意识，促使人们有意识地投入世界。在我看来，"艺术和人文"应该成为今天任何课程的核心。

　　就如我向来建议的一样，我的观点是面向全面觉醒，而不是炙手可热的抽象概念——真、美、善。就像海明威《永别了，武器》（Farewell to Arms）中的尼克·亨利（Nick Henry）一样，"像高贵、荣誉、勇气和崇敬……抽象词汇"令我感到尴尬。全面觉醒是具体的；就像哲学家艾尔弗雷德·舒茨（Alfred Schutz）所说的一样，全面觉醒是在世：我们使用全面觉醒一词，是为了充分地关注生活及其需要，这也在意识层面带来了高度的张力。只有当"表现自我"，尤其是"工作自我"对生活抱有充分兴趣的时候，全面觉醒才会发生。全面觉醒在于行动，它专注于执行计划、付诸行动。这种专注是积极的，而不是消极和被动的。被动专注是全面觉醒的对立面。246

　　说到教育，全面觉醒已经超越了一般的"相关性"概念。舒茨指出，只有在有利于人的发展蓝图而不是逃避主体间世界的时候，意识的提升和反思才有意义。他也指出，人类通过他们从事的项目来界定自身，全面觉醒有助于自我的创造。如果真的像我相信的一样，艺术和人文学科确实能激发这种反思，那么我们就需要设计一些方法，将它们纳入各级教育的教学内容；我们需要有意识地去这样做，同时清楚地认识到使人们能付出注意力，从自己的独特视角"全面关注生活"究竟意味着什么。

至少在某种层面上，像《白鲸记》、哈德逊河画派的风景画、查尔斯·艾夫斯（Charles Ives）的《康科德奏鸣曲》（*Concord Sonata*）这样的艺术作品提供了证明。它们必须直接作用于处在特定环境中的个体，同时保证他们关注艺术作品本身展现出的特质，只有这样才能促使它们从生活空间中获得意义。艺术作品是可观赏和可碰触的人类杰作，描绘了现实通过怎样的方式进入人类的意识世界。一种艺术作品与另一种艺术作品的区别（如音乐区别于诗歌，舞蹈区别于绘画）在于表达方式、使用的媒介和所探究事物的特质。但是，所有的艺术形式只是一种成就，只有当人类用想象力参与其中时，艺术作品才能被赋予有意义的生命。

在艺术的所有特点中，有一点与历史相同。我一直在思考爱德华·哈利特·卡尔（Edward Hallet Carr）将历史看作对话的概念。卡尔提到，历史学家会对临时选定的事实作出临时性的解释，同时还谈到了通过解释的"相互作用"（reciprocal action）和事实的排序所产生的微妙变化：这种相互作用也是现在和过去的相互关系，因为历史学家属于现在，而历史事实则属于过去。历史学家和历史事实对彼此来说都是非常必需的。没有事实依据的历史学家是没有根基的、徒劳无功的；没有历史学家的事实是死的、没有意义的。因此我对这个问题的第一个答案是，什么是历史，历史是发生在历史学家和他拥有的事实之间的连续的互动过程，是过去和现在的无止境的对话。

这段文字的震撼之处在于，它强调选择、形塑（shaping）和解释，以及依据不同的标准对原始材料进行排序。这个过程本身与艺术的创造过程不无相似之处。主要的区别在于，历史学家追求在一定程度上能被证实的真相，而艺术家则努力追求连贯性、清晰性、夸大感和紧张感。

更重要的是，在审美体验中，世俗世界或经验世界必须被包围起来，或在某种意义上被拉开距离，以便读者、听众或者观赏者能够进入艺术作品的审美空间。亚哈船长（Captain Ahab）对白鲸的狂热搜寻在任何捕鲸业的历史中都很难找到；它的合乎情理和带给人的冲击与可证实的真相关系并不大。托马斯·科尔（Thomas Cole）的绘画作品《牛轭湖》（*The Ox-Bow*）中画的湖泊更像是一条河流。然而，如果没有戏剧化的色彩、后撤的水平面和神奇的光线的交互作用，我们不会将它作为一个艺术作品来体验。修昔底德（Thucydides）

的《伯罗奔尼撒战争史》(*The Peloponnesian War*)，约翰·B. 伯瑞（John B. Bury）的《进步的观念》(*The Idea of Progress*)，以及理查德·霍夫施塔特（Richard Hofstadter）的《改革的年代》(*The Age of Reform*)等历史著作都超越了自身，提到了过去的事件，提到了人类不断经历的变化情况，提到了被认为是"事实"的东西。

然而最重要的是，这些历史著作，像卡尔自己的著作一样，可以让读者参与对话。阅读任何一本这样的著作时，读者或学生都不可能不意识到询问背后的个体。他们无法不意识到，一个活生生的个体正在不同的时刻从自己或其他历史学家的视角提出问题。学生也可能因此理解雅各布·布克哈特（Jacob Burckhardt）为何将历史描绘为"由于意识的觉醒带来的自然沉寂的打破"。他们可能开始从自己的视角来审视过去时刻的意义，同时逐渐摧毁意义世界的地平线，拓展经验的范围。梅洛-庞蒂谈到了这种觉醒意味着什么，他写道："我的生活一定存在一种不是由我构建起来的意义；严格地说，必须有一个主体间性……"当融入我描绘的历史当中时，人类个体将自己界定为在时间长河中来回穿梭的主体间实在。

247

我之所以将某些历史著作囊括在艺术和人文课程中，是因为这些著作激发了全面觉醒和寻找意义的意识，这在很大程度上影响了人们活在这个世界上的感觉。我将数字化或计算机化的历史从这个项目中排除出去（尽管不是从整个课程中排除），比如《苦难的时代：美国奴隶制经济学》(*Time on the Cross: The Economics of American Negro Slavery*)。

在哲学、评论和心理学中，我会用同样的方式说明我的选择：那些促使对自己从事的项目、自己的生活状况提出问题的著作。W. 詹姆斯、杜威、米德、桑塔亚那、怀特海、萨特、梅洛-庞蒂这些现代哲学家可能会激发读者思考他们自己的思想，冒险去检验什么被预设了，或者什么是想当然的，澄清什么是模糊的、被神秘化的或者隐晦的。用这种方式"做"哲学意味着对实际的问题和真正的兴趣作出回应，在让人迷惑的世界中寻找意义（sense-making）。它也意味着在这样的一个世界中发现缺陷和不足之处，并尽心竭力地去修补那些缺陷，并选择我们应该成为什么样的人。有些人文主义或者存在主义心理学家与学生对话，谈论成为一个人意味着什么、什么是生长、什么是存在的时候，他们的方式可能是相似的。

如果人文学科能真正做到以全面觉醒为导向，并且在任何时候都鼓励对话和接触的话，那么人为造成的学科间分离就可能被打破，因为这种分而治之的局面使得跨学科的学习很难进行。如果学生（和他们的教师）能够提出与他们的生活规划和生活感悟相关的问题，那么他们也能从自由参与的一些学科领域中寻找到答案。果真如此的话，新的视野将会打开——关于过去、意义的累积和关于未来可能性的视角。

对于自由觉醒的个体，有意识且批判性地追寻这些视角，同时从各自的有利视角来理解意义才是真正重要的事情。艺术在这个方面具有重要意义，因为敏锐地接触艺术作品能使人类与自己建立联系。萨特写道，文学本身就指向读者的自由：因为写作的人通过他花心思写作这一事实承认了读者的自由，同时阅读的人通过打开书本这一事实承认了作者的自由；无论你从哪个角度接触艺术作品，都是对人类自由抱有信心的举动。

我相信，从本质上说，这一点适用于所有艺术作品。它们解放了对艺术情有独钟之人，允许那些从个人的角度意识到艺术作品的个体接触与"大众"分离开来的世界。

我希望看到一种或另一种艺术形式在所有的教学环境中被教授，因为审美体验为质疑提供了基础，从而使得人们理解存在于世界之中意味着什么，并且从中获得意义。如果我们赋予艺术这样的中心地位，并将人文学科置于教学课程安排的核心位置，那么所有的延展和突破都将成为可能。处在某种环境中的个体在意识到自己的自由之后便能够开始行动，进行各种实证性、分析性或量化研究。在这个基础之上，个体永远不会把抽象和具体混为一谈，也不会将书面化和示意化的现实与真实存在的"现实"混淆起来。个体在意识到视角的多样性和人类所追求的现实的不完整性之后，有可能达到"最强烈的意识水平"。困难无处不在，艺术和人文学科也将兴盛起来。

（资料来源：Maxine Greene, *Landscapes of Learning*. New York: Teachers College Press, 1978, pp.161-166. Reprinted by permission of the publisher. ©1978 by Teachers College, Columbia University. All rights reserved.）

第八章

马克思主义与教育

■ 马克思主义的来源

■ 马克思的哲学

■ 西方马克思主义与批判理论的根源

■ 作为一种教育哲学的马克思主义

■ 对教育中马克思主义的评价

在本书提到的所有哲学思想中，马克思主义是广受关注的哲学思想。主要原因有三个方面：第一，马克思的思想推动了 20 世纪一些极具影响力的社会政治革命；第二，马克思主义在"冷战"的全球斗争，特别是在美国与苏联两国之间的对抗中扮演着重要的角色；第三，世界上主张坚持马克思主义的政府正在崛起。

马克思的著作大致分为两个阶段，即早期的人本主义时期和晚期的革命时期。马克思晚期的著作鼓舞了共产主义革命者，但是早期具有人本主义色彩的著作大部分直到 20 世纪中期才得以出版。这样一来，早期的人本主义社会批判与晚期的共产主义革命学说到底哪一个代表"真正的"马克思思想的问题，引起了哲学上的争论。

然而，又出现了一个更复杂的问题，即新马克思主义（neo-Marxism）学说有各式各样的分类，比如有结构马克思主义、现象学马克思主义、女性主义马克思主义以及许多其他马克思主义思想的变体。虽然各种思想差异很大，但是马克思主义的一些基本原理也给马克思主义教育思想注入了新活力和新视角。这些见解主要来自传统马克思主义著作、马克思列宁主义（Marxism-Leninism）思想以及西方马克思主义或新马克思主义思想。

教育在苏联具有非常高的优先权，在今天共产党执政的国家也是如此，教育被视为人类实现更高水平发展的基础。

马克思主义的来源

250

唯物主义

马克思主义的一个突出特征是，强调唯物主义思想的重要性。（英国和法国）两大唯物主义传统是马克思主义的基础。

英国唯物主义

英国唯物主义（British materialism）的开创者之一培根认为，新知识可用来提升人类的福祉，促进人类的进步，科学就是不断创造新知识的工具。马克思在相当大的程度上借鉴了培根的著作，因为他认为培根将科学从神学中解放出来。培根认为，如果以科学方法为指导，那么感官是绝对可靠的，是所有知识的源泉。在培根的影响下，马克思断言，"物质带着诗意的感性光辉对整个人发出微笑"。

霍布斯不仅将培根的唯物主义思想系统化，还使它更加抽象。根据霍布斯的观点，科学是发现和研究运动定律及其对物体本身影响的过程，他将道德哲学看作人类心灵活动的科学，反对从精神的维度来认识道德问题，坚称宇宙是由物质构成的。他对马克思的影响不在于指出运动的普遍法则（马克思拒绝了这个观念），而是提出了用唯物主义的观念来规划人类和公民社会的实际事务。

洛克也对马克思的思想有一定的影响。洛克思想的精华是经验主义，他认为人性是可变的。法国思想家接纳了这一观念并将其融入过程哲学（philosophy of progress）。在法国思想家看来，如果人性是可变的，那么就有可能通过改变人性来改变和完善人类社会及其制度。这一主张对马克思产生了深刻的影响。

法国唯物主义

在马克思看来，法国唯物主义（French materialism）将英国唯物主义直接置于一定的社会背景中，使之更具人性化。笛卡尔也影响了法国的唯物主义思想，他将他的物理学与高度理想化的形而上学相分离。从物理学角度来看，他将运动看成物质的动力，将物质看成存在和知识的唯一基础。法国的唯物主义者普遍赞同这一观点。然而，对马克思思想影响最大的两位法国唯物主义者是艾蒂安·孔狄亚克（Étienne Condillac，1715—1780）和克劳德·阿德里安·爱尔维修（Claude Adrien Helvétius，1715—1771）。

孔狄亚克用洛克的感觉经验主义来反对静态的人性和不变的人类社会秩序这种传统的观念。在他的感觉论（doctrine of sensationalism）中，他坚持认为，人类的活动和思维过程是经验和习惯的问题，因此人类的整体发展取决于教育和环境。爱尔维修进一步发展了这个观点，宣称教育能够使人达到完美。他和孔狄亚克赞同每个个体所处的社会阶层就是教育和环境作用的结果。爱尔维修甚至认为，个体在智力方面表现出来的差异也可以归结于这些因素。他认为，人的本性既无善也无恶，环境特别是教育塑造了个体。为了促进人类的进步，帮助人们过上幸福的生活，必须对环境和教育作出恰当的安排。

马克思从唯物主义哲学中吸取了一些重要养分。其中一个观念是，科学应该用来改善人类的生存环境，另一个相关的观念是，人的感知能力和知识建立在对物质世界的感觉经验基础之上。一起融入马克思哲学中的观念还包括，随着物质世界的改变，人类和社会将趋于完善。

社会主义

在 19 世纪 20 年代后期，"社会主义"（socialism）一词开始使用，其代表人物包括圣西门（1760—1825）、傅立叶（1772—1837）和 R. 欧文（1771—1858）。圣西门拥护工业化，而且极力提倡通过对工业的科学研究来满足社会的需要。他认为工业劳动是劳动的基本形式，认为应该由工业家而不是"无所事事的贵族"来管理社会。他称自己的理论为工业主义（industrial doctrine），并认为，发展是指全社会的进步而不仅是简单的个人进步。

傅立叶与圣西门处于同时代，他对人类的完善性深信不疑，呼吁新的社会

251

制度应当建立在"通过协作达到完善"的理论基础之上，这种思想源于牛顿的万有引力定律。傅立叶深信，通过人民恰当的联合，社会会不断进步，联合的基本单位是以利益的共同体为基础的。傅立叶批判了资本主义社会的社会责任感缺失、资本家在财富积累过程中的自私，马克思吸收了他的这些思想。

对马克思影响最大的社会主义者是 R. 欧文。R. 欧文最初是英格兰曼彻斯特（Manchester）的一名童工，后来成为一个富裕的很有影响力的工厂主。在苏格兰新拉纳克（New Lanark, Scotland）的大纺织厂，R. 欧文在缩短工时、为童工提供入学机会、为女工的幼儿建立幼稚园、改善所有雇工的住房和健康状况等方面发挥了重要作用。虽然开始时其他工厂主很担心，但 R. 欧文的改革增加了工厂的收入。然而，当 R. 欧文着力在其他工业家中传播他的思想时，取得的成果非常有限。他最终意识到，需要进行彻底的社会变革，只有通过社会和环境状况的广泛和根本性的改变，人类才会进步。马克思曾说，英国的共产主义开始于 R. 欧文，因为 R. 欧文在历史上第一次播下了"合作社制度"（a cooperative social system）的种子。

政治经济学

政治经济学（political economy）致力于对社会学、政治学、历史学和哲学思想的研究，并用它们来分析社会政治和经济运转的动力。亚当·斯密（Adam Smith，1723—1790）是这一思想的重要代表人物，他是苏格兰哲学家，其主要论著《国富论》（*The Wealth of Nations*）出版于 1776 年，这本著作极大地影响了后来的经济学思想，尤其是其资本主义理论和提倡政府对经济生活进行最低限度监管的观点。亚当·斯密认为，在个人自主和市场竞争条件下，经济自我调节的方式就像是"看不见的手"。虽然亚当·斯密常被视为企业"公司"结构的先驱，但他认为公司可能会使所有者推卸行为责任，他更倾向于建立一套所有者为他们自己行为负责的体系。

另一位重要的政治经济学家是大卫·李嘉图（David Ricardo，1772—1823）。虽然亚当·斯密和李嘉图都认为生产劳动是财富的重要基础，但是李嘉图将工资（wages）定义为，为生产一件商品所花费的劳动时间。马克思认为，亚当·斯密和李嘉图在发现新的经济规律方面作出了贡献，促进了我们对财富生产的深入理解，但是马克思从他们那里借鉴过来的大部分思想与他们的原先意图是相反的。马克思吸收了他们关于劳动是财富基础的观点，但也增加了剩余价值（surplus value）的概念。剩余价值是指工人生产出超过他的工资和生产成本的价值，这个剩余价值就是资本家获得的利润和工人被剥削的价值。

马克思的哲学

卡尔·马克思（Karl Marx，1818—1883）

马克思出生于德国莱茵河畔特里尔城（Trier）一个温馨的中产家庭，父亲是位律师，父母都是犹太人。在马克思出生前不久，全家改信基督教，部分原因是当时如果不这样做，犹太人就不能合法谋得职业。虽然父亲也鼓励马克思发展在哲学方面的志趣，但他更希望儿子将来成为一名律师。马克思进入波恩大学（University of Bonn）学习法律，不久转学到柏林大学，在那里学习历史和哲学。

黑格尔、费尔巴哈和唯物主义

马克思进入柏林大学时，那里的教师和学生大都是黑格尔的追随者。马克思也受到青年黑格尔派（Young Hegelians）的影响。虽然马克思后来与青年黑格尔派分道扬镳，但黑格尔哲学对马克思思想的影响持续了很久。

马克思从黑格尔哲学那里获得的思想至少有两方面：异化的概念和辩证法过程。黑格尔认为，异化来自人们不能认识到真理与人类思想的密切联系。黑格尔拒绝了真理独立于人类心灵而存在的实在论立场，认为异化是精神自身外化的结果。黑格尔认为，当人有了自我意识并意识到人是有思维的存在，而真理是这种自我意识的一个方面时，这种异化就会停止。人类将意识到诸如文化和人周围的环境这些"客观"实在是精神的外化。

黑格尔坚信通过辩证法可以理解现实。辩证法是由正题、反题与合题构成的逻辑系统，在该系统中，矛盾性会被克服，同一性终将会在绝对理念（或精神）的合成中实现。一个人思考一个逻辑范畴（如自然）时，就不得不去思考黑格尔所说的事物的反面（如历史）。在研究任何具体时代中自然和历史之间张力的发展时，研究者都会被带到下一个时代。自然条件改变了历史的进程，反过来，历史上的人类活动也以这样或那样的方式改变着自然条件。在任何特定的时代，关于自然和历史的观念的综合是创造一个新时代的开端。

马克思摒弃了黑格尔的唯心主义，但继承了他的异化理论和历史辩证法思想。有人说，马克思是站在黑格尔的肩膀上，因为他保留了黑格尔的观念结构，但将他的哲学基础从唯心主义转变为唯物主义。马克思不是认为人们受到精神自身客体化的异化，而是认为在当前的经济体制下，人们被社会和生产方式等人类自身的创造异化。与观念的辩证法不同，马克思把辩证法思想运用于经济领域和人类活动之中，创立了众所周知的唯物史观。

路德维希·费尔巴哈（Ludwig Feuerbach，1804—1872）

另一位对青年马克思哲学思想发展起重要影响的哲学家是费尔巴哈。黑格尔认为，人的思想和行动是由精神决定的，并将这种观点应用到历史领域。费尔巴哈则认为，一个时代的"精神"就是这个时代出现的事物和物质现状的总和，历史是由现实的生活在这个物质世界中的人的思想和行动决定的。虽然马克思后来与费尔巴哈决裂，但这个观点深深地吸引了他，马克思认为，人类活动影响着历史进程，而人们的思想和行动又受社会物质状况的制约，他认为，物质条件对人类及其社会制度的影响是首要的。

费尔巴哈还认为，包括宗教在内的所有意识形态都努力构建一种逃避现实苦难的理想社会。马克思的观点与此相反，他认为，宗教是那些脱离社会的个体的幻想。在一个经常被引用的声明中，他提出宗教是"人民的鸦片"。和费尔巴哈一样，马克思相信，宗教将人的注意力从现实社会改革和革命的必要中转移出去。

然而，在马克思的《关于费尔巴哈的提纲》中，他认为旧唯物主义学说错误地将人本身看作是消极被动的，因为它没能够解释人类活动的原因。在马克思看来，环境只能被人类思想和实践行动改变，而不能被消极的沉思改变。这种观点在某些方面与实用主义关于思想和行动统一性的观点是相似的。然而，马克思认为，人类有价值的行为是"实践批判的"或"革命的"行动/实践（action/praxis），甚至是暴力的革命行动。

"真实的"马克思

在早期，当马克思与黑格尔主义斗争并形成自己的社会主义观和对改革的看法时，他的作品带有明显的人本主义趋向。随着马克思思想的发展，尤其是当他和恩格斯（Friedrich Engels）开始伟大的合作后，他转向了革命的共产主义。他猛烈地抨击腐朽的资本主义社会，成为对全世界产生广泛影响的革命导师。

弗里德里希·恩格斯（Friedrich Engels，1820—1895）

恩格斯生于德国一个富裕的纺织工厂主家庭。在接受完传统教育后，他来到英国曼彻斯特，在父亲的一个工厂里工作。在 R. 欧文和其他改革者的影响下，恩格斯接受了彻底的社会改革的主张。他在 1844 年与马克思见面后，两人开始了长达 40 年的合作。由于跟马克思的交往，在马克思逝世之后，恩格斯阐释了他的思想，并在社会主义圈子中获得了重要地位，这使他能够发挥重要的影响力。

恩格斯对推动"辩证唯物主义"（dialectical materialism）的通俗化起到了很大作用。在他看来，历史是辩证发展的过程，在这个过程中，物质条件是决定性的因素。因此，人们思维的过程就是让自己参与到这一历史过程中，这样他们就不会与之发生冲突。正如恩格斯所认为的，当科学摒弃对具体事物的研究，转向研究自然过程时，就会更接近发现普遍性的运动规律。虽然恩格斯承认人类行为和社会制度与自然界不同，自然界是盲目的、无意识的、相互作用的过程，但他依然认为历史也有其内在的一般规律。人类计划和个体行为往往是相互冲突的，因此历史进程就像自然界一样，因为许多盲目的、无意识的人类行为而彼此冲突。就像理解自然的方式一样，可以通过发现历史的内在一般规律来理解历史。马克思的辩证唯物主义就可以做到这一点。

恩格斯将历史看成一个决定性的过程，这是马克思从来没有提出过的。早在 1877 年，恩格斯就在《反杜林论》（*Anti-Dübring*）中拥护决定论，开始形成科学社会主义（scientific socialism）思想。尽管马克思已经提出过他的观点是"唯物主义的，因此是一种科学的方法"（materialistic and thus a scientific method），但恩格斯掌握了这个观点并将马克思的方法改变为决定论哲学。简单来说，马克思的"历史唯物主义"（historical materialism）在恩格斯那里成为一种黑格尔哲学的变体，在《自然辩证法》（*The Dialectics of Nature*）里，"物质"（matter）被"精神"（spirit）代替，成为本体论（ontology）或者说形而上学的基础。

在哲学领域，关于"真实的"马克思的争论已经出现。部分原因是他的一些早期著作在列宁（Vladimir Ilich Lenin）等人的著作出版之后才出版。列宁是俄国革命的领导人，他在马克思后期思想的基础上逐渐形成了自己的一套理论。马克思的早期著作与后期著作的分水岭是 1848 年马克思和恩格斯发表的《共产党宣言》（*The Communist Manifesto*）。一些评论家想知道，如果马克

254

思的早期著作得以较早出版，那么列宁对马克思的解释是否还会有如此大的影响力。今天很多人正尝试接受马克思的早期思想和后期思想。萨特就试图以马克思主义为基础来发展其存在主义的人本主义观点。然而，波兰哲学家亚当·沙夫（Adam Schaff）认为，马克思主义始终贯穿着人本主义思想，任何人要想正确理解马克思的思想，就必须对马克思的早期著作和后期著作加以全面研究。

有些争论也涉及马克思著作的特点。马克思的著作大多比较晦涩难懂，他使用的术语及其含义并不总是一致的。他的一些论著是研究那个时代的一些具体问题，在今天要想搞清楚它们的意思并不是很容易。更重要的是，马克思的很多著作是未完成的手稿，如《1844 年经济学哲学手稿》（*Economic and Philosophical Manuscripts of 1844*，1932 年出版），马克思和恩格斯合著的《德意志意识形态》（*The German Ideology*，1844—1845 年完成，1932 年出版）以及《1857—1858 年经济学手稿》（*Grundrisse*，1857—1858 年完成，1941 年出版）。甚至马克思最重要的著作《资本论》（德文为 *Das Kapital*，英文为 *Capital*，1867 年第一次出版）只出版了六部分中的第一部分，其他五个部分则未完成。《1857—1858 年经济学手稿》只是一个大纲，要全部完成它是一项巨大的工程。

马克思在 1859 年写的《政治经济学批判》（*A Critique of Political Economy*）的"序言"中，论及了他思想发展的过程。他认为，自己的研究有一条"主线"，即要理解社会的本质，不能从黑格尔的思想和精神出发，而必须从生活的物质条件出发。人们正是在思考如何生产必需品和建设制度的过程中超越了他们的意识愿望。要理解这些占支配地位的方式，就必须了解生产物质产品的方式。物质生产的全部——农业、手工业、工业等，构成了物质基础。所有的社会关系——阶级结构、制度、法律和政治权威等都是社会的上层建筑。社会的上层建筑建立在物质基础之上。因此，要理解社会，不能从上层建筑开始，而必须回到它的基础——物质基础。人类生产物质产品的方式，为社会、政治和精神生活提供了舞台。正如马克思在"序言"中所说："不是人们的意识决定人们的存在，相反，是人们的社会存在决定人们的意识。"

255　　据马克思所说，在历史的关键节点，物质生产力的发展会突破制度的框架，开始与社会的、政治的和精神的力量相冲突。马克思认为，他所处时代一个最典型的例子就是，工业发展的状况超越了社会发展。工业技术迅猛发展，但社会仍然处于私有财产和少数富人对多数人的垄断中。工人被奴役，靠仅能维持温饱的工资生活。他们的生存状态如同机器的附属物，生活的财富都被少数人支配和消费。无产阶级不会无限期地容忍这种状况，当生产力和腐朽的上层建筑之间的冲突变得足够尖锐时，激烈的社会变革是不可避免的。而马克思又认为，只有当所有的物质生产力都得到充分发展，孕育出了一个新的社会制度基础时，建立于其上的上层建筑才会发生改变。工业资本主义是建立在它之上的社会制度的一个必要条件，因为它提供了建立一个新的、更富裕的社会的物质基础。

异　化

马克思的人本主义思想最鲜明地体现在他的《1844年经济学哲学手稿》中。在书中，他分析了工业社会中工人的异化。根据马克思的思想，在竞争的资本主义社会，工人降格为商品，因为他们必须像其他任何商品一样，将自己的劳动力以最低价格卖给掌握生产资料的人。而工厂主被迫相互竞争来寻求市场，以最低的价格来销售商品。因此，工厂主必须压榨出最大数量的剩余价值，这就意味着他们要花费最低的工资去雇用工人。在这种制度下，既软弱又贫穷的工人受到既强大又富有的工厂主的控制和压迫，结果就是财富不断聚集在少数人手中，而大多数人处于依附地位。社会被区分为两大阶级——资产阶级和无产阶级，或者叫"有产者"和"无产者"。

正如马克思所指出的，劳动逐渐"对象化"，即工人的劳动和劳动产品都归他人所有。工人逐渐意识到，原本能够带来创造性满足的产品都成了被他人占有的异己的对象。原本能够给工人带来力量的个体劳动现在仅仅是维持生存的手段。其结果是产生了异化劳动和异化的人，因为工人变成了"陌生人"，对自己或自己的劳动没有归属感。最终，他们只有在自己的动物性活动——吃、喝、生殖——中才能感到自由。这些机能固然对人类生活是重要的，但当它们脱离创造性的生产和参与文化生活更充实的方面时，它们就变成了退化系统的一部分。

在这种情况下，工人与马克思所称的"类存在"（species being）本质相分离。人类和所有动物的相似性在于，都依赖自然获取食物、庇护所及其他生活必需品。然而人类与其他动物不同的是，人类可以创造出超越基本生活需要的东西，并能够参与艺术、科学和智力活动——或者如马克思所说的"有意识的生命活动"。这些活动连同原初的自然物质，均是个体意识存在的对象，赋予人类生活以智力意义。当工人的产品（他们自己生产的）同他们相异化，当工人的创造性力量（他们的劳动）也被异化，工人也就与他们的类存在相异化。他们的人性不再是身份的来源，而是另一种生存的客体。工人被"物化"，沦为奴役状态。

在马克思看来，私有财产是异化劳动的一个重要原因。当少数人掌握和控制财富进而控制生产方式的权力时，异化劳动就产生了。如果说异化劳动剥夺了人性，而私有财产是异化劳动的原因，那么私有财产的制度就必须被废除。马克思认为，要把社会从私有财产中解放出来，工人就必须被解放。解放工人就是解放人性，因为整个人类社会都涉及工人和产品的关系。

通过上述分析可以看出，马克思对工人的人本主义关怀使他越来越关注私有财产的影响，他认为私有财产是资本主义上层建筑和工人堕落的关键因素，他对这一问题的分析不仅包括哲学批判，还包含着对其成熟思想具有核心意义的历史哲学。

唯物史观

马克思的辩证唯物主义吸收了众多养料。它的鲜明特征在于，把人类历史的演变看成一种必然的运动，在历史的辩证法中，人类经过不同的历史时期，直到共产主义必然战胜资本主义，赢得最后的胜利。马克思相信，共产主义最终会取得胜利，但他认为，那不是一种历史辩证法的机械必然性。他深信，要想建立新的社会秩序，就必须下决心采取行动。

有人提出，也许"唯物史观"是描述马克思思想最恰当的术语，其中辩证法被视为一种解释工具，而不是历史本身必然的结构和过程。马克思认为，在生产物质生活资料的过程中，人类创造了历史。粗略地讲，人类的发展阶段体现在人类劳动分工的水平与类型上。在历史上，人类的第一次分工是由于利益的冲突，使工业和商业生产从农业生产中分离出来，进而形成了城镇和农村的区分。第二次分工是工业生产从商业活动中分离出来以及工业生产内部的分工。因此，人类历史可以用不断增多的劳动分工来考察；一个社会越"发达"，它的分工或专业化程度就越高。劳动分工的结果决定了个人之间在生产资料、生产工具与劳动产品等方面的相互关系。因而，社会发展的不同阶段具有大相径庭的所有制形式。

马克思认为，人类经历了五个重要的历史发展阶段：

1. 部落所有制时期。这是一种原始的共产主义社会。在这一时期，部落作为扩大式的家庭发挥作用，大家庭中的成员相互协作共同承担生产生活资料的责任。

2. 古代的城邦制时期。在这个时期，若干个部落为了相互的利益联合起来，奴隶制和私有制变得更加明显。

3. 封建王朝与帝国时期。这个时期的劳动分工产生了农奴、拥有大量土地的庄园主、居住在城镇的手工业者无产阶级、人数不多但不断增长的小商业资本家，以及少数实力较为雄厚的大商业资本家。

4. 现代的工业"资产阶级"社会。资产阶级或现代的资本家，类似于居住在城镇的商业资本家（中世纪的"自由民"），他们源于封建制度的崩溃。

5. 一个即将到来的时代。这是一个无产阶级、产业工人不断壮大的时代。这将是一个全新的社会主义时代。

马克思认为，历史可以理解为阶级斗争史。他相信，他所处的时代一定会看到社会主义的到来。在马克思看来，之所以会出现这种情况，是因为社会日益分化为两大阶级，即资产阶级资本家（"有产者"）和无产阶级工人（"无产者"）。这两个阶级之间的冲突必然会导致社会的斗争和改变。

然而，现代资产阶级要想保持它的优越性，就必须不断更新生产方式。因为它是建立在竞争的基础上，资产阶级必须不断扩大它的市场，并在这个过程中将反动的、封建的社会硬拉进它的漩涡中，转型为现代的生产和消费社会；它超越了国家的界限，建立了国际交流、生产和贸易的大市场；它建立了巨大的城市，创造了城市生活的新形式，并把农村人口转变为工业和城市人口。根据马克思的观点，资产阶级为了实现这些，必然剥削劳动者，用力榨取尽可能多的利润。然而，这样的社会自身包含着将自身毁灭的因素，因为资产阶级社会太狭隘，不能容纳它创造的巨大生产力。同时，它创造了一个巨大的、新的异化劳动阶级，但不能将其包容于自身的内在结构，这个阶级将会不断成长壮大并推翻它。

然而，工人的胜利并不是一个注定的结果，它们之间因竞争而分裂。一些小团体会通过工会等机构来维持，但这是不够的。工人必须看到他们的力量在于团结。事实上，这正是马克思在《共产党宣言》中要表达的主题。在《共产党宣言》的结尾，马克思和恩格斯共同宣称："让统治阶级在共产主义革命面前发抖吧。无产者在这个革命中失去的只是锁链。他们获得的将是整个世界。全世界无产者，联合起来！"

马克思列宁主义

弗拉基米尔·伊里奇·列宁（Vladimir Ilich Lenin，1870—1924）

如果说马克思和恩格斯是理论家的话，那么列宁则把理论和实践结合在了一起。列宁对马克思主义思想怀有满腔的热情，他和马克思一样，曾在英国度过一生中相当重要的一段时间。作为一名大学教授的儿子，他出生时姓乌里扬诺夫，在参加社会主义运动后更名为列宁。列宁将马克思的思想付诸实践，对俄国进行变革。

列宁出生在辛比尔斯克［Simbirsk，今乌里扬诺夫斯克（Ulyanovsk）］，后来获得法学学位。他最初致力于将人们从沙皇和大地主的统治下解放出来。列宁组织工人写了大量小册子并创办了报纸。1917 年，他发表了《国家与革命》（The State and Revolution）。和马克思一样，列宁严厉抨击他所在时期的教育，认为这种教育只会培养出"资产阶级温顺和高效的仆人""资本的奴仆和工具"。列宁在国外流亡的十多年间，因为写作和参加社会主义运动而出名。1917 年，他返回俄国，成为革命运动的重要领导人。他领导俄国通过内战进入布尔什维克时期。

列宁将自己的思想和马克思、恩格斯的思想结合起来，使马克思列宁主义成为苏维埃俄国（以及后来的苏联）和其他几个国家的正统哲学。继恩格斯之后，列宁的唯物主义思想带来了一种朴素的实在论，这种实在论坚持"镜像"（mirror-image）认识论，对苏联后来的教育思想产生了很大的影响。就如他在《唯物主义和经验批判主义》（Materialism and Empirio-Criticism）中所写的："我们的感觉、我们的意识只是外部世界的映象；不言而喻，没有被反映者，就不能有反映，但是被反映者是不依赖于反映者而存在的。"他反对康德关于认识事物本身的"二律背反"，认为"实体"与"现象"唯一不同的是"知道什么"和"还不知道什么"。

列宁解读马克思思想的一个主要特点是进行断裂式的阐释（他的批评者称之为"狭隘的教条主义"）。在"国家"的概念上，列宁接纳了恩格斯辩证唯物主义的必然性，认为当无产阶级专政（dictatorship of the proletariat）建立以后，国家最终会"消亡"。在《国家与革命》一书中，列宁将马克思的观点解释为通过暴力革命来推翻资本主义国家统治，包括代议制民主，并认为这是历史必然性的一部分。这很明显不是马克思的观点。虽然马克思并不畏惧暴力，但他相信在一些比较发达的工业化和民主化国家，如英国、荷兰、美国等，无产阶级可以使用和平的方式。1880 年，马克思在给英国社会主义者亨利·海因德曼（Henry Hyndman）的一封信中写道："如果必不可免的进化转变为革命，那么，这就不仅仅是统治阶级的过错，而且也是工人阶级的过错。"但是列宁认为，无产阶级专政"按照一般规律，只能通过暴力革命来实现"。

259

西方马克思主义与批判理论的根源

　　1895 年恩格斯逝世后，德国社会民主党继承了马克思主义的衣钵，这个政党成了西方马克思主义思想的领导团体。但是，当资本主义社会发生了一些变革，如工人的工资水平得到提高，"法人"资本主义替代了旧的资本主义，西方马克思主义失去了其往日的革命锋芒。许多马克思主义者认为，西方社会的无产阶级失去了从事革命实践的意愿。乔治·卢卡奇（Georg Lukács，1885—1971）和安东尼奥·葛兰西（Antonio Gramsci，1891—1937）沿着马克思青年时代走过的路——对青年黑格尔派的社会批判——进一步发展了马克思主义。一些哲学家接受这种哲学观点，并将其发展成一种思想流派，即著名的法兰克福学派（Frankfurt School）。西方马克思主义或新马克思主义的两个鲜明特征是，"哲学的取向"和"试图超越物质生产和阶级冲突这两个马克思主义分析的主要解释结构，对权力关系和冲突进行更广泛的文化解释"。

　　马克思对哲学作用的看法有些矛盾。他认为，哲学是资产阶级文化的残留物，但他仍然用哲学批判的方式来分析现存的社会。他宣称这种哲学批判的方式是科学的。但是，卢卡奇借助非传统的观点，认为哲学在调解资本主义制度的不断变革和工人对生存环境的认识能力发展这个矛盾时还可以发挥一定的作用。根据卢卡奇所说，工人阶级在处理自身事务上的失败是由以下几个原因导致的：（1）物化（reification），即在社会本质问题上将处于支配地位的资本主义观念看成是理所当然的事实；（2）劳动的分工使工人处在社会下层；（3）资本主义的演变以及对工人阶级的那些威胁不大的需求的满足。

　　意大利哲学家葛兰西的理论建立在卢卡奇工作的基础上。他强调，作为文化霸权（cultural hegemony，处于首要地位的文化影响或权威）的意识形态构成了支配社会权力系统的重要方面，其对社会的支配作用甚至超过了物质生产。通过意识形态中的文化霸权，工人接受并默认了资本主义思想。意识形态是资本主义的强大工具（正如在任何"主义"中一样），在那些反对资本主义的人看来，最合适的方式就是去质疑霸权的资本主义文化及其对无产阶级意识的控制。卢卡奇和葛兰西非正统的观点对一些基本的历史唯物主义原则提出了挑战，在西方马克思主义内部赋予哲学以新的功用。

法兰克福学派

"批判理论"（critical theory）这一术语首次应用于法兰克福学派的著作中。1923 年，这群左派学者聚集在法兰克福大学社会研究所（Institute for Social Research at the University of Frankfurt），但由于希特勒和纳粹的威胁，许多学者后来移民到其他国家。他们开创的批判理论深受一些思想家的影响，其中包括康德、黑格尔、尼采、弗洛伊德和马克思等人。然而，对法兰克福学派的批判理论影响最大的是马克思考察意识形态并揭露其弊端的方法。法兰克福学派最重要的代表人物有马克斯·霍克海默尔（Max Horkheimer，1895—1971）、西奥多·阿多诺（Theodor Adorno，1903—1969）以及赫伯特·马尔库塞（Herbert Marcuse，1898—1979）。当代法兰克福学派最著名的人物是尤尔根·哈贝马斯（Jurgen Habermas，1929—　）。

霍克海默尔研究了西方社会从旧式资本主义到当代企业或国家资本主义的转变。他认为，由资产阶级统治的资本主义社会，通过大众文化（mass culture）、法西斯主义以及对科技统治意识的盲目崇拜等扼杀了人的个性。霍克海默尔毫不掩饰地表达了自己悲观的想法，这在他的一些著作的题目中即有反映，如《理性的消逝》（*Eclipse of Reason*）、《黎明与衰落》（*Dawn and Decline*）。霍克海默尔和阿多诺合著的《启蒙的辩证法》（*Dialectic of Enlightenment*）中表达了一种看法，即没有理性的思考，人文文化将不可能繁荣。他们坚信，极权主义的规划与专制国家应该是批判哲学关注的焦点。

阿多诺认为，不同的艺术和传播形式（如广播、电影、现代广告等）的应用创造了预先计划的、大规模生产的社会与文化价值观，他称之为"大众文化"。这种状况制约了个人的主动性，导致出现管理型社会（administered society），这种社会的特征就是一些人用"技术面纱"掩盖真相并主导社会，结果是人们无法为自己考虑。阿多诺对关于"历史进程中无产阶级的自发力量"的观点表示怀疑，他认为这种自发性在面对现存统治时是不充分的。虽然阿多诺没有给批判理论下一个明确的定义,但在《否定的辩证法》(*Negative Dialectics*)中,他提倡辩证的思维;也就是说,为了创造新的选择,思想家必须努力地设想事物否定性的一面。

马尔库塞发展了法兰克福学派有关个性被遮蔽的思想,提出了"单向度的人"(one-dimensional man)这一概念。在《单向度的人》(*One-Dimensional Man*)一书中,他描述了技术意识和权威主义怎样导致批判的无力和选择能力的丧失。"单向度性"是历史进程的产物,通过此进程,企业、官僚、科技这些社会组织模式已经变得非常具体化和根深蒂固,以至于社会作为一个整体被动员起来保护这些组织模式。问题是人们似乎无法超越单一的向度。曾几何时,马尔库塞认为,20世纪60年代学生的激进主义或许有助于这种情况的改变,因为它"巨大的反叛"显示出当代社会秩序的有限性。他在《论解放》(*An Essay on Liberation*)中意图将这种运动进一步推向一种新的社会主义。

哈贝马斯在许多方面接受了新马克思主义的理论,这种理论不仅超越了传统的马克思主义,而且超越了法兰克福学派的方法。在《交往与社会进化》(*Communication and the Evolution of Society*)一书中,他试图用实践的(或政治的)意图来建立一种历史经验哲学,吸纳了皮亚杰和柯尔伯格的发展心理学思想,同时还吸纳了美国实用主义和语言分析的元素。不过,他强调了法兰克福学派的观点,即社会文化条件比纯粹的物质生产力更重要。在他看来,与其说历史进化源于物质生产方式,不如说源于社会为维持和巩固自身而产生的过程和结构。从个体的角度来看,这是通过个体的学习能力而发生的。在这层含义上,社会依赖于个体而存在。但是,个体为了生存和竞争,需要依赖符号化了的社会结构,也就是说,个体需要语言系统和行为意向去交流、组织和解决冲突。哈贝马斯认为,虽然物质生产力很重要,但它不是历史进化的决定性因素,历史进化的决定性因素是不同形式的合作。因此,需要进一步弄清的不是生产方式,而是社会组织和交往中更普遍的原则。

由上可知,西方马克思主义和批判理论已经将马克思主义从马克思和马克思列宁主义的一些基本理论中分离了出来。虽然马克思坚决反对就未来的社会主义作任何具体的描述,但他设想了一个以自由联合和自我管理为特征的社会。不过,斯坦利·阿罗诺维茨(Stanley Aronowitz)在《历史唯物主义的危机》(*The Crisis in Historical Materialism*)中认为,自由联合和自我管理只是乌托邦的梦想而不是现实。事实上,创新社会理论的动力已呈现出各种各样的形

261

态，如女性主义、生态运动（ecology movement）、种族自觉运动、新国家主义和解放神学（liberation theology）等。但是，阿罗诺维茨指出，马克思对压迫的反抗，以及关于资本主义发展的辩证理论和社会转型的看法，依然能给致力于改变旧制度的人提供明确的方向。

当代马克思主义

262　　菲德尔·卡斯特罗（Fidel Castro，1926—2016）和埃内斯托·切·格瓦拉（Ernesto Che Guevara，1928—1967）

卡斯特罗出生于1926年，曾在教会学校学习，1950年从哈瓦那大学（University of Havana）毕业，获得法学学位。他在1953年由于参加革命活动被捕入狱。1959年，卡斯特罗和一支革命武装力量推翻了富尔亨西奥·巴蒂斯塔（Fulgencio Batista）的军事独裁统治，古巴成为西半球第一个社会主义国家。革命后不久，卡斯特罗在美国受到如马尔科姆·艾克斯（Malcolm X）等人的热烈欢迎与盛情款待。众所周知，卡斯特罗对教育和医疗保健非常重视。他称古巴已经扫除了文盲，并且指出从全世界来看，古巴教育在教师质量和学生进步方面都是首屈一指的。为了给古巴人民提供更广泛的服务，政府提供全民医保，卡斯特罗也全力支持医学教育的发展。他的教育项目从幼儿园一直持续到大学，其中包括电脑的使用、电视教学和其他的高科技设备。他还在古巴的派恩斯岛（后改名为青年岛）进行了一场宏大的教育实验，尝试不同的教育方案。所有班级都不超过20名学生配备一位教师，学生要接受艺术教育和体育。卡斯特罗通过优先发展教育来消除性别歧视，在国家的科技力量中女性占到65%。同时，还通过教育消除其他方面的歧视，比如贫穷和无知。卡斯特罗让医疗服务更便宜、更便捷，服务于普通大众。全世界各个国家都在效仿古巴的医疗保健服务。

切·格瓦拉是跟随卡斯特罗一起革命的一名战士。他在1955年从墨西哥回古巴的格拉玛游艇上遇到卡斯特罗，当时他们计划回古巴发动革命。切·格瓦拉出生在阿根廷，1947年毕业于布宜诺斯艾利斯大学（Buenos Aires University），并获得医学学位。1952年，他骑摩托车进行了一场从阿根廷到委内瑞拉的旅行，这段旅行后来被拍摄成电影《摩托车日记》(*The Motorcycle Diaries*)。这次旅行让他更加深刻地看到资本主义的罪恶。他开始同"资本主义章鱼"（"capitalist octopuses"）作斗争，要帮助大众建立一个更公平的社会主义体系。切·格瓦拉也被称为"戴黑贝雷帽的人"（"The Man in the Black Beret"），他深受马克思和斯大林思想的影响，终生从事反对压迫和剥削的斗争。同卡斯特罗一样，切·格瓦拉也非常重视教育在斗争中发挥的作用。他相信，已经接受了教育的人会继续教育其他人，在《古巴人民与社会主义》（*Man and Socialism in Guba*）中，他讲道："作为整体的社会必须成为一所巨大的学校。"同卡斯特罗一样，他也非常支持科学和技术知识。切·格瓦拉的教育理念非常强调个体的重要性，他相信，为了让人们实现个人的自由，就必须赋予个人权利。他在《游击战》（*Guerilla Warfare*）中说道，在战胜压迫和剥削的努力中，个体必须像"游击队神父"卡米洛·托雷斯（Camilo Torres）那样，愿意面对包括生命在内的任何牺牲。

古巴革命胜利后，切·格瓦拉被任命为古巴国家银行（National Bank of Guba）行长，并参与了农业和其他各行业的国有化改革。彼得·麦克拉伦（Peter McLaren）在《切·格瓦拉、保罗·弗莱雷和革命教育学》（*Che Guevara, Paulo Freire, and the Pedagogy of Revolution*）中写道，切·格瓦拉已经成为一个寻找自己"圣杯"的马克思主义战士，一个为全世界被压迫者伸张正义的马克思主义者。与支持"非暴力起义"的弗莱雷不同，切·格瓦拉认为，暴力是推翻资产阶级统治的必要手段，他的这一观点扩展到生活的各个领域。弗莱雷和切·格瓦拉都提倡教育左派的批判教育学（critical pedagogy）。切·格瓦拉在一定程度上批判卡斯特罗同意和苏联合作的做法，他认为，苏联模式已经被滥用并表现出它自身的剥削性。切·格瓦拉是一个后民族（postnational）游击队员，不仅效忠于一个国家。后来，他离开古巴加入刚果游击战，之后又去了玻利维亚，还计划在阿根廷开展革命活动。1967年，在拉伊格拉（La Higuera），切·格瓦拉被玻利维亚的特种部队逮捕并处决。1967年10月18日，卡斯特罗在对切·格瓦拉的悼词中说道：

> 像他那样具备一切优点的人，很不容易找到。一个人也很难轻易形成他那样的品格。我想说，很难有人能与之匹敌，事实上也不可能有人超过他。但是我还要说，有了他这样的榜样，就会激励更多具有他那样才干的人才不断涌现。

2008年，在全国人民代表大会上，古巴总统的权力由菲德尔·卡斯特罗移交给其弟劳尔·卡斯特罗（Raul Castro）。

263

作为一种教育哲学的马克思主义

虽然马克思的教育著作并不是很多，但他的教育论述及一般理论极大地影响了马克思主义哲学家和教育家。马克思逝世后，马克思主义者出现了几个不同的趋向。例如，马克思列宁主义在苏联、东德等国家占统治地位，并在一定程度上被奉为法典。今天，马克思主义思想有很多分支，而且它们仍在不断发展。马克思主义思想对许多国家的思想和政策有重要影响，同时对许多思想家来说也具有深远的意义。

教育目的

马克思主义教育目的来自马克思主义的历史观和对现存环境及经济剥削的批判分析。马克思主义理论指出，为了改变不人道的状况，人类社会要从资本主义过渡到社会主义，并最终实现共产主义。在马克思列宁主义曾经占主导地位的国家，教育目的首先是由这种辩证法规定的，最直接的目标就是培养社会主义觉悟（socialist consciousness）和建立社会主义社会。要充分实现这一目标，教育就必须努力培养具有社会主义信念的接班人。

264

社会主义觉悟

马克思想要解决人类的异化问题，他认为，人的异化是私有财产和社会生产由精英阶层控制造成的。马克思想要使个体重新获得对自身劳动的支配权，进行自主和充满活力的活动。他认为，具体任务就是构建合理的理论基础，使工人阶级能够意识到行动方向。在这个意义上，可以说马克思将自己看作教育家。

在19世纪40年代，马克思批判了英国和德国工人阶级接受的教育，认为那是统治阶级培养温顺的、可任意摆布对象的家长式手段。他认为，公共教育应该将个体目标转化为公共目标，将天然的独立性转变为自由，将原始的驱动力转变为道德的驱动力。一位资产阶级发言人指出，忽视对工人阶级的教育会导致他们的动荡，因为他们不理解使他们陷入贫穷的"商业自然法则"。马克思无法忍受这种论调，相反，他认为资产阶级的"缺乏远见"最终会让他们"难堪"，因为贫困的工人阶级会不断奋起反抗。

马克思认为，统治阶级不可能为工人阶级的孩子提供合适的公共教育，因为这将意味着无产阶级获得最终的自由，意味着消除贫困和压迫。资产阶级国家是建立在公共生活与私人生活的矛盾之上的，统治阶级始终控制着各种各样的社会组织。为了让国家服务于广泛的公共需求和利益，统治阶级必须放弃他们优先获得私利的权力，而他们不会这样做。简而言之，资产阶级的教育是为了满足统治阶级的需求，而不是为了孩子，也不是为了建设一个更自由、更人性化的社会。

马克思的教育观最集中地体现在《关于费尔巴哈的提纲》中，在提纲的第三条中，他将唯物主义观点与旧的机械唯物主义观点区分开来。他认为，唯物主义者将"人是环境和教育的产物"这一观点教条化，忽略了人改变环境和"教育者本身也必须接受教育"的事实。也就是说，一个人在有目的地教育别人之前，自己已经接受过有目的的教育。换句话说，在马克思看来，社会经济环境是由人来改变的。同样，只有从有目的的人类活动或实践（praxis）的角度，我们才能理解教育过程和环境是如何朝着更好的方向发展的。

在《神圣家族》（*The Holy Family*）中，马克思分析了洛克、孔狄亚克与爱尔维修怎样论述人类整体的发展取决于教育和环境的观点。在马克思看来，如果所有知识和感受都来自感觉经验，那么只需要改善外部经验世界就好了；如果人天生是社会性存在，那么只需要提供真正的社会化环境，人就能获得充分的发展。这一思想进一步解释了马克思关于"实践"的革命性观点，在他描绘的新教育中，"实践"将会发挥重要作用。在《关于费尔巴哈的提纲》第十一条中，这个观点得到了最集中的概括："哲学家们只是用不同的方式解释世界，而问题在于改变世界。"这句话刻在了伦敦海格特公墓马克思的墓碑上。

通过学校教育和培养社会主义觉悟来改变世界的方式，在正统的（orthodox）马克思列宁主义方法中得到诠释，在苏联和德意志民主共和国得到实施。

娜杰日达·克鲁普斯卡娅（Nadezhda Krupskaya，1869—1939）和安东·马卡连柯（Anton Makarenko，1888—1939）

克鲁普斯卡娅是列宁的妻子，她和马卡连柯都是苏联教育家，他们在帮助塑造正统的马克思列宁主义教育方面表现突出。他们的重要贡献在于，发展出了一套有助于培养青少年社会主义觉悟的教育方法。克鲁普斯卡娅认为，要培养青少年的社会主义觉悟，就必须通过教育。只有通过教育，才能形成青少年"勤恳的和有组织的道德情感"及"坚定的和高尚的世界观"。马卡连柯提出了集体主义教育的主张，即一个人应该形成集体责任感，认识到自己是集体

266　中的一员。学校是最重要的集体，学校中的每个人都必须认识到个人的利益依赖并服从集体的利益。这种对个人主义的不重视和对集体主义的强调源于马克思对资本主义社会个人主义的不信任。在马克思看来，个人主义只是建立在自身利益基础上，在社会生活中是缺乏责任感的。马卡连柯坚信这一观点。他被任命为收容少年犯的高尔基工学团（Gorky Colony）的负责人。马卡连柯通过设立"指挥官"来监管儿童这样的军事化方式管理这个机构，每个人在任意时间都可以自由离开；通过繁重的任务来竞赛，获胜者可以选择奖励。以这种方式进行管理，马卡连柯取得了显著的成果，暴徒、罪犯、娼妓转变成了有生产能力的有用公民。伟大的俄罗斯作家马克西姆·高尔基（Maxim Gorky）拜访工学团，对工学团取得的成果表示很震惊。他广泛而热情地宣传了马卡连柯的工作。

社会主义社会

如果说马克思主义教育的目的之一是培养社会主义觉悟，那么建设社会主义社会可能就是一个更伟大的目的。要培养理想的思想意识，社会条件是非常重要的影响因素。正如马克思反复强调的，"不是人们的意识决定人们的存在，相反，是人们的社会存在决定人们的意识"。一些当代学者，如阿罗诺维茨和亨利·吉鲁（Henry Giroux），努力指出马克思的这个观点要比它的表面意思更复杂，并提醒人们不要将它简单地看成一种机械决定论。

然而，正统的马克思列宁主义也接受了这种决定论。苏珊·雅各比（Susan Jacoby）提到，列宁认为大量宣传一种思想体系对一个努力建立新社会的革命政府来说有许多积极作用。在苏联最典型的例子是，从托儿所和幼儿园开始就对孩子进行政治教育，告诉孩子列宁的故事以及他为工人阶级所做的一切。

约瑟夫·赞吉达（Joseph Zajda）在研究苏联教育时指出，俄国教育理论中对强烈的国家认同的强调早于列宁和十月革命，但苏联教育中对共产主义道德的强调是基于列宁对马克思的伦理学和人道主义的解释。事实上，在马克思列宁主义的教育理论中，道德教育和政治社会化是分不开的，而集体是联结它们的纽带。集体可能是某个军事团体、工厂、运动队或者当地的学校。在苏联，集体主义包含对苏联国内的共产党或者国际范围内的工人阶级的认同。在观念上，每一位苏联公民都要高度服从集体。因此，集体主义和共产主义道德成为苏联社会必须遵守的原则。

西方马克思主义或新马克思主义哲学采取一种不同的理论路径。从教育理论方面来看，塞缪尔·鲍尔斯（Samuel Bowles）和赫伯特·金蒂斯（Herbert Gintis）撰写的《资本主义美国的学校教育》（*Schooling in Capitalistic America*）就是一个例子。他们指出，美国的自由主义改革努力已经失败了，教育机会的均等化并没有带来个体之间明显的经济平等。这是因为在资本主义社会中，学校通过重现工作环境来生产（produce）工人。资本主义经济的动力是利润，由于工人必须满足自身的经济生活需要，因此资本主义制度能够引诱工人进入这种经济结构中，用他们的劳动换取工资并为资本家创造利润（或剩余价值）。在这种情况下，学校就具有双重功能：（1）学校为工人提供技术和知识，以使他们更有经济价值；（2）学校通过仿效工厂的规则、权威、作息时间和等级制度，使人们适应现有的经济结构。但是，在学校获得的有辱人格的教育经验也会使一部分人质疑存存的社会制度。如此一来，资本主义的教育目的与实际产生的教育结果之间就存在着一种矛盾。从实际的教育结果来看，至少有一部分反叛者或"不合群者"会质疑资本主义法则。

根据 S. 鲍尔斯和金蒂斯所说，在进步的自由主义条件下，当资本主义制度真正成为各种社会问题的根源时，教育就成了医治社会疾病的万能良药。学校教育过程转变为改变人而不是变革经济体系。他们认为，学校教育的官僚化，是施加遵循已有准则和价值的社会压力造成的。因此，在资本主义经济体系中，学校带来的远非解放，而是促进对现有权力关系的认同。

S.鲍尔斯和金蒂斯认为，虽然进步主义教育理论试图改变社会结构，但它有着根本的缺陷，因为它的融合、平等和发展的目标是对资本主义经济原则的补充。例如，他们指责杜威错误地把美国社会定义为一个民主的资本主义社会。在他们看来，美国等级森严的组织结构和劳动分工是集权的，与民主原则相矛盾的。此外，他们批评杜威指望通过技术的手段来解决一些原本是社会和政治的问题。也许，他们忽略了这样一个事实，即杜威本人是非常鼓励进行社会和政治变革的，强调为了建设一个更加民主的社会，需要作出更大的努力。但是，S. 鲍尔斯和金蒂斯站在传统的马克思主义立场上，认为经济"生产"人，资本主义社会通过教育生产出大批的劳动者和剩余价值，供资本家随心所欲地"投资"。而且，因为生产结构的变化通常先于教育结构的改变，所以在经济结构和教育结构中就存在一种显著的因果关系。如果说经济"生产"人（或人的意识和观念），那么学校也参与了这种"人的生产"过程。如果人的生产最终出现了不平等，那么学校也同样参与了这种不平等的生产。变革学校不一定能改变不平等的存在，在很大程度上，它只能改变人们对环境的感知和意识，因为消除经济不平等最终是一个政治问题，而不是一个教育问题。

S.鲍尔斯和金蒂斯认为，根据上面的分析，一种平等的、自由的教育制度只能建立在广泛的经济生活转型的基础之上，而广泛的经济生活的转型只能通过根本性的政治变革来实现，如由工人阶级对生产过程实行民主管理。他们在教育领域的直接目标就是不断为学校改革作斗争，并将这种斗争看成推进民主的、革命的社会主义运动的动力。他们赞同马克思的观点，认为和平的社会主义革命可以在像美国这样高度工业化的国家实现，避免革命的最好策略就是唤醒工人阶级的意识。革命的首要环节是在现存的资本主义体制下，帮助人们改造压迫性的社会制度，学习怎样行使权利以及在合作的基础上作出决定，而平等的、自由的教育制度是这个过程的关键要素。

方法与课程

马克思并不看好由资产阶级资本主义民族国家提供的公共教育，主要是因为他对这种教育开设的课程以及教授这些课程的方法表示怀疑。虽然马克思在1869年开始赞同义务教育，但是他反对任何建立在阶级区分基础上的课程。他相信，只有自然科学和语法这些课程才适合学校教育，因为不管谁来教授这些科目，语法规则和自然科学定律都是不变的。他强烈反对给孩子讲授"调节生产劳动价值的原理"，因为他相信这种主题的教学只会强化资产阶级的经济学理论。他赞同19世纪美国的公共学校教育，这些学校的理事会由当地社区的居民组成，拥有雇用教师和选择课程的权利。在马克思看来，国家对学校进行控制的唯一形式是充当督学的角色，确保学校活动遵守一般的学校法律。直到1875年，他仍然认为由国家控制的教育是令人反感的，因为这种教育往往是按照资产阶级的利益对青少年学生进行教化。马克思只是反对资产阶级国家对教育的控制，而不是反对无产阶级专政国家对教育的控制。《共产党宣言》就描绘了一幅建立无产阶级专政国家的蓝图，在此蓝图中，马克思提出了面向所有儿童进行免费公共教育的建议。

马克思倡导技术和工业教育，但是反对狭隘的职业主义。1847年，马克思在德国工人联合会发表了有关"工资"的主题演讲。在这次演讲中，马克思指出了当时的现代工业如何役使童工照看机器。他们从事着非常简单的劳动，从事这种劳动事实上不需要接受任何教育。在这种情形下，即使儿童或工人接受一些智力教育，在工资方面也没有什么差别，因为由资产阶级倡导的这种智力教育只是一种狭隘的工业教育，它使工人不愿对资产阶级的利益进行挑战。马克思赞同课程结构由智育、体育以及技术教育组成。技术教育不仅包括行业的实践训练，也包括生产过程的一般原则，这是为了弥补学徒制的不足。在学徒制中，学徒仅仅学习一些具体的、以任务为导向的知识。在马克思看来，无产阶级必须全面了解整个生产过程。这样一来，资产阶级就不能利用无产阶级对资本主义经济制度内在运行方式的无知而随意支配他们。

马克思的教育观对后来信仰马克思列宁主义的国家的教育产生了一定影响，这种影响在技术教育领域尤其突出。这些国家的教育力图实现理论与实践相结合，避免智力劳动与体力劳动之间的分化。在俄国十月革命胜利后不久，克鲁普斯卡娅就提倡综合技术教育（polytechnical education），并将其看成使人们成为"工业的主人"的一条途径。就如"综合技术"（polytechnical）这个词本身所表明的，它意味着整个生产过程中全面的技术准备。在克鲁普斯卡娅看来，综合技术应该既包括理论方面又包括实践方面，就如同马克思列宁主义哲学既包括理论方面又包括实践方面一样。综合技术教育是一个雄心勃勃、包罗万象的概念，这让它变得难以实施。

玛格丽特·克莱因（Margrete Klein）在研究德意志民主共和国的教育时发现，当权者对恩格斯和列宁的认识论学说深信不疑，认为人们的认识就是对客观现实的复写或镜式反映（镜像）。学习和知识的获得也就被看成人的心灵从无知到有知的辩证过程。换句话说，存在于物质和运动领域的辩证法也一定存在于人的行动领域。人们认识物质世界，并根据自己掌握的物质世界的内在规律采取行动，以便改造物质世界。根据列宁所说，人们每一个具体的行动都会产生"相对的知识"（relative knowledge），这些行动日积月累就会产生"绝对的知识"（absolute knowledge），并在实践中展现出来。

有几位教育理论家用西方马克思主义批判理论的一些观点分析资本主义社会中的教育问题，为新的批判教育学理论和相关政策提供了一些建议。他们中除了 S. 鲍尔斯和金蒂斯外，还有马丁·卡努瓦（Martin Carnoy）、亨利·莱文（Henry Levin）、巴兹尔·伯恩斯坦（Basil Bernstein）、迈克尔·阿普尔（Michael Apple）以及吉鲁等人。吉鲁的著作最具有代表性。在《意识形态、文化和学校教育的过程》（*Ideology，Culture, and the Process of Schooling*）中，吉鲁表明了如下立场：课程体现了主导性的文化形式，因为它再生产了占支配地位的社会阶级的认知、学习、言语、风格和礼仪的模式，体现的是占支配地位的社会阶级的客观、公正和道德。然而实际上，学校传授的知识反映着统治集团的原则，特别是在政治原则和使其权力合法化并加强其资本积累所需的技术知识方面。

　　虽然吉鲁并不接受那种简单的关于社会存在和社会意识的一致性理论，但是他也认同新马克思主义的一个观点，即承认在两者之间有许多间接的影响。换句话说，在他看来，课程内容、课程组织以及学习课程的方式都可以看成社会存在与社会意识之间间接影响的方式。这种影响有可能是无意识的和潜移默化的，也有可能是有意识地加以安排，以便实现解放的目的。以历史社会研究课程为例。近些年来，人们围绕着历史意识危机或"历史之死"进行了持续讨论，后者导致非历史观念的发展。在历史社会研究课程中，人们设定一套假设，使他们在看到这些社会状况和观念（或如卢卡奇所强调的"物化"）时不加任何分析就予以接受并认为是理所当然的，而不去追究造成这些现状或产生某些观念的根源。在这种状况下，人们就会患上社会遗忘症，看不到社会过程可以变革的一面，任由霸权继续存在。

　　当代文化霸权用多种方式来复制自身。就像阿多诺描绘的那样，文化工业大规模生产的产品和信息产生了一种虚假的公众观念，结果形成了马尔库塞所说的单向度的技术意识，以及把科学技术的合力看成不可战胜的实证主义。然而，在美国历史上，人们曾经将进步看作道德上的自我完善和自我约束。如今，进步被狭隘地理解为物质财富的增加或技术的发展，这些观点充斥于当代社会，人们根本否定历史意识的重要性。在吉鲁看来，这已经造成公共话语仅仅从技术层面来看待"事实"与"问题解决方案"，将它们与赖以存在的社会和历史背景割裂开来，看不到事实确认和方案选择背后的政治因素。这种非历史意识的发展使人们付出了沉重的代价，牺牲了思想的独立性，损害了公众思考问题时的理性自主和理性自觉。

　　从吉鲁的观点来看，课程理论必须意识到社会文化状况与人类的主动性之间的辩证法。我们必须将学生当成具有自我意识的主观能动者来看待。如果教育能够提高他们对社会和文化现状的认识，他们就能够摆脱非历史的意识，成长为社会生活和社会变革的积极参与者和改革者。

对教育中马克思主义的评价

　　马克思主义对整个世界和教育都产生了重大影响。人们对此就像对待马克思主义哲学本身一样，有各种不同的解读。最直接的影响发生在遵循马克思列宁主义的国家，而马克思主义也对资本主义国家有一定的间接影响。在西方，这种影响在某种意义上是消极的。一些西方国家努力提出旨在消除所谓的"冷战"威胁和防止马克思主义"入侵"的教育政策。

最近几年，新马克思主义理论产生的影响与以前的"冷战"时期不同。在美国，一些新马克思主义理论已被用来分析美国重要的教育政策和实践。虽然这种分析无论是在国家还是在地区学校体系层面都还没有导致大的政策调整，也没有产生新的普遍适用的教学方法论，但是这种分析具有某种深远的意义。可以肯定的是，在全世界范围内，理论家正在应用一些新马克思主义的观点来重新审视教育。

关于正统的马克思主义有一个说法，那就是将以往的哲学都贬为"历史的垃圾桶"。阿多诺对此进行了严肃批判。在他看来，马克思确实对一些只是谈论世界而不去改变世界的哲学家进行了批判，但马克思的意图并不是要否定哲学，而是强调理论与实践的统一。阿多诺认为，人类的事业需要更加丰富的理论，这一立场得到法兰克福学派的支持。

这种观点对最近在研究中使用西方马克思主义或批判理论观念的教育学者来说非常重要，但对于这种批判理论应该采取什么方向，学者们的意见并不一致。他们的研究没有遵循形式化的马克思主义学说，而是将马克思主义的视角作为一种方式，专注于对教育问题以及历史学、社会学、经济学和女性主义研究等学科的批判性分析。许多人用马克思主义理论来解释教育的历史发展，如商业价值如何影响教育实践，课程改革如何成为保护权力利益而非人道主义利益的社会控制。一些研究表明，通过教育带来社会基本核心价值观的改变，也会影响其他领域的根本转变，比如经济或政治体系。

马克思主义对教育理论的影响表现在不同的方面。马丹·萨鲁普（Madan Sarup）竭力呼吁，教育社会学需要用马克思主义的理论框架去研究异化、劳动分工和阶级问题。她相信有了这种理论框架，教育社会学家就能够从一种更加广阔的视角来把握整体的社会关系，并把对实践的强调作为研究的基础。阿普尔将新马克思主义理论应用于课程理论研究和学校的知识再生产，来维护现存的社会、经济和政治状况。他指出，教育不仅作为一种再生产社会阶级和资本积累的方式发挥着消极作用，还再生产了性别分层、统治阶级文化特权和国家结构。其他作者，如卡努瓦和莱文是政治经济学家，他们研究了以往美国社会为公共教育进行的辩护，即把公共教育看作缓解贫困的途径。在卡努瓦和莱文看来，在资本主义社会中，消除贫困和不平等以及种族主义、性别歧视、失业等问题不可能得到有效的解决。学校作为资本主义制度一个必不可少的组成部分，不能独立于疾病丛生的社会而超然存在。因此，学校变革的空间是非常有限的。只有通过经济和政治体系的改革，学校才能有助于改善被压迫者的生存状况。

作为一种哲学体系，马克思主义的优势在于，它提供了一种社会改造的观点，为了改造社会，呼吁人们采取有目的的行动。它将世界描绘成充满变化的，我们需要为这种变化而努力。由于这些特点，马克思主义经常吸引被压迫者。另外，马克思主义强调帮助下层阶级获得社会权利，这对受压迫的在社会环境中失去尊严的人来说，有很强的吸引力。最后，马克思主义描绘了集体主义的美好前景，吸引了很多有这种梦想和愿景的人。马克思主义也有批判的功能——能够帮助社会公众用一种不同寻常的方式审视自己，并对当代社会中的异化、技术主义、官僚集权制、大众文化以及现实主义等提出了警告。马克思主义者始终提倡平等地分配社会财富。他们大力倡导教育是一种社会福利。在此过程中，他们提升了理论联系实践的需要，也促进了学习者将理性活动和社会责任感相结合的需要。

随着苏联解体，很多人认为马克思主义是一个失败的政治概念。然而，这种判断与事实相去甚远，不仅有像中国和古巴这样始终坚持共产主义理想的国家，还有拉丁美洲、非洲等地的许多国家也采取了共产主义或中间偏左的自由主义政策。再者，在许多国家，如巴西、厄瓜多尔和委内瑞拉的政治家已经开始实施一些更公平的财富分配政策来满足人们的要求。事实上，马克思主义者所推崇的、早期基督教教徒所信奉的经济正义，是一个非常强大的信念，它总是与迎合寡头精英的根深蒂固的经济政策进行斗争。马克思从来都不反对商业营利，他反对的是获利的数量和方式，他反对通过剥削工人阶级的方式获利。马克思也批判利润的使用方式仅限于狭隘的消费，而不是为了公共利益。资本家很擅长计算生产和销售的成本，但不善于考虑社会成本，比如生产对环境和工人的影响。卡耐基、洛克菲勒和盖茨（Gates）一直被作为资本家利用利润为公众服务的例子，但是人们不免质疑他们的捐款、基金会和捐赠的价值，即他们的利他主义意图：他们是为了公共利益，还是为了商业扩张、社会公信力或税收优惠？

卡尔·马克思
《论教育》*

　　马克思并没有写过多少教育著作，但是他的著作处处表明了教育的重要性。马克思认为，虽然现代工业带来了不计其数的灾难，但是它也为所有人过上更好的生活提供了一种新的手段。然而，资本家对工人及儿童的剥削，不择手段地获取利润的这些资本主义思想，阻碍了这一可能性的发展。

　　我们已经看到，大工业从技术上消灭了那种使一个完整的人终生固定从事某种局部操作的工场手工业分工，而同时，大工业以资本主义形式同时又更可怕地再生产了这种分工并且把工厂工人变成局部机器的有自我意识的附件；在工厂之外，大工业由于几乎使一切手工工场都间或地使用机器和机器劳动者，由于到处利用妇女、儿童和廉价工人作为分工的新基础，也引起了同样的结果。

　　工场手工业分工和大工业性质之间的矛盾通过一些破坏性的现象表现出来。例如它表现在这样一个事实上：现代工厂和手工工场雇用的大部分儿童从最年幼的时期起整年整年被牢牢地束缚在最简单的操作上，却没有学会任何一种哪怕以后只是在同一工厂或手工工场中能用得上的手艺。例如，过去在英国的印刷业中，同旧的工场手工业和手工业制度相适应，学徒工是从比较简单的活过渡到比较复杂的活。他们经过若干阶段的实习，最终就成为熟练的印刷工人。所有的人都必须能读会写。印刷机使一切都变了。印刷机使用两种工人：一种是一个成年工人，他看管机器；另一种是两个少年，大多从 11 岁到 17 岁，他们的工作只是把纸铺开送到机器上，或者从机器上把印好的纸取下来。他们（特别是在伦敦）在一星期中有好几天要连续不断地从事这种枯燥乏味的工作达 14、15、16 小时，甚至往往一连劳动 36 小时，而中间只有两小时吃饭和睡觉的休息时间！他们当中大部分人不识字，他们通常都是笨手笨脚的非常粗野的人……当他们长大到不适于从事儿童劳动时，也就是最迟到 17 岁时，就被印刷厂解雇。他们成为罪犯的补充队。企图在别的地方为他们找到职业的某些尝试，也都由于他们的无知、粗野、体力衰退和精神堕落而遭到了失败。

　　关于工场内部的工场手工业分工所谈到的这一切，也适用于社会内部的分

274

---

* 本文的翻译参考了中共中央马克思恩格斯列宁斯大林著作编译局编译的《马克思恩格斯全集（第四十三卷）》（马克思、恩格斯著），人民出版社 2016 年版。——译者注

工。只要手工业和工场手工业构成社会生产的普遍基础，劳动者对专一职业的依附，他的能力和职业的原有多样性的破坏，就可以被看作历史发展的必要因素。在这一基础上，每一个生产部门都通过经验得到确立，慢慢地完善，而一当达到一定的成熟程度，就迅速地固定下来。不时地引起变化的原因，正是由于通过商业进口外国商品和不断地改造劳动工具。但劳动工具一旦取得比较适合的形式，它就会结晶化，而且往往会世代相传达几个世纪之久。

一个颇具典型意义的事实是，各种手艺直到 18 世纪还称为"秘诀"……事实上，由社会分工自然形成的各个不同的产业部门彼此成了外行业的人不得涉足其间的独立王国。这些产业部门怀着焦虑不安的唯恐失去的心情严守着本行业传统做法的秘密，其理论甚至对内行人来说也仍然是个哑谜。

这层帷幕使人们看不到自己生活的物质基础、社会生产。这层帷幕在工场手工业时代被揭开了，而在大工业到来的时候则被完全撕碎了。大工业的原则是，对每一个生产过程就其自身来进行考察，把每一个生产过程分解成各个构成运动，而不管这些运动是由人的肌肉力还是由手艺来完成。这个原则创立了工艺学这门完全现代的科学。工艺学把工业生活的五光十色的、一成不变的和表面上无联系的形态，分解成为自然科学的各种按不同预期效用进行划分的应用。

同时，工艺学揭示了为数不多的基本运动形式，不管所使用的工具多么多样，人体的一切生产活动必然在这些形式中进行，正像最复杂的机器不过是掩盖了简单机械力的作用一样。

现代工业从来不把某一生产过程的现存形式看成和当作最后的形式。因此，现代工业的技术基础是革命的，而所有以往的生产方式的技术基础本质上是保守的。现代工业通过机器、化学过程和其他方法，使劳动者的职能和劳动的社会结合不断地随着生产的技术基础发生变革。同时它不断地把大量资本和大批工人从一个生产部门投到另一个生产部门，从而使已有的分工不断发生革命。

如果说大工业的性质本身需要劳动的变换、职能的流动和劳动者的普遍流动性，那么，另一方面，大工业在它的资本主义形式上又再生产出旧的分工及其固定化的专业。我们已经看到，大工业的技术上的必然性和它在资本主义制度下所具有的社会性之间的这个绝对的矛盾最终破坏了劳动者生活的一切保障，使劳动者面临这样的威胁：在劳动资料被夺走的同时，生活资料也不断被夺走，在他的局部职能被排挤的同时，他本身也变成过剩的东西；我们也看到，这个对抗产生了一支处于贫困中、从而在资本家需要时随时可供支配的庞大的产业后备军；它导致了工人阶级的周期性的牺牲，劳动的无限度的浪费和社会无政府状态造成的灾难，这种无政府状态使每一个经济进步都成了社会的灾难。这是消极的方面。

但是，如果说劳动的变换现在只是作为自然规律——这个自然规律到处都遇到障碍并盲目地破坏这些障碍——为自己开辟道路，那么，大工业所产生的灾难本身必然要求承认劳动的变换，从而承认劳动者尽可能多方面发展能力是现代生产的规律，并且必须不惜一切代价地使各种情况适应于这个规律的正常作用。这是生死攸关的问题。大工业迫使社会在死亡的威胁下用全面发展的个人来代替局部的个人，也就是用能够适应极其不同的劳动需求并且在交替变换的职能中只是使自己先天的和后天的各种能力得到自由发展的个人来代替局部生产职能的痛苦的承担者。

资产阶级为自己的子孙创办了工科学校、农科学校等等，但这仅仅是为了顺应现代生产的内在趋势，它给予无产者的只是一点点职业教育。但是，如果说，工厂立法作为从资本那里奋力争取来的最初的让步，不得不把初等教育（虽然是很可怜的初等教育）同工业劳动结合起来，那么，工人阶级在不可避免地夺取政权之后，必将在人民的学校中实行实践的和理论的工艺教育。毫无疑问，这种以消灭旧分工为最终目的的变革，是同产业的资本主义方式以及这种方式使工人所处的经济环境明显地矛盾的。但是，一种生产方式和与之相适应的社会组织走向瓦解和形态变化的唯一的现实道路，是它们的内在的对抗的历史发展……手工业和工场手工业智慧的这一顶峰，在钟表匠瓦特发明蒸汽机，理发师阿克莱发明经线织机，宝石工人富尔顿发明轮船以来，已成为荒唐和可诅咒的事情了。

当工厂立法规定工厂、工场手工业等的劳动时，这仅仅表现为对资本的领主权的干涉。但是，一旦触及到家庭劳动时，这就是对父权（用现代语言来说是亲权）的直接的、公开的侵犯。英国议会元老对于采取这一触犯神圣的家庭制度的步骤长期来一直装腔作势，畏缩不前。然而，用夸夸其谈并不能逃避事实。最终必须承认，大工业在破坏工人家庭的经济基础的同时，使工人家庭的一切其他关系也发生了变革。人们不得不为儿童的权利来呼吁了。

关于这个问题，1866年童工调查委员会的最后报告说："不幸的是，所有的证词都表明，男女儿童在自己的父母面前比在任何别人面前都更需要保护。"一般儿童劳动，特别是家庭劳动遭受剥削的制度"之所以能够维持，是因为父母对自己的年幼顺从的儿女滥用权力，任意虐待，而不受任何约束或监督……

父母不应当享有为每周取得一点工资而把自己的孩子变成单纯机器的绝对权力……儿童和少年有权为防止亲权的滥用而取得立法方面的保护，这种滥用会过早地毁坏他们的体力，并且使他们道德堕落，智力衰退"。

然而，不是亲权的滥用造成了对儿童的剥削，恰恰相反，正是资本主义的剥削造成了亲权的滥用。……不论旧家庭关系在目前条件下的解体表现得多么可怕和可厌，但是由于大工业使妇女和儿童在家庭范围以外，在社会地组织起来的生产过程中起着决定性的作用，它也就为家庭和两性关系的更高级的形式创造了新的经济基础。把基督教日耳曼家庭形式看成绝对的和最后的东西，就像把东方家庭形式、希腊家庭形式和罗马家庭形式看成绝对的和最后的东西一样，都是荒谬的。这些形式依次构成一个发展序列。甚至由各种年龄的男女个人组成集体劳动者，这个在资本主义的统治下产生堕落和奴役的根源也包含着新的社会发展的萌芽。在历史中同在自然中一样，腐败孕育着生命。

（资料来源：Karl Marx, *On Education, Women, and Children*, Vol.6 of The Karl Marx Library, edited by Saul K. Padover. New York: McGraw Hill, 1975, pp.114-118. Reproduced with permission of The McGraw-Hill Companies.）

安东·马卡连柯
《儿童教育讲座：家庭教育中的一般准则》*

马卡连柯是俄国革命的热情支持者，也是俄国革命时期的主要教育家之一。在以下选文中，马卡连柯为父母抚养孩子提供了一些建议。马卡连柯认为，教育不仅可以用来提供知识，还可以用来塑造性格。他指出，家庭的品质特性是孩子教育过程中非常重要的一个方面。

儿童教育，是我们生活中最重要的一个方面。我们的孩子，是我们国家未来的公民，也是世界未来的公民。他们将创造历史。我们的孩子，是未来的父母，他们也将成为自己孩子的教育者。我们的孩子应该成长为优秀的公民、出色的父母。但这还不是全部：我们的孩子决定我们的晚年。正确的教育意味着我们将会有一个幸福的晚年；而不好的教育将意味着我们未来的痛苦和泪水，

277

---

* 本文的翻译参考了诸惠芳译的《儿童教育讲座》（安东·马卡连柯著）一书，河北人民出版社1997年版。——译者注

这是我们对其他人，对整个国家犯下的罪过……首先，请你们注意我下面要说的这一点：正确地、规范地教育孩子远比对孩子进行再教育容易得多。从童年早期就开始正确地进行教育根本不像许多人认为的那样困难，这是每个父亲和母亲都能做到的事情。每个人都能够容易地教育好自己的孩子，只要他确实愿意这样做，更何况这是一件愉快的、喜悦的、幸福的事情。而再教育则完全是另一回事。如果您的孩子没有得到正确的教育，如果您有所疏忽，对他关心不够，其实常常是偷懒，对孩子不管不问，那到时候就必须对许多东西进行改造和矫正。而这种矫正工作、再教育工作，就不是那么容易的事情了。再教育工作需要花费更多的精力，需要有更多的知识、更大的耐心，并非每个家长都能做到这一切。常常有这样的情况，即家庭已再也没有能力去应付再教育工作中遇到的困难，不得不把孩子打发到工学团去。然而工学团往往也无能为力，这些孩子很可能成为品行不端的人。即使有改造工作奏效的情况，这个人走进了社会，参加了工作。所有的人都看着他，所有的人都很满意，家长也是这样。但是任何人都不愿意计算一下，已造成的损失究竟有多大。如果这个人从一开始就受到正确的教育，他从生活中获取的东西就会更多，他就能成为更有力量的人、更有修养的人进入社会，而这就意味着他将成为更幸福的人。不仅如此，再教育和改造这项工作不但更困难，而且是痛苦的。这样的工作即使取得了圆满的成功，也经常使家长忧伤，损伤他们的神经，往往还会扭曲家长的性格。

关于这一点，忠告家长永远牢记在心，希望家长要始终做好教育工作，力争将来不必再做任何改造工作，力争从一开始就把一切都做对。

……必须严肃对待的另一个问题，是教育目的问题。某些家庭完全不考虑这个问题：父母只是与孩子生活在一起而已，家长希望一切都不费力地得到。家长既没有明确的目的，也没有一定的计划。在这样的情况下，结果自然总是偶然得到的，这样的父母最后常常会感到奇怪，为什么他们的孩子会变成坏孩子。如果不知道想达到什么目的，那么任何事情都不可能做好。

每个父亲和母亲都应该知道，自己究竟想将孩子培养成什么样的人。应该清楚地了解自己作为家长的愿望。您是否想培养真正的苏维埃国家的公民，培养有知识的、有毅力的、诚实的、忠于人民和革命事业的、热爱劳动的、朝气蓬勃的、有礼貌的人？或者您想将您的孩子培养成庸人，成为贪婪的、怯弱的、有点狡诈、浅薄的投机者？请下点功夫好好想一想这个问题，哪怕是暗暗地思考，您也会马上发现您曾犯过的许多错误，发现前面有许多正确的选择……

您自己的行为，是最具有决定性意义的。不要认为，只有当您与孩子谈话，或教导他，或命令他的时候，您才在教育孩子。在您生活中的每一个时刻，即使您不在家的时候，您都在教育孩子。您怎样穿衣服，您怎样与别人交谈和怎样谈论别人，您怎样高兴和忧愁，您怎样对待朋友和敌人，您怎样笑，怎样读报——所有这一切对孩子都具有重要意义。孩子能发现并感觉到语调中的细微的变化；您思想上的所有转变，都会通过无形的途径传达给孩子，您却没有察觉到。如果您在家里很粗暴，或者爱吹牛，或者酗酒，甚至更坏，您侮辱母亲，那么您就不必再考虑教育问题了；您已经在教育您的孩子了，而且在教坏他们，任何最好的忠告和方法对您都是无济于事的。

父母对自己的要求，父母对自己家庭的尊重，父母对自己一举一动的检点——这就是首要的和最主要的教育方法！

然而有时候会遇到这样的家长，他们认为，必须找到某种最灵验的教育儿童的方法，于是就万事大吉了。按照他们的观点，如果将这个方法交给一个最懒的懒汉，那么他借助这个方法也能培养出勤劳的人；如果将这个方法交给一个骗子，那么也能帮助骗子培养出一个诚实的公民；这个方法到了说谎者手中也会出现奇迹，儿童会成长为正直的人。

这样的奇迹是不会有的。如果教育者自己的个性中存在着严重的缺点，那么任何方法都帮助不了他。

因此必须重视这些缺点。必须永远牢记，教育上的灵丹妙药是根本不存在的。遗憾的是，有时仍能遇到那些相信灵丹妙药的人。第一种人想出了特殊的惩罚，第二种人想采用某些奖励，第三种人在家里竭尽全力用扮演丑角的方法来逗乐孩子，第四种人用许诺来收买孩子。

教育儿童需要的是最严肃的、最朴实的、最真诚的态度。这三种品质构成了生活的最高真谛。掺杂些微的虚伪、做作、嘲讽、轻率，都注定会使教育工作失败。这绝不意味着您应该整天紧绷着脸、端着架子。只需要您成为真诚的人，让您的情绪适合您家中正在发生的事情的时刻和实质。

所谓的灵丹妙药会妨碍人们去认识自己面临的任务，灵丹妙药起初会让家长开心，随后就会浪费他们的时间。然而有许多家长是多么喜欢抱怨时间不够啊！

家长能经常与孩子在一起当然就更好，如果家长根本看不到孩子，那么就很不好。但是还是有必要说明，正确的教育并不要求家长寸步不离自己的孩子。这样的教育只能给孩子带来危害，发展性格中的消极性。这样的孩子过分习惯成人的社会，他们在精神上的成长也太快。家长喜欢为此而洋洋得意，但以后就会知道自己犯了错误。

　　您应该很好地知道，您的孩子在做什么，他在哪里，他周围有些什么人，但您也应该给他必要的自由，使他不仅处于您个人的影响之下，还处于生活的丰富多彩的多种影响之下。同时，您不要认为您应该小心翼翼地将您的孩子与消极的影响甚至敌对的影响隔绝开来。要知道，在生活中儿童总归要接触各种各样的诱惑，接触异己的人、有害的人和情况。您应该培养儿童对这样的人和事进行分析和与之斗争的能力，及时认识他（它）们的能力。在温室中进行教育，长期生活在与人隔绝的环境中，是培养不出这种能力的。因此，让您的孩子接触各种各样的环境当然是完全应该的，但任何时候都不可以放任不管。

　　对儿童必须给予及时的帮助，及时的制止，及时的指导。因此需要您做的仅仅是经常地修正儿童的生活，而根本不是所谓的那样牵着孩子的手。关于这个问题，以后我们还将更详细地说到，现在我们之所以谈到它，只是因为谈到了时间问题。教育并不需要花费很多时间，而需要合理地利用少量的时间，我们再重复一遍：教育随时随地都在进行着，即使您不在家时。

279

　　教育工作的实质根本不在于您与孩子的谈话，也不在于您对孩子的直接影响，而在于组织您的家庭、您的个人生活和社会生活，在于组织孩子的生活，关于这一点大概您自己也已猜到了。教育工作首先是组织的工作。因此，在这项工作中是没有小事的。您没有权利将任何事称作小事并将它置之脑后。您将您的生活中或您的孩子生活中的某件事看作大事，并将您的注意力全部关注在这样的大事上，而将其他所有的事全部弃之一旁，这将是一个可怕的错误。在教育工作中是没有小事的。您可以用一些发带来绑住小姑娘的头发，一些小帽子或玩具，所有这些都是在儿童的生活中具有重大意义的东西。好的组织工作就是不忽略最细小的细节和小事。琐碎的小事每天、每时、每刻都在起着作用，生活就是由无数的小事组成的。指导这种生活，组织这种生活，这将是您最重要的任务。

　　（资料来源：Anton Makarenko, *Lectures on Child Education: General Guidelines for Child Care in the Falimy*. Moscow: Progress Publishers, 1976, pp.220, 222-223, 226-230. Permission also granted by University Press of the Pacific.）

第九章

分析哲学与教育

- 哲学中的分析运动
- 作为一种教育哲学的哲学分析
- 对教育中分析哲学的评价

.

　　分析哲学（analytic philosophy）不是一种系统化的哲学，这是它与理念论、实在论或实用主义的不同之处。事实上，大多数分析哲学家煞费苦心地拒绝将自己的哲学看作系统哲学，因为他们认为哲学中的系统方法给人类的理解带来了更多的问题，而不是解决方案。大部分分析哲学家努力澄清科学、政治学和教育学领域中使用的语言、概念和方法。

　　澄清是分析哲学中贯穿始终的主题。分析哲学家潜在的假设是，大部分过去的哲学问题并不是因为研究终极实在或真、善、美本身产生的问题，而是因为研究的过程中混乱的语言、含糊不清的含义和概念上的混乱导致的。大部分的分析哲学家认为，判断某事物是否为真是科学的事，而不是哲学的事。因此，哲学的真正作用是批判性的澄清。

　　分析哲学运动采用了几种方法，而且它本身也经历了一个颇为艰难的历史发展过程。基本上，哲学分析一直在进行，就像苏格拉底在探究正义含义的时候，他就使用了此种方法。然而，现代分析哲学运动更直接的根源是最近的一些哲学发展。

本章的第一部分要说明分析哲学从 19 世纪末 20 世纪初到现在的演变过程，第二部分则涉及哲学分析被应用于教育理论和教育哲学的方式。

哲学中的分析运动

在同时期实在论的影响下，分析运动一直在不断发展，并于 20 世纪初在摩尔（George Edward Moore）和罗素的影响下得以形成。此外，分析哲学主要是在英美文化背景下发展的，尽管它的几个倡导者主要是日耳曼–奥地利血统的人，来自欧洲大陆。然而，欧洲大陆哲学对英国和美国的哲学发展产生了重要的影响，因为这些日耳曼–奥地利人发现了纳粹的恶劣行径，并觉得欧洲大陆的社会状况束缚太多，所以他们来到英美两个国家。来自欧洲大陆的、最终并入英美分析运动并产生重要影响的是逻辑实证主义。这个哲学流派，最初由被称为"维也纳学派"的一群哲学家确立。"第一维也纳学派"是由一群在第一次世界大战前相遇的哲学家组成，他们摒弃形而上学思维，支持逻辑经验论，认为陈述必须基于经验数据或可分析的真理。

最近，分析运动以及许多以前与逻辑实证主义有联系的人，常被冠以"语言分析"之名，它的大多数倡导者受到维特根斯坦（Ludwig Wittgenstein）的极大影响。总的来说，这些发展被称为哲学中的"语言转向"，从关注绝对知识和真理的传统哲学转向检验人们讨论和描述事物和观念的概念的方式。

早期分析运动

实在论不是分析运动的唯一来源，但两者有很大的相似性。摩尔和罗素并不是分析运动的发起人，因为一些他们同时代的人更直接地参与到这一运动中，但摩尔和罗素可能是最典型的实在论者出身的分析哲学家。

乔治·爱德华·摩尔（George Edward Moore，1873—1958）

摩尔对 20 世纪实在论和它的一个分支——分析哲学的发展产生了重要的影响。在罗素迷恋上黑格尔理念论时，摩尔影响了罗素并指导他转向了实在论的方向。后来，摩尔和罗素成为好朋友和哲学同事，但渐渐地，他们之间产生了分歧。摩尔的实在论走向常识（common sense）哲学和日常语言，而罗素的实在论则走向科学、数学和形式语言。

《为常识辩护》（*A Defense of Common Sense*）是摩尔比较有名的作品之一。摩尔主要对人们在日常生活中谈及的事物感兴趣。他认为，绝大部分常识是真的，而且我们知道人们用普通的、常识性的语言在谈些什么。与之相反，许多哲学家进行哲学论述时避而不谈普通常识。虽然有很多事实是我们用日常语言和哲学并不能进行证实或证伪的，但摩尔认为，他的职责不是去发现日常语言和哲学命题的真假，而是分析命题的意义。他认为，分析会扫清道路，帮助人们更好地理解真理，更规范地说话和写作。

282   摩尔认为，有更好的理由接受日常语言，而不是哲学命题，因此他主要研究日常语言。首先，日常语言处理的是常识，是日常生活的世界。他的陈述和命题是关于常见的事实和现实生活中的经验。日常语言和常识解决现实问题已历经了几个世纪，经受了时间的考验。摩尔致力于分析通常使用的术语，像"善""知""真"。这些术语在日常语言中被使用时，每个人都知道它们的意思。摩尔认为，人们在使用"善"这个术语时，已经在头脑中有了"善"这个概念，但知道是什么意思（或者说知道这个概念）与分析这个术语的含义是两件事。对含义的分析能帮助人们弄清楚恰当的含义或者说它的"真义"。

各种各样的困难和麻烦往往是由于对含义的混淆而产生的？语言学分析家认为，现代世界的大多数问题是由意识形态立场、政治信仰等方面的误解和混乱造成的，所有这些都在很大程度上取决于关键词语的含义和概念。为了澄清混淆的本质，摩尔致力于分析关键词语的含义，并在一定程度上对混淆的本质有了新的了解。这使他更加关注语言的伦理含义。在《伦理学原理》（*Principia Ethica*）中，他分析了人们在使用"善"这个术语时，心中出现的各种各样的含义。

这可以根据意识形态和政治上的混乱来进一步探讨。我们可以肯定地认为，大多数严肃的政治理论包含了什么是"善"的概念。然而，一种理论中"善"的观念通常不同于其他理论中"善"的观念。以政治理论中的"经济补偿"为例，马克思主义理论认为，商品财产的共同所有制必然带来合理的结果或"善"；而在其他的政治理论中，比如资本主义制度，主张私人所有制是一种至高无上的"善"。其他的例子也表明关于何为"善"的政治理论可能有着内部的不一致，甚至自相矛盾的说法。可能大多数的人类冲突是由于对"善"

的各种含义混淆造成的。

在摩尔看来，哲学家们也犯了增加含义混淆的错误，因为他们试图从常识和普通语言中夺走含义，并使其含义变得遥远和抽象，例如，以抽象的方式使用"善"这样的词。摩尔认为，常识知道"问题在哪里"，而抽象理论不知道。他指责哲学家们滥用语言，因为他们把语言从普通的、一般的用法和含义中抽离出来。然而，摩尔追寻的不仅仅是含义，还有对含义的分析。他的独特方法是根据类似的概念来分析给定的概念（或含义），并以精确的方式将一个概念与另一个概念区分开来。

伯特兰·罗素（Bertrand Russell，1872—1970）

摩尔认为分析哲学是对普通语言和常识中含义的分析，而罗素则发展了一种类似于精确科学的更正式的逻辑分析（logical analysis）。在《数学原理》中，罗素和怀特海试图将数学转换为一种逻辑语言。罗素认为，数学带来了语言一般用法中不存在的清晰和逻辑。由于语言是生活中非常重要的一部分，因此人们必须努力使它更加精确和清晰

亚里士多德的三段论就是一个逻辑体系。可是，罗素的逻辑解决的是命题彼此间的关系，即"如果在下雨，那么街是湿的"。"在下雨"和"街是湿的"体现了命题之间有某种关系，或者可以说成是罗素所说的密切关系。在《数学原理》中，罗素试图证明，其实数学是逻辑的一部分，而且语言的基本逻辑结构与数学的相似。因此，他希望数学逻辑能成为使语言含义更精确、更清晰的哲学工具。

283

罗素区分了他所说的"原子"句和"分子"句。原子句（atomic sentences）的任何一部分都不能单独被称为句子。因而，"梅甘是人"是个原子句。而"梅甘和博妮塔要一起去逛商店"则是个分子句，因为它是个复杂的句子，包含两个部分，每一部分本身也是个句子，即"梅甘要去逛商店"和"博妮塔要去逛商店"。分子句是由原子句通过"和""或""如果"这些连接词连接构成。罗素认为，任何一个分子句都可以用逻辑连接词分析成一系列原子句。因此，一个分子句的含义可以通过将其分解为其组成原子句来解释。这通常被认为是罗素的逻辑原子论（logical atomism）。

因此，如果一个原子句是真的，那么它的主语就意味着一个独立的事物或实物，而谓语则和这个事物或实物的特质有关。在陈述原子句与实物和特征相关方面，我们了解到世界由事实构成，而所有的事实都是原子，而且能

用原子句描述。罗素认为，实际上并不存在分子事实（molecular facts），因为"和""或""如果"这些连接词只是以各种方式组合原子句的语言设置。原子句只是句法上的，没有普遍的事实存在，比如"所有人都终将会死"，可以简化为原子句"梅甘终将会死"，"博妮塔终将会死"，每位个体都是如此。

罗素在他命名的摹状词理论（theory of descriptions）中，试图证明哲学家通过对语言的错误分析，被似是而非的论点引导，相信普通人认为虚构或不存在的东西，在某种意义上确实存在。例如，当我们说"亚哈船长追赶白鲸"时，我们似乎是在做一个真实的声明。从某种意义上说，这是真的，尽管除了小说中，没有亚哈船长和白鲸实际存在。罗素是这样说的："如果没有法国国王，怎么会有'现在的法国国王是明智的'这样的话呢？"罗素通过区分句子的"语法形式"和"逻辑形式"来处理这类问题。因此，语法结构使人相信短语"现在的法国国王"在逻辑上是主语，"是明智的"是谓语，这是一个原子句。然而，这句话并不是"逻辑上"的主谓形式。经过分析，我们可以得出下面三句话：

1. 某人是现在的法国国王。
2. 现在的法国国王是唯一的。
3. 无论现在的法国国王是谁，他都是明智的。

这三个句子都是总句，而不是原子句。没有使用特定的名称，相反使用了像"某人""无论"等笼统的表述。因此，尽管"现在的法国国王"可能符合语法，但在逻辑上并不是一个合适的名称。为了说明"现在的法国国王"在逻辑上是"总"句而不是原子句，罗素指出，像这样的短语与世界上的任何客体都没有关系，因此它不能单独构成任何含义。如果将一个句子译成逻辑语言，那么它的含义就变得清晰起来。如果能证明它不是主—谓形式，那么它语法上的主语并不直接涉及任何东西。因此，在精确的语言中，每个主语表示世上一个真实的客体，而每个谓语则表示该客体真正的特性。罗素和摩尔的不同在于，罗素努力构建一种逻辑语言，或者说是一种客观的并能适应科学事实的更精确的语言。罗素想要一种规范的逻辑语言，并将自己的方法称为"逻辑分析法"。

"分析"这个术语对罗素来说有着特殊的意义。以前许多哲学是综合的，即它试图将毫无联系的部分或议题综合成一个"伟大的答案"或一个"封闭的系统"。罗素认为，哲学家已经掌握了他们的"伟大的答案"，但他们试图使毫无联系的各部分都适合这个答案则无疑是错误的。他认为，摆脱这一麻烦的方法就是抛弃封闭宇宙的观念，转而一次一次地处理问题。通过将每个议题或问题缩减到它的最小程度（可以说是它的"原子"），才能获得清晰和精确的含义。

罗素的分析方法是将每个问题分解到它的构成成分，进而在细节中检查每一部分并找到它的本质特征。因此，宁愿获得小但有意义且出色的分析，也不愿得出"伟大的答案"或综合体。科学是如此，哲学也该如此。罗素的分析方法是还原性的，即他将命题分解到最小且最基本的意义。它也是经验性的，因为命题的最基本的意义必须与现实或者事情的真相相符。法国国王的例子就能说明这一点。事实上，如果没有国王，那么谈论法国国王是没有意义的。如果国王并不存在，那么这个并不存在的国王不可能是明智的。实际上，这表明罗素对综合法，对过去哲学"主要方法"的谴责。他认为，太多的讨论和理论系统建设一直围绕着并不存在、并不明智的"国王"或"伟大的答案"而进行。

事实上，对哲学的"系统"或"主要方法"的反感，从总体上相当好地描述了分析哲学运动的特点。分析家反对将观点按哲学系统分类，他们更喜欢将观点看成互相交叉的，而不是单独存在的。因此，他们认为，系统或"主义"的方法无法达到应促进的那种思维哲学的目的。比起按范畴分类来说，他们更喜欢分析语言含义和澄清观念。

虽然罗素促进了分析哲学的发展，但他对分析的兴趣主要是方法论的，而且他的哲学牢固地建立在实在论的基础上。罗素强调事实，坚持原子论，反对分子的命题和总的命题，这表明他接受实在论的独立命题。然而，应该指出的是，罗素的哲学很难归为任何一个哲学派别。当罗素发现他的错误之处时，他甘愿放弃原有的立场和观点，而且看起来似乎对作为哲学本质的分析方法丧失了信心。在他生命晚期，不管这种研究指向何方，思想斗争如何激烈，他仍做着哲学上的探索，仍在寻求着智慧。他的影响涉及许多方面，如政治、宗教、社会和经济，这正是他作为思想家的美德所在。

罗素的哲学观点使他声名鹊起，但他也承受了因社会和政治哲学获得赞誉和嘲弄的压力。他看到了教育与社会进步之间的明确联系，而且花了大量时间撰写有关教育的著述。20 世纪 30 年代，罗素获得了纽约城市学院（City College of New York）的教职，但由于一项司法裁决被撤销了任命，该裁决认为他在道德上不适合在该大学任教。杜威等人为罗素恢复原职而多方奔走，但无济于事。1954 年，罗素在英国广播公司发表了他著名的"人的危险"的广播，一年后，他发布了《罗素—爱因斯坦宣言》（Russell-Einstein Manifesto），呼吁削减世界上的核武器。他成为核裁军运动的创始主席，并在 1961 年因反核抗议活动而被监禁。罗素写了很多深受欢迎的书，包括《哲学问题》（*The Problems of Philosophy*，1912）及《西方哲学史》（*A History of Western Philosophy*，1945）。1950 年，罗素被授予"诺贝尔文学奖"。

从摩尔和罗素的思想可以看出，分析深深植根于实在论：摩尔坚持将他的分析固定在事实和感觉经验的日常世界里，而罗素则坚持以逻辑、有序和系统的方式处理详情的科学模型。虽然绝大多数现代分析家拒绝认同任何哲学体系，但分析运动仍然有许多实在论取向。

逻辑实证主义与分析

最初，逻辑实证主义是由一些欧洲哲学家、科学家和数学家组成的团体发起的。在 1929 年，这个团体的成员正式将该团体称为"维也纳学派"，并开始出版发行《认识》（*Erkenntnis*）杂志。该团体的成员包括莫里茨·石里克（Moritz Schlick）、鲁道夫·卡尔纳普（Rudolph Carnap）、赫伯特·费格尔（Herbert Feigl）、费利克斯·考夫曼（Felix Kaufmann）、艾耶尔（Alfred Jules Ayer）。罗素的作品，特别是《数学原理》，还有维特根斯坦的早期作品，特别是《逻辑哲学论》（*Tractatus Logico-Philosophicus*），都对这个团体产生了一些影响。

维也纳学派将证实原则作为主要方法之一。维也纳学派的成员认为，所有的命题都必须是可以通过逻辑或知觉陈述来证实的。举个例子，"母亲是女性"这个逻辑陈述，基于其使用的术语，这是一个逻辑上真实的陈述。然而，"母亲是工人"并不一定是真实的或有意义的。这种命题只有能被感官以经验为依据而得以证实时，它才是有意义的。逻辑实证主义的支持者区分了"分析"（analytic）和"综合"（synthetic）的句子。含义上真正符合逻辑的句子被称为"分析"句，例如，"所有光头男人都没有头发"。需要某种实证调查以进行确认的句子被称为综合句，例如，"约翰有棕色的头发"。康德在他的《未来形而上学导论》（*Prolegomena to Any Future Metaphysics*）中对分析性陈述和综合性陈述作了区分，并坚持认为综合性先验陈述只有在数学中才是允许的。

实证主义者认为，所有的分析句都属于形式逻辑，它们之所以正确是因为它们的形式；所有的综合句属于科学，需要通过实证调查确定它们的有效性。应该指出的是，分析句和综合句描述世界的方式是不同的。比如，我们不能推断综合句中的术语所指的事物确实存在。因此，从"美人鱼是女的"这个分析句来看，我们并不能因此而推断真的存在美人鱼。然而，"这只猫是白的"这样的陈述可以通过核查事实而确认其是否真实。逻辑实证主义者认为，分析句是"微不足道的"，而综合句则是"信息丰富的"。分析句只有从定义上来说才是真实的，而综合句则能被证明是真还是假。

尽管如此，这里应该注意分析和综合这两个术语。实证主义者并没有在更古老的意义上使用综合这一术语。我们和罗素一样怀疑旧的"宏大的哲学"，这种哲学试图从相互冲突的思想的综合中构建"伟大的答案"和详细的体系。在逻辑实证主义者看来，旧的综合方式太过形而上学，毫无意义。唯一可以说的命题是自然科学的命题，逻辑实证主义者采取的立场是，真实的命题必须能够进行实证检验。

然而，几年后，实证主义者在证实原则方面遇到了困难，因为他们热衷于将证实作为一种严密且精确的应用方法，而拒绝考虑任何不经证实的命题。然而逻辑实证主义者使用的一些科学的基础假设是未经证实的。对实证意义上的数据的重视也带来了问题；这些数据取决于人类对某些现象的观察，而这又增加了人们感知的主观因素。正像康德在《自在之物》（*das Ding an sich*）中提及的，一个人对某客体或现象的"观察"并不是事情本身的客体实在。因而主观主义的错误可能是经常存在的，这个特别棘手的问题导致了逻辑实证主义者内部的各种分裂。因此，很少有哲学家始终如一地认为他们是逻辑实证主义者。分析哲学的假设过于简单，而且方法过于刻板。尽管如此，作为一种曾一度占统治地位的哲学，它的影响力是不可忽视的。

维特根斯坦和艾耶尔是分析运动中植根于逻辑实证主义的两位重要代表人物。

路德维希·维特根斯坦（Ludwig Wittgenstein，1889—1951）

维特根斯坦生于奥地利，他的父母非常严厉，他们只希望孩子表现优异。维特根斯坦的父亲希望他能成为工程师，因此他曾先后在柏林和英国的曼彻斯特学习工程。此外，他还专门研究了飞机推动力，但结果是，由于对这项工作的研究，他对纯数学产生了浓厚的兴趣。

在英国的时候，他接触到罗素的数学逻辑。稍后不久，他又去了剑桥大学并成为罗素的学生和朋友。但是，第一次世界大战打断了他的学业和哲学研究。"一战"期间，他返回奥地利，服役于奥地利的军队并在意大利的前线被捕。在服役期间，他完成了《逻辑哲学论》的大部分。而且在这期间，他显然有一些不为人知的经历，因为战后他回到家里，捐出了自己可观的财富，并成为一位小学教师。

从维特根斯坦早期的著作，尤其是《逻辑哲学论》中不难看出，他与逻辑实证主义早已联系在一起。在这本书中，他坚持认为，自然科学是真命题的主要来源和寻找新事实的主要方法。人们不应该将哲学仅仅看作发现真理的活动，而应该将它看作一种解决两难困境、阐明问题并澄清从其他来源获得思想的活动。真命题可以被称作原子命题（atomic proposition），它揭示了客体和事实的特定结构和排列。但哲学家与其关心客体的真实与否，不如对客体的语言和陈述进行仔细研究。因此，我们需要明确我们能说什么，不能说什么，也就是说，语言的界限。

从维特根斯坦的《逻辑哲学论》中可以看出，与罗素相比，他是一位更严肃的经验主义者，这也许可以解释他对逻辑实证主义者的吸引力。他认为，语287言最重大的用途是描述事实或陈述恒真命题（tautologies）；除此之外，语言则是无意义的。20 世纪 20 年代，他与剑桥大学的知识分子圈又建立了联系，并于 1929 年迁居英国并成为英国公民。此后，他开始修改自己的哲学，并在 20世纪 30 年代中期改变了他的主张，而这对英美哲学产生了深远的影响。

在 20 世纪 30 年代早期，维特根斯坦给学生的讲稿最早以书面形式体现了这些思想。这些笔记被称为《蓝皮书》(*Blue Book*) 和《棕皮书》(*Brown Book*)，在他生前没有出版。这些著作中的基本观点经过拓展和修改后收录到《哲学研究》(*Philosophical Investigations*) 中，并在他死后得以出版。他认为，语言是由无限可能的用法组成的，人们需要理解语言使用的语境，而为了理解语言用法的意义，我们可以进行语言游戏（language games）。他认为，许多哲学问题并不是问题，而是语言混乱带来的困惑。在维特根斯坦看来，人类就像装在瓶子里的苍蝇，在混乱中随意地四处飞来飞去，并砰砰地撞击着器壁。他认为哲学不应该是对现实的解释，而应是解决人们语言混乱的困惑。哲学应该被看作一种纯粹描述的研究方法，而语言应该被看作没有必要的或理想的形式。维特根斯坦认为，在实际的使用中，没有什么语词的真正含义是某种单独的力量能赋予的，语词拥有的含义都是"民众"给予的。因此，一个人不能科学地研究一个词的真正含义，也不能用表格列出严格的用法规则。在实际使用中，人们建构和玩语言游戏，对语言的理解随着游戏的进行而变化。如果仔细研究，那么这些建构的游戏可以用来考察语言在各种语境中的实际和可能的运用。维特根斯坦没有提供宏大的哲学体系，也没有对世界的起源和命运作出伟大的解释。在他看来，哲学的功能是描述性的。

1946 年有一个著名的事件，涉及维特根斯坦和波普尔。波普尔是哲学家，也是《开放社会及其敌人》一书的作者。当时除了罗素，他们两人都在参加剑桥道德科学俱乐部（Cambridge Moral Science Club）举行的一个会议。波普尔将对语言的兴趣比作清洁眼镜的实践。维特根斯坦声称没有哲学问题，有的只是谜题，而波普尔则声称有。波普尔说，在会上，维特根斯坦用壁炉里的一根拨火棍威胁他。

逻辑实证主义者认为，维特根斯坦相信哲学应该主要用来澄清概念，但他们也认为哲学只应该澄清陈述的含义，指出哪些陈述是科学的，哪些是数学的，以及哪些是无意义的，而不应该提出命题。因此，每个意义重大的陈述要么是形式逻辑（包含数学陈述），要么是科学陈述；其他的陈述可能是部分的、情绪化的、图片化的或动机性的，但不是认知性的。哲学应指出语言的界限，尽量使命题易懂并提供清晰的解释。哲学的实质不在于对真理的发展，而在于命题目前存在的含义。

艾尔弗雷德·朱尔斯·艾耶尔（Alfred Jules Ayer，1910—1989）

艾耶尔是另一位热衷于将逻辑实证主义与分析方法结合起来的人。他受教于伊顿公学（Eton College）和牛津大学（University of Oxford），在伦敦大学（University of London）教过几年的书，并在 1959 年成为牛津大学的教授。他是维也纳学派中一位重要的成员，他试图通过教学和写作，以及广播和电视来为英语国家的人们解释逻辑实证主义。

艾耶尔试图从罗素、维特根斯坦和维也纳学派的著作中整理分析的主要原理。他认为，哲学的任务是对语言进行分类，将真命题与其他命题区分出来，并通过对直接经验基本陈述的还原分析来解释命题的含义和正当性。艾耶尔用证实原则来说明宗教的、可评价的和形而上学的言论不是命题。

艾耶尔在《语言、真理与逻辑》（*Language, Truth and Logic*）中运用了含义的可证实性标准。根据这一原则，当且仅当一个人知道如何证实该句子所要表达的命题时，该句子才有事实意义，也就是说，如果这个人知道在某些条件下，什么样的观察会导致他或她接受该命题为真或拒绝该命题为假。因此，必须能够描述必须进行什么样的观察来确定一个句子是真的还是假的。如果可以进行一些观察，对确定一个句子的真假有意义，那么这个句子就是有意义的；如果没有，那么它就是没有意义的。例如，如果人们的"观察"都不能证实或证伪"天使有银色的翅膀"这个命题，那么这个命题就是毫无意义的。这不同于"在其他星球上生活着智慧生物"这个表述，因为虽然目前并不能证实这一表述，但它在将来的某一天可能会被证实。

艾耶尔认为，哲学家应该尽力抛弃形而上学的方法，这种方法从第一原则开始，将由此演绎的体系作为现实的完整图景。这个方法的问题在于，第一原则被想当然地认为在逻辑上是确定无疑的。按照艾耶尔的观点，归纳法更有意义，在这种方法中，任何派生的概括只被视为可能的和假设的。更关键的是，哲学最有价值之处是揭示命题真伪的判断标准。任何命题的真伪必须由经验证实来确定，而不是哲学的澄清。

由于艾耶尔和逻辑实证主义者对证实原则的严格应用受到批评，艾耶尔在证实原则的不可改变性上有所松动。因此，他不再把自己划到哪个可界定的思想流派中，但他确实保留了一些逻辑实证主义的经验方法要素。有人认为，应该将艾耶尔称为具有分析思维的经验主义者。

语言分析

语言分析是许多观察者在讨论分析哲学时更喜欢使用的名称。这是因为这种普遍的趋势不同于建立一种同数学模型一样精确的理想语言，也不同于为日常语言建立一套严格的准则。可能将"语言"放在"分析"之前来描述这个哲学也失之偏颇。事实上，许多形式的分析都在发生，但是"语言"这个词语仍然是准确的。这项任务既是语言性的问题，也是形式逻辑的问题，抑或是实证主义的一种标志。在维特根斯坦的后期著作中，可以看到这种趋势。在他的成熟阶段，他的视野适当地拓展了，认识到语言的多种用法。因此，"语言"成了突出这种哲学方法的恰当词汇。

吉尔伯特·赖尔（Gilbert Ryle，1900—1976）

赖尔在英国出生、长大和受教育。在他早期的哲学生涯中，他受到欧洲大陆哲学某些方面的吸引，尤其是胡塞尔的著作。31岁时，赖尔就已经精通分析哲学了。他将分析看作寻找语言困惑之源的一种方式，并研究一些长期困扰着人们的哲学问题，比如身心二元论（mind-body dualism）。他的研究主要是分析"心灵""精神""思考""知道"以及相关的词语，这使他成为最有影响力的现代英国哲学家之一，其作品广为传阅。他的著作《心的概念》（*The Concept of Mind*）是 20 世纪哲学中最著名的著作之一。

在《心的概念》中，赖尔抨击了笛卡尔的身心二元论。笛卡尔认为，身体属于物质范畴，它敏锐地感知物质世界，并遵循物质的法则。我们可以客观地对身体进行研究，而且公开地观察和衡量它的行为。与此相反，心灵是主观的，它隐藏在个人的、秘密的、抽象的领域中；虽然个人可能接近他自己的精神运作，但他并不能客观地理解其他人的心灵。因此，虽然可以对身体进行科学研究，但对于心灵，科学并不奏效，倒是特殊的主观性的研究方法能够派上用场，也就是"内省"（introspection）的方法。赖尔反对这些论点，称这个理论为"机器幽灵教条"（the dogma of the ghost in the machine）。他坚称，笛卡尔的这个观点在原则上是错误的，因为它是个范畴错误（category mistake），而且赖尔将这种教条称为"哲学家的神话"。

赖尔认为，当将不属于逻辑类型的概念归入逻辑类型时，就会造成范畴错误。他举了个例子：一个游客来到牛津大学，参观了各类学院、实验室、图书馆、办公室等之后，游客问"可是大学在哪儿"，这是个范畴错误，游客将大学和它的下属学院归为同一个逻辑类型。在牛津大学的例子中，大学是集体逻辑类型，学院是构成要素逻辑类型。对于"institution"这个词，也会犯类似的范畴错误。人们可以说婚姻是 institution（制度），也可以说哈佛大学是 institution（机构），但在这些情况下，institution 的逻辑含义是不同的。

身心二元论的困惑是如何产生的呢？赖尔认为，伽利略等人发展的科学认为，物质的某些机械定律支配着万事万物。一直对科学感兴趣的笛卡尔能接受这个规律，但作为一个哲学家，他不能接受关于人类心灵的机械论。精神和机械论是不一样的，甚至完全相反。赖尔指出，这是个范畴错误，因为它把身体和心灵以完全对立的方式置于同一逻辑类型之下。两者都是事物，但本质完全不同。如果身体是机器，那么心灵则不是机器。虽然它们完全相反，但有人认为两者可以归入同一逻辑类型，心灵和身体（或意识和物质）处在同一逻辑类型中的"两极"。赖尔并不是要把一个吸收到另一个中去，说它要么全是物质的，要么全是精神的。他认为，虽然这个教条是荒谬的，但对身体运动和精神运动进行区分是合理的，它完全取决于一个人说话时的"意义"。

也许，绝大多数问题是由于心灵、精神、思考和类似术语的混乱使用造成的。当然，赖尔坚持认为，对事物进行划分或者认真思考，并将它描述为精神活动（mental activity），这是合乎逻辑的。然而，将任何感受归为精神活动是错误的，当人们说"精神活动"时，他们会在脑海中（in the head）想象一些东西。这就是赖尔所说的"唯理智论者的传奇"（intellectualist legend），即理智是某种内部运作。只有当我们理解自己是在说隐喻时，说"脑海中"的头脑活动才是合理的。一个人不一定在脑海中做算术，大声说出或写在纸上也可以完成得很好。想象中的声响也是如此。人们能在脑海里听到音乐。谁没有在心中反复地听过一首曲子呢？如果别人把一只耳朵贴在被试的头上，那么不会听到曲子；如果被试大声说话或唱歌，那么倒是能通过颅骨振动的方式听到。人们用隐喻的方式所说的心灵中的曲调，并没有出现在脑海中。大量身心问题的困惑都是语词含义和隐喻含义混淆在一起造成的。

一个相关的问题与"知道"这个术语有关。知道和知识长期受到哲学家的关注，而且认识论（知识论）一直是传统哲学的一个主要类别。然而，因为对这个术语的混淆，在理解"知道"方面遇到了各种问题。赖尔认为，人们已经混淆了"知道那个事实"（knowing that）和"知道怎样做"（knowing how）。"知道怎样做"是已有了行动和将要行动的策略。然而，赖尔指出，"知道那个事实"并不意味着我们必然"知道怎样做"。同理，能做或者做的人确实也不必然理解做的目的和理由。通常情况下，人们认为"知道"和"知识"也就是"知道那个事实"。这导致了正规教育中采用了一种愚昧的教学方式，这种教学方式错误地认为，学生的头脑中充满了事实和"知识"后，他们将能够走向外面的世界并取得成功。更为健康的"知道"和"知识"概念应该是从感觉、情感和行动上"知道那个事实"和"知道怎样做"。

许多问题都来自身心二元论。这可以追溯到颂扬精神高于物质的柏拉图，也可以追溯到赞扬灵魂（精神）高于肉体的教会人士，还可以追溯到提出了"我思故我在"的笛卡尔。赖尔指出，与其说是笛卡尔的错，不如说是长期的哲学和神学传统的错。而且，他认为像身心二元论这样的理论也有它的作用。一些理论的创造帮助人们战胜了许多困难。我们经常可以听到评论说，如果没有笛卡尔观念的发展，那么现代科学就不会被基督教教徒接受。因为二元论有助于调和科学发现与神学教义。也许，我们需要新的神话解决其他的教条，也需要设计新的研究方法来取代当前的方法。无论如何，赖尔的分析对帮助人们走出语言的混乱有指导意义。

作为一种教育哲学的哲学分析

虽然人们通常将分析哲学看作哲学的新发展，但所有的哲学都在某种程度上涉及对概念、含义和问题的逻辑分析。我们肯定能在柏拉图、亚里士多德、康德、笛卡尔和尼采的著作中看到他们关于分析的大量论述。例如，辩证法并不仅是获得真理的方法，还是一种消除阻碍真理的矛盾的方法。培根谈到，市场假相（idol of the marketplace）是最麻烦的；正如他所说的，"人类认为他们的理性控制着语词，但语词也会影响理解，正是这一点使哲学和科学变得似是而非和不活跃"。

在历史上，人们已经多次讨论了人类的思维是全部还是部分被语言和语词的含义控制的问题。没有语言就很难构思思想，而所做的思考也只能用某种语言来表达。有人认为，如果没有语言符号（无论是数学、口头、书面、图画还是手势），那么交流就没有意义，思想也就不存在。许多分析家指出，因为思维太依赖于语言，所以思维问题也是由于错误的用法和缺少清晰性而造成的语言问题。

分析哲学在教育上的应用对学生有直接的影响，但它对教育者最大的用处可能是帮助他们弄清楚打算教给学生什么。分析哲学的运用并不在于发展某些新的教育"流派"或体系，而是在于帮助人们更好地理解意识形态的含义。这对学生的有益之处在于，教师在教育过程中将使用更为清晰的语言和更有意义的教学方法。

如前所述，赖尔举的例子说明了教育者对"知道"这个词的困惑，"知道那个事实"与知道的全貌被混淆了。然而赖尔指出，这个"知道"也包含"知道怎样做"，或者能够做和执行，杜威也对这一问题进行了大量的讨论。杜威详细阐述了知识（knowledge）和行动（action），或者知道（knowing）和做（doing）之间的哲学二分法。换句话说，他认为知道和做已经被人为地分开了。知道的方面类似于"知道那个事实"，而做的方面类似于"知道怎样做"。杜威认为，两者应该尽可能结合，尤其是在青年教育方面。进步主义教育家经常提及的"做中学"的口号，至少部分来源于杜威的思想；也就是说，知识是通过积极地或身体力行地参与重要的任务来学习或获得的。事实上，这种观点能追溯到古希腊，古希腊人曾谈论美德和技艺的融合。另一个支持思想和行动融合的希腊术语——"实践"，这个概念不仅得到了杜威的认可，还得到了亚里士多德和马克思的认可。

以学骑自行车为例。未来的骑手要控制自行车，就需要知道通过转把手来控制要去的方向，移动身体的重量来保持平衡。他们还需要知道，必须通过特定的最小速度来保持自行车的动力，以使自行车保持直立。到现在为止，骑手仅仅知道为了骑自行车必须做某些事情。换句话说，他们知道骑自行车有某种特有的"原则"，也可以这么说，他们有骑自行车的"理论"。然而，所有骑自行车的人都意识到，他们必须知道怎样骑自行车；他们必须有骑自行车的实用知识，这涉及实际的户外骑行"行动"。教育者经常止于"知道那个事实"方面的教育，而对"知道怎样做"则缺乏指导，因此学生常常获得了理论，但并没有学会实践。

举一个更复杂的例子，培养民主公民是很多教育者心中的目标。美国学校在很大程度上完成了这一任务，向学生们灌输了所谓民主的知识，并指出在美国，民主通常与政府、美国历史以及投票权等有关。但是，一般来说，很少有学生会因为这些民主的行动而变得民主起来。因为一切最终都需要得到批准，他们的言论需要获得许可，他们必须遵守限制性的规则，而这通常使他们在建设性的活动中没有发言权。他们知道有一种叫作民主的东西，但他们不知道怎样做到民主。现实生活中缺少民主，原因是显而易见的。许多人没有机会知道怎样做到民主。因此，在一个人的教育中，"知道"这个词的使用有着狭隘的含义。人们对"知道"感到困惑，因为它的含义被武断地限制，以至于对"知道"的琢磨无法跳出认知或理智之外。因此，许多分析家认为，分析哲学在教育中确实能发挥重要作用，不仅是在阐明关于"知道怎样做"和公民责任的观念方面需要分析哲学，还因为教育的许多内容涉及逻辑和语言。教师和学生时常使用关于教育的概括和价值判断，而这些需要接受更严格的审查。

语言分析家强调了语言在学习中的重要作用，并表示有必要运用超越传统语法研究的标准来评估和澄清人们所做的陈述。一些教育工作者认为，教育哲学的首要职责是语言分析。他们认为教育应该变得更加精确和科学，而分析也为此提供了一种方法。他们指出，其他的教育哲学一般基于高度可疑的形而上学假设，而且提出的"解决方案"往往很容易引起激烈的争论。分析哲学家认为，从学生对日常生活的描述和争辩开始，教育工作者可以研究和评估他们使用的语言。

毋庸置疑，语言是重要的。很难想象，离开了语言人们怎么进行思考，而思考通常与语言概念齐头并进；在许多情况下，思考之所以糟糕，是因为拙劣地使用了语言。一些教育家断言，语言分析仅仅是哲学的一小部分，但分析哲学家指出语言的问题是繁多、混乱和复杂的，语言研究应该是一项具有重大意义的重大课题。他们评论道，许多教育问题大部分是语言问题，如果语言问题能够得到解决，那么人们也能够更好地解决教育问题。

　　语言作为一个教育问题，远远超出了学校和班级的范围，它渗透到实践生活的方方面面。语言不仅是学生在课程、教科书和其他知识传递方式方面的首要关注点，还是他们日常生活中不可或缺的一部分。也许今天人们特别需要有更强的语言敏感性，并注意到他们身边的语言（如广告）极大地影响着他们的行为。

　　奥威尔在他的小说《1984》中，论及了新话（newspeak）的创设，这种语言的开发是为了用语言技巧来控制行为。新话的双重思想（doublethink）意味着"同时相信两种相互矛盾的观点"的能力，"战争是和平"与"爱就是恨"就是很好的例子。

　　一想到日常生活中的广告、口号和陈词滥调，我们就会同情分析哲学家的处境。因为大多数人几乎没有受过逻辑思维方面的训练，所以他们很容易成为语言滥用的牺牲品，他们很容易受到语言的影响而购买某样东西，也容易因此投票或支持某一特定立场。人们经常接触到许多邪恶的语言手段，其中一些在影响和控制思维方面非常有效。某些既得利益的代言人已经学会了语言操纵的技巧，并能有效地运用语言来说服人们按照他们想要的方式行事。像万斯·帕卡德（Vance Packard）的《隐藏的劝谈者》（*The Hidden Persuaders*）这样的书籍展现了人们如何容易被广告商和政客别有用心地操纵和影响。西奥多·怀特（Theodore White）的《总统选举》（*The Making of the President*）指出如何利用语言等技巧来帮助某位候选人赢得选举。还有其他更致命和更具侵蚀性的广告手段，它们通常被称为"潜意识"广告，隐藏的信息被用来传达想法，诱导人们购买产品，或支持政治候选人。这些方法被广泛使用，吸引我们的感官或无意识的心灵，让我们以一种特定的方式思考或行动。这是一种利用语言或交流来破坏理性的方式。

　　另一个语言困境的例子是"法律"这样的术语。许多人说，一个人应该或不应该做某事，因为这是法律规定的。但法律是什么？法律因时而变，因地而异；而且，法律易受阐释的影响。一个已被某一法庭肯定了的法律可能还会被其他的法庭推翻。可以说，法律是为神秘人物而设的抽象概念。批评者指责律师更喜欢使法律保持模糊、抽象，因为法律模糊、抽象，所以需要律师为其当事人解释，并能操纵一些事情，这就导致了律师的丰厚收入和大量冗长的法庭案件。因此，基于实践和哲学的原因，分析家认为，人们应该对语言问题保持敏感，并尽量让语言更精确和清晰。正如维特根斯坦所指出的，这是一个值得称赞的目标，但也很难实现，因为语词的含义很多，就看使用语词的人想要表达什么了。

语言的使用影响了学生和教师。教师在教育过程中使用语言时，他们常常不自觉地成为利益集团的工具。教师主要使用语言来教学，因为语言具有多种可能性，教师会有意或无意地用语言来影响儿童的思考。教师通过语言（包含动作）来表达思想和传达信息，他们使用的方式会产生深远的影响，有些影响不是有意的，或者是无心造成的。马克思主义者指责资本主义社会中的教师被教育体制束缚着，以至于了解不到自己是如何通过语言向学生灌输特定社会或经济制度所固有的价值观的。

语言也被用于教科书、计算机程序、视频和其他媒体中，在这些媒体中，单词的选择、格式、字母的大小和语法结构的种类都会对儿童的心理发展产生某种影响。例如，许多社会研究课本省略了对各种政治、社会和经济政策的批判性讨论，因为这可能会触犯上层组织或既得利益集团。我们需要意识到儿童在学校中使用的课本不是在真空中编写的，而是反映了许多不同的偏见。

像其他公民一样，教育者也是语言手段的受害者，这些语言手段设法让教育者以某种方式思考、投票，并形成对教育、儿童和社会的某种态度。像其他人一样，教师很容易受到有关社会问题的可疑言论的影响，也容易在教育行业大量的口号和术语中迷失。"教育契机"和"择校"这些口号就很常见。一些批评者会问：什么是教育契机？教育体系的工作难道不是每时每刻都在进行吗？有人谈论"择校"，好像每个人都能为他们的孩子选择最好的学校一样。显然，除了距离的远近、人满为患和高昂的交通成本等原因以外，也并不是每个人都能去最好的学校。批评者认为，"择校"这样的政治口号是为了使人们相信一些不可能获得的东西即将到来。人们在没有民主存在的情况下谈论"民主进程"，在很少被允许的情况下谈论"个性"，还在严密的规定界限内谈论"自由"。通常，这种情况与《1984》中的描述是相似的，即当我们意指战争时，我们说成"和平"，意指谬误时说成"真理"，意指不公平时说成"公平"。

教育目的

分析哲学家有意让教育工作者使用的概念更加清晰，也乐于提升他们使用概念的方式。第一步是敏锐地意识到语言的潜力。一旦这样做了，人们就有可能在教育过程中更加敏感地使用语言。分析哲学家需要澄清，并认为教育者在教育中所建议的事情应该以哲学上适当的方式来完成，而哲学分析是完成澄清任务的主要方式。

分析家认为教育者应该熟知语言的逻辑性和复杂性。在文化发展的过程中，语言中的语词不断积累了大量的含义和用法。像"知道、心灵、自由和教育"这些词的含义是什么？尽管大多数分析哲学家不认为词有它们内在固有的含义，但他们也坚信，人们能以更精确的方式使用语言来准确反映要表达的含义。值得注意的是，许多概念会产生情感的影响。像"正义、爱国主义、光荣、美德"这样的词可能会为教育目的的陈述带来"光晕效应"或"叫好"的效果。

彼得斯（R. S. Peters）等分析家坚称，人们对教育目的的论述并不恰当，因为如果教育一开始就是有价值的活动，那么在人们论述之前它已经有了所需的所有目的。大多数分析家拒绝给教育开处方以说明教育应该做什么，因为他们认为这超出了分析哲学的范畴。彼得斯质疑日常语境下的"教育"概念，并且努力说明人们早已混淆了这个词的用法。赖尔试图证明，"知道"这个术语的含义比教育者日常使用的含义更广泛。维特根斯坦指出，词并不必然有一个固有和客观的含义；相反，它们意味着使用者想表达的意思。彼得斯、赖尔和维特根斯坦告诫人们检查他们用词的语境和准确性。简而言之，分析家并不试图规定任何类型的教育，而是力图澄清教育者所使用的语言手段、使用这些手段的过程、其潜在的预设及所涉及的目的。

看起来好像是词的使用价值决定了它们的含义，就像任何字典的定义一样。事实上，字典的定义是随着实际应用而变化的。语言本身是不断变化和发展的；我们既不能永远地定义一个词，也不能为其他所有人描述它的含义。分析家认为，这样一来，教育的结果是每个人必须在实际语境以及理论和语法语境中理解关于教育的概念、词义和陈述。

教师总是呼吁切实解决教育问题。这种对实用性的关注本身是可以进行分析研究的：在这种情况下，"实用"是什么意思呢？通常，"实用"型教师需要运用某种技巧或噱头来解决某个问题。然而，实际上人们又会发现，这些实用的解决方案从理论上来看常常是最糟糕的办法。技术有时候会被滥用。它们被广泛地运用于许多情境中，然而这些情境大部分并不适用；但是，它们被认为是适用的，因为技术是已知的而且可以被使用。就像我们并不了解电但可以使用它一样。

"学业成就"是许多教育工作者郑重承诺的另一个法宝，许多教育活动的价值是用学生的分数来衡量的。在这样的情况下，学业成就被理解成教育的实际结果，但如果"学业成就"这个术语的含义模糊不清，那这样的说法可能会阻碍对一个人的教育。假如一个人想学弹钢琴，而教育者说实用的方法是从弹音阶上取得成就入手。虽然这种方法能使学生学会弹音阶，但并没有发展学生弹钢琴的能力，或者保持他们对演奏的兴趣。人们对词的使用往往与其使用的预设密切相关。在学钢琴的事例中，被认为切实有效的方法其实并不实用。一个人通过弹音阶取得成就来学会弹钢琴本身就是理论性的，但这往往并不为实际情况所支持（尽管弹音阶可能有助于实现目标）。因此，与规定在教育中要实现的目的相比，分析家更倾向研究教育的含义，以及被澄清了的教育概念能发挥什么作用。彼得斯谈到了教育的合理性，而不仅仅是教育目的。他指出，为了帮助人们理解教育含义，更好地实现教育目的，人们至少需要考虑以下四点：

1. 教育不仅仅是专门的技能，因为教育包括培养一个人的推理能力，证明信念和行为的合理性，既要知道什么是什么，也要知道为什么，并根据系统观念来组织经验。

2. 教育不仅包括传授专业知识，还包括拓展个人的认知视角，充分发展人们的道德理解和审美能力。

3. 教育中的实践活动和认知活动，是出于教师和学生自身的目标，或者活动本身的乐趣。

4. 教育是人们开始进入他们特定生活方式的过程。

296　　因此，在谈及教育的时候，人们永远不要忘记教育的含义和目的都是重要的。彼得斯也恰当地说明了在教育的含义如此多样的情况下讨论教育目的的问题。为了明智并合理地规定教育的目的，人们需要在合理建构具体目的之前，厘清教育的含义。目的可能属于某种教学策略，它不像"教育"一样有着复杂深奥的含义。

杜威曾说过"目的"与目标是相似的，而且"目的"暗指一个明确的目标或结果。彼得斯赞同此说法，并指出如果"目的"指涉具体的结果，那么将教育目的当作全世界公认的准则来谈就荒谬了。在任何一个特定的历史时期，教育的含义都因其实际应用而具有特定的规范。因此，当人们询问教育目的时，他们是在要求澄清和说明他们的特定当代规范。任何教育目的都是可能的，这取决于人们在特定的历史时期认为最重要的生活方式。例如，彼得斯说，今天一些目的总体上是有意义的，比如个人成长和自我实现。然而，这类目的植根于当今世界支持个体主义和选择的文化体系，而生活在另一个文化时代、历史时期或社会组织的人可能会认为这些是不重要的或根本不承认它们。

像彼得斯这样的分析家认为，制定教育目的的过程必须与"教育的目的是什么"这种一般的问题分开。这个问题并不恰当，因为它的答案在概念上必须是真实的或者有说服力的。像"培养好的公民是恰当的教育目的"或"首要的教育目的是培养值得敬重的家庭成员"这样的论述是过时的。分析家认为，这只会让问题变得更加混乱，因为人们还要去定义"好公民"或"值得敬重的家庭成员"。正如维特根斯坦所指出的那样，一旦说出什么，那人们就要开始寻找它假定的对象或现有的等价物。

伊斯雷尔·谢弗勒（Israel Scheffler）批判地分析了"相关性"（relevance）这个词是如何被误用和滥用的，结果是，他非但没解决教育问题，反而使它更复杂了。实际上，每个人都会同意教育具有相关性。然而，支持相关性就像支持母爱和苹果派一样。但是什么是不相关的东西？谢弗勒认为，教育的主要任务与其说是相关性，不如说是支持和确保一个注重自由探索和理性思考的社会。因此，人们必须寻求的不是教育的目的，而是了解可以发展什么样的理想目的，实现这些目的的可能性是什么，以及根据这些目的采取行动会产生什么样的后果。后面这些考虑并不属于教育哲学家的范畴，实际上它们是社会学家、物理学家、科学家、政治领袖和普通公民关心的范畴。分析哲学家的作用仅仅是澄清并批判相关的含义。

方法与课程

分析家认为，当代的教育方法和教育内容都需要经过认真的分析研究。虽然大多数分析家避免规定在教育过程中应该或不应该做什么，但他们希望看到，教师和学生从材料、方法、政策和程序的角度来对课程进行批判性的审查。

分析家意识到各种方法和媒介从很多方面影响着学生。虽然教育者应该能理解词和概念都含有价值取向，但他们在运用词和概念的时候并不能经常意识到这一点。例如，当人们在 20 世纪早期使用麦加菲读本时，他们不仅教阅读技巧，还教关于宗教、爱国主义和家庭的特殊价值观。后来出现的迪克和珍妮类型的书试图提供一个无关价值的更中立的材料，但它依然没有达到中立，因为读者头脑中已有一些关于性别角色、儿童权利、儿童与社会的关系的假设，以及占主导地位的中产阶级主题，如职业道德和尊重权威。

分析家并不试图指出儿童应该读哪种书，而是研究了此类活动的价值主张的含义。分析家不去指出儿童应该读、想、探究和学习什么，而是研究"想""读""探究"或者"学习"这些词的含义和人们做的与此相关的陈述。一些分析家不仅避免了规范性地论述学生应该做什么或不应该做什么，还避免了对这些活动的重要性进行价值论述。

理查德·普宁（Richard Pring）指出，有些课程术语是让人困惑的，并且可能产生误导，比如"综合研究""综合课程""综合知识""广泛的经验领域""问题解决"。像"无缝学习"和"所有知识的统一"这些短语缺乏清晰的含义，没有实质上的价值。相反，"传统的""课程内容""分科化"这些术语本身并不糟糕，但是人们一直将这些口号和表述课程化，这会使不同的个体在好和坏的方向两极分化。

课程过去被认为是为了要实现某种目的而设立的，但在今天看来，这种目的似乎是来自课程本身。休·色科特（Hugh Sockett）坚称，关于课程的文献中有很多关于以手段达到"目的"的论述，并将目的与手段之间的关系设想为偶然的。色科特认为，任何课程、目的和目标的论述核心必须保持在人的意向性上，意向性也就是我们对于将做什么的设想。因此，设想必须清晰。

分析哲学家关注教育计划的制订方式。课程计划常常是肤浅和糟糕的。文化偏见几乎是人们在许多课程计划中发现的唯一基本原理。少有的课程计划是系统的或谨慎制订的。通常，这并不是某个人的责任，更多是由于人们运用了错误的语言，采纳了含糊不清的含义和模糊的目的而造成的。人们有必要根据这些问题来审视当前的课程，除此以外，也需要对课程改革采取一种持续的批判态度，澄清课程改革的含义和目的。

普宁指出，在课程和课程整合上的首要哲学问题是：涉及了哪些含义？作出了哪些知识假设？知识的形式是什么？这些形式间的关系是怎样的？还有语言的结构统一性是什么？因此，对课程的任何关注都远远超出了将学科领域置于学校课程全局的想法。然而，遗憾的是，许多人片面地看待课程改革，并很少关注相关的较深层次的问题。分析家认为，必须对哲学给予更多关注，而且他们鼓励在这一领域开展更多的研究。

一些分析家提倡建构范式（paradigms），即建构一些能帮助澄清并规范概念的逻辑模型。这在某些方面与维特根斯坦的语言游戏观念相似，但不同之处是范式有其专门的用法，这些范式是为特定问题量身定制的。戈登·伊斯特伍德（Gordon Eastwood）曾将适当的分析范式描述为具有"语法和语义上适当的语言系统"的范式，它仅仅规定到这样一种程度，就是"能形成假设以指导对目前未知事实的研究"。从这方面讲，范式是有价值的，它让我们以客观的、非党派的和非感性的方式来看待教育问题。伊斯特伍德甚至建议可以使用大规模的范式，而且他批评了许多将人们的注意力集中到小（或无意义的）问题上的教育分析哲学家。相反，教育哲学肯定兼顾实践和理论，而且我们还需要利用大规模的范式来帮助我们更好地完成这项任务。

杰尔姆·波普（Jerome Popp）认为，一个人会根据不同的目的选择不同的范式，因此人们没有必要选择统一的或普遍的范式。然而，一致性似乎比狂野的折中主义更可取。从某种程度上，对大规模范式的探寻更接近于旧的宏大哲学的世界观。例如，可以说，从分析伦理学的角度看，范式方法包含着自身毁灭的种子：它舍弃了宏观的范式，但需要更大的图景来给它的任务赋予连贯性和意义。

在 20 世纪 50 年代末和 60 年代初，乔纳斯·F. 索尔蒂斯（Jonas F. Soltis）已经观察到杜威推崇的实用主义范式到分析主义范式的转变，教育哲学家认为，这种范式的转变更符合时代的需要，更符合教育的需要，也更符合一种科学的教育思维。在这一时期的大多数教育会议上，大多数教育问题是从这个角度来处理的，而且仍然有很多人认为，这种方法是在哲学家拥有的有限框架内处理重要的教育问题。分析是一种不断发展的活动。结论并没有完全成熟和不言而喻。它们并不先于调查而存在，它们来源于调查。分析哲学的主要目标是获得清晰的原则、共识和结论，而不是将它们作为出发点。从这种意义来说，哲学分析追随了苏格拉底哲学思想的脚步，即寻求智慧。

教师角色

分析家在教学活动领域已花费了很多时间。保罗·赫斯特（Paul Hirst）已经指出，有必要对各种教学方法的有效性进行经验研究。他声称，大多数方法是基于直觉和个人偏见。教师需要明确他们专业参与的核心活动的性质，例如，如何将教学和其他活动区分开来？当教师在削铅笔和打断孩子们的争吵时，他们是在教学吗？赫斯特认为，教学是个"多元形式的"（polymorphous）活动，可采用许多不同的形式。为了了解教学进程，就必须明确教学目的和意图，以便将每项活动与这些目标明确联系起来。

成功的教学看起来应该是能带来理想学习的教学。然而，这种理想的学习可能来自条件反射或灌输。为了研究条件反射和灌输之间的区别，我们应该在字面上和普通用法上分别作出一种完美假设。这样我们就能理解这两个术语含义上的差异。虽然会出现差异，但这两个术语的含义也会有相似之处，这个说法每个人都会同意，从而澄清了这两个术语的含义。通过比较教学实例，澄清每个术语确切的、达成共识的含义，形成不同的教学模式，因此以教学模式为基础的教学方法被确立起来，这些教学模式被作为最低标准或基准。如果有人问"你怎么教别人 X 呢？"那么我们可以参考适当的模式。当然，关于适当模式的分歧可能会持续下去，因此关于怎么教仍可能有许多其他的模式。

语言分析家关心的是，教师是否对他们在课堂上使用的语言有很好的理解力。语言可以用口头或者书面的形式来呈现，而且我们可以通过语言这种媒介来传递观念。然而，分析家指出，语言并非总会被很好地运用，而且它也并不总是能清晰地传递观念。因为语言是教育中如此重要的部分，所以教师应该比其他任何人更能意识到语言的潜在价值和局限性。进一步说，教师还需要让他们的学生意识到语言的这些潜在价值和局限性。

许多人对他们使用的语言持随意的态度，而且这种漫不经心会导致语言混乱和思维模糊。当语言被谨慎地使用时，它是传递观念的强有力工具，但当它被拙劣地使用时，它将使有效的、真正的思考艰难起来。在政治领域中，我们能发现这样的例子，当不同国家的外交家们聚到一起讨论有争议的问题时，他们不仅仅有用自己的语言表达立场的首要问题，还有一个次要问题，即通过翻译，确保其他人理解他们的想法。外交的过程常常充满混乱，因为一些词在翻译中丧失了它的原意，而且从一种文化向另一种文化转译的时候也会传达出不确切的意思，比如"自由""民主""公平"这些词在不同文化中表达的意思并不相同。然而，即便这项任务难以完成，人们也能设法解决语言问题而达成条约和协议。在课堂教学中，这个问题没有什么不同，教师也需要恰当地使用语言，使他们的意思能够表达清楚。

我们必须意识到，我们的许多语言本质上是充满价值和感情的。不但这些词本身能承载隐藏的含义，而且教师使用词的方式——变音和强调——往往会传达出各种无意识的，也许是无意的含义。这些含义可能是宗教和哲学态度、经济上的看法，甚至种族和阶级偏见。一些文化态度和偏见是语言结构中固有的，这要求付出相当多的努力来杜绝这种情况。当涉及男人和女人时使用"人类"这样的词，当涉及美洲原住民时使用"印第安人"，甚至用 B.C. 和 A.D. 反映基督教教徒在历史纪元上的偏见，它可能令人反感，但这些事情难以改变，因为它们存在于历史和文学的用法之中，而且并不是每个人都对这些语言表达敏感。

　　分析家希望教师能理解语言的逻辑，这可能需要上正式和非正式的逻辑学的课来理解各种合适的词的用法和规则。还有，教师需要有分析语言的能力，并能指出那些使用不当的语言，即便是在社论性的报纸、教科书、广告、电视新闻节目、网站等地方出现。教师需要与学生们分享这些知识以帮助学生发展语言分析的能力，以使他们能熟练地发现错误的用法。分析家认为，如果学生形成了这种能力，那么他们就会变成好的读者、消费者和公民。

对教育中分析哲学的评价

300

　　分析哲学从一开始就已成为哲学上不可或缺的一部分，而且每个重要的哲学家都具有分析的思想。从柏拉图到现在许多哲学家的著作都指出，需要谨慎使用语言，并避免不一致和不合逻辑的思考。毫无疑问，生活中的主要问题是由于不清楚和粗心地使用语言而引起的理解混乱。历史上有大量因为词语误用和对词语含义误解而导致的内部纷争、宗教分歧，甚至全面战争。许多分析家认为，因为语言对思考如此重要，所以难以想象人类没有语言该如何进行思考。他们还进一步指出，思维的混乱可能正是由于思考过程中使用蹩脚的词汇而造成的。像"自由派""保守派""激进派""恐怖分子""自由战士"之类的词，有着如此多的情感语境，以至于很难解释它们的真正含义。

　　哲学的功能之一是对语言及其含义的批判态度，而且这正是分析家所赞成的。为了解决教育和社会问题，比起接受现成的答案、陈词滥调和口号，分析家更坚持沿着语言及含义批判的这条道路去一步一步地审查所有的观念和问题。分析家谨防"宏大的哲学思考方式"（the grand manner of philosophizing），这种哲学方式综合地、简单化地解决复杂问题。他们怀疑乌托邦式解决问题的态度，因为其中情感的或预定的目标可能会使人在错误的方向上思考。他们也担心和语言有关的情感因素会掩盖清晰的、冷静的思考。但这并不是说分析家是冷酷无情的，而是说分析家能很好地意识到情绪化和模糊化思考的危险。

　　分析教育哲学的批评者指出，虽然分析方法已经帮助教育者较好地澄清并界定一些教育问题，但这可能是一种过于有限的哲学观，它无法满足一个不断变化的复杂世界的要求。回避开处方能使教育哲学家对宏大的陈述更加谨慎。然而，与此同时，一些批评者指出，虽然哲学家可能已停止去开处方，但其他人，像物理学家、社会学家甚至政治家，仍在继续为教育开大处方。

另一件令分析哲学家沮丧的事是，他们很难确认想要怎样的教育。公平地说，应该强调的是，分析哲学家很少声称要为教育实践本身引入任何规定性的准则。然而，虽然分析家说他们唯一的愿望是澄清概念和语言，但对批评者来说，极难看到他们的工作取得了任何巨大的澄清或改变了教育政策。分析家揭露了教育上的模棱两可和误解，但教育理论体系该走向何处呢？一种纯粹的描述性和分析性方法也许能对教育中正在做的事情给予积极的澄清；然而，如果一开始就做错了，那么仅仅通过语言的澄清并不一定能够纠正错误。坚持语言澄清本身就能解决错误的教育实践，似乎是在以牺牲行动为代价来表达对语言力量的神秘信仰。澄清并不意味着我们必须排除对教育问题的处方和建议，事实上，如果做得正确，它应该能帮助人们更好地制定和构建行动建议。

301

各种批评之声纷纷受挫，部分是由于一些分析哲学家的努力，他们说真正的哲学只能是分析的，或者分析家必然将传统哲学引向"死亡"。如果我们排除了相沿成习的哲学，那么像布劳迪问的那样，"我们的看法是从哪里来的？"布劳迪认为，人们需要思辨和梦想，而且如果哲学家不能提供，那么人们就会到别处寻求。杜威打趣式地评论，"当圣人反省时，鲁莽的罪人却统治着世界"。

当然，哲学并不是社会更新的唯一历史根源，而且许多哲学建议和乌托邦式计划都被证明是无用的和不可行的。然而似乎可以肯定的是，像其他学理研究一样，哲学在社会政策和教育政策的形成上充当着一个重要的角色，而且分析家对语言的强调确实帮助了我们。尽管如此，仍然有很多批评指出，语言问题只是一部分教育问题，对语言的澄清需要带来更多的东西。批评者说，分析哲学家似乎满足于在术语、短语和陈述的含义上争论，而周围的世界对他们的努力视而不见。有些人说，哲学分析不过是一种新的经院哲学形式，不是争论天使的翅膀是金色的还是银色的，分析家就如何使用这些词展开了辩论。一种批评指出，当某人用手指指向某个问题的时候，分析哲学家不是去研究这个问题，而是研究那根手指。

虽然分析家声称摒弃了规定性的和先验的假设，但可以说，哲学分析有自己的基本假设或规定。对分析范式的偏好暴露了一个隐藏的假设，即存在清晰、确定和具体的做事方式，这也是罗蒂早已批判了的哲学的"自然之镜"观点，即我们有一个可以被研究、描述、分类和客观复制的存在。

毫无疑问，教学模式可以通过语言阐释来构建，这样的语言能够教授，也能够复制，但这并不能证明这种模式在道德上是可取的，因为一些可以做的事情并没有提供逻辑上、道德上或社会上可以做的理由。清晰和逻辑不等同于正确、完美或道德上的确定性，人类问题，包括教育问题，似乎取决于许多波动的变量，在语言研究和其他方面都是如此。人们刚认为他们已经找到了解决教育困境的方法时，干预事件就会将他们推向另一个令人烦恼的岔路。

分析家抨击了实用主义者、存在主义者、改造主义者和其他哲学家，因为这些哲学家建议对社会和教育政策进行变革，并作出实质性和规定性的判断。例如，实用主义者试图使我们在民主化的社会进程中，对手段—目的的连续性保持敏感。也就是说，在社会和教育事业中所达到的实际目的是与其所使用的手段相联系的，并取决于所使用的手段。分析方法也可能会帮助人们澄清预期和实际的方法及结果。然而，在一些批评者看来，分析家不愿意用哲学积极追求广泛的社会和教育变革，这是哲学应对当今挑战"神经失灵"的一个经典案例。

分析家通过驳斥宏大、系统的旧哲学重新定义了哲学的工作。他们展示了词语的滥用如何影响我们的思维，教育过程需要谨慎地使用语言，对语言的思考是教育过程重要的组成部分。这种努力产生了一些积极的效果，因为它帮助人们停止思考终极答案和全面结论，并帮助哲学家们开发和实施更精细的语言和逻辑工具。批评者指责说，分析哲学的问题在于，这些工具本身似乎已经成为目的，与它们可能投入的教育、伦理和政治用途无关。

简·R. 马丁
《从"知道那个事实"到"知道怎样做"》

在下面的选文中，当代美国教育家简·R. 马丁（Jane R. Martin）试图进一步澄清赖尔的"知道那个事实"与"知道怎样做"之间的区别。马丁说明了怎样用分析哲学的技术来检验教育方面的关键哲学概念。她区分了几种"知道"，并提出怎样将它们运用到教学过程中。马丁并没有提出应该教什么或由谁来教，而是认为存在几种"知道那个事实"和"知道怎样做"，而且她还研究了赖尔的区分对理论和实践的进一步影响。

赖尔在《心的概念》第二章中提出的"知道那个事实"与"知道怎样做"之间的区别，是本文的出发点。赖尔写《心的概念》的目的是彻底反对笛卡尔主义二元论或他所称的"机械幽灵神话"。第二章的主要目的是要说明存在许多直接表现心灵特性的活动，但它本身并不是智力操作，也不是智力操作的结果。当我们描述这些活动时，我们并不提及一个"第二套隐性操作"（second set of shadowy operations）。赖尔认为，智力训练，也就是"知道怎样做"，它并不是"理论的副产品"。恰恰相反，空谈理论，也就是"知道那个事实"，是"其他实践中的一种，并且它本身是明智的或愚蠢的"。在对"知道怎样做"与"知道那个事实"的区分中，赖尔希望纠正试图将所有的认识都当作"知道那个事实"教条的唯理智论。他强烈反对这样一种观点，即聪明的表现必须以在理智上承认规则或标准为前提，一个人必须"在能实践之前向自己说教"。

303   赖尔对两种认识的区分，显然和教与学的问题有关。例如，学习技能不需要先学习规则的知识：在亚里士多德提出正确的推理规则之前，人们就知道如何进行正确的推理。规则知识并不是技能表现的充分条件：如果一个孩子能背诵象棋规则，但是不知道该移动哪一颗棋，那么我们并不能说他会下象棋。要判断一个表现性行为，我们必须看表现"之后"，而不是"之前"。这并不是说我们要寻找技术表现得以产生的神秘原因，而是说一个简单的行为样本并不足以说明"'怎样做'的知识"是行动的原因。我们必须也考虑到过去的记录和随后的表现。

因为它的简单性和明显性，"知道怎样做"和"知道那个事实"之间的区别引起了很大的关注；但是像任何一个二分法一样，它也引起了许多争论和困惑。哈特兰-斯旺（Hartland-Swann）坚持认为，"知道那个事实"可简化为"知道怎样做"。让我们试想一下，如果"知道怎样做"与"知道那个事实"被用于指向一个极小的范围，那么他的简化是否还有效呢？然而，一旦将"知道那个事实"简化为"知道怎样做"，那么就必须对"知道怎样做"的两种类型加以区分。

分析日常用语中各种各样的"知道怎样做"和"知道那个事实"的句子，并区分出它们之间的差异有很大的实践价值，即便这样做会失去赖尔二分法或哈特兰-斯旺简化法的简易性。赖尔使我们注意到将"知道怎样做"简化为"知道那个事实"对教育的内在危害，如果分析就此打住的话，那么有人可能指出将"知道那个事实"简化为"知道怎样做"的内在危险。把数学或历史事实当作游泳等技能来教，似乎并不比把游泳当作拉丁文或几何学来教更可取。而且同样严重的错误是把道德判断和行为准则当作拉丁文或游泳来教。

赖尔的区分

为了尽可能清楚地阐述赖尔关于"知道怎样做"与"知道那个事实"之间的区别，很有必要来厘清"知道怎样做"与"知道那个事实"这两个术语的含义。赖尔认为，"知道"是能力动词，因此，我们可以推断出，他也将"知道怎样做"和"知道那个事实"称作能力。（赖尔区分了能力和趋势，尽管两者都有倾向性。趋势不仅暗含着事情可以成为这样，而且意味着当适当的条件实现时，它会有规律地发生；能力意味着在特定条件下做某事的能力，但并不涉及频率或规律性。）在任何时候，他都没有确切地说出他所说的这两种"知道"的含义，然而，从他引证的例子和一些陈述中，我们可以确定："知道怎样做"涉及技能或操作，例如，知道怎样下象棋，怎样推理，怎样说俄语，而"知道那个事实"涉及一个人的"认知体系"，也就是事实命题的知识。例如，知道"萨塞克斯（Sussex）是英国的一个郡"，知道"'Messer'是德语中'刀'的意思"。

必须注意的是，赖尔将所有的"知道怎样做"比作"知道怎样做一项工作"的模式，并将"知道那个事实"比作"知道那个某某是事实"，因为我们随后意识到，他的区分比我们最初想象的更有限。在日常语言中，当不涉及表现时，人们常会使用"知道怎样做"；当不表示认知事实命题时，则会常用"知道那个事实"。例如，我们说，"约翰尼（Johnny）知道发动机是怎样工作的"，"我知道艾森豪威尔（Eisenhower）在选举当晚的感受"，以及"琼斯（Jones）知道事故是怎样发生的"。我们还说，"史密斯（Smith）知道他应该诚实"，"这个孩子知道当有人讲话时他应该安静"，以及"约翰尼知道偷窃是不好的行为"等，所有这些例子都不符合赖尔关于"知道怎样做"或"知道那个事实"的范式。

总而言之，赖尔对"知道怎样做"和"知道那个事实"之间的区分，事实上是对"知道怎样完成技能"和"知道一个事实本质的命题"之间的区分。当哈特兰-斯旺讨论将"知道那个事实"简化成"知道怎样做"这个问题时，我认为他也是从这个角度来看待"知道怎样做"与"知道那个事实"的。因此，在讨论他的简化时，人们不能假定它对所有的句子都有效。事实上，我认为我

304

们会发现像"约翰尼知道他应该安静"和"琼斯知道他应该诚实"不能被简化为赖尔和哈特兰－斯旺的"知道怎样做"。接下来，我们将分析哈特兰－斯旺的简化法所适用的那些句子。

两种"知道怎样做"

哈特兰－斯旺认为，在分析时，赖尔关于"知道怎样做"和"知道那个事实"的区分经证明是不稳定的。他说每个"知道那个事实"的例子是"知道怎样做"的一个事实。随着"知道那个事实"这一问题而来的是一个带有个人倾向的术语。如果我没弄错的话，那么他的意思是说，如果我们把"约翰尼知道哥伦布发现了美洲"的陈述称为"倾向性的"，那么它肯定能被转化成某种形式，如"约翰尼知道怎样去回答'谁发现了美洲'或'哥伦布发现了什么？'这样的问题"。哈特兰－斯旺认为，将"知道那个事实"纳入"知道怎样做"范畴的唯一替代性方案是放弃对"知道"的倾向性分析。

我认为，每个人都会同意哈特兰－斯旺的这个观点，即一个对"知道那个事实"的倾向性分析需要将它转化成上面暗示的"知道怎样做"的句子。也就是说，知道怎样回答一个问题或陈述一个事实。然而，以这种简化来结束对"知道"的分析可能会是个错误，因为即便承认"知道那个事实"能被简化为"知道怎样做"，但在哈特兰－斯旺新展开的"知道怎样做"的范畴中，仍有一个基本的区分要做。这种区分的基础在于，"知道怎样做"下包含了两种不同类型的倾向性。

让我们思考一下琼斯是 Y 被谋杀的目击证人这个案子。毫无疑问，琼斯知道 X 谋杀了 Y，而且，反过来说，这就意味着他知道怎样陈述 X 谋杀了 Y，并且知道怎样回答"谁谋杀了 Y"。然而很明显，他关于怎样回答"谁谋杀了 Y"与他知道怎样游泳或怎样说法语之间存在着本质的区别。也就是说，相比于知道怎样游泳与知道怎样推理，或者知道怎样滑冰和知道怎样拉小提琴所涉及的能力之间的差异，知道怎样陈述 X 谋杀了 Y 的能力和知道怎样游泳的能力之间的差异更基本。

我想指出的是，将一种能力与另一种能力区分开来的特征是"练习"（practice）。也就是说，"知道怎样游泳"是一种能力，它暗含着通过练习学会怎样游泳的能力；而"知道怎样回答'谁谋杀了 Y'"，它并不暗含着需要通过练习才能回答的能力。如果琼斯是这个谋杀案的目击证人，那么他就会直接知道 X 谋杀了 Y，而且不需要练习陈述事实或回答问题。同样，当琼斯向窗外看去，看见了正在下雨时，那他就知道正在下雨，而不用做任何形式的练习去说"正在下雨"或回答"现在天气如何"。毫无疑问，如果他知道正在下雨，那么他能陈述某些事实并回答某些问题，但是他这样做的能力并没有暗含着他已经练习做过这些事。从另一方面来说，琼斯不知道怎样游泳或怎样说法语，除非他曾经练习过游泳或尝试学过说法语。如果琼斯告诉我们他知道怎样游泳，那么我们会通过询问他是否曾学过游泳来证实。如果他对我们的回答为"不"，那么他的说法将会受到怀疑，但是如果琼斯告诉我们他知道 X 谋杀了 Y，那么我们问他以前是否练习过这件事或回答过这样的问题则是荒谬的。

305

　　像我提出的那样，如果包含在"知道怎样做"之下两种能力的差异建立在练习的基础上，那么随之会出现一些有趣的结果。如果知道怎样游泳需要通过练习来实现，那么我们通常不会认为练习本身就是游泳。练习可能由踢腿和挥动胳膊组成，如果一切顺利的话，那么将渐渐接近会游泳。虽然从练习游泳到学会游泳的关键转折点并不是由我们来决定的，但想到一个人一直练习到他快要真正学会时就离开了水的情况，这是很有趣的。我认为我们可以说，通过练习，虽然他没有学会，但他也知道怎样游泳。

　　就像知道怎样游泳但不会游泳的事例一样，也有会游泳却不知道怎样游泳的事例。例如，琼斯有一天掉进了水里，虽然他以前从未练习或尝试着游过泳，但他游到了岸上。我们不能否认他是在游泳，但是我们并不认为他知道怎样游泳。当然，就游泳来说，虽然在逻辑上是可能的，但是事实上，之前从来没有练习但会这个技能并不可能。尽管如此，如果考虑像击靶这样的技能，我们会认识到，对一个初学者来说，先前没有任何练习，但能击中靶心是很正常的。在这样的情况下，我们会坚持认为，虽然他击中了目标，但他并不"知道怎样"来击中它。因为我们会期望知道怎样来击中目标的人再击中一次。换句话说，击中目标是偶然事件，这可能是由于偶然或运气。知道怎样击中目标是一种能力，我们非常期待某种程度上行为的稳定性。

　　当然，"练习"是一个模糊的术语，虽然我并不认为需要在这儿设定它的界限，但非常重要的是能认识到许多技能是相互影响的，某种技能的练习可能会对其他技能的练习有所帮助。因此，当出现偶然事件时，我们虽没有练习过它却知道怎样做，反思一下就会发现我们曾经练习过相关的技能。例如，虽然琼斯从未练习过游泳，但他游到了岸上，正好是这次游泳给他提供了练习的机会。

　　不可否认，虽然我们并没有练习过某些行为，但我们确实能表现出某些行为模式的一致性，如打哈欠、哭、打喷嚏。我们称这些为反射，而不是技能。打哈欠、哭或者打喷嚏并不会涉及"知道怎样做"。例外的是演员们能随意表现这些行为，很明显，演员已经通过练习学会了这样做，因此我们可以说他知道怎样打哈欠、哭或者打喷嚏。

看来，尽管对那些认识事实命题事例的"知道那个事实"的句子，哈特兰－斯旺将"知道那个事实"简化成"知道怎样做"是合乎逻辑的，但是在这些句子和知道怎样进行操作的"知道怎样做"的句子之间仍然存在根本区别。不管是否同意练习是造成区别的根本原因，但我认为区别本身是不能被否定的。

（资料来源：Jane Roland Martin, "On the Reduction of 'Knowing That' to 'Knowing How,'" in *Language and Concepts in Education*, edited by B. O. Smith R. H. Ennis. Chicago: Rand McNally Company, 1961, pp.399-404. Reprinted by permission of the author.）

罗宾·巴罗
《"教育是什么"的问题有意义吗？》

罗宾·巴罗（Robin Barrow）考察了一个重要的教育问题："教育是什么？"他不仅考察了历史上教育的功能，还回顾了教育活动。这篇文章指出了把分析作为考察教育基本概念的一个工具，并指出分析哲学家偏好探究那些重要的但往往是假设或被忽略的教育问题。

有些人反对讨论哲学方法和哲学程序。例如，吉姆·格里布尔（Jim Gribble）在他的《教育哲学导论》（*Introduction to Philosophy of Education*）和最近珍妮特·拉德克利夫·理查兹（Janet Radcliffe Richards）在《持怀疑论的女性主义者》（*The Sceptical Feminist*）中都建议说，一个人的成长应该从哲学探究开始，而不是从论述哲学探究包括什么开始。但是，不像其他的学科由探究的内容界定，哲学则通过哲学程序和方法界定。因为哲学研究注重参与过程，而不是为了检验某结论，所以对活动所涉及的内容有一个精细的体会，就是在通往哲学的道路上已经走了一半以上了。而且，我清楚地认识到目前我们特别需要弄清楚哲学分析的本质，因为造成哲学缺乏影响的原因一定程度上是由于它与其他学科混淆在一起，比如说语义学。不同的哲学家认为，自己从事的工作各不相同。这个问题最近由约翰·威尔逊（John Wilson）和菲利普·斯尼德斯（Philip Snelders）在《教育哲学杂志》（*Journal of Philosophy of Education*）上的争论而得以凸显，前者是几乎没有经过修改的柏拉图式理论，而后者则是少数没有固定形式的、丰富的普罗透斯式概念（Protean concepts）。总的来说，我的观点是，J. 威尔逊有中肯之处，因为我们将太多荒谬的概念性疑问当真了（英国工会的结构并不民主；教人们学会乘法口诀表并不是灌输），但是斯尼德斯也有中肯之处，像"受过教育的人必能认出 X 和 Y 的价值？"和"灌输是否必然以意图为前提？"我们不能简单地回答这些问题，不能简单地以"教育就是这样，灌输就是这样，所有明智的人都知道这一点"为理由而加以拒绝。

如果有人问"教育是什么"这个问题是否有意义，将会发生什么？或许用其他的形式来表达，像"你认为教育是什么？""这个词在社会上是怎样使用的？"或者"专业教育者所说的'教育'是什么意思？"教育存不存在一个不能被忽视的要素，还是一个人的概念仅仅是意识形态的问题？回答这个核心问题时，我希望也回答三个这样的问题，即"概念可以是错误的吗？""概念可以无效吗？"和"关于 X 的两个概念同样有效的说法是否意味着一切都取决于你的观点？"

让我们坦然地从最基本的开始。概念是原则的统一。它不能用心理意象和词语来识别。如果有人认识到所有含有 X 的实例的共同特点，那么他就有了X 的概念。我目前并不关心概念最初是如何获得的，很显然，它们并不是完全通过一种方法获得的。像颜色和形状这些概念，可能会通过直接的感受而形成，而像房子或哲学家这样的概念则需要先了解其功能然后才能被人掌握。但是辨识特殊三角形仍然需要有一个关于三角形的概念，就像要有房子的概念才能认识各种看似不同但功能相同的建筑，有了幸福的概念，才能从外表迥异的人当中找到让他们满意或沉浸其中的相似处境。

就像已经提到过的，词和概念并不是一回事。同一个词可能会指一个以上的概念；一个概念也可以用若干个同义词来指代。我们可以用那些在概念上没有意义的词来描述事物，反之亦然。在上面的每个例子中，每个人可能都会在没有使用这个词的情况下知道这个概念。概念，即使是我们所说的具体的名词，它的定义也是抽象和一般的。如果我们用概念这个词来指称具体的事物，那这简直太糟糕了，像"我的撒切尔夫人的概念"或"我的这张桌子的概念"。

307

　　这些都是显而易见的。然而，由于事实上我们使用词来识别概念，而且我们很少（如果有的话）可以通过词进行交流，因此试图通过研究词来获得概念，既是一种诱惑，也是一种合理的做法。这当然是许多语言哲学家建议我们做的。而且，他们的想法是有道理的。如果我们想研究教育这个概念，那么我们肯定要从"教育"这个词开始，对理解这个概念而言，它无疑非常重要，例如，"他每吃一个巧克力布丁，教育就会得到提高"。从另一个方面来说，这个过程中有四个严重的问题。第一，如果我们关心词的用法，那么要么我们必须发现和研究这个词所有用法的经验任务（这会使哲学和语言学难以区分），要么我们必须判断某些用法比其他用法更核心、更普遍，或者在其他方面更可接受，在这种情况下，我们需要作出这种判断的标准，而事实上我们并没有这样的标准。第二，虽然了解某个特定词汇的使用情况可能有一定的意义，但根本不清楚它应该有什么意义或重要性。希腊语"areté"一般在英语中翻译为"virtue"（美德），但是它们的使用方式有很大的不同，这是什么原因呢？仔细审视美德本身的含义，我们能发现希腊人和英国人对美德的看法有哪些不同呢？或者说，这就是关键所在：我们现在是否可以得出结论，没有比看重不同群体如何思考更重要的了？第三，如果我们确实假定美德的概念与"美德"这个词的用法是一致的（不管它是不是一个定义的逻辑问题或实践的需要），那么对一个概念有颠覆性或独创性的思考是不可能的。想象我们生活在这样一个社会中，发现非人类的动物应该是幸福的，这是难以置信的，"狗是幸福的"，它们的幸福概念，换句话说，它们使用"幸福"这个词，这对我们来说都不可能是正确的。但这使我们无法扩展我们概念的应用范围。摩尔无意中利用这个混乱状态，用这个开放的问题论证表明"善"不能被等同于任何东西。因为人们常常说："我知道这是 X，但是它是善的吗？"当然我们可以经常这样说，因为我们对它的思考必然反映了我们当前的观点。但是，假如我们错了呢？假如 X 和善是等同的，说"我知道这是 X，但它是善吗？"则没有意义。摩尔所有的论据确实证实了我们的偏见。（事实上，有人可能会认为，语言的变化是以概念和词之间的明确区分为前提的。但词改变了它们的意义，因为人们有最初的观念，这些观念使日常语言的用法不当甚至是错的。）第四，也是最重要的，我们必须记住词和概念间的关联仅仅是偶然的。一个人在不知道"美"这个词或其他任何公众使用类似的词的情况下，也能获得美的概念。事实是，我们中的许多人问"什么是实在？""什么是自由意志？"或者"什么是公正？"很显然，这些问题不是问"其他人是如何使用'实在''自由意志'和'公正'

308

这些词的？"这最多只会告诉我们一些其他人会如何回答这些问题，但难以把握这些复杂概念。

这个问题的解决办法非常简单，尽管它的一些结论似乎无法把握。我们应该从词开始，让词的用法去引导我们到一个或一系列的目的领域，并从这一目的开始防止受用法的约束。例如，我们可能从"教育"这个词开始，进行这样的观察，即它是一个褒义词，有时被用于某些意想不到的背景，通常被假设为意指一些与知识和理解有关的东西。在这样做的过程中，我们获得了一些有用的东西，因为我们得到了关于人们对我们所说的教育的普遍看法的一些提示和线索。但是我们应该记住：（1）这仅仅是词的用法和人们因此而想到的信息；（2）我们可能会得到一些相互矛盾的或不相关的提示和线索。

许多词都会有一些明显可区分的用法。在这种情况下，一个人选择其中一种用法（这是目标领域之一），并且试图获得对该用法、该词的意义、该观念或概念更完整和精确的理解，如果有必要，作出积极的贡献，使其有一个确定的答案或对其有更好的理解。在这个阶段，我们不呼吁使用，因为我们试图更详细地阐释一个已经在我们脑海中对这个词的特定用法作出反应的想法。整个过程完全可以用创造性来描述。两岁的约翰尼，随意泼洒着颜料，被一些人认为是有创造力的。成人弗雷德将他的阁楼改造成一个可居住的房子，他的邻居们认为他是有创造力的。贝多芬（Beethoven）以充满创造力的心境凝视着《第九交响曲》（Ninth Symphony）的手稿。这些例子间有一些关联。一些人想将所有的这些都称为"有创造力的"，因为他们想突出一些共同点。然而，毋庸置疑，作为一个整体，这些事例是不同的。因此，除非有人明确提出关于创造力的最低共同标准的说法，否则人们会认为，我们在处理这个词的不同用法，即使是相关的。这是对创造力不同的理解。为了达成或记录这些不同的用法，对每个事例中术语的情感意义进行评论，考虑词源，甚至去追溯其通常的共性，这些都是词语分析活动。但是专注于用法并试着去更精确、更清楚地解释它涉及的观念，就是分析一个概念。毫无疑问，哲学的分析应该包括这两个方面，但在我看来，我们在词语分析上已经花费了太多的时间，没有意识到概念分析远离了使用。当我审视"贝多芬"这个概念，并将其作为富有创造力的艺术家的代名词时，我所要表达的信息，与如何使用这个词无关。我只想表达这样一种想法：尽力对其作出明晰的解释，以免这个词成为模糊的赞誉。

这些观点会带来一些直接的结果。首先概念分析的突破点是个人的问题。你理清思绪，试着澄清贝多芬是有创造力的这个观点，你试着列出你所能想到的相关论述。当然这项任务不必独自完成。我们在研讨会和讨论会中可以分享概念。因为，无法否认，我们的许多概念最初来自日常语言。但事实上，我们被教育着用同样模糊的名称来使用"民主"这个词。我们都考虑着相同的目标领域，但这并不意味着我们中的任何一个人能给这个概念一个合理的解释。这种观点的第二个结果是"X 的概念"这个短语需要解释。表面上来说，它并没有意义，因为除了偶然情况外，并不存在一个单一的概念。相反，存在着民主、教育或其他类似的概念。如果我们把这个短语解释成诸如"西方文化中占主导地位的概念"或"这个阶层的概念"之类的意思，那么它可以被看成有意义的。

第三个结果，正如我先前提出的，许多教育哲学家并没有进行真正的概念分析，其部分结果显得荒谬可笑，这为那些试图完全摒弃哲学的人提供了一个脆弱的攻击点。举例来说，凯文·哈里斯（Kevin Harris）的著作《教育和知识》（*Education and Knowledge*）将其对教育哲学的全部攻击建立在我们中的一些人对概念分析的误解上，但事实上，一些被认为是概念分析的东西实际上只是词语分析，这一事实帮助了他。太多的人似乎认为，只要有一个词就可以写一篇论文，但是并不是所有的词都与可疑的（有问题的）或有趣的概念相关。最近，D. 鲍勃·高文（D. Bob Gowin）对我的《学校哲学》（*The Philosophy of School*）进行了一次极为慷慨的评论，他批评我没有将学习这一章节包括在内，他认为，这是教育事业的核心概念之一。我完全同意他关于学习的核心地位的观点；但我不同意他关于学习需要分析的观点。在我看来，学习，就像玩、教学和学校教育本身，在我看来，作为一个概念是没有问题的。也就是说，我知道学习是什么，即使我不知道各种的非哲学的东西，例如，如何促进学习，就像我并不真正知道我的自由意志概念是什么，尽管我常对它提出断言。当然，关于哪些概念是有问题的，我们有判断的余地，事实上，这也是从我正在讨论的主题中得出的结论。与其他人相比，对一个人来说，一些概念可能更有问题。这里最重要的一点是一般性的：我们当然希望将对 X 进行解释的尝试局限于那些 X 虽然经常被提及，但在我们的头脑中确实相当模糊、不连贯或阐述不清楚的情况。我们想要的是关于道德人格而不是关于智人的论文，是关于教育而不是关于学校教育的论文。

在这里，我将不再详述早在书中提出来的那种观点：鉴于概念分析是个人的事情，成功的标准本质上是内在的活动。良好的概念分析能够形成清晰、连贯和内在一致的解释，而且不会暗示施动者同时接受自己在逻辑上无法接受的他所承诺的任何东西（举例来说，一个人不能同时持有教育和灌输是不相容的，却又用前者概念揭示后者概念的观点）。但我要补充的是，这当然是我的观点的一个结果，即连贯性和一致性的概念可能也会有所不同。然而，在我看来，这似乎没有问题。事实上，由于我们共同的语言背景，也由于它们是相对简单的概念，我们大多数人对连贯性和一致性都有相同的概念。但是如果有人并不这样做，举例来说，如果有人认为内在的矛盾与连贯性和一致性是完全相容的，那么我只要澄清这问题就可以了，我提倡的这种概念分析将涉及我对"一致性"这个词的理解。

　　我们现在能够回答我在文章开头所概述的问题了。很明显，当一个人描述一个概念时，无论他说什么，在任何普通意义上都不能说成是"错的"。他可能因为混乱、模糊，或者怪异地使用概念而受到批评，但是如果他能清楚、连贯、一致而且协调地阐述"X"等概念，那么他就没有必要使用那些错误的概念了。无论是出于任何目的，坚持"这是一个不正确的概念"的唯一方法是，将其解释为"这不是我 / 我们的概念"或"这是一个不连贯的概念"。这和回答"概念能是无效的吗？"这个问题有许多相同之处。事实上，我只提到了这一点，因为对"有效"和"无效"这两个词的误用似乎在增加，而且通常不清楚究竟是什么意思。严格来说，有效是唯一属于论据的事情。因此，我们所能说的是，如果说"概念是无效的"，那么可以被理解为这个概念是不连贯的、不清楚的、不一致的而且不协调的，于是很明显它是无效的。如果它的意思是错误的标签被附加到一个概念上，那么它可能是无效的（在这个意义上，有效性的概念是无效的）。如果它的意思是说问题中的这个概念在道德上与另一个是不一致的，那么它可能是无效的。如果它的意思是概念并不适合现在或者它是过时的，就像有人说骑士制度这个事例，那么它可能是无效的。当然，只有当人们将概念无效与概念不正确进行区分时，关于概念无效的论述才是有意义的。

　　考虑到在某些意义上，X 的两个概念可能是同样有效的、受到认可的或可接受的，尽管不同，那么这是否意味着一切都取决于你的观点？真正的问题是这里可能会被建议的是什么。例如，如果我们有一个与理解广度相关的教育概念，而另一个概念与理解根本没有关系，那么我们能说什么？在词语层面，我们可以说，后者对"教育"这一标签的使用很奇怪，甚至可能在标准英语方面是不正确的。在概念方面，我们可能批评这两个概念，因为它们没有得到充分的解释，我们也有权说哪一个概念对我们更有吸引力，可能在道德上更能被接受，或者可能与我们的其他目标更一致。因此这个问题的回答是：（1）没有一个概念可以被认为是错误的，这当然并不意味着一切都取决于你的观点，也不意味着你能以任何方式将之带入公共领域，而是意味着你对 X 的概念是你对这件事的看法。（2）尽管你可以接受任何你喜欢的观点，但人们仍会以连贯性、道德性、实践性和智慧为理由而指责你。

那么，"教育是什么"这个问题有意义吗？如果它被理解为意味着有一个固定不变的、不朽的观念，它总是回应"教育"这个名字（或者至少是英文名），那么就没有意义了。但是，如果我们在一个给定的群体中用口头提问的方式询问"你对教育概念的理解是什么"，那么当然是有意义的。

［资料来源：Robbin Barrow, "Does the Question 'What Is Education?' Make Sense?", *Educational Theory*, 1983（Summer-Fall），191-195. Reprinted by permission of the publisher.］

第十章

哲学、教育与后现代主义的挑战

■ 多样的后现代
■ 后现代主义与哲学
■ 作为一种教育哲学的后现代主义
■ 对教育中后现代主义的评价

当前，前缀是"后"字的词十分常见，比如"后工业化""后自由主义""后结构主义"乃至"后哲学"等，但最常听到的术语是"后现代"。后现代的论述到处都是，这一词的使用却非常混乱。它是否意味着现代艺术和文学风格的变化，比如随着现代艺术和现代小说的兴起而发生的变化？或者后现代主义是其他一些东西——一个中间时代，在这之中，旧的思维方式受到质疑，而一个隐藏在地平线之下的新时代还没有诞生？换言之，现代社会是否已经灭亡或者正在灭亡，后现代是不是人类思想和文化的一个划时代的分水岭，或者这种明显的变化只是知识分子在艺术、文学和理论偏向上的一种周期性波动……这类疑问层出不穷。总之，无论是哪种情况，一场思想的动荡正在发生，我们需要去研究这到底预示着什么。

多样的后现代

事实上，在过去的几十年里，凡是致力于文化批评和社会批评的学术刊物中都有很多关于后现代的作品，但定义和描述"后现代"仍然不是易事。弗雷德里克·詹姆森（Frederic Jameson）认为，后现代之所以成为一个备受争议的概念，主要是因为它与现代主义（modernism）关系密切，比如现代生活、前卫的生活方式、现代艺术等等。有观点认为，现代主义是19世纪工业和技术发展的相关产物，20世纪开始进入后现代主义时代，在这个时代里，人们变312 得"现实"起来，开始批判和解构（揭示或剖析）我们关于历史、社会和政治体系的信念，甚至批判和解构"进步"这一概念本身。后现代主义强调含义和知识的不可捉摸。

的确，几乎任何后现代的特征都可以归因于现代，但詹姆森认为，后现代主义产生的一个重要原因是20世纪60年代发生的巨变，当时之前被认定的真理遭到质疑，人们越来越多地体验着"攻击性的"（offensive）生活方式和世界观。例如，第三世界国家摆脱了殖民主义的枷锁，少数族裔和处于主流文化边缘的人们获得了新的身份；美国对越南战争和后续战争的反对使新一代走上了激进的社会和政治道路。

然而今天，第三世界的革命变得过于单纯化，新左翼运动在新保守主义的猛烈攻势下退缩甚至消亡，越南战争反对派的激进反抗已经成为过去，许多在磨人的20世纪60年代如此突出的攻击性生活方式——作为一种高级文化的艺术形式和思维模式——已经被降格为大规模的商品生产，并渗透到人们的日常生活之中。在詹姆森看来，起初看起来很有希望的东西到20世纪80年代末都被取代了、边缘化了或变得陈腐了，随之而来的是幻灭和疲惫。

托德·吉特林（Todd Gitlin）宣称，曾为知识分子十分热衷的对统一性的探求显然已经被放弃，出现了一系列令人困惑的风格和解释。人们越来越关注与权力和特权并行的差异、多样性和边缘化，与此同时，普遍性不但被解构并且还被看成多余的。如果现代主义正在瓦解的话，那么后现代主义正在其残余中形成。

罗杰·穆拉德（Roger Mourad）给出了一种更加积极的态度：后现代主义虽然还处于幼年期，但它还是对很多领域产生了重要影响，比如对当代科学思维的影响，对视觉和表演文学、文学作品、宗教研究、文化研究等的影响，当然还有对哲学的影响。虽然它最初的哲学基础来源于法国哲学家，像福柯、德里达（Jacques Derrida）、利奥塔（Jean-François Lyotard）、让·鲍德里亚（Jean Baudrillard）、雅克·拉康（Jacques Lacan）等，但也有一些美国人为后现代主义作出了贡献，比如罗蒂和卡尔文·施拉格（Calvin Schrag）。在很大程度上，后现代产生于反启蒙运动，它摒弃了启蒙运动关注的客观科学以及启蒙运动宣扬的普遍价值观、道德、法律和艺术。在哲学上，学者的争辩分为两个阵营：一派是现代主义的维护者，他们试图改良现代主义；另一派是后现代主义的支持者，他们想用后现代主义取代现代主义。

值得一提的是，后现代主义者抵触将他们视为一个思想流派。其中一个原因可能是，后现代主义者不喜欢涵盖一切和元叙事（metanarratives），那些认同后现代观点的哲学家也认为不存在能够统领一切哲学观点的信条。总体来说，后现代意识接受了这样一个命题：没有单一的文化传统和思维方式可以作为元叙事，也没有一种普遍的声音可以概括全部人类经验。正如利奥塔在《后现代状况》（*The Postmodern Condition*）中所说，对后现代的一个简单的定义就是"对元叙事的怀疑"。对后现代主义质疑之一就是现代主义关于欧洲中心的元叙事，以及用普遍理性结构去判断好与坏、真与假、美与丑的观点。在哲学上，罗蒂在《哲学与自然之镜》（*Philosophy and the Mirror of Nature*）一书中对上述现代主义的观点进行了攻击和批判，他认为哲学不是一面用以衡量所有知识的镜子。同样，在《范式的缺失：科学之镜中的人的形象》（*Paradigms Lost：Images of Man in the Mirror of Science*）中，约翰·卡斯蒂（John Casti）批评了科学理性主义关于超然客观性的主张。他指出，科学探索在很大程度上依赖预感、直觉甚至审美享受，而不是产生普遍的科学"规律"的方法论程序。 313

因此，后现代主义推崇一种打破现代普遍性主张的标志性观点，它反对试图结束讨论和争辩的客观确定性主张。结果之一就是，人们曾经在思维上划分出的清晰界限变得模糊了，包括学术领域之间的知识界限。一个恰当的例子就是哲学研究如何影响其他的学科，以及这些学科如何影响哲学。在哲学与社会科学、历史学、语言与文学以及教育理论的交流中，这种相互影响表现得十分突出。

例如，阿罗诺维茨和吉鲁在《后现代教育：政治、文化和社会批评》（*Postmodern Education：Politics，Culture，and Social Criticism*）一书中写道，在澄清后现代主义的过程中存在着一个困难，那就是对后现代状况的矛盾心理（ambivalence）。他们提出了一种"解放的"（emancipatory）后现代教育，这种教育能够对其选择负责，尽管那些选择只是暂时的。阿罗诺维茨和吉鲁针对教育和民主提出了一种激进的方法，以取代建立在文科、现代科学和实证主义哲学之上的旧式主流叙事（master narritives）。在我们的知识传统中，课程应该是建立在传统文化规范、科学法则或基本原理之上的，这种知识传统的统治地位正在受到挑战。阿罗诺维茨和吉鲁提倡的课程应该包括"边缘"知识和围绕性别、民族、种族、阶层认同等问题组织的"差异话语"，主张将这些边缘群体的声音提升到与传统课程规范平等甚至更高的地位。传统的知识并没有被忽略，但在学习传统知识时，应该努力去分析其内容，解构文本，弄清楚种族、性别等观点是如何形成的，这些观点又如何加剧社会分层。这种方法与传统课程体系迥然不同。

后现代主义与哲学

后现代主义并不完全是哲学家的智慧结晶，但哲学家确实对后现代主义的产生和发展有相当大的贡献。一些后现代主义者更喜欢"理论"（theory）而不是"哲学"（philosophy）这样的词，因为他们想避免传统的元叙事，而且也不想错误地划分知识领域，比如设立分界线从而使传统学术学科的界限更加分明。如果不将后现代哲学理解成一种高高在上的、统领人类思想的东西，那么"后现代哲学"这种提法是恰当的。如果说一般而言后现代主义是寄生于现代的，那么后现代哲学也是如此，虽然它激烈地批评现代哲学，但它看起来似乎仍为现代哲学所创造的东西而着迷。

后现代主义者喜欢的理论（如果有的话）并不多，尽管他们与其他哲学也有联系。后现代主义者反对形而上学的整体宇宙观，认为知识是暂时的和不确定的。他们认为，思想和行动承担着改善或解决人类问题的责任，教育在这之中发挥着主要作用。20世纪中叶，实用主义开始衰落了，但近期又开始复苏，新实用主义赞同后现代的教育观和哲学观，比如，摒弃元叙事和对客观确定性的抵触，这些观点早就在传统实用主义反对追求确定性的观点中表达过了。

后现代意识对行为主义的消极回应，主要是因为行为主义对科学客观性的总体看法，以及将人类的意向性和行动简化为一种行为技术。一方面，后现代意识对分析哲学的消极回应，主要是因为分析哲学与实证主义、客观主义密切相关；另一方面，后现代意识对分析哲学的积极回应，主要是因为它赞同分析哲学的语言敏感性，特别是维特根斯坦晚期的观点，因为维特根斯坦认为语言的用途和含义具有多样性。事实上，在很多方面，后现代主义吸收了语言分析家关于语言的逻辑、社会和政治问题的观点。

后现代主义者也探讨了存在主义、现象学和解释学的影响，包括尼采、海德格尔和萨特的观点。尼采激进的道德和政治观点挑战了传统哲学。海德格尔提倡对单一性（singularity）和特殊性（particularity）的审视，而不是像黑格尔和马克思那样对历史进行宏观审视。萨特等存在主义者发展了这样的观点：在这个世界上人们必须塑造（fashion）自己的意义；他坚持认为不存在客观决定论，也正是这种看法限制了他对马克思主义的接受。后现代主义者也在这些观点中获得了支持，特别是否定普遍客观性和强调特殊性的观点，这些观点在后现代哲学和教育哲学中引起了共鸣。

西方马克思主义的衣钵最终传给了批判理论，这种理论要求对现代生活的方方面面进行批判性审视。这一观点由阿多诺、霍克海默尔和哈贝马斯提出，他们促进了社会和文化的跨学科研究。批判理论一直是后现代主义思想的重要组成部分，批判理论家认为，即使批判之后没有任何结果，它在我们的思想中也起着重要的作用。

虽然后现代主义者对以前的所有哲学完全或部分不满意，但是在大多数情况下，后现代主义者还是从现代哲学中汲取了很多观点和思想。考虑到这一背景，我们就能更好地理解后现代哲学家的语境，因为虽然后现代哲学家激烈地批判了现代哲学，但他们仍然采纳了前人的许多元素。

后现代哲学及其欧洲背景

大部分有创见的后现代哲学观念来源于欧洲哲学，特别是法国思想家的思想。虽然很多哲学家对后现代的产生和发展作出了重要的贡献，但为了便于说明，我们将主要论述福柯、德里达和利奥塔这三位法国哲学领军人物的工作。虽然他们很少甚至从未将自己的观念称为"后现代"，但他们的作品引发了很多的评论，而且激起了后现代主义式的哲学思考。

米歇尔·福柯（Michel Foucault，1926—1984）

福柯最为人们熟知的作品要数他撰写的哲学史，这部哲学史主要分析了真理概念如何在历史冲突和斗争中产生，以及这些真理概念怎样通过制度、社会

体系以及个人认同发挥其力量。例如，在《词与物》（*The Order of Things*）中，
福柯提出了"人类科学（心理学、社会学和人类学）的考古学"，以此来说明现
代人的观点是怎样发展的：人不再是上帝的孩子，也不仅仅是思维的存在，而
是行为具有可预测性的研究对象。直到19世纪现代科学的观念和方法应用于
人文科学后，这一观点才被接受。在一定程度上，它是工业社会要求的规范化
产物，也是客观知识和真理观念变化的结果。福柯认为，现代的人性概念可能
走到了尽头，因为赋予它普遍性和客观性的人文科学掩盖了各种现代的操纵、
支配和权力技术，这些技术控制着人们如何看待自己，如何约束自己以适应现
有政治、社会和经济秩序所要求的各种角色。

在其他研究中，福柯考察了具体情境中真理和权力的联系，并开创了所
谓的谱系学（genealogy）研究，阐述人们怎样运用权力和控制力而将自身构
筑为知识主体（自我）和知识客体（事物）。他的方法是从具体的历史事件出
发，发展出对历史的理解，也就是他所说的事件化（eventalization）。事件化
不是试图找到统一的原则或客观的人类学特征来解释历史作为事件必然发生
的方式，而是着眼于历史洪流中的突破口——那些在人们如何定义和组织自
己方面变得非常重要的单一历史事件。例如，在《疯癫与文明》（*Madness and
Civilization*）中，福柯考察了人们如何定义疯癫，然后建立精神病院来治疗
它；在《规训与惩罚》（*Discipline and Punish*）中，他用同样的方法对犯罪与
监狱进行了研究。他想要揭示的是，在其他看待事物的方式存在的同时，人们
是如何围绕"疯癫"和"犯罪"这些特定的概念来建立制度的。换句话说，福
柯想弄清楚的是，在历史事件中，联系、策略、含义、社会力量和进程是怎样
共同把我们带入某个方向而非其他方向的。

通过强调单一事件，福柯不仅仅是简单地在历史的无缝编织中寻找突破。
确切地说，具体的历史事件是由多个过程构成的，包括过去的实践、现在的
变化和社会创造性。我们的任务并不是找到普遍的因果力量来解释历史，而是
找出历史事件中的多重影响因素。例如，在对犯罪和监禁的研究中，福柯认
为，有些人将监禁与学校教育实践、军队纪律联系起来。这并不是说其中的
一种影响导致了其他影响的产生（比如，并不是学校的存在导致了监狱的出
现），但对监狱内在发展过程的历史分析得出的并不是监狱产生的原因，而是
一种"多形态"（polymorphism）的联系，这种联系使人们在某个历史时刻用
特殊的方式行事和管理自身。换句话说，人们在某个社会机构中相互关联的方
式（如教师和学生在学校中如何相互联系）建立了关系模式，这种模式导致人

们在新的机构框架下也采用相似的模式进行交往和行动。人们熟悉这些模式，而且它们好像是处理事情的理所当然的方法，但这些模式可能并不适应新的框架。

例如，按福柯的观点，当代监狱的出现取决于几个因素。其中之一是技术产生了新的建筑形式（如混凝土和钢结构的建筑），它保证对囚犯进行安全的监禁和监视。另外一个因素是控制犯罪行为的策略和技巧得到了发展，即不再烙上印记、砍断手足和执行残忍的死刑，因为这些残酷的刑罚曾经导致公共秩序的混乱。此外，新的理论也产生了影响，如人道主义改革和罪犯重返社会（rehabilitation）的观念。所有这些技术、实践和观念都离不开学校教育和军队纪律的改革观念，这些改革观念带来了监狱管理和运作的新方式，以及对待犯人的新方法。福柯认为，监狱的发展并不是外部因素推动的结果，相反，推动监狱制度化发展的措施与流行的知识、真理概念以及恰当的途径有关。新的机构意味着顺应时代的需要，将现有的观念改造为有助于机构运行的新型表达方式或话语，或在机构运行中的真理和知识。其结果是产生了一个新的真理制度（regime of truth），对人们和机构行使权力和控制。在这个意义上，权力不是人们所拥有的东西，也不是从外部强加的；它存在于人们的行为和自我管理方式，以及他们如何看待与定义自己和他们所生活的社会。

有人可能会论及，福柯仅仅是创造出另一种关于人类历史的叙事，以及历史事件如何塑造和被真理和权力的概念塑造，但他揭示了真理、知识和权力关系的微妙之处，以及在此基础上个人和社会认同是如何形成的。福柯揭示这些问题的方式并没有沿用黑格尔和马克思的旧式元叙事，而是为人们提供了看待历史进程的新方式。的确，在福柯看来，所有学科，包括政治、经济、文化、教育等，都与权力有关。后现代主义者用福柯的理论来说明人们现在面对的情况，如权力制度，不是不可避免的命运的结果，而是人类在特定的历史背景下创造的结果。如果条件发生了改变，那么他们必须进行创新，这种创新包括人们将什么知识作为真正的知识，以及人们如何定义并行使权力。但是，在变革的过程中必须保持高度警惕，因为人们可能会将无意识的或假定的"真正的"关系模式带到新的状况中，而这可能是他们改变现状困难的核心所在。而且，即便人们创造了真正的新模式来摆脱旧有的状况，他们也许只创造了新的权力关系，而这种关系将用一种他们无法预测的方式对他们进行新的控制。

雅克·德里达（Jacques Derrida, 1930—2004）①

德里达为批评西方哲学的逻各斯中心主义（logocentrism）作出了重要贡献，他在文学和文学批评等几个领域产生了重要影响。在《论文字学》（*Of Grammatology*）中，德里达认为，传统哲学崇尚形而上学，这样的哲学是为了理解逻各斯（logos, 源自古希腊，是"演讲、词或理性"的意思，是控制宇宙的核心理性原则）。至少从亚里士多德开始，哲学家就认为人类的心灵同外部世界有着直接的表征联系，而逻各斯是外在世界进行组织的理性原则。哲学家（或者其他在这一方面发表言论或作品的人）用演讲和写作来展示（或暗示）一些东西。词和词的组合构成了事物、观念和任何思想对象的表征（或符号）。因此，哲学家对那些声称是逻各斯的准确表征的东西进行分析、整理和描述；也就是说，在心灵或智力中出现的东西被报告或描述为逻各斯的表征。

这种形而上学的探索带来了矛盾和悖论。在德里达看来，这是因为哲学家

317 的表述并不属于其他人看不见的外在逻各斯，而是人们所使用的语言，即话语、著作和文本（text）。简单地说，语言先于知识而存在，词的含义是不稳定的，很难用任何确定性来控制。德里达试图揭示和消除语言的不稳定性及其矛盾性，去除其神秘性。由于词和含义是各种各样的，在这种多样性的情境下不可能实现准确的和普遍的确定性，因此，任何普遍的含义都是不可能存在的。简言之，所有人拥有的不过是文本而已。因此，我们需要对人们的文本进行解构，而不是通过文本的精确性来反映逻各斯。批评者必须从文本内部着手，但并不是为了客观地解读逻各斯，甚至不是为了理解说话者、作者、哲学家真正要表达什么；批评者关注的是语言的变化无常如何混淆了文本的核心含义。要了解这些，困难之处在于，人们从来都不能完全控制他们所使用的语言，因为词的表达有细微的差别。当一个人定义一个词时，他会意识到这个词有好几种含义，而且发现它和其他一些词的含义也有关联。作者和读者、听众将他们的经验带到话语中，这形成了他们表达上的细微差别；另外，写作和阅读时的情境也能进一步影响读者或听众的理解。换言之，人们在接触文本时获得的内容，并不是他们对逻各斯的客观阐述，也不是作者必定表达的内容，而是他们当时对这个文本的解释或理解。可以说，这种理解形成了他们自己的关于该"文本"的文本。

---

① 德里达是法国哲学家，生于阿尔及利亚，19 岁回法国就学，后又到美国哈佛大学深造，曾长期任教于巴黎高等师范学校。——译者注

德里达式的剧本可能会这样表述：想象一下，一个女人试图通过说话或写作来形成一个观点或一种理解。当这个女人寻求清晰性，而且想获得他人的理解时，她努力用词来表达她的想法。当她努力想这样做时，她要做的是准确地选择恰当的词，尽可能精确地传达她是如何看待这件事情的，但一旦她选择了一个词，就会发现这个词只是隐约地表达了含义，或者这个词会涉及其他的词。她也许会感觉到需要跟他人交流，需要将她的思考出声地表达出来，并倾听别人的意见。在讨论的过程中，她修正、删减、更换词，她改变表述并接受其他的修改建议。接下来她可能要将自己的思考写下来，这时她再一次面对词及其不可靠的含义。如果这个思考者和大多数思考者一样，那么她很可能会不满意自己的表达。她也许会将写出来的文章放到一旁，准备过一段时间再看，但到那时，她写好了的词可能已经有了不同的含义，因此她要做进一步的修改。

在每一阶段，她的描述都会发生改变，但是我们可以说，现在描述是由书面陈述构成。有可能当她停下来的时候，她传达的内容可能发生了改变，不同于她原来的想法。她一旦选择了词并构成句子，这些词和句子就引出了其他一些词和含义，她要表述的东西的含义就变得更加宽泛了，受限制了，或者改变了方向。现在如果她将自己的作品出版了或者向一位听众口述自己的作品，那么这位听者能够抓住她要表达的真实含义吗？也许不太可能。因为她自己想表达的含义已经被改变或者很可能在今后被改变；另外，她的读者或听众将会根据他们自己的经验背景来理解她的作品。她的文字会打动读者或听众，但可能会有些偏离她的原意，而读者或听众会将此归因于他们自己对含义的个人演绎，他们可能会和朋友们一起讨论她的陈述，他们很可能会改变和延伸她的陈述，使之符合他们的理解背景。像德里达在《论文字学》中写到的那样，在上述这种情况下，作品已经"被拓展或者变得面目全非"，它"不再是逻各斯问题"。这位思想者假定的对逻各斯的理解，包括她最初的想法和后来对这个想法的修正，都被最初的"真实"解构了。

德里达自造了一个词来表达这种两难困境：缓别（différance）。它由差别（difference）和延迟（defer）这两个词组合而成，指的是一个人在言语和写作中的努力为何总是遭遇解释和含义关系上的差别。这种现象不仅存在于一个词如何暗含着其他词之中，也存在于人们如何理解或者使用词之中。人们发现在任何试图建立中心含义的尝试中，他们都不得不服从含义的复杂性和含义之间的相互作用。符号和象征系统或语言根本无法绝对精确地完成这一任务。事实上，哲学家在寻找逻各斯（核心的或普遍的原理和结构）的努力中，只不过是在玩文字游戏，用一种逻各斯取代另一种。结果是带来了自然与文化、心灵与肉体、主观与客观、存在与发展之间的无休止争辩。

从德里达的观点来看，当"所指"（signified）——词和符号——塑造我们的思想时，哲学家们对"能指"（signifier）（理性、心灵和意识）的颂扬超过了"所指"（词、符号和语言）。换句话说，哲学家已经将"所指"置后，至少是不再将它置于最好的位置了。用这种方式来思考：哲学家已经在心灵中、在理性"器官"中假设了一种"在场的形而上学"（metaphysics of presence），假设有一种在场的逻各斯，人们可以理解并"读懂"它这种可以理解的特点。语言仅仅被当作一种工具，一种展示关于逻各斯的哲学发现的媒介。这种假设就是承认心灵先于语言（或词和符号）而存在。但是像德里达很可能会问的那样，如果我们假设语言先于心灵，也就是说，我们有心灵是因为我们有语言，那会发生什么？把这个问法换一种方式表达就是：如果我们的心灵来自我们的文化文本，那么我们如何去解读它们。正如德里达所说，我们所拥有的都是文本，我们所知道的都是文本。

批评者也许会说，德里达仅仅是将语言提升到了高于思想的位置，对文化文本的解构只会将文本引向毁灭的地步。一些后现代主义的批评者指出，后现代意识看起来倾向于虚无主义和相对主义，好像是在说：由于没有核心的真理存在，那么一切都是相对的，任何的解释都是合理的；这导致了一种什么都可以允许的伦理相对主义。然而，这并不是德里达所主张的，因为他坚持对语言带来的含义传播和交融给予更高的敏感性，更加关注词指涉的其他词和含义，以及我们中的每一个人最终如何解释这些含义。进一步来说，人们的思想源于他们的历史文本、他们自己的文化、他们的语言和含义的基础以及对以上这些的应用。简言之，我们认为我们所知道的都是不稳定的。这并不意味着我们不能发展自己的理解能力，不能将自己认为重要的问题加入自己的立场之中，而是说我们的理解和立场中没有哪一种观点处于优于其他观点的特殊地位。这并不是说我们不能相互交流，但它确实意味着交流是有问题的和不准确的。

让-弗朗索瓦·利奥塔（Jean-François Lyotard，1924—1998）

利奥塔是另一位法国哲学家，他在学术和文学方面有杰出的成就。他在巴黎大学学习哲学，并在巴黎大学和法属东阿尔及利亚（French East Algeria）教授哲学。与其他后现代哲学家一样，他反对历史进程、科学知识、伦理和人类自由这样概括性的宏大叙事。利奥塔相信微观叙事（micronaratives）。像正义这样的观念只能通过维特根斯坦所说的语言游戏来理解。我们需要从特殊性的角度来看待事物，将一种"措辞规则"（phrase regimen）运用于另一种当中。利奥塔并不认为我们能够理性地认识世界，宇宙是混乱的、无序的，需要采用"多样的理论立场"（multiplicity of theoretical standpoints）。

在某些方面，那些关键的后现代主题是对以往哲学观点的回应。后现代主义者对含义和现状的不满反映了马克思主义、存在主义和实用主义的要素。然而，马克思主义拥有一个建立新的社会主义社会的乌托邦式构想，这是后现代主义者不认同的；实用主义想要建立一个更加平等和民主的社会，而这在后现代主义者看来同样是有问题的。马克思主义者和后现代主义者在对社会环境的分析上有许多共同点，后现代主义者对"阶级斗争"和"经济决定论"这样的概念和方法都持批判的态度。马克思主义者指出，后现代主义者和马克思一样，具有良好的批判意识和整体意识，但后现代主义没有为他们指出的这些问题提供解决方案。

在《反对后现代主义》（*Against Postmodernism*）中，阿列克斯·卡利尼科斯（Alex Callinicos）用马克思主义者的视角批评后现代主义的一些主张，如它抛弃客观性，接受主观主义，而且这种主观主义是由"杂乱无章的个体内和个体间的欲望"构成的。与其反实在论的主张相反，后现代主义拥护社会经济世界发生的变化，它将这些变化看成由工业化大生产向后工业体系的过渡。在后工业体系中，理论研究是"发展的动力"。卡利尼科斯反驳说，这种观点是建立在错误的假设基础之上的，因为大规模的生产与交流仍然存在，他也看到了这个观点对 20 世纪 60 年代这个"革命"时代成年的那一代人具有明显的吸引力。到 20 世纪 80 年代，他们中的许多成员对社会主义革命没有发生感到失望，但现在，这些人占据着中产阶级的专业、管理和行政职位，他们对拥有的物质条件比较满意，并且开始痴迷于消费主义、"挑剔"的品位，以及对"年轻"的体格和外表的自恋性关注。这一代后现代主义知识分子用一种末日式的论调告诉我们，他们预言现有社会秩序即将崩溃；由于社会主义革命希望的破灭，他们似乎无法对任何未来的制度形成一种积极的信念。他们青年时代的"革命式抵制"降格为消费活动以及对世界命运的讽刺性态度，他们在表面深刻但真正晦涩的哲学声明中找到慰藉，声称什么也做不了。卡利尼科斯对此不屑一顾，他将这些后现代哲学家比作罗马焚毁时还在拉着小提琴的知识分子。

新实用主义表现出一种更加乐观的态度，虽然它发现了一些与后现代主题一致的观点，但它也发现了主要的分歧点。R. J. 伯恩斯坦呼吁找到共同点，以满足当今社会关键的"伦理-政治"需要。在后现代主义者看到哲学思想破裂的地方，R. J. 伯恩斯坦发现了希望，而不是沮丧，他呼吁当代的哲学家将自己看作易犯错误但参与其中的思想者，是探究者群体的一部分。与此脉络相似的是，韦斯特认为，需要对现代问题作出有用的回应，尤其是文化的多样性，帮助边缘群体融入主流社会生活。同样地，罗蒂认为，缺乏一个伟大的统一理论并不意味着人们应该沉沦在消极的绝望之中，而是应该与其他人团结一心，面对残酷的现实。罗蒂等哲学家认为，哲学论证应该接受检验，看它们在多大程度上帮助解决了社会生活中的问题，而不是它们在多大程度上表达了普遍真理，或者它们对事物发展的现状挑出多大毛病。

320　　批评者指出，后现代主义者常常使用含混不清的行话，许多哲学家都感到迷惑不解，一般民众更是如此。后现代主义者对碎片化和专横的理性主义的关注，可能会助长误导性的"非此即彼"的思维，这可以从呼吁摆脱对总体性的怀念和"向总体性开战"中看出，似乎唯一的选择是要么渴望总体性，要么向总体性开战。正如哈贝马斯所指出的，后现代对总体性的怀疑并不是新事物，实用主义在很久以前就警告过要反对无所不包的普遍性，选择一种可能出错的意识好过绝对的确定性或令人绝望的虚无主义。罗蒂的后现代主义倾向十分鲜明，他认为，后现代主义的左翼分子十分惧怕成为中产阶级自由主义者的同谋，以至于他们忘记了担心政府的无能，放弃了选举政治而支持文化政治（cultural politics）。虽然他们对阶级、种族和性别的关注是值得钦佩的，但他们的"缓别政治"（politics of différance）和对自由主义的恐惧导致他们逃避处在真实政治中的世俗世界，在那里反抗"恃强凌弱""富人欺压穷人"的战争一定会发生。如果后现代的左翼势力因为民主政治体系不可能实现而放弃，那么他们就可能成为愤世嫉俗的批评者，因为后者一贯认为民主不可能实现。

作为一种教育哲学的后现代主义

后现代哲学具有多样性的特征，但其强有力的因素似乎来自西方马克思主义批判理论传统。吉鲁是教育哲学后现代批判理论（postmodern critical theory）中最杰出的倡导者之一。另外，麦克拉伦发展了一种与吉鲁的观点十分接近的民族志方法，并称之为"批判教育学"。其他一些人也有类似的思路，如克利奥·彻里霍尔姆斯（Cleo Cherryholmes），他发展了后结构主义的批判实用主义（critical pragmatism），又如 C. A. 鲍尔斯（C. A. Bowers），他否认自己的理论属于批判理论，而支持所谓的后自由主义的理论。许多对后现代教育有贡献的人都应该被提及，如威廉·斯坦利（William Stanley），他将后现代批判教育学纳入教育的社会解构主义传统之中。

批判理论蕴含着浓厚的马克思主义元素，但后现代对元叙事的怀疑也直接将矛头指向马克思主义。在《跨越边界》（*Border Crossings*）中，吉鲁认为 S. 鲍尔斯和金蒂斯以其对教育作为一种社会再生产形式的马克思主义解释，为 20 世纪 70 年代末期的激进教育注入了活力。皮埃尔·布尔迪厄（Pierre Bourdieu）从他的葛兰西主义（Gramscian）视角提供了一种相似观点，即学校为那些处于优势地位的人再生产"文化资本"（cultural capital）。在吉鲁看来，这两种观点都受到马克思主义阶级冲突理论的影响，这种旧式的马克思主义将阶级冲突作为统治的解释原则，缺乏与福柯广义权力观一脉相承的分析视角。虽然旧式马克思主义已经式微，但吉鲁认为，为了发展对现代主义的有效批判，理解马克思主义仍然是十分重要的，同时还要避免传统马克思主义一概而论的话语方式。从吉鲁的视角来看，哲学的任务是融合现代主义与后现代主义的观点，重新思考教育的目的和意义。一方面，他想保留现代主义者关于利用人的理性能力克服痛苦的信念（但没有其对普遍性的假设），他还肯定了现代主义者对伦理、历史和政治话语的强调；另一方面，他通过强调边缘话语和"缓别政治"来重新定义社会边缘和社会中心之间的关系，寻求社会变革和正义。

批判理论家阿普尔反对这样的观点，并认为阶级的重要性超过了后现代主义者的预料，性别和种族不能与阶级分离。他指出，在美国的边缘群体中，妇女和有色人种在低收入者和失业者中所占的比例更高。这表明种族和性别并没有与阶级分离，如果后现代主义者没有意识到这一点，那么他们就会误入歧途。按照更正统的阿普尔视角，应该关注物质状况、阶级冲突和支持它们的社会结构，任何没有这样做的教育理论都会因此被削弱。

麦克拉伦认为，虽然批判理论家有很多相似之处，比如都有马克思主义背景，但他们之间也有分歧——这种分歧尤其存在于高度理论化的阿罗诺维茨／吉鲁的方法和麦克拉伦批判教育学的民族志方法之间。在《学校生活》（*Life in School*）中，麦克拉伦指出，批判教育学并不是一套单一的观念；相反，它的共同目标是赋予无权力之人以权力，克服不平等和不公正。批判教育学质疑学校支持权力精英的统治、维持不平等的现状。批判教育学认为学校应该是一个提高自我赋权（self-empowerment）和社会赋权（social-empowerment）的机构。因此，批判教育学是"被压迫者的教育学"，坚定地站在被压迫者这一边。批判教育学反对实证主义的、历史虚无主义（ahistorical）的和非政治化的教育，因为这些教育形式都迎合学校中已有的权力关系政治。麦克拉伦呼吁批判教育学的支持者要团结一致，运用马克思主义关于社会经济状况的基本论点，他呼吁在教育和社会变革方面，少点文化批评，多点社会行动主义。

彻里霍尔姆斯赞同后结构主义（poststructuralism）而非后现代主义，主要是因为他将结构主义看作现代教育需要克服的主要障碍，他在《权力与批判：教育中的后结构主义研究》（*Power and Criticism*: *Poststructural Investigations in Education*）中发展了这个观点。在彻里霍尔姆斯看来，结构主义是实证主义的一种形式，它植根于启蒙运动传统中对人类事务的理性控制。结构主义产生的更大问题是，线性的理性思维发展观和控制理论已经进入现代教育之中。这一点可以从以下几个方面中看出来，它注重结构严密的课程，依赖考试、选拔和官僚化控制的程度。简单地说，结构主义理论（structuralist theory）通过不同部分之间，以及部分与整体之间的相互联系来界定社会制度，而且试图揭示社会体系和学校结构框架中的理性原则。可以这样说，结构主义是一种元叙事，它认为结构是逻各斯的关键。

恰恰相反，彻里霍尔姆斯的后结构主义思想用福柯和德里达的作品来分析和解构结构主义的假设。当然，单纯的否定和拒绝是不够的，彻里霍尔姆斯用杜威和罗蒂的元素来发展他所谓的"批判实用主义"，对结构主义教育假设作出回应。他将批判实用主义与那种不加批判地接受传统话语，并将教育用于功能性和功利性目的的实用主义区分开来。批判实用主义强调后现代主义的危机意识，还提出彻底审查价值和信仰的标准，机构如何组织和运作，以及人们如何看待和对待他人。

虽然 C. A. 鲍尔斯与其他作者的立场不同，站在激进的后现代左翼势力之外，但他仍属于后现代阵营。在《后自由教育理论的要素》（*Elements of a Post-liberal Theory of Education*）中，C. A. 鲍尔斯考察了罗杰斯、斯金纳、弗莱雷和杜威的作品，他认为这些人代表了自由主义光谱中的不同点。虽然他认识到了自由主义的重要贡献，但他宣称，就像福柯所批评的那样，自由主义是一种真理制度。C. A. 鲍尔斯主张超越自由主义，因为他认为自由主义的概念框架局限性太大，这可能会危及人们的社会目的和文化权威意识。这让他的思想具有后现代的主旨，既包括文化保存，又包括否定。他试想要用"可能性语

言"（language of possibility）来解决社会和政治危机，更新人们对自由主义的
认识。

　　与批判理论家一样，C. A. 鲍尔斯想要一种"赋权的语言"，但他将新马克
思主义批判理论排除在外，因为他认为这种理论未经检验，还不足以为当前所
需的"激进赋权"提供坚实的基础。他接受了杜威的社会智力观点，并希望在
政治和教育方面保护进步的自由主义成就，但他认为自由主义的个体主义鼓励
追求个人利益，这带来了当代社会的许多问题。C. A. 鲍尔斯憧憬一种保存重
要文化成果的"记忆共同体"（community of memory）的教育理论，建立一种
面向未来的反思共同体，这里的个体主义概念建立在政治参与和共同利益的基
础之上。

教育目的

　　吉鲁强调，伦理必须是批判主义教育关注的焦点，特别是不同的伦理话
语，因为这些话语为学生提供了十分丰富的意义系统，并帮他们与更广泛的社
会中的多样性建立联系。这可以使学生理解个体经验如何受到不同伦理话语的
影响，以及自我与具有不同背景、出身和视角的他人之间的伦理关系如何形
成。这个过程最基本的功能在于鼓励学生参与社会话语，帮助他们意识到人类
遭受的苦难和剥削，目的是培养对他人的社会责任感，包括那些处在社会边缘
的"局外人"（outsiders）。也就是说，教育的目的在于，使学生设法同不平等
作斗争，并扩大基本的人权。在此意义上，教育的目的在于使人们从自己的压
迫和他人的压迫中解放出来。

　　社会话语是一个至关重要的因素。在《跨越边界》中，吉鲁认为，后现代
批判理论的观点在于，在塑造人类存在的边界时，意义的生产比劳动的生产
更为重要。马克思主义关于资本和劳动之间不可避免的阶级冲突理论不能解释
人类的环境，主要是因为基于宗教、性别、种族和民族的社会条件是动态变化
的，不能简单地归结为"阶级冲突"。个人认同如何受到语言（叙事和话语）
的影响，这是更重要的，这就是后现代主义者的批判理论关注"话语世界"的
原因，在这个世界中，表示性术语和实践影响着人们如何与自己、与他人以及
周围的自然环境和文化环境发生联系。在这个意义上，有意识的生活世界是一
个"文本"世界，一个可以被解释、被分析、被重构或被重塑的"文本"（或
"话语"），一个发展自我意识以及社会、文化关系意识的"文本"（"话语"）。

这样的"文本"世界是散乱和复杂的，不可以通过阶级冲突这样的二元对立来简单解释，也不可以通过科学和经济"法则"的决定论进行诠释。承认符号和意义的重要性并不意味着忽视政治和经济力量；相反，这意味着在理解个人和社会认同与意义是如何形成的，以及它们在形成特权、压迫和冲突过程中如何发挥强大的作用时，给予话语以重要地位。在吉鲁看来，后现代主义者从压迫中解放出来的目的是努力"分割主流文化的理解版图"。

麦克拉伦用这样的方法表达自己的观点：教育应该促进自我赋权和社会赋权。他批评了美国的传统，即学校试图利用传统的人文课程来发展一个民主和平等的社会，以此向学生宣传人文价值观和伦理准则。在麦克拉伦看来，当代学校甚至在促进西方人文主义传统方面都做得很少，而学校教育产生社会和经济流动性的假设必须与为占主导地位和富裕阶层的利益服务的实际记录进行比较。许多保守的教育改革都指出了后一种情况，其目的和课程都是为了适应市场和国际经济竞争。

控制教育的主导利益集团认为，现有的学校教育安排是必要的，学校应该为现状服务，所有人——公民、决策者和教育者——都应该依靠科学预测和测量来作出教育决策，甚至一些后现代主义者认为，要使学生们成为促进变革的有效道德力量，应该先让学生接受社会和科学技术知识的教育。麦克拉伦并不赞成后现代主义者对文化文本的过激批评，他希望批判教育学能够假定，自我赋权和社会赋权的教育在伦理上应该优先于知识的积累，尽管知识的获得可以与赋权同时发生。麦克拉伦认为，教育的首要目标是培养一个人对社会变革的承诺，使自我、边缘群体特别是受压迫的穷人向自我赋权和社会赋权的方向发展。

彻里霍尔姆斯也认为教育的一个重要目标是解放被压迫者，但在《权力与批判》（*Power and Criticism*）中，他强调了福柯（强调知识和真理主张具有历史相对性）和德里达（认为意义是分散的并持续发挥作用的）作品中的一些注意事项。彻里霍尔姆斯沿着这样的思路陈述他的观点：在必要时支持现有教育安排的主流话语与现有政治权力的知识和真理主张有关，而特定的话语仅仅是不稳定的意识形态，不是永恒的真理和知识。在彻里霍尔姆斯看来，适当教育应该审查流行的话语，以发现主导秩序的主张和不稳定性，从而使人们意识到那些压迫性话语，以及那些用以解放人类和拓展人类可能性的话语。他注意到与压迫作斗争会导致其他形式的压迫，因为掌权者不愿意放弃他们的特权。就像福柯所强调的那样，克服某种权力话语及其知识／真理可能会带来新的权力和特权话语，而这些话语本身又会成为压迫性的真理制度。同样，德里达得出了意义和话语具有不稳定性的结论，他告诫人们，从一种压迫性话语中解放出来，可能会带来新的压迫性话语的产生。因此，彻里霍尔姆斯的批判实用主义强调帮助学生学习边缘社会的知识和真理，这可以使学生获得解放性的新话语。他还强调了杜威对教育的实验性和人的易错性的看法，也就是说，人们得出的结论和作出的选择具有政治的、道德的和伦理的后果。因此，这些后果，以及未来的结论和选择必须经常进行评估以及调整或重构。

324

C. A. 鲍尔斯提倡将回归共同体作为教育的基本目的。他对历史自由主义进行了文化保守主义的分析，但他也提倡激进的"生物区域"教育（bioregional education），这种教育强调构筑与自然和谐共生的文化。重要的教育目标包括：有助于形成"记忆共同体"的有价值的文化传统知识；了解作为一种社会存在的自我，包括了解有助于个人认同和社会意识形成的历史力量；将个体培养成社会共同体和自然生态共同体的合格成员。他强调，自由主义观点有必要从个人自治转变成将个体看作社会文化存在。在这种观点中，语言是个人存在的背景，也应成为教育的起点。人们需要停止用传统的读写方式来定义知识和学习；相反应该将口语交流作为读写的重要特征，并强调语言共享，人们如何使用语言以及如何进行口语交流的能力，是个体成为政治共同体成员的必要准备。

方法与课程

一般来说，后现代主义者认为，课程不应该被看作独立的学科和科目，而应该包括权力、历史、个人和群体认同、文化政治和社会批判等议题，所有这些都会导致集体行动。后现代主义者并没有无视教育和政治学之间的关系，相反，它将教育内容和过程同民主社会的规则联系在一起。他们设想了这样一种课程：它成功地赋予了人们权力，并改造了社会，而不是保护特权阶层的政治和经济利益。也就是说，这样的课程是由内而外组织起来的，即从学生具体的个人认同、个人经历和普通经验，向外延伸到文化、历史和政治等更抽象的意义。在这一方面，遵循这一思路的后现代主义者回到了杜威的一个核心概念，即将学生的经验作为教育的基本出发点。

在《被围攻的教育》（*Education Under Siege*）和《后现代教育：政治、文化和社会批评》中，阿罗诺维茨和吉鲁从多方面关注了教育保守派、自由派和激进派之间的争论。他们注意到，气势汹汹的保守主义已经在教育领域占据了主动权，通过在学校发动一场针对自由主义和左派思想的文化战争来重新定义课程。保守派将学校理解为一种政治场所，他们利用学校的文化传承作用使他们的观点成为主流思想。例如，布卢姆在《走向封闭的美国精神》中谈到，高等教育学生沉浸在一个用他的话说是"普世主义"和"帝国主义"的课程中，该课程存在的主要原因是为了保存西方文化。

教育保守派的主导地位，使得学校保留传统课程，实施教材审查制，削减学校开支和迎合商业需要。因此，对于质疑保守改革的后现代激进主义教育者，教育作为文化政治有了额外的意义，就像他们质疑科学的思维范式在课程中的地位和评估教学的方法。后现代主义者也拒绝区别高级文化和低级文化，认为流行文化（如娱乐媒体、流行小说和摇滚乐）也值得研究，但这并不是为了模仿，而是将之作为分析和解构的材料，来展示其有利和有害之处，以及为我们提供关于当前趋势和实践的信息。

后现代主义者反对主宰者的叙事，赞赏边缘人群的叙事，这些人由于民族、性别、阶级、种族认同或性取向而被边缘化。后现代主义者重视对那些处于边缘的人的研究，因为他们每个人都能为教育环境带来特定的历史和文化贡献，以及帮助学生理解经常影响个人和社会福祉的边界的课程内容。另外，后现代主义者鄙视将自己凌驾于历史之上并试图为我们其他人"提供正确答案"的知识精英（intellectual elites）。因此，后现代主义者提倡将多种声音引入课程之中，包括边缘叙事，用吉鲁的话说，就是"呈现不可呈现者"（represent the unpresentable）。和福柯一样，他们从地位和权力的特定历史环境中发现理性和知识，并鼓励学生在这些背景下的人类奋斗中认同他们自己。后现代主义者想将多样化的叙事囊括到课程之中，以此来启迪和解放人们，使人们释放出更多的可能性。

批判教育学的课程的一个重要方面是将学生的普通日常经验作为合法的研究内容。这包括学生带来的相互竞争的认同、文化传统和政治观点，它拒绝将权力、公正和平等问题简化为单一的主宰者话语。批判教育学认识到学生的个人认同随着时代的发展而发展，而且受到个人经验等因素的影响。因此，学生的日常经验（除了官方认可的知识以外）可以作为严格意义上的研究对象。在批判教育学中，课程的开发是学生不断参与各种叙事的一部分，这些叙事可以在文化和政治上被重新解释和重新表述。

从后现代主义者的批判视角来看，问题并不是简单地支持或反对由已有的知识准则所构成的课程，而是关注知识准则的意义和使用。一般来说，批判教育学强调打破传统的学科界限，赞同跨学科的学习，也倡导不依赖学科的知识概念。在某些方面，这与实用主义推崇的某些观点相似，尤其是课程中"问题"的方法，在这样的课程中知识来自不同的学科，并且围绕特定问题进行整合。像吉鲁在《跨越边界》中所强调的一样，课程必须"作为一种文化政治学"和"一种社会记忆的形式"。传统的历史和文化学科，比如，历史的各种理论和文学的不同流派，它们是文化政治学和社会记忆（social memory）的形式。然而，在吉鲁看来，文化政治学涉及理解知识的生产、创造和解释，并将其作为创造公共文化的更广泛尝试的一部分。社会记忆的含义包括将日常生活和特殊境遇作为学习的基础，由此人们可以将传统知识和流行文化作为学习和批判性评价的素材，以此来形成个人的经验。后现代主义批判理论需要考虑的另一个至关重要的问题是，这样的课程必须重视边缘群体的"无声"叙事，以此避免维持现有权力和特权分配的总体结果。这类课程在学生身上创造了一种社会记忆，它既不是单一的也不是总体化的，而是一种扩大化的理解，包括从文化中心到文化边缘的各种声音。

后现代教育学的另一个主要关注点是克服启蒙运动的信念，这种信念认为，通过冰冷地推理，在易于理解的宇宙面孔上，我们能读懂"自然的普遍法则"。在吉鲁看来，这样的理性观会促进一种"隐性课程"，它相信客观理性主义的力量，有信心形成总体的思想体系和知识观。批判教育学疾呼，教育者应该对知识具有客观性和普遍性的说法持怀疑态度，因为这些说法将知识置于人类经验的历史之外，认为知识是永恒的、不受意识形态影响的，而且是超越批判和对话的。吉鲁认为，人们将批判的语言和带来可能性的语言结合起来，重新树立起选择的意识。比如，后现代女性主义在其对父权制的批判中体现了这样一种选择，它使许多人看到了性别不平等，以及新形式的认同和社会关系。这种批判拓宽了人类对个体自由和社会责任感（social responsibility）的理解，唤醒了人们对个体和群体在性别方面所受压迫的意识。来自边缘群体的批评有助于促进有用的乌托邦思想，而不是一种只会向后看的、对拓展人类自由和社会责任感不能提供可行性选择的乌托邦思想。通过批判性的方法，未来保持着新的可能性，而不是被非历史性和封闭的观点禁锢。

C. A. 鲍尔斯将弗莱雷和杜威的某些观点融合起来，认为接受已有知识和现有条件的危险是不可避免的。与批判理论家的激进观点不同，C. A. 鲍尔斯更强调文化保存。他认识到文化保存必须谨慎进行，而且教育批判意识必须伴随着对社会责任感的强调。C. A. 鲍尔斯认为杜威和弗莱雷的错误在于，他们强调"向前生活"（living forward），但这是以牺牲历史理解和感知"群体记忆"为代价的。C. A. 鲍尔斯认为这种持续向前的运动是自由主义的一个缺点，因为它鼓励个人逃避社会的束缚，而且将道德判断仅作为相对主义的个人解释。

后现代主义认为，旧式的自由主义可能会助长一种将个体主义视为利己主义的观点，从而导致对他人和环境的剥削。作为一种补救措施，C. A. 鲍尔斯想将"群体记忆"（重要的传统和社会规范）的权威与批判性反思相结合，作为作出道德和伦理判断的一个组成部分。这一观点承认了福柯所说的知识、真理和权力的关系，因为个体总是处于历史事件和背景中。这种观点与吉鲁的社会记忆概念不同，因为 C. A. 鲍尔斯并不像吉鲁那样主张彻底解放自我，因为他希望通过群体记忆提供实质性传统价值观的约束。他将自己的文化保存论与极端保守主义区分开来，因为群体记忆以其广泛的有用意义的储备，可以促进自我解放和赋权。

327 **教师角色**

正如吉鲁在《跨越边界》中所说，葛兰西帮助人们发现了霸权在文化中的重要性，而最近布尔迪厄等人再次提出了这样的观点。葛兰西的理论告诉我们，占主导地位的利益较少地依赖于公开的武力，而更多地依赖于霸权式的领导，以此来赢得下层人民的认可，从而维持现有的社会秩序。下层人民对现存社会秩序的认可可以通过许多途径获得，但在学校中是通过课程和教学过程来实现的。为了应对这种情况，教师应该以一种具有伦理挑战和政治变革的方式来处理缓别问题。例如，个人-社会差异可以被纳入批判教育学，以促使人们去理解个人认同是如何通过多元综合和看似矛盾的方式来构建的。这要求学生探究他们的个人史，反省自己的种族、性别和阶层，研究人类的经验和认同是怎样在不同的历史和社会条件下形成的。这种批判教育学关注群体认同是怎样在社会关系中发展起来的，它们是如何围绕差异来定义的，这些因素如何变得重要，以及这些差异将会为民主社会带来怎样的影响。

在《作为知识分子的教师》（*Teachers as Intellectuals*）中，吉鲁大力提倡将教师看作批判教育学的"文化工作者"，他认为教师是"有改革能力的知识分子"，扮演着特殊的政治和社会角色。批判教育学不是用专业化的技术语言来定义教师，而是希望澄清教师作为文化工作者的角色，产生更适合的社会意识形态和实践。在这种观点中，教师是学者和实践者，他们的任务并不是简单地教给人们知识，而是帮助学生理解课程知识可能会如何通过多种途径为意识形态和政治利益服务。这不仅涉及如何利用知识进行总体化和客观化，还涉及如何将知识用于解放学生，使其成为民主社会中具有批判性和责任感的成员。例如，有很多学者提出了有说服力的论点，即政治是地方性的和个人化的。这种推理思路不是简单地把政治置于个体层面来理解，也不把政治拓展到全球化的视野中去考虑，而是通过政治焦点帮助学生弥合个人和政治之间的差距，从而结合种族主义、性别歧视和阶级剥削等制度形式来理解其自身。教师作为"有改革能力的知识分子"，意味着要帮助学生形成一种批判意识，使他们能够在学校教育与公共领域的文化、历史和政治之间建立联系。

从另一个视角来看，彻里霍尔姆斯将教师和学生之间的课堂互动作为教学中需要考虑的关键内容。教师有较高的职业地位和受教育程度，有更丰富的经验，这些特征决定了教师更具权威，因而限制了师生关系的平等性，形成了教师和学生之间的不平等关系。从批判实用主义者的视角来看，如果学生学会表达自己，如果他们获得足够的信心去探索和实验，并对他们自己的个人和社会行动负责，那么师生关系就可以更平等。发展这种平等性的首要条件就是，教师需要允许师生之间以及学生之间的批判性对话，帮助学生摆脱对现有知识的依赖，进行真正的实验、批判性反思和判断。教师不能放弃管理方面的责任，而是应该抛开权威知识，鼓励学生分析已有的论证，形成他们自己的观点和判断。彻里霍尔姆斯指出，需要用杜威的方式形成良好的论证和判断，帮助学生表达对社会日常问题的负责任的关注，对作为民主社会必要标准的价值观——如人类尊严、自由、平等和对他者的关注——作出良好的论证和判断。

C. A. 鲍尔斯十分关注师生关系，他高度评价学校在社会化中发挥的作用。历史上，年轻人的初级社会化主要是在家庭、宗教机构和职业环境（如学徒制）中进行的。今天，学校在学生的社会化过程中承担了更加繁重的任务，C. A. 鲍尔斯认为，这是教师帮助学生质疑普遍假设、探究复杂理解和塑造认知的重要机会。但是能否成功，取决于教师在多大程度上认识到自身扮演的角色以及教育的政治本质。例如，教师必须敏锐地察觉他们对语言过程的影响以及他们如何影响学生的思维方式。教学和语言在 C. A. 鲍尔斯所谓的"交流能力"中具有重要的政治作用，也就是说，学生不仅学习显性知识、口头语言和书面语言，还学习肢体语言，以及赞成和反对的态度表达，所有这些都传递着文化影响，并影响着学生的社会化。教学最基本的功能在于，帮助学生成为有

328

能力的交流者、有意义的文化保存者和对已获得知识的提问者。教育应该明确对社会和个人有害的信念和做法，进而帮助学生思考构成他们今天面临的危机的社会问题和文化问题。

对教育中后现代主义的评价

后现代主义含混不清的本质及其相对的新异性使得对它的评判变得很困难。批评者也许会注意到，后现代关于教育的建议在很大程度上未曾经过检验，但这种判断本身可能就与教育中的很多理论和观点相悖。虽然后现代的观点是新的，但是它有一些十分明显的优点。其中之一是对道德和伦理教育（ethical education）的关注，比如吉鲁和麦克拉伦对缓别和边缘的态度，以及他们怎样看待"他者"（文化边缘的弃儿）的观念为学习共同体增加了重要的维度。对社会话语的强调，通过将中心和边缘的学生都包括进来，从而增加了一个很有力的道德维度——并不是灌输单一文化，而是使学生更深刻地理解文化差异，以及由此产生的个人和社会认同。强调多样性和社会话语还有一个优点，即促进多元化民主共同体的教育，以抵制社会上破坏性利己主义的发展。后现代的危机感不仅适用于文化领域，还可以用于环境方面，对自然环境的敏感性是培养社会责任感的另一个维度。后现代主义的教育方法承诺培养学生的个人、社会、政治和生态责任感，这些视角是其他教育观所没有的。

后现代主义的另一个优点是对教育的政治性的关注，但教育和政治之间的联系在很久之前就已经被认识到了。柏拉图的《理想国》是一部较早阐述教育的政治作用的著作，马克思主义理论也有力地论述了教育的政治性观点。后现代主义对差异政治（种族、阶级和性别）的强调与将课程视为一种文化政治的观点相吻合，而后现代主义者对学校的政治性和学校教育过程中权力关系的关注提供了一些重要的新见解，揭示了个人和社会认同是如何通过课程中微妙的权力叙事形成的。从这些认识中获得的新理解可以使学生获得更充分的解放，也可以使教育者从更广阔的视角来看待他们的工作。

后现代对语言、话语和叙事以及"元话语"（对我们说话或做事时想表达的真实意思的分析）的关注，构成了后现代主义哲学的一个重要方面。我们需要关注语言如何影响思维，以及在教—学过程中使用的语言如何促进解放或造成压迫，还需要培养学生在政治共同体中的成员意识，包括一个致力于赋权和摆脱文化压迫的共同体——一个理解和保护生物区并有强大潜力促进伦理和政治发展的共同体。然而，彻里霍尔姆斯提醒道，差异话语有可能会导致新的压迫制度的产生，这一提示非常有帮助，因为它可以促使人们持续地关注伦理和道德，而这正是教育所能采用的话语。

后现代教育观的重要内容之一就是，教师是有改革能力的知识分子，其作用是帮助学生为他们的未来承担个人和社会责任。吉鲁和麦克拉伦关于社会记忆的激进观点与 C. A. 鲍尔斯关于保存群体记忆的观点之间的紧张关系说明了后现代的多样性，但所有人都同意教师在帮助学生形成认同、历史地位感和转型方面的关键作用。这种对转型的强调指出了后现代教育思想的一个关键要素，即教师需要超越单纯的知识传授，而对可能性和未来的方向采取积极的立场。虽然他们的立场具有多样性，但后现代主义强调赋予学生权利，让他们正确认识自己过去和现在的处境，并让他们为未来制定明确的目标，这显然是一个积极的目标。

然而，后现代主义的一些缺点也令人困扰。后现代主义者强调文化危机，需要促进学生对那些不同的人的认同，然而，正如批评者指出的那样，后现代的语言过于学术化，难以被理解。人们不禁要问，边缘群体能在何种程度上认同后现代主义，就更不用说处在主流文化中掌控着制定相关政策权力的人了，如果后现代的论点能用一种更加易懂的语言表达出来，那么人们就更有可能被说服进而认同这些观点。后现代教育哲学若要对"真实"的教育世界产生影响，就必须像批评者指出的那样，要采取一种有说服力的、有助于交流的大众语言。

在某些方面，后现代主义者更加关注他们反对的观点，而不是他们支持的观点，这能够从他们的否定基调中表现出来。关注积极的方面，使用大众语言，可以增加他们的观点对普通公民的吸引力。真实的教育世界的确是一个政治世界，在这个世界里，说服力是一种赋权形式。然而，正如批评者指出的那样，后现代主义者似乎如此专注于"文化"政治，以至于他们忘记了"真正的"政治，在那里政策和程序是在幕后敲定的。参与学术讨论是一回事，形成公众舆论、赢得选票、改变政策和趋势是另一回事。

另一个棘手的方面是，后现代批判理论家希望将学校教育政治化。当然，现有的对教育的控制形式代表了根深蒂固的政治利益，正如彻里霍尔姆斯所指出的，如果人们曾经学习过福柯和德里达的观点，那么就会知道新的真理制度和权力话语可能会导致意想不到的结果。后现代批判理论声称除了自己的观点

330

之外，其他观点都仅仅是意识形态。因此，后现代主义者批评其他观点是"总体化理论"或者"权力和控制的意识形态"，并将自己置于思想的道德高地上。也许这是任何一种被如此强烈支持的理论的必然结果，但一些人认为，许多后现代主义者对他们强烈支持的立场的影响并不敏感，在许多问题上是不妥协的。

对人类差异和压迫的敏感性是后现代主义者最强烈的道德品质之一。但是，在颂扬人类差异的过程中，后现代主义者有时似乎忽略了重要的共性。也许对断裂和分裂的沉迷蒙蔽了他们的眼睛，使他们看不到人类共有的特性。反对对普遍人性进行总体化元叙事，这并不表示否定人类具有共同的特性。后现代主义者在拒绝普遍性和承认人类多样性时，并不想暗示人类的差异意味着人类之间的种族差异，因为对差异的强调可能并不能帮助人们健康地认识人性，反而会起到分裂和分离的作用。然而，后现代主义对赋权和摆脱压迫的渴望确实有一种令人信服的普遍性，正如它对话语世界（discursive world）的强调一样。也许后现代主义者在强烈拒绝元叙事的过程中，创造了他们自己的新元叙事。

毋庸置疑，所有人都需要一种由民主共同体中培育的个人和社会价值感，需要安全和健康上的保障感，并有机会满足对食物、药品、衣服和住所的基本需要。为了满足这些需要，一个共同体的不同部分（或全球的不同部分）的最佳实现方式是不同的；但是，否认人类拥有很多共性是错误的，因为这种共性具有普遍意义，而后现代主义者则在他们自己的话语中将这种普遍意义压制了。而且，一个最小化或忽视人们的共同纽带和需求的话语本身就可以成为一种总体化的叙事形式，因为它边缘化或贬低了人类共同且"普遍的"联系。

最后，尽管后现代主义者反对定义叙事和普遍真理，但他们对话语和解构的迷恋显示出他们对一种观点的亲和力，这种观点认为，人类社会不存在终极真理，而且人类受到文本、语词、语言和表象——人类观念——的限制，从而强调了含义和知识的不可捉摸性。由德里达（源自海德格尔）提出的"解构"认为，任何文本都具有不可调和的、相互矛盾的含义，都可以简化为空谈。这反映了柏拉图和杜威的信念，即人类认识者永远无法完全掌握终极或普遍规律，而只能掌握通过认识者不完善的物质存在和感官过滤后的表象。的确，最佳的哲学见地应当是保留基本的判断力，看看是否存在普遍的哲学真理或科学真理，而不轻率地解构或否定任何一种信念。许多批评者强烈反对的是，后现代主义对科学作用和科学可靠性持有保守的态度。后现代主义者认为，所有的科学发现都是有问题的，观察和推理的方式经常被改变，这也使得这个世界从本质上说是"不可知的"。他们也指出，人们常常将科学作为一种压迫形式，尤其在第三世界国家，提到发动战争和生态破坏，人们都很容易联想到科学。然而，其他人也会争辩道，有很多证据表明，科学发现也有切实可行的一面，许多有用的科学发现改善了人们的生活。

许多批评者指出，虽然后现代主义者拒绝哲学和科学中的绝对真理，但是他们自己提出的观点也是绝对化的。在他们对观点的拒绝中，他们又创设了新的观点。而且，这种拒绝的观点常常是粗略的，更多的是通过他们反对什么而不是倡导什么来区分的。同时，当后现代主义者拥抱诸如多元文化社会（multicultural society）（其本身就是一种概括）时，他们似乎违背了自己的原则。而且，他们手中缺乏明确的社会文化脉络，能够将不同的观点和批判联系到一起，他们也没有提供连贯而又有意义的方式来改变他们不愿意看到的现状。

后现代主义者认为，自我和社会赋权的教育在伦理上优先于知识的积累。在这样做的时候，他们假设了一种先有鸡还是先有蛋的论证方式，实用主义者反驳说，学习者的伦理发展是随着知识和行动能力的增长而发生的。总之，后现代主义者鄙视将自己凌驾于历史之上并试图为我们其他人"提供正确答案"的知识精英，但当后现代主义者在自己的话语中使用夸张的修辞和令人费解的行话时，当他们坚持认为教师必须是"有改革能力的知识分子"时，当他们断言多元化的声音而不是普遍的声音是教育应该培养的理想路径时，当他们将边缘群体叙事提升到其他叙事之上以"呈现不可呈现者"，并将其作为一种正确的课程发展模式时，他们似乎也扮演了知识精英的角色。确实，后现代主义者通过他们的分析和建议，为我们的教育争论带来了新鲜的元素，但是包括后现代主义者在内的我们所有人都不应该狂妄自大。

虽然后现代主义有了进步，但仍带有一种挥之不去的现代主义，这被艾伦·柯比（Alan Kirby）称为"伪现代主义"，即我们通过互联网、手机、电脑游戏、杂志和当前的电影等媒介对文化进行肤浅的参与。这种伪现代主义反映在今天 [①]9—29 岁的 Y 世代的一些方面，他们有很多很酷的脸书网页、博客和群组，有很多"朋友"。这造成了一种错觉，使他们认为自己管理、控制和参与着文化。人们可以在几秒钟内就接收到一条关于地震受害者、石油泄漏或

---

① 　原书出版于 2012 年，句中的"今天"指 2012 年左右。——译者注

者世界各地压迫行动的"推特"消息，但是，这些消息并没有完全告知我们事情的始末，为我们提供任何智慧，或导致有用的行动，往往只会加剧错误的担忧、消费主义、不真实和无意义的可靠性。也许这些沟通方式能够帮助我们更多地了解世界上正在发生的事情，并以能够给真正需要的人带来知识和援助的方式使用这些方式；然而在关于告知我们如何能够做到这一点方面，伪现代主义者和后现代主义者能做的非常有限。

332　　　现在有一些关于后现代主义的讨论，一些人认为我们应该超越后现代主义的愤世嫉俗、陈词滥调和自我陶醉，向着一个更具建设性的方向努力。尼采说，没有真理，只有不断变换的观点和解释。福柯谈到了"真理游戏"，所有这些都是后现代主义寻找真理的困境之缩影。在《作为后现代主义的实用主义：杜威的启示》（*Pragmatism as Postmodernism: Lessons from Dewey*）中，拉里·希克曼（Larry Hickman）主张将回归经典的实用主义作为一种解决方案。虽然杜威认识到所有的知识都建立在一个不稳定的基础上，但他确实相信，在政治、教育、社会生活和伦理方面，我们可以利用一些暂定的或假设的信念（"证明的断言"）来构建可行的体系，尽管这种信念不一定是准确无误的。无论是杜威还是其他方法使我们走出了后现代主义者创造的困境，许多哲学家都指出，虽然知识有缺陷或不完善，但我们也必须采取行动并作出决定。

亨利·吉鲁
《作为后现代主义的边界教育学：重新界定种族和民族的边界》

在下面的选文中，吉鲁提供了后现代思想对教育产生影响的情境。虽然他专门谈论的是种族主义问题，但他的观点可以扩展到性别认同和阶级认同等"其他"形式。他指出，欧洲中心话语的总体性如何冻结了其他话语，而对他者话语的包容不仅能够丰富学生的生活，还能够丰富教师和更大范围社会群体的生活。

在现在的历史时期，长期以来由种族和文化构成的政治和文化的边界开始发生变化……首先，美国的下层人民正在改变着以城市为中心的生活场景……其次，虽然有色人种正在修改以城市为中心的文化人口边界，但权力的边界似乎正在固化，向有利于富人、中产阶级和上层阶级的方向发展……

现代性的主流话语很少将种族和民族看作伦理的、政治的、文化的标志，以便理解或有意识地审视现代信念中蕴含的正义概念，这样的信念带来了历史的不断变化和进步。事实上，种族和民族通常被简化为关于"他者"的话语，不论它的意图是解放还是反动，"他者"的话语都精练表达和重新再现了权力中心和边缘的距离。在现代性话语中，有时"他者"不再是历史的行为主体，不仅如此，"他者"还常被界定在总体化的、普遍主义的理论中，这样的理论创造了先验的、理性的白人、男性和欧洲中心主体，既占据着权力的中心，同时又似乎能超越时空而存在。与这种欧洲中心的先验主体相对照，"他者"显得缺乏任何可救赎的社区传统、集体的声音或历史的分量——他们被简化为移民的形象……

如果反种族主义教育学的建构，打算从对其他社会对立和斗争形式的沉默中逃离出来，那么必须发展更加广泛的公开披露，同时促进多元参与的话语和批判性公民意识的形成。这样的话语必须通过强调生活社区概念的方式，将生活融入民主的概念中，这与正义、自由和平等的原则并不矛盾。在后现代式的物质环境和意识形态的建立中，上述话语正在形成，多样的、特殊的和另类的生活方式在后现代边界教育学中发挥作用。这便指出了教育者需要为学生确立公民身份做准备，这种公民不会将抽象权利与日常生活领域分开，也不会将社区生活中合法的、整合的实践看成单一维度的历史文化叙事。教与学具有解放的可能，后现代主义让其变得激进。后现代主义强调通过教与学，在更广泛的斗争中争取民主公共生活和批判性公民身份。为此，需要拒绝包裹在神圣和宗教这些话语中的知识和教育学形式，需要拒绝将普遍理性作为一切人类事务的基础，需要声明所有的叙事都是片面的，需要在历史、政治建构过程中对所有科学、文化和社会文本进行批判性的阅读。

在这种观点下，实现反种族主义教育学的更有效条件是通过政治项目来形成，这种政治项目将批判性公民的产生同激进民主的发展联系起来；也就是说，这种政治项目将教育与争取公共生活的更广泛的斗争联系起来，在这种斗争中，对话、愿景和同情仍极度关注将公共空间组织为民主社会改革而不是恐怖和压迫制度的权利和条件。强调差异和多元并不意味着将民主简化到了各种利益绝对平等的程度；相反，这里主张的是一种话语权，不同的声音和传统能共同存在和发展，聆听他人的声音，不断努力消除各种形式的主观和客观痛苦，交流和生存也得到拓展，而不是限制民主公共领域的创造。这既是一个政

333

治项目，也是一个教育学项目，它要求在将民主公共哲学和后现代抵制理论相结合的话语中发展反种族主义教育实践。

这里倡导的是一种边界教育学的概念，这种概念让教育者有机会反思权力中心和权力边缘之间的关系。也就是说，这种教育学必须明确指出种族主义的问题所在。我们要思考，附属关系不仅制造了不同群体之间的不平等，而且就像我之前指出的那样，也在挑战制度和意识形态的边界，这些边界曾在复杂的等级和特权形式之下遮掩了它们自己的权力关系。这为我们发展反种族主义教育学的基本要素提供了什么建议和支持呢？

第一，边界教育学的概念为学生提供了参与构成不同文化编码、经验和语言的多种参考的机会。这就意味着为学生提供学习机会，培养媒体素养应对知识爆炸、观点纷杂的新时代。也就是说，为学生提供知识和社会支持，帮助他们批判性地阅读文本，理解文化是如何受到多种编码影响的，而且这些文本表达和代表了哪些不同意识形态的利益。既然如此，边界教育学创设了学习条件，在权力和特权范畴内界定文化水平的内涵。这既表明要发展将文本作为社会和历史的构造来处理的教学实践，也建议要发展教学实践，使学生能根据文本的存在和缺失来分析文本。最重要的是，这样的实践应该给学生提供机会，阅读融合了不同声音的对话体文本，这些声音中既有支持者，也有反对者。

边界教育学还强调给学生提供机会，让他们以批判的方式认识历史文化和社会规范的优势和局限性，以此来界定自己的历史和叙事。这样，偏袒就成为认识到所有信息披露限制的基础。这里的问题是，学生不仅需要对所有的权威话语形成一种健康的怀疑态度，还需要认识到为了创造一个民主社会，权威和权力可以如何被改造。

在这种公开的情境中，学生在学习知识时将自己作为跨越边界的人，在差异和权力构成的坐标边界游走。这些边界不仅是物理上的边界，还是文化上的边界，后者是在限制或支持特定认同、个人能力和社会形式的规则条例下历史建构的和社会形成的。在这样的情况下，意义、知识、社会关系和价值的边界被作为编码和规则重新协商并重构，学生穿越这些边界，将这些编码和规则进行组织、逐渐动摇并重新形成编码和规则。边界教育学，像它自己所重新勾画的那样，是去中心的。学习变得无法避免地与地域、身份、历史和权力的变化联系起来。通过对知识重新勾勒、重新划分和去中心化的方法，来重构传统的政治策略的权威问题，以改写对立文化政治的边界和坐标。通过这种重构，教育者可以允许学生将他们自己的亲身体验作为真实的知识，从而重新定义师生关系。

　　在某些层面上，这意味着让学生有机会发言，在历史中找到自己的位置，成为个人身份建构和广泛社会活动的主体。它还意味着不仅要将声音作为一次发言的机会，而且要以批判的态度对待演讲、写作以及其他文化生产形式的意识形态和实质。因此，"发出声音"（coming to voice）对来自主流文化和边缘文化的学生来说，意味着参与到不同文化文本的严肃讨论之中，他们要利用个人的经验并应对这样一个过程，种族和权力可以被重新思考为一种政治叙事，将对种族主义的挑战作为社会、政治和经济生活民主化的更广泛斗争的一部分。在各种各样的社会实践中，种族暗示了统治、反抗、压迫和权力之间的联系，在一定程度上，让学生开口讲话就意味着我们要了解种族是如何暗示这种联系的，还应该了解来自不同种族、社会和性别角色的学生在这些联系中分别处于什么样的位置。通过这种方式，种族问题的讨论不会被扩大化，也不仅仅是就种族谈种族。

　　第二，后现代边界教育学需要教育学生，对白人、家长制、特权阶级利益等主流叙事进行意识形态的外科手术。如果要有效分解统治者的主流叙事，教育者要明白这些叙事是如何与感觉、愉悦和欲望的投入融合在一起的，这一点很重要。教育者有必要重新考虑安排学习和行动的顺序，适当地突破理性和推理的范畴。比如，对于种族主义，不能用一种纯粹限制的、分析的方法来处理。反种族主义教育学必须关注学生如何以及为什么在种族和种族主义问题上选择特定的意识形态和情感投入，并采用特定的主体立场。这意味着试图理解社会和文化形式的历史背景和实质，这些形式以不同和多种方式产生了彼此碰撞的主体立场，给学生带来了有意义的、有目的的和愉悦的体验。斯图尔特·霍尔（Stuart Hall）认为，这意味着为我们教师和我们所教的学生揭示"深层的结构因素，这些因素不仅有持续产生种族实践和结构的趋势，而且随着时间的推移不断重现，从而形成了一些根深蒂固的特征"。除了将种族主义纳入代议制政治、意识形态政治和享乐政治之外，还必须强调，任何对种族主义的严肃分析都必须是历史性的和结构性的。我们必须弄清楚以下问题：与种族有关的实践是怎样发展的，它们从哪里来，它们是如何维持下去的，它们如何影响了主流群体和边缘群体，以及它们受到了怎样的挑战。这并不是关于个人偏好或主导品位的话语，而是关于经济、文化、政治和权力的话语。

　　第三，边界教育学为学生提供了机会，从主体立场的角度说出构成他们自身认同的种族感受和体验。在这个意义上，意识形态不是一个抽象的概念，而是学生生活经历的一部分。但这并不意味着教师将自己的角色简化为智识上的窥探者（intellectual voyeur），也不是将教师的权威瓦解为一种寒酸的相对主义。当然，这也不是说学生只需要表达或者评定自己的经验，相反，这种观点恰恰强调教师权威的特殊形式，这种权威是建立在尊重民主公共生活去中心化的基本主张之上的。这并不是说所有的权威都是不正当的权力和压迫的表现。相反，它论证了植根于民主利益和解放社会关系的权威形式，在这种情况下，权威形式的出发点是发展一个反映政治即美学的教育项目，反而保留了知识／权力关系作为实现平等、自由和斗争所必需的批判性和政治话语的意义。这并不是一种建立在呼吁普遍真理之上的权威形式，相反，它认识到自己是一种片面的权威，同时表明了要参与到民主、自由和统治的话语和实践当中去的立场。换句话说，这是一种基于政治项目的权威概念，它将教育与更广泛的公共生活斗争联系起来，其中对话、愿景和同情仍批判性地关注组织日常生活各个方面的解放和支配性关系。

教师运用权威建立教学情境，让学生发表关于种族的不同观点，但不能将这简单地看作表达观点和感受……反种族主义教育学不但必须证明，我们所持的种族观具有不同的历史和意识形态权重，这些观点是在不对等的权力关系中形成的，而且还要证明这些观点通过特定途径形成社会实践的利益。换句话说，反种族主义教育学不能简单地将意识形态看作个人情感的表达，而应将其作为摧毁或重构民主公共生活的历史、文化和社会的实践。这要求每个学生都不能保持沉默，同时这些观点必须经受住公共哲学的拷问，这样的意识形态和实践活动具有政治和种族上的考量。

第四，教育者需要理解边缘群体在日常生活中的经验是如何使他们形成被压迫的体验和变革意识的。被指定为"他者"的那些人需要夺回并重构他们的历史、声音和想象力，这种改造是为改变那些物质关系和社会关系进行的，因为这种关系否认激进多元主义是民主的社会生活的基础。教师必须在上述理解之上去发展边界教育学。边界教育学能够打开学生的眼界，让他们意识到夺回自己声音的可能性，这些都是赋权进程的一部分，而不只是像一些人说的那样是权力文化的开端。学生仅仅学习主导性文化是怎样运作其权力的，这远远不够，他们还必须知道该怎样去抵抗压迫性的权力，因为这种压迫性权力只是让他们学会了该如何服从，却破坏了他们的支配能力，这种压迫性权力还阻止他们同剥削和压迫的势力作斗争……这并不表明白人的主导性文化的权威都是一体的，也不是说这不能作为研究对象。但迫在眉睫的是要构造一种权力的概念，它不会被瓦解成统治形式，而是批判性的和解放性的，它使学生既能在历史中找到自己的位置，又能批判性地而不是奴颜婢膝地适应他们自己和其他传统的文化和政治准则。此外，那些为了获得成功而不得不放弃种族标签的学生正在被迫接受白人的主导性文化，将自己置身于白人统治文化的主体位置。白人的、男性的、欧洲中心的文化能开展教化并将自身利益普遍化，它们将自身利益……作为主导性的叙事，这种叙事阻止了……非裔美国学生按照他们自己的记忆、历史和经历讲述自己和民族的故事……我们必须将这样一个问题阐释得更清楚：权力是怎样在学校这个社会环境中运作的，又是怎样保护或者隐瞒各种形式的种族主义和压迫的。权力是多面的，我们需要更好地理解它是怎样运作的，不只是简单地将其作为压迫力量，而是作为抵抗、自我和社会赋权的基础。教育者需要建立起一个批判性的后现代权威观念，这种观念将要素主义者的权力主张去中心化，同时争取允许多种声音发言的权威和权力关系，以便让学生进入一种文化，这种文化成倍增加而不是限制民主实践和社会关系，从而为获取更广泛的民主公共生活而努力奋斗。

第五，教育者不仅要将种族作为一个结构性的和意识形态的力量来分析，还要以其出现的多样的、历史的具体方式来分析。美国种族主义的近期发展，国外年轻流行文化中种族主义的最新表述，美国政府高层中种族主义的抬头，这些都是千真万确的。这也表明反种族主义教育学的任何观念都必须产生于特定的背景和情境。这样的教育学也必须让自己的一部分特征由历史的、具体的、情境性的边界来确立。同时，这样一种教育学必须否定对科学方法的所有主张，否定任何绝对客观的或超越历史的主张。作为一种政治实践，反种族主义教育学的构建不是基于要素主义或普遍的主张，而是基于特定的遭遇、斗争和参与……

第六，反种族主义边界教育学必须重新定义权力的循环如何在各种文化生产场所之间以辩证的方式运动。我们需要更清楚地了解冲击课堂关系的意识形态和其他社会实践是怎样在其他社会生活领域中产生并与之相关的。作为教育工作者，我们需要更清楚地了解知识的生产和组织的基础是如何与政治经济、国家和其他物质实践中的权威形式相关的。权力的循环导致了文本性权威形式的产生，这种权威形式将读者置于特定的主体位置，因此我们还需要了解权力的循环是怎样导致这种权威形式产生的。也就是说，意识形态的相关内容只是提供了而不是严格地决定了特定的世界观。另外，教育者需要探讨文本的阅读如何与学生带到课堂上的知识形式和社会关系相联系。换句话说，我们需要从功能和实质上理解课堂之外的社会和文化形式，这些社会和文化形式形成了多元的并且经常是矛盾的主体立场，学生在与美国学校的主导性文化资本的互动中学习和表达这种主体立场。

第七，边界教育学的核心观点涉及大量教师角色的问题，这种角色是教师在他们所在的课堂、学校、社区以及范围更广的社会中同种族主义作斗争时所应扮演的角色。边界教育学的概念还帮助我们在社会的、政治的和文化的边界中对教师进行定位，这些边界以复杂的方式界定和调节教师如何作为知识分子行使特殊形式的道德和社会管理。边界教育学提出，要将在教师话语和实践中的意识形态和片面之处作为中心要素。在某种程度上，这也暗示着教师在建构自己的声音、历史和意识形态时，他们会变得更加倾向于将"他者"作为一个深刻的政治和教育问题。换句话说，通过解构指导他们生活和教育的基本原则，教育者可以开始认识到他们观点偏颇的局限性。这种认识提供了一种承诺，即允许教师调整他们的教学关系，以便就所教的知识、它与学生生活的关系、学生如何参与这些知识，以及这些做法实际上如何与赋予教师和学生权力有关的问题进行公开和批判性的对话。在主导性的教学模式中，教师往往因为拒绝或无法让学生对他们的教学方式和参与知识与权力之间的多方面关系的价值观产生疑问而被沉默。在主导性的教学模式中，教师经常保持沉默，通过不作为的方式来使学生产生问题意识，这样做并不能够使教师知道该怎样去教，以及该怎样参与到知识和权力之间的多维联系之中。没有对话以及教师对自己信念偏颇的理解，教师就不可能了解他们所传授的教育学对学生产生的影响。事实上，教师对确定性和控制的迷恋，限制了他们自己的声音和愿景中固有的可能性。在这样的情况下，主流教育学不仅使学生丧失了权力，还使教师丧失了权力。简言之，教师需要致力于一种这样的教育学：这种教育学能够让学生更加辩证地理解教师个人的政治观和价值观；教师需要打破教育学的边界，因为是这种边界以方法上的严格性和教育学的绝对性为名义来限制教师，使他们不得不保持沉默；更重要的是，他们需要发展一种对权力敏感的话语，使他们能够开放与各种他者话语的互动，从而使他们的课堂能够参与，而不是阻碍教师和学生以许多复杂和不同的声音说话的多种立场和经验。

（资料来源：Henry A. Giroux, Postmodermism as Border Pedagogy: Redefining the Boundaries of Race and Ethnicity, in *Postmodernism, Feminism, and Cultural Politics：Redrawing Educational Boundaries*, edited by Henry A. Giroux. Albany, NY: State University of New York Press, 1999, pp.217-254. Reprinted by permission. © 1991, State University of New York. All rights reserved. ）

努依安
《作为道德教育者的利奥塔》

与很多流行的后现代观点相反，努依安（A. T. Nuyen）认为，虽然现代性的宏大元叙事不能为道德选择提供真正的普遍指导，但是道德规则仍然在后现代理论中占有一席之地。努依安认为，利奥塔从维特根斯坦和康德那里汲取了一些观念，为他的伦理观指明了方向。努依安认为，利奥塔关于"呈现不可呈现者"的观点与现代存在的不公正相抗衡，帮助人们回答了"为什么人应该有道德"这个问题。

伦理问题

……对利奥塔的一些批评者而言，"利奥塔的后现代伦理学"（Lyotard's postmodern ethics）中运用的是一种矛盾修饰法，因为伦理学应该是关于正确的和公正的、好的和义不容辞的一套理论，但利奥塔提倡的是一种没有普遍规则的多元主义，一种没有"元叙事"的后现代主义。利奥塔的批评者对他的这些批评，使我们看到利奥塔的后现代主义思想中贯穿着一条关于绝对道德的思想路线，这条思想路线是永恒的、坚定的，以至于能够被称为伦理学。在任何伦理学中，都有对什么是伦理问题的明确定义。

在《后现代状况》一书中，利奥塔将"后现代定义为对元叙事的怀疑"……一个元叙事是一种包含普遍规则和原则的"元话语"（metadiscourse），这些规则和原则可以帮助我们解决有不同人参与的小话语（small discourses）或者语言游戏之间存在的争论。哲学史中充斥着大量的元话语，"如精神的辩证法、意义的解释学、理性或工作主体的解放，或者财富的创造"……呼吁元话语的目的在于使自己的话语合法化。在利奥塔看来，合法化是现代性的特征。的确，他使用"现代"这一术语来指代"任何以这种元话语为参照而使自身合法化的科学"。利奥塔在《后现代状况》中的主要论点是，现代主义者的合法化实践最终会失败……上述这一论点与这个论点相似：在后现代状况中，元话语失去了它们的权威，不再可能诉诸适用于话语的规则和原则。在后现代状况中，没有普遍的规则和原则，只有语言游戏或者小话语，而语言游戏和小话语都是通过它们自己的一套规则来定义的。

如果没有了元话语，语言游戏中的冲突就不能被解决，从而很难使冲突的

338

每一方都感到满意。如果没有了普遍规则和原则，那么我们拥有的全部就是每个语言游戏和每个小话语自身内部的规则和原则。在冲突的情况下运用一种话语的内部规则，并不是为了解决冲突；而是让这种话语支配与之冲突的话语，或者如利奥塔所说，让它"总体化"这个领域。因此，要么冲突仍未得到解决，要么冲突被消解为由冲突中的一种话语主导的总体。利奥塔将这种冲突称作"歧异"（differend）[①]，并视它为冲突的一种情况，这种冲突发生在（至少）两方之间，而且由于缺少同时适合争论双方的评判规则，因此不能得到公正的解决（*The Differend*，1988，ix）。如果说后现代状况意味着元叙事的死亡，那么"歧异"就是其影响……

……利奥塔的意图很明显：他想要强调后现代世界中盛行的很多错误，这些错误是我们不能忽视的，因此他想制订出一套能够帮助人们处理这些错误的规范性主张（normative claim）。通过给我们举一个接一个的例子，而后一次又一次地推翻这些例子，利奥塔是想要强调这个规范性主张是"每一个错误都应该能够被表达出来"，"在歧义之中，有些东西'要求'被表达出来，但是并不能恰当地表达出来"。由于有了将错误置于语位之中的伦理要求，后现代状况中便产生了一个伦理问题：错误如何被置于语位之中呢？这之所以成为一个问题，是因为正如我们看到的，错误的产生首先是由于在总体话语中，受害者一方的话语规则是无效的，或者没有得到承认。按照利奥塔的说法，受害者的情况在主导性话语中是无法被呈现的。因此，对后现代而言，伦理问题就是如何呈现不可呈现者以及"如何为歧异作证"（bear witness to differends）。利奥塔使读者确信无疑地认为，我们必须以最紧迫的态度来面对这个伦理问题，这关系到生命和死亡本身的问题。因为在犹太人身上发生过的一切很有可能再次发生："'奥斯威辛（Auschwitz）'[②] 问题也是'奥斯威辛之后'（after Auschwitz）的问题。"……

自20世纪70年代末以来，利奥塔在他的各种著作中始终坚持后现代状况中的伦理要求，虽然论题是各自独立的，其文本并不总是能将他心中的同一个伦理问题清晰地呈现出来，但中间的联系能够很清楚地看出来，而且语言或多或少具有一致性。因此，利奥塔在文章的结尾提出："回答这个问题：后现代是什么？"他是在提醒我们，"我们能够听到一种回到恐怖之中的欲望之声"，他还催促人们必须"向总体性开战"，并且"为不可呈现者作证"。在《非人》

---

① 即互不相容的差异，亦译"迥异"。——译者注
② 指奥斯威辛集中营。——译者注

（*The Inhuman*）①一书中，利奥塔宣称呈现不可呈现者是"唯一值得在下一个世纪生活和思想中关注的问题"。利奥塔发现了一个伦理问题，一个"值得在生活和思想中加以重视"的紧迫问题。在《公正游戏》（*Just Gaming*）一书的前半部分，我们能够提前发现在《后现代状况》和《歧义论》（*The Differend*）这两部著作中存在的争论。在《后现代状况》成文之前，利奥塔曾经说过，"没有元语言，而我所说的元语言是指著名的理论性话语，它被假定为政治和伦理决策的基础，而这些决策将被作为陈述的基础"。然后，利奥塔预见了《歧义论》中的论点，认为"语言游戏是不可译的，因为如果它们是可译的话，那就不成其为语言游戏了"。由于语言游戏和小话语都是不可译的，那么"将一个来自另一个语言游戏的问题引入语言游戏中并强加于人"就相当于"压迫"。鉴于语言游戏具有多样性这个事实，伦理问题是如何避免压迫。不能做到避免压迫的话就会助长不公正，这个问题是任何伦理学理论都必须去解决的问题。不能做到避免压迫还会使错误长久存留下去，例如，像犹太人遭受纳粹迫害的错误，或者像世界上有很多人处于被压迫地位的错误等。

利奥塔给我们上了怎样的一课呢？如果利奥塔的观点是正确的，那么从导致校园欺凌的冲突到导致巴尔干半岛大清洗运动的冲突，所有伦理冲突的核心都是"呈现不可呈现者"的问题。当我们说人们在"互相误解"，说他们观点不一致，说他们不能互相"移情"等，我们实际上指的是利奥塔指出的同一个伦理问题。从利奥塔那里我们应该了解到呈现不可呈现者的问题具有相当大的伦理影响，这对后现代状况下的道德教育者来说是十分重要的一课。

道德语用论

利奥塔的后现代主义思想中包含着很多教育启示……我们可以看到，对利奥塔而言，道德问题是一个呈现不可呈现者的问题。但是利奥塔给我们带来的不仅仅是对后现代状况中伦理问题的诊断，更重要的是，他在很多作品中都提到了对问题的回应。这种回应包括政治策略和反思策略（reflective strategy）。根据我的理解，利奥塔为我们提供了处理歧异错误的一套反思策略和政治策略，如果我没理解错的话，那么针对任何伦理问题进行的教育就应该是针对这两种策略的教育。如果将利奥塔看作一位道德教育者，那么我们需要检验他应对伦理问题的政治策略和反思策略，并从中得出对教育的指导

---

① 亦译《不合人道》。——译者注

意义。

在《公正游戏》一书中可以找到利奥塔所提的政治策略。在这里，利奥塔提供了避免一种话语统摄其他话语的策略。这一策略的目的在于，"尽可能地使小叙事（small narratives）中的多样性最大化"。为了实现这一目标，我们首先应该声明阻止游戏是不公正的，并且要禁止任何限制游戏的行为。利奥塔写道："如果说义务的语用学（pragmatics of obligation）瓦解了，也就是说，继续公正游戏的可能性消散了，那么绝对的不公正就会出现。"这里所提倡的做法类似于禁止对他人造成伤害的自由主义策略。的确，利奥塔将他的立场描述为"自由的和自由意志论的"。利奥塔关于不公正的观念允许我们将不公正的行为曝光（declare unjust），例如，像绑架、拐骗、勒索和恐吓等恐怖行动。恐怖主义之所以是不公正的，是因为它阻止了别人进行游戏："进行残杀的恐怖主义者永远也不可能进行公正和不公正的游戏。"为了证明他关于不公正概念的实际效力，利奥塔认为，我们可以使用这一观点来谴责美国人在越南以及法国人在阿尔及利亚犯下的罪行。因为他们的所作所为都是在阻止合理的事物继续存在。换句话说，越南人或者阿尔及利亚人发现他们自己处于这样一种境地：义务的语用学遭到禁用。

这里存在一个问题，而这个问题似乎是利奥塔所没有注意到的。这个问题就是，无论是关于不公正的负规则，还是它的非排斥性规则，本身是否连贯。因为，在打击恐怖主义时，我们难道不排斥恐怖分子在玩他或她的恐怖主义游戏吗？该规则难道不排斥它自己的应用吗？虽然利奥塔似乎没有意识到这个问题，但他通过回答另外一个问题从而将这个问题一带而过，即：只有一个关于什么是公正的负规则就足够了吗？这样的规则是不是来源于公正的积极方面？利奥塔自己是这样呈现这个问题的："如果没有公正的观念，那么我们能制定出政策吗？"面对这个问题，利奥塔承认自己徘徊在"异教徒的立场"和"康德哲学的立场"之间："异教徒的立场"并不以负规则为基础，认为公正是我们一直编造的事物；而"康德哲学的立场"基于康德的调节性理念（Kantian regulative idea），比如，公正观念是游戏的延伸或游戏的最大化。站在"异教徒的立场"意味着我们要将最大化"小叙事的倍增"（multiplication of small narratives）仅仅视为一个惯例规则。"异教徒的立场"的问题在于，没有任何东西可以阻止社会制定不同的规则，例如，接受而不是排斥恐怖主义的规则："惯例规则有可能会要求人们接受……甚至纳粹主义。毕竟如果全体一致接受了这个规则，那么我们通过什么来判断这一规则是否公正呢？"因此，主张排斥恐怖主义的政治不可能脱离康德式的公正理念。

站在康德哲学的立场上，我们有了一个"调节者，它是义务的语用学的保障"。然而，我们如何才能够既处于康德哲学的立场，又能避免陷入康德的元话语之中呢？最终，利奥塔满足于修正的康德哲学立场，在这一立场中，公正理念就像游戏的增殖一样，仅仅被当作一个调节性理念而不是决定性理念，也就是说，这一理念自身并不是源自任何超验的现实、任何本体或者任何康德式的结论……更确切地说，我们好像正在与一个理性群体打交道，这一群体的成员已经接受了最大化博弈这一理念的合理性。借助调节性理念，我们对利奥塔忽视的问题便有了一种解决方法，也就是我们该怎样在没有矛盾的情况下应用负规则来应对恐怖主义。我们应该告诉恐怖主义者，他们的游戏被排斥在外，因为这些游戏将博弈最小化而非最大化了。事实上，在应用负规则来对待恐怖主义时，我们的确将恐怖主义排斥在外了，但是这里并没有矛盾，因为规则没有用于满足它自身的利益，而是为最大化博弈的调节性理念服务。恐怖主义之所以被抵制，是因为它破坏了其他所有的游戏；甚至它还破坏恐怖主义本身，例如，一个恐怖主义组织会坚持将其他恐怖主义组织排斥在外。相反，在排斥恐怖主义的过程中，我们排斥的仅仅是恐怖主义而已。

从利奥塔的政治策略中可以看到，我们需要向学习者灌输这样一种观念：我们必须接受某种限制性的规则，这是最大化博弈的保障条件。向学习者灌输这一观念必须成为教育目标的一部分。这一策略暗示我们：增强人们的公民身份意识和帮助人们提高是非观的教育是十分必要的。这里经常会遇到一个问题：对遵守规则的抵抗。因为规则被看作对个性和主观性的限制和破坏。然而我们还是能从利奥塔那里知道：这些规则并不必然会损害个性和主观性，因为这些规则是调节性的而不是决定性的。为了保证最大化博弈，一定要保持调节性，这样具有创造性的个体就会自主地改变规则，发明新游戏。我们确实要十分重视利奥塔的理论，将它作为教育目标的一部分。使游戏增殖是防止某一游戏总体化某一领域的一个有效途径。

除了我已经略述的政治策略外，我们还可以在利奥塔的作品中了解一下反思策略。为了防止总体化，我们需要去反思在我们正在进行的游戏中有什么是不在场的，在相似的话语环境中有什么是未被呈现出来的。仅仅有一些东西不在场、未被呈现出来，这并不能说明不在场的这些便是不存在的或者是没有权利存在的。沉默并不代表缺席或不相关。通过这种途径进行反思的失败之处在于：这种反思是在某人自己的话语中进行的，或者最多是在现存的话语中进行的，相当于对现存的所有话语作了一个概括总结。最可怕的还不在于这种反思是总体性的宏大叙事，而在于什么使这种反思成为总体性的宏大叙事。因此，人们要有当前话语存在不可呈现者的清醒意识，向总体性开战就是为了保持和提升人们的这种意识而进行的斗争，亦即为了呈现不可呈现者而进行的斗争。关键的第一步是培养对不可呈现者的意识。由于它不能被置于语境之中并用语言来表达，因此我们要培养的是一种对不可呈现者的"感觉"。如果我们对自己的思想进行反思，那么这种感觉是可以产生的。这种感觉是一种反思性的判断。"反思性判断"是康德在第三批判中用到的词，康德用这个词来谈及反思性审美判断，因为当思想对思想本身进行反思的时候，反思性判断的能力就提高了。在这里，利奥塔借助了康德的理论佐证培养觉察不可呈现者意识的策略，也是情理之中的。

从利奥塔对康德《判断力批判》的研究中可以得出两个教训。就像利奥塔在《对崇高的分析》（*Lesson on the Analytic of the Sublime*）中解释的那样，康德对崇高（sublime）[①] 的认识可被看作不可呈现的理性观念在思想中的呈现。因此，在对崇高的感觉中，我们有一个方法可以用来解决呈现不可呈现者的问题。通过学习利奥塔的理论，我们可以说：我们需要培养学习者对崇高的感觉体验……但是思想不仅能够呈现不可呈现的（即无法证明的）理性观念，还能够呈现不可呈现的（即无法说明的）审美观念。这正是想象力的来源……想象力的作用被教育者普遍认同……特别是在道德教育中，想象力早就被认为是道德发展的一个至关重要的因素。例如，很难想象，如果不要求学习者发挥他或她的想象力，想象站在对方的立场上会是什么样子的话，那么还能有什么更好的方法来教授"善待他人"和其反义"不善待他人"。正是利奥塔让我们注意到这样一个事实，那就是还有很多人处于危险之中，因此我们迫切需要尽可能充分地发展想象力。

规范问题

我所说的"规范问题"是指"我为什么要有道德？"这一古老的问题。提出这样的问题，也就是在寻求人们必须遵守道德规范的理由……规范问题在教育情境中被关注的程度十分不尽如人意。教师（和家长）已经能够注意到，"我为什么要这样做？"这一问题时常出现。是否具有回答这一问题的能

---

① 亦译"超凡""雄浑"。——译者注

力，是衡量道德教育者是否合格的一个标志。

　　……利奥塔的观点是：在后现代状况中，我们不再诉诸元叙事来证明包括道德规则在内的宇宙普遍规则的存在。但是，其结果并不是不存在应该被遵循的规则了，也不是没有责任和义务需要人们去承担了。取代元叙事的是"微小叙事"（petits récits），是小游戏和小话语，每一个都有自己的规则。参与每一个游戏都要遵守在该游戏中应该遵守的规则。的确，可能有人会说，游戏的参与者不仅要遵守游戏的规则，还要作出对游戏有益的行为，或者至少要避免发生破坏游戏的行为……看起来好像无论什么游戏都必须包括一些规则，这些规则在传统意义上是道德的。比如说，防止作弊的规则看起来对每个游戏都是必要的，原因很简单，因为没有任何游戏在作弊现象猖獗的情况下依然是有意义的。游戏参与者还必须承担某些义务，比如说，尊重其他游戏参与者的合法行为，尊重像游戏参与者一样的其他人……

　　回答规范问题的第一步是承认每个游戏都有自己的规则，而且在游戏过程中遵守规则。部分规则在语词的传统意义上是道德的。规则是有约束力的，但规范性和义务的强制力的真正源泉在于代理人自己，他或她选择玩某种游戏，从而选择按照界定游戏的规则来玩。一个人必须去做游戏要求他做的事情，就像一名俱乐部的成员应该遵守俱乐部规则一样。然而，道德怀疑论者会这样问：为什么我不能选择不参加任何游戏，从而选择不遵守任何规则，也不承担任何义务呢？可惜的是，对怀疑论者而言，不参加任何游戏这一选择本身就是不合法的，也就是说，这根本不能算作一个选择。只要人类存在，就必须参加某些游戏。最终，怀疑论者的选择是莎士比亚式的对生存还是毁灭的选择，是在活着还是自杀之间的选择。这里能让人想起萨特的一个悖论：存在注定是自由的（to exist is to be condemned to be free）。为了让怀疑论者明白这一点，我们可以提醒怀疑论者，仅仅提出规范问题，问"我为什么要有道德？"已经是在进行游戏了，这种游戏是交流游戏（game of communication）。同样，怀疑论者已经遵守了某些规则，接受了某些需要履行的义务……

　　像我们前面提到的，利奥塔的伦理学有一条规则用来反对否定他人"义务的语用学"的行为，或者反对阻止他人进行游戏的行为，比如像恐怖主义行为和谋杀行为等。问题是我们应该怎样证明这条规则的合理性。还是回到前面所说的，利奥塔满足于将这条规则的合理性建立在最大化博弈的调节性理念上。但是我们仍然会判断这个调节性理念，因为这个理念会使恐怖分子和杀人凶手有机可乘，他们可以宣称他们并不知道有最大化博弈这样的要求，也不知道阻止别人进行游戏是错误的行为。利奥塔需要用一个论点来展示公正游戏的规则对所有游戏者都具有约束力。我认为应该建构一个有说服力的规则。后现代伦理放弃依赖人类理性，放弃寄希望于领导所有人进入康德的"目的王国"（kingdom of ends）的普遍能力，转而强调在进行游戏和遵守游戏规则之间存在的矛盾。规范性的来源并不是某个神秘和神圣的东西，如人类的自主理性，而是在人们进行的各种游戏之中。取代"目的王国"的是，我们有一个游戏者的共同体。记住这一点，就可能揭示出公正游戏规则的强制约束力量，并揭示出规范性恰恰取决于游戏自身，某些游戏必须被取消，而其他一些游戏应该被提倡。

为了讨论公正游戏的规则，我们首先需要这样立论：公正游戏的规则是游戏本身必需的元规则。换句话说，公正游戏的规则保障了游戏正常进行的可能性。有了这种立论，就保证了任何游戏都有进行下去的可能。在谋杀事件中，谋杀者自己已经承认了杀人这一游戏进行的可能性。恐怖分子和杀人凶手越是坚持他们的行为，他们就越认为游戏是应该进行下去的。是什么确保游戏进行的呢？那就是接受使游戏进行成为可能的情境条件，或者换句话说，接受公正游戏的规则。换一种方式表达，可以说，作为一名游戏者就是要进行游戏或者元游戏，而游戏或者元游戏的规则不是别的，正是公正游戏规则。对一名游戏者而言，因为他是游戏的参与者，所以他必须遵守这些规则。如果是这样的话，那么某些游戏必须被禁止，因为它们违背了公正游戏的规则。在游戏进行的情境中，这些游戏中有一些是不可能进行的游戏。那么，什么样的游戏破坏了公正游戏的规则呢？像利奥塔在《公正游戏》一书中提到的那样，显然，那些阻止"合理存在能够继续存在"的游戏，那些将"合理存在置于义务的语用学所禁止的位置"的游戏，都破坏了公正游戏的规则。换句话说，阻止他人成为游戏者的游戏，比如恐怖主义游戏和谋杀游戏就破坏了公正游戏的规则。我们已经看到，一个谋杀者抱怨公正游戏的规则是不一致的，因为这些规则阻止了他或她将谋杀游戏进行下去。之所以如此，是因为这些规则并没有阻止谋杀者成为游戏者，而只是阻止其成为谋杀者。然而相反的是，谋杀游戏阻止了其他人成为游戏者，因为它剥夺了他们"继续活下去的可能"。

如果成为一名游戏者就是要玩游戏的元游戏这一观点被人们接受，那么就意味着利奥塔的"呈现不可呈现者"是一种后现代的道德要求。这是因为不呈现不可呈现者，不为它作证，就是给自己的话语以特权，接受只有它有权威，它构成了总体。这就是忽略了只有在不同的话语规则中才能理解的主张的可能性，从而阻止了"合理存在"成为游戏者。这比将合理存在边缘化还要糟糕。作为一名游戏者，一定要遵守公正游戏的规则，这意味着在游戏进行中应该有一种义务的语用学。这种义务转化为见证和呈现不可呈现者，并"向总体性开战"。有人可能会想得更远，认为人们有义务成为有道德的游戏者，尽一切努力巩固游戏的可能性条件，强化遵守公正游戏规则的必要性。提高一个人对不可呈现者的敏感性也是使之成为有道德的游戏者的一个方法。对自己的话语保持较少的独断性，是成为有道德的游戏者的另一个方法。如果我对利奥塔的解读是正确的话，那么他的后现代道德可以被认为是为规范问题提供了一个似是而非的答案。总结一下，答案应该是这样的。如果怀疑论者问"为什么我要有道德？"而且确实对答案感兴趣的话，那么我们可以回答说，他或她已经成为一名游戏者，因此必须遵守游戏规则。他或她可能也参与了许多其他的游戏，那么也应该遵守这些游戏的规则。这些游戏在传统意义上是道德的。作为一名游戏者，就是在参与着进行游戏的游戏，因此应该遵守这一游戏的规则，即公正游戏的规则。这就是为什么人们不能参与某些行动，比如谋杀和恐怖主义行动；也正是为什么人需要培养出某种品德，比如对不可呈现者保持敏感性的品德。换一种说法，不成为游戏者就等于这个人不存在。也有一些怀疑论者并非真正对答案感兴趣，比如像彼拉多（钉死耶稣的罗马帝国驻犹太总督）这样的人会问"什么是真理？"然后就转身走开了。对这样的人来说，我们的回答毫无意义。事实上，他们的问题根本就算不上是问题。

我已经论证了利奥塔有一个连贯的伦理学。从他的后现代伦理学中，可以得到重要的道德经验，以及道德教育的实践经验。如果我的理解是正确的，那么利奥塔应该是一名道德教育者。

（资料来源：A. T. Nuyen, Lyotard as Moral Educator, in *Lyotard: Just Education*, edited by Pradeep Dhillon and Paul Standish. New York: Routledge, 2000, pp.97-109. By permission of the publisher.）

后　记

　　虽然本书的大部分内容涉及不同思想流派的分歧和冲突，但它们其实有很多共同点。它们都指出了观念的重要性、澄清的必要性、理性和逻辑的价值、艺术和科学的重要作用。人们还普遍认为，教育非常重要，教育有利于人类的不断完善。每一种哲学都是独特的，都有其特殊的哲学方式，都值得人们认真思考。理念论让我们认识到真理和品格的重要性；实在论强调基本观念的价值；东方哲学注重内在的生命意义；实用主义强调可操作性；改造主义关注社会变革的需要；马克思主义凸显经济因素的作用；行为主义主要是对人类行为的研究；存在主义让人们意识到个体的重要性；分析哲学强调对语言的关注；后现代主义鼓励人们用批判的眼光看待当今世界中的信念。所有这些观念和观点都很重要，需要人们看到其中的相同之处和差别所在。

　　从前面的章节中我们不难看出，教育有许多不同的哲学视角，在实际运用中，这些观念又有许多不同的形式。学生经常说，他们宁愿只学习"正确的"哲学，而忘掉其他的。然而，并没有"正确的"哲学或"正确的"教育哲学，只能说哪一种哲学比其他哲学更适合某个特定的时期或场合。在20世纪初，人们认为实用主义和进步主义教育是最好的，也是唯一的方向，但今天，许多人并不这样认为。这并不是说实用主义教育没有用了，不能在很多方面发挥作用了，而是说，随着时间和环境的改变，对于什么是最好的学校，什么是最好的教育，我们的观念也会有所改变；同时，新哲学会产生，旧哲学也会有所调整，关于教育和社会的观念也会有所改变。进步主义教育仍在我们身边，但已呈现出新的形式。实用主义正在复苏，因为当今的一些政治领导人表示，他们就是实用主义者。

我们可以说，所有哲学都有其对的一面和错的一面，这取决于许多因素：随着时代的演变，新观念的产生，世界也在改变，而观念的运用相对一致。另一个原因可能是，大多数哲学的范围如此广泛，以至于它们要表达所有的观点会有困难，而且每种视角中都有许多派别。同时，它们往往产生于当时社会的特殊关切，比如：宗教观推动了理念论的发展；实在论在"冷战"期间坚持自己的立场，并鼓励教育"回归基础"；改造主义关注解决由于核时代加剧的战争和世界秩序问题；20世纪六七十年代的存在主义主要是一种个人主义的存在；马克思主义随着苏联的崛起而发展；而后现代主义则关注"边缘"群体和"边缘"思想的发声。

本书第九版增加了一章关于东方哲学的内容，为我们提供看待进步概念的视角。东方哲学通常鼓励人们关注自然、人性和内在生活。所有那些用批判和包容的眼光看待生活的哲学态度，都有助于我们尽可能从最广阔的视角来看待事物，处理基本的民主问题和人道问题，通过提出疑问或提供答案的方式，帮助我们解决困扰现代社会生活的经济、政治、社会和生态问题。教育哲学关注社会现实，哲学家也意识到有必要把这一学科应用到社会问题和教育上。从广义来看，教育哲学不仅能为今天的学校教育提供更多的支持，还有助于顺着我们最高价值的方向来调整教育重心。但是，没有一个哲学家会为所有时代的所有人回答所有的问题，而且还会涌现出一批批新的哲学家，进一步改变教育者的教育视角。

没有人会否认，西方社会乃至所有社会都在朝着全球物质主义文化的方向发展。在一定程度上，这也解释了为什么许多人和机构会将他们的教育理论和实践模式建立在商业模式上，如职业教育、私有化项目、"特许学校"、学券制度，以及其他反映党派物质主义观点和特殊利益的项目。私立学校，尤其是私立宗教学校，只要是公共基金资助的教育机构和项目，就会带有特定宗教或政党利益的导向。这些机构和项目带来了许多问题。比如，在一个自由社会，在现代生活中，教育到底扮演了什么角色？教育的商业模式或宗教模式已经有很长的历史，一些基本原则和中立的立场一直都是传统，这样的教育角色是否应该继续扮演下去呢？教育的私有化趋势和宗教倾向向我们提出了许多伦理问题，尤其是在有着悠久历史的民主社会，税收支持的免费公立教育已经实施了很长时间，新的问题肯定会产生。

与"冷战"后苏联人造卫星发射带来的恐慌很相似，数学和科学观念的复兴也引起了人们对当前教育的关注。许多批评者指出，这并不意味着要减少对艺术、文学、社会研究和体育的关注，只要发生任何经济危机或政治危机，这些内容往往就会成为第一批牺牲品。批判性思维和道德教育领域一直有力地推动着教育的发展，但在美国保持超级大国地位的形势下，这些文化和艺术领域的学习内容也会缩减，让位给与科学和技术关系更紧密的项目。在大学和学院，为了让课程满足私有经济、军工企业的特殊需要，让其中的关系更加紧密，教育哲学、教育社会学和艺术教育都不幸地成为被缩减的对象。

教育是否应该被用来培养政治、宗教或商业意识形态，这是个棘手的问题。蒙台梭利甚至反对将民主的意识形态作为一种教化的工具。一些政府将教育作为政治工具，打着"民主"的旗号，培养目标却是非人道的，会给社会、环境和世界和平带来不良后果。杰斐逊曾说过，民主社会是一个公民作主的地方，也就是说，政府属于人民，因此教育的重要性和必要性更加凸显。因为没有一个政府希望自己的国家是一个"既自由又无知"的地方，用今天的话说，那就是，只有政治智慧才能保证全球的文化繁荣。

346　　除此之外，也许还有一个最重要的因素，那就是心智研究（intellectual study）的普遍衰落，正如布卢姆在《走向封闭的美国精神》中所提到的那样。不仅我们的学校，整个社会都缺乏对心智的研究。电视、互联网和其他"快餐"媒体，以及过于简单、肤浅和有偏见的信息呈现方式，在当代社会造成了一个大问题。尽管许多人谴责哲学反省是浪费时间，可是其他那些意识和潜意识层面的思考也是空洞和危险的，尤其在今天这样一个社会中，大规模的杀伤性武器掌握在许多不同的甚至敌对的国家手中。还有人继续操纵和压制哲学和科学信息，这些意味丰富的信息有助于推动和平的进程，减轻人类的痛苦，改善人们的生活。

教育哲学家关心的另一个问题是，今天的教育过分强调"做"而不是"知道"，这一点在语言分析中已经详细讨论过了。也许确实需要做一些事情来引导我们走向所谓的"进步"，但这种做法往往没有反思的一面：对我们将要做、正在做和已经做的事情的反思是必不可少的，反思中的实践才真正有利于社会的长远发展。"知道"和"做"是相互关联的，两者都很必要，需要交互进行。理论知识有助于我们提高教育的实践性，实际运用又有助于理论的发展，为理论认识和模型转变提供洞见。

任何研究在照亮文化的同时，也照亮了我们自己。正如这里所展示的，学习各种哲学或观点，是尽可能多角度看待事物的最好方式。不管在什么时候都有必要采取行动，将哲学观念落实到某种行动中，改善当前的教育实践。当我们这样做时，我们需要看到这些行动和实践的理论依据，也要看到"真实世界"中的实践活动产生了哪些理论和实践的分歧。

这本书的时间年表大体上反映了教育哲学的过渡阶段。教育哲学和其他学科一样，像一面镜子，折射出时代的发展趋势、追求、情绪和信仰。在早期，宗教观点和理念论哲学是至高无上的，后来又出现了亚里士多德的哲学观，它间接地带来了宗教实在论和科学实在论，而科学实在论又将我们引向更具归纳性的科学思维方式，如实证主义、行为主义和实用主义。这些科学的思维方式也是马克思主义哲学思想的一部分，它仍在继续影响着世界上许多地方的教育思想，并在一定程度上缓解了全球化、企业剥削和腐败的问题。存在主义、分析主义和后现代主义的观点，也让人们洞察到当今世界中个体扮演的复杂角色。

20 世纪 70 年代和 80 年代，语言分析对许多教育哲学家产生了巨大的影响，以至于似乎不需要其他哲学。然而，语言分析的缺点和狭隘的视角也让人们开始关注我们这个时代的危急处境，如战争、异化、不公正等，这也是存在主义和改造主义关心的问题。现在，后现代哲学也加入进来，讨论妇女、少数族裔、种族、阶级、文化和社会边缘群体的问题。然而，正如所有哲学都有其优缺点，后现代主义也有其虚无主义的一面，而这也正是批评者所反对的。行为主义指出了科学是如何改变我们生活的，并对天性与教养之争提出了深刻的见解，但批评家仍然谴责它的独裁倾向。虽然所有哲学总是受到某种攻击或指责，但它们的基本主旨是相同的，都想通过不同的教育方式和教育过程寻求知识、认识知识、应用知识，以创造最理想的社会效益。

另一个值得认真考虑的问题是，学校期望纠正所有的弊端。许多研究，如《科尔曼报告》(Coleman Report)、钟形曲线等都表明，阶级、性别、种族和其他因素对学生成功的影响可能和学生就读的学校一样大。因此，正如存在主义者、改造主义者、行为主义者、马克思主义者和后现代主义者所指出的，这一观点再次被提出，除非有制度、社会和政治的变革，以及人类行为本身的变革，否则我们就不能期望教育会发生什么有意义的变化，指望学校独自解决社会、经济不平等以及和平问题将是徒劳的。还有一个问题是，我们的真实本性是什么？是贪婪、好斗和非理性，还是人类本质上是善良的，还是两者兼而有之？人们可以通过教育朝着有意义的方向改变自我和社会吗？如果教育真的很重要，那为什么学校和图书馆的资金不足问题还继续存在着？通常，我们最宝贵的资源，我们的学校和我们的学生，正在为其他优先事项作出牺牲。关于地方、州和联邦政府在这些问题中的作用，以及它们在解决这些问题上应该扮演什么角色，也一直存在争议。

这些教育哲学家提供了许多有价值的洞见，帮助我们看待历史上的主要思想和社会问题。但是，哲学家之间仍然存在差异。然而，在教育哲学中，是否采用不同的流派（实用主义、存在主义等）来呈现观念，哲学家之间仍然存在分歧。这种方式掩盖了一个事实，即这些哲学是变化的、重叠的，需要放在具体的时代背景中来考虑。有些哲学家喜欢谈论范畴、运动、观点或叙事，传统哲学也赞同这样的观点，用流派的方式讨论哲学，具有全面、清晰和重点明确的特点。同时，读者也需要以一种全面和兼收并蓄的方式看待所有知识的共性和差异。本书中提到的一些思想家反对把他们归入某个特定的哲学流派，有些人则反对所有的标签。这种分类是各种信仰体系的历史共识，通常有些界限不清和包罗万象。

许多思想家都认为，教育哲学一直都在捍卫思想自由和正义。这一点在苏格拉底之死中得到了凸显。自古以来，哲学家一直都在捍卫知情权。本着这种精神，人们希望教育哲学的研究不仅能使人们增长知识，还能使人们过上有意义的生活，采取各种行动，追寻内心的渴望，通过教育将哲学运用到实际生活中，帮助人们创造一个更美好的世界。

参考文献

Adler, M. J. (1982). *Paideia problems and possibilities*. New York: Macmillan.

Adler, M. J. (1982). *The Paideia proposal*: *An educational manifesto*. New York: Macmillan.

Adler, M. J., & Mayer, M. (1958). *The revolution in education*. Chicago: University of Chicago Press.

Adorno, T. W. (1973). *Negative dialectics* (E. B. Ashton, Trans.). New York: Seabury Press.

Alcott, A. B. (1836). *Conversations with children on the gospels*. Boston: James Monroe and Co.

Alcott, A. B. (1938). *Journals*. Boston: Little, Brown.

Alinsky, S. (1971). *Rules for radicals*. New York: Random House.

Anderson, J. L. (1997). *A revolutionary life*. New York: Grove Press.

Apple, M. W. (Ed.). (1982). *Cultural and economic reproduction in education*: *Essays on class*, *ideology*, *and the state*. New York: Routledge and Kegan Paul.

Apple, M. W. (1992, Spring). Education, culture, and class power: Basil Bernstein and the neo-Marxist sociology of education. *Educational Theory*, *42* (2), 127–146.

Apple, M. W. (1993). *Official knowledge*: *Democratic education in a conservative age*. New York: Routledge.

Apple, M. W. (2000, Spring). Can critical pedagogies interrupt rightists policies? *Educational Theory*, *50* (2), 220–254.

Aquinas, T. (1905). *Basic writings*. New York: Random House.

Aquinas, T. (1947). *Summa theologica*, Vols. 1–3 (Fathers of the English Dominican Province, Trans.). New York: Benziger Brothers.

Aquinas, T. (1953). *The teacher—the mind*. Chicago: Henry Regnery.

Arato, A., & Gebhardt, E. (Eds.). (1978). *The essential Frankfurt School reader*. New York: Urizen Books.

Aristotle. (1975). *The Nicomachean ethics of Aristotle* (D. Ross, Trans.). New York: Oxford University Press.

Aristotle. (1899). *Politics* (B. Jowett, Trans.). New York: Colonial Press.

Aronowitz, S. (1990). *The crisis in historical materialism*: *Class*, *politics*, *and culture in Marxist theory* (2nd ed.). Minneapolis: University of Minnesota Press.

Aronowitz, S. (1992). *The politics of identity*: *Class*, *culture*, *social movements*. New York: Routledge.

Aronowitz, S., & Giroux, H. A. (1985). *Education under siege: The conservative, liberal, and radical debate over schooling*. Westport, CT: Bergin and Garvey.

Aronowitz, S., & Giroux, H. A. (1991). *Postmodern education: Politics, culture, and social criticism*. Minneapolis: University of Minnesota Press.

Augustine, A. (1950). *The city of God* (M. Dods, Trans., and T. Merton, Introduction). New York: Modern Library.

Augustine, A. (c. 1938). *Concerning the teacher (De magistro) and on the Immortality of the soul (De importalitate animae)* (G. G. Lockie, Trans. and Preface). New York: Appleton-Century-Crofts.

Augustine, A. (1949). *Confessions* (E. B. Pusey, Trans.). New York: Modern Library.

Aurelius, M. (1964). *Meditations* (M. Staniforth, Trans.). Baltimore: Penguin.

Arer, A. J. (1952). *Language, truth and logic*. New York: Dover.

Ayer, A. (1971). *Russell and Moore*. Cambridge, MA: Harvard University Press.

Bacon, F. (1889). *Advancement of learning and novum organum*. New York: Colonial Press.

Bahm, A. J. (1995). *Comparative philosophy: Western, Indian, and Chines philosophies compared* (rev. ed.). Albuquerque, NM: World Book.

Banerjee, M. (1978). *Invitation to Hinduism*. New Delhi, India: Printsman.

Barber, B. (1994). *An aristocracy of everyone: The politics of education and the future of America*. New York: Oxford University Press.

Bayles, E. (1966). *Pragmatism and education*. New York: Harper & Row.

Baynes, K., et al. (1987). *After philosophy: End or transformation?* Cambridge, MA: MIT Press.

Beck, C. (1974). *Educational philosophy and theory: An introduction*. Boston: Little, Brown.

Bellah, R. N., et al. (1991). *The good society*. New York: Alfred A. Knop.

Bender, F. L. (Ed.). (1975). *The betrayal of Marx*. New York: Harper & Row.

Bereiter, C., & Engelmann, S. (1966). *Teaching disadvantaged children in the pre-school*. Upper Saddle River, NJ: Prentice Hall.

Bergson, H. (1944). *Creative evolution* (A. Mitchell, Trans.). New York: Modern Library.

Berkeley, G. (1910). *Principles of human knowledge*. New York: E. P. Dutton.

Berlin, I. (1963). *Karl Marx: His life and environment* (3rd ed.). London: Oxford University Press.

Bernstein, R. J. (1971). *Praxis and action: Contemporary philosophies of human activity*. Philadelphia: University of Pennsylvania Press.

Bernstein, R. J. (1986). *Philosophical profiles*. Cambridge, UK: Polity Press.

Bernstein, R. J. (1987, August). Varieties of pluralism. *American Journal of Education, 95* (4), 509–525.

Bernstein, R. J. (1992). *The new constellation: The ethical-political horizons of modernity/postmodernity*. Cambridge, MA: MIT Press.

Bernstein, R. J. (1992, Winter). The resurgence of pragmatism. *Social Research, 59* (4), 813–840.

Berry, T. (1971). *Religions of India: Hinduism, Yoga, Buddhism*. New York: Bruce.

Best, S., & Kellner, D. (1997). *The postmodern turn*. New York: Guilford Press.

Blake, N., Smeyers, P., Smith, R., & Standish, P. (2000). *Education in an age of nihilism*. New York: Routledge/Falmer.

Bloland, H. G. (1995, September–October). Postmodernism and higher education. *Journal of Higher Education, 66* (5), 521–539.

Bloom, A. (1987). *The closing of the American mind*. New York: Simon and Schuster.

Bode, B. (1938). *Progressive education at the crossroads*. New York: Newson.

Boisvert, R. D. (1998). *John Dewey: Rethinking our time*. Albany: State University of New York Press.

Bowers, C. A. (1987). *Elements of a post-liberal theory of education*. New York: Teachers College Press.

Bowes, P. (1977). *Hindu intellectual tradition*. Columbia, MO: South Asia Books.

Bowker, J. (Ed.). (1994). *Oxford dictionary of world religions*. New York: Oxford University Press.

Bowles, S., & Gintis, H. (1977). *Schooling in capitalist America: Educational reform and the contradictions of economic life*. New York: Basic Books.

Brameld, T. (1956). *Toward a reconstructed philosophy of education*. New York: Dryden.

Brameld, T. (1965). *Education as power*. New York: Holt, Rinehart and Winston.

Brameld, T. (1971). *Paterns of educational philosophy*. New York: Holt, Rinehart and Winston.

Brosio, R. A. (1994). *A radical democratic critique of capitalist education*. New York: Peter Lang.

Broudy, H. S. (1961). *Building a philosophy of education*. Upper Saddle River, NJ: Prentice Hall.

Broudy, H. S. (1972). *The real world of the public schools*. New York: Harcourt Brace Jovanovich.

Broudy, H. S. (1979). *Philosophy of education between yearbooks. Teachers College Record, 81*, 130–144.

Brubacher, J. S. (1939). *Modern philosophies of education*. New York: McGraw-Hill.

Brubacher, J. S. (1942). The challenge to philosophize about education. In *Modern Philosophies and Education* (pp.289–322).The Fifty-Fourth Yearbook of the National Society for the Study of Education, Part I, Chapter VII. Chicago: National Society for the Study of Education.

Buber, M. (1958). *I and Thou* (R. G. Smith. Trans.). New York: Scribner's.

Burns, H. W. (1962). The logic of the "educational implication." *Educational Theory, 12*, 53–63.

Butler, J. D. (1951). *Four philosophies.* New York: Harper.

Butler, J. (1966). *Idealism in education*. New York: Harper & Row.

Cahn, S. M. (1997). *Classic and contemporary readings in the philosophy of education*. New York: McGraw-Hill.

Callinicos, A. (1990). *Against postmodernism: A Marxist critique*. New York: St. Martin's Press.

Camus, A. (1955). *The myth of Sisyphus* (J. O'Brien, Trans.). New York: Alfred A. Knopf.

Camus, A. (1978). *The rebel* (A. Bower, Trans.). New York: Alfred A. Knopf.

Carnoy, M. (Ed.). (1972). *Schooling in a corporate society: The political economy of education in America*. New York: David McKay.

Carnoy, M., & Levin. H. M. (1976). *The limits of educational reform*. New York: David McKay.

Caspary, W. R. (2000). *Dewey on democracy*. Ithaca, NY: Cornell University Press.

Casti, J. L. (1989). *Paradigms lost: Images of man in the mirror of science*. New York: William Morrow.

Chai, C., & Chai, W. (1961). *The story of Chinese philosophy*. New York: Washington Square Press.

Chamberlin, G. (1981). *The educating act: A phenomenological view*. Lanham, MD: University Press of America.

Chennakesavan, S. (1974). *A critical study of Hinduism*. New York: Asia Publishing House.

Cherryholmes, C. (1988). *Power and criticism*: *Poststructural investigations in education*. New York: Teachers College Press.

Childs, J. L. (1931). *Education and the philosophy of experimentalism*. New York: Appleton-Century.

Childs, J. L. (1956). *American pragmatism and education*. New York: Holt, Rinehart and Winston.

Chuang-tzu. (1964). *Chuang-tzu*: *Basic writings* (D. Watson, Trans.). New York: Columbia University Press.

Code, L. (1987). *Epistemic responsibility*. Hanover, NH: University Press of New England.

College Entrance Examination Board. (1983). *Academic preparation for college*: *What students need to know and be able to do*. New York: Author.

Collins, M. (1992). *Ordinary children, extraordinary teachers*. Norfolk, VA: Hampton Roads Publishing Co.

Comte, A. (1957). *A general view of positivism* (J. H. Bridges, Trans.). New York: R. Speller.

Conant, J. B. (1953). *Education and liberty*. Cambridge, MA: Harvard University press.

Confucius. (1999). *The analects of Confucius*: *A philosophical translation* (R. T. Ames and H. Rosemont, Jr., Trans. and Introduction). New York: Ballantine Books.

Conze, E. (1980). *A short history of Buddhism*. New York: George Allen Unwin.

Conze, E. (Ed.). (1995). *Buddhist texts through the ages*. Oxford, UK: One World.

Copernicus, N. (1976). *The revolutions of the heavenly spheres* (A. M. Duncan, Trans.). New York: Barnes and Noble.

Corbin, H. (1993). *History of Islamic philosophy*. New York: Kegan Paul International.

Counts, G. S. (1957). *The challenge of Soviet education*. Westport, CT: McGraw-Hill.

Counts. G. S. (1969). *Dare the schools build a new social order*? New York: Arno Press.

Creel, H. G. (1970). *What is Taoism*? (*and other studies in Chinese cultural history*). Chicago: University of Chicago Press.

Dahlstrand. F. C. (1982). *Amos Bronson Alcott*: *An intellectual biography*. Rutherford, NJ: Fairleigh Dickinson University Press.

Darwin, C. R. (1958). *On the origin of species by means of natural selection*. New York: Oxford University Press.

Das, S. (1997). *Awakening the Buddha within*: *Eight steps to enlightenment*. New York: Broadway Books.

David-Neel, A. (1977). *Buddhism*: *Its doctrines and its methods*. New York: St. Martin's Press.

Dawkins, R. (1989). *The selfish gene*. New York: Oxford University Press.

Dawson, R. S. (1981). *Confucius*. Oxford, UK: Oxford University Press.

DeBary, T. (Ed.). (1969). *The Buddhist tradition in India, China, and Japan*. New York: Modern Library.

Derrida, J. (1976). *Of grammatology* (G. C. Spivak, Trans.). Baltimore: Johns Hopkins University Press.

Descartes, R. (1960). *A discourse on method and meditations* (L. J. Lofleur, Trans.). Indianapolis, IN: Bobbs-Merrill.

Dewey, J. (1897, January 16). My pedagogic creed. *School Journal, 54* (3), 77–80.

Dewey, J. (1910). *The influence of Darwin on philosophy and other essays in contemporary thought*. New York: Henry Holt.

Dewey, J. (1915). *The school and society*. Chicago: University of Chicago Press.

Dewey, J. (1916). *Democracy and education*. New York: Macmillan.

Dewey, J. (1929). *Experience and nature*. LaSalle, IL: Open Court.

Dewey, J. (1933). *How we think*. Boston: D. C. Heath.

Dewey, J. (1934). *A common faith*. New Haven, CT: Yale University Press.

Dewey, J. (1938). *Experience and education*. New York: Macmillan.

Dewey, J. (1953). *Essays in experimental logic*. New York: Dover.

Dewey, J. (1959). *Art as experience*. New York: Capricorn.

Dewey, J. (1960). The need for a recovery in philosophy. In R. J. Bernstein (Ed.), *On experience, nature, and freedom: Representative selections* (pp.16–69). New York: Library of Liberal Arts, Bobbs-Merrill.

Dewey, J. (1960). *Theory of the moral life*. New York: Holt, Rinehart and Winston.

Dewey, J. (1975). *Moral principles in education*. Carbondale: Southern Illinois University Press, Arcturus Books.

Dewey, J. (1988). *Human nature and conduct*. Carbondale: Southern Illinois University Press.

Dewey, J. (1990). *The child and the curriculum and the school and society*. Chicago: University of Chicago Press.

Dhillon, P. A., & Standish, P. (Eds.). (2000). *Lyotard: Just education*. New York: Routledge.

DuBois, W. E. B. (1996). *The souls of black folk*. New York: Modern Library.

DuBois, W. E. B. (1998). *Black reconstruction in America*. New York: Free Press.

Durkheim, É. (1958). *Socialism and Saint-Simon* (A. W. Gouldner Ed., and C. Satler, Trans.). Yellow Springs, OH: Antioch Press.

Eastwood, G. (1971). Paradigms, anomalies, and analysis: Response to Jonas Soltis. In *Philosophy of Education* (pp.47–54). Proceedings of the Twenty-Seventh Annual Meeting of the Philosophy of Education Society. Edwardsville, IL: Philosophy of Education Society.

Edel, A. (1972). Analytic philosophy of education at the crossroads. *Educational Theory*, *22*, 131–153.

Edmonds, D., & Eidinow, J. (2002). *Wittgenstein's poker*. New York: Harper Collins.

Emerson, R. W. (1883). *Essays*. New York: Houghton Mifflin.

Engels, F. (1940). *Dialectics of nature* (C. Dutt, Ed. & Trans., and J. B. S. Haldane, Preface and Notes). New York: International Publishers.

Engels, F. (1966). *Herr Eugen Dubring's revolution in science* (*Anti-Dubring*) (E. Burns, Trans., and C. P. Dutt, Ed.). New York: International Publishers.

Erasmus, D. (1924). *The education of a Christian prince* (L. K. Born, Trans.). New York: Columbia University Press.

Feibleman, J. K. (1976). *Understanding oriental philosophy*. New York: Horizon Press.

Feiler, B. (2002). *Abraham*. New York: William Morrow.

Feng, Y. -L. (1970). *The spirit of Chinese philosophy*. Westport, CT: Greenwood Press.

Fischer, E., & Marek, F. (Eds.). (1972). *The essential Lenin* (A. Bostock, Trans.). New York: Herder and Herder.

Fosnot, C. T. (Ed.). (1996). *Constructivism: Theory, perspectives, and practice*. New York: Teachers College Press.

Foucault, M. (1979). *Discipline and punish*. New York: Vintage Books.

Foucault, M. (1973). *Madness and civilization: A history of insanity in the age of reason*. New York: Vintage Books.

Foucault, M. (1973). *The order of things: An archaeology of the human sciences*. New York: Vintage Books.

Frank, D., & Leaman, O. (Eds.). (1997). *History of Jewish philosophy*. Vol. 2 of *Routledge history of world philosophies*. New York: Routledge.

Freire, P. (1970). *Pedagogy of the oppressed* (M. Bergman Ramos, Trans.). New York:

Seabury Press.

Freire, P. (1973). *Education for a critical consciousness*. New York: Seabury Press.

Freud, S. (1962). *Civilization and its discontents* (Strachey, Trans.). New York: W. W. Norton.

Froebel, F. (1974). *The education of man* (W. N. Hailman, Trans.). New York: A. M. Kelley.

Garrison, J. W. (Ed.). (1995). *The new scholarship on Dewey*. Boston: Kluwer Academic.

Gavin, W. J. (Ed.). (1988). *Context over foundation: Dewey and Marx*. Norwell, MA: Kluwer.

Gentile, G. (1922). *The reform of education*. New York: Harcourt, Brace.

George, P. S. (1983). *The theory Z school: Beyond effectiveness*. Columbus, OH: National Middle School Association.

Geuss, R. (1981). *The idea of critical theory: Habermas and the Frankfurt School.* Modern European Philosophy Series. New York: Cambridge University Press.

Gilson, E. (1991). *The spirit of medieval philosophy* (A. H. C. Downes, Trans.). Notre Dame, IN: University of Notre Dame Press.

Giroux, H. A. (1981). *Ideology, culture, and the process of schooling.* Philadelphia: Temple University Press.

Giroux, H. A. (1984, Spring). Marxism and schooling: The limits of radical discourse. *Educational Theory, 34* (2), 113–136.

Giroux, H. A. (1988). *Teachers as intellectuals: Toward a critical pedagogy of learning.* New York: Bergin and Garvey.

Giroux, H. A. (1992). *Border crossings: Cultural workers and the politics of education.* New York: Routledge.

Gitlin, T. (1989, Winter). Postmodernism: Roots and practices. *Dissent, 36*, 100–108.

Goodlad, J. I. (1984). *A place called school: Prospect for future.* New York: McGraw-Hill.

Gopalan, S. (1973). *Outlines of Jainism.* New York: Wiley.

Gramsci, A. (1971). *Selections from the prison notebooks of Antonio Gramsci* (Q. Hoare & G. N. Smith, Eds.). New York: International Publishers.

Greene, M. (1973). *Teacher as stranger: Educational philosophy for the modern age.* Belmont, CA: Wadsworth.

Greene, M. (1978). *Landscapes of learning.* New York: Teachers College Press.

Gribble, J. (1969). *Introduction to philosophy of education.* Boston: Allyn and Bacon.

Guastello, S. J. (1995). *Chaos, catastrophe, and human affair.* Mahwah, NI: Lawrence Erlbaum Associates.

Guevara, E. (1998). *Guerilla warfare.* Lincoln: University of Nebraska Press.

Guevara, E. (2002). *Man and socialism in Cuba.* New York: Pathfinder.

Guevara, E. (2004). *The motorcycle diaries.* New York: Ocean Press.

Guillaume, A. (1980). *The tradition of Islam.* New York: Books for Libraries.

Gutek, G. L. (1988). *Philosophical and ideological perspectives on education.* Boston: Allyn and Bacon.

Gutek, G. L. (1997). *Historical and philosophical foundations education: A biographical introduction* (2nd ed.). Upper Saddle River, NJ: Merrill/Prentice Hall.

Giutiérrez, G. (1973). *A theology of liberation: History, politics and education.* Maryknoll, NY: Orbic Books.

Habermas, J. (1973). *Theory and practice.* Boston: Beacon Press.

Habermas, J. (1979). *Communication and the evolution of society* (T. McCarthy and Introduction). Boston: Beacon Press.

Habermas, J. (1987). *The philosophical discourse of modernity.* Cambridge, MA: MIT Press.

Habermas, J. (1988). *On the logic of the social sciences* (S. W. Nicholsen & J. A. Stark, Trans.). Cambridge, MA: MIT Press.

Hackett, S. C. (1979). *Oriental philosophy*. Madison: University of Wisconsin press.

Harris, W. T. (1889). Morality in the schools. Register Tract Series, No. 12. Reprinted from the *Christian Register*, Boston, January 31, 1889.

Harshbarger, L. H., & Mourant, J. A. (1968). *Judaism and Christianity: Perspectives and traditions*. Boston: Allyn and Bacon.

Hegel, G. W. F. (1892). *The logic of Hegel* (W. Wallace, Trans.). In *Encyclopaedia of Philosophical Sciences*. New York: Oxford University Press.

Hegel, G. W. F. (1949). *The phenomenology of mind* (B. Baillie, Trans.). New York: Allen Unwin.

Hegel, G. W. F. (1957). *Philosophy of right* (T. M. Knox, Trans.). New York: Clarendon Press.

Heidegger M. (1982). *The basic problems of phenomenology*. Bloomington: Indiana University Press.

Heidegger, M. (1996). *Being and time: A translation of* Sein und Zeit (Stambaugh, Trans.). Albany: State University of New York Press.

Herndon, J. (1971). *How to survive in your native land*. New York: Bantam Books.

Herrigel, E. (1953). *Zen and the art of archery*. New York: Pantheon Books.

Herrnstein, R. J., & Murray, C. (1994). *The bell curve: Intelligence and class structure in American life*. New York: Free Press.

Hickman, L. A. (2007). *Pragmatism as postmodernism: Lessons from Dewey*. New York: Fordham University Press.

Hinnells, J. R., & Sharpe, E. J. (1972). *Hinduism*. Newcastle upon Tyne, England: Oriel Press.

Hirsch, E. D., Jr. (1987). *Cultural literacy: What every American needs to know*. Boston: Houghton Mifflin.

Hobbes, T. (1930), *Selections* (F. J. E. Woodbridge, Ed.). New York: Scribner's.

Hobbes, T. (1996). *Leviathan* (revised student edition). New York: Cambridge University Press.

Hoff, B. (1982). *The Tao of Pooh*. New York: Penguin Books.

Hook, S. (1963). *Education for modern man*. New York: Knopf.

Horkheimer, M. (1973). *Eclipse of reason*. New York: Continuum.

Horkheimer, M. (1978). *Dawn and decline*. New York: Continuum.

Horkheimer, M., & Adorno, T. (1969). *Dialectic of enlightenment* (J. Cumming, Trans.). New York: Herder and Herder.

Horne, H. H. (1935). *The democratic philosophy of education*. New York: Macmillan.

Hossein, S. N., & Leaman, O. (Eds.). (1996). *History of Islamic philosophy*. Vol. 1 of *Routledge history of world philosophies*. New York: Routledge.

Hountondji, P. J. (1976). *African philosophy, myth and reality* (H. Evans, Trans., with the collaboration of J. Rée; A. Irele, Introduction). Bloomington: Indiana University Press.

Howie, J., & Buford, T. O. (Eds.). (1975). *Contemporary studies in philosophical idealism*. Cape Cod, MA: Claude Stark.

Hullfish, H. G., & Smith, P. G. (1961). *Reflective thinking: The method of education*. New York: Dodd, Mead.

Hume, D. (1941). *Treatise upon human nature*. New York: Oxford University Press.

Husserl, E. (1962). *Ideas*. New York: Macmillan.

Hutchins, R. M. (1953). *The conflict in education*. New York: Harper & Row.

Hutchins, R. M. (1954). *Great books, the foundations of a liberal education*. New York: Simon and Schuster.

Huxley, A. (1932). *Brave new world*. New York: Bantam.

Huxley, A. (1956). *Tomorrow and tomorrow and tomorrow*. New York: Harper.

Hyppolite, J. (1969). *Studies on Marx and Hegel* (J. O'Neill, Trans., Introduction, Notes, and Bibliography). New York: Basic Books.

Illich, I. (1970). *Deschooling society*. New York: Harper & Row.

Jacoby, S. (1974). *Inside Soviet schools*. New York: Hill and Wang.

Jaini, P. S. (1979). *The Jaina path of purification*. Berkeley: University of California Press.

James, W. (1899). *Talks to teachers*. New York: Holt, Rinehart and Winston.

James, W. (1902). *The varieties of religious experience*. New York: Longmans, Green.

James, W. (1931). *Pragmatism, a new name for some old ways of thinking*. New York: Longmans, Green.

Jameson, F. (1988). *The ideologies of theory: Essays 1971–1986*. Minneapolis: University of Minnesota Press.

Jaspers, K. (1971). *Philosophy of existence* (R. F. Grabau, Trans.). Philadelphia: University of Pennsylvania Press.

Jencks, C. (1972). *Inequality: A reassessment of the effect of family and schooling in America*. New York: Basic Books.

Jervis, K., & Montag, C. (Eds.). (1991). *Progressive education for the 1990s: Transforming practice*. New York: Teachers College Press.

Kallen, H. (1924). *Culture and democracy in the United States*. New York: Boni and Liveright.

Kant, I. (1949). *Critique of pure reason*. Chicago: University of Chicago Press.

Kant, I. (1956). *Critique of practical reason* (L. W. Beck, Trans.). New York: Liberal Arts Press.

Kant, I. (1960). *Education* (A. Churton, Trans.). Ann Arbor: University of Michigan Press.

Kautzer, C., & Mendieta, E. (Eds.). (2009). *Pragmatism, nation and race: Community in the age of empire*. Bloomington: Indiana University Press.

Kellner, D. (1989). *Critical theory, Marxism, and modernity*. Baltimore: Johns Hopkins University Press.

Kierkegaard, S. A. (1954). *Fear and trembling, and the sickness unto death* (W. Lowrie, Trans.). Princeton, NJ: Princeton University Press.

Kierkegaard, S. A. (1968). *Kierkegaard's attack upon "Christendom"* (W. Lowrie, Trans., and Introduction). Princeton, NJ: Princeton University Press.

Kilpatrick, W. H. (1927). *Education for a changing civilization*. New York: Macmillan.

Klein, M. S. (1980). *The challenge of communist education: A look at the German Democratic Republic*. East European Monographs. New York: Columbia University Press.

Kneller, G. F. (1958). *Existentialism and education*. New York: Wiley.

Kneller, G. F. (1984). *Movements of thought in modern education*. New York: Wiley.

Kohlberg, L. (1984). *The psychology of moral development*. San Francisco: Harper & Row.

Kohn, A. (1993). *Punished by rewards: The trouble with gold stars, incentive plans, A's, praise, and other bribes*. New York: Houghton Mifflin.

Koller, J. M. (1970). *Oriental philosophies*. New York: Scribner's.

Kuhn, T. (1970). *The structure of scientific revolutions* (2nd ed.). Chicago: University of Chicago Press.

Lawson, B. E., & Koch, D. F. (Eds.). (2004). *Pragmatism and the problem of race*. Bloomington: Indiana University Press.

Lenin, V. I. (1970). *Materialism and empirio-criticism*. New York: International Publishers.

Locke, J. (1961). *An essay concerning human understanding*. New York: E. P. Dutton.

Locke, J. (1964). *John Locke on education* (P. Gay, Ed.). New York: Teachers College Press.

Locke, J. (1964). *Some thoughts concerning education* (F. W. Goforth, Ed.). New York:

Barron's Educational Series.

Lyotard, J.-F. (1984). *The postmodern condition*: *A report on knowledge* (G. Bennington & B. Massumi, Trans., and F. Jameson, Foreword). Minneapolis: University of Minnesota Press.

Marcel, G. (1968). *The philosophy of existentialism* (M. Harari, Trans.). New York: Citadel Press.

Marcuse, H. (1960). *Reason and revolution*: *Hegel and the rise of social theory*. Boston: Beacon Press.

Marcuse, H. (1964). *One dimensional man*. Boston: Beacon Press.

Marcuse, H. (1969). *An essay on liberation*. Boston: Beacon Press.

Margonis, F. (1997, Fall). Theories of conviction: The return of Marxist theorizing. *Educational Theory, 47* (4), 85–102.

Maritain, J. (1943). *Education at the crossroads*. New Haven, CT: Yale University Press.

Marler, C. D. (1975). *Philosophy and schooling*. Boston: Allyn and Bacon.

Marx, K. (1964). *Economic and philosophic manuscripts of 1844* (D. J. Struik, & M. Milligan, Trans. and Introduction). New York: International Publishers.

Marx, K. (1965). *Capital*: *A critique of political economy*. Vol. I. *The process of capitalist production* (F. Engels, Ed.; S. Moore and E. Aveling, Trans.). London: Lawrence and Wishart.

Marx, K. (1967). *The communist manifesto* (S. Moore, Trans.). London: Penguin.

Marx, K. (1972). *The Grundisse* (D. McLellan, Ed. &Trans.). New York: Harper & Row.

Marx, K. (1973). *On society and social change, with selections by Friedrich Engels* (N. J. Smelder, Ed.). Chicago: University of Chicago Press.

Marx, K. (1975). *On education, women, and children*. Vol. 6 of The Karl Marx Library (S. K. Padover, Ed. and arranged). New York: McGraw-Hill.

Marx, K. (1977). *Karl Marx*: *Selected writings*. London: Oxford University Press.

Marx. K. (1994). *Marx*: *Early political writings* (Joseph O'Malley, Ed. & Trans., with R. A. Davis). New York: Cambridge University Press.

Marx, K. (1996). *Marx*: *Later political writings* (T. Carver, Ed. & Trans.). New York: Cambridge University Press.

Marx, K., & Engels, F. (1992). *The communist manifesto* (D. McLennan, Ed. & Introduction). New York: Oxford University Press.

Marx, K., Engels, F., & Lenin, V. I. (1965). *The essential left*: *Four classic texts on the principles of socialism*. New York: Barnes and Noble.

Maslow, A. H. (1987). *Motivation and personality*. New York: Harper & Row.

Matthews, M. (1982). *Education in the Soviet Union*: *Policies and institutions since Stalin*. London: Allen and Unwin.

Mays, W. (1970). Linguistic analysis and the philosophy of education. *Educational Theory, 20*, 269–283.

McClellan, J. E. (1971). In reply to Professor Soltis. In *Philosophy of Education, 1971* (pp.55–59). Proceedings of the Twenty-Seventh Annual Meeting of the Philosophy of Education Society. Edwardsville, IL: Philosophy of Education Society.

McLaren, P. (1994). *Life in schools*: *An introduction to critical pedagogy in the foundations of education*. New York: Longman.

McLaren, P. (1998, Fall). Revolutionary pedagogy in post-revolutionary times: Rethinking the political economy of critical education. *Educational Theory, 48* (4), 431–462.

McLaren, P. (2002). *Che Guevara, Paulo Freire, and the pedagogy of revolution* (A. M. Araújo Freire, Foreword). Lanham, MD: Rowman and Littlefield.

McLuhan, M. (1989). *The global village*. New York: Oxford University Press.

Meadows, D. H. (1992). *Beyond the limits*: *Confronting global collapse, envisioning a sustainable future*. Post Mills, VT: Chelsea Green.

Meadows, D. H., et al. (1972). *The limits of growth*. New York: Universe.

Mehring, F. (1981). *Karl Marx*: *The story of his life* (E. Fitzgerald, Trans.). Atlantic Highlands, NJ: Humanities Press.

Menand, L. (2001). *The metaphysical club*. New York: Farrar, Straus, and Giroux.

Merleau-Ponty, M. (1981). *Phenomenology of perception* (C. Smith, Trans.). Atlantic Highlands, NJ: Humanities Press International.

Merleau-Ponty, M. (1964). *Primacy of perception* (J. M. Edie, Ed., and W. Cobb et al., Trans.). Evanston, IL: Northwestern University Press.

Mesarovic, M. D., & Pestel, E. (1974). *Mankind at the turning point*: *The second report to the Club of Rome*. New York: Dutton.

Montessori, M. (1936). *The secret of childhood* (B. Barclay Carter, Trans.). New York: Longmans, Green.

Moore, G. E. (1959). *Philosophical papers*. New York: Allen and Unwin.

Moore, G. E. (1993). *Selected writings* (Thomas Baldwin, Ed.). New York: Routledge.

Morris, V. C. (1966). *Existentialism in education*. New York: Harper & Row.

Morris, V. C., & Pai, Y. (1976). *Philosophy and the American school* (2nd ed.). Boston: Houghton Mifflin.

Mourad, R. P., Jr. (1997). *Postmodern philosophical critique and the pursuit of knowledge in higher education*. Westport, CT: Bergin and Garvey.

National Commission on Excellence in Education. (1983). *A nation at risk*: *The imperative for educational reform*. Washington, DC: Government Printing Office.

National Society for the Study of Education. (1942). *Philosophies of education*: *The forty-first yearbook of the National Society for the Study of Education* (N. B. Henry, Ed.). Chicago: Author.

National Society for the Study of Education. (1955). *Modern philosophies of education*: *The fifty-fourth yearbook of the National Society for the Study of Education* (N. B. Henry, Ed.). Chicago: Author.

National Society for the Study of Education. (1981). *Philosophy and education*: *The eightieth yearbook of the National Society for the Study of Education* (J. Soltis, Ed.). Chicago: Author.

Neill, A. S. (1960). *Summerhill*: *A radical approach to child rearing* (E. Fromm, Foreword). New York: Hart.

Nietzsche, F. W. (1958). *Thus spake Zarathustra* (A Tille, Trans.). New York: E. P. Dutton.

Nietzsche, F. W. (1960). *Beyond good and evil*. New York: Viking Penguin.

Nietzsche, F. W. (1967). *The will to power* (W. Kaufmann & R. J. Hollingdale, Trans.). New York: Random House.

Nietzsche, R. W. (1968). *Basic writings of Nietzsche* (W. Kaufmann, Ed. &Trans., with commentaries). New York: Modern Library.

Nietzsche, F. W. (1989). *Beyond good and evil*: *Prelude to a philosophy of the future* (W. Kaufmann & R. J. Hillingdale, Trans.). New York: Vintage Books.

Nietzsche, F. W. (1994). *On the genealogy of morality* (K. A. Pearson, Ed., and C. Diethe, Trans.). New York: Cambridge University Press.

Oldenberg, H. (1971). *Buddha*: *His life, his doctrine, his order*. Delhi, India: Indologial Book House.

Olssen, M. (1999). *Michel Foucault*: *Materialism and education*. Westport, CT: Bergin and Garvey.

Organ, T. W. (1975). *Western approaches to Eastern philosophy*. Athens: Ohio University Press.

Orwell, G. (1949). *1984*. New York: Harcourt, Brace.

Oxtoby, W. G. (Ed.). (1996). *World religions*: *Eastern traditions*. New York: Oxford University Press.

Oxtoby, W. G. (Ed.). (1996). *World religions*: *Western traditions*. New York: Oxford University Press.

Ozmon, H. (1969). *Utopias and education*. Minneapolis, MN: Burgess.

Ozmon, H. (1970). *Contemporary critics of education*. Danville, IL: Interstate.

Ozmon, H. (1972). *Dialogue in philosophy of education*. Columbus, OH: Charles E. Merrill.

Packard, V. O. (1981). *The hidden persuaders*. New York: Pocket Books.

Paringer, W. A. (1990). *John Dewey and the paradox of liberal reform*. Albany: State University of New York Press.

Pavlov, I. P. (1960). *Conditioned reflexes* (G. V. Anrap, Trans.). New York: Dover Press.

Peddiwell, J. A. [pseud.]. (1939). *The saber-tooth curriculum*. New York: McGraw-Hill.

Peirce, C. S. (1971). *Philosophy and human nature*. New York: New York University Press.

Perkinson, H. J. (1971). *The possibilities of error*: *An approach to education*. New York: David McKay.

Perkinson, H. J. (1993). *Teachers without goals, students without knowledge*. New York: McGraw-Hill.

Pestalozzi, J. H. (1894). *How Gertrude teaches her children* (L. E. Holland & F. C. Turner, Trans.). Syracuse, NY: Allen and Unwin.

Peters, M. (Ed.). (1995). *Education and the postmodern turn* (J.-F. Lyotard, Foreword). Westport, CT: Bergin and Garvey.

Peters, M. (Ed.). (1998). *Naming the multiple*: *Poststructuralism and education*. Westport, CT: Bergin and Garvey.

Peters. R. S. (1965). *Ethics and education*. London: Allen and Unwin.

Peters, R. S. (1973). *The philosophy of education*. London: Oxford University Press.

Pirsig, R. M. (1974). *Zen and the art of motorcycle maintenance*. New York: Vantage/Random House.

Plato. (1901). *The meno of Plato* (E. S. Thompson, Ed.). New York: Modern Library.

Plato. (1926). *The laws*, Vols. I and 2 (R. G. Bury, Trans.). New York: G. P. Putnam's.

Plato. (1941). *The republic* (B. Jowett, Trans.). New York: Modern Library.

Plotinus. (1991). *The enneads* (J. Dillon, Ed., & S. MacKenna, Trans.). New York: Viking Penguin.

Popkewitz, T. S., & Brennan, M. (Eds.). (1998). *Foucault's challenge*: *Discourse, knowledge, and power in education*. New York: Teachers College Press.

Popp, J. A. (1972). Philosophy of education and the education of teachers. In *Philosophy of Education, 1972* (pp.222–229). Proceedings of the Twenty-Eighth Annual Meeting of the Philosophy of Education Society. Edwardsville, IL: Philosophy of Education Society.

Popper, K. (1966). *The open society and its enemies*. Princeton, NJ: Princeton University Press.

Pratte, R. (1971). *Contemporary theories of education*. Scranton, PA: International Textbooks.

Pratte, R. (1977). *Ideology and education*. New York: David McKay.

Pratte, R. (1979). Analytic philosophy of education: A historical perspective. *Teachers College Record, 81*, 145–165.

Price, R. F. (1977). *Marx and education in Russia and China*. Totowa, NJ: Roman and Littlefield.

Price, R. F. (1986). *Marx and education in late capitalism*. London: Croom Helm.

Prigogine, I., & Stengers, I. (1984). *Order out of chaos*. New York: Bantam Books.

Putnam. H. (1981). *Reason, truth, and history*. New York: Cambridge University Press.

Putnam, H. (1987). *The many faces of realism*. LaSalle, IL: Open Court.

Putnam, H. (1988). *Representation and reality*. Cambridge, MA: MIT Press.

Putnam, H. (1990). *Realism with a human face*. Cambridge, MA: Harvard University Press.

Putnam, H. (1992). *Renewing philosophy*. Cambridge, MA: Harvard University Press.

Putnam, H. (1994). *Words and life*. Cambridge, MA: Harvard University Press.

Putnam, H. (1995). *Pragmatism*. Cambridge, MA: Blackwell.

Putnam, H., & Putnam, R. A. (1993, Fall). Education in a multicultural democracy: Two Deweyan perspectives. *Educational Theory*, *43* (4), 361–376.

Rader, M. (1979). *Marx's interpretation of history*. New York: Oxford University Press.

Radhakrishnan. S. (Ed.). (1952). *History of philosophy—Eastern and Western*, Vol. 1. London: Bradford and Dickens, Drayton House.

Rafferty, M. (1963). *Suffer little children*. New York: New American Library.

Rafferty, M. (1963). *What are they doing to your children*? New York: New American Library.

Ravitch, D. (2000). *Left back: A century of failed school reform*. New York. Simon and Schuster.

Ravitch, D. (2010). *The death and life of the great American school*. New York: Basic Books.

Redl, H. (Ed. & Trans.). (1964). *Soviet educators on Soviet education*. New York: Free Press.

Reese, W. L. (1996). *Dictionary of philosophy and religion: Eastern and Western thought* (enlarged ed.). Atlantic Highlands, NJ: Humanities Press.

Reitman, S. W. (1992). *The educational messiah complex: American faith in the culturally redemptive power of schooling*. Sacramento, CA: Caddo Gap Press.

Richards, J. R. (1980). *The sceptical feminist: A philosophical enquiry*. Boston: Routledge & Kegan Paul.

Rickover, H. G. (1963). *Education and freedom*. New York: New American Library.

Rogers, C. (1994). *Freedom to learn* (3rd ed., updated by J. Freiberg). Upper Saddle River, NJ: Merrill/Prentice Hall.

Rorty, A. O. (1998). *Philosophers on education: Historical perspectives*. New York: Routledge.

Rorty, R. (1979). *Philosophy and the mirror of nature*. Princeton, NJ: Princeton University Press.

Rorty, R. (1982). *Consequences of pragmatism (Essays: 1972–1980)*. Minneapolis: University of Minnesota Press.

Rorty, R. (1989). *Contingency, irony, and solidarity*. New York: Cambridge University Press.

Rorty, R. (1990, Winter). Two cheers for the cultural left. *South Atlantic Quarterly*, *89*, 227–234.

Rorty, R. (1991, Fall). Intellectuals in politics: Too far in? Too far out? *Dissent*, *38*, 483–490.

Rorty, R. (1991). *Philosophical papers*, Vols. 1 and 2. Cambridge, UK: University of Cambridge Press.

Rorty, R. (1999). *Philosophy and social hope*. New York: Penguin Books.

Rosen, J. (2000). *The Talmud and the Internet*. New York: Farrar Straus and Giroux.

Roshi, E. S. (1979). *Golden wind* (J. Levine, Ed.). Tokyo: Japan Publications.

Roszak, T. (1969). *Making of a counter culture*. New York: Doubleday.

Rousseau, J.-J. (1978). *On the social contract* (R. D. Masters, Ed., and J. R. Masters, Trans.). New York: St. Martin.

Rousseau, J.-J. (1979). *Émile* (A. Bloom, Trans.). New York: Basic Books.

Royce, J. (1964). *Lecture on modern idealism*. New Haven, CT: Yale University Press.

Russell, B. (1916). *Principles of social reconstruction*. London: Allen and Unwin.

Russell, B. (1926). *Our knowledge of the external world as a field for scientific method in philosophy*. London: Allen and Unwin.

Russell, B. (1932). *Education and the modern world*. New York: W. W. Norton.

Russell, B. (1932). *Education and the social order*. London: Allen and Unwin.

Russell, B. (1935). *Religion and science*. New York: Oxford University Press.

Russell, B. (1945). *The history of Western philosophy*. New York: Simon & Schuster.

Russell, B. (1997). *The problems of philosophy*. Oxford, UK: Oxford University Press.

Ryle, G. (1949). *The concept of mind*. New York: Barnes and Noble.

Ryle, G. (1971). *Collected papers*, Vols. 1 and 2. New York: Barnes and Noble.

Saatkamp, H. J. (1995). *Rorty and pragmatism: The philosopher responds to his critics*. Nashville, TN: Vanderbilt University Press.

Saksena, S. K. (1970). *Essays on Indian philosophy*. Honolulu: University of Hawaii Press.

Sartre, J.-P. (1947). *Existentialism and human emotions* (H. Barnes, Trans.). New York: Philosophical Library.

Sartre, J.-P. (1956). *Being and nothingness* (H. Barnes, Trans.). New York: Philosophical Library.

Sartre, J.-P. (1968). *Search for a method* (H. Barnes, Trans.). New York: Random House.

Sartre, J.-P. (1976). *Critique of dialectical reason* (A. Sheridan-Smith, Trans.). New York: Schocken Books.

Sarup, M. (1978). *Marxism and education*. New York: Routledge & Kegan Paul.

Sarup, M. (1983). *Marxism/structuralism/education: Theoretical developments in the sociology of education*. London: Falmer Press.

Schaff, A. (1970). *Marxism and the human individual* (R. Cohen, Ed., and O. Wojtasiewicz, Trans.). New York: McGraw-Hill.

Scheffler, I. (1960). *The language of education*. Springfield, IL: Charles C. Thomas.

Scheffler, I. (1983). *Conditions of knowledge: An introduction to epistemology and education*. Chicago: University of Chicago Press.

Schubring, W. (1962). *The doctrine of the Jainas* (W. Buerlen, Trans.). Delhi, India: Motilal Banarsidass.

Schumacher, S., & Woerner, G. (Eds.). (1994). *The encyclopedia of Eastern philosophy and religion: Buddhism, Hinduism, Taoism, and Zen* (M. H. Kohn, K. Ready, & W. Wunsche, Trans.). Boston: Shambhala.

Searle, J. R. (1990, December 6). The storm over the university. *New York Review of Books, 32*, 34–42.

Searle, J. R. (1992). *The rediscovery of the mind*. Cambridge, MA: MIT Press.

Searle, J. R. (1993, Fall). Is there a crisis in American higher education? *Partisan Review, 60* (4), 693–709.

Searle, J. R. (1993, Fall). Rationality and realism: What is at stake? *Daedalus, 122* (4), 55–83.

Searle, J. R. (1995). *The construction of social reality*. New York: Free Press.

Shimahara, N. (Ed.). (1973). *Educational reconstruction: Promise and challenge*. Columbus, OH: Charles E. Merrill.

Shourie, A. (1979). *Hinduism: Essence and consequence*. New Delhi, India: Vikas.

Singh, I. (1994). *Gautama Buddha*. New York: Oxford University Press.

Skinner, B. F. (1976). *Walden two*. New York: Macmillan.

Skinner, B. F. (2002). *Beyond freedom and dignity*. New York: Hackett.

Smith, A. (1993). *An inquiry into the nature and causes of the wealth of nations* (K.

Sutherland, Selected, Edit, and Introduction). New York: Oxford University Press.

Smith, T. L. (1994). *Behavior and its causes: Philosophical foundations of operant psychology*. Boston: Kluwer Academic Publishers.

Soll, I. (1973, Winter). Hegel as a philosopher of education. *Educational Theory, 22*, 26–33.

Soltis, J. F. (1971). Analysis and anomalies in philosophy of education. In *Philosophy of Education, 1971* (pp.28–46). Proceedings of the Twenty-Seventh Annual Meeting of the Philosophy of Education Society. Edwardsville, IL: Philosophy of Education Society.

Soltis, J. F. (1975). Philosophy of education: Retrospect and prospect. In *Philosophy of Education, 1975* (pp.7–24). Proceedings of the Thirty-First Annual Meeting of the Philosophy of Education Society. San Jose, CA: Philosophy of Education Society.

Soltis, J. F. (1977). *An introduction to the analysis of educational concepts* (2nd ed.). Reading, MA: Addison-Wesley.

Soltis, J. F. (1979). Philosophy of education for educators: The eightieth NSSE yearbook. *Teachers College Record, 81*, 225–247.

Soltis, J. F. (1979). Philosophy of education since mid-century. *Teachers College Record, 81*, 127–129.

Spencer, H. (1963). *Education: Intellectual, moral, spiritual*. Paterson, NJ: Littlefield, Adams.

Spencer, H. (1966). *Herbert Spencer on education* (A. Kazamias, Ed. and Introduction). New York: Teachers College Press.

Spencer, Robert (2006). *The truth about Muhammad*. Washington, DC: Regnery.

Stanley, W. B. (1992). *Curriculum for utopia: Social reconstructionism and critical pedagogy in the postmodern era*. Albany: State University of New York Press.

Stone, F. A. (2003). *Theodore Brameld's educational reconstruction: An intellectual biography*. San Francisco: Caddo Gap Press.

Strain, J. P. (1975). Idealism: A clarification of an educational philosophy. *Educational Theory, 25*, 263–271.

Suda, J. P. (1978). *Religions in India: A study of their essential unity*. New Delhi, India: Sterling.

Suzuki, D. T. (1962). *The essentials of Zen Buddhism*. Westport, CT: Greenwood Press.

Suzuki, D. T. (1980). *The awakening of Zen* (C. Humphreys, Ed.). Boulder, CO: Prajna Press.

Ta Hui. (1977). *Swampland flowers: The letters and lectures of Zen master Ta Hui* (TSung-kao) (C. Cleary, Trans.). New York: Grove Press.

Task Force on Education for Economic Growth. (1983). *Action for excellence: A comprehensive plan to improve our nation's schools*. Denver, CO: Education Commission of the States.

Task Force on Federal Elementary and Secondary Education Policy. (1983). *Making the grade: Report of the Twentieth Century Fund Task Force on Federal Elementary and Secondary Education Policy, with a background paper by Paul E. Peterson*. New York: Twentieth Century Fund.

Taylor, C., et al. (1994). *Multiculturalism: Examining the politics of recognition* (A. Gutmann, Ed. and Introduction). Princeton, NJ: Princeton University Press.

Teilhard de Chardin, P. (1959). *The phenomenon of man*. New York: Harper.

Thoreau, H. D. (1966). *Walden and civil disobedience*. New York: Norte.

Thorensen, C. E. (Ed.). (1973). Behavior modification in education. In *The seventy-second yearbook of the National Society for the Study of Education*, Part I. Chicago: National Society for the Study of Education.

Tillich, P. (1952). *The courage to be*. New Haven, CT: Yale University Press.

Toffler, A. (1970). *Future shock*. New York: Random House.

Toffler, A. (1974). *Learning for tomorrow: The role of the future in education*. New York: Vintage Books.

Toffler, A. (1980). *The third wave*. New York: William Morrow.

Troutner, L. (1975). Making sense out of existential thought and education: A search for the interface. In *Philosophy of Education, 1975* (pp.185–199). Proceedings of the Thirty-First Annual Meeting of the Philosophy of Education Society. San Jose, CA: Philosophy of Education Society.

Tucker, R. C. (1961). *Philosophy and myth in Karl Marx*. New York: Cambridge University Press.

Usher, R., & Edwards, R. (1994). *Postmodernism and education*. New York: Routledge.

Vandenberg, D. (1971). *Being and education: An essay in existential phenomenology*. Upper Saddle River, NJ: Prentice Hall.

Vandenberg, D. (1979). Existential and phenomenological influence in education. *Teachers College Record, 81*, 166–191.

Vygotsky, L. S. (1978). *Mind in society: The development of higher psychological processes* (M. Cole et al., Eds.). Cambridge, MA: Harvard University Press.

Warnock, M. (Ed.). (1996). *Women philosophers*. London: Everyman, J. M. Dart.

Washington, B. T. (1967). *Up from slavery*. New York: Airmout.

Watson, J. B. (1957). *Behaviorism*. Chicago: University of Chicago Press.

Weber, M. (1958). *The religion of India*. New York: Free Press.

Werner, H. D. (1982). *Cognitive therapy*. New York: Free Press.

West, C. (1989). *The American evasion of philosophy: A genealogy of pragmatism*. Madison: University of Wisconsin Press.

West, C. (1993). *Race matters*. Boston: Beacon Press.

White, T. (1973). *The Making of the President, 1972*. New York: Atheneum.

Whitehead, A. N. (1929). *The aims of education and other essays*. New York: Macmillan.

Whitehead, A. N. (1967). *Science and the modern world*. New York: Macmillan.

Whitehead, A. N., & Russell, B. (1968). *Principia mathematica*. New York: Cambridge University Press.

Wilson, E. O. (1975). *Sociobiology: The new synthesis*. Cambridge, MA: Belknap Press of Harvard University Press.

Wittgenstein, L. (1961). *Tractatus logico-philosophicus* (D. F. Pears & B. F. McGuinness, Trans.). Atlantic Highlands, NJ: Humanities Press.

Wittgenstein, L. (1968). *Philosophical investigations* (G. E. M. Anscombe, Trans.). New York: Macmillan.

Wittgenstein, L. (1969). *Preliminary studies for the "philosophical investigations," generally known as the blue and brown books* (2nd ed.). New York: Barnes and Noble.

Wittgenstein, L. (1980). *Culture and value* (G. H. Von Right, Ed, and P. Winch, Trans.). Chicago: University of Chicago Press.

Yang, C. K. (1961). *Religion in Chinese society*. Berkeley: University of California Press.

Yu, D. C., & Thompson, L. G. (1985). *Guide to Chinese religion*. Boston: G. K. Hall.

Zajda, J. (1980). *Education in the USSR*. New York: Pergamon Press.

Zeldin, D. (1969). *The educational ideas of Charles Fourier*. New York: A. M. Kelley.

索 引*

---

* 本索引中，索引项后面的数字为页边码，提示可在页边码标示的页面中检索相关内
容。索引部分术语翻译参考了程志民、江怡主编的《当代西方哲学新词典》。——
译者注

图书在版编目（CIP）数据

教育的哲学基础：第九版 / (美) 霍华德·A.奥兹门
(Howard A. Ozmon) 著；石中英等译. — 上海：上海教育
出版社，2021.8
　ISBN 978-7-5720-0542-8

　Ⅰ.①教… Ⅱ.①霍… ②石… Ⅲ.①教育哲学 – 高等
学校 – 教材 Ⅳ.①G40-02

中国版本图书馆CIP数据核字(2021)第051730号

Authorized translation from the English language edition, entitled Philosophical Foundations
of Education 9e by Howard A. Ozmon, 9780132540742, published by Pearson Education, Inc,
Copyright © 2012 by Pearson Education, INC.
本书英文原版的翻译获得Pearson Education, INC.的授权。
All rights reserved. No part of this book may be reproduced or transmitted in any form or by any
means, electronic or mechanical, including photocopying, recording or by any information storage
retrieval system, without permission from Pearson Education, Inc.
版权所有，盗版必究。未经Pearson Education, INC.许可，不得以任何方式复制或传播本书
的任何部分。
CHINESE SIMPLIFIED language edition published by SHANGHAI EDUCATIONAL
PUBLISHING HOUSE CO., LTD, Copyright ©2023.
本书中文简体字版由上海教育出版社有限公司出版。

本书封面贴有Pearson Education（培生教育出版集团）激光防伪标签。无标签者不得销售。

责任编辑　孔令会
封面设计　郑　艺

教育的哲学基础（第九版）
[美] 霍华德·A. 奥兹门（Howard A. Ozmon）　著
石中英　邓敏娜　等译

出版发行　上海教育出版社有限公司
官　　网　www.seph.com.cn
地　　址　上海市闵行区号景路159弄C座
邮　　编　201101
印　　刷　上海展强印刷有限公司
开　　本　700×1000　1/16　印张 28.75　插页 2
字　　数　501 千字
版　　次　2023年5月第1版
印　　次　2023年5月第1次印刷
书　　号　ISBN 978-7-5720-0542-8/G·0401
定　　价　98.00 元

如发现质量问题，读者可向本社调换　电话：021-64373213